本书系国家社科基金重大招标项目“江南地域文化的历史演进”（10&ZD069）、国家社科基金青年项目“图像与文学视野下的乾隆南巡书写研究”（16CZW033）、江苏省博士后科研资助项目“康、乾南巡与江南地域文化研究”（1402012C）的阶段性成果。

江苏第二师范学院学术著作出版资助项目

江苏省重点建设专业汉语言文学专业建设项目

江苏省财政厅支持地方高校专业建设专项经费资助项目

乾嘉诗人吴锡麒研究

吴锡麒年谱

刘欢萍　著

凤凰出版社

图书在版编目（CIP）数据

乾嘉诗人吴锡麒研究 : 附吴锡麒年谱 / 刘欢萍著
. -- 南京 : 凤凰出版社, 2016.12
ISBN 978-7-5506-2545-7

Ⅰ. ①乾… Ⅱ. ①刘… Ⅲ. ①吴锡麒（1746-1818）
—人物研究 Ⅳ. ①K825.6

中国版本图书馆CIP数据核字(2016)第322568号

书　　名	乾嘉诗人吴锡麒研究(附吴锡麒年谱)
著　　者	刘欢萍
责任编辑	林日波
出版发行	凤凰出版传媒股份有限公司 凤凰出版社(原江苏古籍出版社) 发行部电话025-83223462
出版社地址	南京市中央路165号,邮编:210009
出版社网址	http://www.fhcbs.com
照　　排	南京凯建图文制作有限公司
印　　刷	江苏省句容市排印厂 句容市春城镇南,邮编:212404
开　　本	880×1230毫米　1/32
印　　张	17.25
字　　数	480千字
版　　次	2016年12月第1版　2016年12月第1次印刷
标准书号	ISBN 978-7-5506-2545-7
定　　价	88.00元

(本书凡印装错误可向承印厂调换,电话:0511-87871135)

吴锡麒像

（选自叶衍兰、叶恭绰《清代学者象传》）

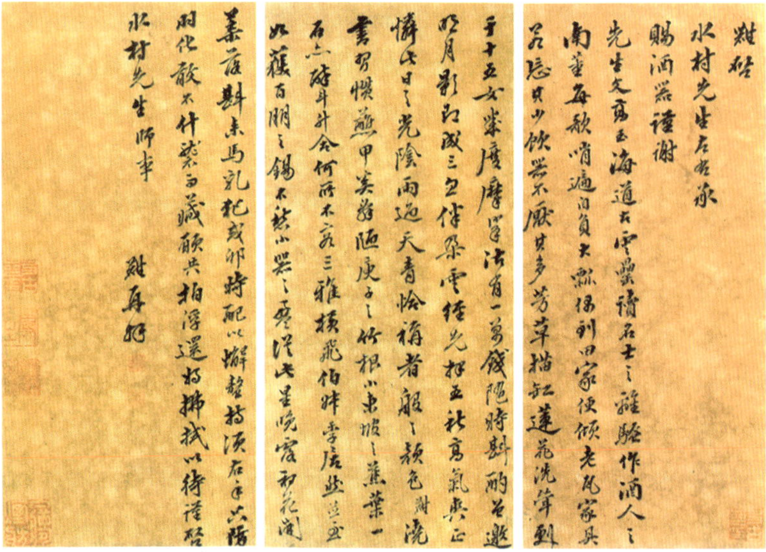

吴锡麒致尤荫手札

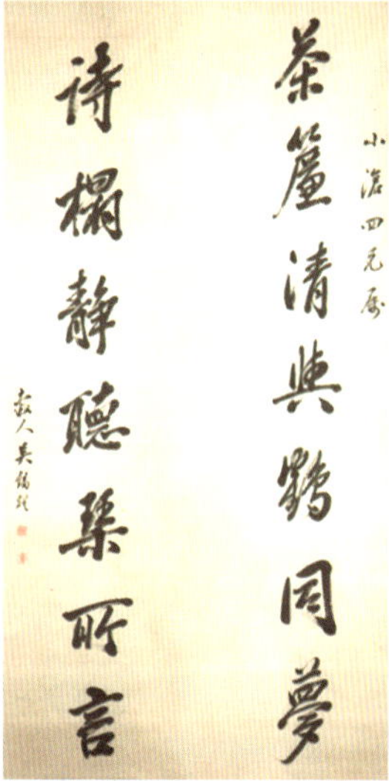

吴锡麒楹联

吴锡麒画扇面

縠人

縠人

縠人

縠人

縠人

吴锡麒印

吴锡麒印

吴锡麒印

锡麒

伴云

吴锡麒书画印

序

程章灿

书桌上摆着厚厚一摞校样，多达543页，洋洋40馀万言。这大大超出了我的预料。六年前，欢萍报考我的博士研究生时，曾经交给我一份同名的书稿。那是她的硕士论文，是这部书稿的雏形，已经多达二十来万字，这样的篇幅，在现今的硕士论文中已经不多见了。据我粗略翻阅的印象，书稿设计的视角颇有特色，文献发掘使用也有比较好的基础，当然，也有一些论析还可以更加深入。能够在三年时间里完成这样一篇硕士论文，是不容易的。第一次见面，欢萍的勤勉和高效率，就给我留下深刻的印象。

博士阶段的学习，欢萍也只用三年就如期毕业了，应该说，这个难度比硕士时的更大。与其他同学不一样的是，在这短短的三年时间里，她不仅顺利完成一篇长达二十多万字的博士论文《乾隆南巡与江南文学文化研究》，获得答辩委员会给予的优秀评价，还顺利诞育了一个宝宝。很难想象，初为人母的她，如何克服种种困难，如何焚膏继晷，抓住点滴时间来读书写作。她的勤勉和高效率，再一次给我留下深刻的印象。

考虑到欢萍的研究方向和未来的学业发展，在欢萍博士毕业以后，我推荐她进入南京大学历史系博士后流动站，跟随范金民教授继续进修。随后，她又顺利地拿到教职，到江苏第二师范学院从事她挚爱的教学科研工作。毕业以后，每次见到我，所谈的无非是读书与写作，真如陶渊明诗所说，“相见无杂言，惟道桑麻长”。这当中自然也包括对那部旧稿的修订。实际上，这六年来，欢萍在读书和写作中，始终注意继续搜集与吴锡麒研究相关的材料，丰富论述，充实旧稿。

两个月前，欢萍告诉我，这部书稿已经修订好，准备交凤凰出版社出版。我没有想到的是，定稿已经超过初稿一倍，其文献挖掘的深度和论述分析的老到，也非旧稿所可同日而语。此刻，我脑海里浮现出来的是“勇猛精进”这四个字，我想，只有这四个字适合来形容欢萍这几年在学问上不断进步的状态。我由衷地为她感到高兴。

作为此书研究对象的吴锡麒，是乾嘉文坛上的一位全才，诗词文俱工，对当时以及晚清文坛都有很大的影响。但此书只研究吴锡麒之诗，故命题为《乾嘉诗人吴锡麒研究》，焦点明确。《孟子》云：“颂其诗，读其书，不知其人可乎？是以论其世也。”论诗必须知人，知人必须论世。吴锡麒作为乾嘉时代翰苑诗人的代表，其诗歌创作与乾嘉时代的关系，他与其他翰苑诗人及湖海诗人的交游关系，都有必要考实，才能奠定进一步论析吴氏诗作的基础。本书分上下两编，《乾嘉诗人吴锡麒研究》实际上只是上编的题名，而下编则是《吴锡麒年谱》。两编的分量差不多，都有二十来万字。无论从篇幅规模上看，还是从内容实质上看，这本书都完全可以看作是两部专著，一部是对吴锡麒诗歌的文学史研究，一部是吴锡麒生平的文献学研究。在此之前，学界对吴锡麒的研究，偏重于将其作为词人来研究，论文也不多，对其生平与诗文研究更少，连专门研究吴锡麒的学位论文，都寥若晨星。欢萍这篇硕士论文，是关于吴锡麒研究最早的论文之一，在她之后，近三五年来，又出现了几篇以吴锡麒为主题的硕士学位论文，但都不够精深全面。而且，至今为止，还没有一部吴锡麒研究的专著出版，现在，欢萍一下子就贡献了两部，无论是对欢萍个人来说，还是对整个清代文学研究界来说，这都是一件可喜的事。东皋草堂之知音，有正味斋之功臣，欢萍当之无愧。

近年来，随着清代诗文研究领域人力投入的大量增多，特别是随着国家清史研究工程的展开，很多以往难得一见的清代文献得以影印，甚至有整理本面世，精装 800 巨册、收录诗文集 4000 馀种的《清代诗文集汇编》也应运而生，填补了清代诗文集资料的空白，为清代诗文研究提供了丰富的资源，但具体到某个诗人的研究，还是需要研究者动手动脚，发掘材料，才能找到适合新的切入角度的新文献、新史料。欢萍在文献发掘上花了很多工夫，也有很多创获。这不仅体现在上编第一章和第二章中关于吴锡麒家世籍贯、字号室名、著述版本以及生平交游的诸多考证，也体现在下编《吴锡麒年谱》中诸多诗词文作品的编年考证以及生平事迹的考证，还体现在书中附录《吴锡麒集外诗词文辑佚》。即使只是简单翻阅一下书末长达十六页的《参考文献》，也可以初步体会作者在文献翻检使用上所下的工夫及其表现出的功力。

吴锡麒别集最常见、最为人熟知的是《有正味斋全集》，由于此书有"全集"之名，因而容易给人以误导，以为有此一集，便足以囊括吴氏文学创作的全部。事实上，以往对于吴锡麒生平及其创作的研究，甚至包括近几年出现的几篇学位论文，其研究主要的乃至全部的取材范围，基本上都限于这部较为常见的《有正味斋全集》，充其量再加上《续修四库全书》中所收录的几种吴氏诗文集。欢萍经过调查寻访，不仅找到了多种富有史料价值的吴氏序跋、尺牍、日记，还找到多种较为罕见的吴氏诗文别集，例如复旦大学图书馆所藏其早年诗集抄本《匏居小稿》，南京图书馆所藏其晚年诗集影抄本《有正味斋未刊稿垂老诗稿》，上海图书馆所藏不分卷抄本《有正味斋文集》，以及南京图书馆所藏十六卷本《有正味斋集》。序跋、尺牍、日记等无疑是考证吴氏生平、交游的第一手史料，特别是包括《还京日记》、《澄怀园日记》和《南归记》三种在内的《有正味斋日记》，自乾隆五十八年迄嘉庆二年(1793—1797)，虽然只有五年，但基本上前后衔接，详细而连续地呈现了乾嘉时代士人生活的生动面貌，提供了吴氏生平的诸多细节，弥足珍贵。欢萍在编撰《吴锡麒年谱》时，大量引征这几种日记，年谱叙述因此而显著充实。诗文别集别本则从一个特别的角度，带我们返回文学生产与传播的历史现场，同时也显著地开拓了吴氏文学研究的空间。例如，欢萍认真比对了吴锡麒早年诗集抄本与晚年诗集定本，发现其诗句与题目都有不少异文，并确认其出自诗人自己的修改润饰，具有独特的文学文献价值。又如，欢萍在上海图书馆发现的吴锡麒未刊抄本《有正味斋文集》，其中收有吴氏所撰《先考行状》和《先妣卢太淑人行略》，不仅对研究吴氏家世情况有极高的史料价值，也使后人增加了一个窥探吴氏对其父母感情的维度。

本书第二章《吴锡麒与乾嘉士人交游考索》也很有特色。吴锡麒享年73岁，在乾嘉文人中算是比较高寿的。他个性开朗，好交游，又有翰苑清要之身，据山长尊贵之位，一生结交了很多朋友。根据欢萍考证统计，吴锡麒交游多达196人，涉及当时诗坛、文坛、学界以及官场，贯串着诸多亲缘、地缘、学缘、诗缘等。欢萍将吴锡麒一生分为三个时期：潜心问学、优游乡里时期，冷官翰苑、都门酬唱时期，客授近乡、往来吴越时期；然后以时间为经，以地缘、诗会或士人群体为纬，详细考索吴氏的交游。这种考索很有必要，也富有意义，考述结合的写法，也很恰当，有利于勾画吴锡麒一生的人事背景，同时以吴锡麒为中心，呈现乾嘉文坛与学界的横断面，为理解当时的士人生活提供一个生动案例。因此，这一章不仅可以与《吴锡麒年谱》互补，是吴锡麒生平研究的重要部分，而且可以视为一篇特殊写法的吴锡麒评传，构成了理解乾嘉诗人吴锡麒的重要背景。

这本书的研究方法，从根本上说，就是文献学与文艺学相结合。欢萍硕士阶段就读于古代文学专业，博士阶段就读于古典文献学专业。比较本书的初稿与定稿，我发现，欢萍不仅在古典文献发掘、考订与使用上日渐成熟，在诗论研究与诗歌题材内容及艺术特色分析等文艺学研究方面，水平也显著提高。本书从第三章到第五章的重点，即在文艺学的研究。欢萍抓住关键一点，亦即吴锡麒诗学思想及诗歌创作与浙派诗学之承袭与化变，细心勾勒其特点，颇有创见。例如，有学者认为，吴锡麒诗歌反映的社会内容不太深广，欢萍以更全面的吴氏诗文集文本为依据，通过细读排比，列举吴锡麒诗歌的题材内容，将其分为山水纪游的行旅风光、咏物描摹与题咏书画、感慨兴亡的咏史怀古、酬赠怀人与吟咏情性、关注民生与隐忧时世等五大类，进而论证吴氏诗歌社会内容颇为深广，就是一个新见。第五章论吴氏诗歌对浙派诗风的承变，分别从渊源、笔法、风格以及整体面貌四个角度入手，彼此补充，相辅相成，论析条理清楚，逻辑井然。

读过这部书，我对乾嘉诗人吴锡麒兴趣更大，好奇更多，也不免产生了一些联想。一方面，吴锡麒所处的乾嘉时代固然有其特殊性，其词林清要与湖海山长的身份与经历也有其特殊性，这两种特殊性与他的诗歌风格特殊性之间有何联系？吴锡麒晚年修订早年的诗稿，从字句到篇题都有改定，其中所反映的诗人诗艺演进的具体辙迹，又是如何的呢？另一方面，吴氏固然诗词文三体俱工，但具体来说，他对于诗词文三种不同文体的体性又是如何认识的，也就是说，在具体创作中，他是如何分别三种文体的功能，发挥其特长的？骈文中的用典与诗词中的用典，同样涉及学问与创作的关系问题，但具体有何不同？这些问题，都可以在后续的吴锡麒研究中，作为进一步思考的节点。往大一点说，吴锡麒这个文坛人物的出现，与乾嘉时代的文化生态以及学术生态有何关系，也是应该思考的。好在欢萍未来的学术道路正长，学力必定与日俱增，我相信，她会在学术研究的道路上越走越远，对于清代文学文化的开掘越来越深，为学界贡献越来越多的新成果。

最后，我还要把“勇猛精进”这四个字送给欢萍，希望她始终维持这种状态：“勇猛精进”，永远是现在进行时，没有完成时。

2016 年 11 月 18 日

目　录

绪　论

吴锡麒(1746—1818),字圣征,号榖人,浙江钱塘人。乾隆四十年(1775)进士,改翰林院庶吉士,散馆授编修。乾隆四十九年(1784)、五十五年(1790)两充会试同考官,擢右赞善,入直南书房。转侍讲、侍读,升国子监祭酒。生平不趋权贵,然名著公卿间。性至孝,以亲老乞养归里。至扬州,主讲安定、乐仪书院,所拔多绩学砺品之士。天姿超迈,吟咏至老不倦。诗、文、词俱工,士大夫造门乞文者,后先相踵。兼工书法,尤长行楷。著《有正味斋集》七十三卷、《匏居小稿》《有正味斋日记》《有正味斋尺牍》等。

一　研究缘起与意义

首先,从文艺美学角度看,吴锡麒值得研究。他的诗、词、文俱造诣颇高。浙派自朱彝尊、查慎行后,杭世骏、厉鹗起而振之,锡麒诗境超妙,实为朱、查、杭、厉之后劲[①]。道光年间,海盐吴应和编《浙西六家诗钞》,以吴锡麒与厉鹗、钱载、袁枚、严遂成、王又曾等并称"浙西六家",且引乾嘉时期肌理派代表诗人翁方纲之评论曰:吴锡麒诗"最深于杜,非貌似也,如义山、山谷之学杜,在若离若合之间"[②]。嘉道诗人张维屏则认为吴锡麒诗能熔汉魏六朝唐宋为一炉,"命意必清,吐辞必秀,取材

① 王昶《湖海诗传》卷三十三,《续修四库全书》本。

② 吴应和《浙西六家诗钞》卷六,道光七年刻本。

必富，运笔必灵”[①]。稍后，晚清名臣曾国藩更是对吴诗推赏备至，誉其无美不备，“乃国朝第一名家”[②]。此论虽有过誉之嫌，亦可见吴锡麒在清代中后期诗坛之影响。

吴锡麒于骈体文致力尤深，驱使卷轴，无不如意中所欲言，能合汉魏六朝、唐人为一炉而冶之。嘉庆三年(1798)，全椒吴鼒选之入《八家四六文钞》，许为一代骈文正宗。至于骈体之律赋，吴锡麒尤长于此。嘉庆间汪守正辑《琴台正续合刻》、咸同间景其濬辑《四家赋钞》，都无一例外地收录了吴赋数篇，并给予较高的评价。道咸年间，文人学者为吴锡麒骈文作笺注一时靡然成风，先后有叶联芬、王广业、赵炳煃、胡玉树等数家分别作详略不等之笺注。清末至民国，这些笺注本又引发了众书局争相刊印之盛况。

诗文而外，吴锡麒兼善倚声、戏曲。道咸年间，顺德梁廷枏在《藤花亭曲话》中称《有正味斋曲》妙墨淋漓，“几欲与元人争席”[③]。晚清谢章铤则认为吴锡麒词佳处不让朱彝尊、厉鹗，“独步若祭酒者，亦善学浙派，而为其铮铮者欤”[④]！晚清词论家陈廷焯更为推崇，他认为乾嘉之际吴锡麒词风流蕴藉，“神明乎姜、史”，乃《风》《雅》之嗣音[⑤]，“纯雅中而有眉飞色舞之致，当与竹垞把臂入林”，堪称一时独步[⑥]。

吴锡麒诗、文、词诸体兼胜，在当时及晚清文坛即影响颇巨。我们可由其集之刊印情况略见一斑。法式善《有正味斋诗集序》、吴振棫《国朝杭郡诗续辑》卷十九、张维屏《国朝诗人征略》卷四四引《松轩随笔》等文献记载了乾嘉时期吴锡麒别集刊印所引发的“洛阳为之纸贵”的盛况，

---

① 张维屏《国朝诗人征略》卷四四引《听松庐诗话》，道光十年刻本。

② 曾国藩《致邓寅阶》，见李翰章编《曾国藩文集》第四册，九洲图书出版社1997年版，第4页。

③ 梁廷枏《藤花亭曲话》，见王筱云等《中国古典文学名著分类集成·文论卷(3)》，百花文艺出版社1994年版，第364页。

④ 谢章铤《赌棋山庄词话》卷九，《续修四库全书》本。

⑤ 陈廷焯《云韶集》卷二二，清抄本。

⑥ 陈廷焯《词坛丛话》，《词话丛编》本，中华书局1986年版，第4册，第3738页。

"踵门乞文者，几于一缣一字"，"高丽、流求使人以重金购其集"，"厂肆为一空"。这从另一方面，也造成了吴锡麒别集版本系统繁复的局面。

其次，吴锡麒研究具有一定的文学史意义。西方的读者反应批评与中国古典文学的有机结合，系上世纪九十年代以来学界热点之一，然而对于明清时代作家的接受史研究，似仍为薄弱环节，并且学界对此亦存在可行性的质疑。历来对吴锡麒作品的接受与批评状况存在一极为有趣的现象，吴锡麒诗文自嘉庆年间首次刊行后，随后不断翻刻刊行，被多种选本收录，多家笺注，独步文坛，甚至享誉海外。进入当代，它却出现尘封状况，文学史与论著评价较少，偶一涉及，轩轾不一。这一接受史上的典型个案，如以行之有效的西方美学理论方法，结合中国古典文论的相关理论，来深入探讨它的存在缘由，考察历史文体与近世作家的当代境遇，则是一项颇有价值的研究。

再次，吴锡麒研究具有相应的文化意义。吴锡麒是乾嘉时期翰林群体的代表，终生供职文苑，晚岁升国子监祭酒，名声甚著，交游广泛。一方面，乾嘉时期具有特殊性，政治、社会、文化等外缘因素的影响，与学术自身发展的必然趋势，两方面的合力促成乾嘉汉学的特盛。而乾嘉学风亦影响了身处其中的诗人们，诗人之学与学人之诗的交相摩荡，在以吴锡麒为代表的翰林群体之作品中反映尤为突出。另一方面，翰林是传统社会中层次最高的士人群体，地位清贵，但是诸如修撰、编修、检讨之类职位，生活状况亦颇清苦。他们虽是皇族的御用词臣，却对江湖士人闲云野鹤般的生活充满无限向往。两种思想的矛盾交织在吴锡麒身上有着突出表现。吴锡麒交游对象多系词林清要、耆学硕儒及文学健将，如洪亮吉、张问陶、王芑孙、赵翼、王昶、法式善、赵怀玉等人。考察他们的交游，对于展现乾嘉时期词林群体与湖海诗人之风貌，不无助益。

最后，本研究有助于地域文化风貌的深入探论。于诗于词，吴锡麒均堪称浙派后劲，是该派中晚期嬗变的枢纽性人物。吴锡麒一生虽然大多数时间生活在京都，但与家乡时杰名流如袁枚、黄景仁、赵翼、陈文述、孙星衍等人，来往颇为密切，并对乡先贤一直保持着真挚的景仰与服膺之情。就其创作而言,他也始终受到了浙派先贤的深切影响。

综上,吴锡麒及其诗歌研究颇具价值,对于推动清代浙派诗歌、清中期士林文化、地域文化研究等多有助益。

二　研究现状与趋势

关于吴锡麒的总体研究,目前国内外尚无专著。当代分体文学史和相关论著对吴锡麒虽然已给予一定的关注,于揭示其诗词作品的艺术价值与在浙派中的重要地位都作出了相应探索。但全面细致地考察吴锡麒诗歌创作与诗学理论,对其人生平作详细考证等方面,仍存在较大的拓深空间。已有的吴锡麒相关研究多就其人某一文体而发,形式上以单篇论文为主。

首先看吴锡麒诗歌研究。较早有苏州大学赵杏根先生发表的单篇论文《浙西诗人吴锡麒》(《杭州师范学院学报》2000:5),该文以"闲雅悠逸、工丽柔美"为《有正味斋诗》主要特色,而深憾其"未能反映深广的社会内容"。笔者认为此论尚可商榷。锡麒诗作颇夥,二十四大卷中既多民生疾苦、战争徭役等天灾人祸的直笔写照,亦不乏大量以史论世的曲笔婉评。如果结合钞本锡麒早年诗集、钞本《有正味斋文集》《有正味斋日记》看,则势必会对锡麒诗歌有更清醒、深刻的认识。然而可贵的是,论者将吴锡麒诗歌特色的分析与其翰林清职乃至乾嘉时期社会环境紧密联系,持之有据,言之成理。与此同时,2002 年出版的严迪昌先生《清诗史》在第六章第一节"以厉鹗为代表的浙派"中也设专条讨论了吴锡麒诗歌,将其归结为浙派厉鹗一路诗风,认为其诗"清藻圆转而秀发"、"以气韵盛足胜",尤以七律七绝为长。

关于吴锡麒诗歌与诗学的研究,笔者也曾发表两篇专论:《论吴锡麒诗歌艺术特色及其对浙派诗风的承变》(《中南大学学报》2011:5)、《吴锡麒诗论与浙派诗学思想的深化与新变》(《苏州大学学报》社会科学版 2012:5)。

相对于诗歌研究的冷寂而言，吴锡麒的骈体文与词受到了更多关注。自上世纪伊始，一些专体文学史与论著涉及清代骈体文与词者，多会评述吴锡麒在两种文体上所取得的成就。如民国时期谢无量《骈文指南》、金秬香《骈文概论》、刘麟生《中国骈文史》、钱基博《骈文通义》等，现代于景祥《中国骈文通史》、严迪昌《清词史》、陈水云《清代前中期词学思想研究》、尹占华《律赋论稿》、詹杭伦《清代律赋新论》等。论者对吴锡麒的骈文与词几乎都作出了一致褒评。然而，吴锡麒骈文虽在清代骈文史上造诣颇高，现当代之单篇研究论文却极少见。目前仅见香港大学莫崇毅《论吴锡麒的律赋观》（《北京化工大学学报》2013：3）一文，该文研究吴锡麒之律赋观，能发人所未发。

21世纪以来，吴锡麒文学研究中最为热门、也是成果最集中的是词这一文体。形式上以期刊、学位论文为主。前者如闫建利《论吴锡麒的词学主张及其对浙西词派的革新——从〈与董琴南论词书〉及各篇序跋谈起》（《长江师范学院学报》2012：5）、韩宝江的《吴锡麒词风的尚意转向》（《中国文学研究》2013：2），二文论述了吴锡麒雅正与豪放兼具的词学观及以雅正为主对豪放、婉约派兼收并蓄的词作风格。孙欣婷《吴锡麒词写作技法研究》（《写作（上旬刊）》2014：11），指出吴锡麒推崇雅正之风，词句典雅、多写慢词，善于炼字、活用形容词和动词，且颇重音律等特点。学位论文有中国台湾静宜大学曾亚梅硕士论文《吴锡麒词及词学研究》（2006年）、华东师范大学徐承志硕士论文《吴锡麒词与词学研究》（2014年）、西南大学黄梅硕士论文《吴锡麒及其词研究》（2015年）。上述三篇学位论文，主要考察吴锡麒词学创作与词学观。通过词作题材分类，对吴锡麒词作情感意蕴和艺术特征作详细解析与评价；结合吴锡麒所作序跋，讨论他对浙西词学理论的承继与革新，并对其词学观进行总结与评价，指出其价值和词学史地位。

关于吴锡麒生平、交游，目前研究成果甚少。曾亚梅硕士论文《吴锡麒词及词学研究》（2006年）第二章“吴锡麒之生平经历与交友态度”，以一页的篇幅简略概述吴锡麒的生平经历；于吴氏交游数语带过。可贵的是，作者通过吴锡麒所作《友论》一文，分析了吴氏的交友态度。

徐承志硕士论文《吴锡麒词与词学研究》(2014年)第一章第二节“吴锡麒的生平”,以时间为线索,简要梳理了吴锡麒在钱塘、京城、扬州时期的活动和创作。黄梅硕士论文《吴锡麒及其词研究》(2015年)第一章“吴锡麒的生平及交游”,介绍了吴锡麒生平,梳理了他与沈赤然、法式善、张问陶三人的交游情况。要之,已有吴锡麒研究成果对于吴氏生平与交游虽有所涉及,但因非全文用力所在,故或数语带过、或颇为简略,流于泛泛。在吴锡麒生平研究中,汪超宏的《明清浙籍曲家考》颇值一提,其中有一篇《吴锡麒年谱》,通过吴氏本集及主要交游人物别集等资料简要梳理了吴锡麒一生行略,其考证吴锡麒已佚传奇《渔家傲》创作时间与情境,颇精核可信。然而因体例与篇幅之限,该谱对谱主生平行实与交游情形之梳理系择其大要而列之。而且,从该文与上述诸学位论文的参考文献来看,论者们的考察主要以较为常见的《有正味斋全集》与《续修四库全书》所收录的吴氏诗文集为主要或全部材料来源,未曾提及吴氏大量有价值的尺牍、日记,更遑论吴氏较为罕见的诗文别集,如复旦大学图书馆藏早年的抄本《匏居小稿》、南京图书馆藏晚年的影抄本《有正味斋未刊稿垂老诗稿》、上海图书馆藏抄本《有正味斋文集》(不分卷)等资料,以及南京图书馆藏另一部因为题名比《有正味斋全集》少一“全”字而常被忽略的《有正味斋集》(十六卷)。然而,这些资料的利用对于吴锡麒生平、交游的研究极具价值,要之,吴氏生平、交游存在着较大的发掘空间。

关于吴锡麒著述之文献整理及版本考述方面的研究,目前仅见网络上一篇关于“有正味斋日记版本”的论文。吴锡麒著述丰富,其生前即屡经重版,且存未刊抄本数种;其卒后,多地书局争相刻印,因而版本系统十分复杂,亟待对之进行系统的文献整理及正本清源的版本梳理。不仅如此,历来著录、评论材料存在不少错讹,亟需辨订。笔者爬梳抉隐,网罗佚失,对此稍作努力,庶几有功于古人。

综上,有关吴锡麒及其文学的研究,目前学界的研究现状与趋势大体可归结为以下几点:已有的研究集中于吴锡麒词的创作与词学观研究,其诗歌、骈文、律赋等文体研究都有待加深;生平、交游已有的研究成果较单薄零星，仅是其词学研究之附庸，有待全面深入的梳理探讨；吴锡麒诗歌创作与诗学思想，目前尚无系统研究，亟待深入；吴锡麒年谱长编的制定尚属空白。

三 研究方法与基本思路

本书遵循文献学与文艺学相结合的研究方法，广泛搜集并通读吴锡麒现存所有著述，分析其独特的诗学主张，寻绎浙派诗学发展脉络；探寻其诗歌的题材选择与艺术风格特点，解读吴诗对浙西先贤诗歌创作风格作出的承袭与新变。

本书尤为侧重的是文献学注重资料及考证的方法，笔者广泛涉猎乾嘉时期文人、学者著述，尤以与吴氏交往较多的翰林群体、江浙士人的别集为重点，从中勾稽排比相关资料，完成吴锡麒的生平考、家世考、交游考，并尽可能翔实地编制吴锡麒年谱。就后者而言，尽管存在不少困难，如：吴锡麒诗文集均未编年，晚年又有删改；且文章以骈文为主体，导致叙事功能萎缩等。然而通过认真的搜集排比，广泛阅读清代以来各类学者有关乾嘉学术、诗歌研究的成果及心得，制作大体完备的年谱亦为可能。

本书凡五章：第一章“吴锡麒生平、家世、著述考”，主要就其字号、祖籍与家庭成员、复杂的著述版本进行考辨。第二章“吴锡麒与乾嘉士人交游考索”，以时间为经，以地域为纬，择与吴氏交往密切且对其影响较深的师友后进，梳理他们的主要交游情况。第三章“吴锡麒诗论与浙派诗学思想的深化与新变”。吴氏蔚为大观的诗文序、题跋与尺牍、日记、诗词，都反复而明确地剖白其独特的诗学主张与诗歌宗尚。第四章“吴锡麒诗歌题材内容研究”，主要从浙派惯用的山水咏物、咏史兴发等题材入手，探讨吴诗在题材内容上对前此浙派的承袭性与潜存的转移性。第五章“吴锡麒诗歌的艺术特色及对浙派诗风的承变”，通过具体诗篇的排比分析，从浙派诗歌艺术风格的传承与新变的角度，探寻吴诗在此派发展中的枢纽地位。附录为“吴锡麒集外诗词文辑佚”，吴锡麒一生所作序跋颇夥，多以散文行之，其文集又专收骈文，故集外佚文众多。

最后，笔者通过吴氏别集、散见传记资料，结合利用中国基本古籍库、《清代诗文集汇编》等资源，广搜其友朋、师生别集，整理吴氏生平资料，尽可能翔实地编制成吴锡麒年谱。以资料翔实、考证谨严为目标，梳理其人生平，探讨乾嘉时期京都、维扬、武林等文薮之地士人的文化生活及由此展现的心灵之旅。

第一章　吴锡麒生平、家世、著述考

本章主要就吴锡麒的字号、室名与籍贯、家世以及纷纭复杂的著述版本进行考辨。

第一节　字号、室名及籍贯考

一　字号、室名、堂号考

吴锡麒早岁荣身，位居清要，晚年官至祭酒，乃文苑班头、词林劲将。一生朋辈交游、后进取教，文字往还、诗酒唱酬极为频繁。尤其吴锡麒晚岁为生计所迫，题咏撰序更属大观。因而他散见于正集、佚文、友人作品中的字号、别称颇夥，寻根究底，无一字号无来处。兹就所知，略作考述。

（一）圣征

吴锡麒之字。南朝刘勰《文心雕龙》有“征圣”一章，云：“是以论文必征于圣，窥圣必宗于经。”征圣者，意谓征诸圣文而师法之也。锡麒以之为字，或有此深意。又，东晋王嘉《拾遗记》“周灵王”条谓孔子未生时，有麒麟于阙里吐玉书，文云：“水精之子，系衰周而素王。”是麒麟为圣人之征。锡麒名中有“麒”，而字为“圣征”，正是古人名与字相关联之体现。

（二）榖人

锡麒之号。榖，本义百谷之总称。《说文解字》卷七“禾部”：“榖，续也。百榖之总名。”又有“善”意，《尔雅·释诂》：“榖，善也。”《诗·陈风·东门之枌》:“縠旦于差,南方之原。”又有“禄”意,《尔雅·释言》:“縠,禄也。”锡麒以縠人为号,或取善与禄之意。又,《左传·哀公二十七年》:“(齐师)及留舒,违縠七里,縠人不知。”此处“縠人”乃指“縠”(古城名,春秋齐地)地之人。与锡麒之号无涉。

(三)伴云

锡麒之号,常见于书画印鉴。如上海博物馆编《中国书画家印鉴款识》一书中载,锡麒为王宸《洞庭泛月图》作跋之款识即用此号[①]。又,“雅昌拍卖信息网”所载手卷水墨纸本姜晓泉《云树怀人图》,吴锡麒所题引首云:“云树怀人图。朗斋二兄属题,縠人愚弟吴锡麒。”钤印:“吴锡麒印”、“縠人”、“伴云”。

“伴云”一号之来由,吴锡麒子吴清鹏有诗《成哲亲王画山水册》述之甚详。其云:“成哲亦嗜画,曾见兰竹枝。先子执书房,王手为写之(王在书房时,偶以小纸画兰竹。先子意爱之,王为题句署款以赠,他实未之见也)。又贻小圆印,娟娟仙云姿(王有赠先子小印,作‘伴云’字。款有‘皇十一子’四字,亦篆书。盖王自篆而使人刻者)。”[②]是知“伴云”之号,系嘉庆元年吴锡麒入直上书房时,与成亲王永瑆相莫逆,永瑆赠以小印,上篆“伴云”二字,锡麒遂以为号。

(四)清凉居士、小清凉界

清凉居士,锡麒之别号,源自“小清凉界”之室名。此别号与室名之由来,吴锡麒《澄怀园日记》载之甚详。嘉庆元年(1796),锡麒以入直南书房移居澄怀园。五月,驾幸热河,入直诸臣皆赐休假,锡麒因城中未曾赁屋,遂仍留居澄怀园。时锡麒好友成亲王永瑆赠其“小清凉界”的印章,因取为室号。时值盛夏,此号取“小借清凉,可除热恼”之意也。七月初七,锡麒招友朋法式善、赵怀玉、洪亮吉、张问陶等于园中看荷,“别有清凉,自成馨逸”[③]。是日,法式善有诗《七月七日,吴縠人前辈招

① 上海博物馆编《中国书画家印鉴款识》,文物出版社1987年版,第466页。

② 吴清鹏《笏庵诗》卷十四,咸丰五年《吴氏一家稿》刻本。

③ 吴锡麒《有正味斋日记》之《澄怀园日记》,光绪申报馆仿聚珍板铅印本。

同桂未谷、洪稚存、赵味辛、伊墨卿、张船山、何兰士集澄怀园清凉界,时未谷将之永昌》[①],赵怀玉亦有诗《七夕,冒雨访吴侍读锡麒于澄怀园之小清凉馆,流连永夕,即事成篇》[②]。综上,是知清凉界、清凉馆之名已为锡麒师友知悉,且仅见用于嘉庆元年五月至八月锡麒暂居的北京澄怀园当值之室。清凉居士之号,后亦不常见用。

(五)东皋生、东皋草堂

锡麒晚年之别号及堂名。锡麒晚年在同年生、松太道观察李廷敬等资助下,于家乡钱塘筑东皋草堂,遂有东皋生之称。嘉庆八年(1803),东园筑就,移居之时,锡麒作诗《移居东园仍用樊榭集中韵》[③]四首纪事;又作曲《北正宫·醉太平》"移居东园"志喜,曲云:

> 东皋生署号,村夫子移居。划来水竹便留吾,已新编烟户。放生社乞鱼苗护,鸣机坊许灯光助,灌园人习菜佣呼,好衣冠渐疏。[④]

锡麒晚年还曾以"东皋草堂"名集,即《有正味斋诗集》第十六卷。

东皋,乃水边向阳高地,亦泛指田园、原野。阮籍《辞蒋太尉辟命奏记》云:"方将耕于东皋之阳,输黍稷之税,以避当涂者之路。"晋陶渊明《归去来兮辞》言:"登东皋以舒啸,临清流而赋诗。"宋范仲淹《太子中舍致仕范府君墓志铭》有:"以东皋所入,日为鸡黍之具,故贫而常乐。"由此可见,"东皋"在历来文人笔下已被赋予隐居田园、安贫乐道的寓意。考察锡麒一生,其于仕途进取本不热衷。道咸年间,士人方浚颐有诗《沈辅之太守映钤为予谈吴榖人先生轶事率成绝句四首》,记录了一些

---

① 法式善《存素堂诗初集录存》卷六,《续修四库全书》本。

② 赵怀玉《亦有生斋集》诗卷十四,《续修四库全书》本。

③ 《有正味斋诗集》卷十六。以下凡涉吴锡麒《有正味斋诗集》《有正味斋词集》《有正味斋骈体文》《有正味斋诗续集》《有正味斋词续集》《有正味斋骈体文续集》《有正味斋外集(南北曲)》等,均用南京图书馆藏《有正味斋全集》(七十三卷)嘉庆同人堂刊本(GJ/89259),标明卷数,不再详注版本。

④ 《有正味斋外集(南北曲)》卷一。

吴锡麒久居翰林却未能青云直上之轶事。其云：

> 一生强项傲冰山，那屑浮沉金马间。为有清名夺文运（先生官翰林日从未得文差），鹓鸾飞去伴鸥鹇。
>
> 久闻黄阁礼邹枚，造就天家柱石才（先生馆阿文成公家最久，亲见那文毅公成进士，入翰林）。宾馆返迟书便面，神仙几至谪蓬莱（文成逆知将考试翰詹，于前二日索先生书小楷扇面，促其速成。先生漠然不应，迨大考后一日，始书以奉文成，而先生之试卷已为某相国抑置三等矣）。[①]

又，昭梿《啸亭续录》卷四亦载：

> 吴榖人先生，性爽阔，修髯伟貌，类市书钟离权象。……尝馆阿文成公宅，教今绎堂尚书，师范严肃。其他权要杜绝往来，故徜徉词苑二十余年始至祭酒。先生曰："得为国子宗师，吾愿足矣。"即日请假归，人争羡之。[②]

要之，吴锡麒自乾隆乙未通籍，"入翰林久之始进一阶"[③]。他在乾隆一朝仕途不顺，实由性情耿介、不趋权贵所致。晚年临近致仕之时才得授祭酒之位，然而他根本无意贪恋高位，授职不久即辞官归养了。此前他屡屡在诗歌中发抒欲"归隐西溪"、惜为贫所阻的感喟。因而，晚年在友人资助下他得以筑室钱塘，真正地实现了自己多年来归园田居的愿望，他以"东皋"名"堂"，以"东皋生"自号，名实相符，系其夙志。

---

① 方浚颐《二知轩诗钞》卷十二，《续修四库全书》本。

② 昭梿《啸亭杂录》之《续录》卷四，中华书局 1980 年版，第 489 页。

③ 赵怀玉《亦有生斋文钞》卷五《送翰林院侍读吴君归养序》，《续修四库全书》本。

（六）皋亭归樵

锡麒晚年之号，较少见用。嘉庆十二年（1807）秋，锡麒为吴方夔《得心书屋集》作序，款识云：“嘉庆丁卯秋，皋亭归樵吴锡麒序。”皋亭，山名，位于杭州北郊，离锡麒家居不远。风景优美，文脉深厚。皋亭山“桃文化”颇具特色，自宋代以来就有“皋亭观桃”的习俗。明代，杭人已有“西湖探梅、皋亭观桃”等四时赏花的习俗。降至有清，春季杭城人赴皋亭赏桃遗风尚存。锡麒早年里居时，就时常偕友登山赏桃、赏梅。

然而此号之见用，当系嘉庆六年（1801）锡麒乞养南返之后，寓归隐山林、不再出仕之意。

（七）匏居

锡麒早年诗集有名《匏居小稿》，“匏居”或系早年室名。匏，本指葫芦，锡麒先世多以笔耕，家素贫，“匏居”似极言所居局促。又，匏是中国古代八音之一。匏居，见于《国语·楚语上》：“灵王为章华之台，与伍举升焉，曰：‘台美夫！’对曰：‘……先君庄王为匏居之台，高不过望国氛，大不过容宴豆，……民不废时务，官不易朝常。……今君为此台也，国民罢焉，财用尽焉……数年乃成……若君谓此台美而为之正，楚其殆矣！’”东汉贾逵注曰：“匏居，高台名。”唐权德舆《八音诗》有云：“匏居容宴豆，儒室贵环堵。”诗谓君子安身于狭小简陋的居室，引申为富贵繁华不足贵，不如淡泊安居、谦光和尘，安贫乐道胜似富贵危身。综合看来，锡麒以“匏居”名集、名室，既是其生活环境的写照，也是其志行品性之寄托。

（八）宝石山楼

锡麒早年诗集有名《宝石山楼始存稿》，此或系其早年里居时堂号。宝石山位于杭州西湖之北，与葛岭一起成为西湖的北屏，山色秀丽，系锡麒家乡值得称道的名胜之地。

（九）伫月楼

锡麒有词集四卷名曰《伫月楼琴言》，另，其早年词集《有正味斋琴言》收入一词，名曰《戚氏·伫月楼赋秋声》。因知“伫月楼”或系其早年里居堂号、或系里中之名胜。

（十）三影亭

锡麒有词集三卷名曰《三影亭写生谱》。“三影”源于宋词人张先名句：“云破月来花弄影”（《天仙子》）、“娇柔懒起，帘幕卷花影”（《归朝欢》）、“柔柳摇摇，坠轻絮无影”（《剪牡丹》），世称“张三影”。锡麒以此为词集之名，盖表达了对词人张先的服膺之情。

（十一）翕羽斋

锡麒成进士前不久有诗集名曰《翕羽斋集》。“翕羽”之意，一有“铩羽”之意。隋卢思道《孤鸿赋》云：“于是翕羽宛颈，屏气销声，灭烟霞之高想，闷江海之幽情。何时骧首奋翼，上凌太清，骞翥鼓舞，远薄层城。恶禽视而不贵，小鸟顾而相轻。安控地而无耻，岂冲天之复荣！……各遂性于天壤，弗企怀以交战。……齐荣辱以晏如，承君子之馀眄。”[①]一为退隐归林之喻。汉扬雄《太玄经》云：“翕其羽，朋友助。”吴锡麒《澄怀园留别记》有云：“扬子云所谓翕其羽、朋友助也。惟是白云在望，亲舍可怀。春水初生，归帆欲去。既辞长安之日，遂买潞河之船。”[②]

结合锡麒《翕羽斋集》的创作时间，我们才能更好地理解其得名由来。此集创作于乾隆三十七年至三十八年之间，正是锡麒乡试不售、家居待试的时间。前此锡麒乡试不捷，此后一年，即乾隆三十九年、四十年，锡麒乡试、会试连试皆捷。因而创作该集的时间，正是锡麒人生失意且亦是养精蓄锐之时。

（十二）梦烟舫

锡麒斋名。始见用于为官京师时僦居之处，后主讲扬州安定书院时亦曾用。乾隆四十六年（1781）十月，锡麒于京师移居蒲褐山房，地即赵天羽寄园故址，斋名即梦烟舫。事见翁方纲诗《心余、榖人、瘦同同日移居》（辛丑）：“君能苔竹追前诺，谁可茶瓯共梦烟？”自注：“榖人新居即

---

① 严可均《全上古三代秦汉三国六朝文》，河北教育出版社 1997 年版，第 9 册，第 484 页。

② 《有正味斋骈体文》卷十四。

张涵斋侍讲旧居，其先王述庵居之。縠人斋名梦烟舫。”[①]

又，吴锡麒《还京日记》载，乾隆五十九年(1794)，锡麒官京师，时与友朋在梦烟舫诗酒唱酬。如正月十六日，锡麒邀梁亭如、叶臼湖同集梦烟舫。八月初八，锡麒招罗聘、孙星衍、张问陶等饮梦烟舫。十月初四，锡麒徙寓兵司马前街。初七，冯敏昌、赵怀玉、张问陶等醵金为锡麒贺新居，同集梦烟舫诗会。二十一日，王友亮、孙星衍、张问陶、魏成宪等同集梦烟舫，合樽促席，行看钱之令。以此可知，锡麒为官京师时多次移居，其斋名均为梦烟舫[②]。

嘉庆九年(1804)，吴锡麒有书寄翁方纲，翁方纲得书，作诗《同日得辛楣、縠人、仲子、手山书，赋江南思二首为寄》奉答，其二云："正味东南指烟舫，奇才淮海聚维扬(正味、烟舫，皆縠人斋名)。"[③]翁诗再度证实了梦烟舫系吴锡麒斋名。

嘉庆十七年(1812)，锡麒主讲安定书院，有诗《上巳日，招同人红桥修禊，因雨不果，小集梦烟舫，用杨铁崖花游曲韵》[④]。是知，主讲扬州安定书院时，梦烟舫这一斋名仍然见用。

(十三) 小香南馆

锡麒寓居扬州时室名。乾隆五十七年(1792)，吴锡麒为仪真蒋良平《五乐府词稿》作序，款识云："时壬子上巳，书于小香南馆。钱唐吴锡麒撰。"[⑤]时锡麒主讲仪真。又，锡麒友人武进赵怀玉《收庵居士自叙年谱略》云："(嘉庆十六年)抵扬州……初十日，吴縠人祭酒锡麒招同江涟、洪梧、蒋知节三同年、汪太守端光、贵观察征饯于小香南馆，各有赠句，余亦有诗。次日，解维。"[⑥]嘉庆十六年(1811)，时锡麒主讲扬州。

① 翁方纲《复初斋诗集》卷二四，《续修四库全书》本。

② 吴锡麒《有正味斋日记》之《还京日记》，光绪申报馆仿聚珍板印铅印本。

③ 翁方纲《复初斋诗集》卷五七，《续修四库全书》本。

④ 《有正味斋诗续集》卷六。

⑤ 吴锡麒《仿宋人五乐府词序》，见蒋良平《东樗杂诗》附《词稿》卷首，嘉庆刻本。

⑥ 赵怀玉《收庵居士自叙年谱略》，《乾嘉名儒年谱》第9册，第544—545页。

综上可知，小香南馆当系锡麒在扬州主讲时室名。

（十四）乐全堂

锡麒晚年新居名。嘉庆七年（1802），锡麒由上海来太仓镇洋过访友人汪学金，留宿汪氏菜根轩时，汪氏有诗《縠人先生由上海来娄，留宿菜根轩，有诗见赠，依韵奉酬》纪事，诗云："乐全待报新堂成，西湖梅花诗梦生。"自注曰："先生新居曰乐全堂。"[①]是知乐全堂为锡麒晚年新居名号。

（十五）有正味斋

锡麒所有室名堂号中，有正味斋之名，最为海内所知。锡麒里中后进陈文述有《都门五君诗》"吴縠人祭酒锡麒"，云："东马严徐重老成，一编正味即中声。"[②]嘉庆二十三年（1818），吴锡麒卒时，刘凤诰撰挽联云："正味在文章，凡识字人同一哭；清风论出处，拟私谥者定何辞。"[③]锡麒以"有正味"名斋，又以"有正味斋"名集，有其深意。"正味"，语出《庄子·齐物论》："民食刍豢，麋鹿食荐，蝍蛆甘带，鸱枭嗜鼠，四者孰知正味。""正味"在此意指口味的标准。引申而言之，"正味"既是锡麒对一己人格、品行的要求，表达了自身清高自许、高风亮节的情怀，同时也是对所为诗文的期许。以杜少陵语诠之，即"文章有神交有道"也。

二　籍贯考

吴锡麒祖籍徽州，他曾在《鲍肯园棠樾村图序》一文自注中说："余祖籍徽州，后移家乌程马要西林村，今迁杭又七世矣。"[④]由此可知，锡麒家由徽州移居浙江湖州，再由湖州迁入杭州，至锡麒时已在杭居住七世。

---

① 汪学金《静崖诗续稿》卷五，《续修四库全书》本。

② 陈文述《颐道堂诗选》卷四《都门五君诗》，嘉庆十二年刻道光增修本。

③ 梁章钜《楹联续话》卷三"挽词"，商务印书馆 1935 年版，第 226 页。

④ 《有正味斋骈体文》卷十。

在另一篇《先考行状》中，锡麒对吴家在湖州一地的迁徙，有更详细的记述：“先世居湖州归安县前邱里。始祖讳邦卿，始徙乌程马要镇之西林村，再传而迁于杭。”[①]是知，先世迁居湖州归安县前邱里，至先祖吴邦卿，又迁居湖州乌程马要镇西林村。再传，迁于杭州。

至锡麒时，吴家由乌程移居杭州钱塘将近百年。锡麒《荒庄感旧图歌并序》一诗曾云：“余家本住吴兴里，近徙钱塘百年矣。一船风雨过西陵，年年麦饭棠梨里。”自注曰：“余家祖居乌程，有庄在西陵村。岁时扫墓，每宿于此。”[②]在另一首《抵舍后作》诗中，亦云：“颇忆总角日，展墓于苕溪。百里溯烟水，数椽见茅茨。自我高曾前，耕读恒于斯。”[③]由上可知，吴家自乌程迁居钱塘后，在乌程西陵村仍有田庄。锡麒年幼时，常随父祖辈赴百里之外的祖居地扫墓，仍宿止于此庄。

吴锡麒在诗中不止一次地描写岁时赴湖州祖居地祭谒之事。《有正味斋诗集》首篇即是《湖州展谒祖墓信宿旧庐感赋三首》，足见其不忘祖德。诗云：

潜姿闷阴壑，迅羽翔高穹。宇宙各有托，显晦道不同。
余生守蓬藋，敢信能固穷。食德仰先畴，慨然思农功。
沄沄溪中水，谡谡松下风。百年丙舍远，精气自感通。
遗泽在耒耜，忍饥望年丰。白云一杯酹，哀响生枯风。
为我话畴昔，落日来田翁。（其一）

茅屋缘溪边，云是先世宅。守冢人杂栖，颓败仅四壁。
旁寻桑径通，远见稻堆积。场空人影小，寒月泻初白。

---

① 吴锡麒《有正味斋文集》（不分卷）卷墓铭四，抄本，上海图书馆藏。此集所收之文，均不见于《有正味斋全集》及各诗文集合刊本。详参第一章第三节著述及版本考辨。

② 《有正味斋诗集》卷五。按，西陵村之名在吴锡麒集中有时又作西林村。

③ 《有正味斋诗集》卷七。

稚子出门迎，揖我翻谓客。殷勤敦礼意，鸡黍无遴惜。
缅昔绸缪心，岂止计安适。井灶不可寻，青苔掩陈迹。
粪本叶知根，探源泉有脉。敝庐吾所爱，梦寐慰今夕。（其二）[①]

又，《有正味斋诗集》卷七有《湖州西林村祖居感赋二首》：

侨籍钱塘百载过，白云迢递隔烟波。
田荒丙舍经营缺，户长丁男慰藉多。
笑涕万端时屡换，诗书两字教无他。
数椽老屋西林在，明月犹来照薜萝。

祖父艰难孙子易，人言阴德畀于今。
如天覆庇真无量，令我科名愧此心。
遗耒挂墙苔色绣，佩刀藏箧宝光沉。
承先黾勉愁无及，四十头颅雪已侵。[②]

锡麒第八子吴清皋有诗《再和九弟二首》，亦曾述及先世祖茔在湖州之事："扬州虽乐土，暂可卜宅吉。梅坞自先陇，苕溪有别室。"自注曰："先茔在杭之杨梅坞。""高祖以上坟墓在湖州，今尚有屋以居守冢者。"[③]可知，吴氏高祖以上的墓茔在祖居地湖州，仍有屋宇，令守墓人居住。

自迁至钱塘后近百年来，吴家居处亦屡有变更。锡麒在《六十生日自述七首》第二首云："我家先人宅，门对苕溪清。桑竹所蔽路，人多荷锄行。自徙钱塘来，百载居屡更。"[④]

---

① 《有正味斋诗集》卷一。
② 《有正味斋诗集》卷七。
③ 吴清皋《壶庵诗》卷二，咸丰五年刻《吴氏一家稿》本。
④ 《有正味斋诗集》卷十六。

第二节　家世考

吴锡麒家世，正史、方志记载不详，目前亦未发现他的家谱、族谱。所幸在上海图书馆笔者发现了一本珍贵的吴锡麒未刊钞本《有正味斋文集》，其中两篇《先考行状》《先妣卢太淑人行略》对其家世略有述及。再结合吴氏亲友诗文别集、时人交游文字，笔者对吴锡麒家世略作考述。

一　祖辈

吴家先世居湖州归安县前邱里，始祖吴邦卿，迁浙江湖州乌程马要镇西林村，再传，迁于杭州。高祖吴之纯，号息山，“以经世之学闻于时”，时遂宁张问陶高祖张鹏翮巡抚浙江[①]，曾延入幕下，“凡利弊多咨决焉，有惠于乡里甚大”[②]。

曾祖吴桂籍，号秋园，“隐德不耀”，与张问陶曾祖张懋诚同游辽东[③]。吴锡麒《哭张船山三首》(其一)云：“科第何情牵我辈，高曾有契逮诸孙。”自注：“余高祖息山公在文端公幕中，后曾祖秋园公亦与君曾祖同游辽东，交谊至今五世，不可谓不久矣。”[④]又，张问陶有《正月十日王葑町给谏筵上赠吴縠人锡麒前辈》一诗，也记载了两家世谊：“醉后相

---

① 按，张鹏翮(1649—1725)，字运青，号宽宇。清初名臣、著名学者。康熙九年进士，历官苏州知府、兖州知府、浙江巡抚、江南学政、刑部尚书、两江总督、河道总督、户部尚书、文华殿大学士兼吏部尚书，著有《张文端公全集》。

② 吴锡麒《有正味斋文集》(不分卷)卷墓铭四《先考行状》，抄本。

③ 按，张懋诚(1667—1737)，字孟一，号存庵。康熙二十六年举人，历官安徽怀宁知县、奉天辽阳知州、通政使司通政使，署工部右侍郎，诰授通奉大夫，著有《通政诗集》一卷。

④ 《有正味斋诗续集》卷七。

逢不忘祖，高曾两世为宾主。七十年来几兴废，两姓玄孙前后辈。”①

叔曾祖吴翰章，锡麒父鸿基年少时曾从之宦游湖、湘、山左间。殁于京师，灵柩归杭，贫不克葬，锡麒父鸿基为之营殡于横山祖茔②。

祖父吴熙绩，生年不详。因家贫常年在外坐馆，以笔耕自食。锡麒曾云：“辛苦我祖父，专以笔代耕。教我识字始，以迄于长成。长成拙生计，妄想希荣名。我祖盖棺日，我方赋鹿鸣。及乎禄养逮，乾荫倏以倾。”③可知，锡麒由其祖父启蒙，待锡麒举人中式之年，即乾隆三十九年(1774)，祖父卒。

叔祖吴文庵，锡麒曾称“吾家老著作”，弱龄时曾以《诗经》相授，“穿穴笺与传，说之解我颐”。十五年后，锡麒作《读诗经七首》时，曾深情追忆幼年的从读生活：“忆当盛夏交，灌木鸣黄离。微微葛粉拆，向我衣裳吹。我时不解吟，亦复微会之。江湖阅历久，十五载于兹。我犹青其衿，公已白其髭。”④

二　父母

锡麒祖父吴熙绩有二子：承基、鸿基。承基早殇。鸿基，字履和，一字侣云，晚更号憩庵，锡麒父。生于康熙五十六年(1717)四月十五日，卒于嘉庆二年(1797)九月四日，年八十一。“诰封奉直大夫翰林院编修，加三级晋赠朝议大夫，例晋中议大夫国子监祭酒加二级。”⑤

吴鸿基生而奇颖，十岁，通诸经。家贫，锡麒祖父坐馆于外，举家常不能饱腹，遂废读。十四岁，从叔曾祖吴翰章宦游湖、湘、山左间。久之，归里，所过多名山巨川，增长气识，故“意常豁如也”。家世以笔耕自食，锡麒曾祖母又戒为名法家，尝言：“世之为刑官者，稍有过误，后必不昌，而况佐斗者伤乎？”故锡麒父亲出而辅人，但“综其钱谷出入，余勿为

① 张问陶《船山诗草》卷十一，中华书局1986年版，第264页。

②⑤ 吴锡麒《有正味斋文集》(不分卷)卷墓铭四《先考行状》，抄本。

③ 《有正味斋诗集》卷十六《六十生日自述七首》(其二)。

④ 《有正味斋诗集》卷二《读诗经七首》(其七)。

理”，然而“精于发覆，同人有疑不能决者，多来取成，因是见重于人”。

乾隆四十年(1775)，锡麒成进士，入翰林，屡承恩命。其父每有书至，必诫之曰：“朝廷高厚，非可言报，但汝能尽一日之心，即可宽我一分之心，毋念我为也。”[①]谆谆教诲，其情可想。

性颇俭约，“一羊裘终身不易”。救人急难则颇慷慨，“必委曲成就，无少吝惜”。工楷书，得欧、柳之神，所抄撮经史诸书，岁常盈寸。生平洪量善饮，“与知临安县事赵公民洽最相契，饮各数斗不乱”[②]。此善饮之特点，其子锡麒亦有所继承。

锡麒母卢氏，仁和人。生于康熙六十一年(1722)十月二十二日。其家世以文学著称，二十三岁归锡麒父。时锡麒曾祖母沈太君犹在堂，卢氏上事两代，“先意承志，能得其欢心”。家境贫素，备尝艰苦，然为子延师课读，饮食必丰。“不畜婢媪，一切烹饪浣濯之事，晨起操作，更迭不休。夜则砑锡箔为来日计，油灯破屋，霜风飒然，每至荒鸡鸣以为常。”[③]有子三人：锡麒、锡麟、锡凤；女六人；孙九人：清学、清慎、清涟、清芬、清源、清淦、清皋、清鹏、清钺；孙女五人。殁于嘉庆十三年(1808)十月初二日，年八十七。诰封恭人，例晋淑人。

三　弟、妹

锡麒父吴鸿基有子三人：锡麒、锡麟、锡凤。

吴锡麟，字洛书，号箬村。锡麒仲弟。著《访秋书屋遗诗》一卷，全稿已佚，《吴氏一家稿》中仅存四首。锡麒族侄吴振棫编刻《杭郡诗续辑》，录锡麟遗诗四首，振棫序称：锡麟“善画山水，笔情墨趣，潇洒天真，气味极清古”；兼工篆刻，“以几案才出佐人幕”。尤好诗词，与兄分咏《新年杂咏》“并有寄托，耐人寻味”。遗诗摆脱凡俗，“非食烟火人所知”。

与姊妹共排行，锡麟居第五，锡麒常称五弟，如有尺牍《寄五弟》，

---

①② 吴锡麒《有正味斋文集》(不分卷)卷墓铭四《先考行状》，抄本。

③ 吴锡麒《有正味斋文集》(不分卷)卷墓铭四《先妣卢太淑人行略》，抄本。

云:“屡得吾弟书,而未及奉报,非懒也,直忙耳。”“白头兄弟尚复有何奢愿,但得茅屋三间,青山一角,芒鞋竹杖,安稳以送余年,似乎亦非难事。然一再思之,岂易得哉?写至此,因思往日,与吾弟在严江舟中,望山上人家鸡犬萧闲,为之浩然三叹!”[①]锡麒常有与弟归隐田园之思。此信中所言“与吾弟在严江舟中”,系指乾隆三十五年(1770)春,二人同赴严江之行。锡麒作有《庚寅春再赴严江同舍弟锡麟舟中作》,云:“好句忽飞到,与吟惟子由。江山如昨梦,兄弟此扁舟。”[②]

因家贫,锡麟学业未就即外出谋生。乾隆三十八年(1773),锡麟将赴山西泽州之役,锡麒作长诗一百六十韵送行,有云:“能贤真汝羡,有美亦谁俦。小别情难诉,含辛目屡揉。平生相友爱,何日致绸缪?芳草吟康乐,南山梦子由。”[③]

乾隆四十七年(1782)夏,时锡麒官京师,僦居寄园,锡麟来京探视。“讶尺鲤之未通,倏蹇驴之已至。惊疑乍定,乃识形容。抑塞难言,徒伤老大。”[④]随后锡麒遣妻子、儿女南归,锡麟护送。

乾隆五十年(1785),锡麒乞假归省。六月初,舟过嘉兴,同年方筠亭留宿郡斋,时锡麟坐馆于是,兄弟夜话达旦。锡麒撰诗《舟过嘉兴方筠亭同年林留宿郡斋与舍弟锡麟夜话述五百言》,有云:“冠盖触炎暑,行行六月初。江山笑张翰,辛苦求莼鲈。长水子所馆,约我停青舻。翩然谋食鸟,来作同队鱼。……我官固自冷,子瘠何时腴?富人或千亩,我志营一区。有田倘可归,与子同把锄。”[⑤]

嘉庆十年(1805),锡麒六十生日时,有诗《六十生日自述七首》感怀。其六云:

---

① 吴锡麒《有正味斋尺牍》卷下,光绪元年上海申报馆铅印本。

② 《有正味斋诗集》卷二《庚寅春再赴严江同舍弟锡麟舟中作》。

③ 《有正味斋诗集》卷三《舍弟锡麟将有山西之役感今追昔怆然于怀成排律一百六十韵》。

④ 《有正味斋骈体文》卷九《箬村弟〈萍迹图〉序》。

⑤ 《有正味斋诗集》卷七。

嗟予弟行役，东西路何遥。荆树本同根，乃各荣枝条。
忆当就傅日，共习诗书教。功成在积累，意得忘矜骄。
有时出心兵，欲与古者鏖。学成斫轮手，苦代他人庖。
关山多雨雪，江湖滞风涛。昨得仲氏书，申纸词滔滔。
念我年六十，自叹亦二毛。落木思粪本，鸟倦当归巢。
会当约予季，同结秦亭茅。寿亲无算爵，进我长生瓢。
殷勤荐此论，此论吾久操。愿谋田可种，愿买山可樵。
薜萝纷在眼，行就山灵招。①

可惜锡麟早卒，无子，锡麒以己子清鹏为嗣。殁后，封赠如其子之官。锡麒有尺牍寄亲家赵棐臣，云："今年九儿侥幸科名，忝居鼎甲，此固意想所不料，亦算是两家福气耳！……可惜五弟早亡，不能令其欢喜，笔写至此，泪下如縻。"②

弟卒，锡麒颇哀痛，作诗四首哭之。其一写幼时共承膝下的怡怡之乐：

人兄良所愿，爱汝更怡怡。
得共承亲日，宁忘合被时。
笑谈关孺慕，游戏纵天姿。
白首怜吾在，徒牵春草思。

其二写长成后兄弟为生计南北飘零奔波、难以相聚之愁：

蓬栖本贫薄，萍寄况羁孤。
梦有长相见，归愁尾毕逋（弟归时多以岁暮）。
风霜忧骨肉，岁月泊江湖。

① 《有正味斋诗集》卷十六。
② 《有正味斋尺牍》卷下《寄赵棐臣》，光绪元年上海申报馆铅印本。

寥落寒暄话，能酬雁字无。

其三写乾隆三十八年(1773)锡麟赴山西泽州，锡麒作长歌送行之事，与四十七年(1782)锡麟远道来京探视乃兄，并奉命护送嫂子与侄子、侄女们回浙之事：

忆昔长言赠，如歌行路难(弟至泽州，余尝作五排一百六十韵赠行)。
壮游方晋适，绣铁几欢弹。
我亦京华滞，曾烦远道看。
妻孥赖将去，宦迹此酸寒(戊戌曾挈余眷属还南)。

其四写锡麒失去兄弟的悲痛之情：

才得完伊事，俄惊息此形。
舍经同筑丙(前岁与余同治先人葬事)，膝已屡添丁。
木茂宁容静，潮收那便宁。
鸰原常黯黯，风雨不堪听。①

另按，清乾嘉时名“吴锡麟”者有两位。诸多文献记载均有误，亟需辨明。另一位吴锡麟系浙江嘉兴人，生卒不详，字上麒，号竹泉。乾隆三十年(1765)举人，官浙江遂安教谕，改广东盐大使。早为爱新觉罗·吉庆所知。能诗，著有《自怡集》《岭南诗钞》等。生平事迹见于潘衍桐《两浙辅轩录续录》卷一二、《晚晴簃诗汇》卷九二。

锡麒三弟吴锡凤，生卒、字号均不详。与姊妹共排行，位列第七。锡麒有尺牍《寄七弟》，云：“自念一二兄弟，不能常常聚首，徒飘泊于天涯地角间，乞食依人，亦复何乐？况五弟今年之变，尤为痛心。筑室方新，而

① 《有正味斋诗续集》卷六《哭仲弟锡麟四首》。

落成无主；谋人正热，而抚骨已寒。”[①]锡凤与二兄锡麟皆学业未就，出外谋生，馆于旁郡。吴锡麒曾有诗云：“我有两弱弟，天涯逐萍蓬。”[②]

吴锡麒曾有一柬寄友人无锡秦瀛，云：“徒念家贫母老，为此劳劳，现在菽水之需，苦难赡足，一二兄弟不能不使糊口于四方，尚赖大君子有以玉成之，倘蒙赐以吹嘘，不啻生死人而肉白骨也！”[③]此信或为请托秦瀛为其弟谋生而作。

吴鸿基有女六人：长女适周春旭、次女适关景椿、三女适潘仪圆、四女适程塘、五女适赵俌、六女适程坤。

嘉庆十三年（1808）三月，锡麒四妹亡故；同年十月，六妹亡故[④]。

四　妻、子

锡麒妻杨氏，仁和人，太学生杨炯长女。生于乾隆九年（1744）五月初七日。少本知书，家贫遂罢。二十岁时，归锡麒。

嘉庆十年（1805），吴锡麒在《六十生日自述》（其五）一诗中曾述及二人结发以来患难相扶的生活。诗云：

> 菟丝与女萝，纠结自蒙密。贫家有夫妇，跬步不相失。而我如匏瓜，河汉阻灵匹。年年践秋诺，相见得几日。可怜苍浪发，霜雪齐夺漆。我妇更长余，六十今过一。昨年初度期，正被饥驱出。欲以诗寿之，落纸无一笔。艰难郁万状，累汝不能述。有屋待牵萝，无田安种秫。蒙恩许归养，甘旨谋且绌。区区束修羊，聊藉充鼎实。汝以我贫故，长斋誓学佛。卅年仕宦身，不能赡家室。恒言不称老，顾景但萧瑟。[⑤]

① 《有正味斋尺牍》卷下，光绪元年上海申报馆铅印本。

② 《有正味斋诗集》卷十《题魏春松比部成宪〈溪山二隐图〉》。

③ 《有正味斋尺牍》卷上《寄秦小岘》，光绪元年上海申报馆铅印本。

④ 《有正味斋文集》（不分卷）卷墓铭四《先妣卢太淑人行略》，抄本。

⑤ 《有正味斋诗集》卷十六。

因为家贫，锡麒晚年常往来于扬州、上海之间，以讲学、修书为生。因而与其妻时常如河汉阻隔的牛、女二星，聚少离多。其妻还因家贫之故，长年吃斋学佛。对于仕宦近三十年的锡麒而言，尚无法令妻子儿女过上丰赡的生活，老景萧瑟、清寒一至于此，着实令人感喟。

翰林文士本就是清贵、寒素之职，再加上锡麒一生子女有九人，食口众多，因而清贫尤甚，锡麒妻子的艰辛亦可想而知。嘉庆十五年(1810)，七月二十日，杨氏卒。享年六十六，诰封恭人。对于妻子之亡故，锡麒极为悲痛。有《哭亡室杨恭人二十四首》，述其一生事迹甚详，追念之情感人肺腑。其一总述相伴四十六载终成一梦之哀：

相依相傍不辞贫，纵到荣华也苦辛。
四十六年成一梦，思君才是可怜人。

其二写二人幼时比门而居、青梅竹马，结缡以来，质朴淡泊，伉俪相得：

古巷青杨树共栽，两家门户莫相猜。
布衣椎髻称新妇，恰称儒门淡泊来。

其三写杨氏侍奉翁姑及祖辈，勤谨恭温：

堂前两代茂椿萱，侍奉常承笑语温。
今日宵衣谁奠贽，树头枣栗雨秋繁。

其六写杨氏在丈夫失意时温和护持：

潦倒愁予被酒时，归来无复醉魂知。
唾茵卧瓮寻常事，斟酌春寒与护持。

其七写杨氏一生操持，劳劳碌碌，以度长春：

一生暑夕与寒晨，衣食都劳十指频。
可惜红蚕迷起伏，压残金线为何人。

其八写杨氏职尽内助，居贱食贫，却能为巧妇之道，大方待客：

客来无计供贫餐，苳篋频看笑不难。
装得绵衣先付质，老菱毛芋已堆盘。

其九写杨氏青灯伴读，细致周到：

寒天泻水轩车翻，夜半方知雪洒门。
待我一篇文字了，拨开榾柮酒重温。

其十一、十二、十五写杨氏上侍翁姑，下育儿女，经历了旅途风波之险与丧子之痛。终于将儿女抚育成人，又要筹谋婿娶，千苦万辛。

重烦老父念羁孤，特遣租船到直沽。
听说黄河风浪恶，惊心一曲母将雏（戊戌夏挈一女四子来京，闻渡河时，适逢风浪，漕艘有遭溺者）。

娇儿旅邸痛苍黄，无药无医付痘殇。
此亦谢郎行第五，一棺草草瘞斜阳（庚子，五儿以被痘殇瘗于园）。

上承色笑下操持，从此辛勤没了期。
女嫁男婚抱孙子，空心锅子耐煎治。

其十八、十九写老年夫妻相互扶持、互慰衰年：

海上怜余一病归，关心医祷鬓全非。
青铜只入飞蓬影，挽著秋寒雪便肥。

云迷屺岵惨难禁，逮养徒惭甘旨任。
白发扶持左右手，赖君差慰百年心。[①]

总之，锡麒在追忆亡妻往昔的艰辛与琴瑟甚谐的欢乐时，字字句句都表达沉痛与忆念之情。

杨氏有子七人：清学、清慎、清涟、清芬、清源、清皋、清鹏（后嗣吴锡麟）。有女二人，一适仁和分发山东州吏目庞启秀，一适钱塘胡廷埒[②]。

长子清学，字士朝，号小西。国子监生，娶朱氏。有《小西山房遗诗》一卷，辑入《吴氏一家稿》。卷首有弟清鹏撰《纪略》，称清学十余岁时即随父居京，曾有《咏冰花》之句："前身是流水，今夕共梅花。"为时人传称。又有《咏月饼》："在手一轮满，登盘八月交。"《咏夜来香》："明月淡相映，绿鬟凉一堆。"《咏鲥鱼》："安得万钱供箸下，却逢四月住江南。"皆一时佳句。可惜全稿已失，只存十一首，"亦吉光片羽也"[③]。

次子清慎，候补盐运使知事，娶杨氏。生平不详。

三子清涟，字文波，号漪江。杭州府学增广生，娶李氏。有《灌园居偶存草》一卷，附试帖一卷，辑入《吴氏一家稿》，首有弟清鹏《纪略》。清涟自幼笃志好学，年长清鹏、清皋十三岁，二弟少时即一同受业于清涟，"过于严师"，"诗文皆出教授"。五十岁后不复应试，以种花赋诗为乐，

① 《有正味斋诗续集》卷四。

② 《有正味斋文集》卷墓铭四《亡妻杨恭人行略》，抄本。

③ 吴清鹏《小西山房遗诗纪略》，吴清学《小西山房遗诗》卷首，咸丰五年刻《吴氏一家稿》本。

清鹏在京时多寄诗见示。清鹏尝请为其刊稿，“不许”，殁后其子检遗箧得诗一册，凡古今体四十九首，咏古试帖三十首[①]。吴锡麒颇爱此子，称：“吾家阿涟慧，种种解人意。听罢辄效之，是我小时事。”[②]

四子清藻，原名清芬，字兰谷，以字为号。娶沈氏。官两淮候补盐知事。所撰《七十老人学诗钞》二卷，道光间刻，南京图书馆藏。辑入《吴氏一家稿》者，为《梦烟舫诗》一卷，首有弟清鹏撰《纪略》。作诗反对抄袭，“不肯拾前人一字，亦不喜看前人诗”。性好苦吟，“每作，寝食俱废，或呼之不应，号为‘诗痴’”。自清鹏南归，寓居扬州时，清藻兄已年近七十，见鹏有作，犹不自已，“然必数日始成”。清鹏乃出白香山、陆放翁二稿示之，“忽大喜曰：‘诗固若是，易耳。’”[③]未三月，成百余篇。作《七十老人学诗歌》自记之。

五子清源，娶陆氏。乾隆四十五年(1780)，卒于痘殇。吴锡麒《哭亡室杨恭人》(其十二)谓：“娇儿旅邸痛苍黄，无药无医付痘殇。此亦谢郎行第五，一棺草草瘗斜阳。”[④]

六子清皋(1786—1849)，字鸣九，号壶庵、小穀。与弟清鹏为孪生兄弟。与姊妹共排行居第八，故常称八儿。娶项氏、韩氏。嘉庆十八年(1813)举人，官内阁中书，充国史馆分校。道光十六年(1836)充军机章京，议叙内阁侍读，充方略馆纂修，考御史第一。未及补而以先所得京察，外擢抚州府知府。著有《壶庵诗》二卷、《骈体文》二卷，辑入《吴氏一家稿》，首有弟清鹏《纪略》。事迹见梅曾亮《柏枧山房诗文集》卷十五《南昌府知府吴君墓志铭》、《清史列传》卷七二《文苑传》、潘衍桐《两浙輶轩续录》卷二七、《(民国)杭州府志》卷一四六。

---

① 吴清鹏《灌园居遗诗纪略》，吴清涟《灌园居偶存草》卷首，咸丰五年刻《吴氏一家稿》本。

② 《有正味斋诗集》卷七《旅述八首》(其七)。

③ 吴清鹏《梦烟舫诗纪略》，吴清藻《梦烟舫诗》卷首，咸丰五年刻《吴氏一家稿》本。

④ 《有正味斋诗续集》卷四。

清皋早岁即以能诗文称名，尝侍父游扬州，凡酬应之篇多出其手，扬人称小縠先生。自游清浦，与郭麐、陈曼生、万廉山诸老辈友善，“学日益进”①。锡麒官京师时，清皋寓于曾燠宅，师事曾燠，《壶庵诗》卷二有《和宾谷师康山观舞鹤诗即用其韵》《柳柳州乞巧图为南城师题》。梅曾亮为清皋撰写的墓志铭，述其生平甚详，并载道光二十三年(1843)轶事一则：道光皇帝曾召见吴清皋，曰：“汝师傅吴縠人子耶？汝学问乃不得进士也?”梅曾亮在墓志铭中还对吴清皋与其孪生弟、官至顺天府丞的吴清鹏作有比较，言二人“言动状貌、工词翰、官皆至四品，同也”。然而吴清鹏“豪于诗，以高第历职清旷，今益自放于病以极其才”，而清皋“遇事精整，慎名法，内苦其心，而必求无枉于人”②。

七子吴清鹏(1786—?)，字程九，号西縠，晚号笏庵。与姊妹共排行，居第九，故常称九儿。出嗣锡麒弟锡麟。娶赵氏。嘉庆二十二年(1817)一甲第三名进士，授编修。道光九年(1829)考选山西道御史，官至顺天府府丞。“以清素著闻”③。湘阴左宗棠出其门下，清鹏集中有《送左生宗堂下第还长沙》④。中年辞官，主讲扬州安定书院。“诸兄眷属多往依之，一门唱和，乐备天伦。”⑤初寓扬州郡城，晚年卜居公道桥，闭户著书⑥。有《笏庵诗钞》二十四卷。辑录《吴氏一家稿》，其中收入《笏庵诗》二十卷、《笏庵试帖》一卷。事见《清史列传》卷七二《文苑传》、《(民国)杭州府志》卷一四六。

---

① 吴清鹏《壶庵诗文纪略》，吴清皋《壶庵诗》卷首，咸丰五年刻《吴氏一家稿》本。

② 梅曾亮《柏枧山房诗文集》卷十五《朝议大夫南昌府知府吴君墓志铭》，上海古籍出版社 2005 年版，第 352 页。

③⑤ 王棻、陆懋勋《(民国)杭州府志》卷一四六《文苑三》，民国十一年杭州铅印本，《中国地方志集成》浙江府县志辑第 1—3 册。

④ 诗存吴清鹏《笏庵诗》卷八，咸丰五年刻《吴氏一家稿》本。

⑥ 董玉书《芜城怀旧录》卷三“吴清鹏”条，见江庆柏主编《清代地方人物传记丛刊》第 6 册，广陵书社 2007 年版，第 534 页。

五　孙辈

锡麒有孙十二人：树楷、树模、树榦、树桐、树梓、树檀、树杞、树槐、树棠、树柏、树棣、树栩；孙女七人①。

吴安业，原名树杞，改名颖再，后改安业。字杖仙，以字为号，清鹏长子。道光十五年(1835)举人，候选知县。有《小斜川室初存诗》二卷，辑入《吴氏一家稿》。另有《理瀹骈文略言》四卷。博览经史，兼善医术。"建存济堂，施舍膏药。居公道桥，终年足迹不入城市。远近贫病无力医药赖吴生活者，以千百计。"②

吴官业，原名树柏，改名椲再，后改官业。字云上，以字为号，清鹏次子。钱塘县学附生，候选训导。有《小鄂不馆初存草》一卷，辑入《吴氏一家稿》。

吴梁，字戟门，以字为号，清皋子，候补知州。有《秋雪山房初存诗》一卷，辑入《吴氏一家稿》。早慧，"授以诗即能成咏"。其父赴江西任抚州知府，尝随侍之，有《贫交行》《盘香》等篇。及其父署理江苏崇明县事，遂有《渡海》之篇，"其后如《课士》《祷雨》亦多出县斋所作"③。

综上所述，吴氏一家堪称诗书传代，清学者邓显鹤在《粟园学诗图记》曾有记述："余自早岁以诗游天下，天下士大夫不鄙弃余，因得稍稍知天下之能诗者。然缟纻所及不过十之一二，而其中每多名父子，如钱唐吴縠人祭酒及其子小縠舍人清皋、西縠通政清鹏。"④然而，锡麒子孙两辈在文学造诣上均无法与之比肩。

---

① 《有正味斋文集》卷墓铭四《亡妻杨恭人行略》，抄本。

② 董玉书《芜城怀旧录》卷三"吴清鹏"条，《清代地方人物传记丛刊》第 6 册，广陵书社 2007 年版，第 534 页。

③ 吴清鹏《秋雪山房初存诗纪略》，吴梁《秋雪山房初存诗》卷首，咸丰五年刻《吴氏一家稿》本。

④ 邓显鹤《南村草堂文钞》卷六《粟园学诗图记》，咸丰元年刻本。

第三节　著述及版本考辨

吴锡麒一生著述宏富，诗、文、词集屡经刊刻。除已刊印通行者若干种外，尚有未刻的稿本、钞本与部分评阅批点本存世。因而吴锡麒著述之种类及版本系统都比较复杂。加之，历来吴锡麒作品的著录还存在着不可忽视的错讹现象：自清中期以来不少选本和论著对于吴氏最重要的著述《有正味斋集》之名称、乃至作者本名之著录，都时常出现不易觉察且陈陈相因的错讹。如：清代鸿宝斋主人《赋海大观》，收吴锡麒赋作三篇，作者均误题"吴锡麟"[①]；清程祥栋《东湖草堂赋钞》，选吴锡麒赋十七篇，该书二集"目次"误标《镜听赋》为吴锡麟作，正文无误[②]；清任聘三《律赋选青》"国朝卷三"录吴锡麒《春水绿波赋》，"目次"中误著"吴锡麟"，正文无误；"国朝卷四"录吴锡麒《寒鸦赋》，"目次"中误著"吴锡麟"，正文无误[③]。当代《中国历史人物辞典》将吴锡麒著作误作"《正味斋集》"[④]，脱"有"字；《二十五史人名大辞典》误作"《有正山房集》"[⑤]；《中国文学编年史》误作"《正味斋诗集》"[⑥]；《历代骈文名篇注析》误作《正味斋集》[⑦]等，不一而足。要之，清人著录中时常发生作者姓名的淆误；近人辞典、选本、论著时常发生著述名称的淆误。因此，本节拟就寓

---

① 鸿宝斋主人《赋海大观》，其中第 2 册第 219 页收《晋王右军题扇桥赋》、第 422 页收《王右军书兰亭序赋》、第 559 页收《镜听赋》，皆误著作者为吴锡麟。北京图书馆出版社 2007 年影印光绪二十年上海鸿宝斋石印袖珍本。

② 程祥栋《东湖草堂赋钞》，同治五年抱朴山房刊本。

③ 任聘三《律赋选青》，同治八年金陵敬书堂刊本。

④ 吴海林等编《中国历史人物辞典》，黑龙江人民出版社 1986 年版，第 669 页。

⑤ 黄惠贤主编《二十五史人名大辞典》（下册），中州古籍出版社 1997 年版，第 717 页。

⑥ 陈文新主编《中国文学编年史》，湖南人民出版社 2006 年版，第 333 页。

⑦ 吴云《历代骈文名篇注析》，天津古籍出版社 2008 年版，第 613 页。

目所及，按类目及撰著方式、重要版本，对吴锡麒著述稍作考述辨订。

一　诗、文、词别集类

（一）《匏居小稿》一卷附《有正味斋琴言》一卷

乾隆三十九年刻本，复旦大学图书馆藏。二册。内封题“匏居小稿”。半叶十行十九字，白口，四周单边，无鱼尾。版心上镌“匏居小稿”，下镌页码。卷首有乾隆三十九年汪沆序：

> 余往与同人论诗，举周德卿之言曰：文章徒工于外者，可以惊四筵，不可以适独坐。诗者，志也，中有我在。斯以我法行之，而能自言其志也。汉魏晋唐而降，杜甫氏之外，诸作者各以所长而不能相兼。司空表圣论其品二十有四，分标其目，冲淡劲健，绮丽疏野，变化不一，随所宜而咸得斯之谓与。堇浦尝言，明七子、十子、国朝西泠十子诸集，若出一手，阅未终篇，令人意尽。噫！蹈袭剩语，优孟前哲，华则忘实，巧则伤正，诗中其何有我哉？壮岁，余埃磕风尘，顾丈月田与堇浦辈结社湖山，吟朋招引，蒸然蔚起。未几，旋复衰废。近百药、志勇、季兴邀同人为可庄之会，余诗有云“遨头自愧始，八社继遗响”。百药之友吴子榖人学尤深博，间和余作，介百药示余。夙已倾倒，今读其吟稿，而叹其才思沉敏，独辟蹊径，不以剽拟为优，可谓能直言其志而非徒工于外者矣。余衰年颓落，却扫闲居。幸得假年，步屧文宴。日见里中群彦，踔厉骚坛，将继月田诸老后，而风雅由此其丕振也，不禁心喜而为弁数言于卷首。乾隆甲午冬日，同里学弟汪沆。

次正文。卷首题“钱唐吴锡麒榖人”。此《匏居小稿》系锡麒早年所刊诗集，凡收诗95篇，均作于乾隆三十九年前。与今见各本《有正味斋诗集》卷一《宝石山楼始存稿》、卷二《严江集》、卷三《翕羽斋集》所收诗歌创作时间大体一致。然而《匏居小稿》绝大多数诗篇为以上《有正味斋诗集》三卷所未收。同时，二者均收之诗，篇题与内容亦时见差异，如

《有正味斋诗集》卷三有《正月七日，同黄相圃、岫云上人过昭庆僧舍，与家西林先生颖芳茶话》。《匏居小稿》中此诗题作《甲午正月七日，同黄相圃、岫云上人过昭庆僧舍，与家西林先生颖芳茶话，用相圃韵》。盖《匏居小稿》系少作原貌，嘉庆间作者整理刊印诗文集时，对之别有增删[①]。

《有正味斋琴言》一卷，附《匏居小稿》后，版式同。该集凡收词51篇。卷首有项朝棻题辞："我爱吴郎绝妙词，一编半是有情痴。醉来笑指红牙拍，听取歌喉宛转时。""春花秋月自年年，尽把新声寄采笺。唱到孤鸾忽凄绝，重教众客泪潸然。"又有倪印元题辞："风吟柳絮月吟花，多少闲情寄酒家。五七弦中弹绝调，知音自古在天涯。""三月长安客梦轻，春山春水太关情。风流却笑周邦彦，细马斜阳别内城。"

以此51篇与后见各合刻与全集本《有正味斋词集》卷一《伫月楼琴言一》比对，此本有36篇未收入《伫月楼琴言一》，已收入的15篇，篇题、内容亦有差异。如《有正味斋琴言》有《水龙吟·夏晚坐赵氏西池泊花槛纳凉》，《伫月楼琴言一》作《水龙吟·夏晚赵氏西池纳凉》。

要之，以上《有正味斋琴言》与《匏居小稿》俱系锡麒少作，后作者再次整理刊印别集时对之有所删减、修订。

(二)《有正味斋集》十六卷

清刻本，南京图书馆藏。凡八册，无封面，无刊刻信息。半叶十二行二十四字，黑口，双鱼尾，四周单边。版心上镌"有正味斋集卷×"，下镌页码。每卷卷首下题"钱塘吴锡麒圣征"。

无序，首即《有正味斋集》总目，目次为：卷一诗一，卷二诗二，卷三诗三，卷四诗四，卷五诗五，卷六诗六，卷七诗七附，卷八诗八附[②]，卷九赋一，卷十赋二，卷十一序一，卷十二序二，卷十三论、传、记、启、寿序，卷十四词一，卷十五词二，卷十六词三。每卷无细目。

其中诗集所收诗歌纪年止于乾隆五十五年庚戌(1790)，时锡麒四

---

① 详见《有正味斋全集》(七十三卷)之《有正味斋诗集》卷首法式善序。

② 按，卷七、卷八所收系试帖诗。

十五岁，是年八月他乞假南归，所收诗歌止于归浙家居。

该集所收诗歌大体见于其后诸《有正味斋全集》(73卷)刻本之《有正味斋诗集》前八卷，且排除个别差异外诗歌排序亦大体相同。但仍有不少该集已收而《全集》未收者，与《全集》已收而该集未收者。

其该集已收而《全集》本未收者共计39题，包括：《洪忠宣公祠》《孤山探梅歌》《莲蓬人》《梅雨三首同古廉作》《咏庭中鸭脚树》《湖心亭坐月》《筱窝大雪作歌》《九日登临江亭》《雨后观山中出云歌》《题拟园湘碧山房兼怀友人楚中》《明日再同笠人泛舟江上即用前韵》《谢皋羽西台歌》《阅古堂故址》《南屏观司马温公摩崖隶书》《金果泉》《漫河饭后同董书巢同年作栋小步村落间作》《秋蝉同梁松垞彦衡、卫讷旃德威、沈梅村分韵》《景州值雪》《师子林歌》《白洋湖对月》《题翁覃溪前辈方纲所藏唐泰山摩崖铭拓本》《元耶律文正画像》《题程鱼门编修晋芳所藏僧石涛竹西歌吹画卷三首》《覃溪学士临钱舜举林和靖西湖吟趣图并模和靖秋凉三君二札于后用东坡韵二首》《补山复和余作且订白云观访百六老人再答》《盂兰盆会歌》《东书堂研歌》《覃溪学士苏诗补注成绘东坡笠屐像致祭于苏斋邀同人赋诗》《题祝京兆怀知小草后》《出右安门》《夜经赵北口》《金棕亭兆燕应叔雅澧招同人买舟出安江门游九峰园经冶春诗社至红桥泊舟饭后遂沿蜀冈登平山堂》《鸳鸯湖送春曲》《张烈妇辞》《为武山畴泰永题其大父贞庵公睦州劝农图遗照》《出古北口放歌》《法时帆学士式善以己未鸿词诸前辈崇效寺看梅诗册见示题诗于后》《新息侯》《灯花同葆斋绎堂作》。

不仅二集所收细目不同，且(1)诗歌题目偶有差异，如：《有正味斋全集》卷二有《读诗经七首》，该集卷二题曰《斋中读诗七首》；《全集》卷四《同张瘦铜舍人埙城南道院看菊二首》，该集卷三题作《同张瘦铜舍人埙、卫讷旃上舍城南道院看菊二首》。《全集》卷六《雪后同祝芷堂先生曹习庵仁虎周载轩两前辈赵穆亭大理承杰集陶然亭分韵得松字》，该集题作《雪后集陶然亭分韵得松字》；(2)诗歌内容亦偶见差异，如：《全集》卷一《瑞石洞》首联作“拔起市喧外，嵌空万窍灵”，该集作“蹑屐市喧外，一峰开画屏”。

此集所收骈文大体见于其后诸《有正味斋全集》之《有正味斋骈体文集二十四卷》中，但篇目顺序不同，且文题亦偶有异，如：《全集》之《有正味斋骈体文二十四卷》卷六《沈梅村晋书纪事诗序》，此集作《晋书纪事诗序》；《全集》之《有正味斋骈体文二十四卷》卷十九《募重刊功过格疏》，此集作《征重刊功过格启》。

此本有而《全集》之《有正味斋骈体文二十四卷》未收的共计 15 篇。包括赋 1 篇：《圣驾巡幸天津赋》；律赋 13 篇：《斗为帝车赋》《闰月定四时赋》《春水绿波赋》《昆明池织女石赋》《伏波铜柱赋》《题扇桥赋》《成连移情赋》《王右军书兰亭序赋》《陆羽为茶神赋》《调水符赋》《洞庭献新橘赋》《误笔成蝇赋》《寒鸦赋》；记文 1 篇：《扬州观灯戏记》。文字内容亦偶见微异。

综合看来，该集在创作时间上大体截止于乾隆五十五年(1790)，其刊刻时间亦在该年后不久。所收诗文部分为吴锡麒后刻诗文全集采纳，部分摒弃；被采纳诸诗文词在篇题、排序、内容上有程度不同的修改。该集因命名与吴锡麒后刻印之《有正味斋全集》题名近似，皆作“有正味斋”，故而常易被研究者忽略，以全集之残缺本视之。其价值在于：一可见后《全集》诸本不载之吴氏作品；二以之比对《全集》，可见吴氏作品修改之轨迹，据知作者对待己作之审慎态度与创作思想之改变。

(三)《有正味斋骈体文》二十四卷《诗集》十六卷《词集》八卷《外集》五卷(合刻，五十三卷)①

嘉庆刊本。南京图书馆藏②(GJ/3455③)。凡十二册。半叶十二行二十四字，黑口，双鱼尾，四周单边。版心上镌集名卷次，下镌页码。每

---

① 为行文简洁，以下简称该本为“有正味斋合刻五十三卷”。

② 该集之各分集的排序偶有不同，如南京师范大学图书馆藏《有正味斋诗集》十六卷《外集》五卷《词集》八卷《骈体文》二十四卷(合刻，五十三卷)，嘉庆十三年自刻本，一函十二册。半叶十二行二十四字，小字双行不等。黑口，四周单边，双鱼尾。版式、内容、字体均与之相同，仅所收各分集排序不同。故应系同版。

③ 南京图书馆藏数部吴锡麒别集因在题名上极为近似，而版次、卷数或异或同，为示区别，特标古籍书号于次。

卷卷首下题“钱塘吴锡麒圣征”。凡五十三卷，具体包括以下各分集：

1.《有正味斋骈体文集》二十四卷

卷首有南城曾燠序曰：

> 素魄示冲，蛤珠取象。黄钟调奏，牛铎应声。是故以水投水，易牙辨其淄渑；执柯伐柯，郢人悉其甘苦。穀人先生命燠弁言兹集，而燠未敢辞，岂徒然哉？窃惟论骈体者，李唐以前无闻，宋始有王铚《四六话》、谢伋《四六谈麈》。铚矜切合之巧，伋主剪裁之工。要是两宋规模，未窥六朝阃奥。津逮既卑，颓波弥甚。精神尽丧，面目都非。迄五百年，遂无作者。或残杯冷炙，触鼻腥腐之气；或农歌辕议，刺耳俳谐之音。于是文人相轻，谓此壮夫不为。高语秦汉，次称韩柳。岂知秦汉传薪，实在晋宋。韩柳树帜，不薄庾徐。大抵骈体之兴，古文尚存。古文寖失，骈体亦亡已。夫奎壁同曜，乃云文章之府；濉涣合流，斯曰文章之波。……先生学富涵海，章成织云。荟四部七略之精，兼六诗三笔之妙。而旷观近代，遍览艺林。慨然俪耦之文道几乎熄，故为兹体多至千篇。独扶大雅之轮，用砥中流之柱。造凤楼于天上，出鲛绡于人间。咳唾随风，珠盈万斛；肠胃映日，梅开九英。观者叹绝艳之才，而未谙孤诣之苦也。……南城曾燠。

次骈体文总目录，次正文。二十四卷包括：赋二卷；序十卷；记四卷；书、启、疏三卷；题词、跋、赞一卷；论一卷；碑、墓志铭、祭文三卷。

2.《有正味斋诗集》十六卷

卷首有嘉庆二年(1797)翁方纲序曰：

> 穀人之归杭也，予窃慕颜仲之相赠处而不敢貌为王曾之文也。盖君在翰林二十余年来，所与切劘为诗者，相知莫深于予。然知其诗甚深，而将别之赠言甚浅，心弗安也。予之望君以少陵，而他人之知君者目以樊榭，故曰知君者莫深于予也。夫以樊榭目君者，一

隅之见耳，然樊榭之精诣至矣，诗亦岂必学杜，岂必盛唐哉？樊榭一生精力多在南宋，而以铁崖乐府神趣行之。夫铁崖在元人中，不及道园远甚，今以樊榭之精诣一似可追道园，而其实与铁崖校量，已露单窘之状者，则何也？诗家之韵味与考订家之研核，途不同也。乃樊榭复有文集，以及《辽史》所摭、城东所记、画院所编，勤且博矣，且诗之韵味又夐绝时流，而若微露单窘者，何哉？曰仍于杜未深耳。夫以李、何辈之具体似杜，与樊榭之径不似杜，则谁胜？曰樊榭胜矣。如是而又病其未深于杜者，何也？曰杜非貌似之谓也。若以樊榭之韵味兼铁崖之神趣，不必与杜离而有不得不离者，不必与杜合而有不容不合者，吾谁与？独与义山、山谷而已。义山以移宫换羽为学杜，是真杜也。山谷以逆笔为学杜，是真杜也。然而义山、山谷何尝自谓学杜哉？今之读杜者，凿求之则妄，执守之则泥。是非深彻乎《三百篇》以下变通之故者，不可以读杜，亦非深历乎宋元以来诸家之利病者，不可以学杜。盖篇成之后浑然不觉也，要在听之于未发声之初，求之于未著色之始，则得之矣。故曰劚山者先观镵迹，发矢者兼听弦声，此不传之秘也。语云：良工不示人以璞。此言对众人而言耳。若良工之遇良工，则示以璞又何伤？君应笑而许我否？嘉庆二年春三月十日，北平同学弟翁方纲。[①]

该诗集收吴锡麒六十周岁之前诗作，包括十四个分集：

(1) 卷一《宝石山楼始存稿》，纪事约始于乾隆二十八年，时吴锡麒十八岁。

(2) 卷二《严江集》，作于乾隆三十四年至三十六年吴锡麒三度游严州之时。

---

① 按，该文本系嘉庆二年吴锡麒南归时翁方纲送别之文。见于翁方纲《复初斋文集》卷一五《同学一首送别吴縠人》，《续修四库全书》本。吴锡麒刊刻诗集时遂以为序。

（3）卷三《翕羽斋集》，作于乾隆三十六年吴锡麒乡试报罢，直至三十九年中举前。

（4）卷四《解褐集》，作于乾隆四十年吴锡麒成进士，直至四十二年假满由浙还京期间。

（5）卷五、卷六《翰苑集》，作于乾隆四十三年吴锡麒任职翰林院，直至四十九年冬末乞假归省期间。

（6）卷七《暂假集》，作于乾隆五十年春吴锡麒乞假归省，直至本年末又返抵京师期间。

（7）卷八《泥爪集》，纪事始于乾隆五十一年春，期间吴锡麒奉旨赴热河校书，讫乾隆五十五年八月末乞假南还。

（8）卷九《白沙江上集》，作于乾隆五十六年春至乾隆五十八年七月，吴锡麒主讲真州书院期间。

（9）卷十、卷十一《重梦集》，作于乾隆五十八年九月吴锡麒再次入都，至嘉庆元年年底一直供职翰林院期间。

（10）卷十二《归帆集》，作于嘉庆二年二月初至闰六月下旬吴锡麒乞假南归期间。

（11）卷十三《韩江集》，纪事始于嘉庆二年闰六月下旬，讫于嘉庆四年冬服阕将北上，期间吴锡麒主讲扬州安定书院。

（12）卷十四《槐市集》，纪事始于嘉庆四年冬，讫于嘉庆六年九月乞终养南返，期间吴锡麒仍供职翰林院。

（13）卷十五《吴船集》，纪事始于嘉庆七年二月，直至本年底，期间吴锡麒应李廷敬之招赴上海修书。

（14）卷十六《东皋草堂集》，纪事始于嘉庆八年，吴锡麒仍应李廷敬之招赴上海，嘉庆九年来主扬州安定讲席，直至嘉庆十年年底。

3.《有正味斋词集》八卷

卷首即《词集》卷一目录，次正文。《词集》八卷包括：卷一至卷四《伫月楼琴言》，卷五至卷七《三影亭写生谱》，卷八《铁拨余音》。

4.《有正味斋外集》五卷

卷首即《外集》卷一目录，次正文。《外集》五卷包括卷一木天清课一(律赋),卷二木天清课二(诗)、卷三木天清课三(诗)、卷四七十二候诗、卷五仿唐人咏史试帖。

按,此吴锡麒诗文词等合刻五十三卷,有嘉庆刻本。然而具体刊刻时间无法确定,推定嘉庆十年当有刻本:(1) 所收诗歌纪年止于嘉庆十年,即《有正味斋诗集》(十六卷)纪事止于嘉庆十年。(2) 嘉庆十年曾有五凤楼刻本存在。

(四)《有正味斋全集》六十五卷

内容上,此《全集》本是在上述《有正味斋骈体文》二十四卷《诗集》十六卷《词集》八卷《外集》五卷(合刻,五十三卷)嘉庆刊本的基础上,又增入了《续集》两种、《外集》一种共三个分集十二卷内容。以下详列所增入之集名、卷次:

1.《有正味斋骈体文续集》八卷

包括:序三卷;书、启、疏一卷;记一卷;传、墓铭、诔、祭文等三卷。

2.《有正味斋词续集》二卷

包括:《江上寻烟雨》一卷、《红桥笛唱》一卷。

3.《有正味斋外集》二卷

所收系南北曲。与《有正味斋骈体文》二十四卷《诗集》十六卷《词集》八卷《外集》五卷(合刻,五十三卷)之《外集》收试帖诗、律赋不同。

按,此《全集》(六十五卷)的刊刻情形,颇为复杂。台湾大学图书馆藏嘉庆十年五凤楼刻本。两函,每函十册。无封面,内封正中题"有正味斋全集",左下题"五凤楼藏"。未题版刻时间。半叶十二行二十四字,黑口,四周单边,双鱼尾。版心上镌集名,下镌页码。凡《诗集》十六卷、《词集》八卷、《外集》(南北曲)二卷、《词续集》二卷、《骈体文》二十四卷、《骈体文续集》八卷、《外集》(试帖诗、律赋)五卷。《诗集》卷首有嘉庆十三年四月法式善作序,《骈体文》卷首有曾燠序。《骈体文续集》该册前有内封,正中题牌记"光绪乙酉新镌有正味斋续集"、左下题"五凤楼藏板"。每卷卷首下题"钱唐吴锡麒圣征"。

又,复旦大学图书馆藏《有正味斋全集》(六十五卷),光绪十一年新镌五凤楼刻本。其册数、行格、内容、字体等俱同台大图书馆藏五凤楼刻本。仅各分集次序有所不同:《诗集》十六卷、《骈体文》二十四卷、《词集》八卷、《外集》(试帖诗、律赋)五卷、《外集》(南北曲)二卷、《骈体文续集》八卷、《词续集》二卷。

综合而言,台湾大学图书馆藏该集,著录为“嘉庆十年五凤楼刻本”。然而,该集卷首并未出现版刻信息,而是在分集《有正味斋骈体文续集》前出现版刻信息:光绪十一年新镌五凤楼藏板。结合所收吴锡麒诗歌编年情况可推断:(1)嘉庆十年有刻本,五凤楼曾于此年刊刻或刷印;所收内容当系正集(合刻五十三卷)、尚无以上所列三个分集:《有正味斋骈体文续集》八卷、《有正味斋词续集》二卷、《有正味斋外集》(南北曲)二卷。(2)光绪十一年五凤楼又在上述合刻五十三卷基础上增入续集、外集共三种十二卷刊印,因而出现了以上版刻信息著录的讹误情形。

又,台湾大学、复旦大学图书馆藏此《全集》六十五卷本与上述“有正味斋合刻五十三卷”本,其《诗集》卷前序言有所不同。“有正味斋合刻五十三卷”本《诗集》卷前系嘉庆二年翁方纲序,此《全集》六十五卷本《诗集》卷前系嘉庆十三年四月法式善序。序云:

> 三十年为一世,余交毂人先生一世矣,性情心术靡不浃洽,有深于语言文字之外者。即以语言文字论,先生之诗非犹夫人之诗也,文非犹夫人之文也,词赋非犹夫人之词赋也。必先有以得夫事之真、情之合,体验融会,而后滔滔汩汩,笔之于书,无所扞格。京师钓鱼台桃花,崇效、极乐、法源三寺海棠、牡丹、菊花,澄怀园、净业湖荷花、檀柘、桂花,皆称极盛。先生喜游,又喜偕余游,游必有诗纪胜。当夫酒酣笑乐,俯仰今昔,落落自喜,萧憀旷放,云之行也,水之流也,风之来也,气候之变幻也,山川之俶诡也,若有意若无意,及发而为诗文,则万象包纳,幽者显,昧者扬,坚者琐者靡不摧且理焉。噫!何其大也。先生在京师续刻诗集,征余叙。今养疴江上七八年矣,家贫课生徒自赡,而四方乞诗文者屦满户外。
>
> 近寄书云:“拙作久宜覆瓿,徒以区区之心,不能割舍,合并前

作，别有增删，业已付刊。约春夏之交，便可正诸有道，前承高文弁首，系专指续刻而言，倘得浑括全诗，益之奖借，尤为铭感。”

先生名重中外，诗文集凡数镌板，贾人藉渔利致富，高丽使至，出金饼购《有正味斋集》，厂肆为一空。何藉自刻其集，又何藉鄙人之叙哉！然少陵不云乎：“老去渐于诗律细。”矜慎之至耳。又以余闻诗教于先生三十年，亲见操笔作文章，甘苦有以得其真，出言必能传信。故不属高才鸿儒，而属余焉，果此意耶？则先生之集，安得不重刻，又安得不征余叙哉！附骥以传，谓非余之厚幸也欤？嘉庆十三年四月二十五日，同馆侍生法式善序。

（五）《有正味斋全集》七十三卷

此集是收入吴锡麒著作卷次最多、较为全面的《全集》版本。凡收七十三卷，具体包括：

1.《有正味斋诗集》十六卷

2.《有正味斋骈体文集》二十四卷

3.《有正味斋词集》八卷

4.《有正味斋诗续集》八卷

5.《有正味斋骈体文续集》八卷

6.《有正味斋词续集》二卷

7.《有正味斋外集》（试帖、律赋）五卷

8.《有正味斋外集》（南北曲）二卷

内容上：1. 它相对于“有正味斋合刻五十三卷”而言，多收入《有正味斋诗续集》八卷、《骈体文续集》八卷、《词续集》二卷、《外集》（南北曲）二卷；2. 相对于《有正味斋全集》六十五卷本，增收了《有正味斋诗续集》八卷。

该《有正味斋诗续集》八卷，包括以下几个分集：

（1）卷一至卷四，《萍聚集》，作于吴锡麒晚年乡居时期，纪事约起于嘉庆十一年，迄于嘉庆十五年；

（2）卷五至卷八，《韩江酬唱集》，作于吴锡麒主讲扬州书院时，纪事约起于嘉庆十六年，迄于嘉庆二十年吴锡麒七十周岁生日前后。

版本上，《有正味斋全集》七十三卷本自嘉庆间直至同治、光绪年间，先后有多家书局刊刻重印。总体而言，这些书局的《全集》在具体内容上几乎完全一致，行款版式、字体都极其相似，应具有一定的渊源关系；其区别主要表现在各分集的排列次序、目录之有无、序文之有无与排序等方面。以下谨择已目验的数家书局之七十三卷本《全集》，列其主要版本信息：

1. 清同人堂刻本

南京图书馆藏(GJ/89260)。凡十四册。内封正中题"有正味斋全集"，右下题"同人堂藏板"。半叶十二行二十四字，小字双行三十六字。黑口，四周单边，双鱼尾。版心上镌集名卷次，下镌页码。每卷卷首题"钱塘吴锡麒圣征"。凡七十三卷，包括：《诗集》十六卷，卷首有嘉庆十三年法式善序，各卷卷前有目录；《骈体文》二十四卷，卷首有曾燠序，次骈体文二十四卷总目录，次正文；《词集》八卷；《外集》(试帖诗、律赋)五卷。紧接着是《有正味斋续集》，内封题"有正味斋续集"，次嘉庆二年翁方纲序。包括《诗续集》八卷、《骈体文续集》八卷、《词续集》二卷、《外集》(南北曲)二卷。字迹模糊，栏格时有墨钉。

按，南京图书馆又藏有"《有正味斋全集》七十三卷，嘉庆刊本"[①](GJ/89259)，共十六册。无版刻信息，无封面。但与南京图书馆藏《全集》七十三卷清同人堂刻本比对，行款、内容、字体基本相同，且较之更加清晰。因而推定此本亦系同人堂刻本，二者系不同印本。另，二者不同之处在于：(1) 此本骈体文前无总目，骈文每卷亦无目录；同人堂本有。(2) 此本部分分集内封字体与同人堂本不同。(3) 两者各分集排序不同，将《外集》(试帖诗、律赋)五卷放在最后；同人堂本则置于《有正

① 包括《诗集》十六卷，《骈文》二十四卷，《词集》八卷；《诗续集》八卷，《骈文续集》八卷(附写本两篇)；《词续集》二卷，《外集》(南北曲)二卷，《外集》(试帖、律赋)五卷。《诗集》前有嘉庆十三年法式善序。《骈文》前有曾燠序。《诗续集》前有嘉庆二年翁方纲序。

味斋续集》之前。(4) 此本较同人堂本多写本两篇,即在《有正味斋骈体续集》后附写本二篇:《杜云岩六十寿序》《曾母张太恭人八十寿序》。其中《杜云岩六十寿序》题下小字注曰:"由真迹手稿录出。"考之其他诸诗文合刻与《全集》本,此二篇寿序仅见于此。因而,此本具有独特价值。

2. 清敬书堂刻本

南京图书馆藏(GJ/800084)。凡十六册。内封正中题"有正味斋全集",右下题"敬书堂藏板"。半叶十二行二十四字,四周单边,黑口,双鱼尾。版心上镌集名卷次,下镌页码。每卷下题"钱唐(塘)吴锡麒圣征"。凡七十三卷:《诗集》十六卷、《诗续集》八卷、《骈体文》二十四卷、《骈体文续集》八卷、《外集》五卷又二卷、《词集》八卷、《词续集》二卷。《诗集》卷首有嘉庆十三年法式善序;《骈体文》前有曾燠序。

综上,吴锡麒以"有正味斋"命名之诗文词曲集刊印,自乾隆、嘉庆、道光直至同治、光绪年间,先后有各文体分集的单刻与合刻、《全集》刊刻等多种情形,且有多家书局从事之。因部分版本今已不存,其具体刊刻时序与相互关系已难明辨。现大体梳理其前后次序及相关情形如下:

1. 最早系《有正味斋集》(十六卷),乃诗文词试帖之合刻;其诗歌纪年迄止乾隆五十五年。

2. 次即"有正味斋合刻五十三卷"本,系诗文词试帖律赋之合刻;其诗歌纪年迄止嘉庆十年,当有嘉庆十年或稍晚之刻本;有部分图书馆著录有"嘉庆十三年刻本",系因该本《诗集》前有嘉庆十三年四月法式善所作序文。其云:"先生在京师续刻诗集,征余叙。今养疴江上七八年矣……近寄书云:'拙作久宜覆瓿,徒以区区之心,不能割舍,合并前作,别有增删,业已付刊,约春夏之交,便可正诸有道,前承高文弁首,系专指续刻而言,倘得浑括全诗,益之奖借,尤为铭感。'"因知,其一,前此,吴锡麒在京师时曾续刻诗集,亦曾请法式善为作序。此谓吴锡麒续刻之诗集是否指上述《有正味斋集》(十六卷),不得而知;且法式善前次所作序文亦不可见;其二,此番吴锡麒再度请法式善作序,吴集系"合并前作、别有增删”，且在请法式善作序时，吴锡麒集已刻印完成。总之，吴锡麒此诗文词之合刻，创作时间截止嘉庆十年，刊刻时间亦在本年或稍后不久，其刻印完成可能延至嘉庆十三年。

3. 次在“合刻五十三卷”基础上增入《骈体文续集》《词续集》《南北曲》共十二卷，成为《有正味斋全集》(六十五卷)，嘉庆年间刊刻。

4. 次在《全集》(六十五卷)基础上增入《诗续集》八卷，成其为《全集》(七十三卷)本，因《诗续集》八卷纪年迄止嘉庆二十年吴锡麒七十周岁，因而该《全集》(七十三卷)本刊刻时间其上限在嘉庆二十年。此《全集》(七十三卷)，自嘉庆至光绪又有多家书局刊印，因版式极其相类，疑据同一底版。

5. 现今各图书馆所见诸《全集》之卷次总数不同、分集顺序不同、序文不同，尚有另一些可能，即各书局在刊印时节选不同部分；调换分集次序；删减或增入序文。

6. 现今部分图书馆将《全集》(七十三卷)误著为“嘉庆十三年刻本”，多系据诗集前法式善序文时间而误。如，国家图书馆著录“《有正味斋全集》七十三卷，嘉庆十三年刻本”①。

(六)《观察秋岭孙公廷锡传》一卷

嘉庆刻本，一册。南京图书馆藏。无版刻信息。半叶六行十六至十七字不等，行书字体，中无栏格，四周双边，无鱼尾。版心上镌“传”，下镌页码。卷首题“观察秋岭孙公传”，下题“愚弟吴锡麒拜撰，愚侄李尧栋拜书”。该文系吴锡麒为同里孙廷锡所作小传。

(七)《有正味斋文集》不分卷

清抄本，上海图书馆藏。内含《还京日记》《澄怀园日记》及墓志铭

① 凡十六册。半叶十二行二十四字，小字双行三十六字，黑口，四周单边，双鱼尾。凡《诗集》十六卷，《诗续集》八卷，《骈体文》二十四卷，《骈体文续集》八卷，《词集》八卷，《词续集》二卷，《外集》(南北曲)二卷，《外集》(试帖诗、律赋)五卷。《诗集》前有嘉庆十三年法式善序；《骈文》前有曾燠序；《诗续集》前有嘉庆二年翁方纲序。

四卷。首有光绪十六年缪朝荃撰“识语”，云：

> 钱唐吴榖人先生所著《骈体文集》二十四卷、《续集》八卷，与《诗》《词》等集刊行已久，世所称《有正味斋全集》是也。是册凡记四卷：前三卷为《还京日记》，后一卷为《澄怀园日记》，与《骈体文》中游泰山、焦山、西山等记相类。册每半叶十二行，每行二十四字，与刻本亦合。想系先生编次后所复删去者，谨严之意，可云至矣。……拜记及之，光绪十六年庚寅夏六月，镇洋后学缪朝荃谨识。

据缪氏分析，此抄本内容系吴锡麒编次《有正味斋全集》时摒弃于外的。从文体上看，它们均属散文，而吴锡麒在《有正味斋集》数次编订时，均只录骈体文，不录散文。故缪朝荃有“谨严”之语。

此抄本《有正味斋文集》颇为可贵。其《还京日记》纪事起于乾隆五十八年九月二十八日吴锡麒由家乡钱塘返还京师，迄嘉庆元年五月十八日入职京师。其《澄怀园日记》纪事起于嘉庆元年五月十九日，迄于同年八月二十七日，期间吴锡麒暂寓澄怀园。此二种日记后连同吴氏另一部日记《南归记》在光绪年间陆续有刊刻。

又，所收墓志铭四卷之文仅见于此集，其中有吴锡麒先父、先母、亡妻之墓志铭三篇，因吴氏无家谱存世，藉此三文可略考其家世。其他各墓志铭亦有助于所涉清人生平之考订。

（八）《有正味斋未刊稿（续集之九）》一卷

一名《吴榖人手书有正味斋续集之九未刊诗稿》，光绪三十四年有正书局石印本。南京图书馆、国家图书馆藏。按，此本系据吴锡麒晚年手稿影印，涂抹修改之处比比皆是，字迹亦多漫漶，淆然难辨。

《诗集》卷首题“娱老集一”。所收诗凡 78 首，均为嘉庆二十年吴锡麒七十周岁后作品，未刊入《有正味斋全集》之《诗集》中。而从时间上看，此集所收诗作亦紧承《有正味斋全集》之《诗续集》卷八《韩江酬唱集》。

此本颇可贵，书末附诸家题识、跋语，述诗稿由来及刊印始末甚详，谨胪列如下。首系道光二十七年吴锡麒子吴清鹏识语，云：

右先子手录七十后未刊稿一卷，诗若干首，自《冬心斋观菊》以前，题首或有圈记、或无圈记，则已定其存删者，后皆无圈记，复多有改易者，则存删未定也。向为四兄清藻收藏，今三十余年，册纸破损，虑日久字迹漶漫，更为装裱成卷，俾资传远焉。道光丁未稷下中浣，清鹏谨识。

次有道光二十七年二月阮元跋：

吴榖人前辈诗稿未刊者，片纸足以传世，况其哲嗣探花公所收集，五百年后皆珍为琳琅乎。卷中即有贻元总督两湖诗"庚公一样南楼月，早晚清秋待倚栏"。□思旧事，感慕经之三十年。元初识前辈，在阿文成公孙那文毅公书斋。前辈为文毅之师，元亦有蒙教□□处，为之泣下，人不知也。后学阮元敬题，时道光廿七年二月二日。

次有东海沈氏记：

《有正味斋未刊草》若干篇，榖人先生七十后作，手录细字，有涂窜不可识者，嗣君清鹏装缀朱册，秘为家珍久矣。光绪□卯，宣君子野偶得之扬肆，亟谋□诸石以广□传，文章□晦，固有时耶！而宣君笃古之情，公好之雅，又足□也。东海沈云□□甫记。

次有道光三十年梅曾亮识语：

榖人先生七十后笏诗稿，笏庵出以见示。虽作行书，而清整不苟，一字未定，涂改至三四，前辈人宅心敬而功力勤，此可见也。昔尝见东坡《定慧院月夜偶出》诗稿二纸，其一纸缺数字，虞山以小楷补之，其稿中涂乙甚多，而字字神采奕奕，与平时用意书者无异。今复见此稿，数百年后，当并重于世。道光庚戌六月十四日，后学梅曾亮谨识。

最末有光绪三十四年佚名跋：

右诗七十八首，皆《有正味斋集》所未收，盖祭酒晚年之作也。祭酒诗文笃雅有节，且值国家中叶，□后来世界一切不可思议之变相，尚未尽露端倪，士大夫生其时者从容进退，咏歌□世，绰有余地。不必有痛深创□，忧深□远之□，亦遂不□有□昂慷慨，沉郁凄凉之响。观笏庵编修装潢此卷时，距今□六十年，而□会变□不翅千载，读公诗者，兔爰苌楚之伤，□得已乎。宣子野君属题是卷，遂为书之。时光绪三十四年。

由上述诸文可知，该本系据吴锡麒晚年手稿影印。原稿本上多吴氏本人圈记涂抹之处，它由第四子吴清藻收藏，后由其第七子吴清鹏在道光年间装裱成卷，并请阮元、梅曾亮等作跋、识，珍藏于室。光绪年间，宣子野君偶然间于扬州市肆得之，遂影印流传。该稿本于考察吴锡麒晚年行实颇有助益。

（九）《吴氏一家稿》之有正味斋诗文词曲律赋试帖合刻四十九卷

咸丰五年《吴氏一家稿》本。《吴氏一家稿》共十种七十七卷，吴清鹏辑，收录吴锡麒及其子侄等人诗文。南京师范大学图书馆藏。半叶九行二十字，白口，左右双边，单鱼尾。此本所收吴锡麒诗文凡四十九卷：《有正味斋诗》十二卷《骈体文》二十四卷《词》七卷《曲》一卷《律赋》一卷《试帖》四卷。均系吴锡麒晚年亲自删定，其中诗歌删减最多，“删几半”，留存者也间有修改，并“遗命他日以此为定稿”[①]。

（十）《有正味斋骈体文删余》十二卷

同治九年刻本，国家图书馆藏。四册。半叶十行二十一字，黑口，双鱼尾，左右双边。版心上镌“有正味斋骈体文删余”，下镌页码。卷首有同治九年孟夏吴锡麒孙吴安业、吴官业所作识语，述该集由来甚详：

① 吴清鹏《吴氏一家稿纪略》，《吴氏一家稿》卷首，咸丰五年刻本。

先京兆公校刊《一家稿》，事载《纪略》。告成后，同人以先大父祭酒公骈文久已脍炙人口，晚年定本虽去取从严，缺而弗备，应请补刊。时值转徙，未果。全板亦携之以行，今复命工修整。谨承遗训，悉数补入。计文十二卷，而以《删余稿》列后，仍遵先志，俾公同好云。同治九年庚午孟夏，安业、官业谨识于邗城寓斋。

由此文可知，同治九年，吴锡麒之孙、吴清鹏之二子安业、官业，应同人之请，将前此《吴氏一家稿》所未收的吴锡麒骈文，厘为十二卷，刊印行世。

（十一）《有正味斋集外诗》一卷

钞本。清潘钟瑞编《昆山片玉》三种三卷附。南京图书馆藏。封面题“昆山片玉附厉、吴诗”，钤“芸巢”及朱文圆印“芸巢”。内封题：大字“亭林余集”、小字“樊榭山房、有正味斋集外诗”，俱小篆体。收《有正味斋集外诗》一卷，集下题“长洲潘钟瑞录”，凡收诗 9 题 15 首，俱不见于吴锡麒诗集已刊刻诸本。其诗题依次为：《十二月十三日大雪病后苦寒怀人成句》《除蜮行（纪百制使除邪教也）》《明按察佥事金公对峰墓在今西湖东山巷，其族孙孝廉应麟征诗》《丁丑人日雪中家暮桥招江漪塘、汪涧昙同集斋中，出观文待诏石湖卷子，约赋长句》《平山堂观木兰花歌》《年来海内名流凋谢大半，桐生、山尊皆有诗志痛，余同其韵二首》《梁山舟先生挽诗》《九儿清鹏，余孪生少子也，幼继仲弟为嗣，今年廷试以第三人及第，刘金门宫保赋诗见贺，次答四首》《魏春松自都下以诗寄怀，即用其韵，赋谢二首》。

然而，以上九题诗歌除第一题《十二月十三日大雪病后苦寒怀人成句》外，俱见于上述《吴榖人手书有正味斋续集之九未刊诗稿》，只是在诗题与诗作内容的文字上偶见差异。

该集末有潘钟瑞“记”一篇，备述抄撮诗文缘起：

余既录《亭林余集》竟，检得箧厉太鸿、吴榖人两先生集外诗数页，系渌卿朱君传抄见示者。复过录之，与亭林先生文合为一编。

案，《樊榭山房正续集》外，如《游仙诗》《南宋杂事诗》皆有单行本，而兹所录者未及。《有正味斋集》再刻本所谓《吴氏一家稿》者，亦有续增，而此为晚年之作，名《娱老集》，未经刊入。渌卿云得自《杭郡续诗辑》中，盖辑诗者正取其未刻，与两先生专集并行也。长洲后学潘钟瑞麟生记，时同治甲戌十月十八日交小雪第五日，雪后甚寒。

(十二)《吴榖人诗选》一卷

抄本。一册。有佚名批。南京图书馆藏。无序。有目录。凡收诗115题，其中95题出自《有正味斋全集》之《诗集》卷一至卷八，篇题顺序基本一致，篇题与诗歌内容文字与《全集》多同，偶见小异。另有诗19题，不见于《全集》之《诗集》，但见于清刻本《有正味斋集》(十六卷)。余1题不见于吴锡麒已刻及抄本诸集，即《蓼花和鱼门韵》[①]。

大部分诗歌页眉有批语，如《刘春及廷楷斋中赋水仙》眉批"遗貌取神"，《雨中过七里泷作歌》眉批"直起峭甚"。《春草四首》眉批"寄托自然"。卷末无跋、记。

二 尺牍、日记类

(一) 尺牍

1.《有正味斋尺牍》二卷

清尊闻阁主蔡尔康辑《申报馆丛书》，其中《正集》"投报尺牍类"收录《有正味斋尺牍》二卷。光绪元年上海申报馆铅印本，南京图书馆藏(GJ/19881)。一函二册。内封隶书题"有正味斋尺牍二卷"，牌记题"乙亥春正月申报馆印行"。半叶十一行二十四字，白口，四周双边，单鱼尾。版心上镌"有正味斋尺牍"，中镌卷次，下题页码。无序。首总目录，下题"钱塘吴锡麒圣征氏著"。次正文。

凡收尺牍220篇。末有同治十三年十二月无锡钱振跋，备述尺牍由来：

---

① 详见附录"吴锡麒集外诗词文辑佚"。

《有正味斋尺牍》二卷，振在粤时钞自王君子展，王所藏本，其尊公虎生先辈所手录也。是书向无刊本，今尊闻阁主人允为摆印行世，殆词客有灵，而奇书固不可终阏欤！是不惟穀翁之幸，亦振与子展之幸矣。至穀翁为词坛领袖百余年来，人无间言。读是编者，当自得其妙，而振不赘云。同治甲戌年嘉平月上浣，锡山钱名振均伯氏识于静妙山房。

2.《吴圣征祭酒尺牍》二卷

山阴罗传珍注。光绪二十一年石印本，上海图书馆藏。二册。内封题“钱唐吴圣征祭酒尺牍详注”，右下题“镜川署”。半叶十一行二十四字，小字双行同。单黑鱼尾，四周双边，无栏格。版心上题“吴圣征祭酒尺牍”，下题卷次页码。首有光绪二十一年罗传珍序曰：

钱塘吴圣征祭酒尺牍风行一时，大旨文不纷缛，质不病俚。虽短章数言，亦神味隽永，情愫毕宣。祭酒学问渊博，偶然书疏，不必有意为文，而成语故事摇笔而来，读者往往不尽知其出处。珍因祭酒骈体有叶、王两家笺注，妄思效颦。逆中适有旧钞善本，遂日取一二首，求其用书使事疏记之。光绪乙未季冬，鉴湖罗传珍书于渝水官舍。

是书凡收吴锡麒尺牍220篇。每卷卷首题“钱塘吴锡麒圣征著，范镜川夫子鉴定，山阴罗传珍沛乡注”。每篇尺牍有小字夹注。

3.《有正味斋尺牍》二卷

武进陈以真校。宣统二年扫叶山房石印本，今藏上海图书馆。南京图书馆藏民国二年上海扫叶山房石印本（GJ/19883）。二册。封面题签“有正味斋尺牍 扫叶山房石印”，内封右上题“钱塘吴锡祺[①]祭酒著”，中大字题“有正味斋尺牍”，牌记曰“民国二年石印”，下黑文印“扫

① 按，“祺”当作“麒”，音同而讹。

叶山房”。二卷。半叶十二行二十六字，白口，单鱼尾，四周双边。版心上镌书名，中镌卷次，下镌页码。首有光绪三十四年二月秀水杨观光序曰：

尺牍一道，如布帛，如菽粟，为人生日用之物者也。达语言于千里之外，如晤对于一室之中，功用之大固不待言。然尺牍之名目繁多，足以流传不朽者，实不数数觏。盖不涉于浅俗，即涉于陈腐，绎其旨，玩其辞，殊不足耐人咀嚼。自随园尺牍出见于世，为尺牍中别开生面者，其程度亦达于最高点。正如白雪阳春之曲，一时难和难赓耳。不知物必有偶，后之来者安知其不能与之并驾齐驱乎。穀人吴先生学问渊博，著作如林，负海内通人之望，著有《有正味斋尺牍》二卷，刊刻行世，久已名噪艺林，第历年既久，辗转翻刊，亥豕鲁鱼之讹，恐不能免也。今三鱼堂主人手钞上石，以饷同人学者。绎其旨，读其辞，自恍然于文中之有正轨、乐中之有正声，不愈觉耐人寻味哉？则是先生生平之学问，虽不能窥其全豹，亦可以略见一斑矣。吾思随园果能专美于前乎？戊申二月初吉，秀水利宾杨观光时客海上。

次目录，下题“钱塘吴锡麒圣征氏著、武进陈以真璞卿氏校”。凡收尺牍219通。较之上述光绪元年上海申报馆铅印本《有正味斋尺牍》二卷，此本尺牍缺1篇，即《答查小山》：“履端告庆，百福孔灵。伏稔慈侍康娱、动定嘉乐……”或系漏收。两本尺牍具体内容相同，部分题名有异，如或用“寄某某”，或用“答某某”。另，尺牍排序亦偶有微异。

4.《有正味斋尺牍》一卷

文明书局辑《尺牍丛刻》，宣统三年上海文明书局铅印本，国家图书馆、上海图书馆藏。其中《国朝名人书札》凡收尺牍十六家，包括张文虎、顾炎武、朱一新、吴锡麒、陈维崧、尤侗、恽敬、张裕钊、洪亮吉、杨芳灿、管同、梅曾亮、王诒寿、刘嗣绾、李兆洛及芙蓉山馆师友等人所撰。

5.《吴穀人尺牍》不分卷

上海文明书局编印《明清十大家尺牍》本，民国十年七月初版，民国十八年十二月第五版。南京图书馆藏（GJ/805770）。凡收尺牍219篇。十家尺牍分别为：《王阳明尺牍》一册、《钱牧斋尺牍》二册、《顾亭林侯朝宗尺牍》一册、《尤西堂方望溪尺牍》一册、《姚惜抱尺牍》二册、《归震川尺牍》二册、《吴穀人尺牍》一册、《王韬园尺牍》二册。半叶十六行三十六字，黑口，单鱼尾，四周双边，版心上镌书名"吴穀人尺牍"，下镌页码。

（二）日记

1.《有正味斋日记》不分卷[①]

清尊闻阁主蔡尔康辑《申报馆丛书》，光绪申报馆仿聚珍板铅印本。其中《正集》"近事杂志类"收录吴锡麒《有正味斋日记》三种：第一册收《还京日记》（上、下）；第二册收《澄怀园日记》《南归记》（上、下）。南京图书馆藏（GJ/1596）。一函二册。半叶十一行二十四字，白口，四周双边，单鱼尾。内封题"有正味斋日记"，右下署"梅鹤山人署签"。每种日记前题"钱唐吴锡麒穀人著，孙棡穀孙校订"。

2.吴锡麒日记七卷

清王锡祺辑《小方壶斋舆地丛钞》，收吴锡麒日记七卷：第四帙收《游泰山记》一卷、《游西山记》一卷、《游焦山记》一卷、《泛大通桥记》一卷；第五帙有《还京日记》一卷、《南归记》一卷；第六帙有《热河小记》一卷。

按，《小方壶斋舆地丛钞》所收七卷记文，其中四卷出自《有正味斋骈体文》：《游泰山记》出自《有正味斋骈体文》卷十五；《游西山记》《游焦山记》出自《有正味斋骈体文》卷十六；《泛大通桥记》出自《有正味斋骈体文》卷十三，题作《大通桥春泛记》。其余《还京日记》《南归记》，则出自《有正味斋日记》；《热河小记》出自《有正味斋诗集》卷八《泥爪集》之《热河杂咏十六首》，该组诗歌附大量自注，记热河风土节物，颇具意趣。

---

① 部分图书馆著录为《有正味斋日记》六卷，其内容、版本则同。

3.《澄怀园消夏日记》一卷

抄本，国家图书馆藏。一册。卷首题“邵幹珊处墨迹对抄”。《澄怀园日记》系吴锡麒嘉庆元年入直上书房，暑期留寓澄怀园时所作日记，其纪事起于嘉庆元年五月十九日，迄于嘉庆元年八月二十七日。

三　总集、诗文评类

(一)《武林新年杂咏》二卷

吴锡麒等著。武林，旧时杭州之别称，以城西有武林山得名。此书辑录当地名流咏颂杭州年俗之诗，共收录舒绍言 12 首、黄模 32 首、吴锡麒 32 首、姚思勤 32 首、项朝棻 20 首、吴锡麟 12 首。有注，据时令以征典故。

法式善《陶庐杂录》卷三云：“《新年杂咏》，杭州吴锡麒及弟锡麟、黄模、姚思勤、项朝棻、舒绍言所作。不分卷数，以类相从，刻于乾隆四十年，前有王鸣盛、顾光二序。”据此知该集有乾隆四十年刻本。该集另有光绪七年钱塘丁氏嘉惠堂刻本，收入《武林掌故丛编》第八集，张智主编《中国风土志丛刊》(广陵书社 2003 年版)据此影印。

南京图书馆藏乾隆刻本，一册。无版刻信息，内封正中题“新年杂咏”，右下题“姑苏陆绍曾书”。半叶十一行二十三字，小字双行同。白口，四周单边，单黑鱼尾，版心上镌“新年杂咏”，中镌页码，下镌“琴台小集”。首有嘉定王鸣盛序：

> 昔盛宏之有《荆楚岁时记》，韩鄂有《岁华纪丽》，冯应京有《月令广义》，皆据时令以征典故，而骚坛吟事未闻有专咏节物者。武林吴太史乃出《新年杂咏》一编见示，太史与其友舒子、黄子、姚子、项子及令弟六人，同作者也。发而读之，觉熙恬景物宛在目前，而才情风调之美，丰蔚庞鸿，高华卓铄，诚足以黼藻隆平，可谓事辞两称者矣。余尝慨夫诗家大病，总坐画肚无书，撑肠无字，是故翻空则易奇、征实则难巧。每见一著题诗，反以降格为疑，遂致无人不有咏怀，开卷动陈感寓。究之空疏相蹈袭，张甲之帽，赵乙亦可戴

也。孰若咏物著题诗，必稽典籍，必按对仗，迥非高心空腹之子所能假托者乎。若乃咏物而限之以时令，则征实弥甚。所题所咏，似不越乎涂巷之间，而一时可以为职志焉，后世足以资考览焉。华阳之士女、陈留之风俗，播诸声韵，谐以律切，所谓国史明乎得失之故，而太史采诗以观民风者，将于是乎在。读书人之可贵，不由此哉？余平素称诗，必先多读书。而江左风尚，辄好空运。惟武林多汲古士，六君闳博都雅，尤我臭味也。此编特其碎金耳！然亦足以见理不空，绮言皆有物矣。且彼周密、吴自牧之所述，或偏安而局于一隅，或桑海而追维昔梦，孰若我国家景运全盛，杭城名郡繁雄，适得六君之鸿笔以发扬之。余谓此编，一以劝学而励空疏焉，一以观风而扬盛美焉，喜剧而著之简端。同学弟吴郡西庄王鸣盛。

次有乾隆四十年正月仁和顾光序：

闻之三微七始，首重元正。上之朝堂，则有班赏称寿之典；下之闾里，则有卜岁饯腊之俗。崔氏《月令》立春食菜，意取迎新，新年之名，其权舆于此乎？吾杭自宋留都而后，人家正旦有粉荔蜡燕之遗风，加之士女丰昌，习尚华丽。圣人在上，养之如春。生斯时者，服风献暄，优游无事，采灵花于上日，制柏酒于颓龄，风光不异，人情亦同，真太平之盛事也。爰有说经稽古之儒，盍簪而会亲，制铭而传坐，文可送贫，意求如愿，采掇近事，作为新词，合六人得百事，成诗百四十首。自授时颁朔之钜，至薰盘膏粥之细，无不具者。体物既工，而言情亦胜。思深哉，美乎其观止矣。在昔乡先进入社之后，有桂堂诸老感怀节物，新醅软火，杂见于篇咏。今六君子者，方乘朝气，无迟暮之伤，与前人固异。夫神明推移，精华结纽者，春之谓也。前史所称孟春之月，行人振铎以采诗。若此杂咏之作，其神明其精华如鲜云条风，流布远近。异时太史陈民风而进于朝，是六君子者将载笔授简，奏为雅音。和上寿之歌，进宜春之帖，以是卷为先声，六声、六十声，更唱迭应，将于新年始已。光垂老无欢，时日虚过，虽欲补《梦梁》之别录，续《武林》之旧事，力孱不任，无能为役。然追惟畴昔，未免有情，若以胶牙蓝尾饮食之者，则老饕健在，于六君子未之肯让也。乾隆四十年正月补天日，梅东里人顾光撰。

序后有二十三人题辞，分别是金甡、王文治、汪沆、汪立、梁同书、王鼎、蒋元龙、丁佺、汪大经、严果、张宝镕、徐大容、陈嵇、汪大纶、金兆燕、倪印元、陈寅、倪一擎、孙锡、宋永、高家骥、沈叔埏、沈珏。题辞以诗为主，间有词。次总目，次正文。

又，袁枚《小仓山房诗集》补遗卷二有《杭州项金门诸公新年杂咏题词》二首。袁枚《随园诗话》卷九亦载："杭州姚君思勤、黄君相圃、吴君锡麒八九人，同作《新年百咏》，俱典雅，而吴诗尤超。《门神》云：'问尔侯门立，能知深几重？'……皆佳句也。"由以上众多题辞可知，吴锡麒等人《武林新年杂咏》在当时诗坛引起了不小的反响。

（二）《秦汉文钞》不分卷

吴锡麒辑，稿本，南京图书馆藏。四册。其中第三册收《魏公子列传赞》一文篇末批语署："己丑四月縠人吴锡麒。"该集收秦汉文共计93篇。有眉批、篇末总批。文多采自《史记》《汉书》，或全文抄录、或节录。如第一册收有《五帝本纪赞》《项羽本纪》《高祖本纪赞》《吕后本纪赞》《十二诸侯年表》《六国年表》《汉兴以来诸侯年表序》等。该集第四册亦杂录魏晋之文数篇，如诸葛亮《前出师表》、曹植《求存问亲戚疏》等。

（三）《云间课艺》不分卷

吴锡麒评阅。嘉庆九年刻本，南京图书馆藏。二册。内封上镌"嘉庆甲子春锓"，右镌"掌院钱塘吴縠人鉴定"，中镌书名《云间书院古学课艺》，左镌"赋、诗、骈体、经解、策问"。半叶十一行二十至二十一字不等，白口，单黑鱼尾，左右双边。目录有栏格，正文无栏格。版心上镌书名"云间课艺"，中镌文体，下镌页码。首有目录，后题"钱塘吴锡麒縠人、南丰赵宜喜鉴堂评阅，古巢陆梓侨南、长洲顾文鳌仙洲参订"。目录后题“秀塘钱宝仁校刻”。凡收赋 54 篇、诗 146 篇、骈体 20 篇、经解 19 篇、策问 13 篇。篇后加评语。《八千卷楼书目》卷十九“集部”有著录：“《云间课艺》一卷，国朝吴锡麒编刊本。”

（四）《有正味斋朋旧函牍》（不分卷）

清抄本，复旦大学图书馆藏。1 册。半叶十行，黑口，单鱼尾，左右双栏，有栏格。抄者不详。无序跋。所收系诸友致吴锡麒之函牍，凡 52 通：陈廷庆 1 通、姚思勤 3 通、郭麐 1 通、王芑孙 3 通、王昶 2 通、金德舆 1 通、潘庭筠 1 通、汪端光 2 通、张问陶 1 通、舒位 1 通、翁方纲 1 通、孙星衍 1 通、余集 1 通、黄模 2 通、董国华 1 通、南屏山颠僧 2 通、沈赤然 4 通、唐仲冕 2 通、伊秉绶 2 通、何琪 1 通、桂馥 1 通、祝德麟 1 通、徐嵩 1 通、戴延介 1 通、杨瑛昶 1 通、李銮宣 1 通、吴鼒 1 通、谢启昆 1 通、袁廷梼 1 通、丁淮蓥 1 通、李保泰 1 通、金学莲 1 通、李廷敬 1 通、失名 6 通。该函牍颇可贵，它是考察吴锡麒交游情况的重要资料。

（五）《钱唐吴氏旧藏名人书柬》

民国汪咏沂辑。所收系诸友致吴锡麒之书简。有民国十四年石印本，江苏广陵古籍刻印社 1997 年据之影印。卷首有民国十三年汪咏沂序言，述书简由来与刊印始末：

> 钱塘吴縠人先生当乾嘉间，为词馆宗工，骚坛领袖。海内名流，欢联缟纻，日以书牍相往还。其所藏手札，自翁学士覃溪以降，凡若干人，机神扬溢，墨沈如新，诚希世之宝也！余曩游京师，偶于书肆中见之，因即购归。装池成帙，什袭珍藏。今春，南徐许鲁山先生及古虞罗子经君，向予索观，读而善之。属摄原本影付石印，以广流传。余深韪斯言，故记其缘起于此。时太岁次甲子秋七月，古歙鲁门氏汪咏沂识。

次目录，凡收书简 43 家，共 75 通：英廉 3 通、孙士毅 1 通、翁方纲 2 通、赵怀玉 5 通、桂馥 2 通、汪端光 1 通、汪日章 1 通、项墉 1 通、潘有为 1 通、姚成 1 通、黄模 7 通、曹秉钧 1 通、王芑孙 2 通、沈赤然 1 通、法式善2通、洪亮吉1通、张问陶4通、洪梧1通、郭麐4通、改琦1通、陈用光1通、严元照1通、杨文荪1通、徐达源1通、钱楷1通、汤礼祥4通、陈廷庆1通、乐钧1通、沈钦韩2通、曾燠1通、文照2通、李存厚1通、那彦成2通、屠倬1通、吴鼒3通、姚椿1通、金学莲1通、刘嗣绾1通、董国琛1通、吴璥1通、吴引年1通、失名3通。该书柬颇珍贵,可藉此考察吴锡麒与乾嘉诸人之交游情况。

四　骈文、律赋、试帖选本及笺注本

(一)骈体文后世选本及笺注

1.《有正味斋文续集》二卷

清吴鼒编《国朝八家四六文钞》,收入吴锡麒骈体文二卷。八家者:袁枚、邵齐焘、齐星炜、孙星衍、吴锡麒、洪亮吉、曾燠、孔广森。该集有嘉庆三年刻本、嘉庆二十四年紫文阁刻本、光绪五年江左书林刻本等。又,光绪十七年刻《八家四六文注》本,收吴锡麒《有正味斋文》二卷,许贞幹注,国家图书馆藏。

2.《有正味斋骈文笺注》十六卷,慈溪叶联芬笺注

道光二十年慈北叶氏刻本。一函八册。南京图书馆藏。书皮题签曰《有正味斋骈体笺注》,内封镌书名"有正味斋骈文笺注",背镌"道光庚子年镌慈北叶氏藏版"。半叶九行二十字,黑口,双鱼尾,左右双边。首有道光十九年叶联芬族弟叶金胪序,次有补蹉跎馆主叶联芬撰"例言"五则。凡收文132篇,有叶联芬笺注。正文卷一后题为:"钱塘吴锡麒著,慈溪叶联芬兰笙笺注,受业宗弟金潮校字。"

卷首叶联芬撰"例言"云:"是注始于初刻本,故间有《全集》不载之文,亦并登焉。至于其文仍照初刻本,不复遵《全集》改正者,从其朔也。"按,此本卷一《圣驾巡幸天津赋》、卷九《扬州观灯戏记》等文未收入《有正味斋全集》,系吴锡麒初刻文集中收录,后刻《全集》时删去。

按,此集另有南京图书馆、南京大学图书馆藏同治七年慈北叶氏刻本,行款同道光二十年刻本,系其重印本;四川图书馆藏光绪成都翻刻慈溪叶氏本、光绪江西翻刻慈溪叶氏本;湖南图书馆藏光绪十七年广东

羊城文宝阁刻本。

3.《有正味斋骈体文笺》二十四卷，泰州王广业笺

咸丰九年青箱塾刻本。一函八册。南京师范大学图书馆藏。内封中镌书名《有正味斋骈体文笺》，左下镌“吴熙载书首”，背镌“咸丰九年青箱塾镌”。半叶十二行二十五字，小字双行三十字，黑口，四周双边，双鱼尾。所收为《有正味斋骈体文》二十四卷。首有道光二十五年秦邮高鸿飞序。次为王广业撰《恭谒祖陵赋》之按语，以志敬谨。次有咸丰十年秋许乃钊撰跋。次为目录、例言八则、原集曾燠序。凡收文 277 篇，有王广业笺语。

4.《有正味斋骈文笺注合纂》二十四卷，王广业笺、叶联芬注

光绪十五年上海蜚英馆石印本，合王广业笺、叶联芬注于一书。南京师范大学文学院藏。书名页及书签题《有正味斋骈文笺注合纂》，版心题《有正味斋骈体文笺注》。四册。半叶十五行三十六字，小字双行同。白口，四周双边，单鱼尾。卷首有原集曾序、王笺高序、王笺许跋、叶注序、王笺例言、王笺凡例续言、叶注例言、合纂例言。

宿松罗忠德撰“合纂例言”曰：“是集王笺叶注向系分道扬镳，惟两家互有详略，征引亦多异文，兹将两家笺注合编一集，悉心厘定，冀成联珠合璧之观，以便士林综览。”该集卷首总目录各篇下凡原叶注本所无篇目，俱详标“叶本无”。

按，《有正味斋骈体文》王笺叶注合纂二十四卷本，民国年间曾有多家书局印行：① 民国上海鸿章书局石印本，今藏复旦大学图书馆、四川图书馆；民国二十年上海锦章图书局石印本，今藏国家图书馆；② 民国上海文瑞楼石印本，今藏上海图书馆；③ 民国上海尚友山房石印本，今藏南京图书馆；④ 民国十四年上海会文堂书局石印本，今藏安徽图书馆。

又，《有正味斋骈体文》王笺叶注合纂三卷本：① 民国大达图书供应社刊行，南京图书馆藏[①]；② 1965 年台湾大新书局印行，台湾大学图

---

① 按，南京图书馆藏此民国大达图书供应社刊行《有正味斋骈体文笺注》，仅存上册，缺中、下册。笔者购得全本。

书馆藏[①]。此二本均题曰《有正味斋骈体文笺注》。它们与上述二十四卷同系王笺叶注合纂，不同的是将二十四卷重新编次为上、中、下三卷，内容未变。

5.《有正味斋骈体文笺注》，赵炳煃笺注

稿本，今藏浙江图书馆。九册。各册封面题“吴文笺注第×”。内正文每卷前题“有正味斋骈体文笺注卷×”。卷五下题“会稽赵炳煃方波笺注”。半叶十一行字数不等，无栏格。凡收文244篇，大体取自《有正味斋骈体文》二十四卷。赵炳煃笺注以小字夹注出之。该集卷首有赵炳煃自叙，备述笺注缘起：

> “《尔雅》注虫鱼，定非磊落人。”此苍黎韩子所讥也，抑有不能自已者。余少多病，病则措枕劬书不已。至年四十病渐愈，而书渐忘矣。因取《有正味斋骈体》注之，或得自宿读，或由于翻帑，将以验所有、益所无焉。炳烛之光，可胜慨哉！方坡赵炳煃自叙。

此笺注本之独异处在于：上述叶联芬、王广业笺注本，在清末、民国年间经多家书局反复印行，流通较广。此赵炳煃笺注目前仅存抄本，未见刊刻，因而所知者甚少，未得到吴锡麒骈文研究者们的足够重视。然而，自其笺注之篇目与内容来看，亦独具价值。

（二）律赋后世选本及笺注

1.《有正味斋律赋》一卷

嘉庆间汪守正辑《琴台正续合刻》，嘉庆刻本，国家图书馆、上海图书馆藏。《琴台正续合刻》收律赋五种、试体诗四种。律赋五种为吴锡麒《有正味斋律赋》一卷、黄模《寿花堂律赋》一卷、黄士珣《翠云馆律赋》一卷、姚思勤《澄鉴堂律赋》一卷、姚伊宪《古芬书屋律赋》二卷。

---

① 按，台湾大学图书馆藏1965年台湾大新书局印行《有正味斋骈体文笺注》，仅存上册，缺中、下册。

2.《注释有正味斋赋》二卷

清太仓胡玉树编注。道光四年同文堂刻本，南京图书馆藏(GJ/89261)。二册，共收吴锡麒律赋47篇，首有胡玉树序。

3.《有正味斋赋稿》一卷

清景其濬辑《四家赋钞》四卷，咸丰三年诵芬堂刻，南京图书馆藏(GJ/7503)。四家为鲍桂星《觉生赋钞》一卷、陈沆《简学斋赋钞》一卷、顾元熙《兰修馆赋稿》一卷、吴锡麒《有正味斋赋稿》一卷。其中收吴锡麒律赋26篇。

4.《有正味斋赋稿》一卷

清景其濬辑《吴顾赋钞合刻》，收吴锡麒《有正味斋赋稿》一卷、顾元熙《兰修馆赋稿》一卷。即上述《四家赋钞》之中两种。就目前所知，此集曾多次刊印：① 咸丰九年学院署吴顾赋合刊本，南京师范大学文学院、南京图书馆藏；② 咸丰十年《吴顾赋稿合刻详注》黄瞻桂注本，辽宁图书馆藏；③ 光绪三年绵竹官舍《吴顾赋合刻》本，上海图书馆藏；④ 光绪四年万州惜阴书屋《吴顾赋抄合刻》本；⑤ 光绪十二年蒲圻但氏刻《吴顾赋抄》本。

(三) 试帖诗选本及笺注[①]

1.《有正味斋试帖诗详注》四卷，吴抡、吴敬恒注

嘉庆二十一年成锦堂刻本，国家图书馆藏。

2.《有正味斋试帖诗注》八卷，吴清学等注

嘉庆二十三年扫叶山房刻本，国家图书馆藏，有佚名批注。道光二十三年婺源孙氏刻本，国家图书馆藏。

3.《有正味斋合课诗抄笺略》二卷《续抄笺略》二卷，魏茂林笺

咸丰五年有不为斋刻《二家诗抄笺略》本，咸丰中魏茂林选笺。国家图书馆藏。

---

① 以下吴锡麒试帖诗选本及笺注，皆据《中国古籍总目》(中华书局、上海古籍出版社2009年版)。因非研究重心所在，故不详列版本情况。

4.《吴縠人祭酒试帖偶抄》四卷

清安阁抄本，复旦大学图书馆藏。所收系吴锡麒试帖诗，有佚名批注。

5.《有正味斋试帖诗注》五卷

嘉庆八年莲溪书屋刻本，粤图藏。

6.《有正味斋试帖评注》

道光四年会德堂刻本，湘图藏；道光十二年三让堂刊本，湘图藏。

7.《有正味斋试帖诗注初集》五卷《二集》六卷

道光十五年鹿鹤堂刻本，诸暨图书馆藏。

第二章　吴锡麒与乾嘉士人交游考索

吴锡麒性爽阔，喜交游，上至名公巨卿，下及布衣寒士，无不倾心相交。广泛的交游对他的文学造诣有着不可忽视的推助作用。笔者利用吴氏及友朋后进的别集、日记等资料，梳理其人交游情况，并结合其生平经历、思想发展的阶段性，将其一生大体分成三个时期：一、少年读书乡里直至乾隆四十年(1775)中进士前，潜心问学、优游乡里时期，主要与早年师长、里门群彦交游；二、进士及第至嘉庆六年(1801)南归，冷官翰苑、都门酬唱时期，主要与京都群贤交游；三、嘉庆六年(1801)，吴锡麒乞养南归，先后于上海修书、扬州主讲，直至嘉庆二十三年殁。此为客授近乡、往来吴越时期，主要与真州、广陵、浙西诸地文士交游[①]。

本章以时间为经，以地域为纬，将每一时期的交游分为若干群体，由此寻绎当时士人交往情貌及对诗歌创作发生的影响。据粗略统计，与吴锡麒交游且有诗文酬赠的文人学士达 196 人之多，几乎囊括乾嘉学界、诗坛的精英人才。因篇幅所限，仅择交往密切且对其影响较深的代表人物作简要考述。

---

① 按，乾隆五十六年(1791)至五十八年(1793)、嘉庆三年(1798)至四年(1799)冬，吴锡麒曾两度南归，短暂主讲真州、扬州书院。因这两度短暂主讲生活，主要与真州、扬州等地士人交游，且与此后嘉庆六年锡麒南归后长期主讲安定书院之时期所交游人物大体有前后承续的关系，故此二时段之交游仍归于第三时期即客授近乡、往来吴越时期。

第一节　潜心问学、优游乡里时期

杭州自南宋以来人文荟萃，山水清音，处处皆诗。锡麒未中进士前，与里中诸子相与切磋、结社偕游，其时问学之师长则有杭世骏、吴颖芳、顾涑园等，交友则有黄模、姚思勤、舒绍言、沈赤然等。

一　里门师友

（一）杭世骏

杭世骏（1696—1772），字大宗，号堇浦，晚号秦庭山民，仁和人。雍正二年（1724）举人，乾隆元年（1736）举试鸿博，授编修，后迁监察御史，违忤帝意被放还。早年与厉鹗、吴焯、符曾等人交好，罢归后与诸诗老结南屏诗社。著有《道古堂诗文集》等。

吴锡麒与杭世骏系同乡，锡麒早年曾师事之。他在为钱塘女诗人方芳佩《在璞堂诗三刻》撰序时曾云：

> 余儿时即得见夫人（指方芳佩），即闻夫人有能诗名，然余犹未能知诗也。又十余年，从杭丈堇浦游，每论闺中之能诗者，谓无如夫人。①

又，《同岑诗选序》亦云：

> 曩余问诗于堇浦杭先生、西林吴先生，并皆标举清深，敷陈丽密，准诸前古，以诏后来。②

---

① 见方芳佩《在璞堂吟稿续稿续集》之《续集》卷首，嘉庆刻本。

② 《有正味斋骈体文》卷五。

可见锡麒很早就以诗艺求教杭世骏，并有较长时间的从学生涯。杭世骏论诗崇尚“清深”的主张对年轻的诗人产生了深刻影响。

然而，二人见载的交游并不多，这可能缘于锡麒诗文集晚岁更定时有所删订、或早年并未留下太多诗文记述交游。今吴诗中仅存一首《艮山野望，同杭堇浦先生世骏、倪丈嘉树一擎、何春渚琪、黄相圃、姚春漪、黄玉阶、倪小迂、孙竹虚锡分韵》：

背郭山影低，苍苍冻云卧。梯苔径可觅，踏叶寒乍破。
社宇有神栖，樵歌无鸟和。疏林抱沙河，一支泻其左。
烟荒岸草歇，日落水风大。几家闲闭门，公事了渔课。
观逝感岁迁，玩物惜羽过。肃然闻松声，苍鼠窜几个。①

该诗记叙了吴氏早年与杭氏等诸师友同游杭城东北古艮山门一带雅集赋诗之乐。此度郊游，杭世骏诗集中亦存同题诗作：

霜根络平畴，宿草栖陇首。迩郭无故蹊，临河有菀柳。
骈肩历荒坰，踽步陟高阜。断碑涩藓交，野庙社公守。
冱阴群动蛰，遐览万象剖。叫雁求曹哀，危叶辞柯陟。
清游岂难续，漫兴亦云偶。夷途识归樵，延伫遂淹久。②

在浙派诗歌发展历程中，杭世骏、吴锡麒二人一系此派前期中坚，一系后期核心人物，考其交游可知二人有明确的衣钵传承关系。对此，时人王昶在《蒲褐山房诗话》中有详细阐明：

浙中诗派，自竹垞、初白两先生后，二十余年，大宗、太鸿起而

---

① 《有正味斋诗集》卷三。

② 杭世骏《道古堂诗集》卷二十六《艮山野望，同何琪、倪一擎、黄模、吴锡麒、姚思勤、黄基作》，《续修四库全书》本。

振之。及两公殂谢，嗣音者少。司成（按，指吴锡麒）以云蒸霞蔚之文，合雪净冰清之作，驰声艺苑，独出冠时。既工骈体，尤善倚声，而诗才超越，直继朱、查、杭、厉之后，宜中外望之，指为景庆也。[①]

此段文字指出浙中诗派自朱彝尊、查慎行发端而后，杭世骏、厉鹗继起之，系此派中坚人物。及至杭、厉二人徂谢，此派之承嗣者颇少，而适当其时，吴锡麒以杰出诗才再振此派旗帜。关于吴锡麒与杭世骏等人的师承关系，清代泰州诗人康发祥《伯山诗话》亦有的论："钱塘吴穀人锡麒祭酒《有正味斋诗》，亦衍朱秀水、杭大宗、厉樊榭之派而风骨稍异，时有积薪之叹，而姿致特佳。"总之，吴氏有意识地学习传承了乃师的诗学主张，并为之发扬光大。

（二）吴颖芳

吴颖芳（1702—1781），字西林，号临江乡人、树虚，仁和人。生平博览群书，究心金石、文字、音韵之学。少与厉鹗善，诗与厉鹗、杭世骏各有专长，《晚晴簃诗汇》谓其："诗如水碧金膏，自然清丽，有过于雕刻者，为勇汰之，朴学工诗惟此数子，非社集标榜一流所可拟已。"著有《临江乡人诗集》《说文理董》《音韵讨论》《文字源流》《金石文释》等。事见《国朝耆献类征》卷四三八、王昶《吴西林先生小传》（《春融堂集》卷六十五）。

吴颖芳是浙派重要诗人，锡麒早年曾向其问学，见前引《同岑诗选序》。然而二人见于记载的交游亦不多见。

乾隆三十九年（1774），正月七日，锡麒同黄模、岫云上人赴昭庆僧舍，与吴颖芳先生茶话，有诗《甲午正月七日，同黄相圃、岫云上人过昭庆僧舍，与家西林先生颖芳茶话，用相圃韵》：

遥林霁飞雨，湖口寒阴开。长者翻经地，春风送客来。

---

① 王昶《湖海诗传》卷三十三，《续修四库全书》本。

高情托修竹，大事问黄梅。别有禅心湛，念兹明镜台。[1]

十一日，锡麒又同倪一擎、黄模、姚思勤诸友出城东再访吴颖芳，时吴颖芳留昭庆僧舍未归，锡麒叠前韵作诗寄之：

忆昨招提境，清谈颜屡开。及今东邻访，犹未赋归来。
小梦春风笛，新香老屋梅。还余碧云想，日暮盼香台。[2]

目前仅有以上二诗为两人的交游留下了一星半点的踪迹。然而，即此已可见吴锡麒早年问学之诸人，多系浙西诗派前辈，他们对吴锡麒之诗歌创作与诗学主张之形成必定会发生深刻影响。

（三）顾光

顾光（1717—1800），字彦清，号涑园，仁和人。乾隆三年（1738）举人，历任清丰知县、贵州安顺府同知、广州知府。在任赈饥民，惩奸宄，雪冤狱，因触犯上司，称病归杭。破屋数间，教书自给，自号河干老人、梅东老人。著有《橘颂堂诗集》。事具秦瀛《广州府知府顾涑园墓表》（《小岘山人文集》卷五）。

锡麒里居时曾与同乡好友黄模、黄基、姚思勤等约为“琴台之课”，即学作科考之律赋，时俱请益于顾光。四人后皆以律赋“鸣于时”，得资于顾光颇夥。

乾隆四十年（1775）正月二十日，顾光为吴锡麒等六人所著《武林新年杂咏》作序。该书于是年刊刻。

乾隆五十二年（1787），顾光主讲杭州紫阳书院。嘉庆四年（1799）冬，锡麒服阕将北上，作别其师顾光，适顾氏《橘颂堂诗集》付刊，因以示锡麒，并属撰序弁首。锡麒至京后曾寄一简言及作序之事，云：“冬间匆

---

① 诗见《匏居小稿》，复旦大学图书馆藏乾隆三十九年刻本。

② 吴锡麒《匏居小稿》之《十一日，倪丈嘉树、黄相圃、姚春漪出城东再访西林先生，时留昭庆未归，叠前韵奉寄》，复旦大学图书馆藏乾隆三十九年刻本。

匆话别，未罄积怀。比稔先生杖履清和，神湛明定，养真味道，取畅林泉，欢喜在心，踊跃无已。前蒙委制大集序文，某以末学小生，义当北面，匏宣瓦奏，何能窥测高深？念承奖借之心，敢效刍荛之献。亦如彦升弁文献之集，樊南序卫国之文。述德抒行，少酬嘉惠。谨录稿呈政，伏俟诲言，不尽。”①

锡麒所作《顾涑园先生橘颂堂诗集序》云：

> 涑园先生蕴醇茂之德，具瑰玮之才。咀含道腴，激发灵响。练疏弦于古水，缉丰藻于青山。盖以诗鸣者垂六十年。辈偶沦徂，坛坫寝歇。芳风独扇，流云更鲜。炯然若长明之灯，岿然为灵光之殿。铿钟振铎，于今未衰。锡麒早侍高筵，得窥峻旨。……其时同里黄相圃、姚春漪、黄玉阶诸人相约为琴台之课，实皆就正于先生焉。荷蒙小友之称，无拘北面之例。往往叩门问字，就佛呈诗。风雅相提，谈谐并作。迨后出处睽异，南北参差，而橘颂之堂，玉勾之园，桃李旷其夜游，松菊阻于日陟。眷言往契，邈然长怀，不能已已也！②

锡麒与顾光谊属师徒，而顾光颇为平易，常以“小友”相称，“无拘北面之例”，叩门问字，风雅相提，其时师生间谈谐之乐、相与之情可想而知。后因出处各异、南北睽违，因而不能时相过从，但眷怀之情仍不能已。

（四）沈赤然

沈赤然（1745—1816），初名玉辉，字韫山，号梅村，仁和人。乾隆三十三年（1768）举人，历官平乡、南乐、南宫、丰润知县。居官廉能，罢归，闭门著书，不问外事。时或徜徉于山水间，与吴锡麒、章学诚相切磋。工诗古文词，尤以诗名盛称武林二十年。所作多怀归行役、悯农忧旱之作，吴锡麒评谓“窈深闳远”。著有《五研斋诗钞》二十卷、《文钞》十一

---

① 《有正味斋尺牍》卷上《寄顾涑园》，光绪元年上海申报馆铅印本。

② 《有正味斋骈体文》卷四《顾涑园先生橘颂堂诗集序》。

卷、《寄傲轩读书随笔》十卷、《续笔》六卷、《三笔》六卷、《寒夜丛谈》三卷等。事迹见沈赤然《自编年谱》(《五研斋诗钞》卷首)。

沈赤然与锡麒家居颇近,相识较早,二人自幼及老交往契密。乾隆三十二年(1767),锡麒二十二岁,始与赤然等里中七位好友结文社[①]。

乾隆四十年(1775)正月,锡麒与赤然一同北上赴试,赤然在途次舟中罹患眼疾。时锡麒常以见闻入诗,为之吟诵。经丹徒,二人同游通元观、登挹江楼。后因锡麒将赴山东任城办事,二人遂于兖州分道而行。抵达京城入试锁闱后,锡麒登第,赤然报罢。出京,赤然作诗留别锡麒,有“同来却不同归去,鹤自翀霄鸟恋林”[②]之叹。此行二人均作有大量诗歌,俱存各自集中。

自赤然落第南归,二人遂南北阻隔,然时以书柬互通音讯。次年(1776),锡麒乞假归省,以所著《燕台行笈诗存》嘱赤然为序。序曰:

> 乾隆乙未正月,余与榖人随计北征。……明年,榖人乞假归省,出其自计偕至锦还所为诗若干卷,标之曰《燕台行笈诗存》,属余序。余既卒读,慨然曰:君诗词雅而意高,即足不出乡关,已杰然争雄于武林坛坫间矣。今又越江河,瞻太山,览皇居之壮,入著作之庭。所与游者,又皆当时名卿大夫,相与切劘而讲习之,其造诣固宜更进若此矣。[③]

乾隆四十五年(1780)春闱,赤然再度报罢,随即坐馆于锡麒寓

---

① 沈赤然《五研斋诗钞》卷十五《寄吴榖人五十韵》:“结社丁年始,操毫丙夜俱。”自注云:“乾隆丁亥始与榖人结文社,同砚席者凡七辈。”《续修四库全书》本。

② 沈赤然《五研斋诗钞》卷三《燕台留别诗·吴榖人》(乙未),《续修四库全书》本。

③ 沈赤然《五研斋文钞》卷一《吴榖人燕台行笈诗序》,《续修四库全书》本。然《燕台行笈诗》不见于吴锡麒本集,疑别有增删,并入他集。详附录“吴锡麒集外诗词文辑佚”。

而 。次年夏，二人结为姻亲，锡麒第四子与赤然次女订婚约[②]。

乾隆五十年(1785)，锡麒乞假归省，迂道赴河北南宫探访时任知县的赤然。酒间话旧，追念昔日里门之友半皆零落，皆不胜怃然。赤然感而有六绝句，云：

几年闲却老莱衣，乞得君恩赐假归。
枉道漫劳车骑辱，洗尘先教酒觥飞。

休说吴郎与沈郎，尊前一笑鬓齐霜。
铜符已分风尘老，清梦何时到玉堂。

曾共西吴鸭嘴船，看君云路竟先鞭。
闲思永巷交扶醉，哗笑儿童又廿年。

零落文坛剩几人，只今音信杳鸿鳞。
谁怜手板头衔客，即是花南砚北身。

无多老伴死生分，往事飘零似断云。
空忆故人诗句好，却听才鬼唱秋坟。

湖边君到已春深，红满枝头绿有阴。
传语北山休笑我，年来久有欲归心。[③]

---

① 沈赤然《五研斋文钞》卷二《更生道人自序》，《续修四库全书》本。

② 沈赤然《五研斋诗钞》卷首《自编年谱》，《续修四库全书》本。

③ 沈赤然《五研斋诗钞》卷六《吴縠人编修乞假归省，迂道过南宫衙斋，衔杯话旧，追念里门交游零落，不胜怃然，成六绝句》(乙巳)，《续修四库全书》本。

时赤然以《归田约》示之，二人遂有异日同隐西溪之约，时均有诗纪事[①]，锡麒尚填词《八归》二阕，为他日归田之证。云：

沈梅村令南宫，余迂道往访，天寒命酒，追述余两人少年事，因出《归田约》示余。西溪数椽，栖映梅竹，烟山之契，渺渺兮余怀也。赋此为异日证。

鞭摇夕照，村寒难避，孤堞隐见云外。烧灯有约吟官阁，休说沈郎憔悴，瘦宽腰带。但说烟波湖上兴，叹旧梦、闲鸥都改。算俊侣、只有梅花，岁晚一枝待。　　曾记红衣雪里，西溪呼棹，惯与渔樵同载。水边花影，酒边月影，不比婵娟难买。好三间卜筑，一角青山镇相对。吾先去、为君料理，竹粉凉边，描个画图在。[②]

是年，锡麒曾梦骑牛行步野外，遂作《赤脚骑牛图》。赤然为题此图：

赤脚骑牛去，闲身孰似渠。遥寻茅店酒，稳胜灞桥驴。
但可腰横笛，何须角挂书。莫言曾梦得，真个定何如？[③]

乾隆五十七年(1792)，锡麒主讲仪真书院，会赤然侨居湖州新市，遂造访之。谈饮竟日，复订西溪之约，时赤然有诗纪事：

同是悠悠物外踪，不如京国得常逢。
皋比坐拥人千里，篱落行吟酒一钟。
怪底客来无鹊噪，莫愁城远有鱼供。

① 《有正味斋诗集》卷七《南宫访沈梅村酒间话旧四十韵》。

② 《有正味斋词集》卷二。

③ 沈赤然《五研斋诗钞》卷六《题吴縠人赤脚骑牛图》(乙巳)，《续修四库全书》本。

尊前重订西溪约，久负青鞋与瘦筇。

五岳遨游愿已虚，买山须得傍西湖。
卅年大梦谁先觉，一局残棋我竟输。
休恋扬州思跨鹤，好来笠泽饱餐鲈。
请君试展新诗看，曾有风尘一字无。①

次年，锡麒结束仪真讲学，将再度入都。赤然自新市来送，慨叹二人西溪终老之约竟成虚语，有诗送行：

当年何事拂衣还，销尽千金不买山。
仙掖总劳清梦恋，野鸥休笑黑头斑。
文章报国真君职，坐卧看天只我闲。
从此西溪成独往，敢烦车马款松关。

三年两见怅如何，小港难容大舫过。
新酒黄花好时节，凉风白日度江河。
频经风物供吟少，乍别亲朋入梦多。
都下故人如问讯，为言吾近似头陀。②

锡麒答诗曰："仙人潭上客，已抱玉琴眠。念我远游子，劳君秋水

① 沈赤然《五研斋诗钞》卷十一《吴穀人以庚戌八月乞假旋里，余亦于是月引疾滞淫保阳，至辛亥八月始获理棹还浙，时穀人已主讲真州，余又侨居新市，欲一晤不可得。顷辱过访，谈饮竟日，复订西溪之约，慨然有作》(壬子)，《续修四库全书》本。

② 沈赤然《五研斋诗钞》卷十二《闻吴穀人将复入都供职，因念西溪之约竟成虚语，不能无怅怅耳，诗以送之》(癸丑)，《续修四库全书》本。

船。诗留山色里，梦醒酒灯前。欲寄相思去，归云定与传。”[①]

嘉庆三年(1798)正月，吴锡麒主讲扬州安定书院，迂道过访赤然。谈饮竟日，重申西溪之约。赤然恐此约终不能遂，感赋二首，即为锡麒送行：

天上冰衔客，能来亦偶然。颠毛各如此，酒户大非前（縠人近不胜酒）。

妄意溪边屋，曾无颍上田。扬州十万贯，何日解腰缠。

长物唯诗卷，尊前互把看。老方甘苦喻，远自唱酬难。

去日春江涨，归时白露团。西溪秋色好，期子暂游观。[②]

是岁，赤然还寄以长诗五十韵存问近况[③]。八月，锡麒为赤然重订的《五研斋诗钞》作序，序云：

读书而仕宦，仕宦而归田，岂非极人生适意之遭乎？而况挟笔而耕，三冬足用；弹琴而治，大夏庇人。方为布泽之云，遂作归根之叶。若梅村者，仁智符乎山水，风尚寄之弦匏。霞姿自标，松格独造。宜其诗之窈以深、闳而远也。

余与梅村交三十年矣，当其破窗读雨，坏榻吟晴，住老屋之三间，傍清流之一曲。落叶堆而短屐至，早花发而小冠来。漉酓半瓶，斫鲙一味。墙头过酒，竹外烧灯。或始旦而已共横笺，或深宵

① 《有正味斋诗集》卷十《沈梅村自新市来送余北上兼赠以诗舟中赋此奉答》。

② 沈赤然《五研斋诗钞》卷十四《吴縠人侍读予告还里，顷有扬州之行，迂道过访，谈饮竟日，重申卜居西溪之约，恐终不能遂耳，感赋二首，即以送行》(戊午)，《续修四库全书》本。

③ 沈赤然《五研斋诗钞》卷十五《寄吴縠人五十韵》，《续修四库全书》本。

而犹同斗韵。君固声情之豪宕,余亦意兴之飞腾也。……然而人海苍茫,风尘鸿洞,去马来牛之阅历,新莺晚雁之流连,鬓已双皤,腰同一瘦。……及夫朝衫既卸,芰制已成。得抽南国之帆,便订西溪之约。……奈何人事多阻,家累复牵。青山远人,白鸥笑客,则欲同谋小隐,重理旧盟。待婚嫁之粗完,恐蒹葭之亦老。吟情缱绻,远梦迷离,徒负负而无可言,胡区区而不余畀也。……矧吾两人遭遇不殊,踪迹宛合。贮书之腹,辛苦先谙;食荠之肠,酸咸自识。其所以趋商步羽,送抱推襟者,虽赖言语之传,实本性情之契。[①]

序文肯定了沈诗具有窈深闳远的特点,并追述了二人交往三十年来的历历往事与深挚情谊。是岁十月五日,锡麒再度过访沈赤然宅,席间二人言及本年冬末锡麒赴京之事,并话及西溪风景[②]。

嘉庆五年(1800),赤然次女与锡麒四子完姻[③]。次年十月,锡麒母卢氏八十寿辰,赤然为撰寿颂[④]。

嘉庆九年(1804),赤然六十大寿,锡麒作诗祝贺:

料理归田计早成,优游六十渐忘名。
宦途手版黄尘梦,诗客头衔白水盟。
松菊荒凉劳觅隐,齑盐淡泊苦谋生。
一瓶只有乌程酒,能似先生到底清。

---

① 《有正味斋骈体文》卷四《沈梅村重订五砚斋诗钞序》。

② 沈赤然《五研斋诗钞》卷十五《十月五日,吴穀人枉帆留饮,言冬杪即当赴阙,并话西溪风景。是日范让水在坐,先成七律一章,因次其韵》,《续修四库全书》本。

③ 沈赤然《自编年谱》,《续修四库全书》本。

④ 沈赤然《五研斋诗钞》卷十七《吴母卢太淑人八十寿颂》,《续修四库全书》本。

我到君家便泊舟，君来我里亦能留。
诗狂酒渴双青眼，女嫁男婚两白头。
有约结邻西郭近，何年种秫薄田收。
仙山楼阁原无际，且策芒鞋赋近游。①

嘉庆十年(1805)七月，锡麒六十大寿，赤然有诗贺之，即次韵去年锡麒见赠寿诗。云：

文章仕宦两俱成，环立儿孙欲忘名。
寿母令妻垂老乐，青猿白鹤几时盟。
仙乡好向杯中觅，钱树能教笔底生。
闻道关门懒开宴，新秋风月为谁清。

上濑船逢下濑舟，看君飞渡我还留。
曾无福命分雕锦，且喜萧闲共白头。
老树自撑霜骨健，颓阳未放暮霞收。
耆英真率何年会，可许相陪入洛游。②

嘉庆十九年(1814)，赤然七十大寿，锡麒又作七律四首祝寿③。

在锡麒里中诸友中，因文友与姻亲关系，他与赤然的交往最为亲密。从二人数年往还的诗歌、书柬看，他们曾有偕隐西溪之愿，惜频频为生计、仕宦所阻，终不能遂。二人自结识及老去，诗歌唱酬颇多，且相互题序亦不少。除上述外，锡麒还曾作有《沈梅村诗集序》(《有正味斋骈体文》卷三)、《沈梅村晋书纪事诗序》(《有正味斋骈体文》卷六)、《沈

① 《有正味斋诗集》卷十六《寿沈梅村六十》。

② 沈赤然《五研斋诗钞》卷十九《寿吴榖人六十即次去年见赠周甲诗韵》(乙丑)，《续修四库全书》本。

③ 《有正味斋诗续集》卷七《寿沈梅村七十》。

梅村五砚斋杂志序》(《有正味斋骈体文》卷七)。然而二人虽情谊深挚,但论文宗尚、取径却不尽相同。赤然集中《答吴縠人论文书》一柬曾言及此:

> 比示论文一书,知足下稍厌骈体,幡然致力于秦汉八家之文,窥见作者渊深旨趣,诚仆之所大望于足下者。至云欲得仆文以为之程,毋乃效颦笑于嫫母,师揆正于拙工。……虽然,仆亦有所不为者三焉:一曰故为艰涩以托于古奥,二曰摭拾浮艳以破坏法度,三曰刻意规橅以失吾本真。故仆之为文,词达即已矣;不鄙俚,不失体裁即已矣。……足下之于骈体,非徒工而已也。借古语以申今情,化填塞以为圜转,清风流霞,时出纸上,亦可云前无古人后无来者矣。乃责仆以不早规其溺惑,是欲食熊掌者,必弃其鱼;闻琴瑟者,必毁其笙管,可乎哉?……骈体之病在于华靡,要实自东京开之,苟能沿流溯源,由六季而魏,由魏而东、西两京,雕饰既划,气体自纯。虽先秦可几也,况下此者乎?今足下既舍彼而就此矣,则当尽去其故步。……先意而后法,先法而后言。纯而不杂,敛而不驰。于卓然成家也,亦易易矣。近时为古文词者,唯同年友山阴章君学诚择精语详,神明于法,海内作者罕有其比。足下以雅洁之才,骎骎乎每变愈上,则与之扬镳而方驾者,舍足下其谁?仆虽不文,幸得追蹑其后,狂奔尽气,屡蹶不休。虽邈不相及,其亦庶几有尺寸之进乎。①

锡麒论文崇尚骈体,其《有正味斋全集》仅收骈文,所作散文序跋等未录一篇。由赤然此柬可知,锡麒曾寄书赤然,论及文章,言其稍厌骈体,欲致力古文,且欲取赤然文以为规程。赤然对此颇为赞赏,他以古文为尚,希望锡麒弃骈就散。他分析了骈体之弊,指出古文“先意而后法,先法而后言”的创作原则,最后还特别提出其同年友、著名学者山阴

---

① 沈赤然《五研斋文钞》卷五,《续修四库全书》本。

章学诚，以为锡麒研习古文之师法对象。此柬颇为可贵，虽然锡麒致柬未见，但它已然透露出吴锡麒一生论文对于骈散取舍有过犹豫与选择。同时它还表露了吴、沈二人成为诤友之缘由，相互切磋、彼此进益。

嘉庆二十一年(1816)，赤然卒，锡麒有诗《哭沈梅村六首》[①]志哀。

二 “城西六子”

吴锡麒《同岑诗选序》云：“曩余问诗于堇浦杭先生、西林吴先生……其时交友则有黄书崖、姚春漪、黄玉阶、倪小迂诸君，就瓜中之旧庐，联只鸡之近局。所诣虽判，其趣则同。”锡麒早年与里中诸子交游甚契，与黄模、舒绍言、姚思勤、项朝棻、仲弟吴锡麟有“城西六子”之称。乾隆四十年(1775)，六人同赋的《武林新年杂咏》刊行，征引赅博，论者谓可与《南宋杂事诗》并传。

(一) 黄模

黄模，字相圃，号书崖，钱塘人。嘉庆五年(1800)岁贡。有《寿花堂诗稿》。诗律最细，与吴锡麒一时有“李杜”之目。

乾隆三十年(1765)春，吴锡麒在倪一擎有真意斋结识黄模，同集者苏展亭、周亦庵、姚思勤、黄基等，皆一时名士。其时，“制添灯之赋，张说饼之筵，月浪生蓝，酒波卷白”，锡麒年甫及冠，黄模与之一见如故，遂订忘年之交。此后，锡麒常与黄模、姚思勤、黄基等来往里间、流连文宴[②]。

锡麒颇为钦佩黄模之诗才，他为黄模《琴趣轩吟卷》题诗云：

> 大雅久不作，风流吾所望。
> 只今黄叔度，何减孟襄阳。
> 春雨满楼角，一灯方夜长。

① 诗见《吴縠人手书有正味斋续集之九未刊稿一卷》，南京图书馆藏光绪三十四年有正书局石印影钞本。

② 《有正味斋骈体文》卷五《桐华馆诗存序》。

觅君琴里趣，飞梦过潇湘。[①]

乾隆三十八年(1773)正月十三日，黄模招集吴锡麒等同游杭城祥符寺，锡麒用苏轼《祥符寺九曲观灯诗》韵作七律一首：

门外走桥人逐伴，幢前访古客谁邀。
僧将十宝夸斯地，我亦千金视此宵。
薜院惜无灯火照，莲台尚剩劫灰焦。
坡仙去后繁华尽，诗鬓翻愁雪不消。[②]

乾隆四十年(1775)，锡麒进士及第，入翰林后，在京城颇为怀念里中好友黄模与姚思勤，有诗《丁香花下怀相圃、春漪》：

苔径微微起晚寒，无人花下共凭栏。
一分已觉堪怜早，百结缘知欲放难。
容易愁生偏我伴，寻思画出寄君看。
不须西向长安笑，春色江南似海宽。[③]

自本年锡麒供职京师后，二人交游遂少。虽天各一方，然而锡麒对旧友的情意始终未改。乾隆五十二年(1787)秋，锡麒在京师作《秋怀诗四首》，其一即寄怀黄模：

廿载琴台交不迟，文章尔雅是吾师。

---

① 吴锡麒《匏居小稿》之《题黄相圃琴趣轩吟卷》，复旦大学图书馆藏乾隆三十九年刻本。

② 《有正味斋诗集》卷三《癸巳正月十三日，黄相圃招同人游祥符寺，用东坡〈九曲观灯〉诗韵》。

③ 《有正味斋诗集》卷五。

桔桐爨急才人泣，破砚秋荒季女饥。
南渡江山能数典，百年耆旧待编诗。
菰芦此士犹淹滞，铁网沧波欲待谁。[①]

锡麒对黄模的文章推许备至，以之为己师。然而才人命蹇，江湖淹滞，锡麒对这位老友怀才不遇的遭际深表同情，发出“铁网沧波欲待谁”的慨叹。

虽然遭际不同，但二人文章宗尚上颇为相合。二人都工于律赋，吴锡麒曾有《与黄相圃书》追叙早年相与问学的情景，云：“往者琴台之会，松竹有朋，既上资博映，旁镜前疑，用代琢磨，间以游宴。……当此之时，谈可失眠，醉以观趣，抑何乐也。”[②]可见早年里居时，锡麒与黄模、姚思勤、黄基等人曾共同研学律赋，琢磨之际，间以游宴，颇为相得。其时琴台之课，皆就正于顾涑园先生[③]。然而好景不长，苏展亭、黄基早逝，锡麒又入京为官，昔日好友猝然零落。抚今追昔，不胜怃然。

嘉庆年间，汪守正辑《琴台正续合刻》，收录了吴锡麒《有正味斋律赋》、黄模《寿花堂律赋》、姚思勤《澄鉴堂律赋》各一卷。当代学者尹占华在《律赋论稿》中曾评价说：“他们都是浙江人，律赋风格与吴锡麒一致，为清前期律赋创作的一个重要流派，不妨名之曰‘浙派’。”[④]由此可见，早年的相与切劘，对于吴锡麒、黄模、姚思勤的律赋造诣颇多助益。

（二）姚思勤

姚思勤（？—1793），字汝修，一字春漪，号桂隐，仁和人。乾隆五十四年（1789）举人。与吴锡麒、黄模、黄基等并以律赋闻名当时。著有《漱六轩学言》《琴台小稿》《北游草》《桂隐斋集》《桂堂遗稿》。今存《翠云馆律赋》一卷，辑入《琴台合刻》，光绪间浙江书局重刻。又有《东河棹

---

① 《有正味斋诗集》卷八。
② 《有正味斋骈体文》卷十七《与黄相圃书》。
③ 《有正味斋骈体文》卷四《顾涑园先生橘颂堂诗集序》。
④ 尹占华《律赋论稿》，巴蜀书社 2001 年版，第 429 页。

歌》一卷，丁申辑入《武林掌故丛编》。

锡麒与姚思勤系同乡，他们的交游多集中在锡麒成进士前。锡麒早年常与之偕游杭城城郊，如锡麒诗集中存有《同黄相圃模、姚春漪思勤、黄玉阶基泛舟至丁家山观荷值雨四首》(《有正味斋诗集》卷三)、《艮山野望，同杭堇浦先生世骏、倪丈嘉树一擎、何春渚琪、黄相圃、姚春漪、黄玉阶、倪小迂、孙竹虚锡分韵》(《有正味斋诗集》卷三)、《同黄相圃、姚春漪、黄玉阶集晓春书屋二首》(《匏居小稿》)等诗，另有词《梦横塘》"春暮同舒古廉、黄相圃、姚春漪泛舟湖上。时飞絮掠波，散漫如雪……"(《有正味斋词集》卷一)，记载了当时的宴游之乐。

乾隆三十四年(1769)，锡麒在严江逗留颇久，时姚思勤客居吴门，有怀锡麒之作[①]。乾隆三十七年(1772)春，吴锡麒自严江归钱塘，得姚思勤游吴门留别之作，怅然于怀，填词《玉漏迟》寄之：

> 壬辰春，余归自严江，得姚春漪游吴门留别之作，怅然于怀，赋此寄之。
>
> 客愁浑未洗，偏怜去客，催愁还起。折柳歌寒，剩有吴笺写泪。想见扁舟来去，看足了、苏台眉翠。烟月坠。天涯回首，满空云水。　　不恨别浦帆催，恨负却春风，者边吟醉。说与离情，抵似绿波千里。三十六鸥飞梦，更三十六鳞传意。归也未、楼头已花残矣。[②]

乾隆四十年(1775)，锡麒成进士，入翰林院，作诗寄怀乡居旧友姚思勤、黄模，已如上述。自本年锡麒入京供职后，二人南北暌违。

乾隆五十八年(1793)，姚思勤卒于京城。时锡麒主讲仪真书院，惊闻噩耗，悲恸难禁。有诗志哀：

---

① 吴锡麒《匏居小稿》有《己丑，姚春漪思勤客居吴门，曾有见怀之作，今年夏出以索和，依韵奉答》，复旦大学图书馆藏乾隆三十九年刻本。

② 《有正味斋词集》卷一。

一灯昨已黯深宵，魂魄先疑入梦遥。
燕月错教留四载，吴云惨莫过今朝。
死生定不相知异，醉醒都难此泪消。
蒲酒可怜时节近，水窗重待阿谁招。

金台饯我及深秋，正约重来会已休。
如此光阴同水逝，相思餔啜亦风流。
群公日下哀音托，旧雨琴台断简搜。
归榇只防踪迹左，他年宿草哭难酬。[①]

回首昔年琴台之会，惟余哀痛。本年冬，锡麒假满还京，路过姚思勤旧舍，"寒阴惨淡，墨迹依稀，月苦风酸"，伤逝之情，难以言表。

姚思勤殁后，锡麒念其著述之精，"足耀湘纨之色"，然"素旐南返，芪篋相随，遂恐飘流，时增悚惕"，遂请昔日共同的好友黄模代为甄综刊印[②]。先是，锡麒还曾为姚思勤《镲闹诗》作序，序云："吾读春漪《镲闹诗》，而不禁喟然太息曰：此殆其劳者歌乎。当夫鱼鱼逐队，燕燕寻巢，乃裹糇粮，于时庐旅，果一头之放出，即是青云；岂寸铁之不持，能为白战。摒挡星货，虽饾饤之堪嗤；指点风檐，觉升沉之足慨。"序文赞颂姚思勤"擅裁霞之手，操修月之斤，铁砚磨穿，蜚声秋赋。金声掷出，交口春明，而乃健翮方摇，强台未上。破窗风雨，迷离中酒之天；老树蛟龙，盘郁拿云之气。顾短檠而宛在，弹长铗而高呼。摹味外之酸咸，说个中之辛苦"[③]。

（三）项朝棻

项朝棻，字聚贤，一字莲峰。仁和人。生卒、事迹不详。

二人为里中好友，曾同赋《武林新年杂咏》。常相偕出游，如同赴丁

---

① 《有正味斋诗集》卷九《闻姚春漪殁于都中以诗哭之二首》。

② 《有正味斋骈体文》卷十七《与黄相圃书》。

③ 《有正味斋骈体文》卷五《姚春漪镲闹诗序》。

家山赏桃花，锡麒有诗《丁家山观桃花同项莲峰朝棻作》："寻源独自到桃关，花气多迷夕照间。寒食光阴宜白舫，春风颜色在青山。亭空古翠沾衣重，路转明霞照眼殷。不待重来人面改，胭脂石上已斑斑。"①

项朝棻还曾为锡麒早年词集《有正味斋琴言》题辞，云：

我爱吴郎绝妙词，一编半是有情痴。
醉来笑指红牙拍，听取歌喉宛转时。

春花秋月自年年，尽把新声寄采笺。
唱到孤鸾忽凄绝，重教众客泪潸然。②

自锡麒供职京师后，二人南北阻隔，唱酬极少。乾隆五十年(1785)，锡麒乞假归杭。二人遂又有短暂相聚。初夏，锡麒同项朝棻、黄模、何琪、姚思勤、倪印元等游西湖竹素园，观鹤，分韵赋诗③。立冬前一日，锡麒将还京，项墉招项朝棻、何琪、奚冈、魏成宪等集寿花轩，为锡麒饯行，即席分韵④。自此后，二人几乎未有见载的交游。

（四）舒绍言

舒绍言，字懋中，号古廉，仁和人。生卒、事迹不详。"城西六子"中舒绍言年最长，也最先与锡麒缔交。锡麒曾寄以诗简："君居我巷东，望见我家树。三日春雨深，相思落花暮。"⑤可见，二人乃比邻而居，"盖其

① 《有正味斋诗集》卷三。

② 《有正味斋琴言》卷首，复旦大学图书馆藏乾隆三十九年刻本。

③ 《有正味斋诗集》卷七《竹素园观鹤，同黄相圃、何春渚、姚春漪、项莲峰、徐也陶、倪小迂分韵，得七字》。

④ 《有正味斋诗集》卷七《立冬前一日，项秋子招同胡葑塘涛、何春渚、奚铁生冈、孙半峰晋宁、曹云巢光黼、项莲峰、魏春松成宪集寿花轩，饯余还京师，即席分韵》。

⑤ 《有正味斋诗集》卷一《简舒古廉绍言》。

时穀人居山儿巷，古廉居西牌楼也”[①]。因得以时常相偕出游，唱酬颇频。《有正味斋词集》卷一有《扫花游》“冬晚游龙兴寺，同舒古廉绍言赋”，又有《西子妆》记同游西湖之事，序云：“秋宇澄霁，远近无烟，湖上山光动摇，凉翠万状。古廉邀余出钱塘门，将之孤山，遇黄相圃模、姚春漪思勤、宋筠洲永、黄玉阶基，拉入舟中，循苏堤入西泠桥，泊于里湖幽处，山水既佳，饮酒极醉，因用梦窗自度腔以写其胜。”《有正味斋诗集》中则有《夏晓同舒古廉、周澄源渡湖至丁家山》（卷一）、《香河晚泊望隔岸远山同舒古廉赋》（卷四）。沈赤然《五研斋诗钞》亦载：乾隆三十七年（1772），正月十四日，锡麒同赤然、绍言城南观梅，分韵赋诗[②]。是岁，三人又同作《观灯行》[③]。

后舒绍言游京师，卒无所遇，淹蹇以殁。他与锡麒的交游多集中于锡麒成进士前。

第二节　冷官翰苑、都门酬唱时期

乾隆四十年（1775），吴锡麒中进士，自此开始京师翰苑生活。锡麒描述当时与日下群贤的交往时，曾云：“吾人幸托朝籍，获交名贤。小冠之侣，日接其两三；只鸡之局，月得其八九。相与掎裳联襼，送抱推襟；酒德无愆，月话弥洽，斯亦乐矣！”[④]其时诗酒往还、此唱彼和的过从之乐，于此可见一斑。所交往者多名流，如翁方纲、法式善、洪亮吉、张问陶、蒋士铨、黄景仁、桂馥等。他们的诗歌活动主要以翁方纲苏斋、法式

---

① 丁丙《武林坊巷志》引《杭郡诗续辑》，浙江人民出版社 1990 年版，第 8 册，第 363 页。

② 沈赤然《五研斋诗钞》卷二《正月十四日，同吴穀人锡麒、舒古廉绍言城南观梅用秦太虚韵》（壬辰），《续修四库全书》本。

③ 沈赤然《五研斋诗钞》卷二有《观灯行同舒古廉吴穀人作》（壬辰），《续修四库全书》本。又，《有正味斋诗集》卷三有《观灯行同沈梅村赤然作》。

④ 《有正味斋骈体文》卷三《甘西园侍御养云楼诗草序》。

善诗龛为两大中心[1]。

一　都门诗社考

乾隆四十四年(1779)，翁方纲与吴锡麒、蒋士铨、程晋芳、张埙、周厚辕等在北京结都门诗社，邀洪亮吉、黄景仁入诗社。早在诗社成立之前，这一京城文士、翰林清贵群体就时相过从。或游园逛寺，或赏花吟酒，会必有诗。如乾隆四十三年(1778)春，吴锡麒同翁方纲、钱载、杨芳灿、张燕昌等集于英廉相国檀栾草堂，赏海棠花。八月七日，锡麒又同蒋士铨、吴玉纶、陈崇本、程晋芳集翁方纲书斋，观《王审知碑》拓本，各赋诗纪之[2]。

自都门诗社正式成立后，各类雅集就更为频繁，锡麒多参与其中。如乾隆四十五年(1780)上巳日，锡麒与翁方纲、蒋士铨、黄景仁、程晋芳等集周厚辕寓斋，分咏瓶中海棠、梨花等[3]。次年闰五月五日，程晋芳招张埙、翁方纲、蒋士铨、吴锡麒等小集三长物斋，分韵赋诗。嘉庆元年(1796)正月十八日，翁方纲招吴锡麒、罗聘、余集、赵怀玉、伊秉绶、金学莲、王宗诚及子王宜泉集悯忠寺，观佛牙暨水陆诸像。

这些集会常在上巳、花朝、七夕、坡公生日等节庆日，集会内容或赏景游园，流连筵席；或鉴赏名画名帖，分韵题咏。偶尔亦有饯行别宴等不定期聚会。

以上雅集活动中，坡公生日是其中最突出、也是都门诗社最具特色的集会日。诗社诸人通常在苏轼冥诞之日——十二月十九日——聚集在翁方纲苏斋，拜谒坡公像，分韵赋诗。如乾隆四十五年十二月十九

---

① 按，吴锡麒《有正味斋诗集》卷四《解褐集》、卷五卷六《翰苑集》上下与《还京日记》上下、《澄怀园日记》《南归记》对于当时士人酬唱交往载录颇详，交游考中引及此类文献颇多，篇幅所限，不再详注出处。

② 翁方纲《复初斋文集》卷二十四《跋王审知碑》，《续修四库全书》本。

③ 翁方纲《复初斋诗集》卷二一有《三月三日，同心余、鱼门、瘦同、枫亭、縠人、仲则集载轩寓斋分咏瓶中海棠，得集字》，《续修四库全书》本。《有正味斋诗集》卷五亦有《上巳集周载轩编修厚辕清远室，分赋梨花，得之字》。

日，翁方纲招同人置酒苏斋，吴锡麒乙未科同年、画家宋葆淳（按，一作葆醇）绘制《李委江上吹笛图》，各题一诗[①]。次年同日，翁方纲再招同人集苏斋，拜谒坡公像，共用苏轼第三子苏过《斜川集》中《大人生日》韵作诗。

偶尔错过这一日期，诗社同人还会补聚。如，乾隆五十八年十二月二十四日，翁方纲招同人集苏斋，补作坡公生日，赏罗聘绘《墨幻》《墨戏》二图。当然，有时也会预作"生日"会，如乾隆四十四年十一月十九日，翁方纲招锡麒、程晋芳、张埙、罗聘、桂馥、吴蔚光、陈鸿宾、周厚辕、陈崇本、洪亮吉、宋葆淳、黄景仁集于苏斋，预祀东坡生日，并送罗聘出都。乾隆四十八年春，翁方纲《苏诗补注》新刻成，适得朱兰嵎临李龙眠《东坡笠屐图》。因于苏斋预举本年腊月十九之集，锡麒、程晋芳、张埙、宋葆淳等与之，谒坡公像，赋诗[②]。乾隆六十年十二月八日，翁方纲招同人集苏斋，预作坡公生日，观明代著名学者、鉴赏家长洲人朱存理的《珊瑚木难》稿本。该书记录朱氏所见书画，备录诗文题跋，世所罕睹的书画作品时出其间。翁方纲在乾嘉时期是一位颇为知名的收藏家，他节录《珊瑚木难》真迹稿本，并加以手抄整理，极其珍贵。在都门诗社中，翁氏是核心人物，是诗社活动的主要召集人。

以下简要介绍该社与吴锡麒交游甚密、文学影响较显的成员。

（一）翁方纲

翁方纲（1733—1818），字正三，一字忠叙，号覃溪、苏斋，直隶大兴人。乾隆十七年（1752）进士，官至内阁大学士。精于考据、金石、书法之学。论诗倡"肌理说"。著有《两汉金石记》《复初斋诗集》《复初斋文

---

① 《有正味斋诗集》卷五《十二月十九日，东坡先生生日，覃溪学士招同人置酒苏斋，宋芝山同年葆醇画〈李委江上吹笛图〉，各题一诗》。

② 翁方纲《复初斋诗集》卷二六《颜衡斋学博于泰兴季氏购得明万历己未朱兰嵎侍郎为张钟山学使临李龙眠〈东坡笠屐图〉，属未谷跋其后，以赠方纲。今春，〈苏诗补注〉新刻成，而适得是图，谨于苏斋预举今年腊月十九之集，邀鱼门、瘦同、衡斋、穀人、芝山、仲子拜像赋诗》（癸卯正月至八月），《续修四库全书》本。

集》《石洲诗话》等。事具《清史列传》卷六十八、《清史稿》卷四百八十五等。

二人结识在锡麒入职翰林后，交往的最早记载在乾隆四十三年(1778)春，锡麒同翁方纲等集于英廉相国檀栾草堂赏海棠，翁方纲有诗纪事[①]。自此直至乾隆五十年锡麒乞假归杭，二人同官京城，有数年频繁交游的经历。除上述在翁方纲组织下的都门诗社群体活动外，二人的个人交往亦较频繁。翁方纲精于鉴藏，喜收拓本、画册、器玩、诗稿，并爱作考订。二人交游中屡见以诗画、拓本索题之作。如乾隆四十五年(1780)，锡麒为翁方纲《苏端明游迹图》题诗四首；翁方纲以苏轼《定惠院月夜偶出》二诗草稿摹本装册，索题，锡麒用苏轼原韵题二首，等等。

乾隆四十六年(1781)十月，锡麒移居蒲褐山房，翁方纲有诗纪之，其二云：

寄园因寄定何缘，村号三家二十年(赵氏寄园旧址，庚辰、辛巳间，予与诸桐屿、王述庵比邻居此，时有“三家村”之目)。
髹字屏风无处所，听钟门巷故依然。
君能苔竹追前诺，谁可茶瓯共梦烟。
柳巷试招张侍讲，还来画壁忆兰泉(縠人新居即张涵斋侍讲旧居，其先王述庵居之。縠人斋名梦烟舫)[②]。

冬，锡麒与翁方纲游长椿寺，曾同赋长歌纪游，俱存各自集中。

---

① 翁方纲《复初斋集外诗》卷一二《竹井相国招同黼庭大司马、葎石阁学、耦堂侍御、蓉裳编修、縠人吉士，集檀栾草堂看海棠》，民国六年刻本。

② 翁方纲《复初斋诗集》卷二四《心余、縠人、瘦同同日移居三首》，《续修四库全书》本。

乾隆四十九年冬，翁方纲有诗见呈[①]。雪天，锡麒与翁方纲、张埙等集接叶亭，分韵赋诗[②]。乾隆五十年(1785)，锡麒乞假归杭，翁方纲有诗送行：

今日诗家秀，词林共尔推。
长离凌碧海，明月下金罍。
十载奎躔合，三春柳浪开。
濛濛酒痕在，烟舫旧青苔。

湖上论耆宿，江船感玉琴。
柴门新雨足，老屋落花深。
日下群相待，天涯证此心。
秦云将蓟树，好在写知音。[③]

翁方纲年长吴锡麒13岁，吴锡麒一直以前辈称呼翁氏。而翁氏对吴锡麒也极为推许，二人相互引为知音。

自乾隆五十年冬锡麒假满还京后，直至乾隆五十八年九月前。二人见载的交游较少。乾隆五十八年(1793)冬，锡麒结束仪真书院的讲学，至京。自此直至嘉庆二年春，二人又有近三年时间交游频繁。或于坡公生日集会，或同观画像、拓本、古物，或游园逛寺。乾隆五十八年十二月十四日，铁保招锡麒、翁方纲、余集、平恕、法式善等集于石经堂，观欧公南唐官砚，作歌。十二月二十四日，翁方纲招集苏斋补作坡公生日。乾隆六十年(1795)五月二十二日，翁方纲招锡麒、罗聘、赵怀玉、王

① 翁方纲《复初斋诗集》卷三十《瘦同捡示心余旧作，次韵题后，兼呈榖人》，《续修四库全书》本。

② 翁方纲《复初斋诗集》卷三十《雪中，王若农招同芝田、榖人、瘦同集接叶亭，得初字，即送若农之官桂林》，《续修四库全书》本。

③ 翁方纲《复初斋诗集》卷三十《送榖人假归杭州二首》，《续修四库全书》本。

莲府集苏斋，观所得邕法师碑十三跋及仇十洲画《唐六如像》。十二月八日，翁方纲招集苏斋，预作坡公生日。嘉庆元年正月十八日，翁方纲招锡麒、罗聘、余集、赵怀玉、伊秉绶、金学莲、王莲府及其子宜泉集悯忠寺，观佛牙暨水陆诸像。

嘉庆二年(1797)二月初，锡麒以父母年事已高陈情乞养，旋将归杭，十九日，翁方纲招集锡麒、余集、赵怀玉等于法源寺赋诗。三月十日，翁方纲撰《同学一首送别吴榖人》："翰林侍读吴君之归杭也，予窃慕颜仲之相赠处而不敢貌为王曾之文也。盖君在翰林二十余年来，所与切劘为诗者，相知莫深于予。然知其诗甚深，而将别之赠言甚浅，心弗安也。予之望君以少陵，而他人之知君者目以樊榭，故曰知君者莫深于予也。"[①]由此文可知两人在京城20多年的交往中，常以诗艺相切磋。翁方纲以锡麒知音自许，他甚至认为《有正味斋诗》能得老杜真传。后锡麒诗续集刊行，即以此文为序。

自嘉庆二年锡麒回杭后，直至嘉庆四年冬服阕北上，二人方再度相聚京师。嘉庆六年(1801)春，翁方纲于西郊僧舍看花，有诗呈锡麒[②]。然而此度相聚颇为短暂。本年冬，锡麒再度乞养南返，彻底结束了他在京城的翰苑生活。自此，二人一南一北，然仍时以诗、柬相存问。

嘉庆九年(1804)，锡麒有书寄翁方纲。翁方纲得书，作诗奉答。有云："正味东南指烟舫，奇才淮海聚维扬(正味、烟舫，皆榖人斋名)。"[③]嘉庆十八年(1813)，翁方纲远寄书柬给主讲安定书院的锡麒，赠诗，并以所刊诗集见寄。锡麒赋诗十韵答谢：

密札频频寄，清诗续续颁。

---

① 翁方纲《复初斋文集》卷一五，《续修四库全书》本。

② 翁方纲《复初斋诗集》卷五五《西郊僧舍看花之作，呈味辛、榖人、定轩、梧门》，《续修四库全书》本。此诗作于辛酉春二月前。

③ 翁方纲《复初斋诗集》卷五七《同日得辛楣、榖人、仲子、手山书，赋江南思二首为寄》其二，《续修四库全书》本。

琼瑶承美报，云树想苍颜。
夫子文章盛，名流坛坫间。
程(鱼门)张(瘦铜)同质证，桂(未谷)宋(芝山)互跻攀。
各有前缘在，何曾旧稿刊。
溯源论老杜，接踵见眉山。
北极心常系，南飞梦已还。
多情承缱绻，何力激愚顽。
照有灯千点，思之月一弯。
丹梯兼翠壁，相对即元关。①

嘉庆十九年(1814)四月，翁方纲受赐二品衔、重预恩荣宴，作纪恩诗四首远寄千里之外正主讲扬州的锡麒，后者次原韵答贺。其二云：

杏花燕子几回催，难得先生白发来。
周甲共观前辈礼，扶轮独仰帝乡才。
群经辑后名山重，专集编成大雅推。
如此文章如此寿，功名何必极钧台。②

其三云：

鲁殿灵光宛见之，先朝故事说能知。
大还又到丹成候，三让偏当月满时。
老辈须眉昆阆接，吾师丰采锡山思。

---

① 《有正味斋诗续集》卷七《翁覃溪前辈书来，辱以诗赠，并以所刊诗集见寄，赋谢十韵》。

② 《有正味斋诗续集》卷八《翁覃溪先生蒙赐二品衔，重预恩荣宴，恭纪四首，远寄韩江，即次原韵奉答》。

如公定是长明火，隐隐薪传一脉窥。①

嘉庆二十二年（1817），锡麒第九子清鹏中探花，翁方纲赠诗祝贺：

斑管去年题祭酒（去年寄怀縠人用渔洋"斑管题诗吴祭酒"之句），今晨青眼悟嵩阳。

缄函正味篇应续（曩縠人以所著《有正味斋诗集》见寄），文献中州话更长。

诗礼一门添世学，山川合气借锺祥。

卜邻蒋径渊源近，乔梓成阴记玉堂（前科蒋丹林子一甲第一人）。

趋庭彩笔宴交欢，圣主恩深正拜官（鉴庵蒙恩赐秩）。

槐砌金花承胄监（一甲三人于国子监释褐簪花也。縠人时官祭酒），兰阶玉树接宫端（鉴庵长子美存时由詹事擢阁学）。

文章矢报凭初素，忠孝培根励寸丹。

惭愧老夫昏病眼，云霄揩拭砚池看。②

翁方纲在诗歌中对吴锡麒之子能承续诗礼家风表达了祝贺。从翁、吴二人数十年的交游可知，无论是同官京城、还是南北阻隔，二人始终保持着密切的联系。尤其是锡麒南归后，二人时常以诗文集相寄，遇有个体生活中的重要事件亦不忘彼此告知，这些细节都透射出深挚感人的情谊。

---

① 《有正味斋诗续集》卷八《翁覃溪先生蒙赐二品衔，重预恩荣宴，恭纪四首，远寄韩江，即次原韵奉答》。

② 翁方纲《复初斋诗集》卷六十九《今科新进士来谒，吴鉴庵子其濬一甲第一人，吴縠人子清鹏一甲第三人，赋赠二诗，兼呈俪笙阁老、秋农侍郎》，《续修四库全书》本。

（二）蒋士铨

蒋士铨(1725—1785)，字心余、苕生，号清容、藏园，铅山人。乾隆十二年举人，官内阁中书。乾隆二十二年进士，改庶吉士，散馆授编修。旋乞养归。先后主讲绍兴蕺山、扬州安定书院。著有《忠雅堂集》《藏园九种曲》。事见翁方纲《翰林院编修蒋公墓志铭》(《复初斋集外文》卷二)、阮元《蒋心余先生传》(《忠雅堂文集》卷首)、《清史列传》本传、《清史稿》本传。

蒋士铨长锡麒21岁。二人见载的交游主要集中在乾隆四十三年(1778)至乾隆四十六(1781)年，活动亦多见于日下诸贤的唱酬交游之中，尤其是都门诗社的雅集活动为两人的诗歌交流提供了平台。吴锡麒《有正味斋词集》卷二《壶中天》小序曾提及二人与京师同人夜饮之况："夜饮蒋心余先生士铨寓斋，归途，同家香亭太常玉纶、曹习庵宫允仁虎、陆耳山学士锡熊、程鱼门编修晋芳黑窑厂登眺。月色澄映，野风肃然。居僧瀹茗供客，情味清洒，因赋此阕以志一时游兴云。"吴锡麒与蒋士铨两子蒋知让、蒋知节在嘉庆年间的扬州亦时有交游。

（三）程晋芳

程晋芳(1718—1784)，初名廷璜，字鱼门，号蕺园，歙县人，徙江都。乾隆二十七年召试，授内阁中书。乾隆三十六年进士，历官吏部主事、翰林院编修、武英殿分校。著有《勉行堂文集》《蕺园诗集》《礼记集释》《春秋左传翼疏》等。事见《清史列传》袁枚传附、《清史稿》袁枚传附、徐书受《翰林院编修程鱼门先生墓表》(《碑传集》卷五十)。

程晋芳长锡麒28岁，二人曾同官翰林院。二人见载的交游亦多涉于都门诗社的雅集活动，已如上述。

乾隆四十九年(1784)，程晋芳乞假出京，拟先赴陕西巡抚毕沅署中，再由陕西转而回江宁卜居。临行前，京中同人送行宴会络绎不绝，时锡麒作有《题洪上舍范画〈艺梅种竹图〉送程鱼门编修卜居江宁》：

> 求田问舍计殷勤，画里林泉一角分。
> 吾辈相思千里月，天边招隐六朝云。

古香不断来春色，晚节能强视此君。
四百招提屋前后，钟声和雨堕纷纷。

阅尽烟云笑底忙，溪山胜处即吾乡。
有梅有竹开诗境，不富不贫成草堂。
两个寓公同白发（谓袁简斋前辈），一条古巷踏斜阳。
千秋著述添多少，别后心情话更长。①

又有《宋芝山孝廉画〈艺梅种竹第二图〉再送鱼门二首》：

生面重开烟雨间，梅香簇簇竹斑斑。
人如燕子巢新卜，江有鲈鱼梦早还。
名士古来称白下，全家此去靠青山。
廿年气短长安债，先乞今朝画里闲。

几朵峰环白板扉，三间阁傍钓鱼矶。
月明少妾焚香坐，日落娇儿放学归。
树自老苍花自韵，竹能疏瘦笋能肥。
幽居便是神仙府，称得吹笙著羽衣。②

二诗表达了依依惜别之情。不幸的是，本年六月，程晋芳因病卒于毕沅署中，锡麒闻讯，有诗志痛。其一云：

泪难垂处送行时，怆我今朝泪独垂。
才出潼关来死耗，转悲燕市岂生离。
情缘顿了桑三宿，别恨常悬柳万丝。
身后不教遗憾在，九原那不感心知。

---

①② 《有正味斋诗集》卷六。

其二云：

米市街头宽复宽，可怜斜照易生寒。
门前我记频停马，室内人谁视盖棺。
逋负雅称名士债，清华老博翰林官。
者番腹痛经行处，偏是通衢欲避难。

其三云：

说到长干要卜邻，只今梅竹画中春。
百年天地谁非客，六代江山欠此人。
著述等身皆可久，须眉合眼总如真。
竹西他日寻君墓，肠断秋风荐白头。①

诗歌表达了作者为忘年之交的猝然离世以及身后的贫寂之况倍感痛惜之情。

（四）黄景仁

黄景仁（1749—1783），字仲则、汉镛，自号鹿菲子，武进人。先后五应江南乡试，三应顺天乡试，均未售。乾隆四十一年召试二等，授武英殿书签，例得主簿。黄景仁诗负盛名，和王昙并称二仲，和洪亮吉并称二俊，为毗陵七子之一。著有《两当轩集》。事具洪亮吉《候选县丞附监生黄君行状》（《卷施阁文甲集》卷十）、毛庆善、季锡畴《黄仲则先生年谱》、《清史列传》本传、《清史稿》赵翼传附等。

锡麒、黄景仁缔交约在乾隆四十年（1775）左右，时锡麒成进士入翰林不久，黄景仁亦于年底抵京师。次年，黄景仁应东巡召试，授武英殿书签。随后，翁方纲、锡麒等于四十四年（1779）结都门诗社，最早邀请

① 《有正味斋诗集》卷六《鱼门将由陕西而南，病卒于秋帆中丞署中，赋诗志痛三首》。

入社的就有黄景仁、洪亮吉等人。自此二人交游颇频。

乾隆四十五年(1780)正月,在翁方纲寓斋,桂馥以宋铸“山谷诗孙”铜印赠黄景仁,属锡麒以诗纪之。其时,洪亮吉、翁方纲、李少鹤俱有赠诗,闵正斋为作《传印图》。锡麒在诗中对黄景仁的诗才大加赞赏:

金华仙伯归玉峰,踏云去弄青芙蓉。
诗孙未识是何代,朱文小印铜花封。
未谷得之不自有,却付公家后人手。
后人诗好继前人,如向苏门见黄九。
西江妙语谁讨论,心香一瓣今犹存。
公于此派为鼻祖,后起毋乃皆儿孙。
渊源况复同一线,岂谓工诗例贫贱。
梦中彩笔倘能传,但作诗孙吾亦羡。
乃公昔日沦谪多,簪花白发愁如何?
矶头徒感新妇石,天上自唱琵琶歌。
黄生黄生今少年,置身合在青云边。
肘金如斗亦容易,虫鱼不用穷雕镌。
春灯摇绿杯浮蚁,座上如君能有几?
我歌便欲索君诗,还乞芝泥红押尾。①

首二句一语双关,一以“苏门”指代此番小集发生地在钦仰苏轼的翁方纲斋中,一以素称江西诗派开山之祖的黄庭坚比拟黄景仁的诗才。锡麒感叹黄景仁少年才华出众,置身青云理所自然,列席之中尤显风采逸群。末尾锡麒还声明希望能得到黄景仁和诗,并要求能有红泥款印。清吴应和《浙西六家诗钞》卷六评点吴诗云:“点染风华,情意周匝,一时

---

① 《有正味斋诗集》卷五《桂未谷以所藏“山谷诗孙”印赠黄仲则景仁,属余为诗记之》。

韵事，得此好诗，良足传为千古佳话。”[1]

然而好景不长。三年后，乾隆四十八年（1783），黄景仁病卒。是后，锡麒屡屡感叹这位昔日好友诗才超卓、英年早逝，曾题其遗诗后曰：

> 谪仙楼上谪仙诗，如此才华可惜之。
> 廿载风花龙出骨，万言珠玉豹留皮。
> 美人黄土今生歇，才子闲情若个知。
> 想见一灯秋雨里，通眉长爪苦吟时。[2]

不同于前番以黄庭坚比拟，此次锡麒竟以谪仙李白作比，盛誉黄景仁才华超逸绝伦。在与友人、刊印黄景仁诗歌的刘大观通信中，锡麒也曾论及黄景仁之诗，谓：

> 所刊黄仲则诗，已得寓目，玩其旨趣，元本风骚。清窈之思，激哀于林樾；雄宕之气，鼓怒于海涛。传之千秋，斯人不死矣！[3]

诗人不幸诗歌幸，未得永年的诗人赖其诗得传千秋，这既是吴氏对故友的肯定，也是追思、悼念。

（五）桂馥

桂馥（1736—1805），字冬卉，号未谷，曲阜人。乾隆五十五年进士。官云南永平知县，卒于官。精小学、工篆刻。著有《说文解字义证》《缪篆分韵》《晚学集》《未谷诗集》《后四声猿》《续三十五举》等。事具蒋祥墀《桂君未谷传》（《晚学集》卷首）、江藩《国朝汉学师承记》卷六、《清史列传》本传、《清史稿》本传。

锡麒、桂馥结交在乾隆四十四年（1779）左右，时锡麒为桂馥题《溪

---

① 吴应和《浙西六家诗钞》卷六，道光七年刻本。

② 《有正味斋诗集》卷六《题黄仲则遗诗后》。

③ 《有正味斋骈体文》卷十七《与刘松岚刺史书》。

山独步图》："路自云中入，泉从竹下流。樵夫不到处，落叶几时秋。招隐鸟相唤，忘机人独留。前溪多暝色，风雨暮山头。"①

乾隆四十五年(1780)正月，锡麒与桂馥、黄景仁、翁方纲、洪亮吉等在都门时相过从。桂馥以宋铸"山谷诗孙"铜印赠黄景仁，属锡麒以诗纪之。是年前后，时任济南司训的桂馥以所得"醉乡侯"旧铜印，寄赠时官京师的锡麒。锡麒有长诗奉答以谢：

十年燕市称酒徒，狂歌击碎青珊瑚。
肘金如斗不足羡，但羡有酒如醍醐。
桂君与我同嗜好，囊空惯脱春衫沽。
自从出作广文去，令我不乐闻提壶。
鲤鱼昨为致芳讯，媵以小印铜花铺。
醉乡侯字汉制古，头衔假我良非谀。
……
摩挲此印三叹息，侯乎碌碌今归吾。
无功旧隐在何处，相思梦远莲花湖。
先生幸勿化乌有，进士大笑皆侏儒。
朝饫将军饭，暮饱金吾厨。
不如广文夫子一事无，买酒日日收学租。
秀才打门来问字，曲生风味无差殊。
胡为不自主敦槃，此乡让我为华胥。
感君情重作诗报，酒气拂拂墨点粗。
诗成把盏复醉倒，风雨那知人索逋。②

由诗可知，此二友有着共同的饮酒嗜好，同居京城时常把盏言欢。

---

① 《有正味斋诗集》卷五《题桂未谷馥溪山独步图》。

② 《有正味斋诗集》卷六《桂未谷司训自济南以所得"醉乡侯"旧铜印寄赠，赋此奉谢》。

桂馥在济南任职期间，偶尔还寄书画索锡麒为题。如寄程松门画《渔洋先生夫于亭第二图》索题①。

乾隆六十年(1795)八月二十二日，桂馥自山东至京城，以联句“愿与不解周旋客饮酒，难为未识姓名人作书”，属锡麒作书。锡麒以为妙句。自此直至嘉庆元年七月桂馥赴任云南永昌之前，二人同在京师，雅集唱和遂夥。本年九月十四日晚，锡麒邀罗聘、桂馥、宋葆淳、伊秉绶、张问陶小集，张问陶携画马来观。二十三日，桂馥招锡麒、吴鼒、张问陶等集陈嵩咏篁轩看菊。十月五日午，锡麒过张问安红蕉花馆，观桂馥指头八分书。十三日，锡麒为桂馥题《狗咬洞宾图》。十四日，锡麒邀同人作消寒会，桂馥携《海神图》来题。

嘉庆元年(1796)正月十四日，法式善招锡麒、桂馥、罗聘饮于诗境轩。七月七日，锡麒招法式善、赵怀玉、桂馥、洪亮吉、张问陶等集澄怀园看荷。时桂馥将赴任云南永昌，诸君为之送行，皆题诗于扇。二十一日，清晨，小雨绵密，锡麒进城为桂馥送行，有送行之文：

> 吾友未谷青毡苦冷，墨绶希荣，鹏翅之击三千，骒蹄之行万里，视道若咫，凌虚可梯。……怀同时之交，或惊为异物。昔者旧雨什百，今则晨星两三。乃复折柳伤离，题襟怨别。远送燕台之客，直穷洱海而西，能不为之堕精魄、落颜貌哉？……悲莫悲兮生别离，渺莫渺兮长相思。②

二人情谊深厚，由此可见一斑。

吴锡麒还曾为桂馥《续三十五举》(一卷)作跋，云：“官印始于周，而私印至汉始盛，其体即所谓摹印篆是也。自唐用朱文，旧章浸失。及后，又以虫鱼蝌蚪之文杂施其间，而古法亡矣！稽古之士追述先民……

① 《有正味斋诗集》卷六《程松门画〈渔洋先生夫于亭第二图〉，桂未谷自山左寄京师，索题》。

② 《有正味斋骈体文》卷十一《送桂未谷出宰永平序》。

而元吾邱衍之《学古编》《三十五举》尤称博综。吾友桂君未谷复取其未备者而增述之,密心冥索,以成是书,盖骎骎乎神与古会矣!”①

二　诗龛考

诗龛系吴锡麒好友法式善斋名,其地乃明代中后期茶陵诗派核心人物李东阳旧居。法式善构诗龛及梧门书屋,得海内名流吟赠即投入诗龛中。法式善主盟坛坫近三十年,时人谓其接迹李东阳毫无愧色。的确如此,乾嘉时期,诗龛是京中文士、名流们诗会的重要场所。当时文人题咏诗龛之作极夥,翁方纲有《题梧门诗龛》:“闻君禅悦写茅庵,莫认诗家共一龛。”②王昙有《题法梧门祭酒诗龛》:“诗家香火燃灯古,名士门堂祭酒尊。厦以千间为老杜,地方一丈当龙门。”赵怀玉有《诗龛诗为伍尧庶子法式善赋》③、吴嵩梁有《诗龛为梧门学士作》④、余集有《法时帆诗龛》⑤等等,不一而足。

法式善本人绘有《诗龛图》,海内名士争相题咏,赵翼有《寄题法梧门祭酒〈诗龛图〉》,云:

杜诗万里行,欧诗三上成。
作诗必以龛,毋乃拘心旌。
岂知渺众虑,端在严关扃。
或仰屋梁卧,或触醋瓮倾。
屏除万籁静,猎微穷至精。
诗龛之筑无多楹,虚白一室涵空明。

---

① 桂馥《续三十五举》卷首,《续修四库全书》本。该文详附录“吴锡麒集外诗词文辑佚”。

② 翁方纲《复初斋诗集》卷四二,《续修四库全书》本。

③ 赵怀玉《亦有生斋集》卷十二,《续修四库全书》本。

④ 吴嵩梁《香苏山馆今体诗钞》卷五,嘉庆刻本。

⑤ 余集《忆漫庵剩稿》,《续修四库全书》本。

……

眼光直洞重垣透，思路迴臱层霄清。

一龛广不过十笏，已逾五百由旬程。[①]

袁枚有《法大司成〈诗龛图〉》：

时帆先生诗中佛，偶学维摩营丈室。

不供如来只供诗，纱笼锦字东西列。

先生声望著鸡林，早动名流仰止心。

得过骚坛聆绪论，胜朝南海见观音。

诗龛启处动延纳，远近投诗如梵夹。

只恐难登选佛场，惟求口授传衣法。[②]

郭堃有《法梧门先生〈诗龛图〉三首》[③]、刘嗣绾有《题法时帆先生〈诗龛图〉》[④]。

法式善不但自己绘《诗龛图》，还邀请名流绘图。如请余集绘《诗龛图》[⑤]，请声名颇著的罗聘绘《诗龛向往图》。罗聘之图张问陶曾为题诗：

诗人作事何不可，直使古人来见我。

诗龛无佛无杂宾，落落晋唐三五人。

画手得诗意，笔墨皆精神。

---

① 赵翼《赵翼诗编年全集》卷三十九，天津古籍出版社1996年版，第3册，第1242—1243页。

② 袁枚《小仓山房诗集》卷三十七，《小仓山房诗文集》，上海古籍出版社1988年版，第1073页。

③ 郭堃《种蕉馆诗集》卷四，嘉庆刻本。

④ 刘嗣绾《尚絅堂诗集》卷二三，道光六年大树园刻本。

⑤ 余集《忆漫庵剩稿》有诗《法时帆求画〈诗龛图〉》，《续修四库全书》本。

陶公执卷足酒态，数枝残菊存天真。
王、孟、韦、柳殊不死，逸趣泠然满一纸。
临风拂拂古衣裳，与公同龛称弟子。
上下一千五百年，义熙、元和如眼前。①

诗龛成为雅集赋诗的重要场所，不少文士在诗歌中描写了诗会时群贤斗智的热烈场面，如张问陶《甲寅上元，时帆前辈招饮，早过诗龛，不候诸客，先归。越日，先生投札索赋诗龛宴集诗，分韵得去字，且以三日为约，戏作二十韵奉报》写道：

主人揖众客，当筵索奇句。
分韵如分茅，各挟封侯具。
……
駪駪走苍头，敲门投尺素。
下令如追逃，开缄令人怖。
刻期催赋诗，立限三朝暮。
如系枵腹人，鞭笞索泉布。
如强无衣人，违心歌五裤。
威如丞相嗔，突如将军怒。②

关于以诗龛为中心，在当时京城士林群体引发的雅集之具体情形与盛况，乾嘉士人诗文中屡见载及。如汪学金有《六月初九为李西涯先生生日，法时帆祭酒招同鲍雅堂郎中、谢芗泉侍御、赵味辛舍人、张船山检讨、周西麋明经集诗龛作礼，分韵得意字》③，赵怀玉有《上元日诗龛

① 张问陶《船山诗草》卷十《京朝集》有《题法时帆式善前辈〈诗龛向往图〉两峰罗聘画》，中华书局 1986 年版，第 239 页。

② 张问陶《船山诗草》卷十一《京朝集》，中华书局 1986 年版，第 266 页。

③ 汪学金《静崖诗续稿》卷一，《续修四库全书》本。

宴集予未得赴分得银字》[①]，王芑孙有《诗龛》[②]、《诗龛会饮记》[③]，秦瀛有《诗龛及见录序》[④]等，不胜枚举。其中洪亮吉的《法学士式善招饮诗龛并至西直门看荷花即席赋赠》，对诗龛唱和盛况反映得颇为全面：

诗龛主人尤嗜诗，退直闭户吟多时。
龙楼凤阁森前后，尺五天边住偏久。
五陉山色落前头，时有闲云堕高柳。
开门十顷荷花潭，邀我早日同幽探。
启明星落已催驾，我本蓄意来诗龛。
马前遥遥两红烛，十里路中晨睡足。
诗龛已到不索诗，旧读主人诗已熟。
东头词宗百菊溪，宗伯宅复连街西。
三人分日操选政，一室墨雨挥淋漓。
以诗存史谁能及，佚事多年苦搜辑。
遗山已矣传习亡，北斗以南惟此集。
清谈已竟还传餐，饱食散步来河干。
城门正对御河口，万柄荷叶风声抟。
官衢南北车如织，骑马欲归归未得。[⑤]

吴锡麒亦撰有《诗龛记》，对诗龛主人法式善等的诗歌宗尚与当时诗会特点有所记及：

---

① 赵怀玉《亦有生斋集》卷十三，《续修四库全书》本。

② 王芑孙《惕甫未定稿》卷二，《续修四库全书》本。

③ 王芑孙《惕甫未定稿》卷六，《续修四库全书》本。

④ 秦瀛《小岘山人诗文集》卷三，《续修四库全书》本。

⑤ 洪亮吉《卷施阁诗》卷九，《洪亮吉集》，中华书局 2001 年版，第 2 册，第 654 页。

昔严仪卿以禅喻诗，厥旨清微，遂传三昧，希其风者，莫不如酥入水、如香染衣矣。则有名借祇洹，事归风雅。米汁可慕，愿同弥勒之居；天花竞飞，乃号维摩之室。……如时帆祭酒之所谓诗龛者，殆文字之维那、艺林之筏喻也。

……（时帆）是禅与诗之旨合也，是禅与诗之界之分也。仆少习词章，粗知端绪。间聆梵诵，亦有证明。忆芋火于地炉，感茶烟于禅榻。既多其留恋，难免乎语言。[①]

此外，吴锡麒为法式善《存素堂文集》作序时再次指出法式善诗龛的诗歌宗尚，云："时帆辟诗龛，供摩诘、庐陵诸贤像，以示瓣香所在。"[②]总之，法式善诗龛是当时京中士人切磋诗艺的又一重要平台。而在参与雅集诸贤中，吴锡麒与洪亮吉、赵怀玉、鲍之钟等四人来往唱酬最密，法式善有"诗龛四友"之称。以下简要介绍诗龛集会中与吴锡麒交游颇多、影响较深的主要成员：

（一）法式善

法式善（1753—1813），原名运昌，字开文，号时帆、梧门，蒙古正黄旗人。乾隆四十五年进士，改庶吉士，授检讨。历官国子监司业、侍读学士、工部员外郎、国子监祭酒、侍讲学士。乞病归。著有《清秘述闻》《陶庐杂录》《槐厅载笔》《存素堂集》等。事迹见阮元《梧门先生年谱》、《清史列传》本传、《清史稿》本传。

锡麒与法式善定交在乾隆四十三年前后[③]，但二人较为频繁的交游时地集中在乾隆末、嘉庆初的京城。

乾隆五十三年（1788），锡麒在京为法式善点定诗集，并题诗其

① 《有正味斋骈体文》卷十四《诗龛记》。

② 吴锡麒《存素堂文集序》，见法式善《存素堂文集》卷首，《续修四库全书》本。

③ 二人缔交时间之确定，详参《年谱》本年条。

后[1]。法式善次韵奉答：

西园看竹我先回，松阁凉生月下杯。
料理鸥盟浮水去，安排驴背过桥来。
入秋诗渐因禅悟，耐冷花偏待雪催。
白舫青莲仍旧梦，十年三度访金台。[2]

本年冬夜，法式善展阅锡麒所点定其集，感而赋诗：

抗怀百年来，谁与真作者。浙右朱与查，前后主诗社。
西泠十子中，如樊榭亦寡。往往圆方隅，才能不可假。
先生最后出，行空骋天马。取径绝依傍，敷词屏捋扯。
有时乘酒酣，万言一挥洒。茫茫古与今，此笔扶大雅。

贱子如秋蜩，寒林发细响。得意文词间，取快若搔痒。
顾将去瑕垢，能弗藉划硖。堂堂匠石门，应求无标榜。
诱掖具苦心，不妨过推奖。其实分量殊，似啻霄与壤。
抑闻古人云，取法贵乎上。窗虚灯影孤，巷短溪声爽。
投我一卷诗，字字珠玑晃。读罢清沁心，天际春风盎。[3]

诗中法式善对锡麒之诗歌造诣大加赞许，且以浙派后劲许之，认为是浙派自朱彝尊、查慎行、厉樊榭之后承继衣钵的"真作者"，他继西泠十子

① 按，该诗不见锡麒本集，亦不见法式善诗集。仅于法式善诗题中得知有此诗。

② 法式善《存素堂诗初集录存》卷一《吴榖人锡麒编修题诗拙作后次韵》，《续修四库全书》本。

③ 法式善《存素堂诗初集录存》卷一《冬夜展阅吴榖人点定拙集书后》，《续修四库全书》本。

后“取径绝依傍，敷词屏挦扯”，犹如后出之行空天马，“茫茫古与今，此笔扶大雅”。法式善还在诗中叙及二人文词唱酬之乐，对吴锡麒“诱掖具苦心，不妨过推奖”的竭力提携之谊十分感激。

乾隆五十八年(1793)十二月十四日，铁保招锡麒、翁方纲、余集、平恕、法式善等集于石经堂观欧阳公南唐官砚作歌。二十七日，张道渥邀锡麒、罗聘、法式善饮于寓斋。是岁，锡麒为法式善《同馆赋钞》作序[①]。

乾隆五十九年(1794)正月十五日，午集法式善诗龛，分韵赋诗。七月初四，孙星衍招集樱桃传舍，二人皆与会。十一月二十二日，法式善邀同刘锡五、李如筠、伊秉绶等作试帖诗会，以“上元张宴夺昆仑”为题。

乾隆六十年(1795)七月初五，锡麒与王友亮合筵宾客于有正味斋，法式善不期而至。嘉庆元年(1796)正月十四日，法式善招同桂馥、罗聘饮于诗境轩，后各以一杯为赠。六月二十三日，法式善招集诗龛。七月初七，锡麒招法式善、赵怀玉、桂馥、洪亮吉、伊秉绶、张问陶集澄怀园看荷[②]。

嘉庆二年(1797)，锡麒乞养南归，三月四日，法式善招集诗龛写像，赠诗送行：

神仙住瀛洲，往来无定所。忽见桃花开，振衣遂霞举。
春湖一片水，布帆许容与。好山新画图，老梅旧俦侣。
阶前且种竹，笋茁美可茹。客来坐绿阴，长夏不爱暑。
偶当明月上，酒带露华煮。童子剪蒿莱，野人馈鲂鲊。
诗成自和乐，事至无龃龉。清贫人所愁，先生但笑语。

---

① 《有正味斋骈体文》卷七《法时帆〈同馆赋钞〉序》。

② 法式善《存素堂诗初集录存》卷六《七月七日，吴穀人前辈招同桂未谷、洪稚存、赵味辛、伊墨卿、张船山、何兰士集澄怀园清凉界，时未谷将之永昌》，《续修四库全书》本。

风迹与云踪，何必问出处。[①]

自是二人南北暌违，直至嘉庆五年(1800)锡麒服阕入都，遂再次欢聚，往来频繁。本年六月三十日，李青琅招锡麒、鲍雅堂、汪学金、顾鹤庆、法式善小集[②]。七月七日，汪学金招鲍之钟、吴锡麒、法式善、谢芗泉、张问陶、赵怀玉集寓斋，分赋七夕故事[③]。立秋前二日，鲍之钟、吴锡麒、汪学金、赵怀玉、张问陶、法式善集谢芗泉知耻斋迎秋[④]。

八月，锡麒为法式善勘定《存素堂诗初集录存》，并许为序，法式善感而赋诗三首，其一云：

我诗如清酽，君诗如醇醪。成就有高下，原本皆风骚。
廿年步后尘，文宴陪翔翱。玉堂春昼闲，伴君亲挥毫。
烟水染衣绿，海棠花影高。青山何日买，白发临风搔。
诗卷在天地，气象空吾曹。瓦缶自戛击，无意谐云璈。
讵期老凤凰，翻喜寒虫号。

其二云：

微才荷奖励，感激逾终身。溢分岂不惭，黾勉归吾真。
救人出水火，世遂称其仁。文字重因缘，时或伤湮沦。
鼓吹仗大雅，推挽传千春。西湖秋雪庵，百顷烟波新。

---

① 法式善《存素堂诗初集录存》卷六《送吴縠人侍读南归》(丁巳)，《续修四库全书》本。

② 法式善《存素堂诗初集录存》卷十《六月晦日，李青琅招同吴縠人、鲍雅堂、汪杏江、顾韬庵小集，晚过具园》，《续修四库全书》本。

③ 汪学金《静崖诗续稿》卷一、法式善《存素堂诗初集录存》卷十、吴锡麒《有正味斋诗集》卷十四均有诗作。

④ 法式善《存素堂诗初集录存》卷九《立秋前二日，同鲍雅堂、吴縠人、汪杏江、赵味辛、张船山集谢芗泉知耻斋迎秋》，《续修四库全书》本。

诗瓢及酒碗，不染人间尘。长安日征逐，难疗生平贫。
三间打头屋，风雨资吟呻。①

可见，法式善对这位翰苑前辈之诗才十分佩服，而锡麒亦对法式善提携鼓励，二人惺惺相惜。吴锡麒《法时帆祭酒存素堂诗集序》云：

夫羚羊挂角，沧浪托之微言；明月前身，表圣标其隽旨。探诗人之奥，窥作者之藩，莫不冥契圆灵，旁通定慧。是以兜率天上，神游白公；圣寿寺中，梦迎坡老。夙根不昧，妙悟自生。逸兴遄飞，清辞夐发。飘飘乎蝉蜕五浊，鹤鸣九皋矣。吾尝于今之称诗者得二人焉，一为遂宁张检讨船山，其一则时帆祭酒也。……时帆吐纳因心，温柔在诵。缉协英灵之集，揆张主客之图。凉月来寻，资清于竹柏；鲜云往被，辅润于苕岑。传无尽灯，宣广长舌。所谓天乐声也。……顾时帆与余交最久，而为诗又甚勤。隐侯制赋，恒以相要；陈思受言，因而立改。盖以风雅为性命，视箴规为药石，故其篇什尤富，淬厉益精。尝出其《存素堂集》属余序之。观其酝酿群籍，黼黻性灵。清而能腴，刻而不露。咀英陶谢之圃，蹑履王孟之堂。落木无阴，归羽明其片雪；空山毕静，响泉戛其一琴。能使躁气悉平，凡心尽涤。非夫餐沆瀣之味，抱云霞之姿者，乌足语夫斯乎？②

序文中吴锡麒称其“于今之称诗者得二人”，法式善是其一。他认为法式善诗“清而能腴，刻而不露”，师法陶渊明、谢灵运、王维、孟浩然诸人，能窥其堂奥、得其精髓。

嘉庆六年(1801)五、六月间，京都阴雨连绵，匝月滂沱，锡麒、法式

① 法式善《存素堂诗初集录存》卷十《吴榖人前辈勘定拙诗并许为序》，《续修四库全书》本。

② 《有正味斋骈体文》卷四《法时帆祭酒存素堂诗集序》，又见于法式善《存素堂诗初集录存》卷首。

善与京中同人消夏赋诗。七月，锡麒为法式善文集作序。云：

> 文之有庐陵，犹诗之有摩诘也。……大抵摩诘之诗以神胜，庐陵之文以识胜，而总而论之，要皆同出于靖节……好古而能信，信古而能专者，其惟时帆先生乎！论时帆之诗，而以为摩诘；论时帆之文，而以为庐陵。……其言简而明、信而通，有类乎庐陵之为之者。……且不惟肖其貌，而且肖其神，且肖其为人。……今时帆奖借士类、乐与有成，一时贤士大夫屣满户外，四方宾客奉尺牍问讯者日数十至。其好贤乐善，吾不知视庐陵何如？……时帆辟诗龛，供摩诘、庐陵诸贤像，以示瓣香所在。夫思其人不得，而即于画中求之，时帆其神遇矣哉！[①]

序文中吴锡麒以北宋欧阳修之为人与为文作比，称颂了法式善热心奖劝士人、好贤乐善，为文言简意明、以识见长。

本年秋，陈用光、姚椿、吴锡麒、法式善、杨芳灿为延秋会[②]。九月，吴锡麒自京乞养回浙，法式善有诗赠行：

> 松风纸上吹，云气腕底送。南山一片青，袖归比堂贡。
> 顾生真画痴，铅粉不轻弄。三日紧闭门，涛飞岩绿纵。
> 中有缠绵心，欲藉楮墨颂。先生打桨去，书画压船重。
> 莱衣舞拜日，此作屏风用。高置梅花间，只许鹤陪从。[③]

---

① 吴锡麒《存素堂文集序》，见法式善《存素堂文集》卷首，《续修四库全书》本。文详附录“吴锡麒集外诗词文辑佚”。

② 杨芳灿、余一鳌《杨蓉裳先生年谱》，《北京图书馆藏珍本年谱丛刊》本，第120册，第67页。

③ 法式善《存素堂诗初集录存》卷十二《吴縠人祭酒南归，题顾韬庵〈松柏图〉赠行》，《续修四库全书》本。

自此二人南北阻隔，但鱼雁往来不绝。嘉庆七年(1802)，法式善有诗寄怀南方诸友，云："诗龛宴游人，十年半零落。诸君退以义，江乡欣有托。"[①]嘉庆八年(1803)，法式善有诗怀远，亦有见怀锡麒之作：

相逢但见先生笑，却写新愁成绝调。
廊庙何曾异江湖，宠辱胸中一点无。
朝宿吴山暮越水，浮家阅尽东南美。
松下哦诗今几年，月明醉听秋涛圆。[②]

诗中作者忆及前年同宿翠微山就松月间赋诗之事，颇为钦羡如今徜徉于吴山越水间、阅尽东南之美的好友的归田生活，同时也对好友"廊庙何曾异江湖，宠辱胸中一点无"的胸襟十分称赏。

嘉庆十三年(1808)四月，锡麒寄书给时在京师的法式善，以诗集求序。前此，锡麒在京师续刻诗集，亦曾请法式善为之撰叙。今"合并前作，别有增删"，再次征叙。法式善序云："三十年为一世，余交穀人先生一世矣，性情心术靡不浃洽，有深于语言文字之外者……京师钓鱼台桃花，崇效、极乐、法源三寺海棠、牡丹、菊花，澄怀园、净业湖荷花、檀柘、桂花，皆称极盛。先生喜游，又喜偕余游，游必有诗纪胜……"[③]这段话极好地道出了二人数十载的深厚情谊，音实难知，知实不易。嘉庆十八年二月，法式善卒。五年后，吴锡麒亦卒于南。二人自相识及至老去，始终往来甚密，以诗文相互砥砺。

（二）洪亮吉

洪亮吉(1746—1809)，初名莲，字华峰，后更此名，字君直、稚存，号

---

① 法式善《存素堂诗初集录存》卷十五《久不接南中朋旧音耗，寄怀柬旭亭、穀人、竹桥、杏江、稚存、惕甫、小岘、兰雪、香杜、祥伯、春木、手山，兼示味辛、剑潭，暨砚农元烺、兰士昆仲》，《续修四库全书》本。

② 法式善《存素堂诗初集录存》卷十六《怀远诗》其六《吴穀人祭酒》，《续修四库全书》本。

③ 《有正味斋诗集》卷首法式善序。文详第一章第三节。

北江，阳湖人。乾隆五十五年进士。历官编修、贵州学政、咸安宫总裁。嘉庆四年遣戍伊犁，次年获赦归里，自号更生居士。著有《洪亮吉集》。事见吕培等《洪北江先生年谱》。

吴、洪二人结交当在乾隆四十四年(1779)。是岁，吴锡麒官翰苑，三月，洪亮吉应赵怀玉、孙星衍之约，离乡赴京。时锡麒与翁方纲、蒋士铨等结都门诗社，首邀洪亮吉、黄景仁入诗社。自此二人交游遂频，京师雅集必共赴会，会必有诗。已如上述。乾隆四十五年秋冬之际，陆寿昌为洪亮吉绘《机声灯影图》。后此，吴锡麒为作序文《洪稚存同年机声灯影图序》[①]。乾隆四十六年，洪亮吉会试报罢，五月，赴西安毕沅巡抚幕中。自是，二人交游暂告一段落。

嘉庆元年(1796)正月，洪亮吉贵州学政任满归京。与锡麒等京中同人再度欢聚。自是直至嘉庆二年锡麒南归，二人雅集唱和频频。七月初七，锡麒招洪亮吉、法式善、赵怀玉、张问陶等集澄怀园看荷，时洪亮吉有诗相赠：

> 居然秋雨余，邀客集深径。何止盈畔花，叶声清可听。
> 槐黄堆北牖，香气一窗迸。奇书随手读，兼复展明镜。
> 婉婉越客谣，沉沉洛生咏。虽无鸾凤翮，雅有麋鹿性。
> 蒙庄方任达，管辂苦言命。莫负佳节欢，移樽酌波暝。[②]

八月十八日，洪亮吉招饮卷施阁，坐中皆旧友，“敲竹待拍，折花当筹，络绎满杯，婆娑巨醉”。十一月二十五日，温汝能招同张问陶、洪亮吉等小集。小除夕日，洪亮吉招同戴殿泗、戴敦元、伊秉绶、赵怀玉、张问陶等祭诗于卷施阁，锡麒作记文《小除夕卷葹阁祭诗记》[③]，洪亮吉亦

---

① 《有正味斋骈体文》卷九。

② 洪亮吉《卷施阁诗》卷十七《七月七夕，吴侍讲锡麒招集澄怀园赏荷，即席赋赠》。《洪亮吉集》，中华书局 2001 年版，第 2 册，第 854 页。

③ 《有正味斋骈体文》卷十四。按，“卷施”亦作“卷葹”。

有诗纪之[①]。

嘉庆二年(1797)二月,锡麒乞养,旋将归杭。十五日,洪亮吉饯锡麒于卷施阁,并作送行序文:

> 嘉庆二年三月上巳日,吾友翰林院侍读吴君乞养南归,其同岁生洪亮吉招同志之朋,乘入直之暇,饯之于卷施行馆。于时嘉树百本,红犹未敷;春芜一畦,绿尚难藉。弋连林之鸟,钓深涧之鱼。天目之笋,云惟土膏;山阴之樽,不殊家酿。爰举觞而送之曰:
>
> 君之归也,有五乐焉。鬓纵颁白,衣犹纯采。陟岵陟屺,三诗合歌;倚门倚闾,二老咸在。集申申之群从,庆皤皤之黄发。……其乐事一也。
>
> 比二千石,可云尊官;垂三十年,郁为前辈。陈宗之校东观,既在孟坚之前;桓郁之授禁中,仅处仲弓之后。又况楚游设醴,正待穆生;东平奏笺,首推李育。……其乐事二也。
>
> 未离交道之厩,已置当时之驿。青齐才士,伫望其前旌;广陵达官,预开乎曲宴。牛腰之轴,堆案而索题;鱼腹之书,封缄而俟启。……莫不相见恨晚,围观若仙。其乐事三也。
>
> 百川奔注东海,是曰归墟;群才挺生曲江,实惟都会。西则三江五湖,南则八闽百粤。陆路之马,多如风鸦;水程之帆,密若星颗。离亭折柳,手倦于攀条;紫陌赏花,目迷于辨色。交友尽一世,曾未越乎门庭;为客设八珍,要不离乎水土。其乐事四也。
>
> 以视膳之暇,为著书之期。左思既败之笔,杂贮案头;管宁未锐之榻,不离门右。笼鹅馆辟,偶尔习书;步鹤汀长,即供觅句。孔鲤之经学,多得于过庭;扬雄之《法言》,半成于闭户。其乐事五也。

---

① 诗见洪亮吉《卷施阁诗》卷十七《小除日,邀同吴侍读锡麒、戴吉士殿泗、赵舍人怀玉、温舍人汝能、方比部体、刘舍人锡五、伊比部秉绶、叶舍人继雯、张检讨问陶、彭明经蕙交、戴礼部敦元集卷施阁祭诗作》。《洪亮吉集》,中华书局 2001 年版,第 2 册,第 864 页。

仆自惟孤露之余，忝宦百僚之末。然非天下之士不交，非经世之书不读。堆案数尺，书淫自嗤；临埤百觞，酒悲不免。惟此数子，庶几同心……①

洪亮吉以尽享天伦、高位荣归、作育才士等为锡麒乞归之五乐，间接称扬了锡麒不贪恋功名、事亲至孝之品行。

嘉庆三年(1798)，吴鼒选录《国朝八家四六文钞》八卷刊行，其中收录锡麒、亮吉文。二人均肆力骈体有年，造诣颇高。嘉庆四年，洪亮吉以言事得罪，流放伊犁。次年，释还。时锡麒赠《北双调》一套十三首贺之，其中第十曲《七弟兄》云：

者边的情话重留，那边的新诗要酬。羡此去，胜仙游。召贾生，竟脱长沙走；放谪仙，得免夜郎流；送髯苏，恰就毗陵酒。②

第十二曲《收江南》云：

你文章已被外夷收，你遨游直到海西休，你声名更有汗青留。算如今，许松楸厮守，才无负了机声灯影读书楼。③

嘉庆六年(1801)秋，锡麒再乞终养还浙。十二月初八，应李廷敬招，锡麒与洪亮吉、范来宗、李奕畴、孙星衍、李尧栋等集于虎阜消寒。

嘉庆九年(1804)二月，洪亮吉将抵上海，有诗柬锡麒："小艇偏愁逆浪冲，野鸡墩外影濛濛。欹床短梦惊樯马，出海浓云裹雨龙。浊酒纵斟

① 洪亮吉《卷施阁文乙集续编》之《送翰林院侍读吴榖人先生乞养归里序》，《洪亮吉集》，中华书局2001年版，第1册，第396页。

② 《有正味斋外集》(南北曲)卷二有《北双调》"喜洪稚存自塞外归"。

③ 《有正味斋外集》(南北曲)卷二有《北双调》"喜洪稚存自塞外归"。

难博醉，远书欲寄更开封。吴郎消息仍无定，闲把灯花卜客踪。”[①]八月，吴锡麒游上海，时洪亮吉亦在上海，十五日，李廷敬观察邀同祝堃、赵怀玉诸人，泛月吴淞江，饮宴达旦，各有诗纪事[②]。冬，锡麒过访赵翼，赵翼邀洪亮吉、赵怀玉同集。

嘉庆十年(1805)，锡麒撰《六十生日自述七首》，其四云：

> 结交喜洪崖(谓稚存)，与我同年纪。
> 短衣塞外归，出语更瑰异。
> 胸中万里图，吞吐白云气。
> 每共山水游，笑我脚不利。
> 乌乎辈行中，多少荒台瘗。[③]

嘉庆十一年(1806)元夕，洪亮吉来寓杭州西湖，即日有大涤之游，邀锡麒一叙，同集望湖楼，二人均有诗纪事[④]。

嘉庆十三年(1808)，阮元来浙赴巡抚任，延杨芳灿主诂经精舍。时洪亮吉亦来杭州，与杨芳灿同住，与吴锡麒、陈廷庆、郭麐等过从甚密[⑤]。

嘉庆十四年(1809)，洪亮吉卒，锡麒为作墓表。云：

---

① 洪亮吉《更生斋诗续集》卷一《将抵上海先柬吴祭酒锡麒》，《洪亮吉集》，中华书局2001年版，第4册，第1483页。

② 吕培等《洪北江先生年谱》，《乾嘉名儒年谱》第9册，第265—266页。

③ 《有正味斋诗集》卷十六。

④ 洪亮吉《更生斋诗续集》卷四《元夕，偕何征君琪、华司马瑞潢、吴祭酒锡麒、项州倅墉、汪上舍淮、戴比部敦元、何文学元锡望湖楼小集》，《洪亮吉集》，中华书局2001年版，第4册，第1622页。又，吴锡麒《有正味斋诗续集》卷一亦有《元夕，潘亚江招饮，适洪稚存来寓湖上，云即日有大涤之游，欲邀一叙，辞之不得，因作诗以酬亚江》。

⑤ 杨芳灿、余一鳌《杨蓉裳先生年谱》，《北京图书馆藏珍本年谱丛刊》本，第120册，第83页。

> 余与君生既同岁，举亦齐年。契合性真，脱略绳检。颜公乞米之帖，互易楮毫；燕市捉酒之场，共数晨夕。篇什具在，日月可推；事变相寻，踪迹偶阔。然君既生还于西域，余亦乞养于南陔，幸得合并，复寻欢会。见君齿发如故，步履益强，方谓圣问屡勤，天宠行贲。乃龙蛇之厄，哲人其亡；而风木之悲，我辰安在？[①]

表文述及二人交游颇令人感动。洪亮吉与锡麒同年出生、同年中举。彼此意气相投，且均嗜酒，即连文章宗尚上也是同宗骈文，而在京城之境遇也颇为相似。因而二人同官京师时唱酬尤夥。及至洪亮吉自伊犁释回，二人在京师又有短暂相聚。自锡麒乞养南归后，为稻粱之谋奔波吴越一带，与洪亮吉亦偶能相会。岂知"齿发如故，步履益强"，却一旦遽归道山，锡麒为之悲痛不已。

洪亮吉曾著《北江诗话》，其评吴锡麒诗谓"如青绿溪山，渐趋苍古"[②]。其《更生斋集》诗卷八有《初四日消寒第五集……》云："穀人词老梅村叟，前后可称双祭酒(时迟吴祭酒锡麒以病不至)。"总体而言，洪亮吉对于吴锡麒的诗词创作特点及成就的评价颇为中肯。

(三) 赵怀玉

赵怀玉(1747—1823)，字亿孙，号味辛，武进人。乾隆四十五年召试举人，授内阁中书。出为山东青州府同知，以丁忧归。晚主通州石港、西安关中、湖州爱山书院讲席。著有《亦有生斋集》五十四卷。事迹见其自订《收庵居士自叙年谱略》、汪喜孙《赵同知怀玉家传》(《尚友记》卷一)等。

赵怀玉与锡麒结交在乾隆四十六年左右，时赵怀玉为官内阁，锡麒官翰林院，在京城与翁方纲、朱筠、程晋芳、管幹贞、张埙等时相过从。每有诗会，则集翁方纲苏斋。

---

① 《有正味斋骈体文续集》卷六《翰林院编修洪君墓表》。

② 洪亮吉《北江诗话》卷一，《洪亮吉集》，中华书局 2001 年版，第 5 册，第 2246 页。

乾隆四十九年(1784),锡麒为赵怀玉题《春湖晴泛图》。次年,锡麒归省,途经毗陵,过访赵怀玉,偕游东坡舣舟亭、洗砚池,锡麒有诗纪之[①]。

乾隆五十九年直至嘉庆元年冬,二人同在京师,又均热衷各种诗会酒宴,故交游频繁。或同集法式善诗龛,分韵赋诗;或小饮锡麒寓斋,为射覆之戏;或赵怀玉招饮古藤书屋;或同约澄怀园观荷。

嘉庆二年(1797)二月,锡麒乞养南归,赵怀玉撰文送行:

> 嘉庆二年春,翰林侍读钱塘吴君圣征,以两尊人春秋高陈情乞养,既得请,与君游者饯饮无虚日。自藩邸以下及布衣之交,无不赠之诗文,或绘图纪别。近时士大夫归里之荣,盖仅有矣。君自乙未通籍,入翰林,久之,始进一阶。继而,授皇曾孙经,骎骎有日起之势。而遽返初服,人皆为君惜,且谓才不如君者多跻显列、致厚赀,君官仅五品,日以索米为计……君性坦易,豪于酒,所为文沉博绝丽,每出一篇,脍炙人口,官虽不显,早列清秩,所取士颇号得人。家固贫,能致洁白之养。……君进退裕如,不难自决……余交君垂二十年,中间先后南返,契阔者几十载。洎重来京师,旧游大半零落,唯君过从无间,今复远隔,能无怅怅?[②]

嘉庆五年(1800),锡麒服阕入都。自是二人交游颇频。七月七日,汪学金招鲍之钟、吴锡麒、法式善、谢芗泉、张问陶、赵怀玉集寓斋,分赋七夕故事。立秋前二日,鲍之钟、吴锡麒、汪学金、赵怀玉、张问陶集谢芗泉知耻斋迎秋。九月三日至七日,法式善、吴锡麒、赵怀玉等十四人为西山之游。冬,同作销寒诗会[③]。

---

① 《有正味斋诗集》卷七《过毗陵访赵味辛舍人,偕游坡公舣舟亭,并访洗砚池遗迹,得诗二首》。

② 赵怀玉《亦有生斋文钞》卷五《送翰林院侍读吴君归养序》,《续修四库全书》本。

③ 赵怀玉《收庵居士自叙年谱略》,《乾嘉名儒年谱》第9册,第500页。

嘉庆六年(1801)三月，赵怀玉将出都，赴任山东青州府海防同知。锡麒作诗送之。其一云：

利济念苍生，荣名希千载。怀抱岂不雄，末路戒其怠。
仕与学等耳，中有不朽在。高盖拥秋荷，忽忽西风改。
虚车饰目前，外强内先馁。古人能鉴之，乃免世途悔。
知君善庖人，久已游刃待。要葆清白心，常留未染彩。
随时课农桑，吾慕龚渤海。

其三云：

余生本单寒，一毡历数世。廿载长安居，每忧食不继。
幸赖同心人，并力砚田治。欲求文章报，徒沮经济试。
愿君洗虚声，勿愧儒而吏。撑拄万卷书，展拓吾辈事。
今昔势固殊，其道良不二。鱼盐涌腥波，莫误此身厕。
一琴与一鹤，料理亦容易。倘念故人言，尚望颜色记。
蓬莱鲤鱼大，不灭三岁字。

其五云：

故人日以远，短发日以疏。归心牵万丈，宛转如缫车。
衡茅待经营，白云望吾庐。君挟东海波，身犹等涸鱼。
何怪耕田夫，意欲轻簪裾。薜荔若招人，行当赋遂初。
习我治生术，当君活民书。出处各有道，慎勿求赢余。
政成幸慰我，早来卜邻居。①

① 见赵怀玉《亦有生斋集》诗卷十九《将出都门述怀，兼别同志》(重光作噩)，后附同人次韵送别之作，《续修四库全书》本。其中有吴锡麒和诗五首，不见于锡麒本集。

九月，锡麒自京乞养回浙，途经高邮六安闸，遇赵怀玉，聚话而别，赵怀玉有诗纪之[1]。本年，锡麒为赵怀玉题《寻山卜筑图》：

置身能在画图间，此愿休疑造物悭。
鸥鸟与吾盟白水，芒鞋随处是青山。
田园养志宁非乐，泉石论心亦可闲。
岱顶只防催作雨，未教容易片云还。[2]

嘉庆九年(1804)八月，吴锡麒游上海，时赵怀玉亦至上海。十五日，李廷敬观察邀同洪亮吉、吴锡麒、祝堃、赵怀玉诸人，以中秋夜泛月至吴淞江，饮宴达旦，各有诗纪事。冬，锡麒过访赵翼，赵邀洪亮吉、赵怀玉同集。

嘉庆十年(1805)六月，吴锡麒应赵怀玉之请，为其父赵绳男作墓志铭。

嘉庆十一年(1806)，锡麒主讲安定书院，二月，赵怀玉受招至扬州修葺《扬州图经》，遂与锡麒颇极过从之乐[3]，常集于安定书院。三月十七日，雨，吴锡麒招杨瑛昶、赵怀玉、蒋知节、袁廷梼、汪为霖集小清凉界，分韵赋诗。

嘉庆十六年(1811)闰三月十二日，与赵怀玉、江涟、汪端光、蒋知节、贵征、洪梧等泛舟瘦西湖，赵怀玉有诗纪事。十二月初十日，锡麒招同贵征、洪梧、汪端光等饮于扬州小香南馆，各有诗纪事。时怀玉将赴陕西掌教关中书院，此行来扬州与友朋话别，锡麒有送行诗二首：

黯黯京华记别筵，忽催骊唱又江边。

---

① 赵怀玉《亦有生斋集》诗卷二十《高邮道中，喜晤吴祭酒锡麒，时祭酒以乞养归里》，《续修四库全书》本。

② 《有正味斋诗集》卷十四《题赵味辛寻山卜筑图》。

③ 赵怀玉《收庵居士自叙年谱略》，《乾嘉名儒年谱》第9册，第525—526页。

二分未舍扬州月，方寸先蟠华顶莲。
珍重歧途同白发，艰难世事此青毡。
即教杨柳春风易，情尽桥边已惘然。

雨雪残年匹马行，川原莽莽暮云平。
诗声唱入秦风健，眼界收来渭水明。
定为故人增缱绻，莫夸远道有逢迎。
束修一样先生馔，鸥鹭江南要主盟。[①]

嘉庆二十年（1815）正月，赵怀玉应颜检之聘主讲湖州爱山书院。八月，吴锡麒有书寄怀玉，附寄《有正味斋诗文续集》。赵怀玉得读之，知锡麒为己诗集所作序，亦已收入此集而广为流传。吴锡麒《赵味辛诗集序》对赵怀玉之诗推挹备至：

吾友味辛读书务通，论古能核。枕葄之力，即劬于始孩；诗礼之传，尤谨于闻二。尝慕其高祖恭毅公之为人，赋述德之诗，守传家之法。……及夫给札尚方，校文秘阁，入奉紫荷之橐，退循红叶之阶。其时日下诸贤与里门群彦，莫不排金门，进紫闼，奋鱼龙之奇气，合笙磬而同音。飙发光焰，各成诡丽。而君怀树兰不芳之惧，譬飞鸟使翼之用。含蓄精英，用察情变。一言著纸，若星之妥于天；只字奏怀，必砥之平于地。典赡之至，弥见从容；机杼所经，迥乎清拔。……清而婉，久而能新，以抗古人，遂称作者。[②]

二人关系颇为亲密，吴锡麒不仅为赵怀玉诗集作序，还为其《上春

① 《有正味斋诗续集》卷六《味辛将往掌教关中书院，重至扬州话别，用酬其意，再赋二章》。

② 《有正味斋骈体文续集》卷一。

登岱图》《穹窿读书图》两图作序文[①]。

嘉庆二十一年(1816),梅雨时节,吴锡麒自扬州往常州访赵怀玉。赵怀玉有诗纪之,并送锡麒还浙,诗云:

琼瑶曾荷论诗投(辱制诗序),风雨重因访旧留。
尚齿早推先一岁,垂名合让独千秋。
兴来渐减雄豪态,老去犹多汗漫游。
我诣君难君过易,梦扬州后梦杭州。[②]

吴锡麒寄和诗云:

新诗郑重故人投,旧梦依稀酒地留。

白发不堪同雪舞,黄梅犹记为蚕收(过常时阴雨不止,俗所谓蚕黄梅也)。

关河熟路愁重阅,山水生涯感卧游(余与先生同以足疾而苦于行)。

老我渐知樱笋计,十年何苦殢扬州。[③]

嘉庆二十三年(1818),锡麒卒,孙星衍、庄炘相继去世。赵怀玉仿少陵《八哀》体,作《三哀诗》寄托哀思。

(四)鲍之钟

鲍之钟(1740—1802),字论山,号雅堂,丹徒人。乾隆二十七年南

① 《有正味斋骈体文》卷九《赵味辛上春登岱图序》、《有正味斋骈体文》卷十《赵味辛舍人穹窿读书图序》。

② 赵怀玉《亦有生斋集》诗卷三十二《雨中吴祭酒锡麒自邗上来访,即送还浙》(柔兆困敦),《续修四库全书》本。

③ 诗见赵怀玉《亦有生斋集》诗卷三十二《雨中,吴祭酒锡麒自邗上来访,即送还浙》(柔兆困敦),后附吴锡麒"寄和作",《续修四库全书》本。按,该诗不见于锡麒本集。

巡召试第一，授内阁中书。三十四年成进士。历充贵州、广东乡试副考官，官至户部郎中。著有《论山诗选》《山海经韵语》。事迹见《国朝诗人征略》初编卷四十、《清史列传》鲍皋传附。

吴、鲍二人之交游，主要见载于嘉庆初年同官京师时。因家居一在丹徒、一在杭州，因而归乡途中偶遇亦时有偕游之事。嘉庆二年(1797)四月，锡麒归杭，途经山东张夏，遇鲍之钟乞假回丹徒，遂约同游泰山。锡麒有《游泰山记》《张夏遇鲍雅堂户部之钟约同岱游》《岱顶对月同雅堂作》诸作。闰六月，过京口，二人与王文治又同游焦山，锡麒作有《游焦山记》《舟至镇江，王梦楼师、鲍雅堂户部约为焦山之游》。

嘉庆五年(1800)，二人俱在京，六月三十日，李青琅招同汪学金、顾鹤庆、法式善小集。七月七日，汪学金招集寓斋，分赋七夕故事。立秋前二日，二人与汪学金、赵怀玉、张问陶集谢芗泉知耻斋迎秋。九月三日至七日，二人同法式善、赵怀玉等十四人为游西山，锡麒作有《游西山记》。冬，二人与汪学金、法式善、赵怀玉、张问陶等作消寒会，会必有诗。

嘉庆六年(1801)秋，锡麒乞养归杭。次年，鲍之钟卒，锡麒有诗哭之：

> 飞腾意气盛词场，蓬岛船回路渺茫。
> 惘惘送人多作郡，萧萧垂老尚为郎。
> 红衣关塞诗心大，白发江湖酒梦长。
> 惆怅戴公山下路，不曾萝带换归装。
>
> 孟公樽俎不能闲，交遍名流四海间。
> 宿草几人浇白酒，旧游如梦剩青山。
> 可烦贤妹书重续，但有佳儿命不悭。
> 一笑虚空等游戏，郎当莫悔此身顽。[1]

---

① 《有正味斋诗集》卷十五《哭鲍雅堂户部》。

（五）张问陶

张问陶(1764—1814)，字仲冶，号船山，又号蜀山老猿、药庵退守，遂宁人。乾隆五十五年进士，改庶吉士，授检讨。历官都察院御史、吏部郎中、莱州知府。著有《船山诗草》等。事具《清史稿》卷四百八十五、《清史列传》卷七十二、胡传淮《张问陶年谱》。

乾隆五十九年(1794)正月十日，在给谏王友亮酒筵上，锡麒始晤张问陶。酒间话旧，二人述及两家自高祖、曾祖以来的世谊。张问陶有诗相赠，历叙旧谊新好，诗云：

> 醉后相逢不忘祖，高曾两世为宾主。
> 七十年来几兴废，两姓玄孙前后辈。
> 先生乙未我庚戌，编修检讨同簪笔。
> 相望遥遥已七科，那知一见情原密。
> 廉吏儿孙不送穷，先生也笑空囊空。
> 好书嗜酒耽佳句，难得浮生事事同。
> 因缘未了星霜换，五世沧桑如掣电。
> 人海茫茫真梦幻，举杯忽此同欢宴，记取眼前王给谏。①

是后二人交往颇频。正月十五日午，同集法式善诗龛赋诗。二月十七日，锡麒招张问陶、赵怀玉、汪如洋在寓斋小饮。三月初六，王友亮招同人自大通桥买舟泛河，各赋新诗。二十三日，张问陶招锡麒在绣佛斋小饮，以投壶为戏。五月十二日，锡麒过访张问陶飞鸿延年之室，观罗聘画折枝花草。七月初五，张问陶与王友亮来锡麒寓斋谈诗。张问陶有诗纪之：

> 冷淡交情忘少长，疏狂生计费支持。

---

① 张问陶《船山诗草》卷十一《正月十日，王葑町给谏筵上，赠吴縠人锡麒前辈》，中华书局1986年版，第264页。

樽前宾主更番作，好贮官钱作酒资。[1]

锡麒年长张问陶18岁，锡麒视问陶为莫逆之交。二人皆好酒爱诗，志趣相投。自相识至老始终交谊深挚。尤其是同官京都时，各类雅集酬唱，多共与之。乾隆五十九年十月初七，张问陶与冯敏昌、赵怀玉、刘锡五醵金为锡麒贺新居，同集梦烟舫分体赋诗。张问陶有《贺榖人前辈移居，与刘澄斋、冯鱼山、赵味辛、何兰士分体得七律》：

竹杖担诗车载酒，先生乘兴便移居。
神仙入世原无定，花月逢场自有余。
问字人多深巷熟，送穷文妙夜窗虚。
天寒痛饮休辞客，正好频来看著书。[2]

乾隆六十年(1795)春夏，二人来往更稠。正月十日，锡麒赴张问陶之招，重遇朝鲜人尹由哉、李喜经。十四日，张问陶送《洌上四家诗》来。二月初八，张问陶来谈，以印有"翰林风月"四字的高丽墨惠赠，锡麒有启谢之[3]。闰二月十二日，系闰花朝，同人拟游陶然亭，大雪陡作，遂止。同人各携馔食集于锡麒寓斋，分韵赋诗。张问陶有"桃李几曾甘冷落，亭台何意废登临"之句，锡麒以为最是高雅[4]。二十八日，孙星衍邀二人及张问安、王芑孙等聚樱桃传舍，张问陶作图，各有诗纪事。五月

---

① 张问陶《船山诗草》卷十一《七月五日，榖人前辈招同葑亭给谏小饮寄园花下》，中华书局1986年版，第285页。

② 张问陶《船山诗草》卷十一《贺榖人前辈移居，与刘澄斋、冯鱼山、赵味辛、何兰士分体，得七律》，中华书局1986年版，第292页。

③ 《有正味斋骈体文》卷十八《谢张船山检讨惠高丽墨启》。

④ 张问陶《船山诗草补遗》卷四《闰花朝，榖人前辈约同王香圃麟生、倪米楼稻孙、吴香竺瑛游陶然亭，遇雪不果，同集有正味斋分韵，得今字》，中华书局1986年版，第652页。

初八,二人又与王友亮等游金园[1]。六月十日晚,张问陶来访寓斋,锡麒以菊花酒招待,次日,张问陶遂以诗相酬:

砚屏低映小壶觞,问字人来入醉乡。
绿蚁乍浮千日酒,黄花犹醖去年香。
奇文到眼头风愈,午梦惊心宦海长。
一世谁能逃酷暑,先生此席较清凉。[2]

是岁春夏两季,张问陶诗集中存多首诗篇述及二人唱酬之乐。如《船山诗草》卷十二《乙卯春夏与榖人前辈饮酒诗》:

宦情闲处读书真,难得神仙作比邻。
下笔不求惊俗眼,闭门同忘是官身。
奇文传世原无口,公论凭心自有人。
何止穷交重知己,两家僮仆亦相亲。

几年花雪聚燕台,车马声中酒一杯。
各有归心劳日夜,空摩倦眼看尘埃。
天围云栈千峰出,潮涌钱江万弩来。
我爱杭州公爱蜀,欲搀乡梦作诗材。[3]

《船山诗草补遗》卷四又有《乙卯春夏与榖人前辈饮酒诗》云:

---

① 张问陶《船山诗草》卷十二《五月八日,兰圃、小山兄弟招同葑亭给谏、榖人编修及徐石溪孝廉携酒游金园》,中华书局 1986 年版,第 313—314 页。

② 张问陶《船山诗草补遗》卷四《偶过有正味斋,与榖人前辈饮菊花酒,兼读近作》,中华书局 1986 年版,第 655—656 页。

③ 张问陶《船山诗草》卷十二,中华书局 1986 年版,第 312—313 页。

难忏诗名更酒名，相邀常觉马蹄轻。
通儒饮食皆风雅，狂客衣冠总性情。
一世论交多老辈，几人知我似先生。
眼前笑指弹棋局，制胜无奇不在争。

开筵偏赏落花风，未必空囊日日空。
身到人间除是醉，世非我辈不能穷。
只闻芳酎传刘堕，谁把黄金铸石崇。
最好清樽消永昼，一吹弦管便匆匆。①

嘉庆元年(1796)正月十八日，锡麒招张问陶兄弟等集有正味斋，分韵赋诗②。七月初七，锡麒招集澄怀园看荷。小除夕日，洪亮吉招锡麒、伊秉绶、赵怀玉、张问陶等祭诗于卷施阁。

嘉庆二年(1797)二月，锡麒乞养，旋将归杭。三月初三，查小山招饮，是日锡麒于《南归记》中记曰："张船山检讨问陶，诗国旧交，酒人知己，离尊合宴，靡不与偕。……以砚为赠，既手自镌铭，并以札来。"

自嘉庆二年乞养归杭后，直到嘉庆五年锡麒服阕入都，二人遂再度欢聚，往来频繁。三月，张问陶为吴锡麒《田居园》题诗③。七月七日，汪学金招同集寓斋，分赋七夕故事。立秋前二日，同集谢芗泉知耻斋迎秋。冬，作销寒会，会必有诗。

嘉庆六年(1801)七月，张问陶作《题方铁船工部诗，兼呈吴縠人祭酒》诗，有云"词坛老辈访何人，儒雅今惟吴祭酒"④。九月，锡麒自京乞

① 张问陶《船山诗草补遗》卷四，中华书局 1986 年版，第 654 页。

② 张问陶《船山诗草》卷十三《正月十八日，縠人赞善招同亥白兄陪顾亭王丈及东林、香圃昆仲集有正味斋分韵，得啼字》，中华书局 1986 年版，第 343 页。

③ 张问陶《船山诗草》卷十五《田居园为吴縠人侍读题》，中华书局 1986 年版，第 422 页。

④ 张问陶《船山诗草》卷十六《题方铁船工部诗兼呈吴縠人祭酒》，中华书局 1986 年版，第 450 页。

养回浙，张问陶有诗送行：

我喜全家至，君因寿母归。几番谋薄禄，一样恋春晖。
鹤尚氍毹舞，鸥从浩荡飞。他时相问讯，同看老莱衣。

所尚分狂狷，谁知一性情。偶然诗有托，误以酒为名。
阅世同无住，修心各太平。前缘何处结，或恐是天生。

共有停云想，头衔署散仙。海天常健在，离聚总欣然。
清梦期无愧，浮名悔浪传。秋怀今澹定，酬赠少奇篇。

仆马都神契，交情久更深。功名亦轩冕，气味自山林。
世论如嵇阮，心期只向禽。江湖烟水阔，蓑笠会相寻。①

自嘉庆六年锡麒回浙后，直到嘉庆十七年二人才再度相会。十二月九日，张问陶与董琢卿、戴延介、范苇舲陪同锡麒小集白公祠，张问陶有诗纪事。嘉庆十八年上巳日，时任两淮盐运使的廖寅招集诸君于题襟馆修禊，锡麒与洪桐生、石韫玉、张问陶等分韵赋诗。三月七日，锡麒与张问陶唱饮，张问陶有诗纪事《三月七日吴縠人前辈席上作》："清寒小宴醉题襟，铲尽荣枯话转深。莫问二分无赖月，一灯风雨夜联吟。"②

嘉庆十九年(1814)三月初四，张问陶因恶性疟疾病逝于苏州寓所，年五十一，锡麒作悼诗三首，云：

清夜虚堂共一尊，诗留壁上待招魂。
苍茫实有平生感，惨淡难寻独往言。

---

① 张问陶《船山诗草》卷十六《送縠人祭酒南归四首》，中华书局 1986 年版，第 456 页。

② 张问陶《船山诗草补遗》卷六，中华书局 1986 年版，第 705 页。

科第何情牵我辈，高曾有契逮诸孙。
却思斟酌桥边水，呜咽还应到九原。

卅载回翔禁地宽，尽将诗酒去应官。
一麾敢谓承明厌，小郡方知保障难。
仙佛岂能逃劫数，文章此后歇波澜。
友朋毕竟关高义，何怪冯生铗屡弹。

将离花又绕栏开，那不离肠断此回。
杯里夺将明月去，眼前卷过白云来。
一生书籍文姬付，万里关山老母哀。
如此惊才仅中寿，问天何苦更生才？[①]

吴锡麒为张问陶弟媳杨继端《古雪诗》撰序时曾述及二人交谊："余在都下，与张船山侍御为莫逆交。读其诗如龙跳虎卧，令人色然而骇。""船山雄于诗者也。"[②]可见，二人虽在年龄上有差距，但彼此奉为莫逆，惺惺相惜。锡麒对张问陶诗歌造诣极为称许，曾云："吾尝于今之称诗者得二人焉，一为遂宁张检讨船山，其一则时帆祭酒也。船山华实布濩，风云并驱，浊酒助其新澜，奇书屑其古涕。奏扶娄之技，变化若神；载姑蔑之旗，文采必霸。运智慧刃，树精进幢，所谓狮子吼也。"[③]

锡麒《有正味斋尺牍》中还存有多篇致张问陶的书柬，他对张问陶的才华不吝赞许，对其人之遭际深表怜悯。如《寄张船山》："阁下文名太高，文运太晦，大江南北不得一动驿马星，真不可解。"[④]《寄张船山》："不得手书又载余矣。……大集为必传之作，魁奇排戛，横绝古今，乃犹

① 《有正味斋诗续集》卷七《哭张船山三首》。
② 吴锡麒《古雪诗钞序》，见杨继端《古雪诗钞》卷首，嘉庆刻本。
③ 《有正味斋骈体文》卷四《法时帆祭酒存素堂诗集序》。
④ 《有正味斋尺牍》卷上，光绪元年上海申报馆铅印本。

不付之梓人，韫椟深藏，真令人思之欲瘦。”[①]《寄张船山》：“闻在山左，意思都不见佳，固知热闹场中要作成一惯家，良不容易，倒不如穷翰林、冷御史，任凭我台阁生风，不致为人牵掣耳。”[②]

（六）孙星衍

孙星衍（1753—1818），字伯渊，一字渊如、季逑，别号芳茂山人，阳湖人。乾隆五十二年榜眼。曾任刑部郎中、山东督粮道等。初以文学著称，与洪亮吉、黄景仁齐名，后专事经史、文字、音韵、训诂之学，兼及诸子百家，工于篆隶。曾主持诂经精舍、钟山书院讲席。著有《周易集解》《尚书古今文疏证》《平津馆读碑记》《平津馆丛书》《孙渊如全集》等。事具阮元《山东粮道孙君渊如传》（《揅经室二集》卷三）。

二人交游见载始于乾隆五十八年。是年七月，锡麒结束仪真书院讲学，九月底入都。自此直至嘉庆二年，二人因同官京师，交游颇频。十一月三十日，锡麒访罗聘于琉璃厂观音阁，偶遇孙星衍，茶话良久。

乾隆五十九年（1794）正月十五日午，同集法式善诗龛分韵赋诗。十七日，孙星衍招集。二十二日，锡麒招集寓斋，以“平心杯”联句赋诗。七月初四，孙星衍招集樱桃传舍。初八，锡麒招同罗聘、张问陶、宋葆醇等饮梦烟舫。九月十九日，锡麒邀作展重阳会。十月二十一日，同集梦烟舫，合樽促席，行看钱之令。十一月二十一日，锡麒招同屠绅、伊秉绶、朱文翰、魏成宪、叶绍楏销寒小饮，同以“醉司命”分体。

乾隆六十年（1795）二月初六，孙星衍、魏成宪踵消寒之会，招锡麒同罗聘、屠绅、邵晋涵、王友亮、赵怀玉、汪端光、伊秉绶、张问陶等集于樱桃传舍。二十日，孙星衍送元人绘《马季长绛帐授经图》属锡麒为题。闰二月二十八日，孙星衍在樱桃传舍宴请吴锡麒、毛大瀛、张问安、张问陶、徐嵩、徐明理、王芑孙等，问陶作图，各有诗纪事。

嘉庆二年（1797）二月，锡麒乞养南归。四月十九日，途经山东济宁，同孙星衍、黄小松登城南太白楼。二十八日午后，孙星衍邀同程振

---

① 《有正味斋尺牍》卷上，光绪元年上海申报馆铅印本。

② 《有正味斋尺牍》卷下，光绪元年上海申报馆铅印本。

甲、蒋因培等游李太白浣笔泉。自此二人频繁交游遂告一段落。

嘉庆三年(1798),吴鼒选录《国朝八家四六文钞》刊行,其中收录锡麒、孙星衍文,以此可知二人骈文造诣俱颇高。

嘉庆六年(1801)十二月初八,应李廷敬招,二人同洪亮吉、范来宗、李奕畴、李尧栋等集虎阜消寒。

嘉庆十七年(1812),孙星衍六十大寿,吴锡麒为作寿序①。十九年(1814),《全唐文》辑成,随即发往扬州校刊。馆上诸公以《全唐文》发往扬州缮刻之事委任锡麒,锡麒有书致星衍:

> 久不得奉起居,殊增怅结。《全唐文》现在发扬缮刻,但馆上诸公既以此事相委,不得不任校雠,然世无天禄之书,又家乏秘藏之本。惟望高贤戾止多携副墨,足佐搜罗,使他日天府储藏毕臻美备。庶可尽臣子文字之职,亦得仰慰皇上稽古之心,即有唐诸人亦当衔结于无已者耳。今夏积疾稍舒,始得从事笔墨,而船山既逝,墨庄复殂,云松前辈又返道山。日惟哀挽之词相征,亦殊增悒悒而已。②

锡麒与孙星衍等大批文士聚集扬州参与分校,一时过从之乐未有其盛。

嘉庆二十三年(1818),吴锡麒与孙星衍相继离世。

(七) 王芑孙

王芑孙(1755—1818),字念丰,号惕甫、铁夫、楞伽山人,长洲人。乾隆五十三年召试举人。由咸安宫教习除授华亭县教谕。丁忧,罢官归,主仪征乐仪书院。著有《渊雅堂全集》五十六卷、《碑版文广例》等。事迹见秦瀛《王惕甫墓志铭》(《小岘山人续文集》补编)、王鎏《族兄惕甫先生传》(《碑传集补》卷四七)、《清史列传》本传。

锡麒与芑孙定交在乾隆末。王芑孙时任咸安宫教习,善为诗文,客

---

① 《有正味斋骈体文续集》卷三《孙渊如六十寿序》。

② 《有正味斋尺牍》卷下《寄孙渊如》,光绪元年上海申报馆铅印本。

居京师时与馆阁众文士交游颇频。乾隆五十八年(1793),芑孙与同人举试帖诗课,锡麒亦在其中。后芑孙集所作为《试帖诗课合存》刊印,以锡麒之作列于首,且云:

> 榖人于同课中年辈最先,故卷在第一。榖人尝自裒所著为《有正味斋集》行于世,世多推其骈体之文。而予所尤服膺者,乃其八韵诗也。榖人他诗靡不工,然生峭之音、新蒨之色、超逸之解,以南宋、金、元与汉魏六朝共炉而冶,虽脱化几变,犹足以知其为西泠前辈流风。独于八韵诗,则天弢自解,一洗万古,真力弥满,先射命中,洞入题腠,横生侧附,众妙孕包。时而见若异军苍头,时而见若时花好女,时而见若佩玉长裾,时而见若仙巾鹤氅,倏忽异状,不名一能。[①]

乾隆五十九年(1794)四月初二,锡麒邀同人作诗会,晚同饮藤花下。十一月二十二日,法式善邀作试帖诗会,二人皆与,以"上元张宴夺昆仑"为题。六十年(1795),闰二月二十八日,同集孙星衍樱桃传舍,张问陶作图,各有诗纪事[②]。

嘉庆元年(1796)五月,王芑孙礼闱报罢,将出都门赴华亭教谕任,京师诸友赠行祖饯竟无虚日。锡麒作序送行:

> 吾友王君惕甫,经术专家,文章名世。……以召试赐举人,考补咸安宫官学教习。期满,以教职用。登孝廉之选,同于制科;就广文之官,是称博士。于乙卯冬选授江南华亭教谕。明年,礼闱报罢,将出都门。黄甲看人,青毡还我。人皆惜地之不足以展其才,而吾谓天之未尝不隆其遇也。……是将重吾惕甫之忧已。且夫伏

---

① 王芑孙《惕甫未定稿》卷二《试帖诗课合存序》,《续修四库全书》本。

② 吴锡麒《有正味斋诗集》卷十一、王芑孙《渊雅堂编年诗稿》卷一二均有诗作。

术为学，非在轩冕之华；错质为臣，讵慕脂膏之润。……仆与惕甫半面乍逢，两心莫忤。击钵之韵，触即成诗；剪烛之谈，罢而赏雨。动以古人相勖，不知来日大难。是曰贫交，敢渝幽赞；惜此一别，邈焉殊方。交落落其已稀，心钦钦而曷释。剪吴淞一幅之水，不断相思；望燕山千里之雪，可知同梦。[1]

二人相交在中年以后，一见如故，剪烛谈诗，相知甚乐。

嘉庆二年(1797)，锡麒乞养归浙，芑孙闻知，自华亭寄柬存问，闻锡麒将有三泖之游，邀约相聚，并请锡麒为乃弟作《葬衣冠记》骈文一篇[2]。九月四日，锡麒父逝世。芑孙又致书柬存问："遥惟归装乍卸，遽遭大故，终天之恨，何以为情。然先生齿今逾艾，不宜过哀。重以高堂白发，尚祈以礼抑情，勉自珍摄。一切大事，想支柱亦自不易。灯下作此书，心摇不已。"并嘱咐锡麒，前求为其弟撰《葬衣冠记》，留待"能作时作之"[3]。

岁暮，王芑孙作《怀友诗》六十四首，有见怀锡麒之什，云：

一岁三迁忽自告，南望白云买归棹。
归来恰奉太公丧，始信啮指心苍茫。
偏亲白发仍须养，渡江授读心悲怅。
瘦羊博士君羡之，我今无羊瘦于诗。[4]

嘉庆三年(1798)正月，锡麒应王芑孙之请，为其仲弟湖北吕堰驿巡检王翼孙作《葬衣冠记》[5]。秋，王芑孙游扬州，下榻曾燠题襟馆，时锡

---

① 《有正味斋骈体文》卷十一《送王惕甫之华亭教谕序》。

②③ 吴锡麒《有正味斋朋旧函牍》，钞本，今藏复旦大学图书馆。

④ 王芑孙《渊雅堂全集》之《渊雅堂编年诗稿》卷十四《岁暮怀人六十四首·吴縠人侍读》，《续修四库全书》本。

⑤ 《有正味斋骈体文》卷十四《湖北吕堰驿巡检恤授云骑尉世职王君葬衣冠记》。

麒主讲安定书院，魏成宪亦来任扬州知府，诸同人诗酒酬酢，颇极友朋之乐。王芑孙《渊雅堂全集》之《编年诗稿》卷十五有多篇诗作载当时扬州唱酬情形。其中《与宾谷、春松夜饮穀人讲院，因赠穀人一首》，备述二人自京师至今的交游，云：

> 先生精治馔，亦如治文章。饾饤去糟粕，甘鲜发馨香。
> 独取五气和，酝酿成天浆。昔者居春明，厌饫经屡尝。
> 至今尚流涎，口角回味长。临别赠余文，羡我官鲈乡。
> 昨君访余来，鲈鱼未登筐。留君不肯住，对客为急装。
> 今余访君至，烦君具壶觞。招邀遍群彦，一一才超骧。
> 丹砂与玉札，收拾归药囊。况有两故人，分拥符节光。
> 追暇相追从，倡和如宫商。嗟余久孤另，封书凭夜航。
> 及此共灯烛，不醉喜亦狂。君年逾五十，我亦四十强。
> 此日岂易得，此乐不可忘。朗咏頍弁诗，雨雪今方将。[1]

十二月八日，王芑孙离华亭北上，应明春会试。行至扬州，因寒阻冻，舟行受碍，乃留扬度岁。锡麒闻信招饮，芑孙作诗婉却[2]。

嘉庆四年(1799)，芑孙北上会试，有书寄锡麒。锡麒答书云：

> 月前得手书，飞霜洒落，震耀毫端，令人循览不已。……本无意复梦春明，但老母在堂，不得不思为禄养之计。于冬间服阕后，尚拟赴都。计大兄此时翔步木天，得以重订旧时良会，亦甚乐耳！[3]

---

① 王芑孙《渊雅堂编年诗稿》卷十五《与宾谷、春松夜饮穀人讲院，因赠穀人一首》，《续修四库全书》本。

② 王芑孙《渊雅堂编年诗稿》卷十五《至扬州阻冻，遂留度岁，辞穀人召饮》，《续修四库全书》本。

③ 《有正味斋尺牍》卷上《寄王惕甫》，光绪元年上海申报馆铅印本。

书中以王芑孙是科必定高中相期许，并设想他日在京中重温旧时良会之乐。然而，可惜此科芑孙未能如愿。

嘉庆五年(1780)闰四月，芑孙居父忧，应曾燠之邀客居扬州，假馆樗园。时锡麒居官京师，闻之，有简遥贺：

> 此间自荒洒扫，蓬蒿翳如。闻得先生起居其间，只此老竹数竿，摇动左右，胸中清气已习习吹来。乃知古人所乐与善人居者，如此而已。①

嘉庆九年(1804)六月，王芑孙时主讲仪征乐仪书院，适锡麒亦主讲扬州。芑孙拟刻骈文集《渊雅堂文外集》，乞锡麒为序。锡麒对芑孙骈文推挹备至，序曰：

> 余夙耽排偶之习，辄谓东京之盛，其体已然。思由六朝而晋而魏，沿流溯源，上规作者，才气苶弱，欲振末由。积愧悔生，迷途思反。始知求有本之文而学之，惜乎闻道之晚也。而吾友中惟铁夫能为有本之文，其于诗书礼乐之旨，抉之甚精，其自春秋战国以及汉唐诸大家，皆神而明之，各造其极。当世之为古文者，莫之若焉。余方谓古人不可及，得铁夫之文而学之，亦庶有豸顾，独以骈体文属序于余，殆以余所业在此，或者此中甘苦能深知之而共喻之欤。及循览再四，见其沉博绝丽，凌轹古今。如昆仑之巅，层城九重而瑶台十二也；如春山发荣，而万花竞媚也；如洞庭张乐，而金石铿鸣，杂之鲸吟而鼍吼也。其气盛，故其声宏；其趣高，故其词雅。此真能由六朝而晋而魏，以仰窥东京之盛者。夫以余竭蹷趋之，而不得至。铁夫出其余力为之，已沛然其有余。盖铁夫之文从古人入，故根柢深而无枝叶荣也。余之文从骈体入，故风骨滞而负

① 《有正味斋尺牍》卷上《简王惕甫(时来寓樗园)》，光绪元年上海申报馆铅印本。

声无力也。然则余之所亟亟以求之者，当自有在，亦惟铁夫敦朋友讲习之义，而匡其所不能，则余方且从子，如骖之靳。而是编者，第明示以以此始者之不以此终而，姑为是引而不发也。嘉庆九年夏六月朔，钱唐吴锡麒。①

由序文可知，吴锡麒与王芑孙都肆力骈文，文章宗向彼此趋同，然而吴氏认为王芑孙由古文入骈文，因而根柢深而枝叶俱荣；吴氏自己则由骈体入手，未经古文之熏陶，因而文章缺乏劲健之力。

嘉庆十九年(1814)三月，锡麒受聘于扬州，校刊《全唐文》，有书问讯芑孙：

秋涛茂才来，得手书。时书局初开，诸事骤难整顿。而弟又新病之后，短才长驭，未免局促终朝。每晤琢堂，仅得一问起居，竟虚报覆，负愧而已。然知先生闭户自精，名山事业，次第成就，甚喜甚喜。若弟则支离其形者，近复支离其神，枯木不荣，安敢复思著述。所示时帆、桂堂、船山，先后零落，惟增嗟惋。……自思人生世上，亦复有何乐趣？而乃劳劳如此。……何似先生栖冲业简，山水相于，有朋旧之欢，而无尘杂之扰，岂非从神仙福分中得来哉！春气方苏，灵岩、虎阜间，正可频通屐齿。新诗天外，跂予望之。②

嘉庆二十二年(1817)十二月一日，王芑孙卒于家。次年，吴锡麒卒。二人自相识及老去，交游不倦。乾隆末曾同在京师，嘉庆初又因吴锡麒往来维扬及王氏家乡长洲一带颇为频繁，二人又得以数数往来。更要者二人志趣相投，均致力骈体。故彼此引为知音、常有惺惺相惜之感。

---

① 吴锡麒《渊雅堂文外集序》，见王芑孙《渊雅堂文外集》卷首，《续修四库全书》本。

② 《有正味斋尺牍》卷下《寄王铁甫》，光绪元年申报馆铅印本。

（八）汪学金

汪学金（1748—1804），字敬箴，号杏江，晚号静崖，太仓人。乾隆四十六年进士，授编修，官至詹事府左春坊左庶子。著有《静崖诗稿》《井福堂文稿》《澹香书屋诗集》四卷。事具朱珪《日讲起居注官文渊阁校理教习庶吉士詹事府左春坊左庶子加二级汪君墓志铭》（《知足斋文集》卷五）。

吴锡麒、汪学金二人交游，在乾隆四十六年汪学金成进士前后。其时与锡麒同官京师，同与上述都中雅集，兹不赘述。

嘉庆六年（1801），汪学金拟于正月十九日过访锡麒，先寄以诗[①]。三月，下旬，汪学金、赵怀玉等集于锡麒寓斋。时汪学金将出都[②]。四月四日，汪学金已行至瓜洲，得鲥鱼，因锡麒送行诗句有云“得归生怕负银鲥”，遂戏占一绝寄锡麒[③]。

九月，吴锡麒自京乞养回浙。时汪学金家居。冬，吴锡麒赴太仓镇洋拜访之，汪学金偕诸子陪锡麒于趣园赏梅，并以“竹外一枝斜更好”分韵赋诗[④]。此行汪学金还属锡麒为己集作序。十二月十六日，锡麒作序曰：

> 古之作诗者，其亦有禅悟乎？能忘嗜欲，结扫地之缘；有慕清凉，发打钟之愿。而要其钩深索隐，咀英含华，神思相融，节文自会。故左司之冲淡，禅也；樊南之绮丽，亦禅也。味蕴于至深，而理通于无朕。证羚羊之挂角，契落花之无言。……（静崖）盖其学博

---

① 汪学金《静崖诗续稿》卷二（庚申九月尽辛酉四月）《拟于燕九节过穀人庶子寓，先之以诗》，《续修四库全书》本。

② 汪学金《静崖诗续稿》卷二（庚申九月尽辛酉四月）《赵味辛司马以诗赠行，次日会于穀人先生寓斋，因和其韵，并示同席诸君》，《续修四库全书》本。

③ 汪学金《静崖诗续稿》卷二（庚申九月尽辛酉四月）《穀人送行诗句云“得归生怕负银鲥”，四月初四日至瓜州，始得鲥鱼，戏占一绝寄之》，《续修四库全书》本。

④ 汪学金《静崖诗续稿》卷三《穀人先生过访，酒后偕诸子趣园观梅，以“竹外一枝斜更好”分韵，得外字》，《续修四库全书》本。

而通，气阂以达。陶令、潘令，如接乎宗乘；香山、眉山，早传其法钵。今又得其全集读之，梵爪千言而不竭，牟尼一串而皆圆。门外桃花，庭外柏子，皆可发沧浪之旨趣，通表圣之品评。在彼法为最上乘，在吾人为不朽业。灵机一启，宿障咸除。是禅可以妙诗心，而诗又可以破禅械也。[①]

十二月十九日，东坡生日，锡麒以《腊梅诗》示学金，二人在井福堂联句赋诗[②]。

次年秋，吴锡麒由上海再来镇洋拜访汪学金，留宿菜根轩。锡麒有诗见赠[③]，汪学金依韵奉答：

短棹吴淞翦寒渌，月白霜清叫横竹。
黄姑塘北落帆风，夜半琼卮泛金菊。
去年踏雪寻暗香，宛疑仙人骑白羊。
江云欲暮浦潮急，如此相思何日忘。
依旧围炉灰画箸，纸窗木榻留君处。
乐全待报新堂成（先生新居曰乐全堂），西湖梅花诗梦生。[④]

综上所述，乾嘉时期都门诗社与诗龛是京师两大重要的士人雅集平台。一为诗社，一为诗人重要集会地，前者无严格的诗歌主张与诗会规则，后者也只是一个海内名流时相雅集的地点，亦非严密的诗歌组织。它们同处京师，参与成员也时有交叉，例如洪亮吉、汪学金等既是

---

① 《有正味斋骈体文》卷五《汪静崖庶子诗集序》。

② 汪学金《静崖诗续稿》卷三（辛酉四月尽十二月）《坡仙生日，井福堂春幡联句，限虞韵》，《续修四库全书》本。

③ 按，该诗不见吴锡麒本集。

④ 汪学金《静崖诗续稿》卷五《榖人先生由上海来娄，留宿菜根轩，有诗见赠，依韵奉酬》，《续修四库全书》本。

都门诗社的重要成员，又是诗龛活动的积极分子。它们为吴锡麒与在京师的士人、名流切磋诗艺、交流感情提供了绝好的契机。

第三节　客授近乡、往来吴越时期

吴锡麒于乾隆末、嘉庆初在仪真、扬州有段两度短暂的主讲生活。第一次是乾隆五十六年春至五十八年七月，主讲仪真。第二次是嘉庆三年正月至嘉庆四年冬，主讲安定书院。这两次主讲为期都在两三年间，且均以回京再度服职翰苑作结。虽然逗留仪真、扬州两地时间颇为短暂，但它给吴锡麒与当地生活的官绅、文士交游提供了极好的平台，也为日后吴锡麒最终乞养致仕后仍选择来扬州主讲作了极大的铺垫。

嘉庆六年(1801)五月，吴锡麒荣升祭酒。九月，旋即乞养，由京归里。当时吴锡麒已五十六岁，时近暮年，但上有高堂、下多子女，碍于生计不得不奔波吴越间。次年，他应松太道观察、同年李廷敬之邀赴上海修书，往来扬州、上海、杭州一带。嘉庆九年(1804)，锡麒再度来主安定书院，此距上度主讲于兹已有四年。然而，此度来安定，锡麒再未他就，自此开始了长达十四年的皋比生涯，直至嘉庆二十三年(1818)终于讲席。

总体而言，吴锡麒晚年主要在扬州度过，为生计、交游之需，他还时常往来于扬州、上海、家乡杭州等地。尽管南船北马跋涉无定，诗人常有天涯迟暮、稻粱不易之叹，然而与大江南北众耆学宿儒、才人雅士往还唱酬，亦常乐于其中。尤其是锡麒前后主讲近十九年的扬州，该地在清中叶系风雅荟萃之地。吴锡麒于兹有较多交游契密之友朋。他们结社雅集、唱酬往还，对于诗艺之切磋、思想之交流助益颇深。其中值得一提的是韩江吟社与题襟馆雅集。

韩江吟社可溯源至乾隆八年(1743)，时厉鹗、全祖望、马曰琯、马曰璐、程梦星、王藻等在扬州举陶潜诗会。二马兄弟居扬州，家有园亭之胜，遂开韩江吟社。吟社成员除厉鹗、全祖望等人外，后期成员尚有杭世骏等人。迨至锡麒来扬，韩江吟社开创期的风云人物多半殂谢，昔日盛况不再。然而维扬一地文士雅集唱和仍流风不辍。吴锡麒有词《齐天乐·将还西湖留别韩江吟社诸君》①，可见当时韩江吟社仍存，且锡麒亦是该社重要成员之一。惜材料所限，今已无从考证其全貌。然而，吴锡麒在扬州的交游中尚有另一颇值称述的群体活动——题襟馆雅集。以下就雅集及其中与锡麒交游颇密者作一考述。

一　题襟雅集

嘉庆三年(1798)，锡麒主讲安定书院，时曾燠任两淮盐运使，于衙署辟题襟馆，一时缙绅诗人、寄食寒士过从甚乐。曾燠在任时间颇长，又喜主持风雅之会，实际上他是继王士禛、卢见曾之后主盟扬州文会的又一核心人物。钱泳在《谭诗·以人存诗》中曾描述当时曾氏引领下的雅集盛况：

> 南城曾宾谷中丞以名翰林出为两淮转运使者十三年。扬州当东南之冲，其时川、楚未平，羽书狎至，冠盖交驰，日不暇给，而中丞则旦接宾客，昼理简牍，夜诵文史，自若也。署中辟题襟馆，与一时贤士大夫相唱和，如袁简斋、王梦楼、王兰泉、吴榖人、张警堂、陈东浦、谢芗泉、王葑町、钱裴山、周载轩、陈桂堂、李啬生、杨西禾、吴山尊、伊耐园，及公子述之、蒲快亭、黄贲生、王惕甫、宋芝山、吴兰雪、胡香海、胡黄海、吴退庵、吴白庵、詹石琴、储玉琴、陈理堂、郭厚庵、蒋伯生、蒋藕船、何岂匏、钱玉鱼、乐莲裳、刘霞裳诸君时相往来，较之西昆酬倡，殆有过之。②

九峰园秋禊、赏雨茅屋雅集、题襟酬唱，当时在扬州活动的诸位名流几乎囊括殆尽，锡麒主讲其间，酬唱甚欢。

① 《有正味斋词集》卷一。

② 钱泳《履园丛话》卷八，中华书局1979年版，第215—216页。

（一）曾燠

曾燠（1760—1831），字庶蕃，号宾谷，江西南城人。乾隆四十六年进士，改庶吉士。散馆授户部主事。历官户部员外郎、两淮盐运使、湖南按察使、湖北按察使、广东布政使、贵州巡抚、两淮盐政。工骈文，好吟咏。著有《赏雨茅屋诗集》《外集》《骈体文》，辑《江右八家诗》《朋旧遗诗》《江西诗征》《国朝骈体正宗》。事迹见《国朝诗人征略》二编卷四一、《清史列传》本传。

吴锡麒与曾燠父曾旰江系同年，因而曾燠弱冠之时即结识锡麒。曾燠于乾隆四十六年（1781）成进士后，改庶吉士，派往翰林院研习国书。四十九年，任户部主事。吴锡麒与曾燠有数年同官京城的经历。后乾隆五十八年（1793），锡麒主讲仪真，时曾燠任两淮转运使，于是二人在扬州又得时相往还。是岁七月，曾燠于扬州南园举秋禊，同集者吴锡麒、吴嵩梁、詹肇堂、徐嵩、胡森、吴照等，陆晓山绘图[①]。七月七日，曾燠招同徐嵩、詹肇堂、陈燮、胡森、吴煊、吴嵩梁集康山草堂，为锡麒还京师饯行。席间，曾燠有诗赠别。锡麒叠其韵奉答：

> 啸傲依然此一邱，峭帆城堞已飞秋。
> 流连河汉今宵会，拨触琵琶旧日愁。
> 问渡也思重驾鹊，论心端不负盟鸥。
> 群公各要交期念，江水明明息壤留。[②]

自本年直至嘉庆二年三月，锡麒官京师。二人交游暂告一段落。嘉庆二年（1797）五、六月间，锡麒乞养南归，途中因黄河阻浅，小舟滞泊杨庄几近一月。在风波莫定、羁旅自伤之时，锡麒有书致任官淮扬都转的曾燠，云：

---

① 李斗《扬州画舫录》卷七，中华书局1960年版，第172页。

② 《有正味斋诗集》卷九《七月七日，曾宾谷都转燠招同徐朗斋嵩、詹石琴、陈理堂燮、胡香海森、家退庵煊、兰雪嵩梁集康山草堂，饯余还京师，用其赠别原韵》。

去腊荷书，适牵归计。念当谐晤，未敢率酬。岂意春帆既张，阻水阻风，殆将三月。停云恨晚，霖雨愁濛。违幽契于苕岑，限欢悰于衣带。静思颜色，载伫维勤。也园来邗，定传鄙意。自愧循陔之义，难符乞养之名。室罄徒悬，华笙未肄。当此困鱼止泺，穷鸟投芦。惟望负米之劳，不虚乎仲子；杀鸡之奉，有助于茅容。实感素心，永铭丹曲。乘波可待，郁隐有宣。预布区区，伏惟昭察。[①]

由此柬可知，去岁腊月曾燠曾致书锡麒。时锡麒念及次年春即南归，遂未回柬。信中，锡麒似有请托曾燠为己在扬谋职之意。

六月十四日，锡麒抵达扬州，与曾燠、查篆仙、李春舟、吴绍灿、吴绍浣等交游颇频。二十日，曾燠招同赵翼、程振甲署斋观剧。七月初八，曾燠因公事小住真州，游西溪，同人各赋新诗，有《游真州西溪诗》，锡麒为作序[②]。

嘉庆三年(1798)正月，锡麒来主安定书院。至于锡麒此职之谋得，是否得益于曾燠，并不得而知。自是直至次年冬锡麒服阕北上，期间二人以及题襟馆诸贤有近两年的诗酒过从之乐。吴锡麒作有一篇《题襟馆消寒联句诗序》[③]，生动地记载了曾燠任两淮盐运使期间在扬州开辟题襟馆同宾客赋诗集会之乐。

嘉庆五年至六年，锡麒为官京师。六年(1801)秋，再度乞养南还。随后数年，因修书上海，往来于杭州、扬州、上海、吴中之间。期间，曾燠都转扬州，锡麒过扬偶有小聚。曾燠时以所著《买春书屋诗集》见示，锡麒有诗奉赠：

秋风木叶飞，凉带远人至。
竹西今寂寞，荒亭歇歌吹。

---

① 《有正味斋骈体文》卷十七《杨庄舟中寄曾宾谷书》。

② 《有正味斋骈体文》卷六《游真州西溪诗序》。

③ 《有正味斋骈体文》卷五。

曾侯敦古欢，迎客肯倒屣。
胸中静琴张，无弦有妙理。
为我弹高山，渊乎邛壑邃。
平生李杜心，嵩华在梦寐。
天资出峭蒨，风骨挟雄异。
虫鸟声不闻，竹柏自相媚。
十年为政成，策勋到文字。
红桥藕花明，蜀冈松影翠。
暇日宾从招，来替此翁醉。
平视隔江山，落落只诗意。①

嘉庆八年(1803)，曾燠曾招同人宴集高咏楼，并送锡麒赴上海华亭。嘉庆九年春，锡麒再度来主安定书院，时曾燠仍官扬州，因得如前雅集频频。

吴锡麒曾应曾燠之请为其《赏雨茅屋诗集》作序，序文中他追述了二人交游始末：

自来文人学士一旦致身通显，而焚弃笔墨噤口词章者，比比皆是。……若宾谷都转处淮扬靡丽之区，而淡于嗜欲，依然寒素，又能拨烦剖剧，游刃有余，公事余闲，时与宾从赋诗为乐。辟题襟馆于署后，周植花木，为唱和之所，过江名士，蹑屣而趋。决择既精，造诣益上。屈指官斯土者，自国朝以来，无虑数十辈，而若风吹网，所过无闻。独宾谷挟其纵横跌宕之才，以雄视乎当世，令人爱之慕之。比于香山、六一、玉局诸老，不其伟与！顾吾尝读其诗而知其所为之不易也。……今请以宾谷之诗，而援风胡子之说证之：其体之广大也，如登高山临深渊也；其气之奔放也，巍巍翼翼，如流水之

① 《有正味斋诗集》卷十五《扬州晤曾宾谷都转以所著〈买春书屋诗集〉见示，赋此奉赠》。

波也；其律之浑灏而森严也，如珠而不可枉也；其音节之抑扬高下，中宫中商也，若流而不绝也。而要其阴阳开阖，历变化呼噏而后发之者，岂一日哉？孔子云："仕而优则学。"宾谷之于学，盖又深矣。余与君先人文木公为同年生，每忆君弱冠趋庭，天骨秀发，间示所业，旁唐儵爚已如昆吾之出匣中。今忽忽二十余年，乃得于红桥白塔间重附宾筵，互为酬唱，而君成就之大已如是。临风搔首，白发飘萧，俯仰之间，宛如隔世。读君集而叙之，既幸见君之盛而又惜余之老而将衰也。[①]

序文高度评价了曾燠辟题襟馆、主持扬州风雅之一时盛况，并从体、气、律、音节等角度论述曾诗之独异特点。

嘉庆十一年(1806)七月，曾燠编《国朝骈体正宗》成，付刊。其中收入吴锡麒文十六篇。他称许吴锡麒骈文曰："皆遵循轨范，敷畅厥旨，堪为一代骈文之正宗。"[②]此论对于后世吴锡麒骈文评价之定位颇为关键。

嘉庆十二年(1807)四月，曾燠升湖南按察使，将离开扬州。时吴锡麒仍任安定书院山长。应诸生之请作《曾都转校士记》，记录并称颂十数年来曾燠任两淮盐运使期间，"高掌远蹠，操纵咸宜，用其经济之长，辅之以学问，爱才育士"，对于扬州一地教育事业所作出的突出贡献。文曰：

东南书院之盛，扬州得其三焉。……若夫人才之盛衰，必视都转之贤否……若曾公之来莅此任也，十有五年矣。……爰得于政事之暇，招致诸生，按其课程，以时讲习。每间岁甄别，皆躬自校阅，请托不行。择其德艺尤异者拔为上舍，增其月给，以荐宠之。

---

① 吴锡麒《赏雨茅屋诗集序》，见曾燠《赏雨茅屋诗集》卷首，嘉庆己卯重编本。文详附录"吴锡麒集外诗词文辑佚"。

② 易宗夔《新世说·文学》，《清代传记丛刊》本。

别设小课，俾通经训，兼习为有韵之文。一时单门后进，只字片词，动见咨赏，人皆颂以为贤。……故校试诸生，奖励之殷，有逾常格，又以书院本为扬士而设，益选本郡之能文者数十人增入肄业，而重以讲习委公。于是成德育材，互相应和，一时人文蔚起，科名烂然……

仆才识疏浅，缪膺山长之任，惧不足为多士式。然当癸丑之设讲乐仪也，而值公之来；及丁卯之重主安定也，而值公之去。迁延禄养，亦不敢久辱皋比，然与公终始周旋之，故不可不谓契合至深者。今公于夏四月述职赴都，行二日，而按察湖南之命下，于是诸生皆欣然喜公之将大用，而又怅怅然如子弟之失其父兄也。因群请于余，愿就公所有造于书院者，乞一言以记之。

余谓古者官即师也，自公卿、大夫以至闾胥、酂长皆有教之责，自比闾、族党逮乎乡遂、县鄙，皆为教之地。上无私师，下无私学。故风俗茂美，人才众多也。后世之为政者不然，官与师不相摄，其视教若歧而二之。况两淮为万商之渊，榷算之劳，日不暇给，谁能视不急而急之者？公独高掌远蹠，操纵咸宜。用其经济之长，辅之以学问。爱才育士，出于天性之真。《诗》曰"烝我髦士"，又曰"续古之人"。是谓能以官为师也，是谓能以今准古也……[1]

文中吴锡麒对于曾燠在扬之贡献竭力称赏，其所言信不虚矣。其实，吴锡麒自己的两位孪生子吴清皋、清鹏，也师事曾燠。曾氏与清皋、清鹏之集中，时见唱酬之作。总之，锡麒对于子侄辈之曾燠欣赏、信任。反过来，曾燠对于这位父亲的同年友也极为尊敬、关怀。

嘉庆十九年(1814)，曾燠夜泊湖南张家界天门山，有诗寄怀锡麒与乐钧，云：

---

① 吴锡麒《曾都转校士记》，见(嘉庆)《重修扬州府志》卷十九"学校"，《中国地方志集成》本。详见附录"吴锡麒集外诗词文辑佚"。

月下天门来，峰头片云脱。
恍见金银台，乘查予直达。
大江平若镜，吴楚分林末。
渚怪深不惊，沙禽静无聒。
有怀谪仙人，才气天地阔。
山水本无情，挥毫使之活。
脚踏万里流，明月竟手掇。
倾江作绿醅，始足解其渴。
故人同逸兴，矫迈不可夺。
蚤晚到扬州，相思一披豁。①

锡麒次韵奉答：

岂不积思端，言之妙超脱。
大江隔千里，一夜随潮达。
驰心俨霞上，系缆犹木末。
迢迢扬州梦，易误鸡虫聒。
了了诗人怀，宁阻烟水阔。
苍翠忽到眼，云气动如活。
方寸亮勿渝，茗华快新缀。
如挟天门游，相思慰饥渴。
人生敦古欢，肯为世味夺。
二分月已来，愿照两颜豁。②

---

① 曾燠《赏雨茅屋诗集》卷十三《夜泊天门山，用太白江上寄元六林宗韵寄怀吴榖人丈、乐莲裳兄》，嘉庆己卯重编本。

② 《有正味斋诗续集》卷八《曾宾谷方伯夜泊天门山，用太白江上寄元六林宗韵以诗见怀，即次奉答》。

由诗可见，虽然自曾氏离扬后，二人难以时相过从，但故人之情谊山水亦无法阻隔。

（二）吴嵩梁

吴嵩梁(1766—1834)，字子山、兰雪，号石溪老渔，江西东乡人。嘉庆五年举人。由内阁中书历官至贵州黔西知州。少慧。受诗法于铅山蒋士铨。著有《香苏山馆诗集》《石溪舫诗话》等。事见《清史列传》黄景仁传附、《清史稿》蒋士铨传附。

二人见载的交游主要发生在乾隆末、嘉庆初锡麒两度主讲扬州之时。乾隆五十八年(1793)，锡麒主讲真州书院，七月，两淮转运使曾燠于扬州南园举秋禊，二人兼与[①]。七月七日，曾燠招集康山草堂，饯锡麒还京师，吴嵩梁亦在席间[②]。

锡麒曾为吴嵩梁《香苏山馆诗集》题词，云："流水逢今日，东风宛昔年。能兼情味远，只仗性灵先。斟酌万花妥，荡摩孤月圆。飘飘乘逸气，将我亦如仙。"[③]指出了吴嵩梁作诗崇尚性灵的特点。锡麒还为吴嵩梁《新田十忆诗》《秦淮春泛图》《扁舟归养图》等作序[④]。

吴嵩梁与锡麒孪生子吴清皋、清鹏亦有来往。《香苏山馆诗集》古体诗钞卷一五有《十月初九日，菊尊再集，次宾谷、芝轩两先生唱和诗韵奉答，兼示南雅、椒堂、小榖、西榖》等诗，记载了他们的交游情形。

（三）乐钧

乐钧(1766—1816)，初名宫谱，字元淑，号莲裳，临川人。与吴嵩梁同受业于翁方纲门下。嘉庆六年举人。游幕江淮、中州、岭南。擅骈体。著有《青芝山馆诗集》。事见《国朝诗人征略》二编卷五三、《清史列

---

① 李斗《扬州画舫录》卷七，中华书局1960年版，第172页。

② 《有正味斋诗集》卷九有《七月七日，曾宾谷都转燠招同徐朗斋嵩、詹石琴、陈理堂燮、胡香海森、家退庵煊、兰雪嵩梁集康山草堂，饯余还京师，用其赠别原韵》。

③ 《有正味斋诗续集》卷三《题家兰雪香苏山馆诗钞》。

④ 《有正味斋骈体文》卷六《家兰雪新田十忆诗序》、卷九《家兰雪秦淮春泛图序》、《有正味斋骈体文续集》卷二《家兰雪扁舟归养图序》。

传》吴锡麒传附、《清史稿》蒋士铨传附。

二人结识在嘉庆十年前后。时锡麒主讲安定书院。是年冬，郭麐重游扬州，馆于安定讲舍，旧游新好昕夕过从，有消寒六会，同集者有吴锡麒、乐钧、刘嗣绾、彭兆荪、金学莲、顾麟瑞、江藩、储润书等，多为曾燠题襟馆中人[①]。是年，锡麒还为乐钧《青芝山馆图》题诗五首。其二云：

梧竹覆其上，藤萝罥其旁。
能将三间屋，围住天苍苍。
山非山可主，吾自名吾堂。
昨夜梦林神，来索新诗债。[②]

其三云：

往与曾侯论，同觅西溪居。
老鹤纵未盟，梅花已有图。
胡为息壤在，乃欲改载书。
行行君与俱，踽踽吾何如（往与宾谷有西溪之约，近宾谷复约与莲裳同居青芝山中，故云）。[③]

其四云：

吾身合林泉，之子岂岩壑。
出作为霖云，移文安用怍。
青天一矫首，飞声起鸾鹤。
广厦好经营，毋恋草堂乐。[④]

---

① 按，郭麐《灵芬馆三集》卷二《邗上云萍集》有消寒六集诗篇，嘉庆刻本。

②③④ 《有正味斋诗集》卷十六《题乐莲裳孝廉钧〈青芝山馆图〉即次其韵五首》。

嘉庆十六至十八年，二人交游颇频。时锡麒仍任安定山长，乐钧亦主讲梅花书院。乐钧《冬窗杂诗和芙初四十四首并序》载："纱笼白发两司成（吴穀人祭酒、胡西耕光禄），文字科名并可惊。与我笔耕同一叹（并为扬州山长），花前赌酒不胜情。"二人同为扬州山长，乐钧又系锡麒好友翁方纲弟子，且二人均长于骈体，因而交游颇为相得。

嘉庆十六年冬末至次年初，锡麒与扬州士人有消寒七集，会必有诗，乐钧亦与其中。乐钧《青芝山馆诗集》卷二十、卷二十一存有消寒七集所赋诗作。

嘉庆十七年（1812）三月二日，洪梧招锡麒、乐钧、贵仲符、石韫玉、汪端光、陈用光、刘嗣绾等集于古梅花岭预修禊事。三日，吴锡麒招同刘嗣绾、许乃赓、何梦华、吴香竹、沈锟等集于安定书院梦烟舫，同用杨维祯《花游曲》韵作诗。此二日活动，《有正味斋诗续集》卷六、乐钧《青芝山馆诗集》卷二十一均存纪事诗作。三月九日，继莲龛招锡麒、汪端光、刘嗣绾、陈用光、张子澜、乐钧等泛舟湖上，饮于桃花庵，以"桃花潭水深千尺"分韵。十一日，吴锡麒、汪端光复招继莲龛、刘嗣绾、乐钧等集安定书院。十七日，陈用光招同诸公复集安定书院①。

嘉庆十八年（1813）三、四月间，吴锡麒在扬州与继莲龛、汪端光、乐钧、郑秦川、黄文辉、程振甲等诸公赏花吟咏，唱酬颇频。浴佛日，郑秦川招吴锡麒、乐钧等集于义宝堂观牡丹，分韵赋诗。《有正味斋诗续集》卷七、乐钧《青芝山馆诗集》卷二十二均存有当时所赋诗作。

（四）吴鼒

吴鼒（1755—1821），字山尊、及之，号抑庵，全椒人。嘉庆四年进士，选庶吉士，授编修。官至侍讲学士。以母老告归，主讲扬州书院。尚骈文。著有《吴学士诗集》《文集》，编有《国朝八家四六文钞》。事具金天翮《吴鼒传》（《广清碑传集》卷十）、《清史列传》吴锡麒传附、《清史稿》邵齐焘传附。

乾隆五十七年（1792），吴鼒在家乡得阅《有正味斋集》，极为钦佩，

---

① 乐钧《青芝山馆诗集》卷二十一，《续修四库全书》本。

“以为得未曾有”[①]。六十年(1795)，吴鼒在都门始从吴锡麒游。自是二年，两人在京师常相偕出入各类雅集。九月二十三日，桂馥招二人同集陈嵩咏篁轩看菊。十一月十四日，张问陶、吴鼒同作消寒会，招锡麒等集小琅环馆。十二月二十六日，立春，赵怀玉招二人同作春盘小会，分韵赋诗。

嘉庆元年(1796)六月二十三日，刘大观、吴鼒慕锡麒所居澄怀园藕花之盛，策骑与之俱至园中观景。明日同以诗记之，锡麒为题其端[②]。

嘉庆二年(1797)，锡麒乞养南归，来主安定书院。吴鼒时在扬州。六月二十七日，吴鼒招游瘦西湖。闰六月一日，二人同郭均、郭堃昆季、蒋知让等游扬州上方禅智寺。

嘉庆三年(1798)，吴鼒自序所编《国朝八家四六文钞》，该集收袁枚、邵齐焘、齐星炜、孙星衍、吴锡麒、洪亮吉、曾燠、孔广森八家文。序称：“此数公者，通儒上材，或修述朴学，传薪贾、郑；或嗎于乐府，嗣响雅、骚，传世行远，不名一技。”所收吴锡麒骈文一卷前，吴鼒有一段题辞，追述了他从游锡麒始末，并极力称颂吴锡麒之骈文造诣。云：

> 吾师榖人先生《有正味斋集》既出，修辞者以为北斗南车，后进英髦，咸资准的。先生各体文皆工，而于骈体致力尤深。近代能者，或夸才力之大，或极摭拾之富……为有学之士所大噱也。先生不矜奇、不恃博，词必择于经史，体必准乎古初。
>
> 乾隆壬子，余在里门，从友人处借读，以为得未曾有。乙卯，在都门，始从先生游。一日，饮法司成时帆所。既罢，同车至澄怀园，折荷行酒，谈艺达旦。又得读未刻稿四十首，合汉、魏、六朝、唐人为一炉冶之。胎息既深，神采自王，众妙毕具，层见叠出，视向所见如羊角风转而益上。所谓为之不已，直到古人，愈唱愈高，去天三尺者也。

---

① 吴鼒《吴学士文集》卷四《有正味斋续集题辞》，《续修四库全书》本。

② 《有正味斋骈体文》卷二十《六月二十三日澄怀园观荷诗题词》。

> 先生常欲裒唐人文为一集，谓四杰、燕许、宣公、玉溪生之外，作者如林，创辟门径，津梁后学不少。余钞《八家四六》，以先生初集海内家有其书，乃专录续集付梓，以贻同好。他日唐一代文汇集出，其腾贵鸡林，更当何如，好学者可藉以略识先生之渊源矣。[1]

该题辞指出了吴锡麒的诗文词在当时士林中就产生了较热烈的反响。修辞者视为“北斗南车”，后进英髦以为“准的”。在吴氏诸体中，吴鼒认为其骈文尤为杰出，此一论断亦颇中肯。题辞还提到吴锡麒曾有愿辑录唐人文章为集，然而并未完成。

嘉庆四年(1799)，吴鼒成进士，选为庶吉士。本年冬，锡麒返京。自是直至嘉庆六年九月前，二人在京城有一段短暂的相聚。嘉庆六年(1801)五、六月间，京师积雨连绵，二人与诸同人轮流作东、消夏赋诗。六月十二日，黄庭坚冥诞日，吴鼒招集吴锡麒等于藤花吟舍瞻礼遗像，会者二十四人，用黄庭坚六言绝句一首分韵赋诗。九月，锡麒乞养归杭。自是二人交往遂告一段落。

嘉庆十八年(1813)，时锡麒主讲安定书院。吴鼒亦在扬。本年，八卦教首领林清、李文成于河南、北京及山东等地聚众起事。清廷命直隶总督那彦成任钦差大臣，节制义军。时锡麒数度寄诗门生那彦成，吴鼒亦有诗《卫、滑荡平，同家榖人先生赋诗志喜，兼寄那绎堂诗四首》[2]纪之。自此数年，二人在扬州时相往还。

嘉庆十九年(1814)九月十日，吴鼒六十生日。吴锡麒与诸同人集红桥西园醵饮为寿，填词侑觞[3]。

嘉庆二十年(1815)，锡麒七十大寿，吴鼒为撰寿序。云：

> 别有艺林弁冕，儒术羽仪，以早休敦廉让之风，以久视毕源流

---

① 吴鼒《吴学士文集》卷四《有正味斋续集题辞》，《续修四库全书》本。

② 吴鼒《吴学士诗集》卷四，《续修四库全书》本。

③ 《有正味斋词续集》卷二《一萼红》。

之学。……如我祭酒吴穀人先生，斯其人矣。……

其为学也，居邻宛委之藏，梦检嫏嬛之秘。业专门之业，旁及九流；言先王之言，兼通二氏。不以经生自画，训诂本精；不以博辨为雄，包罗特富。偶寻僻典，骈番如数家珍；多识旧章，碎小能征国故。……

其为文也，深于忠孝之旨，严于雅俗之分。属词不离情性之真，比事必求工力之敌。交满绅笏，而无上宰相之书；笔有圭棱，而无广绝交之论。挦扯群籍，汰沙簸糠。纵横万端，穿杨刻棘。一时推为盛作。①

寿序称颂了吴锡麒不贪恋高位、不阿谀权势，品格高洁，指出他学问广博、文章深于忠孝、严于雅俗，为一时之盛作。

嘉庆二十三年(1818)，锡麒卒，吴鼒挽以联云："仕隐追随，颓景相怜如一日；师生骨肉，名山可许附千秋。"

（五）郭堃

郭堃(1763—1806)，字厚庵，号莲生，丹徒人。嘉庆六年举人，官内阁中书。事具《湖海诗传》卷四十二。从王文治游，得其指授。殁后诗稿散佚，其后人辑其遗篇，编为《种蕉馆诗集》六卷，附《补遗》一卷，吴锡麒、洪亮吉序。

嘉庆初年，锡麒始识郭堃于曾燠署中，见其"意气伟然，言论侃侃，固心异乎其为人也"。会曾燠开题襟馆，延致四方名流，时锡麒方主讲安定，遂得时时阑入其中，二人于公事余闲，吟事斯起。嘉庆二年(1797)闰六月初一，时锡麒自京南归，暂憩扬州，时郭均、郭堃昆季、蒋知让、吴鼒招锡麒游禅智寺。

嘉庆五年(1800)，锡麒服阕还朝，时郭堃亦就京兆试北上，复得在京"数数会合"。本年九月，适法式善招游西山，二人皆与，往返旬日。锡麒有诗文数篇纪事，郭堃集中亦存诗《秋杪，法时帆先生招同吴穀人、

---

① 吴鼒《吴学士文集》卷三《吴穀人先生七十寿序》，《续修四库全书》本。

赵味辛、鲍论山、汪静崖、蒋杜香、顾子余、姚春木游西山》①。

嘉庆十一年(1806),郭堃逝世,年仅四十四岁。嘉庆十五年(1810),郭堃之子乞锡麒为乃父诗集作序。锡麒应其请,序曰:

> 余始识厚庵于曾宾谷署中,见其意气伟然,言论侃侃,固心异乎其为人也。会宾谷开题襟馆,延致四方名流,余方主讲安定书院,亦时时阑入其中。公事余闲,吟事斯起,奇丽可喜者,会辄有之。君独敛才就范,未尝铿耀于人,而意趣衰生,一唱三叹,情自余于言语之外。故人皆重其品为不可及。
>
> 庚申夏,余再还朝,君亦就京兆试北上,复得数数会合。适法时帆相招为西山之游,往返旬日。磐石清泉之憩,赤华青豆之栖,访古寻遐,咸以诗为职志。君乃沉思冥造,若远若近,每一抒啸,觉流逸之态,欲与白云俱飞。虽山水之情隐相激荡,亦由其天机超妙,灵响自生也。夫人当才智角逐之场,孰不急思自见,而君辄平矜释躁,纡徐赴之而有余。及至涉历幽深,樵迹罕到,则奋其健笔,腾翥翔跃,人又欲追之而苦不足。其境殊,其趣即异,使其入承明、奉笔札,导扬休美,雍容揄扬,当必有淳卤渊懋之辞以润色宏业者。而奈何孝廉船返,巫阳已招,竟令其赍志以殁也。……友朋聚散之感,读其诗更为之怃然而不能已也。嘉庆庚午仲春,钱唐吴锡麒序。②

序文称赏郭堃在才智角逐之场平矜释躁、纡徐赴之,不急于自见,其诗天机超妙、灵响自生。锡麒既惜其人,复感其遇,又叹其诗之所可传者仅仅止此,并念往时从游之侣半皆零落,不禁怃然而不能已。

---

① 郭堃《种蕉馆诗集》卷四,嘉庆刻本。

② 吴锡麒《种蕉馆诗集序》,见郭堃《种蕉馆诗集》卷首,嘉庆刻本。文详附录"吴锡麒集外诗词文辑佚"。

（六）刘嗣绾

刘嗣绾(1762—1821)[①]，字醇甫、简之，号芙初、扶初，阳湖人。初以名孝廉困顿场屋，嘉庆十三年始成进士，改庶吉士，授编修。著有《尚䌹堂集》。事具《清史列传》吴锡麒传附。

锡麒长刘嗣绾16岁，二人结交在乾隆末年。时俱在京，常与诸同人出游近郊、宴饮酬唱。乾隆五十九年(1794)五月初二，倪稻孙借锡麒寓斋宴客，同集者刘嗣绾、吴瑛、姚文田，晚凉庭院，“椿花乱飞，朴席生香”。九月二十八日，刘嗣绾同姚文田、吴瑛、张问陶、倪稻孙再集锡麒有正味斋，看菊。六十年(1795)三月二十五日，倪稻孙招二人游积水潭。《有正味斋诗集》卷十一有纪游诗《同刘芙初嗣绾、倪米楼稻孙游积水潭》:“坏墙三面缺，短径一条斜。新水长荷叶，积阴开藓花。无人分野席，此地合渔家。便约凉筒折，还烦浊酒赊。”

七月二十四日，二人同倪稻孙、吴瑛重游积水潭莲花社。晚归，诸君集有正味斋为锡麒称祝(七月二十八日系锡麒生日)。是日，锡麒有诗《同人重游积水潭四首》[②]，刘嗣绾有《秋日集莲花社偕榖人先生作》[③]。本年，刘嗣绾还作有《吴榖人先生招同王葑亭、汪剑潭、赵味辛、伊墨卿、陈梅垞、刘澄斋、何兰士、张船山、吴香竹、戴春塘集壶庵》[④]。总的来看，乾隆五十九年、六十年，二人交游颇频。

嘉庆二年(1797)，时刘嗣绾已离京。闻吴锡麒乞养南归，有柬存问：

> 暮春杪，严少峰编修来，知先生乞终养假旋里。开北山之草堂，乐西湖之爱日。闲云出岫，正共仰其孤高；清泉在山，终莫方其廉洁。雅望足以表群植，冲襟可以镜清流。……某溯江南下，小住

---

① 朱彭寿《清代人物大事纪年》谓其生卒年为1762—1820年，此据江庆柏《清代人物生卒年表》。

② 《有正味斋诗集》卷十一。

③④ 刘嗣绾《尚䌹堂诗集》卷二三，道光六年大树园刻本。

鸠兹，密迩故园，藉图将母。顾以遭家多患，阅世少闲。入此岁来，凄其益甚。华心顿素，元发将凋。寒蝉翳叶，时抱一身之惊；游蜂酿花，空贻百口之累。……回忆春明佳日，杖履追陪。萧寺花初，燕台月晚。霏玉屑之在座，咽金丝之满堂。岁月不居，人事徂谢，葑亭、介夫相继下世。存殁之感，时复萦怀。追念昔游，因思盛德。白云渺渺，龙门之望弥极；风雨潇潇，鸡鸣之感不已。怀恋反侧，如何如何？抒管述情，无任依溯。[1]

信中，刘嗣绾对锡麒乞终养假归里，颇表称羡。他还细致地叙述自己别京后诸况，回顾在京时游园逛寺、酒间席上陪侍左右之欢乐，林林总总，读来颇亲切感人。

嘉庆四年冬，锡麒结束扬州讲学，服阕北上。在扬州，与刘嗣绾有接近旬日的短暂相聚。刘嗣绾有诗《留别縠人先生即送其服阕北上》，其一云：

槐梧落新荫，桃李恋旧枝。江城旬日留，藉慰积岁思。
我昨归都门，一见俾致词。惓惓僚好怀，因之询朝仪。
为述贞观典，兼诵元和诗。梦游阊阖天，所感圣主知。
南窗纵云适，敢傲羲皇时。及此赞太和，春风岂能私。
物与我未忘，迩可远在兹。贱子荷嘘拂，亦得生华滋。
病木苦不春，有负焦桐期。焦桐倘堪赏，请复弦朱丝。

由诗所知，刘嗣绾于锡麒曾偶有请益，而锡麒谆谆教诲，极力提携。刘嗣绾颇为感激，并对自己未能崭露头角，颇怀愧负知音之感。其二云：

邗江才英英，海内集簪履。赋倾洛阳市，书购华阴里。

---

① 刘嗣绾《尚䌹堂文集》卷一《与吴縠人先生书》，道光六年大树园刻本。

天和入函丈，地洁到轩几。诸生听讲来，名教学亹亹。
文章益世用，所戒在浮靡。古来风雅事，一一关政体。
公本华国才，不独黼黻理。丝纶佐皇猷，衣被胥托始。
贾董真儒臣，皋夔乃才子。出处公寸心，斯言意所拟。
愿申骊歌怀，濡毫感知己。①

诗中刘嗣绾写出吴锡麒赋文在当时就洛阳为之纸贵的畅销情形。他称颂吴锡麒在扬州作育士子的成绩，赞叹他文才卓绝，同时，他也委婉地提出文臣对于政体国事之责任。

嘉庆八年(1803)，时锡麒已归杭家居，往来杭州、扬州、上海一带。秋，时锡麒在扬州，曾燠招刘嗣绾等同人宴集高咏楼，为锡麒赴华亭饯行。刘嗣绾有诗送行：

清尊岂惜百回酬，湖上风光怅去留。
主是暂时何况客，欢无长夜不如愁。
蝉声隔叶疑仙乐，萤火投林娱冶游。
凄绝荷亭归路远，未曾红艳已残秋。②

嘉庆十年(1805)，锡麒时主讲安定。冬，与扬州诸旧游新好昕夕过从，举消寒六会。同集者多系曾燠题襟馆中人，刘嗣绾亦在其中。

嘉庆十七年(1812)春，二人俱在扬州。三月，与扬州诸同人雅集颇夥。三月二日，洪梧招二人同集古梅花岭预修禊事。三日，上巳，吴锡麒招刘嗣绾、乐钧等集安定书院梦烟舫，同用杨维祯《花游曲》韵作诗。九日，继莲龛招二人同陈用光、张子澜、乐钧等泛舟湖上，饮于桃花庵，以“桃花潭水深千尺”分韵。十一日，吴锡麒、汪端光复招刘嗣绾、继莲

① 刘嗣绾《尚䌹堂诗集》卷二七，道光六年大树园刻本。

② 刘嗣绾《尚䌹堂诗集》卷三五《宾谷丈招同人宴集高咏楼，并送榖人先生赴华亭、恒斋还兴化》，道光六年大树园刻本。

龛、乐钧等集安定书院。

二　吴越耆宿

（一）赵翼

赵翼（1727—1814），字云崧，一字耘崧，号瓯北，阳湖人。乾隆二十六年进士，授翰林院编修。历任广西镇安知府、贵州贵西兵备道。后辞官归里，主讲安定书院，潜心著述。长于考据，又善诗文。著有诗集五十三卷及《瓯北诗话》《二十二史札记》《陔余丛考》《檐曝杂记》《皇朝武功纪盛》等。

赵翼年长锡麒19岁，二人曾同官翰林院。但二人的交游主要发生在乾隆末期的扬州，乾隆五十六年（1791），锡麒应鹾使全德之聘主讲仪真书院，当时赵翼正主讲安定书院。两地相距不远，故交游颇频。本年赵翼赋《美人风筝六首》①，锡麒有和作②。四月十二日，锡麒应赵翼之请为《陔余丛考》作序。序云：

> 闻之良弓九合，斯称钜黍之名；大乐六成，乃著总干之象。故苏世之学，兼纳乎支渠；载道之文，不局于矩步。……若云崧先生者，其今世之深宁叟乎。先生味道之腴，食古而化。三长兼擅乎史氏，九能可以为大夫。凡夫斗简觚编，龟枚鸟卜，天仪轨象，地节堪舆。凡将元尚之篇，乘方割圜之术，以及青囊之秘策，黄石之内书。莫不星宿森罗，云霞氲费，同撑腹笥，妙抉言泉。东王投千二百骁，但闻天笑；侍中夺五十余席，谁及澜翻。……爰于爱日之暇，弥励惜阴之心。七层支白傅之陶瓶，十手佐苏公之笔录。源通河汉，环流太极之泉；药合刀圭，高筑轩光之灶。郇能考异，契乃参同，萌柢

① 赵翼《赵翼诗编年全集》卷三十四（起辛亥一月至辛亥十二月），天津古籍出版社1996年版，第1024页。

② 按，此诗附于赵翼原诗后。吴锡麒《有正味斋诗集》卷九亦存，即《和赵云崧前辈翼美人风筝六首》。

> 百家，喉衿群籍，成《丛考》四十三卷，标以“陔余”，纪实也。……先生以茂先之博，济公彦之勤。以夏侯之颛门，衍江生之师法。笔针墨炙，洞中其支兰；书隽言鲭，各饫其滋味。每伸一解，则吻纵涛波；或下一签，则意穷冥漠。贵游畏其折角，时辈听之解颐。斥凭虚公子之辞，传公是先生之记。……即此一编，已堪千古。麒水端莫测，宙合难窥，乃以鸿笔之如椽，下付鲰生而作序。归田可乐，正将山水从君；记事有珠，先以光明照我。愧读书未能见道，失已东隅；喜问字特许叩门，礼应北面。自忘蠡测，愿附骥旄。①

乾隆五十七年(1792)，赵翼辞安定书院家讲席归，家居。次年，有诗《前辈商宝意、严海珊、袁简斋诸公诗久已刊布，近年来卢抱经、王西庄、钱竹汀考古之书及吴白华、赵璞函、顾晴沙、蒋心余、张瘦铜、王穀原、钱箨石、王述庵、吴榖人诗文亦先后刻成，罗列案头，足资欣赏，率题四律》②，于此亦可见赵翼对吴锡麒诗文颇为欣赏，故置之案头。

嘉庆三年(1798)，锡麒来主讲安定书院。因而，二人在安定书院之山长任上有着后先承续的关系。嘉庆四年，冬，锡麒服阕北上。嘉庆六年秋，锡麒在甫封祭酒一职后旋乞养归里。途经常州阳湖，特意拜访赵翼。席上赵翼赠别一首：“陈情一疏返江皋，六馆诸生怅望劳。归计自因将母切，盛时岂以去官高！余杭山喜云归岫，通潞亭先水落槽。早识倚间人慰藉，称觞时正熟香醪。”③赵翼对于吴锡麒在仕途极盛时乞养归里颇为赞赏。

嘉庆九年(1804)，锡麒再度来主安定讲席。冬，赴阳湖拜访赵翼。赵翼邀洪亮吉、赵怀玉同集，并有诗纪事：

---

① 《有正味斋骈体文》卷七《赵云崧前辈陔余丛考序》。

② 诗见赵翼《赵翼诗编年全集》卷三十六，天津古籍出版社1996年版，第3册，第1134页。

③ 赵翼《赵翼诗编年全集》卷四十三(辛酉)《吴大司成榖人终养南回，枉过草堂，即席送别》。天津古籍出版社1996年版，第4册，第1407页。

裾屐联翩总胜流，沉沉泥饮尽更筹。
江天望气人应说，今夜文星聚赵楼。

已届消寒九九天，灯光月影泛舭船。
杀鸡为黍儒家宴，俗煞汾阳软脚筵。

百年人物递当场，馆阁归来鬓各苍。
公等已皆称老辈，衰翁得不鲁灵光？

袁（子才）蒋（心余）王（礼堂）钱（竹汀）总作尘，憖遗漫比后来薪。
名流各有千秋在，肯与前人作替人！①

虽然宾主都时近暮年，然而诗语间却极少迟暮衰微之叹。相反，他既赞颂了吴、洪、赵三位后辈文星的成就，也对自己与他们能一起名流千秋表达充足的信心。

嘉庆十九年（1814）四月十七日，赵翼卒，年八十八。吴锡麒作挽诗二首：

归田岁月不因循，撑拄千秋仗此身。
梦老一婆谈富贵，诗拚全力注精神。
传衣何敢论祧庙（麒与先生故有渊源，而先生自谓已在从祧之例），筹笔频教洗劫尘（缅甸、台湾，先生曾两襄军政）。
今日名流谁老辈，让公出处作完人。

绿杨城郭一尊同，说史谈经论最雄。

① 赵翼《赵翼诗编年全集》卷四十六（甲子）《吴縠人祭酒枉过草堂，邀稚存、味辛同集》。天津古籍出版社1996年版，第4册，第1586页。

惭愧替人函丈地(公先主扬州安定讲席,后余继之,今已十余载矣),迟回吊鹤隔江风。

劳劳白发偏怜我,莽莽青山竟返公。

惆怅顾塘桥下水,无言空咽夕阳中。①

至于前诗所云二人之渊源,因缺具体材料,难以揣断。但在安定书院讲席一职上,二人无疑存在后先相继的渊源关系。这一职位在当时官绅、学者、文人聚集的扬州一地,对于风雅唱和具有较为显著的倡导作用。

(二)王昶

王昶(1725—1806),字德甫、号述庵、又号兰泉,上海青浦人。乾隆十九年进士。官至江西布政使,刑部右侍郎。学识广博,通经史考据之学。著《春融堂集》《金石萃编》《湖海诗传》《湖海文传》等五十余种。事具《清史列传》卷二十六、《清史稿》卷三百一十一、阮元《诰授光禄大夫刑部右侍郎述庵王公神道碑》(《揅经室二集》卷三)。

王昶年长锡麒21岁。乾隆四十一年(1776),王昶任鸿胪寺卿,充军机章京。时锡麒任职翰林院。二人同官京师,结识当在本年前后。乾隆四十三年(1778),王昶编《琴画楼词钞》二十五卷刊行,收吴锡麒《有正味斋词》一卷。

乾隆五十四年(1789),王昶迁刑部侍郎。五十八年(1793),以老乞罢,上许之,方岁暮,谕俟来岁春融归里。五十九年(1794),时锡麒官京师。二月十二日,京中同人集陶然亭为王昶归里饯行,锡麒有送别诗二首:

花朝莫惜未花开,幸饫光风胜地陪。

座数髭须多白去,窗收草树有青来。

春情骀宕逢长日,醉态婆娑引巨杯。

云外计程西望迥,接天缥缈认瑶台。

① 《有正味斋诗续集》卷八《挽赵云崧先生二首》。

不知何处柳依依，只觉离情满夕晖。
亭榭尽容名士会，江湖难得老臣归。
桃花急溜丁沽活，莼叶新波泖淀肥。
一榻渔庄能稳卧，惟应清梦托皇畿。①

三月二十九日，锡麒亲自往送王昶归里②。乾隆六十年(1795)冬，家居的王昶因奉敕诏预千叟宴，遂再度北行入都。嘉庆元年正月四日，王昶在宁寿宫参加千叟宴。宴后，吴锡麒与翁方纲等词馆后辈为王昶南归饯别，并以诗卷赠行。王昶有纪事诗《翁学士振三、吴侍讲縠人诸君饯别，并以诗卷赠行》：

白兽尊开备燕私，重来高馆奉金卮。
蓬瀛地迥交原久，湖海人归醉不辞。
画省香炉增怅惘，琴歌酒赋慰衰迟。
诸君后夜东南望，定有星虹贯水湄。③

该诗后附吴锡麒赠别诗两首，诗云：

典礼熙朝盛，江湖老辈来。
两年归白发，千叟会春台。
气得文章助，身叨雨露培。
舳棱知有恋，临别首频回。

才把一杯酒，匆匆奈别何。
春风吹柳色，二月渡黄河。

---

① 《有正味斋诗集》卷十《花朝日集陶然亭公饯王兰泉司寇予告归里二首》。
② 《有正味斋日记》之《还京日记》(上)，光绪申报馆仿聚珍板铅印本。
③ 王昶《春融堂集》卷二十二，《续修四库全书》本。

我亦耽蒲褐，归应证薜萝。
吴淞旧游路，准约白鸥过。[①]

嘉庆七年(1802)，吴锡麒应松太道观察李廷敬之邀留寓上海修书，王昶时家居青浦，相距较近，遂得时相往来。九月八日，吴锡麒与松江太守张敦仁、同郡人陈廷庆太守光顾王昶宅。王氏留饮兰泉书屋，有诗纪事，其二云：

祭酒瀛洲彦，声华燕许同。
北堂殷爱日(榖人以乞养告归)，南国仰高风。
碧浪经帏启(时在湖州主讲)，红桥酒舫通(往来维扬，多文酒之会)。
明年峰泖路，尤喜豁群蒙(明年来主云间书院)。[②]

该诗后附吴锡麒《同作》六首，其二云：

一老灵光在，相期吾道同。
此怀如霁月，有力挽颓风。
《诗品》王官谷，经材《白虎通》。
平生承刮目，终是愧吴蒙。

其四云：

---

① 吴锡麒《同作》二首，见王昶《春融堂集》卷二十二，《续修四库全书》本。该诗不见于锡麒本集。详参附录"吴锡麒集外诗词文辑佚"。

② 王昶《春融堂集》卷二四(辛酉、壬戌、癸亥)《九月八日，吴司成榖人、陈太守桂堂、张司成古余敦仁枉顾，留饮兰泉书屋，兼示映湣、献之、同人三君》，《续修四库全书》本。

斯文同不朽，金石寿弥长。
许我开缃帙，因之味古香。
剜苔心未厌，布毯坐难忘。
梦瓦能驾化，还愁返故漳。[①]

次年，十一月二十二日，王昶八十生辰，锡麒为撰启文征集贺诗：

……如我述庵先生者，在福则冲，得天独厚。一旦介骚人之初度，进麦邱之祝词。跻堂皆问字之人，僎爵半执经之彦。岂有凤承刍采，雅荷桐裁，而不乐为先驺之引喤、礼佛之唱导者乎？先生槐承旧泽，兰启新征。灯盏四声，早辨于脱襁；月令数纸，可试之在髫。固已隅解反三，卷知破万，及夫邳张坛坫，标举风骚。陈芳国中，独探麟篆。大罗天上，同咏霓裳。气五色而凌云，笔一枝而画日。惊其伟论，疗刘子之膏肓；投以英篇，焚君苗之笔砚。可不谓文成翻水、业重藏山者哉？论者以先生淳道载凝，嘉猷允辑，似当推寻元本，钻仰高深，烟墨所栖，无资肸饰。不知先生之学问，德性之符也，先生之文章，经济之实也。……际此杖朝之庆，同申献斝之忱。彩露承毫，仙霞拂纸。群贤毕至，大雅同登。八座门生，遥奏南飞之鹤；七舆故吏，争驰东望之凫。谅算亥之能工，冀受辛之绝妙。所谓"吉甫作诵，穆如清风"者，庶可彰文武是宪之休、崧岳降生之盛云尔。[②]

该文气势磅礴，用工整的骈文详述了王昶的功业、学问、为人。其时，吴越及远方士人应启祝寿者甚众。

---

① 诗见王昶《春融堂集》卷二四（辛酉、壬戌、癸亥）《九月八日，吴司成榖人、陈太守桂堂、张司成古余敦仁枉顾，留饮兰泉书屋，兼示映湄、献之、同人三君》后附吴锡麒《同作》六首，《续修四库全书》本。

② 《有正味斋骈体文》卷十九《王述庵先生八十生日征诗启》。

吴锡麒对前辈王昶甚为钦佩，王昶对于吴锡麒这位后进亦颇称许。他曾在《蒲褐山房诗话》中对吴诗给予颇高且较为中肯的评价：

浙中诗派，自竹垞、初白两先生后，二十余年，大宗、太鸿起而振之。及两公殂谢，嗣音者少。司成以云蒸霞蔚之文，合雪净冰清之作，驰声艺苑，独出冠时。既工骈体，尤善倚声，而诗才超越，直继朱、查、杭、厉之后，宜中外望之，指为景庆也。情殷萱背，乞假南还，虽未即安于闲适，而世已以白、晁两太傅相期。性好溪山，流连诗酒，青帘画舫，绿箬红衫。游笻所造，无不承盖扶轮，扫门纳屦。①

该文为后来论诗者、文学史屡屡引述，它首次明确地指出了吴锡麒在浙派诗歌发展中承前启后之关键地位，即承续朱彝尊、查慎行、杭世骏、厉鹗等一脉诗学。文章还指出了吴锡麒兼工诸体的特点，既善骈文与词，而诗才尤为突出，描述了吴锡麒在当时文坛引起的真实反响。

三　吴越后学

（一）阮元

阮元（1764—1849），字伯元，号芸台，江苏仪征人。乾隆五十四年进士，选为翰林院庶吉士、编修，督山东学政，任侍郎。历任浙江巡抚、湖广、两广、云贵总督。道光十八年，以体仁阁大学士致仕。擅长考证，精通经学，编纂《皇清经解》《十三经注疏》等，并修编地方志书数种。又创编清史《儒林传》《文苑传》及《畴人传》，重修《浙江通志》《广东通志》。著有《揅经室集》等。

乾隆五十四年（1789），锡麒在阿桂宅中坐馆，教授其孙那彦成。阮元与那彦成是本年同榜进士，时相往来。因之阮元在阿桂宅中结识吴锡麒。阮元随后入翰苑任庶吉士，次年授编修。一年后因学识渊博，受

---

① 王昶《湖海诗传》卷三三，《续修四库全书》本。

高宗赏识升任少詹事，入值南书房、懋勤殿，迁任詹事。乾隆五十五年，吴锡麒由京返乡。因而至少有一年时间二人同官京城。对于此段时间二人交游，阮元自己及清人笔记中有一些颇具兴味的记载。道光二十七年二月，阮元曾应吴清鹏之请为吴锡麒晚年未刊诗稿作跋时云："□思旧事，感慕经之三十年，元初识前辈（吴榖人），在阿文成公孙那文毅公书斋，前辈为文毅之师，元亦有蒙教□□处，为之泣下，人不知也。"①

吴锡麒挚交洪亮吉《北江诗话》亦载：

> 八韵诗于诸体中，又若别成一格。……吴祭酒锡麒诸作外，复工此体。然庚戌考差题为《林表明霁色（得寒字）》，吴颈联下句云："照破万家寒。"时阅卷者为大学士伯和珅，忽大惊曰："此卷有破家字，断不可取！"吴卷由此斥落。②

李岳瑞《春冰室野乘》卷上载：

> 吴榖人祭酒《垂老诗稿》，未刻入《有正味斋全集》。其子清鹏，装为长卷，阮文达公跋其后云："乾隆末，先生馆阿文成家。余时在京师，先生时有教益，为之泣下，人不知也。"数语颇回隐，似有不可明言者。世颇传文达进身由和珅。祭酒教益之言，殆为和氏发乎？和相贵盛时，慕祭酒名，欲招致门下，卒谢不往，和甚恨之。祭酒某科考差，卷入他大臣手，已入选矣。和重加披阅，见诗中有"照破万家寒"语，大言曰："此卷有破家语，可进呈乎？"遽撤其卷。祭酒遂

---

① 《吴榖人手书有正味斋续集之九未刊稿一卷》卷末，南京图书馆藏光绪三十四年有正书局石印影钞本。

② 洪亮吉《北江诗话》卷二，《洪亮吉集》，中华书局 2001 年版，第 5 册，第 2268 页。

终身不得一差。[①]

综合看来，虽然只同官翰林极短一段时间，吴锡麒对于阮元这位后进之辈颇为爱护关怀，其劝谏或为当时权倾朝野之和珅而发，此亦可见锡麒正直不阿之品性。

乾隆五十八年至六十年，阮元提督山东学政。此段时间与时在京城的吴锡麒交游较少。嘉庆二年(1797)，时阮元任浙江学政，锡麒乞养家居，二人同在杭城，遂得频频交游。七月初三，阮元招集秦瀛、陈廷庆、吴锡麒等在西湖雅宴。“淰淰斜白，气迷半湖。延林溆之鲜娱，荐云烟之绰态。”席间，诸人约定本月十二日赏月湖上。此番赏月，锡麒作有《湖心泛月记》一篇。

嘉庆四年(1799)，阮元任浙江巡抚。嘉庆十年(1805)，阮元父丧。服除，任职兵部。嘉庆十三年(1808)三月，阮元再任浙江巡抚，锡麒作四首长诗祝贺。其一云：

> 高云在天上，舒展无不宜。及乎下膏泽，又若择地施。昔公抚吾浙，春在人不知。三年匪莪咏，换去甘棠诗。岂知朝命加，重得瞻旌旗。帝盖念东南，特从民借之。……吾侪荷生养，敢忘惠与慈。恃公如亲戚，良有责望词。进我如刍荛，请赐清暇时。[②]

其二云：

> 浙东海所环，游氛近殊恶。沿缘闽粤来，每趁风利泊。……公昔海上师，此辈亲斩斮。即今宁不然，事在用先著。纵横截波涛。咫尺严锁钥。凡我所设施，毋为彼料度。直就巢穴搜，行见羊豕

---

① 辜鸿铭、孟森等《清代野史》(第三卷)，巴蜀书社 1998 年版，第 1167—1168 页。

② 《有正味斋诗续集》卷二《喜芸台中丞重来抚浙赋呈四首》。

缚。浴日出扶桑，听歌估客乐。[1]

其三云：

> 水利久不治，积葑日以丰。沿缘湖南北，一舠仅能容。苟非廓清之，安能壅蔽通。自从我公来，身任造化功。万象尽披豁，皎镜磨青铜。……思公如西湖，注浥真无穷。三年成契阔，一见弥冲融。涯添万柳绿，塘种千蕖红。祠下一瓣香，请礼香山翁。[2]

阮元前后抚浙约十年，在任期间，政绩颇著，其最显赫之功劳还在平定海盗。吴锡麒对这位小友“身任造化功”的政绩充分肯定的同时，也向他提出了对付盗贼切实可行的建议。除吏治、民生、军政外，阮元还纠合浙江文人，编书撰述不辍。嘉庆六年，他在杭州建诂经精舍，聘王昶授词章，孙星衍授经义。对于阮元在学术与教育领域作育英才、提倡朴学的成绩，吴锡麒在第四首诗中盛称之：

> 自公起提倡，始知朴学尊。煌煌诂经室，郑、许追渊源。莘莘诸弟子，名物资研殚。至今稽古荣，天衢各扶持。实公奖成之，风气一改观。[3]

嘉庆十八年(1813)正月二十日，阮元五十岁生日，锡麒有长诗贺寿：

> 邺侯除镇日，谢傅领扬年。在酉知逢岁，生申合祝延。名方黄纸待，闻久黑头专。藉副苍生望，重劳剧任肩。黄河春水动，故里福星连。粳稻输诚急，帆樯转信便。千屯分卫领，六米别书编。吏蠹蛸螟别，仓储雀鼠填。前筹平准借，本计度支权。算乃穷周髀，

①②③ 《有正味斋诗续集》卷二《喜芸台中丞重来抚浙赋呈四首》。

功兼及濬川。劬心朝野系,别袂暑寒迁。记下蓬山节,来成浙水缘。一条提玉尺,十载驻虹旃。心厉冰衔凛,身争壁立坚。爰书平庶狱,津路乐商船。……高才尊白屋,余味恋青毡。儒术斯明矣,书城信屹焉。其风龚汲上,厥化白苏船。去觉春犹暖,来如月又圆。……燕许经纶手,常杨巨丽篇。精灵金跃冶,文采笔如椽。在昔羹尝旨,于今饫割鲜。补完贞石逸,搜剔碎金镌。八代衰斯起,三唐制获全。……①

嘉庆十九年(1814)三月,阮元调任江西巡抚。时锡麒主讲安定书院,远寄诗作存问阮元:

章江近接浙江流,同是苍生仗熟筹。
脱手风雷除害气,立身楼阁肃清秋。
封疆任赖诗书报,台辅恩凭肺腑酬。
我念甘棠知爱敬,望公终始致绸缪。②

次年,阮元得读《有正味斋续集》,即用去岁锡麒见寄诗韵作诗奉答。

七年浙海障横流,常向先生借笔筹(浙海多盗,元前后七年办毕,先生常以筹策见示于诗)。

相邸词垣思早岁(己酉、庚戌间,先生为那绎堂尚书之师,馆阿文成公第中,元与绎堂同年往来,得见先生),选楼讲院忆今秋(先生今住扬州安定书院,距元家隋文选楼最近)。

寿高雅喜诗逾健,政拙还惊句未酬。

① 《有正味斋诗续集》卷七《寿阮芸台漕帅五十生日五十韵》。

② 《有正味斋诗续集》卷八《寄阮芸台中丞江西》。

此夜雨窗秋烛底，新编如与话绸缪。[1]

阮元在诗中回顾了早岁在阿桂宅中结识、同官翰林院之情景，继而对于己在浙抚任上，先生时常以诗代柬为平定海盗出谋划策表达感激。

嘉庆二十一年(1816)，阮元升湖广总督，锡麒又有诗寄之[2]。由二人前后交游看，吴锡麒对于阮元这位后辈颇为关心，无论阮元是在锡麒家乡浙江任巡抚，还是后来远赴江西、湖广任巡抚、总督，吴锡麒都始终与之保持密切联系，以书札、诗简存问、勖勉。

(二) 郭麐

郭麐(1767—1831)，字祥伯，号频伽、蘧庵、复翁，又号白眉生、苎萝长者，又呼郭白眉，江苏吴江人。晚年迁浙江省嘉善县东门。乾隆四十七年补诸生。少应省试，及一应京兆试，辄不遇。嘉庆时为贡生。三十后遂绝意举业，专意于诗、古文、词。喜交游，与袁枚最为知己。游姚鼐之门，尤为阮元所赏识。事具冯登府《频伽郭君墓志铭》(《碑传集补》卷四七)、《清史列传》彭兆荪传附、《清史稿》法式善传附。著有《灵芬馆诗话》十二卷、《灵芬馆诗集》若干卷、《江行日记》一卷、《唐文粹补遗》二十六卷，以及《蘅梦词》《浮眉楼词》《忏余绮语》各二卷等。

乾隆五十八年(1793)九月，吴锡麒假满，由浙返京。十月，抵淮城，二十一日，淮安知府严守田招饮，席上晤郭麐。此为二人初次相见，时郭麐坐馆于此。当时锡麒匆匆北行，杯酒促谈，未尽款洽，然觉郭麐"风雅之味觉浸淫大宅间，别后每思其为人"。

乾隆六十年(1795)，郭麐应京兆试入都，一时声名噪甚，所交如法式善、赵怀玉、张问陶等，皆吴锡麒常与论诗者，"吟宴一开，月斜不去，此唱彼和，互相嗟赏"。时锡麒有《题郭频伽麐水村图三首》：

---

① 阮元《揅经室集诗》四集诗卷十《读吴穀人前辈锡麒〈有正味斋续集〉，即用见寄原韵和寄》(乙亥)，道光间扬州阮氏刻本。

② 《吴穀人手书有正味斋续集之九未刊稿》之《阮芸台总督两湖诗以寄之》，南京图书馆藏光绪三十四年有正书局石印影钞本。此诗系于是年，或次年初。

天暝渔唱生，鹭鸶飞上树。
船自前村来，还绕后村去。

青芦低处晓雨，黄叶明边夕阳。
绕屋须添修竹，转湾先识垂杨。

鱼苗种罢插秧回，虾笼收时踏浪来。
画里烟波尘里梦，此身愁被白鸥猜。[①]

七月五日，吴锡麒与王友亮于有正味斋合筵宴客，同集者罗聘、李如筠、郭麐、张问安、张问陶等十二人。虽当时京师众人咸谓以郭麐之才“自当翍青云而直上”，然而才高命蹇，郭麐再度报罢。对于小友的铩羽南归，吴锡麒惜其才高、感其不遇。秋，郭麐南归，锡麒有诗送别：

落叶不可已，雁声寒满天。
江南正秋色，之子出幽燕。
风雨长途感，鱼龙极浦眠。
回头看杨柳，离绪总纷然。[②]

自郭麐下第南归后，二人不晤又有年矣。迨嘉庆六年(1801)，吴锡麒乞养归里，次年，郭麐至杭州，二人重遇西湖，再度有短暂唱酬。郭麐有诗《客中饮酒，和张问陶太史同縠人祭酒饮酒诗元韵四首》。时郭麐还乞锡麒为其诗集作序。时隔近一年，嘉庆八年闰二月，锡麒作序曰：

往余涉淮，闻淮阴人多称吴门郭白眉诗者，惜余未之见也。会严历亭司马招饮，晤诸席上，知君假馆于是。瘦身玉立，而一眉莹

---

① 《有正味斋诗集》卷十一。

② 《有正味斋诗集》卷十一《送郭频伽下第南归》。

然，故人皆以“白眉”称之，遂并其诗以称为“郭白眉诗”云。当其时，余匆匆北行，杯酒促谈，未尽款洽，然风雅之味，觉浸淫大宅间，别后每思其为人。迨明年，君应京兆试入都，一时声名噪甚，所交如法梧门、赵味辛、张船山、何砚农、兰士昆季，皆余所与论诗者，而皆重君诗。吟宴一开，月斜不去，此唱彼和，互相嗟赏。咸谓以君之才自当躡青云而直上，乃一击不中，垂翅而归。归而徒以诗鸣江湖间，帆樯往来，寻烟而语，其诗益工而其遇亦可慨矣。夫功名得失之故，原非人得而主之，故士有横翔捷出，动辄如意，而究其肥如瓠者，叩之枵然。乃或百赋千诗，填塞胸臆，牢愁偃蹇，独位置于荒山穷谷之区，岂将老其材而后用耶？抑亦苍苍者之故为是颠倒耶？然而具是才者，断不以无所伸其志，而遂自弃其才，必且益淬厉之，益磨砻之，而终使其才得以大显于天下。

余之不晤君者，又有年矣。辛酉，余乞养归。又明年始重遇于湖上，乃出《灵芬馆诗集》属序于余。因得尽读所作，见其摆脱凡近，澡雪精神，大抵希轨于谪仙，而取隽于玉局。凡山川阅历，风雨啸歌，又能以己之神明入乎其内，故丽而不缛，清而益深，其力可负风而飞，其气累累乎如贯珠而不绝。吾因知君诗学之成，而遂信君名之且与俱成，转叹不知君者之宜自憾而不足为君憾也。余还山以来……回念长安诸故人，或出或处，酒场欢地，日就零落，而历亭司马息辙湖山，曾几何时，墓有宿草，读君集中哀挽之什，不禁怆然于寒月长淮依依送别时也。癸亥闰二月上浣，钱唐吴锡麒。[①]

序中吴锡麒首先也充满深情地追忆了二人的初次晤面，对于这位早经闻名、今始初见且未及而立的青年诗人印象颇佳。只因旅途匆卒，未尽款洽。继而，吴氏又追述了当年郭麐入京与试、相与唱酬的一段时光，对于才高运蹇的郭麐既表示可惜，又寄托着他日诗名必定大振的信心。

---

① 吴锡麒《灵芬馆诗二集序》，见郭麐《灵芬馆诗二集》卷首，《清代诗文集汇编》本。文详附录“吴锡麒集外诗词文辑佚”。

果不其然，经过数年淬厉磨砻，其才遂得大显。对郭麐之诗，吴锡麒更是以李白、苏轼作比，谓其丽而不缛、清而益深。锡麒论诗的最高标准即是“清”，由此足见他将郭麐视为己之同道。后代诗论常将二人同归浙派诗歌中期发展之砥柱，亦有所从来。

对于如此一篇情谊深挚、推许备至的序言，郭麐感激之至，他作诗《呈榖人先生并谢见序拙集二首》奉答：

国子先生道义尊，版舆归奉太夫人。
两朝出处皆无愧，一代文章自有真。
人似野梅终疏放，诗如名酒极清醇。
从公未觉今年晚，已谢东华十丈尘。

八卷排成两鬓秋，青云器业已全休。
小诗不暇如东野，太息多烦论少游。
仰屋著书还有命，登楼作赋定何求。
他时乞与飞霞佩，岂惜将身卧一邱！[①]

嘉庆十年(1805)六月，郭麐卧病，数濒危急，逾月始愈。感念往昔交游，作《病起怀人诗》三十首，又《续怀人诗》十二首，周松泉为绘图。其中《病起怀人诗》第三首即见怀锡麒之作，云：“诗坛两浙鲁灵光，老爱填词亦擅场。唱遍康王新乐府，红桥丝柳半斜阳。”[②]七月，郭麐至西湖，以《病起怀人诗画册》属锡麒为题。锡麒有诗四首：

疏鬓渐如凉鹭刷，双肩浑学瘦山支。

① 郭麐《灵芬馆诗二集》卷九《竿木庵集》(起癸亥正月止十月)《呈榖人先生并谢见序拙集二首》，《清代诗文集汇编》本。

② 诗见郭麐《灵芬馆诗三集》卷一《得闲集》(乙丑六月起十月止)，《清代诗文集汇编》本。

自夸药石收奇效，添得阿侬苦硬诗。

浮眉楼上拥衾哦，全仗诗神扫病魔。
旧雨停云都在眼，一灯如梦伴维摩。

枝山小草怀知句，卧病泊然成老夫。
争似楞伽秋色里，橹床摇雨话江湖。

一箸思尝宋嫂鱼，孤山脚下赁新居。
西湖不是多情物，珍重贪凉中酒余。[①]

冬暮，郭麐重游扬州，馆于锡麒主讲的安定书院。旧游新好昕夕过从，举销寒六会，时同集者有乐钧、刘嗣绾、彭兆荪、金学莲、顾麟瑞、江藩、蒋知卿、储润书等，多为曾燠题襟馆中人，二人集中均存当时所赋诸诗[②]。期间郭麐有《夜坐书怀呈縠人先生二首》《縠人先生出示六十自述诗感旧陈情敬呈一首》。后诗述及二人交游情形甚详：

桃李有荣落，松柏无冬春。问其何以故？所恃惟一真。前哲日以远，先生今其人。忆昔识面初，泊舟长淮濆。司马敬爱客（历亭），广席方圆陈。少年厕座末，含意未克申。侧闻议论余，吐辞醇乎醇。

越岁入京邸，妄希观国宾。草野自坦率，辈流多喜嗔。果然垂翅返，为我太息频。自后渺湖海，相望如云苹。俄闻遂归养，孝治容乞身。萱从北堂树，兰向南陔循。维我客于越，往来走踆踆。先生亦时出，道富家仍贫。有时两值遇，呴濡悲穷鳞。

今年秋八月，初度逢佳辰。……说诗极款款，论学无龂龂。示

① 《有正味斋诗集》卷十六《郭频伽来寓湖上以病起怀人诗画册属题四首》。
② 详参年谱“嘉庆十年”条。

我七篇作，其言何恳谆。上言国恩重，早列侍从臣。文章讵云报，庶几无缁磷。中述祖德厚，慈母尤艰辛。幸今在膝下，色养逾兼珍。怡怡及诸弟，雍雍偕和嫔。[1]

诗歌首先也追忆了十二年前两人在严守田知府宴席上初次晤面的情形，当时侧坐席末、年仅 27 岁的青年郭麐，对于年长 21 岁的前辈吴锡麒充满了钦敬之情，“侧闻议论余，吐辞醇乎醇”[2]。至其后入京与试、垂翅而返，锡麒为之太息，与锡麒归养后二人偶尔在谋生途中相值等诸般情形都一一深情回顾。

嘉庆十三年(1808)，郭麐已自嘉兴魏塘移家来杭，与锡麒同在杭城，四月二十五日，遂以《春山霾玉图》属题，锡麒如其请[3]。十八年(1813)三月三日，郭麐在真州道中，有诗二首寄吴锡麒、乐钧、彭兆荪、刘嗣绾诸友[4]。

嘉庆二十三年(1818)，锡麒卒。岁末，郭麐作《岁暮怀人诗》，有《逝者・吴榖人先生一首》追怀：

此翁如醇醪，清极转平和。
胸中有古春，百斛盎未多。
吐为婉丽词，众女无妍娥。
应寻杭与厉，地下相婆娑。[5]

一如当年锡麒以“清”评价郭诗，郭麐也以“清”来评价锡麒其人其作。

---

①② 郭麐《灵芬馆三集》卷二《邗上云萍集》之《榖人先生出示六十自述诗感旧陈情敬呈一首》，《清代诗文集汇编》本。

③ 《有正味斋词续集》卷一《洞仙歌》“郭频伽属题春山霾玉图”。

④ 郭麐《灵芬馆诗四集》卷六《逾淮集》有《真州道中寄琴邬吴门，并呈榖人先生、莲裳、甘亭、芙初诸君二首》，《清代诗文集汇编》本。

⑤ 郭麐《灵芬馆诗四集》卷十一，《清代诗文集汇编》本。

对于这对忘年交而言，这种论断正揭示了他们在诗词创作上堪称知音。不仅如此，郭麐也有意识地提出浙派两位先贤杭世骏与厉鹗之名，指出吴锡麒在诗词创作上与他们一脉相承的关系。结合郭氏此前对锡麒的肯定，这种承续脉络的梳理，从另一角度看，也表达了一种认同。

（三）陈文述

陈文述（1771—1843），初名文杰，字隽甫，号云伯，钱塘人。嘉庆五年举人，屡试礼部不第。历官全椒、繁昌、昭文、江都、崇明知县。少有诗名，与族兄鸿寿有“二陈”之目。著有《碧城仙馆诗钞》《西泠怀古集》《秣陵集》《颐道堂诗选》《文钞》等。事见《（民国）杭州府志》卷一百四十六、《清史列传》卷七十三。

陈文述与吴锡麒系钱塘同乡，锡麒年长陈文述25岁。陈氏颇为钦敬这位里中前辈。嘉庆六年（1801）春，陈文述入京参加会试，五月，锡麒授国子监祭酒后，旋即乞养南归。陈文述有送别之作：

凤城杨柳晚萧萧，饯别旗亭酒一瓢。
杜老新吟洗兵马，襄阳归计狎渔樵。
初莺北郭开新社，残月东华梦早朝。
到日北堂应健在，觚棱闲话暮云遥。①

作于是年前后的还有《都门五君诗·吴穀人祭酒锡麒》：

东马严徐重老成，一编正味即中声。
碑题黑水推冯定，懒候花甎过李程。
台阁文章唐四杰，笙镛典籍鲁诸生。
白华朱萼吟诗处，秋水西湖彻底清。②

---

① 陈文述《颐道堂诗选》卷三《送吴穀人祭酒锡麒乞养归钱塘》，嘉庆十二年刻道光增修本。

② 陈文述《颐道堂诗选》卷四，嘉庆十二年刻道光增修本。

很显然，陈文述对吴锡麒的诗文评价颇高。陈氏论诗曾将古今诗人分为诗人之诗、才人之诗、学人之诗，他就将吴锡麒《有正味斋诗》归为诗人之诗一类[①]。在另一篇《病起读里中前辈诗各题一律》“吴榖人祭酒《有正味斋集》”中，陈文述更将吴锡麒比作清初诗歌大家吴梅村：

梅村老去树栖鸦，祭酒新诗更一家。
独抱冬心对冰雪，最宜仙骨卧烟霞。
徐摛宫体书金管，束皙笙诗谱白华。
何处风流邀胜赏，西泠明月广陵花。[②]

吴锡麒与吴梅村都同样官至祭酒，从诗歌成就来看，这种比拟极大地肯定了吴锡麒诗歌足称一家。当然，陈文述也并非一味称颂，其实他也客观地意识到了吴锡麒诗歌存在的缺憾。例如前一诗以“台阁文章唐四杰”作比，此首又有“徐摛宫体书金管”之语，这即道出吴锡麒诗歌具有一定的台阁之风。然而，这亦是难免，毕竟吴锡麒一生主要供职于翰林院，由编修而至侍讲、侍读、祭酒。他的诗歌沾染一些雍容典雅之台阁气在情理之中。

数年以后，吴锡麒已仙逝。陈文述再度宿于吴氏曾主讲的安定书院时，不无感怀。他写下了《安定书院怀吴榖人祭酒》：

终身祭酒邱灵鞠（仲瞿赠句），小雅吹笙束广微（铁云赠句）。
江国更番忆江树，春明曾记话春晖。
雨昏东阁人何处，月冷西湖鹤未归。
马帐生徒半零落，讲堂花谢径苔肥。[③]

① 陈文述《颐道堂文钞》卷一《顾竹峤诗叙》，嘉庆十二年刻道光增修本。
② 陈文述《颐道堂诗选》卷十五，嘉庆十二年刻道光增修本。
③ 陈文述《颐道堂诗选》卷十八，嘉庆十二年刻道光增修本。

诗歌回忆往昔二人在京城与扬州两地的交游，充满了斯人已去阁空存的惆怅，对其人其诗充满倾慕之情。对于这位里中前辈，陈文述偶尔还会不无深情地回顾他的性情风采。在怀旧组诗《西泠怀旧》中，陈文述于第二首《有正味斋怀吴穀人祭酒》写道：

> 祭酒名锡麒，性量温雅，如玉在璞，如气在春。终身不见喜愠之色。官祭酒，以母老乞养归。工诗词，善骈体。著《有正味斋集》。
>
> 已种梅花作墓田，吹笙犹听白华篇。
> 卷中花隐兼渔隐，书里诗仙更酒仙。
> 旧著六朝装瑇瑁，新词三影谱秋千。
> 东华残月西泠雨，短梦重温一惘然。①

小序指出吴锡麒性量温雅如玉，气度阔达，喜怒不行于色。诗歌除了再度赞誉吴诗外，也道出了吴锡麒爱饮的习性，读来颇能令人体会到作者对吴氏的亲切之感。

① 陈文述《颐道堂诗选》卷二十一，嘉庆十二年刻道光增修本。

第三章　吴锡麒诗论与浙派诗学思想的深化与新变

继有宋一代诗话兴起，元明清三朝的诗学著作层出迭见、蔚为大观。据蒋寅《清诗话考》、张寅彭《新订清人诗学书目》等统计显示，清代诗话的繁盛尤为空前。乾嘉时期，吴锡麒挚友王昶、洪亮吉、法式善等均留下了诗话专著。作为浙派中后期巨擘，吴锡麒虽然没有系统的诗学著作，但其可观的诗文序跋、尺牍、日记、诗词均反复而明确剖白了独特的诗学主张与诗歌宗尚。从文艺美学角度看，这些诗学理论涉及面广，诸如诗歌通变、创作技巧、读者鉴赏、审美风格等。它们一方面深化了浙派既有的诗学认识，另一方面，脱去窠臼，独标一帜；有时甚至进一步，作翻案文章，令人耳目一新。如其主张兼采唐宋、上溯汉魏，不拘拘于宋诗，强调诗歌情韵兼胜，主以禅入诗，在某种程度上是针对浙派后期存在的弊病提出正本清源的方法。

第一节　诗史通变论：兼采唐宋 上溯汉魏

乾嘉诗坛流派纷呈，宗唐宗宋，标榜门户。一方面，或主格调，或言肌理，追求雅正，以温柔敦厚为归，复古倾向较为显著。另一方面，摆脱束缚，标榜性灵，主张破除唐宋门户之见的呼声也越来越高。从诗歌宗尚上看，吴锡麒既不满于主格调说的沈德潜等人专宗唐音，也不盲目趋从浙派的独尚宋诗，他主张熔汉魏、六朝、唐宋于一炉冶之，在唐宋诗之争的问题上见解通达，并以自身示范性的创作为浙派诗歌注入新鲜活力。

一方面，吴锡麒对以沈德潜为主导的诗坛“断断于唐宋之界”的风气表示不满。沈德潜论诗标举格调说，以崇奉汉魏盛唐雄浑悲壮诗风为显著特色，其门人王昶《湖海诗传》云：“苏州沈德潜独持格调，崇奉盛唐而排斥宋诗。”“以汉魏盛唐倡于吴下。”《清诗别裁集》中沈德潜明言：“唐诗蕴蓄，宋诗发露。蕴蓄则韵流言外，发露则意尽言中。愚未尝贬斥宋诗，而趣向旧在唐诗，故所选风调音节，俱近唐贤，从所尚也。”[①]明确地表现出对唐宋诗的褒贬。

与之相对，乾隆前期以厉鹗为代表的浙派诗人继承黄宗羲、吴之振的宗宋诗风，与沈氏倡唐诗格调恰相对峙。当时学人对两派的对立有所描述，如王昶谓：“（樊榭）所作幽新隽妙，刻琢研炼……撷宋诗之精诣，而去其疏芜。时沈文悫公（沈德潜）方以汉魏盛唐倡吴下，莫能相掩也。”[②]李慈铭也说：“（厉鹗）其诗词皆穷力追新，字必独造，遂开浙西纤哇割缀之习，世之讲求气格者（指格调派）颇诋諆之，以为浙派之坏，实其作俑。”[③]可见，两派的对抗在乾嘉时期已成大势。

吴锡麒是浙派中期重要成员，但他并不专宗宋诗，且对诗坛苛于唐宋之界的风气十分反对。他在为金兆燕《棕亭古文钞》作序时说：

> 然宗伯（指沈德潜）论诗断断于唐宋之界，若毫发不能假借者，而（金兆燕）先生兴来如赠，情往若答，纵横排宕，又不可以派别绳之……余不能谓宗伯之论诗为必然，独于先生之诗似能知其所以然。[④]

① 沈德潜《清诗别裁集》凡例，岳麓书社 1998 年版，第 3 页。

② 王昶《湖海诗传》卷二，《续修四库全书》本。

③ 李慈铭著，由云龙辑《越缦堂读书记》卷八，上海书店出版社 2000 年版，第 1005 页。

④ 金兆燕《国子先生全集》之《棕亭古文钞》卷首吴锡麒序，道光丙申秋赠云轩刻本。

序言明确阐述了对沈德潜独宗唐音的否定。的确，沈氏诗论有明显的御用色彩，他恪守儒家诗教，力图使诗歌归于雅正，起到“和性情、厚人伦、匡政治”的教化作用，甚至希望能“设教邦国，应对诸侯”。这与盛世的精神氛围、审美情趣互为表里，与朝廷文化政策导向相一致。然而他的诗歌空有格调而缺少性情，之所以被奉为圭臬、“尊若泰斗”[①]，与他晚得隆遇不无关系。沈氏专崇汉魏唐音，不免完全否定了宋诗这一诗歌史上的又一高峰，在诗歌风格上也难免单一。因而，吴锡麒对他独宗唐音的否定不无道理。

另一方面，吴锡麒对浙派部分诗人专宗宋诗亦不苟同。他对于唐诗大家王维、杜甫、李商隐、杜牧、白居易等都十分推崇，主张汉魏六朝、唐宋兼收并取。从他的创作实践看，取径颇广，不守一家，“诗镕汉、魏、六朝、唐、宋为一炉”[②]。林昌彝谓其“汉魏齐梁俨一家”[③]。从《有正味斋诗集》及早年《匏居小稿》、晚年《垂老诗稿》看，我们不难发现吴锡麒对前代著名诗人的推崇与景仰，李杜、元白、苏黄、陆游等都是他师法的对象。吴应和《浙西六家诗钞》评其诗曰：

> 自晋、宋以还，诸家之妙蕴，莫不灿然俱备，不拘一格。七古自出机杼，一空依傍，洵足称名家，间或有似青莲，似昌谷，似东坡，似梅村，非尽学杜。五古、五七律之极自在者，多近樊榭，虽尚辞华，仍归清峭。[④]

昭梿《啸亭续录》云：“（吴穀人先生）诗宗樊榭而清畅过之。”[⑤]谭献《复堂词话》则云：“诗规渔洋。”可见，锡麒诗歌取法广博，不囿一隅。虽承

---

① 王豫《群雅集》卷一，嘉庆十三年刻本。

② 张维屏《国朝诗人征略》卷四四引《听松庐诗话》，道光十年刻本。

③ 林昌彝《海天琴思续录》卷八，同治八年刻本。

④ 吴应和《浙西六家诗钞》卷六，道光七年刻本。

⑤ 昭梿《啸亭杂录》之《续录》卷四，中华书局 1980 年版，第 489 页。

继了浙派前辈的宗宋倾向，但又打破了唐宋诗的森严壁垒，避免偏颇，因而在浙派诗学发展中，自有其独特贡献。事实上，浙派虽然一直被后人认为“浸染宋调”，却非所有成员都于唐宋分界上胶柱鼓瑟。例如，厉鹗就持有以宋诗为主又兼及唐诗的通变的文学观[①]。他说：

> 夫诗之道不可以有所穷也，诸君言为唐诗，工矣，拙者为之，得貌遗神，而唐诗穷。于是能者参之苏、黄、范、陆，时出新意，末流遂澜倒无复绳检，而不为唐诗者又穷。物穷则变，变则通。[②]

从某种程度上看，吴氏与厉鹗的见解具有一定的共通性。

第二节　诗歌创作论：性情学问 华实相扶

从诗歌创作角度看，吴锡麒主张先天“性灵”与后天之“学”相辅相成，“发之以性情，辅之以学问”，明确反对严羽“诗有别才，非关学也”之论。

首先，吴锡麒论诗十分强调后天之“学”的重要性。这是以厉鹗为代表的浙派诗人论诗的重要特征之一。

浙派虽非严格意义上的理论流派，也未建立一套严谨的理论体系，但它在诗歌风格上有共同的美学追求，即在主体修养与创作中重“学”，在诗歌审美风格上尚“清”、“淡”。厉鹗、杭世骏等都曾阐发过论诗“重学”的观点：

> 故有读书而不能诗，未有能诗而不读书。……书，诗材也。

---

① 张兵、王小恒《厉鹗与浙派诗学思想体系的重建》，《文学遗产》2007 年第 1 期。

② 厉鹗《樊榭山房文集》卷三《懒园诗钞序》，光绪七年刻本。

……诗材富而意以为匠，神以为斤，则大篇短章均擅其胜。[①]

余特以“学”之一字立诗之干，而正天下言诗者之趋。[②]

学不赡则词不备，词不备则气不充，胸无安世三箧书，日搦管作苍蝇声，奚可哉？[③]

由此上溯，浙派先贤朱彝尊虽一度被认为尊崇唐诗，反对宋调，但他也强调“学”的重要性：

今之诗家空疏浅薄，皆由严仪卿“诗有别才，匪关学也”一语启之，天下岂有舍学言诗之理？[④]

诗篇虽小技，其源本经史。必也万卷储，始足供驱使。[⑤]

此外，浙派的重“学”传统与朱彝尊的关系，浙派后劲吴颖芳曾有详论：“吾浙国初衍云间派，尚傍王、李门户。秀水朱太史竹垞氏出，尚根柢考据，擅词藻而骋辔衔，士夫咸宗之，俭腹咨嗟之吟，摈弃不取，风云月露之句，薄而不为，浙诗为之大变。”[⑥]所谓“尚根柢考据”、摈弃“俭腹咨嗟”，自然是指重“学”倾向的渗入。

吴锡麒承浙派法统，论诗也强调“学”的重要性，在文集中屡屡突出

① 厉鹗《樊榭山房文集》卷三《绿杉野屋集序》，光绪七年刻本。。

② 杭世骏《道古堂文集》卷十《沈沃田诗序》，《续修四库全书》本。

③ 龚鉴《橙花馆集序》引杭世骏语，见《道古堂诗集》卷首，《续修四库全书》本。

④ 朱彝尊《曝书亭集》卷三十九《楝亭诗序》，《四部丛刊初编》第 279 册。

⑤ 朱彝尊《曝书亭集》卷二十一《斋中读书十二首》之十一，《四部丛刊初编》第 278 册。

⑥ 翟灏《无不宜斋未定稿》卷首吴颖芳序，《续修四库全书》本。

学问、读书在创作中所发挥的巨大作用。《培桂山房诗钞序》云：

(汪葆园)闭户力学，汇六经诸子之说，洞其渊微，涵畜充周，植本既厚。……腹笥所储，证诸闻见，推扩日远，气局愈大。[①]

《法时帆祭酒存素堂诗集序》云：

(法式善)酝酿群籍，黼黻性灵。清而能腴，刻而不露。咀英陶、谢之圃，蹑履王、孟之堂。[②]

《赵味辛诗集序》云：

(赵怀玉)无他，根柢之积既深，而鞶绣之华无夺也。[③]

《程息庐同年心吾子诗钞序》云：

(程息庐)其才胜，故寄兴高；其学深，故扬采烈。[④]

《金香泾吟红阁诗钞序》云：

大抵君(指金香泾)诗，本之学问，辅以神明。[⑤]

---

① 吴锡麒《培桂山房诗钞序》，见汪上彩《培桂山房钞》(六卷)之《诗钞》卷首，嘉庆九年刻本。

② 《有正味斋骈体文》卷四。

③ 《有正味斋骈体文续集》卷一。

④ 《有正味斋骈体文》卷三。

⑤ 《有正味斋骈体文续集》卷一。

《戚鹤泉诗集序》云：

> 故培风有力，可以极江海之游矣。植本既深，可以成栋梁之用矣。由是而推之于著述，例之于声诗。气主于华，必本质厚者以固之。情取其达，尤贵停蓄者以留之。[①]

可见，吴锡麒认为汪葆园、法式善、赵怀玉等诗歌造诣深厚都源于扎实的学问。“六经诸子之说”、“群籍”，这些表面看来与抒情言志的诗歌无关，但学问犹如土壤，植株繁茂与否直接凭赖于土壤的肥沃度。

其次，在标举学问的同时，吴锡麒论诗亦强调性情。重“学”固然是浙派理论与创作的特色之一，也是其流弊之源。

乾隆二十六年(1761)，沈德潜编成《国朝诗别裁集》时，于厉鹗诗后称“今浙西谈艺家专以饤饾挦扯为樊榭流派，失樊榭之真矣”[②]。此时，浙派末流的弊病已相当明显。袁枚在《答沈大宗伯论诗书》中提到沈德潜“诮浙诗，谓沿宋习、败唐风者自樊榭为厉阶”。他虽是浙人，“亦雅憎浙诗”，认为“樊榭短于七古，凡集中此体，数典而已，索索然寡真气”[③]。由此可知，至少在乾隆中叶以前，浙派诗歌的弊病已经暴露得很明显了。重“学”的诗学观已偏极发展，成为主流舆论共同批评的对象。值得注意的是，浙派在清中期出现了自我修正的趋向，吴锡麒即重将之一。

为纠正诗歌一味强调学问失于饤饾，吴氏主张诗应是性情所寄，性情与学问相辅相成。《家兰雪新田十忆诗序》云：“性情所寄，轩冕为轻。”[④]《尤水村塞上、黄山二集序》云：

① 《有正味斋骈体文续集》卷一。

② 沈德潜《清诗别裁集》卷二十四“厉鹗”，岳麓书社1998年版，第719页。

③ 袁枚《小仓山房诗文集》文集卷十七，上海古籍出版社1988年版，第1502页。

④ 《有正味斋骈体文》卷六。

> 大旗落日，匹马豪吟。瘦杖西风，半空清啸。萧条不作，劖刻自深。盾鼻万言，屐綦千古。是其中有性情焉，匪徒托诸烟墨而已。[①]

《顾仲欧诗钞序》云：

> 夫乃知性情所结，灵响生焉，不必鞶藻之饰也。丘壑可怀，奇情发焉，不必屐齿之寄也。[②]

最后，如何处理性情与学问的关系是吴锡麒诗论之独特所在，也是其诗论的价值所在。一方面，他主张诗歌应当“发之以性情，辅之以学问”：

> 诗以道性情也，然必有学问以辅之，而后能温柔敦厚而不愚。故《三百篇》中自有缉熙宥密之精微，以至学校、井田、朝会、兵戎之重与大，罔不钩深致远，殚见洽闻……无他，学问积则性情生。其所以能感人者，皆其蕴蓄之深且厚者也。[③]

> 要必有轮囷磅礴之气，而后见嵚崎磊落之才。刘舍人云：“风华不飞，则负声无力。”沈吴兴谓：“天机一启，则律吕自调。”惟发之以性情，辅之以学问，故能唇吻无滞，华实相扶也。[④]

吴锡麒肯定了自先秦两汉以来中国诗歌言情的传统，“诗以道性情”、

---

① 《有正味斋骈体文》卷六。

② 《有正味斋骈体文续集》卷一。

③ 吴锡麒《小画山房诗钞序》，见团维墉《小画山房诗钞》卷首，嘉庆十二年刻本。

④ 《有正味斋骈体文》卷四《许画山诗集序》。

"发之以性情"，道出了诗歌的本源。然而，性情必有学问相辅，才能"温柔敦厚而不愚"，"学问积则性情生"，并以《诗经》为例证，指出它包孕广博，蕴含了古代社会的政治、经济、伦理及生物学知识，于学至广，于情至深。"罔不钩深致远，殚见洽闻，即羁旅怀人，一虫鸟之音，一草木之状，亦能洞达元本，体会幽微。"这从某种程度上应和了孔子关于诗的言论："不学诗，无以言"、"《诗》可以兴，可以观，可以群，可以怨；迩之事父，远之事君；多识於鸟、兽、草、木之名。"

另一方面，吴锡麒在强调"学问积则性情生"、性情学问相辅的同时，又主张必然与严羽"诗有别才，非关学也"的单纯凸显"性灵"之说相区别。他在诗序中曾多次抨击严羽"别才"之说：

> 亦谓世人多泥于"诗有别才，非关学问"之说，沿袭空疏，辗转相误。①

> 论诗者，往往标举别才，揆张慧业，于是空疏之习，佻巧之风，二者交讥焉。夫风雅之旨，剖判甚微，神妙于虚而诣征诸实，果学而不溺于学，斯鸢鱼之趣通之矣。惟愚而善用其愚，则金石之诚托之矣。②

拘泥于严羽的别才说，则会导致沿袭空疏、于风雅之旨相去甚远的恶果。而矫正这种恶习必得"诣征诸实，果学而不溺于学"，性情、学问相结合，"斯鸢鱼之趣通之矣"。有趣的是，浙派先贤朱彝尊亦曾公然指斥过严羽的"别才说"，前引《楝亭诗序》云："今之诗家空疏浅薄，皆由严仪卿'诗有别才，匪关学也'一语启之，天下岂有舍学言诗之理。"③

---

① 吴锡麒《小画山房诗钞序》，见团维墉《小画山房诗钞》卷首，嘉庆十二年刻本。

② 《有正味斋骈体文》卷三《任畏斋都督二峨草堂学稿愚稿序》。

③ 朱彝尊《曝书亭集》卷三十九，《四部丛刊初编》第 279 册。

第三节　创作主体论：才命相妨 穷至于乐

“诗穷而后工”说是中国文学批评史上重要的理论命题之一，此说的提出，既有文学自身发展的因素，也有其特定的历史条件和背景。吴锡麒深化了自韩愈“不平则鸣”、“欢愉之辞难工，而穷苦之言易好”到欧阳修“穷苦之音易好”、“穷而后工”诗歌认识，并不无新意地翻进一层，提出“从宦少诗人”、“才命相妨”的主张。其诗文集以及多篇佚文中存在不少对创作主体的境遇与诗歌成就二者关系的思考，具体可分三个层次：

其一，深化了“穷而后工”、“才命相妨”的诗学观点。这主要体现于三篇序文中。

> 《沈梅村五研斋杂志序》：“才命相妨……毋亦谓穷乃工诗，而送穷安往。”①

> 《笛船诗钞序》：“真州多诗人，诗人亦未有不穷者……吾尝欲为诗人一雪其‘穷乃益工’之说，而无如工于诗者必穷，不穷者又不必工于诗，天果有以限之耶？”②

> 《张花农床山堂诗集序》：“然而兰为香草，刈在当门；桐有殊声，危于入爨。造物每丛其忌，风尘又局于知。遂致才子伤心，名流陨涕。……而愁苦之音易好乎？”③

---

① 《有正味斋骈体文》卷七。

② 吴方夔《得心书屋集》（又名《笛船诗钞》）卷首吴锡麒序，嘉庆刻本。

③ 《有正味斋骈体文》卷四。

这些序文不仅表达了吴锡麒对吴笛船、张花农等诗文成就的肯定，他们虽囊无宿储，贫困潦倒，却于逆境中“豪管在握”，“循声按节”，诗文益佳，“渊渊乎若出金石也”；同时也表达了对他们“造物每丛其忌，风尘又局于知”的坎壈遭际的同情，不由得发出才命互妨的浩叹。

吴锡麒“才命相妨”的观点，可与欧阳修在《梅圣俞诗集序》中表达的“穷而愈工”的观点作一比较。欧阳修曰：

> 予闻世谓诗人少达而多穷，夫岂然哉？盖世所传诗者，多出于古穷人之辞也。凡士之蕴其所有而不得施于世者，多喜自放于山巅水涯，外见虫鱼草木风云鸟兽之状类，往往探其奇怪。内有忧思感愤之郁积，其兴于怨刺，以道羁臣、寡妇之所叹，而写人情之难言，盖愈穷则愈工。然则非诗之能穷人，殆穷者而后工也。①

欧阳修在肯定了“穷而后工”的诗学主张的同时，否定了“诗能穷人”的说法。而吴锡麒一方面认同自欧阳修以来的“穷而益工”的思想，谓“诗人未有不穷者”、“愁苦之音易好”、“穷乃工诗”，进一步提出了“工诗者必穷”之说，并将这一现象归结于“天”、“命”：“才命相妨”、“天果有以限之”。

以今天的眼光看，天命之说固显陈腐，但这一归因方式并非无源之水。早在宋代，苏轼就有关于“诗能穷人”的说法。其云：

> 人之所欲，适与天相值实难……至于文人，其穷也固宜。劳心以耗神，盛气以忤物，未老而衰病，无恶而得罪，鲜不以文者。天人之相值既难，而人又自贼如此，虽欲不困，得乎？②

---

① 欧阳修著，李逸安点校《欧阳修全集》卷四十三，中华书局 2001 年版，第 2 册，第 612 页。

② 苏轼《苏轼文集》卷十《邵茂诚诗集叙》，中华书局 1986 年版，第 1 册，第 320 页。

苏轼在《僧惠勤初罢僧职》中也说："非诗能穷人，穷者诗乃工。此语信不妄，吾闻诸醉翁。"[①]这发展了欧阳修"诗穷而后工"的观点，所延伸出的逆命题是"人以诗而穷"，且苏轼将"诗能穷人"归结为宿命论："诗人例穷苦，天意遣奔逃。"（《次韵张安道读杜诗》）"多才久被天公怪，阙食惟应爨妇知。"（《次韵柳子玉过陈绝粮二首》）[②]吴锡麒"才命相妨"说既是对欧阳修"穷而后工"说进一步发展而产生的逆命题，也是自苏轼以来的"诗能穷人"主张的拓展与补充。

其二，吴锡麒进一步提出了"从宦少诗人"的命题，并剖析个中情由。虽然这一命题并不具普遍规律性，但在一定范围内却符合实际。《鸥波小草旧序》说："世固有瑰才异能，读书破万卷，方草茅跧伏奋其英锐之气，若欲凌驾韩杜而上之，及至蹑金门，登霄路，应酬杂袭，音响都非，岂非有瞀乱其神者哉？"[③]又，《赏雨茅屋诗集序》云：

> 自来文人学士一旦致身通显，而焚弃笔墨、噤口词章者，比比皆是。何哉？……荡心蛊志则移于色声者有之；冒贿无艺，固位是求，则夺于名利者有之；其或才识拘局，迷闷簿书中，日不暇给，所谓一行作吏，此事遂废者又有之。然则登高无赋手，而从宦少诗人。[④]

这两篇序言都明确地提出文人学士一旦高官显宦，就流连应酬，废弃笔墨词章。由此上溯，唐宋前贤早已有与之相似的言论，韩愈《荆潭唱和诗序》云：

> 夫和平之音淡薄，而愁思之声要妙；欢愉之辞难工，而穷苦之

① 苏轼《苏轼诗集》，中华书局1982年版，第2册，第577页。

② 苏轼《苏轼诗集》，中华书局1982年版，第1册，第274页。

③ 见江之纪《白圭堂诗钞》（十二卷，又名《鸥波小草》）卷首，嘉庆刻本。

④ 见曾燠《赏雨茅屋诗集》卷首，嘉庆己卯重编本。

言易好也。是故文章之作，恒发于羁旅草野。至若王公贵人，气满志得，非性能而好之，则不暇以为。[①]

欧阳修《薛简肃公文集序》云：

盖遭时之士，功烈显于朝廷，名誉光于竹帛，故其常视文章为末事，而又有不暇与不能者焉。至于失志之人，穷居隐约，苦心危虑而极于精思，与其所感激发愤，惟无所施于世者，皆一寓于文辞。故曰穷者之言易工也。[②]

欧阳修所谓的"穷"不单指经济困窘，更主要指仕途不得意。并且他将得志之人、"遭时之士"的废弃词章归为两类："不暇"、"不能"。

时隔六百余年，吴锡麒以"从宦少诗人"的言论与之遥遥相应，欧阳修所谓的"遭时之士"即是吴锡麒的"从宦"之人，他们与韩愈所说的气满志得的"王公贵人"，同出一辙。仔细寻绎，吴锡麒也阐发了产生这种现象的几种可能的原因，一则"才识拘局，迷闷簿书中，日不暇给"，相当于欧阳修所言"不暇"者；一则"冒贿无艺，固位是求"，近于欧氏所言"不能"者。此外，吴氏还分析了另一种情形，即"珠服玉馔进于前，齐讴楚舞陈于后，荡心蛊志则移于色声者"。也即宋人魏庆之所说的"忧劳者易生于善虑，安乐者多失于不思"，文章雅事自无暇顾及。

当然，吴锡麒关于"从宦少诗人"的阐发并未停留于此，其文集中对此的分析深入透彻。从表面现象看来，由于"一行作吏，此事遂废"；进深一步看，也是出于通都大邑诗人应酬频繁妨碍诗情的原因。风雅之局，多争强逞胜，必定追求速藻以显才敏。《陈梅垞同年三香吟馆诗钞序》云："都下命侣啸俦，合尊促席……未尝不寸碧腾笺，半红刻烛，陶春秋之佳日，缔风雅之胜缘。然志在献酬，多疏于速藻；情役奔走，或失其

① 韩愈《韩昌黎集》，商务印书馆 1958 年版，第 24 页。

② 欧阳修《欧阳修全集》卷四十三，中华书局 2001 年版，第 2 册，第 618 页。

恒姿，心声不存，飙焰盖寡，是故作者之难也。”[①]

究其实质，通都大邑之不利诗人产生，还在于此唱彼和，限其真气，耳濡目染，罕能自树一帜。《培桂山房诗钞序》分析道：“求诗人于通都大邑，则绨章绘句，此倡彼和，类能附庸风雅，夸耀坛坫。然往往寄人篱落，罕能自树一帜者。无他，耳濡目染，习而安焉，风气囿之矣。”相对举而言，“深山穹谷之中，淳固敦庞，养其真气，一旦有所发泄，则必夭矫奇岖，以成其不可一世之才”[②]。

其三，吴锡麒提出“人以文存”、“穷而至于乐”的以诗传人的观点。这种翻案说法的渊源可以上溯至魏曹丕的“三不朽”说。尽管文士往往“才命相妨”，但“立德”、“立功”之外“立言”的不朽也是心灵慰藉之一。它令古往今来的寒士们能在际遇偃蹇中“穷而至于乐”。吴锡麒在多篇诗序中阐述了“以诗传人”的看法。如《甘西园侍御养云楼诗草序》：“是西园（指甘立猷）固不必仅以诗传，而人已皆得传于其诗也。”[③]《八松庵诗集叙》：“余得而读之，叹其天籁自鸣、灵襟罄发……小花死矣，天厄之矣，而其不与俱死者，独此一缕吟心，且缠绵固结而不能已也，然则天岂能死小花哉？”[④]《笛船诗钞序》：“无如工于诗者必穷，不穷者又不必工于诗，天果有以限之耶？然而天能限诗人以穷，而不能限其诗之必穷……夫穷而至于乐，亦何病乎穷哉？”[⑤]尽管“文士多数奇，诗人尤命薄”，诗虽能穷人，也能成全诗人。正如苏轼评价李、杜的遭际时所说：“谪仙窜夜郎，子美耕东屯。造物岂不惜，要令工语言。”[⑥]

---

① 《有正味斋骈体文》卷三。

② 吴锡麒《培桂山房诗钞序》，见汪上彩《培桂山房钞》（六卷）之《诗钞》卷首，嘉庆九年刻本。

③ 《有正味斋骈体文》卷三。

④ 见李御《八松庵诗集》（九卷）卷首吴锡麒序，光绪二十五年仲冬月重刊本。

⑤ 见吴方夔《得心书屋集》（又名《笛船诗钞》）卷首吴锡麒序，嘉庆刻本。

⑥ 苏轼《次韵和王巩》，《苏轼诗集》，中华书局1982年版，第1441页。

第四节　诗禅结合论：禅妙诗心 诗破禅械

诗禅结合是中国文学史的一个特殊形态，中唐以后便逐渐形成以禅喻诗的创作和批评倾向。禅对诗的渗透最显著、普遍的形式之一即是以禅论诗，唐王昌龄《诗格》、皎然《诗式》都闪烁着禅宗思维的影子，而以禅论诗的代表首推严羽《沧浪诗话》。严氏第一次系统集中地借用禅理来探讨诗歌艺术的特征和本质问题，将此前诗论家、诗人们的零散言论体系化。

然而，历代文人对严氏"大抵禅道惟在妙悟，诗道亦在妙语"之论不乏批评指斥的声音。至清代，批评的声音仍有很多，突出者如钱谦益、陈继儒、赵执信等，冯班甚至有专门著述《严氏纠谬》。在诗、禅关系上，吴锡麒持论辩证客观。如前所述，吴氏论诗反对严羽"诗有别才，非关学也"的说法，但他并不完全否定禅家"妙悟"、"性灵"在创作中的重要作用，而是肯定禅、诗相通，并进一步剖析二者贯通之内在机制："诗非禅之可赅，禅实诗之可贯"、"禅可以妙诗心，而诗又可以破禅械也"。

《陈师竹春草堂诗序》谓："观其性灵独发，华液相滋，澡雪精神，疏瀹结轖，泠泠乎、清清乎，可谓能自通其学者矣。"[①]吴氏揭示了性灵在诗歌创作中的独特妙用。在诗文题序中，吴锡麒曾屡引严羽"羚羊挂角"之论，来阐释禅悟所发挥的启发审美体验与创作灵感的重要作用。其云：

> 夫羚羊挂角，沧浪托之微言；明月前身，表圣标其隽旨。探诗人之奥，窥作者之藩，莫不冥契圆灵，旁通定慧。……夙根不昧，妙悟自生。逸兴遄飞，清辞敻发。(《法时帆祭酒存素堂诗集序》)[②]

---

① 《有正味斋骈体文》卷三。

② 《有正味斋骈体文》卷四。

古之作诗者，其亦有禅悟乎。……要其钩深索隐，咀英含华，神思相融，节文自会。故左司之冲淡，禅也；樊南之绮丽，亦禅也。味蕴于至深，而理通于无朕。证羚羊之挂角，契落花之无言。(《汪静崖庶子诗集序》)①

“禅悟”是佛教禅宗用语，借以比喻诗歌创作和欣赏中应重视对前人诗篇的体验和领会。妙悟之诗佳处在“透彻玲珑不可凑泊”，如空中音、水中月、镜中象，言尽意无穷。无疑，吴锡麒尽管论诗主张性情、学问相结合，但同时也追求“味蕴于至深，而理通于无朕”的“妙悟”，可见“学”、“悟”、“性灵”三者在主体的创作与鉴赏中并非畛域分明，而是彼此融合、相辅相成的。

不仅如此，吴锡麒对严羽的“以禅喻诗”也深表赞许，他论诗、词、文均喜作禅喻。在《与尤水村书》中他就明确地表示自己倾心佛、禅，云：“仆自到长安，栖傍僧舍。吟榻之侧，杂以梵声，暇就研讲，颇获禅悟。心耻弹铗，徒步当车。”②可见他喜对“禅”与“诗”之关系进行思考，并非无本之木，而是与其生活背景有所关联。

尽管以禅论诗已不是批评史上的新鲜话题，但吴锡麒对二者关系的思考，仍有独到见解。包括严羽在内的历来文士强调的多是禅对诗的渗透、影响，津津于以禅入诗、参诗、作诗、论诗。相反，突出诗对禅的影响与渗透则寥寥无几。吴锡麒在肯定了以禅喻诗、禅妙诗心的基础上，又凸显诗对禅的重要作用：“诗破禅械”、“诗非禅之可赅，禅实诗之可贯”。以下两段序文集中表达了他的“诗”、“禅”观：

梵爪千言而不竭，牟尼一串而皆圆，门外桃花，庭外柏子，皆可发沧浪之旨趣，通表圣之品评。在彼法为最上乘，在吾人为不朽业。灵机一启，宿障咸除。是禅可以妙诗心，而诗又可以破禅械

① 《有正味斋骈体文》卷五。

② 《有正味斋骈体文》卷十七。

也。(《汪静崖庶子诗集序》)[①]

昔严仪卿以禅喻诗,厥旨清微,遂传三昧,希其风者,莫不如酥入水,如香染衣矣。……诗非禅之可赅,禅实诗之可贯。是故一花分付,半果研磨。演呗赞之篇,宝衣众积;转华严之偈,天琴自张。为海潮音,为师子吼,此禅人之诗也。借地翻经,弥天选佛,析纯陀之趣,蒲褐堪依;论般若之宗,松枝在握。为净觉海,为精进幢,此诗人之禅也。……(时帆)是禅与诗之旨合也,是禅与诗之界之分也。仆少习词章,粗知端绪,间聆梵诵,亦有证明。忆芋火于地炉,感茶烟于禅榻。既多其留恋,难免乎语言。(《诗龛记》)[②]

由此可见,锡麒在处理二者关系时,一方面肯定了“禅与诗之旨合”,二者虽分属不同的精神文化形式,但都注重发挥主体能动性,强调弦外之音;另一方面,锡麒又不忽略“禅与诗之界之分”,一缘情,一体道;诗缘文字,禅离文字,所以二者是旨合而界分的。在此基础上,吴锡麒还形象地描述了诗、禅结合的两种情形:一曰“禅人之诗”,强调“为海潮音,为师子吼”的醒世脱俗之趣;一曰“诗人之禅”,强调“析纯陀之趣”、“论般若之宗”的超然红尘之意。

第五节　诗歌功能论:温柔敦厚 诗与政通

“诗教”传统由来已久,它的提出最早见于《礼记·经解》:“入其国,其教可知也。其为人也温柔敦厚,《诗》教也……其为人也温柔敦厚而不愚,则深于《诗》者也。”在分析“诗”、“政”关系时,吴锡麒继承了传统儒家诗教观,认为诗“与政相表里”,“与政相通”才能“立言不朽”(《李载

---

① 《有正味斋骈体文》卷五。

② 《有正味斋骈体文》卷十四。

园海门诗文钞序》)。与之相应,吴氏认为“盛世之音和且平,大雅之才丽以则”(《寅炳侯前辈诗集序》)。这一言论直接承袭了《礼记·乐记》“治世之音安以乐,其政和”的论调。

既然声音之道与政相通,那么诗歌自然承担着政治教化作用。“温柔敦厚”就成为了儒家诗教的核心原则。在诗歌功能方面,吴锡麒也鲜明地标举“厚人伦、美教化”的政教作用。他在《悝斋吟草序》中说:

> 昔先王以厚人伦、美教化、移风俗而诗之教以兴。诗也者,盖与政相表里者也。自后世采风之典废,诗始与政分。故征发期会之事繁,而导扬讽喻之旨失,于是乎以文学饬吏治者,几罕见其人矣。然世之以循吏称者,卒未有不由乎此,如元鲁山、白太傅、苏文忠诸人,莫不慨念时艰,详求民隐,往往因其情状而代之语言,悱恻缠绵、一唱三叹。……余受而读之,见其清遒深亮,无镌绘之巧,而有温柔敦厚之遗,以视元与白与苏,不必有觍觍焉。①

吴氏认为先王之世,诗与政相通,诗有厚人伦、美教化、移风俗之功能。然而自后世“采风”之典制废止后,始两者分途。二者相分直接导致诗歌失去讽喻时事之功能。由此,吴锡麒充分肯定了好友陈观国的诗歌,谓其诗与政相通,得先王温柔敦厚之旨,并列举历来“慨念时艰,详求民隐”的唐宋著名政治家、诗人元白、苏轼等为参照,谓陈观国之诗与他们一样能做到“以文学饬吏治”,真正发挥诗教作用。

由此诗教观出发,吴氏主张诗在总体风格上应以“雅正”为宗,反对纤巧淫靡的诗风。这表面看来似与吴氏论诗反对沈德潜“格调说”相矛盾,但实质上并不相悖。因为吴锡麒反对的仅是沈氏专倡唐音排斥宋诗的论调,而非沈氏突出“温柔敦厚”的诗教观。

当然,锡麒文集中论及诗歌与政治的关系远不止此,尽管浙派诗人以模山范水为诗歌主体,于社会现实、民生疾苦着墨不多,但吴锡麒却

---

① 吴锡麒《悝斋吟草序》,见陈观国《悝斋吟草》卷首,嘉庆十三年刻本。

颇为突异。他虽为翰林清贵，但并非漠视底层人民生活，在与友朋交流的尺牍、题跋序言中常常表达对为官者体谅民情、洞察舆情的期望，对古诗人隐忧民瘼，“若置腹心，如闻涕泣”，“辄为之潅焉”。吴锡麒充分肯定了诗歌的政教功能，谓之“弦歌为理县之谱，篇什代活民之书”。又云：

> 夫纯绵之蜜丽，非衣缊麖者可知也；钧奏之铿锵，非歌《皇荂》者所识也。……此又以弦歌为理县之谱，篇什代活民之书者也。①

> 每见古诗人隐忧民瘼，洞察舆情，若置腹心，如闻涕泣，辄为之潅焉。……故凡风蝗暑魃之灾，灶黾畦鱼之患，往往形诸咏叹，被以歌谣。白公乐府之篇，可称诗史；元结舂陵之作，实为苍生。②

> 夫乃知性情所结，灵响生焉，不必鞶藻之饰也。丘壑可怀，奇情发焉，不必屐齿之寄也。习此优游案衍之音，以达乎兴观群怨之旨，庶古人其不远乎？③

孔子“兴、观、群、怨”说与强调教育要“兴于诗，立于礼，成于乐”，都是将《诗》的学习提升到礼义教化乃至政治社会功能层面。吴锡麒正以之为“优游案衍之音”所力当追求的旨趣。从《有正味斋诗集》看，其诗歌雅正的艺术风格正是来源于温柔敦厚的诗教观。潘瑛、陈塾《国朝诗萃二集》卷四曾评价锡麒诗云：“司成诗格清醇，得温柔敦厚之旨。间有宋体，不落纤腐，其风骨高也。予尝与老友张竹轩论诗，谓近代作者大抵炫异矜奇，逞才使气，自诩独步，已落旁门，抑或矫枉过正，优孟衣冠，自谓正宗，实同肤廓，其弊愈不可言。去斯二者，庶几近焉。观司成诗，

① 《有正味斋骈体文》卷四《顾涑园先生橘颂堂诗集序》。

② 《有正味斋骈体文》卷六《杨米人燕南赵北诗钞序》。

③ 《有正味斋骈体文续集》卷一《顾仲欧诗钞序》。

知所尚也。”[①]此一评价颇中肯綮。

第六节　诗歌风格论：诗无定格 清贵为宗

在诗歌审美旨趣上，吴锡麒推崇“清”的风格特色。“清”无疑是浙派所认可的核心诗美范畴，这个审美取向在浙派诗人的集中处处可见：

> 得毋“清”之一字，为风骚旨格所莫外者乎？……盖自庙廊风谕以及山泽之臞所吟谣，未有不至于清而可以言诗者。[②]

> 诗无定格，以清贵为宗。[③]

> 乾坤有清气，山水有清音，融结而为精灵，胚胎而为人物，衷之性情，根之气骨，散之心脾，造化实钟美于是。[④]

与“清”类似的“淡”、“洁”等表述在浙派诗论中出现频率也颇高。浙派诗人厉鹗的创作风格为人评为“诗品清高”、“孤淡”，正是这种重“清”的诗歌美学追求的体现。吴锡麒继承衣钵，论诗亦多以“清”来概括点明自己所推赏的艺术风格。如：

> （奚冈）君诗清而腴，峭而不险，其标格与白石、云林为最近。（《冬花庵烬余稿序》）[⑤]

① 潘瑛、陈塾《国朝诗萃二集十四卷》卷四，嘉庆九年刻本。
② 厉鹗《樊榭山房文集》卷三《双清阁诗集序》，光绪七年刻本。
③ 杭世骏《道古堂文集》卷十《马思山南垞诗稿序》，《续修四库全书》本。
④ 杭世骏《道古堂文集》卷十一《何报之诗序》，《续修四库全书》本。
⑤ 奚冈《冬花庵烬余稿》（三卷）卷首，嘉庆十年刻本。

(陈观国诗)清道深亮。(《悭斋吟草序》)[①]

(任畏斋诗)清益求真,华不入靡。(《任畏斋都督二峨草堂学稿愚稿序》)[②]

(李秋门)其诗清而不佻,丽而有骨。结姿于山水,则灵气与通,敦好于昆朋,则天情自洽。(《李秋门遗诗序》)[③]

其诗清同落叶,艳比散花。(《西山纪游诗序》)[④]

(赵味辛诗)迴乎清拔……清而婉,久而能新,以抗古人,遂称作者。(《赵味辛诗集序》)[⑤]

(江之纪)困于场屋,屡试不得第,然其诗淡而远、清而且深,虽颠踬于风尘之中,而能轶出于世俗之外,往往群籁俱息,灵响自生。(《鸥波小草旧序》)[⑥]

承示近作二首,情味流溢,词致斐然。……乃知清斯可圣,枯始近禅,未易为一二龌龊者道也。(《答项秋子书》)[⑦]

当然,吴锡麒对"清"之审美风格的欣赏并非独造,而是师承有自。浙派厉鹗、杭世骏等论诗均宗尚"清深"之风格,已如上述。吴锡麒青年

① 陈观国《悭斋吟草》(四卷)卷首,嘉庆十三年刻本。

② 《有正味斋骈体文》卷三。

③ 《有正味斋骈体文》卷五。

④ 《有正味斋骈体文》卷六。

⑤ 《有正味斋骈体文续集》卷一。

⑥ 见江之纪《白圭堂诗钞》(十二卷,又名《鸥波小草》)卷首,嘉庆刻本。

⑦ 《有正味斋骈体文》卷十七。

时即问诗于里中杭世骏,自然得益不少。他在《同岑诗选序》中说:"曩余问诗于堇浦杭先生、西林吴先生,并皆标举清深,敷陈丽密,准诸前古,以诏后来。"足见,其论诗标举"清深"、"丽密"乃是承继浙派衣钵。

不仅如此,吴锡麒还进一步阐述了"清"的诗歌风格与"学"的创作基础之间的关系。《栖饮草堂诗钞序》云:"吾友点山能守其西崖少宰家法,其诗专主于清,陈云伯赠诗所谓'一卷怀清集,寒吟屡剪灯'者是也。或乃疑少宰历翰林、陟台谏,出持文枋,入贰铨衡,地位既高,故诗之超旷亦随之,似非点山之可得攀而跻之者。而余谓不然,天下典奥深博之境,皆可以学力取之,而独至于清,非有天焉不能。"①吴氏认为诗歌要想达到"清"的风格造诣,并非以学问能求得,而是来自不可知的"天",他所言的"天",也许指的是他时常论诗时强调的"天性"、"性灵"。

综上所述,吴锡麒是浙派中后期转关的代表性诗人,他的诗学主张和诗歌创作都展现出对前此浙派诗学的承传与革新,在乾嘉诗坛百派萦回、争相溢彩的背景下有意识地起衰救偏,虽然所取得的成果并不突出,但对当时诗歌潮流乃至近代诗坛都产生了一定的导向作用。

① 见汤礼祥《栖饮草堂诗钞》(六卷)卷首,嘉庆二十年刻本。

第四章　吴锡麒诗歌题材内容研究

结合吴锡麒人生经历与诗歌思想内容、风格特色的变化，他的诗歌创作可以划分为三个阶段：一、创作早期（1746—1775）：少年读书乡里直至乾隆四十年（1775）中进士入翰林之前。诗有《宝石山楼始存稿》《严江集》《翕羽斋集》。二、创作中期（1775—1801）：乾隆四十年（1775）中进士后为官京师，直至嘉庆六年（1801）授职祭酒不久即于八月乞养南归期间。诗有《解褐集》《翰苑集》（上下）、《暂假集》《泥爪集》《白沙江上集》《重梦集》（上下）、《归帆集》《韩江集》《槐市集》。三、创作晚期（1801—1818）：嘉庆六年（1801）乞养南归后，锡麒侨寓扬州，历主乐仪、梅花、安定书院讲席，往来上海、毗陵、维扬、杭州等地期间。诗有《吴船集》《东皋草堂集》《萍聚集》《韩江酬唱集》。以下拟结合吴锡麒诗歌创作阶段，对几类主要题材内容作一解析。

第一节　山水纪游、行旅风光

吴锡麒平生雅好山水，王昶《蒲褐山房诗话》称其“性好溪山，流连诗酒，青帘画舫，绿箬红衫。游筇所造，无不承盖扶轮，扫门纳屦”[①]。锡麒亦自谓“夙禀麋鹿姿，叨窃山水福”[②]，“士生山水区，动羡烟霞境。

① 王昶《湖海诗传》卷三三，《续修四库全书》本。

② 《有正味斋诗集》卷二《自严州归钱唐，舟行濡滞，获览山水之胜，凡六日得六百言》。

振策散奇怀，每造猿鸟请”[1]。他一生遍历吴越、齐鲁、燕赵之间，踪迹所至必描摹胜景抒发襟怀，诗集中存留800余首纪游之作，它们构成了《有正味斋诗集》的主体部分。当然，多写景纪游之作，亦是浙派诗人共同特点之一。据诗歌思想、内容、风格等差异，吴氏山水纪游诗可分为三个阶段。

一　进士及第前以越地山水为主的山水纪游诗(1746—1775)

这一阶段的山水纪游诗描写范围以两浙的杭州、嘉兴、湖州、严州一带的风光为主。诗多用古体，寄寓情怀感慨多于自然审美观照。它们反映了年轻诗人对前途的隐忧与入世的雄心；由景及人，诗中还常出现忧世忧民之叹。

杭州系山水之窟，诗人早年乡居时常偕友人流连其间。西湖四季胜景，在他笔下极尽浓妍情态，“浮烟欲合全湖暝，宿雨初晴万树圆”(《湖上观新绿》)、“双白鸟边催阵起，万荷叶上听秋来”(《湖上看雨》)、“湖镜双开里外分，卧虹十二界波纹”、“隐隐钟生昭庆寺，沉沉树暗岳王坟”(《秋夜湖上》)。诗人还在夜间观潮，有《观夜潮》云：

> 高楼极目大江宽，为待潮生夜倚阑。隔岸忽沉灯数点，如山涌到雪千盘。鱼龙卷地秋风壮，星斗摇天海气寒。明月渐低声已歇，一枝塔影卧微澜。[2]

全诗以恢弘、简练的笔触写钱塘江大潮涨落全过程：待潮时极目江宽；陡然潮生，如雪山倾涌，鱼龙卷地、星斗摇天，气势磅礴；月斜潮落时，顿时又是一派幽深、静谧的景象。该诗层次分明，章法井然；境界开阔，神足气完。

---

① 《有正味斋诗集》卷五《杂诗十二首》(其五)。

② 《有正味斋诗集》卷一。

于绘景中传达萧散、闲逸的情趣是锡麒纪游诗的特点之一。如《沙河晚归》:"落日收墟市,飞鸦乱夕天。峭寒浑赴暝,野水自生烟。月在诸峰外,僧归一磬边。前途渐灯火,城堞望苍然。"[①]《江亭晚眺》:"一片江烟外,荒荒落日寒。暝光投隔岸,诗思起凭栏。花歇风生树,人喧月上滩。归途就灯火,前渡正渔餐。"[②]《江岸晚行》:"雨霁江无烟,满岸秋瑟瑟。老翁打鱼归,一蓑挂残日。"[③]《灵隐道中》:"一峰高处白云低,人到云中路已迷。衣上不禁秋色冷,猿声啼过夕阳西。"[④]

然而这种萧散闲逸却是不平静的,其间不时传达出"孤帆若无依,飘飘就寒浦"[⑤]、"自怜岁寒心,日暮犹江湖"[⑥]的羁旅愁绪。诗人笔下的山水风光不再怡情悦目,而是寄托着浓郁的难以琢磨的羁旅、迟暮情绪,如:

入画枫围岸,怀人雁满汀。江湖正秋色,落叶不堪听。(《吴山秋眺》)[⑦]

紫燕黄鹂相对语,余花晚笋各成妍。春愁独我难消遣,每到斜阳为黯然。(《湖上观新绿》)[⑧]

这种浮生易老、寂寞惆怅的思绪,或深或浅地印在青年吴锡麒的山水诗中,显得与其年龄颇不相称。典型之作如:

城堞去已远,亭皋望欲迷。颓阳流影淡,归翼扑凉低。苔彴横前渡,瓜棚倒旧畦。萧闲殊自赏,草履若为稽。(《秋郊晚眺》

①⑧⑨ 《有正味斋诗集》卷一。

②③④ 《有正味斋诗集》卷二。

⑤ 《有正味斋诗集》卷二《坌栢渡遇雪》。

⑥ 《有正味斋诗集》卷二《泊富阳郭外遥望赤亭诸山》。

⑦ 《有正味斋诗集》卷三。

其一)⑨

亦有伊人慕，渺然天已霜。丹黄群木合，明灭一波长。万态纷摇落，浮生易老苍。笛声衰草起，隐隐下牛羊。(《秋郊晚眺》其二)①

山好只今怜寂寞，影疏令我益徘徊。里湖多少春风树，未及诗人此地栽。(《孤山探梅》)②

作者借秋色、斜阳、衰草等有迟暮色彩的意象，表达出内心潜藏的时不我待、年华易老的感情，构成了独特的诗歌意境。

诗中寓含淡泊名利的情趣亦是锡麒早年山水纪游诗的又一特点。吴锡麒在乾隆三十四年(1769)、三十五年(1770)，曾两游严州。溯富春江、新安江而行，沿途风景秀丽，诗人作有不少优秀诗篇。如《桐庐道中寒雪初晴月色皎洁》，该诗描写江上月夜雪景极为奇丽："寒姿结窈窕，幽壑穿珑玲。云归微素合，波往虚光停。明明帆弄叶，晶晶晶开屏"，"岩端发清磬，潭底摇疏星"③。月夜虚光粼粼的江面为橹波荡开，雪片纷飞之下江面如通透的画屏铺展。雪片落入岩端，在静谧的夜间发出清磬般和鸣，潭底几点星斗摇曳生辉。

往来富春江之畔，最能引发诗人感触的还属江畔著名的归隐先贤严子陵之钓台。严子陵(前39—前41)，系东汉著名隐士，名光，一名遵，字子陵，会稽余姚人，原姓庄，因避东汉明帝刘庄讳而改姓严。严光少有高名，与东汉光武帝刘秀同学，曾协助刘秀起兵。事成后归隐著述，设馆授徒。刘秀即位后多次延聘严光，但他隐姓埋名，退居杭州桐庐富春江畔，后此地为严子陵钓台。北宋范仲淹撰有《严先生祠堂记》，内有"云山苍苍，江水泱泱。先生之风，山高水长"的赞语，使严光以高

---

① 《有正味斋诗集》卷一。

② 《有正味斋诗集》卷三。

③ 《有正味斋诗集》卷二。

风亮节闻名天下。吴锡麒对这位乡先贤十分倾慕,《游高峰山登浮图绝顶》云:“子陵不可招,参军今已矣。俯仰千载名,虚空一弹指。”[①]《严州》云:“寒生恻恻羊裘薄,风动萧萧钓竹轻”、“荒台草满千年后,谁与江山作主盟。”[②]

富春江有“严陵八景”,七里泷系八景之一。吴锡麒曾作有《雨中过七里泷作歌》,该诗描写了七里泷上风挟雨至、青山如洗,滩船争渡、渔家唱晚,一幅丹青无法描摹的烟雨迷离却不失情趣的景象。然而诗歌的重心并非在此,客愁羁旅,诗人此时最忆的却是“羊裘孤拥”的严先生,虽欲松门一酹,却因苔荒路滑无由得过。诗人最后发出慨叹:“传闻名利人,不泊钓台下。扁舟独纵横,问我何为者?”[③] 如此自设之问,一方面抒写了自己对严子陵不慕名利、心志淡泊的追慕;另一方面也表达了自己在风雨中仍为前程汲汲奔走而茫然自失之感。

二　及第后至嘉庆六年乞养南归前的山水纪游诗(1775—1801)

此期山水诗主要描摹了京都名胜、塞外风光及京杭运河沿途风景民俗。古、近体兼有,以近体为主,风格多样。与前一时期不同,此时山水诗较少寄寓感慨,以景物描摹尽致取胜。

其一,京都名胜。自乾隆四十年锡麒为官京师后,时与好友同游京师近郊。法式善曾追述二人偕游的欢畅情形:

> 京师钓鱼台桃花,崇效、极乐、法源三寺海棠、牡丹、菊花,澄怀园、净业湖荷花、檀柘、桂花,皆称极盛。先生喜游,又喜偕余游,游必有诗纪胜。当夫酒酣笑乐,俯仰今昔,落落自喜,萧慘旷放,云之行也,水之流也,风之来也,气候之变幻也,山川之俶诡也,若有意若无意,及发而为诗文,则万象包纳,幽者显、昧者扬,坚者琐者靡

①②③ 《有正味斋诗集》卷二。

不摧且理焉。[①]

法式善充分肯定了锡麒纪游诗阐幽发微、广博莫名的特点，确属的评。集中《冒风出右安门看花作歌》《澄怀园消夏杂诗十首》《同刘芙初嗣绾、倪米楼稻孙游积水潭》均作于是时，京中名胜赏游殆遍。因京中名园名寺多人工塑造，所以此时的纪游诗境界明显不及此前阔大，着力于描摹景色，情感怀抱的融入渐趋稀少。

考究此类变化情由，笔者认为缘于吴氏及第入翰林，抱负实现，人生得意之时郁结的情怀有以舒展的原因。试以《同人重游积水潭四首》为例：

短垣斜转径通幽，老树如油绿上头。才得西风吹几度，蝉声忽报十分秋。

阑干曾与故人期，可惜重来我已迟。风叶披披喧不定，一花凉到退红时。

烟写青林分外宽，飞来片雪不知寒。鹭鸶最是风标好，说与诗人仔细看。

吴侬虾菜当生涯，此地曾闻住钓家。昨夜收筒风露里，一枝折损水荭花。[②]

积水潭位于京都西北隅，曾是漕运总码头、皇家洗象池。小诗写虽节令已是“蝉声忽报十分秋”的深秋，但积水潭老树绿叶如油，余花犹存，青林间云烟倾泻，显得分外开阔；即便飞来片片雪花，也不觉寒凉。四诗写秋景，却无萧飒寥落之感。诗人虽未直接发抒情感，但其心情的舒畅已不言自明。艺术上，组诗设色巧妙，清新自然，毫无斧凿痕迹。情景交融，动静协调，犹如一幅幅优美的着色山水画。

① 法式善《有正味斋诗集序》，见《有正味斋诗集》卷首。
② 《有正味斋诗集》卷十一。

其二,塞外风光。乾隆五十二年(1787),吴锡麒奉命至热河检校文津阁四库全书,利用校书之便饱览了塞外奇山异水。这一时期创作了30多篇塞外纪游诗。

边塞壮丽风光令往来京杭间的江南文士极为倾倒。初至塞外,吴氏难掩兴奋之情,极目所见是“寒沙合大野,但见衰草黄”,“征夫急铃铎,野老驱牛羊”。在寒沙大漠赶路十分辛苦,但他的兴致丝毫不减,反而对“十载居承明,役役徇文章”的京都生活发出了“所愧缺簸扬”[①]的由衷感喟。

一路行来,塞外“万山冰雪接嵯峨,古木阴森夕照过”[②]的荒寒景象在诗人笔下都别具神采。《同芝山步磬锤峰下》写道:“松风生峭寒,拾径怵樵步。不闻清磬声,雪滴斜阳树。”[③]《雪后望塞上诸山》写道:“余雪破峥嵘,万象穷画秘。数峰矗长空,点染出松翠。一峰悄然孤,云写不了意。”[④]两首诗皆以极简练之语,写尽塞外雪景的瑰丽奇特,荒寒寥廓中仿佛回到远古苍茫之中。

锡麒出塞诗还饶有兴致地描写了异域风情民俗,是同时代边塞诗中少有的佳作。如组诗《热河杂咏十六首》写热河风物,每首均有长篇自注,十分独特。第十三首云:“皮褥山绸物价谐,兔肩鹿尾市门排。一条软绣差堪拟,深夜笼灯买卖街。”注曰:“热河出马皮茵褥,毛色浅深相间,灿然可观。山绸出建昌县,热河市中多鬻之。买卖街在山庄西,最称繁富,南北杂货无不有。”[⑤]这一组诗生动地记录了塞外热河的种种独有物产、风土民俗,令人耳目一新。清人王锡祺辑录《小方壶斋舆地丛钞》时就将吴氏此诗注释辑为一文,题曰《热河小记》。

锡麒边塞诗值得一提的还有长篇歌行《出塞篇》。全诗构思宏伟,结构跳跃跌宕。开篇寥寥数笔似泼墨山水大笔渲染塞外荒凉空阔的气象,枯草黄尘遍布间,边墙蜿蜒伸向远方,万峰笏立,直接苍穹。这苍凉

---

① 《有正味斋诗集》卷八《晚次清河》。

② 《有正味斋诗集》卷八《寓斋感怀》。

③④⑤ 《有正味斋诗集》卷八。

荒寒之地却是"关通古北"、"地勒中原"的要隘。诗人登上高台,只见一派"远连岭嵲包元菟,近画河流界白狼"的景象,不由得豪气驰驱,由雄关胜景联想到边疆烽烟。"豆剖瓜分几代休,徒教废垒至今留"、"自拟狼胥封有日,谁知燐火照成烟",昔日战火纷纭,如今废垒徒留,兴亡替废之感使得诗人惆怅感慨。然而至此诗人又笔锋一转,歌颂本朝政治清明、中外一家,"岂有烽烟烦北顾,即看牛马尽南眠。甲兵净洗民蒙福,往日侨居今聚族"①。接下来,诗人又转写边塞的情景,"朝天万笏峰先矗,如待群仙开绘幅"、"三驱礼毕川原旷,千里暮云回首望","峰头俯压鸟声低,冈脉东蟠龙气大"。荒寒凄清已经为祥和气氛替代。诗歌结尾作者表达了对边塞奇观由衷的赞美之情,"愿随石匣峰头月,来读人间未见书",并发出感慨:"书生不为从军出,兀兀摇鞭去何疾?"②

其三,京杭沿途风光。锡麒往来京杭间颇频繁,"游筇所造,诗必纪之"。佳制如《莺脰湖曲》《练湖》《登最高峰作歌》等。其中《月夜过泖湖》写得尤为优美:

> 沙鸥熟眠不可呼,明月欲出秋满湖。烟中划桨有人去,但闻幽响生菰蒲。天空岸阔望无际,倒浸几点星模糊。征衣飒飒风渐紧,凉宇荡荡云先逋。银盘涌上浪花顶,万顷尽化琉璃铺。虚涵荇藻透空洞,净洗耳目生清娱。暗潮呜咽蚓窍细,远树蒙密牛毛粗。乘流东指海门近,咫尺身似凌蓬壶。冯夷惝恍弭遥节,鲛女倏忽驰明珠。珠光水气荡摩久,夜阑变灭随须臾。僧钟远听发山寺,林鹘惊起盘浮图。留人旅梦归不得,渔火一痕汀外孤。③

泖湖,故址在今松江县西,旧称三泖。诗歌描绘湖上月出至月斜的美妙过程。明月欲出时秋色满湖,幽幽的荡桨之声衬托出湖面静谧无比。"银盘涌上",湖面顿时如琉璃倾泻般璀璨,水面荇藻间波光粼粼,诗人

---

①② 《有正味斋诗集》卷八《出塞篇》。

③ 《有正味斋诗集》卷四。

浸身其中顿然有飘飘凌虚之感。“冯夷弭节”、“鲛女驰珠”，以虚境写实景，惝恍迷离，给人无尽遐想。良久月斜，又是一幅珠光明灭、僧钟遥响的画面。全诗布景设色，柔美秀丽，洵为写景佳构。

锡麒往来京浙两地，山东常是必经之地。泰安境内雄伟壮丽的泰山吴氏倾慕已久，嘉庆二年(1797)四月，锡麒还浙途中，偕友人鲍之钟、金素中等如愿登上泰山。此游作有骈文《游泰山记》，纪游诗也多达34篇。在泰安道中，诗人就远远瞻仰到泰山雄姿，“翘企气象尊，即之若无朕。石色摇魂魂，到天犹未尽。真形奠大荒，奇响激虚牝。情随去鸟驰，目受来云引。直上讶扪星，通中状蟠蚓”(《泰安道中望岱》)。诗歌写出了泰山“崇高独上，广博难名”、“植立万笏，无山不朝”的峥嵘气象，它雄伟高耸似可以上接天穹而犹未已。

循山一路行来，“呀然林扉开，纷若群真会。灵气郁芝房，清风袅萝带。笙钟合一响，鸾鹤阏万籁”(《寻隐真洞遂达樱桃园》)。以虚语写实，给人一种身临其境、飘然仙袂之感。抵达御帐坪，“天声一路风云接，龙气千秋草木蟠。避仗尚教惊鸟散，寻碑屡欲就苔扪”(《御帐坪》)。至五大夫松处，“倏惊风雨至，绝壑有涛奔”(《五大夫松》)，由新盘口经石壁峪遂上十八盘，抵达南天门时，“隐见蓬莱树，倒挂扶桑曦。长风荡海色，绿我须与眉”(《登南天门》)。登山远眺，诗人为眼前“背齐襟鲁”的壮伟气势深深叹服，他在七律《泰山二首》中写道：

> 背齐襟鲁矗孱颜，未了青收元气间。云出争为天下雨，日晴低见海中山。丹梯宛转樵踪蹑，铁索钩连鸟道攀。松吹泉声堪仿佛，蓬莱鞚鹤有人还。
>
> 风雷绝顶骇苍茫，香案何年待玉皇。人影半空移树白，天门一线挂河黄。甘心刺笋卑凫峄，好事剜苔侈汉唐。如练最关归客意，侧身东望已吴阊。[①]

---

① 《有正味斋诗集》卷十二。

二诗以奇崛之语描绘了泰山雄浑中兼有明丽、静穆中透着神奇的景色，云出为雨、日晴海现，极写山之高峻；丹梯宛转、铁索勾连，极写山之峭拔。后一首更为奇崛，山顶俯瞰，登山的行人如在半空，一线天门，犹如黄河倒挂。而"香案待玉皇"、"剜苔侈汉唐"之语，又使全诗饱含历史底蕴与神仙色彩，给人以无限的遐想空间。

三　嘉庆六年南归后往来上海、维扬、杭州间的山水纪游诗(1801—1818)

嘉庆六年(1801)，吴锡麒乞养南归，然而时值暮年的他并未从此过上颐养天年的安定生活，而是迫于生计，仍频繁奔波于吴越之间。这期间所写山水诗以表现江浙山水名胜为主，借景抒情、感慨尤多，然而无生硬之感，诗境较前有显著提升。

关于纪游诗创作，吴氏本身已有自觉体认。他为友人尤水村《塞上集》《黄山集》两本纪游诗集作序时说：

> 昔从军之行，挺英于王粲；游山之什，掇秀于谢公。并皆铿其隽词，传为选学。亦有大旗落日，四马豪吟。瘦杖西风，半空清啸。萧条不作，劖刻自深。盾鼻万言，履綦千古，是其中有性情焉，匪徒托诸烟墨而已。①

吴氏认为纪游诗不可局限于山水景色的描摹，应当寄寓性情，方能"劖刻自深"、"履綦千古"。吴氏在《顾仲欧诗钞序》中亦云："夫乃知性情所结，灵响生焉，不必鞶藻之饰也。丘壑可怀，奇情发焉，不必屐齿之寄也。"②再次强调了山川丘壑贵在寄寓人之性情、情感，而非定要亲履其境才能写出佳作。

嘉庆七年(1802)，锡麒应吴淞道观察李廷敬之邀，赴上海南园修

---

① 《有正味斋骈体文》卷六《尤水村塞上黄山二集序》。

② 《有正味斋骈体文续集》卷一。

书。《吴船集》即作是时前后，集中存有不少描写淞沪风景之作，如《松江待潮》《渡泖湖》《秋日南园杂咏》等。诗作风格多样，气势恢弘、峭觉奇警如《渡黄浦》："奔涛直走海门东，披豁风烟望眼通。网罟当门村近水，鱼龙同穴地浮空。"[①]《大风渡黄浦》："惊涛撼地轴，逆浪争海门。风色白一片，中杂鱼龙浑。浩浩搏沙石，浑浑失朝昏。"[②]温和优美、清丽可喜如《上海南园新种池荷，余以八月来寓，犹见一花媚净可爱》："淰淰暗潮通，人来莲叶东。微香生冷雨，单袂侧秋风。罗绮新相识，鸥鸟旧与同。增余迟暮感，不待夕阳红。"[③]萧散悠闲如《南园初夏作》："苔径无人行，琴卧斜阳清。水纹摇似篆，丁子尾初生。""林间脱壳笋，渚里破毛禽。著个老夫坐，南风看绿阴。"[④]呈现出苍茫凄清之美、抒发羁旅穷愁之慨，是锡麒晚年纪游诗最显著的特点。

年华似水、才人老去，已多感慨，更何况暮年仍为生计奔走。在多篇友朋往来尺牍中，锡麒都写出了自己"归来仍是叹劳薪，却借年华换客尘"[⑤]的贫寒窘境。如写给妻弟杨锦堂的信：

> 仆之况味，惟日在酸苦中煎熬，欲望回甘，竟不可得。家中人口渐次增多，屋宇几乎塞破。令姊光景，亦日形衰惫，而仰事俯育，朝朝总须作无米之炊……算来诸事都无省法，惟劝其省些烦恼而已。[⑥]

好在自从上海修书之事结束后，嘉庆九年(1804)，锡麒再度应邀赴扬州书院主讲。然而此时的诗人已无壮年时的勃勃兴致了。旅途所经，山水无不涂抹上浓重愁绪。如：

---

①②④ 《有正味斋诗集》卷十五。

③ 《有正味斋诗续集》卷一。

⑤ 《有正味斋诗续集》卷一《重返敝庐已届岁暮自慰二首》(其一)。

⑥ 《有正味斋尺牍》卷上《寄杨锦堂》，光绪元年上海申报馆铅印本。

天霁开澄镜，帆飞趁夕阳。云辞孤塔峭，波落一罾凉。客枕流山影，渔烟接水乡。高歌独不见，葭路望苍茫。（《渡泖湖》）①

黯黯一江愁，潮来亦白头。冻风低折雁，薄日懒随舟。芦荻飞旋定，鱼龙气早收。酒旗无望处，灯火冷瓜州。（《寒江》）②

峭然忘远近，小泊已黄昏。落日怀诗老，苍苔认古原。松高饥鼠窜，云黑冻鸦屯。载酒江湖路，更谁寻晤言。（《夜泊钱店（竹垞翁葬此）》）③

诸诗以描写黄昏、夜晚旅景为主，色彩灰暗，频频出现“夕阳”、“落日”、“江水”、“孤塔”、“冻鸦”等清冷意象，令人感受到英雄迟暮的黯淡感。作者有时甚至直抒胸臆地表达羁旅天涯、孤寂落寞之感，如：“之子多凄感，天涯少定居。风波愁渺渺，岁晚孰华余。”（《夜泊金山脚下》）“辛勤怆行役，寂寞羁孤篷。犹闻六朝水，呜咽西复东。”（《暮过陵口》）

第二节　咏物描摹、题咏书画

一　咏物诗

咏物是浙派诗大宗。吴锡麒咏物诗数量不多，但虽少犹精。晚清学者谢章铤曾认为吴氏“体物诸作”佳处不在朱彝尊、厉鹗二人之下，他

---

① 《有正味斋诗集》卷十六。

② 《有正味斋诗续集》卷一。

③ 《有正味斋诗续集》卷六。

还赞誉吴诗一时独步，善学浙派，“而为其铮铮者”[1]！尽管很多诗人认为咏物诗是雕虫小技，然而“诗以见人”，咏物之作常常能侧面反映作者的品性与追求。以此观之，不难发现，吴氏咏物诗展现了他淡泊名利、孤傲高洁的心性，所咏物象以“竹”、“梅”、“菊、“雪”最多，诗人崇尚它们“嚼蜡心如吾辈淡”[2]、“身耐苦寒坚晚节”[3]、“傲骨难驯拗不妨”[4]的精神。

锡麒部分咏物诗还能体物入微、形容尽致，以诗“六义”诠之，即相当于“赋”体。如：“荐之琉璃床，承以芙蓉萼。点睛蘸金壶，斫鼻运神锷。乳较佛图莹，窍比浑沌凿。”(《雪罗汉二十四韵》)“卖从湖面贱，堆向雪瓷凉。嫩白怜新剥，微甜足浅尝。”(《刺菱六韵》)此数诗对物象进行多方位的描摹，不免落入“实诠题面”的窠臼，稍觉呆板。然而，作者也不乏优秀的咏物篇什，它们以“比”、“兴”咏物，不为物象本身牢笼。

其一，善用“比”体，巧作譬喻。如《咏白芍药》：“一曲新词唱解红，万花高会素心同。担来清晓丰台月，洗尽浮华郑国风。味可破禅情不浅，春当娄尾色先空。胆瓶相对浑如水，珍重频教下绮栊。”《水绘园看牡丹》：“云霞天借作花身，玉佩斜翻锦幄新。如此色香才绝世，平生富贵不因人。”二诗都运用了拟人手法，以素颜佳丽与浓妍美人分别譬喻白芍药和牡丹花，生动形象。

其二，长于起“兴”，借物发慨。粘滞、枯涩是咏物之忌，相反，自空处着笔、寄寓遥深则是咏物意蕴隽永的锁钥。如《春草》：“高接林峦低水滨，远同点黛近成茵。但寻门巷浑无路，岂为天涯减却春。塞北至今青冢在，江南相望绿波新。萋萋送别先愁我，不独江淹是恨人。”《驿柳》：“记别江潭絮点衣，道人今又碧成围。长条似汝终防折，短发如余尚未归。揩痒尽教疲马系，投闲争得乱鸦飞。登楼最怕迷离甚，王粲于

---

① 谢章铤《赌棋山庄词话》卷九，《续修四库全书》本。

② 《有正味斋诗集》卷十四《味庄观察招集梅花书屋看黄梅花》。

③ 《有正味斋诗续集》卷一《季冬残菊犹开赋诗赏之》。

④ 《有正味斋诗续集》卷三《插菊》。

今孰可依。”诸诗以物象起兴，抒发人生感慨，典型之作又如《归鸦》：

> 甘将军庙几时回，历历村墟与水隗。乱点似兼残叶下，寒空又带夕阳来。萧条何暇求巢稳，瑟缩还欣得树偎。我是欲归归不得，《乌栖》一曲怕相催。①

此诗作于乾隆四十六年(1781)，时锡麒任职翰林，生活颇为清贫，曾自称“自从释褐注朝籍，破屋久向长安租”、“一年官俸抵不得，打门那免人追呼”。是年十月，锡麒得知城西寄园房价低廉，遂购之，旋即举家移居，结束了长达六年的租寓生活。然而“炊烟不起尘满厨”，诗人仍如寒鸦、蛰虫般过着贫寒的冷宦生涯。《归鸦》一诗即作于是时，首二联描摹了夕阳下几只瑟缩的寒鸦，它们伴随着坠落枝头的残叶一同在寒空中飘零。诗人以之起兴，由鸦及人，联想到自己如寒鸦般四处求巢的处境。尾联直接抒情，作者表达了欲归不得的思乡之情。

锡麒咏物诗长于“兴”体还表现在它们超脱了个人悲喜，借物抒发历史存亡兴替之感。如诗人早年所作《春草》《黄叶》二诗：

> 万种无名各自芳，不关秋到也苍凉。酒杯寂寞浇寒食，燕子徘徊认夕阳。一径牛羊风笛乱，六朝金粉砌台荒。分明恨碧消难得，断镞犹埋古战场。(《春草》其三)②

> 古水荒邮外，西风叶叶深。径多樵子踏，秋约酒人寻。远色明诸岭，斜阳淡一林。六朝金粉在，付与乱蛩吟。(《黄叶》)③

两诗一写生机勃勃的春草，一写颓败西风的黄叶，但都寓含着浓郁的苍

① 《有正味斋诗集》卷六。

② 《有正味斋诗集》卷二。

③ 《有正味斋诗集》卷一。

凉感。诗人未停留在物象描摹上,而是从空处着笔,“小中见大”,以苍凉景象牵惹出六朝兴替的存亡之慨。

其三,别有寄托,暗含讽喻。锡麒有一类歌行体咏物诗别具特色:它们综合运用赋、比、兴手法铺陈兴寄、寄寓遥深。佳制如《佛手柑十六韵》《长椿寺渗金多宝塔歌》《燕市杨花曲》《戒坛古松歌》等,气势恢弘,笔墨豪放。又如《蜀镜词》:“菱花但照颜色好,不照国家兴与亡。”“绮窗绣幌都安在,千里山河一朝改。”诗以一方菱镜引起想象,写前蜀末主王衍好色淫逸,终致亡国之悲。再如《寒雁篇》:

> 吹来天半多哀声,乃是征雁嗷嗷鸣。千里如酬望远曲,一群同唱《苦寒行》。苦寒欲语先呜咽,萍梗无端心菀结。口信今番漠北霜,爪痕前度江南雪。雪痕霜信递相催,唤弟呼奴往复回。衰草已迷青冢路,悲笳初紧白登台。……此身已分随飘泊,此地无端思倚著。栖时原羡丈人乌,冻杀谁怜纥干雀。冲飙白昼驱坏云,哭声倒向洪涛闻。鱼龙起蛰招同队,鹅鹳凌波合一军。苍茫中泽频呼啸,河伯不仁宁预料。漂摇身世羽毛摧,浩荡江湖稻粱少。令予侧耳重凄凄,苦竹黄芦听汝啼。……愿看野渚徐熙画,常念流民郑侠图。①

此诗作于嘉庆十年(1805)冬,吴氏自注:“时清江水决,坏人民庐舍不可胜计,故及之。”诗以寒雁譬喻流离失所的灾民,在严冬中他们飘泊无依、饥寒交迫。当时诗人主讲维扬,寒雁形象亦是穷愁落寞、为生计奔波的诗人自比,“身饥怜雁鹜,头白畏江湖”②。由物及人,小中见大,引发读者无尽感喟。

---

① 《有正味斋诗集》卷十六。

② 《有正味斋诗续集》卷六《江夜》。

二　咏书画诗

吴锡麒身处翰苑，士人雅集、酬赠较多，常以书画作品为媒，因此他创作了不少题咏书画诗。当时知名书画家罗聘、宋葆醇等，吴氏与他们皆系挚交。声名颇盛的书法家梁同书系吴氏同乡，然而此人较为“自矜”，不轻易为人作书。据说自乾隆朝两位重臣朱筠、纪昀去世后，惟有吴锡麒的“碑版之构”梁氏肯为其书写①。由此可见，吴、梁二人交谊颇深挚。与以上几位书画家的深交，从一个侧面反映了吴氏有良好的书画鉴赏能力，而且有机会获得或欣赏一流的书画作品。

据内容、审美倾向的差异，吴锡麒此类诗作可分以下几类：

其一，就画写画，审美趣味略显单调。如《宋芝山仿梅花庵主〈溪山无尽图〉》：“山根架桥桥白木，桥外短树蒙苍烟。秋寒如此夕阳落，近岸已泊归来船。行行一老童随肩，一老相候柴扉边。”②《题张亥白孝廉〈海天秋泛图〉》：“茸茸有树点有叶，簇簇者沙界者洲。其东傍岸船早泊，其西接海天俱浮。天将尽处画不了，划开海色当中流。”③二诗仅仅是以诗语对画卷内容作单纯描摹。

当然，他也有一些作品能发挥想象，调动读者视觉以外的感官体验，来延拓画作意涵，较为新颖独特。如听觉互动：

满窗风雨绿玉横，夜凉不觉清声起。（《题罗两峰聘仿东坡〈墨竹〉》）

绀碧萝阴坏塔颓，呷哑柳外舻声回。（《题赵味辛舍人怀玉〈春湖晴泛图〉》）

---

① 吴鼒《吴学士文集》卷三《吴榖人先生七十寿序》，《续修四库全书》本。

② 《有正味斋诗集》卷八。

③ 《有正味斋诗集》卷十一。

瑶唱偶然发，玉笙如可听。(《朱药斋孝廉荣朝〈望岳楼图〉》)

嗅觉、味觉互动：

云溶溶兮烟苍苍，南风吹来疏粉香。(《题吴仲圭〈墨竹〉》)

解我清馋须大嚼，不烦几辈写轮囷。(《题〈画蟹〉》)

有些诗还从视觉、触觉结合的角度写画，如：

峭飞千尺雪，凉割一江烟。(《吴汉川〈半帆图〉》)

一幅艾陵湖畔水，烟波不寒寒在纸。(《题管平原〈柳塘渔隐图〉》)

总体看来，以上诸诗是视、听、嗅、触觉等通感的极好阐发，它们化平面、静止的画面为生动活泼的情景，能使读者更加立体地感受画卷。

其二，诗中有画，意境宛然。如《题桂未谷馥〈溪山独步图〉》："路自云中入，泉从竹下流。樵夫不到处，落叶几时秋。招隐鸟相唤，忘机人独留。前溪多暝色，风雨暮山头。"[①]《题冯鹭亭〈洞庭移居图〉》："笠泽著书好，鸳湖打桨通。春波鱼掷白，秋树橘围红。后约期云里，前身已画中。移家何日去，先合制渔篷。"[②]又如《题赵味辛舍人怀玉〈春湖晴泛图〉》：

苹香在水水浮空，十里黄吹菜陇风。啼煞新莺忙煞絮，写晴写得夕阳红。

---

① 《有正味斋诗集》卷五。

② 《有正味斋诗集》卷十五。

绀碧萝阴坏塔颓，咿哑柳外舻声回。羡君画里还看画，一路青山过眼来。

呼鹰台上满寒芜，如此春风省得无。土步鱼肥鞭笋白，教人那不忆西湖。①

诗写春晴时节泛舟西湖，湖面淡淡苹香随风浮动，柳絮飞舞、黄莺啼啭，青山颓塔间摇橹行来，水波回荡，令人忆煞西湖之美。

如此类由画卷延展、给人无尽遐想的诗作还有《题李墨庄〈登岱图〉》："万丈嶙峋眼里来，直到青天青不了。触石而起云乱铺，云中君乃仙人乎。手持芙蓉向西笑，似闻旧侣蓬莱呼。大圆海水隔咫尺，金文翠蕤光有无。天鸡发唱阊阖辟，树顶飞上扶桑乌。"②诗人用仙人、蓬莱、天鸡、三足乌等缥缈神化的意象，表现画卷上泰山高峻、险峭的景象以及日出时的神奇瑰丽。

其三，由画生发，抒情发慨，情完景足。如吴氏为好友张埙写的《荒庄感旧图歌》，全诗只以寥寥数笔勾勒画卷内容，却并不单调，诗人极力抒发"午桥零落子欷歔，丙舍荒凉我呜咽"的感慨。吴应和评曰："并不装头盖尾，任意写来，情景俱足，前后映带，法密无痕，信非能手不能到。"③

锡麒题画诗还融入了历史沧桑、兴亡替废之感，如《题横波夫人画兰卷》："梵字花头墨写之，小名眉子押朱丝。水晶宫里兴亡感，一例夫人倒好嬉。"④《黄星桥杓重摹盛子昭〈黄鹤楼图〉，令兄书崖属题》："故国江山感凤凰，才人文采悲鹦鹉。经营煞费十年思，老辈精能宛肖之。但剩荀怀千古迹，不愁崔灏上头诗。"⑤

题画诗中融入人生哲理、人格性情，更比比皆是，如：

① 《有正味斋诗集》卷六。

②④ 《有正味斋诗集》卷十。

③ 吴应和《浙西六家诗钞》卷六，道光七年刻本。

⑤ 《有正味斋诗续集》卷一。

草木有荣落，人事殊古今。犹有千秋士，能使后世钦。陶公乐解组，三径归可寻。黄花既艳艳，青松亦阴阴。岂羡松菊存，存者惟其心。贞操冬不改，晚节霜自任。(《题大涤子〈松菊犹存图〉》)[①]

怕有天边哀雁声，吹落西风一杯酒。仁人用意在忠厚，如此吟尊差不负。古欢缱绻一编中，遗墨苍茫百年后。(《冯鹭庭编修购得田山姜侍郎〈大通秋泛图〉，索题》)[②]

劝君且莫甘蕉弹，对君愿下菖蒲拜。方今鸾凤栖不空，请放直干摩苍穹。出处但能标大节，动摇常自有清风。(《题冯实庵给谏培〈种竹图〉》)[③]

鸥鸟与吾盟白水，芒鞋随处是青山。田园养志宁非乐，泉石论心亦可闲。岱顶只防催作雨，未教容易片云还。(《题赵味辛〈寻山卜筑图〉》)[④]

最令人感动的是由题画引发手足情、父母爱的亲情联想。如《题查映山莹给谏〈听雨楼图〉并序》《题时帆祭酒〈雪窗课读图〉》。诗人为友人题画之时，不由得忆起远在天涯、行将八十的二老，然而自己负米奉亲仍是无望，不禁发出“愧我游子心茫茫”之叹。又如《题魏春松比部成宪〈溪山二隐图〉》：

弹琴忽不怿，感彼天边鸿。出门望春草，梦远烟山空。徒怀耦耕愿，独立溪头风。茅茨屋可结，松竹径可通。难招脊令影，入此苍茫中。愁心托绢素，林壑移天工。疑生夜来雨，对烛凉濛濛。我

---

① 《有正味斋诗续集》卷五。

②③ 《有正味斋诗集》卷十。

④ 《有正味斋诗集》卷十四。

有两弱弟，天涯逐萍蓬。白云渺前浦，紫兰思故丛。一椽得归隐，同泊西溪篷。[1]

自注曰："春松与从兄莨塘有偕隐之愿，莨塘早卒，因属友人奚铁生为写此图。"锡麒为魏成宪题《溪山二隐图》，由此联想到自己两位尚在"天涯逐萍蓬"的兄弟，牵动了感人至深的手足之念，诗人希冀将来能与兄弟们偕隐于家乡附近的西溪胜境。

其四，诗画征实，兼附考订。锡麒题咏书画诗还有一个较为可贵的特点，就是"于文献盛衰，时流藏弆，多可寻源究委"[2]。他的《题王文简公〈载书图〉》《题横波夫人画兰卷》两诗均有自注，载录画卷传藏、款识铭记；《题查映山莹给谏〈听雨楼图〉并序》《题魏春松〈官舫侍膳图〉并序》《题李载园明府〈濮阳策蹇图〉并序》等诗，有长篇序文详述图册由来；《元张来仪〈待月联吟图〉宋芝山同年属题》，以长序交代图卷的文字、行款，还征引了《水经注》等书考证所涉事典、人物籍贯。总之，此类作品能详剖源流、厘清传藏，是乾嘉学风对题咏书画诗作发生影响的典型体现。

第三节　咏史怀古、感慨兴亡

吴锡麒创作了不少咏史怀古诗，发表对历史事件和人物的看法，抒发兴亡替废之慨。他论史略显正统，很少作翻案语，但情感充沛、议论精辟。在看似平和的议论中蕴含着对现实的委婉讽谏，也隐约表达了对南明灭亡的感慨。

首先，咏史怀古诗写南宋史事较多。作者表现出了超卓的史识，如早年所作《凤凰山怀古》：

---

① 《有正味斋诗集》卷十。

② 袁行云《清人诗集叙录》，文化艺术出版社 1994 年版，第 1464 页。

松光透天天欲湿，作势蟠拿万蛟立。咫尺苍茫不辨人，崖山暗卷寒涛入。杭人故事说康王，行宫十里营钱唐。西湖花鸟奉宸赏，不与汴水同荒凉。纳凉闻幸翠寒堂，讲武还过御教场。此时此山入大内，凤凰尔在云中翔。百官环珮花漏午，不知今者唯斜阳。呜呼！宴安鸩毒厚，金牌竟阻黄龙酒。风波狱起堕长城，从此中原非宋有。呜呼！游戏干戈生，襄阳炮火烧空明。笙歌梦转秋风急，蟋蟀声催白雁声。主失乾纲臣误国，撞坏家居良可惜。残山留作画图看，一片伤心天水碧。①

凤凰山，在今杭州东南面。南宋建都临安，在该山东麓建宫殿。宋亡，宫殿改作寺院，后遭火灾成废墟。此诗在满目苍凉的即景描写中夹叙昔日之盛，指出南宋败亡实由统治者亲奸疏贤所致。“中幅两呜呼，一叹高宗之误于秦桧，一叹理宗之误于贾似道，古诗中用两股文体，章法独辟。”②诗人虽处升平之际却敏锐地发出居安思危的告诫。

昏主奸臣误国误民令人痛恨，而忠勇的民族英雄则令人尊崇、惋惜。锡麒有写抗金英雄岳飞的《岳忠武王墓》《岳忠武王铜印歌》，岳飞墓在西湖栖霞岭，两诗极写英雄精忠报国威名远扬，然而君王自甘屈膝，奸臣谗言相扇，一日内连发十二道班师金牌。“金牌齐一哭，玉帐罢诸团”，十年之功毁于一旦，“黄龙”饮酒终成泡影。吟到此处，诗人不觉为之双泪汍澜。

南宋中兴时名将辈出，与岳飞并称四大名将的就有张俊、刘光世、韩世忠。岳飞蒙冤时，满朝文武除了韩世忠无人敢为之鸣不平，最终韩氏落得解甲归田、抑郁而死，死后才被追封通义郡王。孝宗时，又追封为蕲王。诗人早年游历杭州北郊的皋亭山韩世忠将台时，作有《韩蕲王将台三首》，盛赞韩氏胸怀韬略、英勇善战，抵抗金兵南侵时他屡建战功，“穹碑藉表威名重，才战帮源已勒功”，“勋业云台记烂如，朝端又上

---

① 《有正味斋诗集》卷一。

② 吴应和《浙西六家诗钞》卷六，道光七年刻本。

中兴书"[①]。然而"英雄无策救危亡",因为朝廷已是"柴车北走忙"、无心反抗了。

吴锡麒的家乡杭州、寓地扬州、仪真都是南宋末年战火纷纭之地,文天祥、李庭芝、姜才等民族英雄们在这里抛头颅、洒热血,留下了奋勇卫国的壮烈篇章,令诗人感喟再三。锡麒中年时,游历位于浙东三门县仙岩洞的大忠祠时作有《谒大忠祠》:

> 皋亭山头白雁来,珠金沙口刺船回。风尘满目作亡虏,无衣空唱秦庭哀。江水茫茫寒日落,丹心剩照真州郭。疑团莫破李庭芝,义气须酬吴架阁。丧君立君沧海东,愤涛一片崖山风。血无可泣啼鹃急,石到难填精卫穷。孤臣但在宋不死,三载小楼风雨里。敢信苏卿有故人,但知南八真男子。状元宰相二者兼,南朝尚有留梦炎。失身并累科名辱,完节争看庙貌严。虹梁百尺辉云表,那得文成天下赵。西风故国望黄冠,白日羁魂化朱鸟。苗(再成)姜(才)王(炎午)赵(孟锦)配食俱,大忠之名忠不渝。行人下马神祠拜,曾识清江刘洪无。[②]

据《临海志》载,文天祥曾于此地招兵募马,明洪武年间洞中建"文信国公大忠祠"。吴氏此诗以文天祥抗元事迹为主干,写德祐二年(1276)文天祥任右丞相兼枢密使,出使议和。然而大势已去,当时元丞相伯颜驻兵皋亭山,在议和谈判中,文天祥痛斥伯颜,慨然表示决战到底,遂被伯颜扣留。起初文氏绝食抗议,后被押送大都。途经镇江时,他与部将杜浒等 12 人逃至真州,守将苗再成迎入城内。此时,元军施反间计诬说文天祥已降元,文氏遭到扬州制使李庭芝猜疑,被迫离开江苏,辗转泛舟于浙东沿海,后赴福建寻找益王。至三门湾,他发现数十只敌船,其势甚恶,于是急趋岙口,转入仙岩洞港避敌。

---

① 《有正味斋诗集》卷二。

② 《有正味斋诗集》卷九。

关于文天祥的事迹，锡麒还作有《文丞相琴歌》《宋文丞相遗像二十韵》，二诗情感充沛、感慨万端。他对文氏“英雄号召难”、“全家罹虎穴，微命托樵餐”[①]的情形深表痛惜，对“中原无土地，沧海更波澜”的半壁江山寄寓深重的悲慨。诗人“对公双泪落，念国万忧攒”，所幸“负愧宁逃史，成仁信盖棺”[②]，历史功过终待后人评说。

吴锡麒晚年主讲扬州书院时，曾不止一次地游历梅花岭，岭上有纪念宋亡死节的李庭芝、姜才二人的双忠祠，为此他写下了咏史佳构《双忠祠》，该诗叙写李庭芝、姜才坚守扬州拒不降元后均遇害的事迹。吴氏赞誉了他们崇高的民族气节，该诗有议论，有笔力，“整炼处复饶有词彩色泽，极经营惨淡之致”[③]。

其次，吴氏咏史怀古诗多涉明朝事。感慨兴亡之余联系今古、发人深省。

如《明万仁甫中丞象春遗像》《慈云寺后寻宫人斜故址》《明黄靖南侯墓在仪征方山》诸诗叙写明朝史事驾轻就熟，脉络清晰，评论中肯。又如作于仪真书院的《于忠肃公祠》，写明朝军事家于谦之事。明正统十四年(1449)，土木之变中明英宗被俘，明王朝危在旦夕。于谦临危受命，任兵部尚书，提出“社稷为重君为轻”主张，力阻南迁，他凭借着“胸中兵仗富，阃外敌形知”的英勇谋略，亲自指挥数十万军民进行了北京保卫战，“独凭孤掌奋，全赖一身支”，击退瓦剌，力挽狂澜，使京师转危为安。然而“銮舆重得返，纲纪果谁持”、“云端天子坐，冰上老臣危”，英宗复辟后，于谦却以谋逆罪被害。“无名真此举，欲杀又何辞。六月寒霜下，全腔热血披。”[④]吴锡麒在诗中最后发出“千秋同太息，遗恨满灵旗”的喟叹。

嘉庆四年(1799)，锡麒拜谒史可法墓时作长诗《梅花岭拜史阁部墓》。梅花岭位于扬州市广储门外，明末清兵攻破扬州时史可法死难，

---

①② 《有正味斋诗集》卷五《宋文丞相遗像二十韵》。

③ 王文濡《历代诗评注读本》，中国书店 1983 年版，第 674 页。

④ 《有正味斋诗集》卷九《于忠肃公祠》。

家人葬其衣冠于此。该诗写史可法“当时出抚淮扬地，群盗纷纷趋凤泗”，重镇猛将，威名远扬，“大树声名冯异呼，长城气势英公倚”。诗人夸扬其英勇剽悍、谋略超群，“即教谈笑领戎旃，叱咤风雷阃外专。定可克期除大憝，岂容飞矢射承天”。然而可叹的是大势已去，偏安局面难以维系。诗云：

一朝事去金瓯裂，眼见京师遭喋血。椒殿尸横惨可知，鼎湖髯坠嗟安说。辛苦麻鞋何处奔，忽传南渡共承恩。龟兹自限朝廷小，龙种居然帝子尊。偏安本是贪休暇，流涕上书听者怕。谁能击楫誓中流，谁念渡河呼半夜。处堂燕雀共啾啾，当轴猖狂阮马俦。一载红羊余坏劫，千秋白马祸清流。东林报复谗争构，密网生逃大悲咒。①

尽管战火蔓延，南明政权岌岌可危，但小朝廷仍是一幅“太平风景满朝欢，谐价西园尽得官”的情景。诗人痛斥了阮大铖之流“燕子朝陈狎客笺，桃花夜拥歌姬扇”、“警报床头醉不知，荒迷只自逐儿嬉”的荒唐昏庸；哀叹“臣子徒吟正气歌，君王偏唱无愁曲”。虽然“徒夸铁锁横江计，会见铜驼埋棘时”，面对清军的猛烈攻击，史可法最终孤军不敌、血染沙场。“艰难独仗婴城守，落日芜城狐兔走”。结篇诗人极为沉痛地描写了英雄惨死的凄凉情景，“运去难留豪杰心，权分共掣英雄肘”，道出了历史的必然性，具有清醒的史识。

值得一提的还有锡麒早年所作的《读明史十首》，以组诗记录明朝史事。叙述史事简洁，议论独到，暗蕴借古鉴今之意。诗自明朝太祖开国写起，直至崇祯自缢明朝灭亡为止。第一首云：

宛同泗上起真人，一剑能收无道秦。故里风云资上将，新朝礼乐定儒臣。屏藩广树心原悔，厂卫前知戒早申。太息韩彭诛戮惨，

① 《有正味斋诗集》卷十三《梅花岭拜史阁部墓》。

也教末造累黄巾。(其一)[①]

诗写太祖朱元璋开国之事,首联借"一剑收秦"的汉高祖刘邦,譬喻同系平民出身的明朝开国皇帝朱元璋。泗水是刘邦发迹之地,也是朱元璋祖籍地。颔联"故里风云资上将"指的是开国大将徐达、常遇春等,"新朝礼乐定儒臣"则指刘基、宋濂等人。颈联写太祖分封藩王以屏藩王室,设立东厂、西厂、内行厂、锦衣卫等特务机构加强中央集权,由此埋下了深重的政治危机。尾联借用汉唐故事喻指明朝,汉高祖借吕后之名诛杀开国功臣韩信、彭越,以此暗喻朱元璋屠戮功臣之事;"末造累黄巾",则是借东汉末年的黄巾起义喻指明末的李自成起义。

接下来的二、三两首同样以汉、唐故事作譬。以玄武门之变暗指朱元璋传位于皇孙朱允炆,引发了燕王朱棣篡位的靖难之役;以汉代晁错服朝衣被斩东市,喻指明朝屠杀功臣之事。诗云:

金川门外燕高飞,三让安能掩是非。孺子几曾烦赤舄,先生竟使殉麻衣。抄同瓜蔓人何罪,萌自椒聊祸有几。元武若知终喋血,早应神策正东闱。(其二)

一掷沙场万乘轻,蒙尘大难起视征。立君幸赖贻孙议,返国翻仇叔武迎。史上几人疑烛影,殿中半夜起钟声。朝衣西市功臣戮,榆塞招魂正议旌。(其三)[②]

接下来的几首极写导致明朝走向灭亡的种种弊端:宦官当权,帝王荒淫,文字狱残酷,等等。如:

阉逆才除又义儿,豹房稀幸渐边陲。主甘鱼服危宁悔,臣犯龙

①② 《有正味斋诗集》卷三《读明史十首》。

鳞死不辞。西内久应消炮火，南巡无复见旌旗。风流鄠杜张公子，地下应嗟把臂迟。（其四）

引上神霄路淼漫，京攸异代接朝端。忠臣肯死轻蛇胆，方士难生讳马肝。丹药荒唐求上寿，青词络绎致高官。虫沙莽莽边关苦，鸾鹤虚闻下醮坛。（其五）

宫邻构祸起恩私，委鬼茄花柄共持。史纵能言声亦泪，天何此醉问难知。衣冠惨酷同文狱，市井喧呼博浪椎。七等爰书重论定，群公碧血化多时。（其七）[1]

第四首写明武宗委宦官以重任、收义儿、建豹房等荒淫无道之事；第五首则写明世宗嘉靖帝迷恋道教仙术，方士、佞臣投其所好，残害宫女无数，最终导致“壬寅宫变”；第七首写明朝酷烈的文字狱，诗人借史发慨，“史纵能言声亦泪，天何此醉问难知”，感慨深厚。第八首写崇祯帝煤山自缢事，群臣了无长策，惟善贪居高位；颈联尤写出回天乏术、帝王惨死的凄凉与悲哀。

惊闻帝座掩星芒，气运安能挽彼苍。辇下诸公皆肉食，眼前群盗太鸱张。伤心有泪留遗诏，披发无声叫大荒。死节纷纷酬养士，不堪野老话沧桑。（其八）

兴亡历历炳前符，史册如陈帝鉴图。水火外朝轰穴蚁，风雷北寺肆城狐。治分开宝机原捷，世数桓灵运早徂。一样崖山波浪里，几人不负赵家孤。（其十）[2]

这一组诗写明朝史事，感慨深沉，然而并不只是发思古之幽情，实寄意

---

①② 《有正味斋诗集》卷三《读明史十首》。

含蓄,暗蕴引古鉴今的讽刺意味。“兴亡历历炳前符,史册如陈帝鉴图”,道出了历史的存亡兴败足为今日之镜鉴。这组诗作于乾隆年间,其时虽称盛世,但边乱、教乱等不安定因素已频繁出现。然而,这类暗含讽谏、寄意深远的咏史之作,在诗集中并不多见。

再次,锡麒咏史诗取材广泛,对朝代更替频繁的六朝、五代十国时期尤感兴趣。如《十国春秋小乐府》,以乐府组诗形式演绎了五代十国纷争的政治局面。又如《清凉居士》《城子山怀古》,写景中深寓诗人对六朝兴亡和人事变迁的感叹,悲凉之气笼罩全诗。此外,诗人对政治混乱、朝野纷争下士人的兴会际遇也作了较为深入的发掘,寄寓了诗人自己的怀抱、感慨。对于纷争中文化的重建者,诗人尤为尊崇。如《钱武肃王祠》:“重来瞻庙貌,明德表千年。功业垂诸史,英雄启天下。”《钱武肃王铁券歌同绎堂作》:“西湖花鸟梦苍茫,我是杭人感泽长。表忠观里寻碑读,绝胜区区铁一方。”钱武肃王即钱镠,是五代吴越国的创建者,吴越文化的主要开创者,诗人不止一次地对这位吴越文化奠定者表达了崇敬之情。

第四节　吟咏情性、酬赠怀人

一　吟咏情性、抒发怀抱

吴锡麒论诗主张“发之以性情,辅之以学问”,他肯定了诗歌对真实性情的展现。其诗颇多吟咏情性、抒发襟怀之作,共同表现了诗人的情真意挚与不慕流俗、不趋权贵的秉性。

首先,一些作品抒发了作者重视亲情、笃于友情的人格特征,真挚感人。

二弟锡麟将赴山西谋生时,锡麒写下一百六十韵的长篇排律纪怀送行,追忆了两人的成长历程,对弱弟独自远赴千里表达了深深的不舍与牵挂。“小别情难诉，含辛目屡揉。平生相友爱，何日致绸缪。”[①]锡麒为官京师达二十余年，侍奉父母、扶持家业的重担都落在两位弟弟的肩上，“贫家仗弟昆”[②]。当二弟离世时，锡麒悲恸难禁，作《哭仲弟锡麟四首》，追忆曾经“得共承亲日，宁忘合被时”，两个小兄弟一起在父母膝下承欢，睡在一个被窝。这种怡怡之乐长成之后再不能续，“蓬栖本贫薄，萍寄况羁孤”，各自为生计奔波漂泊。锡麒归养后，二人方得团圆，但好景不长，“才得完伊事，俄惊息此形”，团圆未久锡麟就遽归道山。“鸰原常黯黯，风雨不堪听”，一字一泪。

锡麒家境贫寒、人口众多，除两位弱弟在外谋生养家外，锡麒的妻子也一直默默襄助夫君，上事舅姑、下哺儿女，一生育有七子二女，衣食婚嫁之事极为繁重。这些重担令她有生之年几乎都在含辛茹苦的操持家务中度过。当患难相扶的老妻去世时，锡麒极为悲恸，写下了缠绵沉痛的《哭亡室杨恭人》二十四首，寄托“四十六年成一梦”的哀悼之情[③]。

锡麒性豪爽、喜交游，颇重友情，他欣赏“愿共千里心，勿以中道歧”[④]的真挚情谊。早年，锡麒有一位有如亲人的好友沈腥莽，当沈氏弥留之际刚刚从严江赶回钱塘的锡麒急往探视，但仅匆匆一握手，好友随即离世。锡麒对此十分悲痛：“无限凄凉对素琴，曾于贱子托知音。友朋实有家人意，风雨宁渝生死心。独立无端斜照冷，此情千古大江

① 《有正味斋诗集》卷三《舍弟锡麟将有山西之役，感今追昔，怆然于怀，成排律一百六十韵》。

② 《有正味斋诗集》卷四《假满还京作四首》。

③ 在致友人的多篇尺牍中，吴锡麒也反复表达出丧妻的悲痛之情，《有正味斋尺牍》卷下《答尤水村》云：“殆念其食贫咀苦，垂五十年。今儿孙辈稍见头角，方冀有可以慰其心者，而一朝割舍，尚何言哉？尚何言哉？”又，《寄程也园》：“遽遭内子之丧，念其自到寒门，停辛贮苦四十余载，无一日有以自乐。今一朝委去，虽欲强自抑制，静中一想，百感纷来，转辗心头，若涌海潮，都化为苦水。”（光绪元年上海申报馆铅印本）

④ 《有正味斋诗集》卷一《答友》。

深。但逢峰啸泉吟处，认尔魂归枫树林。”[①]该诗情深意挚，与锡麒同时代之诗人陆元鋐在《青芙蓉阁诗话》(下)载入此事，曰“榖人笃于友谊”，所作该诗“一气旋转，字字从肺腑中流出”[②]。

其次，大量作品展现了作者人生各时期的情怀、抱负。

少年的锡麒满怀经世致用的抱负，因而“人生看花须及花正好”[③]的时不我待感屡屡形诸歌咏。如《秋日杂咏》八首，言词虽伤时伤病，实则别有寄托：

> 西风摇落满关河，惆怅年华逝水过。去国最怜吴客早，悲歌无奈楚人多。青衫几度飘枯叶，苦酒经年酿败荷。又是高楼闻笛处，白苹江上落空波。(其七)[④]

诗人对光阴似水的感慨、对功名未立的焦虑跃然纸上，在紧接着的最后一首诗中诗人不禁直抒“《长杨》未献相如渴，岩穴何人起寂寥”之叹，对才华的自负与对前程的迷茫紧密交织。当第一次秋闱报罢时，这种焦虑之情有增无减，他作有组诗《秋闱报罢，仍至严江，诸同好赋诗送别，舟中感怀寄答》四首：

> 霜信寒催一雁鸣，稻粱辛苦感吾生。且抛席帽看山色，已悟霓裳是水声。可惜此来红叶落，所思不见大江横。平生出岫心原懒，但乞闲云作伴行。(其二)

---

① 《有正味斋诗集》卷二《余自严江归，闻沈臞莽病剧，急往视之，但及一执手而已，哭之以诗》。

② 陆元鋐《青芙蓉阁诗话》(下)，汪洋据国家图书馆藏清抄本整理，载《古代文学理论研究(第四十辑)——中国文论的思想与智慧》，2015年，第379页。

③ 《有正味斋诗集》卷一《城南徐氏宅观牡丹》。

④ 《有正味斋诗集》卷一。

一样斜阳下学天，堆盘梨栗忆从前。与鸥同白依然我，此鬓能青更几年。杨柳萧疏临水驿，琵琶憔悴渡江船。鲤鱼今日将书去，流到尊边定黯然。（其四）[①]

乡试落第，一腔抱负首遭打击，诗人虽云："平生出岫心原懒，但乞闲云作伴行。"但这只不过是失意后的自我宽慰而已，旋即他又发出"与鸥同白依然我，此鬓能青更几年"、"鲤鱼今日将书去，流到尊边定黯然"的感慨，委婉曲折地道出了落第的怅惘。

当然，在中国传统文化中，文士们的思想怀抱往往也具有多面向，他们常将儒家入世与道家归隐的思想和谐地交融在血液中。在一面积极热心追求功名的同时，又对名士的隐逸由衷地钦羡，似乎随时准备效仿他们。吴锡麒亦是如此，在汲汲功名之时，他也十分崇尚诸如严子陵、悬壶济世的药祖桐君老人等家乡隐逸先贤。前引如《雨中过七里泷作歌》《雪中经子陵钓台》《钓台谒严子陵祠》诸诗均是力证。锡麒还作有一部《渔家傲》传奇，亦演严子陵故事，剧本如今已佚。清代戏曲家梁廷枏在《曲话》卷三中收录了吴锡麒自序，序云："余游富春之渚，经七里之滩。万竹光中，斜阳晒网。一波折处，细雨施罛。缅怀高寄之踪，指点归耕之处。……只觉风流之足慕，敢辞水调之难工。恣我楮毫，被之弦索。演逸民之列传，写渔父之家风。人将读之而解颐，吾亦因之而寄傲也。"[②]序文明白地揭示了作者对隐士严子陵的崇尚是出于自身逸怀高致的寄托。

自乾隆四十年(1774)春闱高中后，吴锡麒逐渐摆脱了少年时期"美人迟暮"的感喟。春榜题名后所作的《春榜放后作》《五月四日乾清宫引见馆选恭纪》等诗，写出了诗人的春风得意、踌躇满志，"何图白屋单寒士，得入丹毫点注间"、"仙露飞来沾小草，天风引到即三山"。入职翰林

---

① 《有正味斋诗集》卷二。

② 梁廷枏《曲话》(五卷)卷三，道光刻本。

后，诗人希冀一展抱负，“闻道公卿多结客，可能延揽及蓬蒿”[①]。其时所作的《吕纪画鹰歌》，以导扬发厉的鹰的形象，寄托自己急欲展翅翱翔施展满腔抱负的心绪。

然而尽管“功名三十未华颠，人羡登瀛似列仙”[②]，锡麒及第后的仕途却并不如意。锡麒在殿试中取在二甲第二十九名，赐进士出身，改翰林院庶吉士。翰林学士虽然社会地位优越，但在清代，其政治地位却有限。“达则兼济天下”，科举时代，由科举至翰林、由翰林而朝臣是士大夫的人生理想。吴氏入职翰林后，不知何因，在数次选官考试中，并未得以转岗，而是一生辗转于编修、侍讲之间，只能作为御用词臣的身份存在，根本谈不上经世致用。随着时间推移，吴诗中题榜的春风得意之感逐渐消退，再次回归到此前抱负难得施展的慷慨愁绪之中。这一时期的诗集《翰苑集》中，有《杂诗十二首》含蓄地表达了这种心情：

天马西极来，权奇待殊赏。风尘久困踬，枥下首频仰。但回一顾恩，辄奋千里想。谁能芳草歇，不望玉禾长。努力事修途，落日休慨慷。（其一）

南园卉植繁，中有不秋草。凉雨立萧森，严霜凛寒皓。岂无桃李姿，能竞艳阳早。盛时先自炫，颜色那得老。荣华在本根，虚心聊自保。（其四）

灼灼芙蓉花，托根在清池。微风荷披拂，馨香宛在兹。谁歌仙人篇，临流欲招之。白露皓已盈，珠重难自持。甘守君子性，逝与秋水期。（其十二）[③]

---

① 《有正味斋诗集》卷四《燕京杂咏六首》（其六）。

② 《有正味斋诗集》卷五《移居用樊榭集中韵四首》。

③ 《有正味斋诗集》卷五《杂诗十二首》。

三诗采用寓言形式，分别以“天马”、“不秋草”、“芙蓉”譬喻诗人的志向、情怀，寓意深刻。第一首，“天马西来”、“权奇待赏”正是诗人解褐翰林、企望重用之喻，然而徒抱才华、久踬风尘。后两首，诗人赞美凛冽严寒中卓然而立、不争奇斗艳的“不秋草”，与出淤泥而不染、馨香盈怀的芙蓉花，它们都是诗人不与世浮沉、“甘守君子性”的高洁品性的夫子自道。这三首诗歌托物言志，含蓄委婉地表达了自己的境遇和胸怀。当然，此组杂诗也不乏直抒胸臆之作。如：

良辰启文宴，高堂会朋俦。华灯照中座，左右扬清讴。云雷奉奇旨，方圆荐珍羞。缠绵故人意，珍重要路游。愿申中郁陶，藉毕心献酬。神飙激凉吹，碧树纷已秋。烟消烛房歇，露下舞榭休。笙歌犹在耳，泊然归山邱。（其三）

独立苍茫里，四顾谁晤言。迢迢念古人，荒荒见寒原。惟闻白杨树，悲风吹黄昏。自非王子乔，安能谢尘樊？挥手跨鹤去，前导云旗翻。至今缑山路，人疑笙吹喧。（其六）

黄河天上来，其势本北注。束之使南行，奔腾遂善怒。砰磅骇晴雷，混浣涌素雾。帆樯溯来程，波涛激后路。蛟龙暗睨人，驯致多方误。一壶怵千金，辗转生恐惧。徒抱济世心，望极中流树。一歌行路难，再唱公无渡。（其八）①

先看第一首，“良辰启文宴，高堂会朋俦”、“华灯照中座，左右扬清讴”，正是当时馆阁诸臣文宴酬唱的写照；故人以仕途珍重相期，诗人却并非鹏图大展，而是郁陶满怀，“神飙激凉吹，碧树纷已秋”、“笙歌犹在耳，泊然归山邱”，含蓄地表达了自己才华不遇的心情。第二首独立苍茫、怀古思今，以王子乔跨鹤成仙之事，反衬自己欲摆脱尘累却无能为

① 《有正味斋诗集》卷五《杂诗十二首》。

力的心境。第三首语带双关,一方面借黄河北注势所必然,譬喻诗人本性之真,欲逆之则不可;另一方面,以黄河风高浪急,喻指官场险境丛生,"蛟龙"末四句诗人直抒胸臆,言己徒抱济世之心,却为时所阻。纵观锡麒近两千首诗歌,诸如此类以"杂诗"名题的诗作并不多,且十二篇诗作或托物言志或暗含感慨,并皆别有寄托,值得我们认真揣摩。

锡麒仕宦不顺的缘由之一是不苟合权贵,据清人李岳瑞《春冰室野乘》载:"和相贵盛时,慕祭酒名,欲招致门下,卒谢不往。和甚恨之。"[①]胡思敬《九朝新语》亦载:"和珅慕吴穀人名,欲延之课子,辞不就,遂乞病归,主讲广陵书院。"[②]当时权倾朝野、炙手可热的和珅企图延揽锡麒为己子教师,入己方阵营,不意竟遭耿介的吴氏断然拒绝,这势必令和珅怀恨在心。因而吴锡麒在翰林苑承值数十年,连一次外放机会都未获得。

翰林一职品望虽高但薪俸微薄,加上锡麒不趋权贵仕途不顺,生计因而也常颇为寒窘。乾隆四十六年(1781),锡麒移居蒲褐山房,结束了入京以来多年的"破屋久向长安租"的生活,在记叙此一重要事件的多首诗歌中,诗人仍然一再地表达了安贫乐道的情绪。"先生自喜道不孤,检书插架酒注壶。""人生大抵如寄耳,能寄所寄唯吾徒。欲从庄叟论齐物,谁信柳子非真愚。"[③]以人生如寄、庄生齐物之论聊以自宽。这时所作《移居以来,同人多以诗酒相招,醉后成篇,仍用前韵》最能体现诗人当时的心境:

> 先生自笑长物无,炊烟不起尘满厨。……阳春有脚无不到,蛰虫何日能昭苏。旁人莫谓意太孤,万事已如冰在壶。旁人莫谓官太冷,一官已任风吹竽。诗坛一席置狂客,燕市五载称酒徒。得庐吾自爱所爱,避热谁信愚非愚。平生旧业相料理,短榻尚有青毡

① 见辜鸿铭、孟森等《清代野史》(第三卷),巴蜀书社 1998 年版,第 1168 页。

② 胡思敬《九朝新语》,民国十三年刻本。

③ 《有正味斋诗集》卷六《辛丑十月移居蒲褐山房即赵天羽给谏寄园故址》。

铺。菜根咬得滋味足，岂要顿顿思莼鲈。[①]

诗人不但抱负无法施展，就连起码的生计也屡遭威胁，犹如冬日里瑟缩蜷曲的蛰虫。诗中“避热”之语，可能即为和相而发。诗坛狂客、燕市酒徒，无非是诗人抑郁情怀之发泄罢了。

因冷宦飘萧，锡麒屡起归田之思，“鱼慕江湖乐，雁思稻粱依。负米倘可能，百里吾何疲”[②]。当时他自幼及老的挚友兼亲家沈赤然有“归隐西溪”之约，锡麒不无心动：“平生苦逐车马迹，得意且图蓑笠趣。西溪山水胜更多，买田终拟移家住。”[③]然而诗人在仕途、乡居之间，并不能果断做出决定，作于乾隆五十年(1785)吴氏请假归省后，由浙还京途中的《旅述八首》就展露了诗人的矛盾心态：

入洛素为缁，逾淮橘化枳。哲人观其微，君子葆厥始。十年桂玉炊，辛苦长安市。乞归赋采兰，力不赡甘旨。语冰未知寒，身负夏虫耻。骎骎岁序晚，忽忽去乡里。瓦灯摇一穗，梦短茅店里。辗转视衾影，百念端可已。父母勖我辞，曰敬此心矣。(其一)

种秫七百石，栽桑八百株。此事非易办，矧敢问有余。尝与沈侯论(梅村)，但请营一区。有竹蔬可笋，有池肴可鱼。二者吾所欲，斟酌良不疏。我今困儒官，苦乏升斗储。君亦作宰去，每食怀田庐。(其八)[④]

“君子葆厥始”一语，道出了锡麒高洁自葆、不同流合污的秉性。然而“十年桂玉炊，辛苦长安市”，君子如玉，却屡为生活困踬。“乞归”是洁

① 《有正味斋诗集》卷六。

② 《有正味斋诗集》卷七《抵舍后作》。

③ 《有正味斋诗集》卷七《晓过乌戌值雨》。

④ 《有正味斋诗集》卷七《旅述八首》。

身自保之举,“采兰”、“炊玉”都是诗人美好品性的象征;“夏虫不可语冰”,又表明了时俗的不理解。茅店之中诗人辗转反侧百感交集。

乾隆五十五年(1790)八月,锡麒乞假归里,此后三年主讲于仪真书院。返乡途中所作《述怀五首》,含怀敻远、颇值揣摩。

> 男儿幸通显,出入承明庐。文章藉明志,所重诗与书。贯用亦云养,南陔良起予。朝家一钟禄,田家一斛粟。滋味本来同,承欢吾愿足。落叶必归根,游云思还山。素餐愧无补,内顾求所安。曰归胡不归,努力趋田园。(其一)

> 少无适俗韵,懒受冠带束。长乃登仕籍,尘事苦碌碌。青山回一梦,芒屩便在足。妻子亦欢颜,从予返初服。(其二)

> 有田而后归,得归知何时?东坡誓江水,诗人多托词。我无一顷田,岂慕季女饥。守道意自得,任遇机无危。平生藜藿肠,饮水能乐之。(其三)

> 前驱负弓走,后骑纵策奔。以视穷巷儒,何如达官尊。饱食厌粱肉,华衣贱罗纨。以视寠人子,何如富儿欢。荣悴分不同,劳生各如客。西风两石人,看老几家柏。蚕丝徒自缠,藕线不可穿。旁人太深计,惜我归无端。我笑指我口,此中宜饮酒。(其四)[①]

结合当时文献所载锡麒轶事可以更好地理解这组诗歌。此次由京返乡、主讲仪真书院,当为不容于和珅所致。因为仔细寻绎组诗,此次归田虽有“落叶必归根,游云思还山”之情绪。但锡麒功名早立,抱负亦伟,自云:“男儿幸通显,出入承明庐。文章藉明志,所重诗与书。”是以归田当因不趋附权贵致郁郁不得志引起,他对那种“前驱负弓走,后骑

① 《有正味斋诗集》卷九《述怀五首》。

纵策奔”的卑躬屈膝的生活实是厌倦。然而孤傲高洁品格难为世俗所容,“旁人太深计,惜我归无端”。本来亦是,木天粉署虽属冷官,毕竟身份清贵聊胜一介布衣。面对这些不理解,诗人只好自嘲“我笑指我口,此中宜饮酒”。

结束客授近乡的生活,锡麒再次入京为官。直至嘉庆二年(1797),才乞养南归,主讲于扬州安定书院。然为生计所迫,旋即又回京任职,并荣登显位,位居祭酒。这样归乡又旋即复出,在当时也招致了一些非议,有人认为吴氏是待高位而行。笔者认为这种论断颇为无稽,纵观吴氏生平所历,他并非贪恋权位之人。昭梿《啸亭续录》卷四载:“吴穀人先生,性爽阔……其他权要,杜绝往来。故徜徉词苑二十余年始至祭酒。先生曰:‘得为国子宗师,吾愿足矣!’即日请假归,人争羡之。”[①]即是说,锡麒在被封祭酒后,旋即请假南归了,而且此度归田后他再未复出。不仅如此,就是此一祭酒之位的获得,似乎也是朝廷对在翰林院供职多年、声名颇盛且将要致仕的吴氏的一个职衔上的安慰罢了。

此度归田后,尽享天伦之乐使得诗人颇为欣慰:“无田且喜归来早,不怕江神笑我顽。”[②]然而,虽是“青红儿女慰衰亲”,但“归来仍是叹劳薪”[③],晚年锡麒为生活所迫,不得不来往于上海、扬州之间,大江南北飘泊无定。当时所作诗如:

> 《毗陵道中》(其四):“草草劳人剧可怜,舣舟亭畔重流连。一言江水能听否,我亦思营阳羡田。”[④]

> 《嘉兴》:“傍水几渔舍,酒漉茅柴清。拦门挂破网,不用关柴

---

① 昭梿《啸亭杂录》之《续录》卷四,中华书局 1980 年版,第 489 页。

② 《有正味斋诗集》卷十五《渡江》。

③ 《有正味斋诗续集》卷一《重返敝庐已届岁暮自慰》。

④ 《有正味斋诗续集》卷二。

荆。自乐野人野，所取适性情。嗟余淹旅宿，咫尺风波惊。”[①]

《江夜》：“陡觉阴寒入，扁舟此夕孤。身饥怜雁鹜，头白畏江湖。野梦逾空阔，荒烟忽有无。老渔能意稳，寂寞守葭芦。”[②]

《石门道中》：“味贪村酒知原薄，根信枯桑故自肥。泥爪可怜踪迹误，残年辛苦故乡违。”[③]

晚年这些诗歌充满了“辛勤怆行役，寂寞羁孤篷”[④]、“载酒江湖路，更谁寻晤言”[⑤]的穷愁羁旅、叹老伤贫之慨，读之令人动容。

二　酬唱赠答、送别怀人

酬赠唱和之作，因“美刺投赠”多用粉饰之言[⑥]，往往不被论诗者看重。然而它们颇能直观展现诗人的交往情貌，在追索当时诗坛风貌及士人精神动态时是一类极有价值的材料。吴锡麒供职翰林院，位处最高级别知识分子群体间，晚年位居祭酒，影响士林颇广。在乾嘉时期，他与翰苑群贤以及家乡杭州、主讲的扬州等地江南名士们时相往来，如与张问陶、洪亮吉、翁方纲、王芑孙、郭麐等诗人、学者们迭有唱和。

少年时，锡麒与里中诸子结诗文社，当时与黄模、姚思勤等有“城西六子”之称，曾共赋《武林新年杂咏》，吟咏杭州民俗风情，当时人以为可与《南宋杂事诗》相媲美。其时所作《秋日同人东园小集得钟字》云：

---

① 《有正味斋诗续集》卷一。

②③ 《有正味斋诗续集》卷六。

④ 《有正味斋诗续集》卷二《暮过陵口》。

⑤ 《有正味斋诗续集》卷六《夜泊钱店》。

⑥ 王国维著，李建中等注《人间词话新释》，长江文艺出版社 2008 年版，第 75 页。

> 径穿野圃少人逢，问字扉开载酒从。枫叶繁华惊过鸟，菜根滋味聚寒蛩。墙低易豁看山眼，庵近频闻出巷钟。瑟瑟茭芦风一片，隔池何处采芙蓉。[1]

写出了少年时代相与问字、载酒过从之乐，虽是菜根滋味，亦乐在其中。

青年时期入职翰林，锡麒与京中文士诗酒唱和频频。木天清署，馆阁诗人以文字酬答是寻常之事。“吾侪例作文字饮，却令妻子嘲迂儒。醉来健句一倾泻，落墨漫笑涂鸦污。”有时相邀作“白战”：“邀君更复为白战，此诣便合追髯苏。”“白战”，指禁体物诗，世人简称禁体，它得名于苏轼诗“白战不许持寸铁”之句，是一种遵守特殊禁例写作的诗。据宋代欧阳修《雪》诗自注、《六一诗话》及宋代诗人苏轼《聚星堂诗叙》所记，其禁例大略为不得运用诗歌中常见的名状体物字眼，如咏雪不用玉、月、犁、梅、练、絮、白、舞等，意在难中出奇，或者限定某些字必须入诗。

锡麒年少时颇喜与友人们切磋诗艺，而这些交流大多数是在酒筵与闲游间进行的，“君来我不愁羁孤，我到君能具榼壶。豪情相与谐竞病，俗耳那足知钟竽。插身本在冠盖里，得暇便是烟霞徒”[2]。

及至入职京师，这些酬赠交游更极大地得以发展。乾嘉时期，京师有众多文学阵营，其中翁方纲的“诗境”和法式善的“诗龛”集聚着大量翰林清贵，锡麒好友乾嘉著名诗人洪亮吉有言：“翰林近日诗名盛，远有诗龛近诗境。”[3]吴锡麒与翁方纲、法式善颇为亲密，他频繁出入于苏斋、诗龛的诗会。当时诗会唱和以写景咏物、酬酢题画之作为多。

除上述两大诗会外，京苑诗人如鲍之钟、汪学金、法式善、赵怀玉、姚椿、张问陶等，还在入秋、严冬、酷暑时举行消寒、消夏、延秋之集，每

---

① 《有正味斋诗集》卷一。

② 《有正味斋诗集》卷六《施耦堂侍御和余移居寄园诗二首，雪中枉存，出以见示，仍叠前韵奉报》。

③ 洪亮吉《卷施阁诗》卷九《法学士式善招饮诗龛，并至西直门看荷花，即席赋赠》，《洪亮吉集》，中华书局 2001 年版，第 2 册，第 654 页。

集定有诗记之。如嘉庆五年(1800),自立冬日迄至十二月十九日东坡生日,轮流作东,举行消寒之会。会中或分咏故事,如“饮中八仙”等;或题咏书画,如《葛洪移居图》《华严世界图》《新篁白石图》等。次年夏,京中同人又举消夏之会,锡麒其时诗集《槐市集》中有《分龙行,五月二十日雨后,集胡梦湘比部稷斋中作》《买春吟屋消夏咏绘事得董羽出水龙图》《汉宫图集谢芗泉仪部振定知耻斋作》诸作。

有学者指出上述洪亮吉、翁方纲、法式善等京苑诗人的消寒诗会、城南雅集,即系嘉道时期影响很大的宣南诗社的雏形[①]。这种推断颇有道理,宣南诗社成立于嘉庆九年(1804),它的发起人如刘嗣绾、吴嵩梁、陈用光等人,均系锡麒密友,他们多曾参与前述的消寒、消夏之会。宣南诗社的坡公集会,亦直接承袭自都门诗社的坡公生日雅集。关于吴锡麒与京中诸同人的坡公雅集活动,本书的年谱有详细梳理。

吴锡麒一生交游广泛,且辗转往来京杭、江浙之间,诗集中存有不少情真意挚的怀人诗。早年,他离开家乡赴京供职翰苑时,写有《丁香花下怀相圃、春漪》。诗歌采用象征手法,以丁香花花蕾结而不绽,喻指自己思念远在千里的家乡好友,愁绪结而难放,表达了自己虽身处繁华之中,却颇感了无知音、孤单寂寥。又如作于乾隆五十二年(1787)的《秋怀诗四首》,寄怀钱载、何春渚、黄相圃、罗两峰,感情真挚。作于乾隆五十八年(1793)秋,在仪真书院讲学结束、入京师途中的《寄酬真州诸故人三首》:

> 一样垂杨旧日秋,不堪离绪挂梢头。酒杯除是月同醉,江水亦如人欲愁。南郭市喧犹仿佛,东园诗约漫句留。白沙翠竹开图画,让与群公踏叶游。(其一)

> 岂料帆抽枫落天,早催骊唱藕花前。鸡鸣醒枕怀君子,燕梦空梁感昔年。乐府吟豪垂白对,酒缸情重买红缠。百端心衷思量遍,

---

① 邱林山《洪亮吉诗歌研究》,西北师范大学硕士学位论文,2007年。

日落潮平一惘然。(其二)

驿堠云边旅泊余,楼台镜里故人居。相思不独淮南树,此后烦传冀北书。极浦风寒驱断雁,长途日暮策疲驴。几年辛苦论诗地,明月愁悬一榻虚。(其三)[①]

诗人在"几年辛苦论诗地"的讲学之地真州,结识了蒋东樗、尤水村、江吟芗等友人。离别之际愁绪浓重,回想昔日的东园诗会等白沙翠竹游宴之乐,不禁怅然于怀。末篇诗人将千种相思都化为"此后烦传冀北书"的谆谆嘱咐。

锡麒还作有不少送别诗,真情洋溢,以节气、景物等渲染离愁见长,对"人生最苦是别离"的心理体验刻画得缠绵悱恻。如《扬州送仲弟归》:"正有高堂梦,相随一雁飞。江湖须慎重,余泪洒征衣。"《题胡黄海熙诗图即送其之扬州》:"离觞欲尽句难酬,落日萧萧又下楼。独有怀人千里梦,随君今夜向扬州。"字短情长,质朴深沉。代表作又如《送郭频伽下第南归》:

落叶不可已,雁声寒满天。江南正秋色,之子出幽燕。风雨长途感,鱼龙极浦眠。回头看杨柳,离绪总纷然。[②]

郭频伽即郭麐,他亦是浙西词派末期代表人物,其词摅述性灵、融会众长,振起浙派式微的处境。吴氏与他始识于乾隆五十八年(1793)十月,二人情趣颇为相投。该诗作于乾隆六十年(1795),当时郭麐春闱报罢。入秋时节,诗人送别这位铩羽南还的小友,秋色满天,风雨长途,离情别绪如同秋风中的柳条般纷然不解,搅人愁肠。"人生最怆黄垆别",吴锡麒晚年还作有不少挽诗,如哭悼同僚汪如洋:"此身如叶谢秋风,痛定还

① 《有正味斋诗集》卷十。

② 《有正味斋诗集》卷十一。

疑是梦中”、“彼苍从古忌才华，那料冰霜分外加。”[①]哭悼座主王杰：“庄惭荒自昔，室负筑于今。徒有羊昙泪，西风湿满襟。”[②]哀音丛生、情感真挚。

第五节 关注民生、隐忧时世

传统儒家诗教观对吴锡麒影响很大，他认为诗歌“与政相通”[③]、“与政相表里”，应当发挥“厚人伦、美教化、移风俗”的功能[④]。吴氏推崇中唐元结、白居易、宋人苏轼的诗歌，曾云：“如元鲁山、白太傅、苏文忠诸人，莫不慨念时艰，详求民隐，往往因其情状而代之语言，悱恻缠绵、一唱三叹。”[⑤]“每见古诗人隐忧民瘼，洞察舆情，若置腹心，如闻涕泣，辄为之濯焉。……故凡风蝗暑魃之灾，灶黾畦鱼之患，往往形诸咏叹，被以歌谣。白公乐府之篇，可称诗史；元结舂陵之作，实为苍生。”[⑥]白居易、元结等人诗歌，规讽时政，揭露时弊，具有强烈的批判现实性，吴氏认为诗歌应当如此。他甚至提出“弦歌为理县之谱，篇什代活民之书”[⑦]的宏伟期望。虽然这或许仅是一介书生的口出狂言，但诗人的愿望毕竟是好的。在这种观点支撑下，吴氏的创作也的确体现了对民生、现实的关注，然而受到乾嘉时期高压思潮的限制，对民生疾苦反映偏多，而对时政的鞭挞讽谏却不多见。

---

① 《有正味斋诗集》卷十《哭汪云壑翰撰如洋三首》。

② 《有正味斋诗集》卷十六《哭座主大学士王文端公四首》(其四)。

③ 《有正味斋骈体文》卷四《李载园海门诗文钞序》。

④⑤ 吴锡麒《惺斋吟草序》，见陈观国《惺斋吟草》卷首，嘉庆十三年刻本。

⑥ 《有正味斋骈体文》卷六《杨米人燕南赵北诗钞序》。

⑦ 《有正味斋骈体文》卷四《顾涑园先生橘颂堂诗集序》

其一，关注民生疾苦。

吴锡麒出生于田家，自称是“家住钱塘湖”的“识字耕田夫”。自从及第为官翰苑后，仍未能摆脱清贫，“破屋久向长安租”。寒素的出生与清贫的仕宦生涯，使得诗人对于民生疾苦有着更细致的体察与深切的关怀，时发“登楼我为苍生感”①、“多少苍生须补救”②之叹。

锡麒早年求学时，常往还于富春江、新安江两岸。中年为官后又数数穿行于京杭运河间。他对沿江、河两岸“靠水吃水”的渔家之苦甚为知悉。为养家糊口，渔民们不得不常年冒着巨大风险入海打鱼，“天吴蜩象争蜿蜒，性命甘博黄金千”，“今年十船九不还，桑田不变变墓田。同行火伴鱼腹填，归来涕泗垂涟涟”（《津门海舶歌》）。海浪吞噬掉九成的渔船，同行伙伴多葬身鱼腹。即便如此，这种危险的谋生方式，渔民的子孙们仍不得不继承下去。然而，水急滩险却不是最令渔民畏惧的，“上滩滩恶不愁汝，官来捉船愁复愁”（《江山船曲》），官府的禁令围捕才最令他们愁眉不展。

田家与渔民一样苦辛备尝。冷宦生涯中的锡麒，虽偶尔表达对农夫们“不从轩冕游”、“少长无别离”的羡慕之情，但“贫家耐苦辛，生理存淡泊”③的现状他十分清楚。传统的农业结构、不发达的生产技术导致农民对气候的依赖极大，“低田易潦宜微液，高田苦干须渥泽”。在旱涝蓄泄之间，田家需保持着一颗辛苦谨慎的“斟酌”之心，然而丰年的获得却仍极大程度凭赖“天时”。

乾隆四十年（1775）正月，锡麒北上赶考途经淮阴，淮河河决入城，城中百姓流离失所。目睹惨状，锡麒作有《骡车谣》，云：“铎郎当，轮轳辘。前骡奔，后骡逐。风雪天，寒骡欲哭来日，大难泥深没足。独漉独漉。”诗写拉车寒骡的遭遇，借喻被水灾侵害的百姓，流露出对劳动人民

① 《有正味斋诗集》卷四《高邮》。

② 《有正味斋诗续集》卷四《喜查小山移居来吴，把晤新居，剧谈往事，赋诗奉赠，并寄张船山、莱州》。

③ 《有正味斋诗集》卷九《田家》。

发自肺腑的关怀、同情。

水灾一发，“高陇已浸水，低田尽积洼。那成熟禾稻，只自贱鱼虾”（《忧潦》）。若是连雨匝月，灾难更不可想象。嘉庆六年（1801）五、六月间，京中积雨月余，吴锡麒作有《积雨三十六韵》：

况传卢水决，倒灌浊流浑。禾黍空平野，波涛失故村。坏墙连一哭，破冢迫群奔。远气鱼龙混，余哀老稚吞。骑危怜孰拯，陷淖亟难掀。断梦全家别，孤身一息存。泥沙攒死骨，燐火照生魂。枉自占乾鹊，何当塞土豚。堤防力少纵，飘泊手谁援。饥溺关民命，勤劬轸至尊。恭闻省已诏，数纳救时言。急赈先颁帑，优蠲更沛恩。由来重社稷，只在活黎元。密挽苍穹意，潜疏积石源。甲兵尘净洗，蟹稻种滋蕃。万派全趋壑，诸军早罢屯。负涂无白蹢，卧陇有乌犍。人唱归田乐，余思下泽辕……①

“滂沱已匝月”的积雨导致河决堤坏，田庐尽成汪洋，家破人亡的民众四散奔逃，“泥沙攒死骨，燐火照生魂”，目睹此惨状，诗人忧心如焚，废寝忘食。所幸的是，“饥溺关民命，勤劬轸至尊”，朝廷已下诏赈灾，拯救黎民。诗歌在展现民生疾苦的同时，诗人更多地是出于维护统治者的角度，表现对朝廷的信任忠心、对君王宵衣旰食的尊崇与感恩，并由此企图达到宽慰灾民之目的。感喟虽多，然而最终仍是“温柔敦厚”地提出希望：愿君王能“密挽苍穹意，潜疏积石源”，总之，诗歌最终仍以一派“人唱归田乐，余思下泽辕”的祥和景象作结。

锡麒虽然对造成民生疾苦的弊政有所知悉，但缺少直面批判的勇气。这与当时高压的文化氛围和作者御用文士的身份有极大关联。然而一些隐约含蓄的指斥、委婉的控诉仍颇为可贵，如《石门》“衣被衡茅急，征催胥吏宽。犹闻戴胜鸟，辛苦诉多端”，虽然征收赋税的胥吏十分宽大，但以戴胜鸟的“辛苦诉多端”暗喻了田家的苦痛。

① 《有正味斋诗集》卷十四。

又如《旅述八首》(其四)：

蒿目不可望，中心忽如惔。今年旱太甚，赤地连东南。淮徐青兖交，民困尤不堪。榆柳无完皮，炊糜为之甘。小弱弃可怜，流亡半丁男。肌骸委道路，掩袂驱我骖。相逢长民吏，恻恻陈再三。桑女守空筐，坐视饥死蚕。咄哉书生愿，人云老生谈。[1]

酷烈的旱灾使得民困不堪，肌骸委道、小弱遭弃，惨状满目。诗人自己也是“缊袍已不暖”、“骨肉远千里”，却仍“苦念他人寒”、“徒为道旁叹”(其六)。然而诗人并没有任何牢骚语，而是怨而不怒，甚至为朝廷开脱，“相逢长民吏，恻恻陈再三”。

“朱门酒肉臭，路有冻死骨。”底层民众多灾多难，日日辗转于饥寒之间。与此恰相对照的是奢靡溃烂之风所在多有。诗人多委婉加以讥刺，如早年所作《观灯行》，开篇备述杭州灯节的繁华景象，“武林旧事纪繁华，舞队依然南宋夸”，以偏安一隅的南宋小朝廷作譬，字里行间已隐寓讥讽。篇末诗人直斥此举乃“买夜徒输使宅钱”，“清平官长同民好，岂料穷檐转嗟悼。枉教皮里竭脂膏，谁向田间照虚耗”，“回首朱门几碗灯，此是中人十家产”[2]。几盏花灯的成本已足当十户中产家庭的年收入，此种耗费颇为惊人。

与花灯消费同样惊人的花草园艺。诗人为官翰林时，常与好友们同游郊野花窖，曾作《花窖歌》。开篇极力铺排花窖美妙奢华，中篇词锋一转，嗟叹花事耗费民财。对于这些农业外莳花艺草的园艺，锡麒向来十分反对，他在《芍药田歌》中说：“古来敦耕重稼穑，要为赤子谋生全。凡葩即有一时贵，膏壤那占农夫先。”[3]尽管农本商末的思想略显陈旧，但他关注民生疾苦的初衷是好的。

---

① 《有正味斋诗集》卷七。

② 《有正味斋诗集》卷三《观灯行》。

③ 《有正味斋诗续集》卷六。

其二，对为民父母的官吏们期望颇殷。

“由来循吏传，即是活民书”[①]，民生疾苦与地方官吏们关系甚巨，锡麒对此深为知悉，常常在诗中表达对官吏们体察民情的热切期望。乾隆三十四年（1769），锡麒游严州留寓县令王廷勋之处，他赠给王氏长诗一首：

严陵好山水，不能疗寒饥。以我饥寒故，弥为当境思。山田岁苦瘠，公家赋易亏。桑柘见尚稀，无蚕安得丝。牛刀付庖丁，宰之视所宜。闻君到县日，人颂慈惠师。其名不易副，其实亦易为。但甘催科拙，要以文学治。清风吹广袖，宁有丞尉疑。白日照公庭，宁有胥吏欺。此心能慎重，民已无疮痍。知君自仁爱，我语徒献规。[②]

诗人亲睹田野贫瘠、山林无桑，希望为民父母者能体恤下情，了解他们荒年无法缴纳赋税的苦衷，真正做到想民所想、急民所急。

朋旧之辈远行赴任时，吴锡麒在送行诗中也会不厌其烦地谆谆嘱咐，如《送汪龙庄同年之官宁远》：“读书禀遗教，要就根本窥。一编活民书，乃是昔所治。鞭挞谁不能，惟当念疮痍。”《张水屋之简州别驾任两峰为画剑阁图赠别余题此诗》：“名虽称官府，责要任父兄。即此佐良牧，有何权势争。”诸如此类，比比皆是。诗人对鞠躬尽瘁的好官十分推许，如《题费筠浦中丞甘雨应祈图》：“但令苏民气，不惜劳公形。朝衫湿带灵雨零，转眼禾黍同一青。……所愿民无夭札田无螟，洗兵更勒燕然铭。”对于费筠浦中丞为民祈雨的行为大加赞赏，谓其“此雨乃出中丞赐，此雨实感天公灵”。

其三，对造成生灵涂炭的战争、边乱表示担忧。

乾嘉时期，承百年升平余绪，国势总体安定，然而盛世将去，衰弊叠

① 《有正味斋诗续集》卷四《题刘藜阁明府炳然新昌政绩画册》。

② 《有正味斋诗集》卷二《赠王拟园明府》。

生。表现之一就是边域教匪活动暴发频仍，动乱不仅导致“曾是殷繁地，惊心灰烬余”，城市满目疮痍，更为痛心的是，“突难防槛兽，殃竟及池鱼”（《临清有感》），“军实搜何补，民生困可怜”（《有感》），普通民众如池鱼般受困其间。

有研究者认为锡麒诗“无深广的社会内容，无强烈的思想感情”①，然而这种论断似可商榷。纵观吴氏《有正味斋诗集》二十四卷，乾隆朝末期、嘉庆初年的历次教匪、边民起事几乎均有记载。乾隆四十九年(1784)，甘肃新教回人田五等起义，锡麒作有《纪事三首》，首篇写“羽檄洮河一骑飞，欃枪西望角辉辉”，兵事乍起，朝廷上下猝不及防，“不防回纥私寻衅，闻道皋兰正合围”。官员们犹在晓梦之中，君王已连日宵衣旰食；次篇紧承其上，写朝廷遣兵前往镇压，“风云远护旆悠悠，已报将军度陇州”，两兵对垒，血染战甲，一片“死声送到衣冠白，兵气吹来草木秋”的局面。末篇记起事教匪如虫、沙般被洗荡一空，“合有虫沙归劫里，即看兵马洗湟中”，官兵凯旋，“师还得慰秦人愿，铙吹齐声唱小戎”②。

乾隆五十二年(1787)，总兵柴大纪抵御进攻台湾府城的起义军，总督常青不敢迎战，林爽文攻诸罗，福康安军解诸罗围，林爽文被俘。感于时局动荡，锡麒作有《效老杜诸将五首》感慨时事：

> 苍茫极目骇波翻，春色无端阻海门。早俾茧丝惩尹铎，岂容雾市隐孙恩。齐驱草木风声厉，直走蓬瀛蜃气昏。六十年来太平地，忍教台笠变军屯。（其一）

> 萑苻竟敢逞纵横，赤白丸探势渐成。坏郭一旗支义旅，凶门数口殉书生。云呼风啸空拳搏，地棘天荆战骨撑。幸喜纸鸢消息透，

---

① 赵杏根《乾嘉代表诗人研究》第一章《达官诗人》第五节《吴锡麒》，苏州大学2005博士学位论文，第23页。

② 《有正味斋诗集》卷六。

解围重见伏波兵。(其三)[1]

嘉庆元年(1796),湖北宜都、枝江爆发白莲教起义,锡麒作《对月》纪事:"江汉兵方驻,旌旗影互翻。照来纷战骨,挂处几空村。惨惨回飞隼,苍苍起啸猿。书生添发彩,望远立黄昏。"嘉庆七年(1802),朝廷平定川、楚教匪,结束延续了六载的战火。诗人作《感怀四首》:

洗兵何日倒天瓢?夜望欃枪气未消。江汉军声坚四壁,风烟路势走中条。只今残局犹烦算,在昔微荧本易浇。玉靶雕弓金勒马,谁怜上客已头焦?(其一)

两年烽火接蛮程,六载潢池敢盗兵。石变劫灰犹铁色,马敲瘦骨已铜声。岂容蝼蚁常屯结,莫倚萑苻作重轻。太息征输前度竭,风云愁护水西营。(其二)[2]

诗歌描写了动乱给国势民生造成的巨大灾害。张维屏《国朝诗人征略》卷四四引《听松庐诗话》云:"榖人先生七律多清新灵隽之作,亦有沉著者,如《感怀四首》,其首章云云。此诗盖作于川、楚教匪将平定时,使早为扑灭,自不至蔓延。第六句善用逆笔,结二句亦极沉顿。"待是年肃清群盗时,锡麒又有诗《闻秦蜀群盗荡平志喜四首》志喜。

闻说欃枪扫,应宽圣主忧。凯歌喧日下,吉语送年头。此战谁强敌,诸君已列侯。策勋当代厚,肝胆几生酬。

祸患天心转,痌瘝帝念频。可怜皆赤子,何忍说黄巾。网已开三面,干犹舞七旬。只应稂莠剃,耕凿息吾民。

群山围莽莽,万骨此中枯。鼓角无声响,虫沙有啸呼。空归都

---

① 《有正味斋诗集》卷八。

② 《有正味斋诗集》卷十五。

护马，频恤羽林孤。魂魄今应慰，形墀早献俘。

几载劳师旅，回头心尚寒。书生无上策，长吏要清官。从此谋生息，惟应计治安。履霜曾有戒，小丑莫轻看。①

班师凯旋，诗人由喜生悲，一因烽火久燃，"万骨此中枯"；一为白莲教起事者，"可怜皆赤子，何忍说黄巾"。所谓教匪本也是普通百姓，为盗为匪多出不得已。诗人对朝政隐含讽谏，"书生无上策，长吏要清官"、"从此谋生息，惟应计治安"。官清吏廉、与民生息，这是诗人所献之策。即使身近暮年，锡麒对时事仍很关怀，诗集中记叙时事之作颇多。如长诗《除蜮行》纪百龄制使铲除邪教之事。

其四，对佛寺、棚民等耗竭民力、扰乱安定的因素表示担忧。

吴锡麒敏锐地觉察到大肆修筑佛寺、大量养护僧人对国计民生会造成极大伤害。他青年时期甚至称"敢以瘂羊疑古佛"②，以哑羊作比，认为佛并不能真的福佑普通民众。乾隆四十六年（1781）冬，锡麒与翁方纲同游京中长椿寺，锡麒作有长歌《长椿寺渗金多宝塔歌》，明确表示对佛寺耗竭脂膏的担忧：

不读《华严经》，不知佛富贵。来向长椿寺里游，眼中但见金银气。兀然宝塔森入觚，光明面面金膏涂。……庄严多宝作供养，白日照耀黄琉璃。不愁内库金银竭，发帑纷纷填暗窟。当时正色重江陵，谏草何曾弹佛骨。一寺已，一塔起，日费巨万不得止。大千转运铁围轮，空洞消沉舍利子。玉熙宫里冷西风，催饷年年处处同。回首铜仙齐掩泣，可怜难救九边穷。如何翻怪君恩薄，竟令儿孙一个弱。兴亡旧事老僧知，话向斜阳宛如昨。③

---

① 《有正味斋诗集》卷十五。

② 《有正味斋诗集》卷二《祖师庵》。

③ 《有正味斋诗集》卷六。

高居庙堂镀金烙银的佛祖、菩萨、罗汉，他们庄严华丽，然而全是由内库金银、民脂民膏换来。历史上南朝时期“一寺已，一塔起，日费巨万不得止”，最终导致败亡如转烛的局面。

反思历史是为了镜鉴当今，锡麒有一首《悲台城》诗，对南北朝、五代时期的大兴佛寺亡国伤民进行深刻的思索，诗云：“皇帝菩萨佛寺居，顿首顿首三答书。一亿万钱才赎得，袈裟十里送銮舆。君王祈佛须祈福，不料兴亡如转烛。御殿花迎狗子红，台城草上龙衣绿。五代荒淫二百年，萧梁文物亦成烟。金瓯破碎无完局，贼在江山佛在天。呜呼萧老公，舍身竟何益？能武能文岂不贤，自成自败真堪惜。雨花台前花雨春，石头城边战血新。君自召祸非他人，贺雅疏，佛亦嗔。荷荷声，佛不闻。”[①]一句“贼在江山佛在天”道出了君王沉溺于祈佛求福最终召来祸患的历史规律。

除了借古讽今外，锡麒有些诗也直接揭露时弊。如早年所作《棚民谣》，极写流民汇聚垦荒的隐患。棚民指在山上搭棚居住的流民，其称起于江西、浙江、福建三省。“各山县内，向有民人搭棚居住，艺麻种箐，开炉煽铁，造纸制菇为业。”[②]他们背井离乡，“短衣不掩体，泥涂走徬徨”，“冰霜陶穴墐，风雨篾席挡”，条件简陋、生活凄苦，只为逃脱赋税。然而“其居如鹿豕，其人即牛羊”，尽管他们的处境值得同情，但作者还是认为“此辈驱之可，奈何溷善良”，因为他们有着“强梁”的性格：“显托结纳诚，潜探肺腑藏。亲密似兄弟，叛换倏鬼伥。诱之欲既中，劫以势甚张。作奸党胥吏，挟诈欺公堂。哓哓讼牍兴，巧言听如簧。”当然，诗人也难脱时代局限，他没有认清造成棚民及其强梁性情的根源在于现实弊政，所以他只能泛泛地对统治者提出规谏：“从来经济术，宽赖以猛匡”、“治苗勿去莠，厥疾藏膏肓”。

---

① 《有正味斋诗集》卷八。

② 赵尔巽等《清史稿》卷一百二十《食货志一》，中华书局 1977 年版，第 13 册，第 3483 页。

第五章　吴锡麒诗歌的艺术特色及对浙派诗风的承变

作为浙派中晚期的代表人物，吴诗有独特的艺术特色，清峭而不秀媚，情韵格律兼长，在某种程度上摆脱了后期浙派诗“神骨不俊，气格不高，力量不厚”的弊病，足称浙派厉鹗一路诗风的归结。尽管他对浙派末流弊端的修正并不一定出自自觉，但取得的效果却很明显。首先，诗歌宗尚上的新变是不拘囿于宋诗，熔汉魏六朝、三唐两宋为一炉，博采众长又独标新响；其次，诗歌语言、结构上，既承袭了浙派自樊榭以来雕琢成风、饤饾捃扯的弊病，又有意识地摆脱歧径；再次，对乡先贤以“清”为宗的诗歌风格有所追踵，又不无超越，风格多样，此点尤显珍贵；最后，整体风貌上以雅正为纲，力求清华典重。

第一节　汉魏唐宋，共炉而冶：浙派宗宋诗风的新变

道光年间，海盐吴应和选浙西名家厉鹗、严遂成、王又曾、钱载、袁枚、吴锡麒等六位诗人的七百三十首诗作，合为《浙西六家诗钞》。自此选本出，士林论锡麒诗均归之浙派，并视为中晚期诗风新变的枢纽人物。诚然，如当代学者严迪昌《清诗史》所言，锡麒是浙派厉鹗一路诗风的归结。然而如仅以浙派诗清俊秀媚的诗风、专崇宋诗的宗尚来牢笼吴氏的诗歌创作，难免捉襟见肘。清代泰州诗人康发祥《伯山诗话》曾云：“(有正味斋诗)亦衍朱秀水、杭大宗、厉樊榭之派，而风骨稍异，时有积薪之叹，而姿致特佳。”“风骨稍异”、“姿致特佳”的评价可谓体察入

微，而这一成就的取得源于锡麒在承继浙派诗歌宗宋的同时，能博观约取，转益多师。

如前所论，锡麒论诗“不断断于唐宋之界”，创作上取径颇广。张维屏《国朝诗人征略》卷四四引《听松庐诗话》谓其“诗镕汉、魏、六朝、唐、宋为一炉”①。吴应和《浙西六家诗钞》引述了翁方纲学士对吴诗的评论：翁称锡麒诗“最深于杜”，且非貌似，而是如李义山、黄山谷之学杜，“在若离若合之间”。吴应和极赞同翁评，并且他说如果细细品味锡麒之作又远不止此。“自晋、宋以还，诸家之妙蕴，莫不灿然俱备，不拘一格。”②乾嘉时期宗室文人昭梿谓其“诗宗樊榭而清畅过之”③。锡麒友人王芑孙在《试帖诗课合存序》中谓：“榖人他诗靡不工，然生峭之音、新蒨之色、超逸之解，以南宋、金、元与汉魏六朝共炉而冶，虽脱化几变，犹足以知其为西泠前辈流风。”清末诗评家林昌彝亦谓“汉、魏、齐、梁俨一家”④。近代词人谭献在《复堂词话》中则云：“诗规渔洋。”

要之，自嘉道以来，关于锡麒诗歌取法之广博，清诗论者几乎已达成共识。的确，从《有正味斋诗集》及早年《匏居小稿》、晚年《垂老诗稿》中，我们不难发现吴锡麒对前代诗的广收博取，不囿一隅，李杜、元白、苏黄、陆游等都是他师法的对象。

吴锡麒崇宋诗主要体现在对杜甫、苏轼、黄庭坚、陆游等人的推崇。锡麒素不喜次韵作诗，他在给吴山尊的书信中说：“前与桐生、剑潭诸君，有消夏之订，但桐生惯要寻古人诗和韵，仆实不喜之，将来先要破除此例。”⑤集中次韵诗的确不多，从仅有的次韵诗看，也多用杜甫、苏轼、厉鹗的诗韵。

---

① 张维屏《国朝诗人征略》卷四四引《听松庐诗话》，道光十年刻本。

② 吴应和《浙西六家诗钞》卷六，道光七年刻本。关于《浙西六家诗钞》宗宋为主、兼采唐诗的诗学倾向，可参看王兵《论〈浙西六家诗钞〉的诗学倾向》，《浙江工商大学学报》，2011 年第 1 期。

③ 昭梿《啸亭杂录》之《续录》卷四，中华书局 1980 年版，第 489 页。

④ 林昌彝《海天琴思续录》卷八，同治八年刻本。

⑤ 《有正味斋尺牍》卷下《简家山尊》，光绪元年上海申报馆铅印本。

对锡麒诗风影响最大的当属杜甫，集中屡屡表达对老杜的敬仰之情，如：

《南池谒少陵祠》："玉露悲秋客，麻鞋泣血臣。古今推作者，忠爱见诗人。旧日南池路，祠堂芳草春。不须嘲饭颗，憔悴为风尘。"①

《杜文贞公遗像》："兵戈满目感时危，瘦骨高颧心自悲。千里麻鞋豺虎险，一身饭颗凤凰饥。君臣正气存风雅，妻子空山哭乱离。广厦万间徒有愿，更无人寄草堂赀。"②

这种推崇表现为由对其人品格道德的尊崇到不自主地师法其诗风。锡麒集中就有直接效仿杜甫的《效老杜诸将五首》，老杜忧国忧民的精神、沉郁顿挫的审美风格都对吴氏诗歌产生了很大影响。

嘉庆二年(1797)，翁方纲为《有正味斋诗续集》撰序，他说："盖君(指吴锡麒)在翰林二十余年来，所与切劘为诗者，相知莫深于予……予之望君以少陵，而他人之知君者目以樊榭，故曰知君者莫深于予也。"③翁方纲与吴锡麒曾同官翰林院，二人时常切磋诗艺、雅集聚会。翁对于吴诗应颇为了解。他说别人都以吴氏诗比附厉鹗诗，只有"我"认为他是远法杜少陵。

关于此点，乾嘉时期阳湖诗人陆继辂亦有同感，他说："竹垞、樊榭岂同论？杜老千秋此替人。"④陆氏竟然撇开浙派的朱彝尊、厉鹗，而直接以吴锡麒遥接杜甫。这固然难脱过誉之嫌，但此二人都指出了锡麒

---

① 《有正味斋诗集》卷四。

② 《有正味斋诗集》卷五。

③ 见《有正味斋诗续集》卷首。

④ 陆继辂《崇百药斋三集》卷六《辑〈春芹录〉成，怀旧感知，呵冻有作·有正味斋》，《续修四库全书》本。

诗不囿于厉鹗浙派“门路”，而是直接瓣香杜甫。此评切中肯綮，颇具见地。

诗仙李白对吴锡麒影响也较大。锡麒有《太白酒楼歌》《集亦有生斋分赋饮中八仙得李白》二诗，不仅表达了对李白“余生傍魑魅，独往骖麒麟”的高洁人格的赞颂，也抒发了对其“醉笔卓云汉，芙蓉吐嶙峋”的豪放飘逸诗风的崇尚。锡麒所作歌行一体甚多，其中佳者如《焦山玩月歌》《戒坛古松歌》，颇得太白之致。

宋诗中对吴锡麒诗风影响较大的是苏轼。《有正味斋诗集》用东坡诗韵最多，如《癸巳正月十三日，黄相圃招同人游祥符寺，用东坡九曲观灯韵》《至后大雪，用东坡聚星堂雪诗韵》《思雪，用坡公雾猪泉祈雪韵，同宾谷作》《京口阻风，望金山，用东坡大风留金山雨日诗韵》等。锡麒还在诗歌中明言对苏轼人格性情乃至诗风的瓣香、尊崇，如“东坡飞仙人，万里弄云碧”、“思公六百年，去梦无咫尺”[①]；“瓣香长帽翁，传此心一缕”、“况余私淑者，渊源托苏门”[②]；“我诗自笑添足蛇，公作堪怜断尾蔗”[③]；“千诗酝酿出浓厚，一气融结含清瞰”[④]；“论文但论海外篇，学仙当学玉局仙”[⑤]。

浙派宗宋，取法对象却各各不同，厉鹗宗宋不主苏、黄、陆等大家，而着眼于“永嘉四灵”、姜夔等，审美情趣与宋诗的瘦劲清切、孤淡近理

① 《有正味斋诗集》卷七《过毗陵访赵味辛舍人，偕游坡公舣舟亭，并访洗砚池遗迹，得诗二首》(其一)。

② 《有正味斋诗集》卷十四《十二月十九日，坡公生辰，集汪静崖芥室，同用公集中〈东坡八首〉韵》。

③ 《有正味斋诗集》卷五《苏文忠公〈定惠院月夜偶出〉二诗草稿，翁覃溪学士方纲以摹本装册索题，用元韵二首》。

④ 《有正味斋诗续集》卷二《项秋子招集苏公祠观梅，用东坡松风亭下梅花盛开韵》。

⑤ 《有正味斋诗集》卷十三《余以事归杭，与陈古华、蒋蒋山、金手山联舟就道，及过丹阳，三君因访徐惕庵比部大榕，先之毗陵。翌日余追及之，饮于鹿枝山房，酒后同游东坡舣舟亭，三用前韵》。

相契合。与厉鹗不同，锡麒学宋主要是效法大家，东坡而外，黄庭坚、陆游、杨万里等也是师法对象。主讲扬州时，锡麒就常与同人在黄庭坚生日为其设祀，如《有正味斋诗集》卷十四有《六月十二日，黄文节公生辰，家山尊招集藤花吟舍瞻礼遗像，会者二十四人，用公集中六言绝句一首分韵赋诗，余得俊字》："瓣香今日得礼公，手折荷花来问讯。荷花生日公已生，句里仙风动髻龀。长楸落日试奇步，白眼风尘误神骏。松风猎猎琵琶歌，梦去蓬莱飘一瞬。宜州戎州未破荒，天遣诗人遭斥摈。气凌虎豹积雄厚，语狎龙蛇仗忠信。"

锡麒集中化用陆游、杨万里的诗句颇多，锡麒早年作有《读放翁集》，有句云："苏黄以外无其匹，梁益之间老此生。击贼未忘垂钓日，临终如唱渡河声。长吟直与精灵接，千亿梅花坐月明。"[①]意即陆之诗才除了苏轼、黄庭坚以外，无人能与比肩，吴氏对陆游的推赏可谓深挚。

探究吴锡麒的诗学渊源，不可忽视的是他作为浙派后劲对前贤的学习。锡麒自幼师从浙派中坚杭世骏，师事顾涑园、吴颖芳，对乡先贤厉鹗尤为服膺。尽管如此，锡麒诗并不囿于本派门径。这还表现为对当时诗坛影响较大的流派，他秉持着开放的心态，自觉摒弃门户之见。如持"肌理说"的翁方纲、倡"性灵说"的袁枚、赵翼、张问陶等等，都是他切磋与学习的对象。袁枚、赵翼是他的前辈，翁氏、张问陶则为其好友，唱酬颇频；即如持神韵说的王士禛，锡麒也受其影响不小，近代词人、学者谭献在《复堂词话》中就曾以锡麒"诗规渔洋，词学樊榭，可云正宗"许之。此外，时贤俊彦如黄景仁、洪亮吉、吴嵩梁等都是锡麒学习交流的对象，他曾自言："我有古人慕，亦企今时贤。"[②]《有正味斋诗集》中存有大量与当时代诗人的切磋与酬赠之作，他们结诗社，举办消寒、消夏之集，以题赠、次韵、分韵、联句的形式交流诗艺。

---

① 《有正味斋诗集》卷一。

② 《有正味斋诗续集》卷七《竹西亭会饮，同用坡公送李博过岭石刻诗韵》。

第二节 用笔雕琢、隶典自如：浙派末流饤饾挦扯的承袭与修正

锡麒友人、乾嘉时期著名的经学家、文学家阳湖洪亮吉，在其所著的《北江诗话》中论曰："吴祭酒锡麒，诗如青绿溪山，渐趋苍古。"[①]渐趋苍古，即未达苍古之意。的确，锡麒诗"挦扯群籍，汰沙簸糠。纵横万端，穿杨刻棘"[②]，比事"必求工力之敌"，用笔雕琢，因而未达深厚之境。自洪亮吉有"青绿溪山"之说后，后世文人多袭此论。如晚清钱塘学者梁绍壬在《两般秋雨盦随笔》中说："吴穀人祭酒词华盖代，偶以雕琢掩其才气。稚存洪太史评其诗如'青绿溪山，尚未苍古'是已。"[③]晚清滇南著名诗人、诗论家朱庭珍《筱园诗话》亦云："浙派自'西泠十子'倡始……吴穀人等皆系此一派门径。故洪稚存谓如画家学元人著色山水，虽施青绿，渲染韶秀，而气韵未能苍老，境界未能深厚，诚中其病。"[④]又，晚清诗人符葆森辑《国朝正雅集》，所附《寄心盦诗话》也引述了梁绍壬以上言论后，称"此论诚然"[⑤]。摭拾旧说，陈陈相因。

虽然锡麒诗喜雕镂，然而如以"病"论之则太过。其实很多诗人在诗歌的语言表达、情景构思、意境营造方面，都是苦心孤诣的。锡麒的用笔雕琢不过是诗人在心绪的驱使、语言的运用上独具苦心、戛戛独造而已。吴诗用笔雕琢主要体现在炼字、炼句上。

---

① 洪亮吉《北江诗话》卷一，《洪亮吉集》，中华书局 2001 年版，第 5 册，第 2246 页。

② 吴鼒《吴学士文集》卷三《吴穀人先生七十寿序》，《续修四库全书》本。

③ 梁绍壬《两般秋雨盦随笔》卷一，《续修四库全书》本。

④ 朱庭珍《筱园诗话》卷二，光绪十年刻本。

⑤ 符葆森《国朝正雅集》卷二九，咸丰七年刻本。

首先，精于炼句。务求对仗工整是炼句的特点之一，律诗颔联、颈联要求对仗，而首联较宽松，锡麒律诗首联往往亦对仗工整。如七律《湖上观新绿》首联："浮烟欲合全湖暝，宿雨初晴万树圆。"五律《有感》首联："高盖秋荷热，仪鸾众虱饕。"七律《松江郡斋酬别李味庄同年》首联："日下离歌不可闻，江南秋色又逢君。"

不仅律诗讲求对偶，一些古体诗也俪对整饬。如七古：

> "课书昔苦历冰霜，读画今愁迷处所。""新篇才得陶诗熟，老屋谁知孟竹枯。""红粟徒求薄禄供，白头只易衰颜改。"(《题时帆祭酒雪窗课读图》)[①]

> "飘萧照出破帆影，窈窕透入垂杨春。""荷叶行邀水面秋，桂花记卧山中夕。"(《三月十五夜张家湾对月作》)[②]

五古：

> "寒姿结窈窕，幽壑穿珑玲。云归微素合，波往虚光停。明明帆弄叶，晶晶晶开屏。……岩端发清磬，潭底摇疏星。"(《桐庐道中寒雪初晴，月色皎洁》)[③]

> "不从轩冕游，岂识农夫乐。……蚕生桑叶大，鸠语杏花落。""今朝脱布裤，明朝插新秧。"(《田家》)[④]

乐府：

---

① 《有正味斋诗集》卷十一。

② 《有正味斋诗集》卷十二。

③ 《有正味斋诗集》卷二。

④ 《有正味斋诗集》卷九。

“旌幢导引神仙步，环佩飘零下界风。”(《七月七日，汪静崖庶子招集寓斋，同效乐府体分咏七夕故事，得鹊桥》)①

律诗句式、韵律的不合常规、拗峭曲折亦是炼句特点之一。锡麒七律喜用拗峭之句作对仗，多不合七言诗通常“二二三”音步、韵律，如“但觉无船无月载，不知是水是风行”、“芦三尺里通蛙语，桑万叶中闻剪声”，一是“二四一”的音步，一是“一三三”的音步。即如一些通常音步的诗歌，亦因不合常规的句式、虚词的频繁运用而拗峭曲折。如“湖里外添荷叶小，陌东西夹桑阴肥”(《春暮柬周澄源》)、“家从前日梦中到，客有一星江上孤”(《寓斋感怀》)，又如“感旧人难知甲子，读书君又课丁男”(《毛雨香舍人凤仪僦居王文简公古藤旧庐，招同李味庄廷敬、王紫宇春煦、何南陔循、胡淇崖荣、陈伯恭诸同年小集，仍用前韵》)、“双白鸟边催阵起，万荷叶上听秋来”(《湖上看雨》)等等。

锡麒五律诗句亦多不合常规，如《过莲社庵》：“百年看老树，一角对遥山。贝叶僧翻熟，莲台佛坐闲。”《冬菜》：“荐辛盘里未，抽甲雨中曾。液引渠流注，肥经土气蒸。”《晚泊汤家埠》：“水明双鹭外，秋冷一星初。”试以《骤雨》为例：

能为催诗至，繁声不厌多。绿先池面破，凉在树头过。负屋蜗行壁，爬沙蟹出窝。清歌须宛转，莫唱打新荷。②

颔联、颈联在语辞、平仄上都对仗工整，读来却仍觉拗口。原因即在这二联与通常的句法不甚相合。颔联意谓池面绿萍为雨所破，凉风在树头轻巧掠过。诗语极简，以表色彩、触觉的两个形容词“绿”、“凉”，分别与谓语“破”、“过”直接搭配，不免有生新奇崛之感。而颔联两句均入韵，又在音调上给人刻意求工的感觉。颈联之拗峭主要体现在句式倒

① 《有正味斋诗集》卷十四。

② 《有正味斋诗集》卷十五。

装上。总之,炼句应有度,过犹不及,不但难为读者理解,也不易产生审美共鸣。赵杏根先生曾有的评:"锡麒之五古和五律,琢炼之功,似与厉鹗相同,然细味之,实与厉鹗稍异。厉鹗之琢炼字句,以琢字为多,选用新妙的词,将对象最佳地表现出来,大多贴切自然,功夫很深。当然,过求生新,用僻字僻典之处亦有之,但不多。锡麒琢字之功似不及厉鹗,过求生新用僻字僻典的现象绝少。相比之下他之琢炼字句,以琢炼句为多。"①

运用倒装句式往往也易造成拗峭曲折的效果。如"湖头庙已寒泉荐,海上琴谁古调传"(《刘春及斋中赋水仙》);"离筵乞我今朝醉,婺尾花开石首来"(《送春》);"仰瓦月曾看碧落,照泥星又出黄昏"(《积雨》);"鲈鱼催客子,团扇掷宫姬"、"尘踪微禄误,心事故园期"(《秋蝉》);"浊醪已涨村前价,黄叶才空昨夜风"(《初雪》)。

当然,我们也不可完全否定炼句的价值。它也成就了一些意境俱佳的诗篇,如《雨中过雷塘》:"寂寞荒沟细水流,独行吟到画中秋。不堪残柳丝丝外,犹有青旗旧酒楼。""钟声远寺隔苍茫,灭没寒芜一径荒。落叶也随人意远,秋风秋雨过雷塘。"《秋晴喜赋》:"厉响老蝉健,媚凉黄蝶深。远峰如昼出,容易动游心。"《石门道中》:"味贪村酒知原薄,根信枯桑故自肥。泥爪可怜踪迹误,残年辛苦故乡违。"

其次,工于炼字。陈廷焯《白雨斋词话》(卷六)云:"縠人辈工于炼字耳。"虽针对锡麒词体而发,但其诗亦是如此。

先看动词的锤炼,如《味庄书来招赴上海赋答》:"才得巢痕补,重劳尺牍招。酒星侵露动,帆色逼风摇。旧榻犹悬梦,前程正上潮。南飞如待奏,我请笛先腰。"短短 40 字连用 10 个动词,均允当传神,有一气直下的顺畅感。锡麒擅长锤炼动词,集中佳例还有很多,如"酒杯寂寞浇寒食,燕子徘徊认夕阳"(《春草》)、"古洞飞泉走白虹,高台大树激悲风"(《韩蕲王将台》)、"寂寂楼桑黯落曛,迢迢古径冱寒云"(《楼桑村》)、"长虹影里唤停篙,万顷琉璃蹙浪高"(《宝带桥晚泊》)、"风迟移席正,烟暖

① 赵杏根《乾嘉代表诗人研究》,苏州大学 2005 年博士学位论文,第 23 页。

卸山偏”(《姑苏道中》)、“天霁开澄镜,帆飞趁夕阳”(《渡泖湖》)、“塔影迎人趋晚渡,滩光送雨入春城”(《严州》)。

再看以虚词入诗。如“苏黄以外无其匹,梁益之间老此身”、“但寻门巷浑无路,岂为天涯减却春”(《春草》)、“乍觉林香动,先催鸟语频”(《郭外探梅》)、“岂意帆归里,俄惊雁去群”(《哭罗两峰》)、“秋响落天际,橹声如答之。不知行曲折,只觉境迷离”(《秦小岘廉访招游西溪》)、“即教增阅历,那不痛艰难”(《题唐陶山明府兰征集》)。典型之作如《韩蕲王将台》(其二):

野血犹腥旧战场,谁驱此辈肆猖狂。青山亦堕刀兵劫,白骨终仇花石纲。盗贼有时关气运,英雄无策救危亡。即看名将中原在,已有柴车北走忙。[①]

一篇七律之中,四联都用了虚词:“犹”、“亦”、“终”、“有时”、“即”、“已”。虚词的大量运用令诗意畅达,然而神韵因之稍欠。翁方纲等认为锡麒诗得老杜真传,就其诗的动词锤炼和虚词运用方面,确是受老杜影响较大,不过比之老杜稍觉生硬。

浙派诗人宗尚宋诗,好以学为诗。炫才夸博,举凡经、史、百氏,无不入诗。诗歌用典,贵在文辞妍丽、意蕴深厚,但过分倚重就不免獭祭之讥,古人早悬为厉禁。浙派诗发展到乾隆中期,其末流“沿宋习”的弊端已暴露得相当明显。乾隆二十六年(1761),沈德潜编成《国朝诗别裁集》,于厉鹗诗后称“今浙西谈艺家专以饤饾挦扯为樊榭流派,失樊榭之真矣”[②]。身为浙人的袁枚亦云:“樊榭短于七古,凡集中此体,数典而已。”[③]“饤饾挦扯”、“数典”都是过分强调学问,用典生硬频繁所致。可

① 《有正味斋诗集》卷二。

② 沈德潜《清诗别裁集》卷二十四“厉鹗”,岳麓书社 1998 年版,第 719 页。

③ 袁枚《小仓山房诗文集》文集卷十七《答沈大宗伯论诗书》,上海古籍出版社 1988 年版,第 1502 页。

见，至乾隆中叶，浙派面临的困境已成为主流舆论共同批评的对象。

值得注意的是，浙派在乾嘉年间出现自我修正的倾向。吴锡麒即是其中一员劲将，在某种程度上改变了一味摭拾典故的趋向。其诗并非不用典，而是相对较少，且能巧思组构、浑然无迹。乾嘉晚近诗人陈文述曾在《顾竹峤诗叙》一文中，将古今诗人分为诗人之诗、才人之诗、学人之诗，他将吴锡麒归为诗人之诗①。以下简要分析吴诗用典的特征与成就：

其一，用语典。锡麒诗化用前人诗句，能浑化无迹、别出心裁。如《江夜》："但觉无船无月载，不知是水是风行。隔汀孤鸟欲同梦，逆浪老鱼微有声。""但觉"句源于陆游《故山》："傍水无家无好竹，卷帘是处是青山。"句式句法极为神似。"隔汀"句，化用苏轼《舟中夜起》"舟人水鸟两同梦"一句的意境、语意。因而清人龚咏樵《葳园诗话》评云："（吴诗）盖宋诗流派也。皆学宋而超越者。"且不论锡麒是否为宋诗流派，至少他受宋诗的影响显而易见。集中化用前人诗句，多出宋诗大家，如：

《读放翁集》："长吟直与精灵接，千亿梅花坐月明。"

语出陆游《梅花绝句》："何方可化身千亿，一树梅花一放翁。"

《月夜过泖湖》："暗潮呜咽蚓窍细，远树蒙密牛毛粗。……僧钟远听发山寺，林鹘惊起盘浮图。"

语出苏轼《舟中夜起》："暗潮生渚吊寒蚓，落月挂柳看悬蛛。"苏轼《腊月游孤山访惠勤惠思二僧》："出山回望云木合，但见野鹘盘浮图。"

《南湖绝句》（其三）："老僧头白话张家，舍宅碑荒坏树遮。消受一竿烟水活，黄梅雨过斗虾蟆。"

---

① 陈文述《颐道堂文钞》卷一《顾竹峤诗叙》，嘉庆十二年刻道光增修本。

语出杨万里《和张功甫梦归南湖》:“晓分京兆月半壁,夕问南湖水几竿。”

吴诗尤以化用宋诗宗尚的大家杜甫诗句最多。如:

> 《双忠祠》:“寡妇孤儿愁孰诉,残山剩水梦都难。”

语出杜甫《陪郑广文游何将军山林》:“剩水沧江破,残山碣石开。”

> 《松江郡斋酬别李味庄同年》:“日下离歌不可闻,江南秋色又逢君。”

语出杜甫《江南逢李龟年》:“正是江南好风景,落花时节又逢君。”

> 《李味庄观察招游上海留寓南园赋谢》(其一):“多少朋交思广厦,可能同入杜陵诗。”

化用杜甫《茅屋为秋风所破歌》:“安得广厦千万间,大庇天下寒士俱欢颜,风雨不动安如山。”

当然,宋诗之外锡麒亦间有采摭,如《述怀》(其二):“少无适俗韵,懒受冠带束。”语出晋陶渊明《归园田居》:“少无适俗韵,性本爱丘山。”又,《凤凰山怀古》:“几树冬青怪鸱宿,隔江风雨诸陵来。”语出唐人崔曙《九日登望仙台呈刘明府》:“三晋云山皆北向,二陵风雨自东来。”又,《南浔舟中同问渠叔作》:“清风桥口三年梦,太尉城边一笑缘。”语出明代著名画家文征明《泊南浔》诗:“百年云水原无定,一笑江湖本浪游。”

化用他人成句,是诗人们惯用手法,它能以极精炼的语言传达丰富意蕴。然而如果不善把握,也易弄巧成拙。锡麒诗用他人诗语,贵在能神运笔融、巧作点化。正是昔人所谓“使事如不使”也。

其二,用事典。锡麒诗歌咏史怀古、讽谏之作,多引故实以为立论根据，借古抒怀。如前引《凤凰山怀古》《双忠祠》等，一连使用数典，多数出于内容需要。所引史事、成辞，亦如己出，僻典僻书绝少涉及，故能恰到好处，不至勉强堆砌而显晦涩。

至若咏物、写景、题画之什，也会偶尔用典来丰富意境。如《云林寺访慧朗上人》：

> 石头路滑亦何辞，曳杖来寻瘦阿师。有约白云迎客起，贪看红叶到门迟。住山要乞安心法，呈佛何妨本色诗。踏遍松阴欲归去，泉声十里晚风时。[①]

全诗运用典故驾轻就熟，毫无生硬、繁杂之感。“石头路滑”句看似直描写景，其实为禅宗故典，出《景德传灯录》（卷六）。石头和尚即唐希迁禅师，曾在曹溪剃染，得法于青原衡山。山有石状如台，师结庵其上，时号石头和尚，著有《参同契》《草庵歌》《心药方》。禅师邓隐峰欲往参石头和尚，马祖道一禅师止之，曰：“石头路滑。”既往，果为石头和尚所困，无一语而还。“住山”句，亦出《景德传灯录》（卷三）。二祖谓达摩曰：“我心未宁，乞师与安。”达摩曰：“将心来与汝安。”二祖良久曰：“觅心了不可得。”达摩曰：“我与汝安心竟。”“呈佛”句，出自宋许月卿《饭了》一诗，云：“句好堪呈佛，心空不问禅。”

题画诗若就画写画则无法寄寓情感，难出佳构，适当运用典故能方便比况和寄意。画卷中有语言无法完全表达的部分，典故往往也能达到传神的暗示。如《黄星桥杓重摹盛子昭〈黄鹤楼图〉，令兄书崖属题》：

> ……武昌城郭接空冥，樊口人家簇远青。岚气合时连岛屿，天风响处动窗棂。沧桑过眼如飞羽，中有凭栏人吊古。故国江山感凤凰，才人文采悲鹦鹉。经营煞费十年思，老辈精能宛肖之。但剩茴怀千古迹，不愁崔灏上头诗。阿兄索我题诗句，我记采鱼图旧

① 《有正味斋诗集》卷一。

赋。谢客徒悲春草池，汉阳弥念晴川树。……[①]

诗为题黄鹤楼图而发，不局限于描绘图中景象，而是发挥想象，纵贯历史，以历来黄鹤楼的文人骚客题咏为主线，穿插神话故事，使整首诗更具底蕴。所引典故虽多却不堆砌，因为它们切合题旨，且作者善加剪裁。如“故国江山感凤凰”，典出李白《登金陵凤凰台》，该诗感喟吴、晋江山繁华似水而逝；“才人文采悲鹦鹉”，典出鹦鹉洲得名于汉祢衡《鹦鹉赋》事。“但剩荀怀千古迹，不愁崔灏上头时”，前句出南朝任昉《述异记》：“荀怀憩江夏黄鹤楼上，望西南有物飘然降自云汉，乃驾鹤之宾也。宾主欢对辞去，跨鹤腾空，眇然烟灭。”盖叙黄鹤楼由来的神话。又，“谢客徒悲春草池，汉阳弥念晴川树”，则分别出自谢灵运《登池上楼》“池塘生春草”、崔灏《黄鹤楼》“晴川历历汉阳树”。众多经典佳作不仅给读者无限美的享受，也增加了一纸图卷所无法传达的厚重底蕴。

“综学在博，取事贵约”[②]，锡麒诗歌用典之所以能脱化无迹、“事如己出”，主要得益于深厚广博的学识。他的弟子吴鼒曾云：“（吴榖人先生）其为学也，居邻宛委之藏，梦检嫏嬛之秘。业专门之业，旁及九流；言先王之言，兼通二氏。不以经生自画，训诂本精；不以博辨为雄，包罗特富。偶寻僻典，骈番如数家珍；多识旧章，碎小能征国故。”[③]

要之，用笔雕琢、隶典使事是浙派诗歌的特点，也是其后学末流滑入饾饤、孤峭之弊的重要缘由。吴诗虽对此有所承袭，但贵在以隶典的浑化无迹与语言的清峭婉雅救之。

---

① 《有正味斋诗续集》卷一。

② 刘勰著，祖保泉解说《文心雕龙解说》“事类第三十八”，安徽教育出版社1993年版，第735页。

③ 吴鼒《吴学士文集》卷三《吴榖人先生七十寿序》，《续修四库全书》本。

第三节　风格多样、“清”贵为宗：浙派先贤的瓣香与超越

举凡文学史上的大诗人，他们的诗歌创作往往具备多种笔法，在审美风格、旨趣上多元化。诗歌发展到清代，唐、宋诗两种高峰已为诗人们提供了无数优秀的楷模。诗仙李白豪放、飘逸，亦不乏清新灵隽之作；诗圣杜甫沉郁顿挫、清丽可喜之作兼而有之。以诗人自许的吴锡麒对这两位大诗豪都极为景仰，在诗歌创作上他也不拘一隅，追求多样化的风格特色，并由此形成一己稳定的诗歌风格。

吴诗最主导的风格是“清”。前辈学者已指出诗学史上的“清”是个相当开放的审美概念[①]，它所派生出的风格类型丰富多彩，如清淡、清丽、清寂、清峭、清幽、清高、清深、清隽等。以这样一个具有无限衍生性的语辞来概括吴诗的艺术风格，难免蒙昧难明。因而，在具体分析之前必须略作说明，锡麒诗歌“清”的风格，在不同创作时期与不同诗歌题材中表现各异，究其大端有清丽、清疏、清深、凄清、清隽等，而尤以清峭为贯穿终始的主导风格。

历来诗人与诗论家论锡麒之诗，以“清”誉之者颇多。《国朝诗人征略》卷四四引《听松庐诗话》云：“（縠人先生）命意必清，吐辞必秀，取材必富，运笔必灵。凡操觚而有晦涩拙滞、痴肥粗俗之病者，当奉此为换骨金丹。”吴应和《浙西六家诗钞》云其“虽尚辞华，仍归清峭”[②]。嘉庆年间《杭州府志》言其诗“清峭婉雅”[③]。清诗人余云焕《味蔬斋诗话》以“清华”、“清俊”誉之。清龚咏樵《蔵园诗话》云：“古今体诗清新灵隽，名

---

① 蒋寅《古典诗学的现代诠释》“二、清：诗美学的核心范畴”，中华书局 2003 年版，第 54 页。

② 吴应和《浙西六家诗钞》卷六，道光七年刻本。

③ 穆彰阿等（嘉庆）《大清一统志》卷二百八十六，《四部丛刊续编》景旧抄本。

句如悬圃积玉，美不胜收。”民国沈其光《瓶粟斋诗话》云：“五言清越，似瓣香樊榭者。”近人袁行云言其诗“清华超逸”。

吴锡麒早年创作的拟乐府体小诗、写景诗清丽可喜。如：

妾居长干里，郎客巴陵州。潮来与潮去，同在门前流。流过相思去，长江无尽头。（《有所思》）①

妾家东湖住，湖水引相思。流入西湖去，回头得几时。

湖中新种藕，红白尽开花。采采得莲子，劝郎休贩茶。（《东湖曲》）②

语言妍丽清新，风格浪漫轻快，写男女相思之情，语浅情深，颇得南朝乐府之遗。

写景纪游的小诗，清新明快。如前引七律《云林寺访慧朗上人》，短短28字中事典、语典即有3例，全篇却不显生硬拉杂，近人王文濡《历代诗评注读本》评曰：“乾坤清气得来难。”③又如《江夜》：“万峰壁立大江横，秋色连天露洗清。但觉无船无月载，不知是水是风行。隔汀孤鸟欲同梦，逆浪老鱼微有声。半夜月沉潮又上，渔灯流过蓼花明。”描绘月夜江景，清丽如画，吴应和曰：“圆机活泼，妙句天成。”④严迪昌《清诗史》亦谓：“不直接写羁旅乡思和孤寂的心境，但在看似很轻巧实则颇凝炼的诗句所构成的诗境中，情怀自见，并呈一种轻灵清圆之美。”⑤

吴锡麒翰苑为官期间，写景纪游之作征物造景，大抵以柔美为尚，多了份闲情逸致的清趣，显得清俊、疏朗。如：

① 《有正味斋诗集》卷一。

② 《有正味斋诗集》卷二。

③ 王文濡《历代诗评注读本》，中国书店1983年版，第873页。

④ 吴应和《浙西六家诗钞》卷六，道光七年刻本。

⑤ 严迪昌《清诗史》，浙江古籍出版社2002年版，下册，第887页。

直入烟深处，不知身所依。冥冥塞雨外，忽听一钟飞。木叶下渔艇，水风吹客衣。嗒然清梦醒，相对尚禅扉。（《雨泊嘉兴郭外寺》）①

虎气消沉鹤市荒，东风容易客回肠。真娘墓上年年柳，画了春愁画夕阳。（《虎丘》）②

锡麒诗歌也间有清逸之作，如游泰山、焦山等作想象奇特，有飘逸之感，时有惊人之语，如《出东神门遇大风过摩云岭》："一片摩云心，挂向云外树。"《夜起观月复成》："万壑清寒动薜萝，天门咫尺挂银河。群仙午夜朝真去，一阵松风头上过。"《登南天门》："隐见蓬莱树，倒挂扶桑曦。长风荡海色，绿我须与眉。神仙有丹药，未许秦皇知。"又如《泰安道中望岱》：

翘企气象尊，即之若无朕。石色摇魂魂，到天犹未尽。真形莫大荒，奇响激虚牝。情随去鸟驰，目受来云引。直上讶扪星，通中状蟠蚓。渐见山面迎，陡觉风力紧。颇闻天门高，楼阁耀丹蜃。寒姿罗柏栝，灵药富芝菌。仙真所往来，缥缈驾鸾軨。明当从之游，高寒我能忍。③

诗中有岁月，锡麒中年所作行旅诗作，则呈现出另一番风貌：清疏枯淡。如《塘栖舟晚》："蓬鬓已如此，邮程又暮秋。劳生酬落日，孤影付扁舟。图画松篁合，人家橘柚收。年年吹笛感，山水惯淹留。"④《雨后过下注》："天与诗人写晚晴，不关秋意亦孤清。云光活处平林接，几点

①④　《有正味斋诗集》卷九。
②　《有正味斋诗集》卷七。
③　《有正味斋诗集》卷十二。

斜翻白鸟明。”[1]

奉使热河时，描写异域塞外风光则呈现出苍凉、凄清的特色。如前引《寒雁篇》《出塞篇》。又如：

> 松风生峭寒，拾径怵樵步。不闻清磬声，雪滴斜阳树。（《同芝山步磬锤峰下》）[2]

> 樵童一扇启柴扉，又见征人策蹇归。雪水暗通幽涧活，风鸦乱带夕阳飞。长成峭万峰原健，领略高寒树不肥。写我红衣图画里，只须添个钓鱼矶。（《晚过白河涧》）[3]

当然，苍凉、凄清亦贯穿于锡麒一生的诗歌创作中，尤其是以隐晦之笔写时事的作品。名作如《风信》：

> 关河落木渐萧森，日暮登楼感不禁。惊雁一霜寒楚泽，和蛩千杵响吴砧。储胥道路方辛苦，烽火江山太阻深。几字相思怀袖里，只应郑重故人心。[4]

此诗作于嘉庆三年（1798），正值白莲教起义如火如荼之际，地方动乱，王朝的统治已流露出衰飒意味，吴诗亦呈现出清冷、孤寂的萧飒风格。

以上是锡麒诗歌“清”整体风格的多侧面展示，不过锡麒诗的主导风格仍是“清峭”。淡泊凄清，孤寂冷峭，谓之清峭。它反映在诗歌题材上，不论是写景、咏物、题画、咏史，还是抒情、送别、怀人之作，大多蕴含着清隽孤峭之气。

从艺术创作角度看，“清”的风格在意象使用具有偏喜使用冷、暗

---

① 《有正味斋诗集》卷十。

②③ 《有正味斋诗集》卷八。

④ 《有正味斋诗集》卷十三。

色调意象的特点。首先，在物象上，锡麒喜用冷色调的物象。如时间上，多是傍晚、夜、日暮、秋、冬等令人倍感伤神的意象。“斜阳”、“夕晖”、“秋”、“秋光”、“秋阴”等词频繁出现，如《舟中杂诗》：“雨声才听响凉蓑，柳外斜阳蓦一坡。”《同芝山步磬锤峰下》：“不闻清磬声，雪滴斜阳树。”《晚过白河涧》：“雪水暗通幽涧活，风鸦乱带夕阳飞。”又如《芗雨楼春望》：“一鸟趁樵归，登楼又夕晖。”即使写春景，也是余晖满目。

据粗略统计，集中“斜阳”意象达33处，“夕阳”22处，“夕晖”2处，“暮”38处，“秋光”、“秋阴”的意象，更是多达100开外。如《舟中赋秋阴》：“凉到生衣客不胜，沉沉黯黯几消凝。风痕才定芦千叶，云气如添水一罾。港口交加修竹塞，渡头明白野鸥兴。冥濛散作来朝雨，小艇应愁唱采菱。”又如前引《塘栖舟晚》：“蓬鬓已如此，邮程又暮秋。劳生酬落日，孤影付扁舟。”《雨后过下洼》：“天与诗人写晚晴，不关秋意亦孤清。”

“孤舟”、“孤帆”、“寒鸦”、“寒雁”等孤寂清冷意象出现得也很多。如《坌栢渡遇雪》：“孤帆若无依，飘飘就寒浦。”《舟中杂诗》：“忽被芦风吹作雨，留人半日泊孤舟。”《淮阴夜泊》：“孤帆迟不发，延伫新月起。”《出塞篇》：“直上高台望夕阳，暝鸦归处接苍茫。”等等。

其次，在历史意象的运用上，偏重于具有伤感意味的六朝、五代、萧梁时期。如《黄叶》：“六朝金粉在，付与乱蛩吟。”《春草》：“一径牛羊风笛乱，六朝金粉砌台荒。”《登北固山楼》：“二月莺花愁作客，六朝人物感凭栏。”《城子山怀古》：“三国既逝水，六朝多劫灰。”《登最高峰作歌》：“英雄事往战骨堆，六朝宫阙几劫灰。”《暮过陵口》：“犹闻六朝水，呜咽西复东。”《悲台城》：“五代荒淫二百年，萧梁文物亦成烟。”不一而足。

至于语辞上则偏爱使用“峭”字，如“峭风齐见布帆收”[①]、“恰衬山

① 《有正味斋诗集》卷四《舟泊丹徒同沈梅村游通元观登挹江楼作》。

光寒转峭”[①]、“峭飞千尺雪”[②]、“峭帆愁杀倚楼人”[③]、“一片峭帆来”[④]、“云辞孤塔峭”[⑤]、“峭然忘远近，小泊已黄昏”[⑥]等等。

虽然，锡麒诗歌以“清”为宗的风格有其优点，但“清”也有消极的一面。如易致单薄淡弱，为人诟病，前述洪亮吉“青绿溪山、渐趋苍古”之说，即为此而发。可贵的是，锡麒诗也有自觉纠偏摒弊之举，“清”之余以“峭”救之，如上所论；“清”之外，又以丰富多样的风格发散之，而不仅仅局限于“清”本身的多元发散。

锡麒诗歌风格丰富多样，一些歌谣体、杂言体的咏物诗风趣可爱、生动活泼，如《优孟谣》《女儿酒歌》《壶卢学士歌》等。尤以《壶卢学士歌》一诗滑稽形象，其云：“枵然之腹皤然粗，大瓠五石安用乎？称以学士毋乃谀，哆然笑口开胡卢。醉乡清閟仙所都，日月跳掷壶非壶。就之空洞一物无，容若辈可什百俱。……胸中径欲吞江湖，顶上那得浇醍醐。一官匏系且莫吁，归兴已约寻菰蒲。春山鸟唤提葫芦，学士醉倒吾其扶。”[⑦]壶卢学士实为酒家用的酒标子，以壶卢为身，上塑头面饰以冠巾。

咏史怀古诗多雄深雅健、沉郁顿挫。排律《文丞相遗像》《于忠肃公祠》等，“生面独开，于流转之中含沉郁之致”；歌行《双忠祠》《城子山怀古》等，将诗人情感与外在风景、历史遗事，很好地绾合一处，转韵换节之间，诗人的感慨随之深入。其中以《城子山怀古》《谒伍相祠》二诗深得老杜沉郁顿挫之旨。

沉郁外，锡麒亦间有恢弘豪迈的吞吐大荒之作。如《渡江值风》：“大风浑不料，击楫已中流。雷雨生群籁，波涛掷一舟。浮生悲似梗，久

① 《有正味斋诗集》卷九《平山堂梅树下作》。

② 《有正味斋诗集》卷九《吴汉川半帆图》。

③ 《有正味斋诗集》卷十《渡江词》。

④ 《有正味斋诗集》卷十三《秋江吟》。

⑤ 《有正味斋诗集》卷十六《渡泖湖》。

⑥ 《有正味斋诗续集》卷六《夜泊钱店》。

⑦ 《有正味斋诗集》卷八。

客狎如鸥。蓦掠金山去，铃声尚未休。”另如一些写景长诗，想象奇特，语言夸张，豪迈中有李白歌行的飘逸风格，如《戒坛古松歌》《日观峰观日出作歌》等以超自然的神力写古松的苍劲古老，以及泰山日出的雄壮景光，气势雄健奔放。又如《登最高峰作歌》，笔锋雄奇飘逸，结构纵横开阖，句法参差变化，具有强烈的艺术感染力。篇末“青天不可语，白日还相催”、“英雄事往战骨堆，六朝宫阙几劫灰”等语，境界阔大，将眼前的景物描写拉入历史的想象之中，传达出诗人博大的胸襟、慷慨的气度。设问式的结语，“人生不饮胡为哉？醉骑茅龙欲归去，长江浩浩天风来”，颇得李白“呼儿将出换美酒，与尔同销万古愁”之神。

此外，颇值一提的是锡麒部分题画诗及一些以历史上哀感顽艳的故事为题材的长篇歌行，表现出哀艳的风格。如《题邝湛若砚铭并洗砚池题字拓本》，吴应和《浙西六家诗钞》卷六评曰：“海雪畸人诗，得《楚骚》之哀艳。‘蓝胡’数语，亦其遗则。”[①]又，近人袁行云在《清人诗集叙录》中谓锡麒集中歌行一体多“华艳发诵”的名篇，且作胪列：

> 其诗清华超逸，无体不工。《雨中过七里泷作歌》《龙山飞瀑歌》《钓台谒严子陵祠》《岳王墓》《钱武肃王祠》《南池谒少陵祠》《垒柏渡遇雪》《太白酒楼歌》《湖上大雪作歌》《登摄山最高峰作歌》《夜观乌龙山野烧》《日观峰观日出歌》《焦山玩月歌》《师子林歌》《梅花岭拜史阁部墓》，华艳发诵，殆为名篇可采。[②]

总之，锡麒尚“清”重“学”的诗学主张，发而为诗歌，艺术风格上清峭而不秀媚、情韵格律兼长；艺术手法上，注重炼字炼句、用典浑化无迹。在某种程度上摆脱了后期浙派诗“神骨不俊、气格不高，力量不厚”的弊病，足称“浙派”厉鹗一路诗风的归结。

---

① 吴应和《浙西六家诗钞》卷六，道光七年刻本。

② 袁行云《清人诗集叙录》，文化艺术出版社 1994 年版，第 1463 页。

第四节　清华典重、温柔敦厚：以雅正为纲的整体风貌

吴锡麒的清峭与厉鹗不同，厉鹗因遭遇坎坷，时有幽情。吴锡麒一生虽未得大志，但位列清华，长期任职翰林院，晚年位至祭酒，故其诗歌在清峭之余，自显雍容闲雅。严迪昌先生论曰："吴锡麒已是后于厉鹗半个世纪的人，时势及其翰苑际遇，当然会变演情思，不可能幽其心志、冷于世情。"①

吴锡麒诗文的总体风貌是清华典重，在语言、思想、体裁的处理上以雅正为纲，深得盛世御用文人的趣旨。"吴锡麒笔下的闲情逸致很有乾嘉时期后半阶段文人雅士的特点，淡散中尽量找点野趣，以消去些翰苑腔，但又不能不仍带一点'升平'气象。"②的确，吴诗无论是赞颂还是批判，都保有着中庸的品格，语言上摒弃俗语、俗词，思想上以展现升平气象为多。清诗人余云焕《味蔬斋诗话》(卷二)评曰："吴穀人诗清华典重，歌咏太平。虽少骨干，而天趣盎然。"③晚清陈廷焯《云韶集》亦云："祭酒诗赋，一以雅正为宗。"潘瑛、陈塾《国朝诗萃二集》则云：

> 司成(指吴锡麒)诗格清醇，得温柔敦厚之旨。间有宋体，不落纤腐，其风骨高也。予尝与老友张竹轩论诗，谓近代作者大抵炫异矜奇，逞才使气，自诩独步，已落旁门，抑或矫枉过正，优孟衣冠，自谓正宗，实同肤廓，其弊愈不可言。去斯二者，庶几近焉。观司成诗，知所尚也。④

---

①② 严迪昌《清诗史》，浙江古籍出版社 2002 年版，下册，第 887 页。

③ 余云焕《味蔬斋诗话》，光绪三十四年木活字本。

④ 潘瑛、陈塾《国朝诗萃二集》(十四卷)卷四，嘉庆九年刻本。

首先，清华典重、雅正为纲体现在语言尚雅弃俗，质朴简练，不空枵。锡麒在《读诗经七首》的第一篇即表明了自己对雅正传统的推崇：

元音肇皇坟，密藻振姬代。篇什三千多，孔笔删疵颣。薪传大小毛，䌷绎发其昧。郑孔亦功臣，扬蕤阐前载。采撷山海华，辨晰虫鱼碎。后来考亭传，乃出弟子辈。青衿广疑问，鹿洞语斯在。何至郑卫辞，专取淫奔秽。无邪本诗教，序义不可废。①

孔子删诗以“思无邪”为宗旨。郑卫靡靡之音，“专取淫奔秽”，锡麒论诗，摒弃不至。综观《有正味斋诗集》二十四卷，伤俗伤淫的题材绝无涉及，即如稍显艳丽的男女爱情篇章也十分罕见。写农家生活的篇章，一般诗人往往以通俗浅近甚至俚俗的语言表达，而锡麒却引经据典，务使诗境雅致脱俗。如《蚕词十首》：

上巳晴明去踏青，要看桑上挂银瓶。马头庙里烧香便，预乞今朝瓦卦灵(《杨升庵集》引古谚云：“三月初三晴，桑上挂银瓶。”)。(其一)

女儿女儿娇可怜，欲眠未眠谷雨前。豆荚一肩新入市，起蚕时候忌雷天(《蚕经》俗谓蚕为女儿)。(其四)

团团日出鸡子黄，一曲听歌陌上桑。前路看花应更好，使君莫负紫丝缰。(其五)

桑斧才停叶渐疏，已催小满出三车。土墙茅屋人家静，一路风香煮茧余(谚云：“小满出三车。”谓丝车、油车、水车也)。(其八)②

十首小诗写农家蚕忙时节的景象，屡以诗下小注的形式，引用经典、古谚，使得本来通俗质朴的诗语显得颇具底蕴。锡麒论诗主“清”，而超脱凡俗正是“清”的重要内涵之一，北宋诗人梅尧臣在《续金针诗格》中论

① 《有正味斋诗集》卷二。

② 《有正味斋诗集》卷九。

诗格有“五忌”，其二曰“字俗则诗不清”[1]，可见俗与“清”相抵牾。清马桐芳《憨斋诗话》云：“诗家体格词意最要大方，而以清气行之，古之名公无不如此。”[2]所谓“体格”、“词意”最要大方，亦指脱俗之意。

讲求兴寄、含蓄蕴藉是尚雅弃俗的另一个表现。这主要体现在一些咏物篇章中，大多不限于单纯描摹，以比兴、讽喻之体托物言志，所咏之物也以梅、竹、菊、海棠等孤高清绝的物象为多。其实，联想锡麒自身人格的清高与论诗标榜“清贵”的宗旨，便不难理解他雅正的审美趣旨的来源。早岁荣身，却因不趋权贵久滞低位；晚登祭酒，旋即乞归，不贪恋权位。其清标高洁的品行发为诗歌自然也是古雅清深。嘉道年间，镇江王豫辑录《群雅集》，曾云：

> 司成负沉博瑰丽之才，诗、词、骈体一以清醇温厚为主。海内向学之士，咸奉为金科玉律。主安定讲席，余尝同徐雪庐以诗文就正。风度和蔼，真古君子也！后由编修入都，不一二年被知遇，洊历今职。旋陈情归养。昔贤所谓“一日之养，不以三公易”者，司成之谓矣。宜家述庵公以威凤祥麟目之。[3]

由上可知，王豫曾亲以诗文就正于主讲安定书院的吴锡麒，因而，他对吴氏的评价以及记录时人对吴氏的评论相对较为可信。他说，吴氏诗、词、骈文诸体的创作均以“清醇温厚”为主，这种风格甚至被海内向学的士人们奉为不易之准则。这种论断虽然不无夸饰之嫌，但一定程度上可见吴氏温厚雅正的诗歌风貌，在当时诗坛已形成一定的影响。该段评论末云，青浦王昶曾以“威凤祥麟”譬喻吴锡麒，亦见王昶心目中，吴氏的清华典重非常人所可比。

其次，清华典重、雅正为纲体现在诗歌总体风貌上，是以展现盛世

---

① 陈应行《吟窗杂录》卷十八上，中华书局 1997 年版，第 563 页。

② 马桐芳《憨斋诗话》卷四，道光刊本。

③ 王豫《群雅集》卷十七，嘉庆十三年刻本。

升平为诗歌主调。

锡麒诗多表达盛世情怀、展现升平气象，如《过牛栏山下作》："一株老秃剩枯杨，几处牛宫靠土墙。岁晚牧儿无个事，太平吹笛向斜阳。"《登南天门》："四海沐和甘，吾何慕紫芝。"《初冬自杭而苏时收获甫毕田野间颇见丰盈之象赋此志之》："催科人不打柴扉，公事粗完上市稀。恣写太平田舍乐，赛神箫鼓看场围。"《出塞篇》："天心为转太平年，路指康庄喜欲颠。岂有烽烟烦北顾，即看牛马尽南眠。甲兵净洗民蒙福，往日侨居今聚族。……中外遥通总一家，此焉清暑荷恩赊。……我朝能以德守之，长垣乃是心所治。"

即如反映民生疾苦之作，亦大抵哀而不伤、怨而不怒，得《国风》《小雅》清醇温厚之旨。虽然诗人对民生困苦、边乱教乱频仍颇有感触，但在展现现实、表现忧虑时，更强调当朝的清明，以安抚民心。如作于嘉庆七年(1802)川、楚白莲教将平定时的《感怀四首》(其三)："抚剿全劳宵旰谋，频传恩诏下西州。除凶原为安黔首，作贼宁能到白头。滚滚虫沙随巨浪，萧萧豺虎出高秋。群公地位皆韩范，肝胆何时圣主酬。"面对教徒起事，诗人不将反思的矛头指向政弊，反指斥教徒系豺狼虎豹。安抚黔首、频传恩诏，成为君王贤明的表现。即使诗人对现实朝政微有不满，也只偶作婉语："祸深已信天心悔，乱定尤须往事惩。此后长官须努力，好添台笠补荒塍。"(其四)

与同时代诗人相比，锡麒极少批判贪官污吏盘剥百姓的诗篇，基本都是对朝廷的忠心表达。其好友乐钧、张问陶等人均有针砭时弊之作。如同样反映嘉庆年间的白莲教起义，张问陶作有《丁巳九月褒斜道中即事》《戊午二月九日出栈宿宝鸡县题壁十八首》等诗，前诗谴责清王朝残酷镇压苗民起义，"祸始征苗役，悬兵动鼓鼙"；后诗反映了"杀人敢恕民非盗"的官逼民反的社会现实，描绘了"焦土连云万骨枯"的官兵镇压义军的惨状，揭露统治者"大贾随营缘我富，连村无寇是谁焚"的残酷暴行。

相较而言，锡麒诗是儒家中庸的典型体现，对统治者的包容与回护远胜于对现实真相的体察。集中对明主贤臣的赞颂还有很多，如《渡河》："刍茭辛苦疲民力，芦苇酸寒落雁群。此患东南忧不细，九重前席正殷勤。”《伊墨卿刑部出守惠州道过维扬诗以送之》:“岂贪饱吃东坡饭,要去添栽南园棠。我后经纶奋雷雨,一时守牧策龚黄。”典型如《旅述八首》(其五):

于穆我后德,民忧计惟先。临轩发咨警,煌煌诏令宣。大吏而入告,议赈复议蠲。大吏不入告,虑周其未然。截漕数十万,红粟逮市廛。采买及闽楚,黄旗插江船。奉行有不力,厥惟长官愆。请告尔民听,尔无苦颠连。新阳回蛰坲,同在春风天。且食官厂粥,明年乐丰年。①

组诗八首叙述的是酷烈旱灾造成民不聊生的惨状,“肌骸委道路”、“流亡半丁男”。天灾不关政事,然诗歌却屡屡强调朝廷上下尤其是君王的宵衣旰食、民忧惟先,地方大吏即便不上报灾情,君王也未雨绸缪。结篇甚至直接告慰百姓,“新阳回蛰坲,同在春风天”,“且食官厂粥,明年乐丰年”。

又次,典重雅正的整体风貌还体现在诗歌体裁的处理上。从体裁上看,吴锡麒的诗歌创作可谓诸体俱备,古、近体兼擅。袁行云《清人诗集叙录》云:“其诗清华超逸,无体不工。”吴应和《浙西六家诗钞》亦谓:“七古自出机杼,一空依傍,洵足称名家,间或有似青莲,似昌谷,似东坡,似梅村,非尽学杜。五古、五七律之极自在者,多近樊榭,虽尚辞华,仍归清峭。盖生平服膺乡先达为尤深也。”②

锡麒的古体诗创作成就斐然,五、七言古诗,有汉魏之风。古体中尤以歌行一体最多,有40余首。题材内容较为广泛,举凡纪游、怀古、咏物以及题咏书画文玩等,多有涉及;在艺术表现上,藻采丰赡,情味俱长,结合了排山蹈海般的气势和行云流水般的流畅,各应题材所需而采用不同的艺术手法,从而呈现出丰富的审美风格。如纪游之作《冒风出

① 《有正味斋诗集》卷七。

② 吴应和《浙西六家诗钞》卷六,道光七年刻本。

右安门看花作歌》《天庆宫观刘銮塑像歌》《日观峰观日出歌》《焦山玩月歌》等，营造意境或优美秀丽、或想象非凡，才思犹如天马行空，纵横开阖，跌宕生姿；怀古之作如《凤凰山怀古》《隋苑行》《双忠祠》，则以纵横的才思、不凡的史识，曲承转折，开合提顿间将历史的真实与诗人的感慨完美地结合在一起。又如咏物之作《戒坛古松歌》《壶卢学士歌》等，不仅善于抓住所咏对象的特征，用或夸张或滑稽的笔墨使其特点更加典型、突出，而且善于借物抒情发慨，使诗人自我的人格性情得以痛快淋漓的展示。

锡麒的近体诗创作更胜一筹。从数量上看，五、七言律诗最多，可见用力所在。严迪昌《清诗史》云："谷人诗七律七绝较多佳构，清藻圆转而秀拔，不软甜，色泽新鲜。"清藻圆转之论主要是针对锡麒律诗的整体风格而发，而"色泽新鲜"则不好落到实处。究而言之，从诗歌的艺术形式上看，其律诗对仗、平仄均极为工整，诗歌意境却不显生硬；用韵上宽、窄韵俱有，五律多偏格，七律多正格，偶有韵脚不合的现象。

排律是吴锡麒用力甚深的诗体，且成就斐然，张维屏《国朝诗人征略》卷四四引《听松庐诗话》有云："先生排律，生面独开，于流转之中含沉郁之致。集中如《文丞相遗像》《于忠肃公祠》诸篇，皆杰作也。"[①]除此之外，锡麒诗集中排律之佳者，仍有很多，如《秋蝉二十韵》《岱庙六十韵》《积雨三十六韵》。情韵俱长，诗律极细，对仗工整，洋洋洒洒，结构紧凑而不拉杂，有老杜之遗风。

最后，清醇雅正的整体风貌还体现在他的试帖诗创作上。锡麒有试律四卷，措辞渊雅、立意醇正，成为嘉道年间士人争相模仿的范本。《国朝正雅集》卷二九引《寄心盦诗话》写锡麒试律之作的广泛影响，云："昔之试律一出，馆阁风气为之一变。尝主扬州安定书院讲席，学者宗之，奉为金科玉律。"方濬师《蕉轩续录》卷二引宝坻李文恪公之语曰："我朝自乾隆间乡会试增五言八韵，一时应试者妥章适句，钩心斗角，几于家隋珠而户卞璧。嘉道以前，献纪文达公启之，钱塘吴縠人祭酒继之，歙鲍

① 张维屏《国朝诗人征略》卷四四引《听松庐诗话》，道光十年刻本。

双五侍郎、大兴王楷堂员外又继之，类皆撷三唐之精英，而上承汉、魏、六朝风旨，融会法则，谨严格调，盛矣哉！足以空前而绝后矣！"[1]

考察锡麒诗歌清醇雅正的风格来源，主要与其诗教观、政治环境、个人际遇、心态以及人品等因素有关。

首先，与其温柔敦厚的诗教观有关联。锡麒论诗主张"厚人伦、美教化"[2]，讲求"诗与政通"[3]。在诗歌宗尚上，兼唐采宋，上溯汉魏先秦，崇尚以"诗三百"为代表的诗歌"雅"的风格。

其次，"声音之道，关乎兴衰"，乾嘉时期虽已渐露了衰退的迹象，但盛世之势仍存，这势必影响到生活在其中的诗人们，锡麒集中写民生疾苦、地方动乱之作无法透彻洞察朝政的弊端是可以理解的。同时，乾嘉时期文字狱频频，所导致的高压氛围使得文士们噤若寒蝉。

再次，翰林御用文士的身份及感恩的心态也是重要因素。歌功颂德甚至夸大君臣贤明，在今天看来似显滑稽，然而在专制社会里，御用词臣不得不然。不仅如此，锡麒家境贫寒，世以笔耕自给，寒士得遇，自然对君主始终抱着感激之情。在其各个时期的诗集中都易看到这种感激之心的表达。如《题程左恬风木图》："如我茕茕身，敢云人子为。叨蒙圣主恩，予养归茅茨。"《散馆蒙恩授职编修恭纪》："青毡落拓愧平生，黄纸传宣荷宠荣。弟子职才辞北面，秀才官已重西清。草茅得窃非常遇，文字难酬本分名。长幸簪毫依舜日，此心惟愿作葵倾。"《初拜国子监祭酒释菜太学作》："春风释褐记扶抟，重此承恩报称难。半世青毡恢故物，一簪白发领儒官。"又如晚年所作《七十自述》："三十人承明，委身事圣皇。相完诗书业，窃何日月光。肃肃校礼闱，訚訚侍书房。凡所恩礼加，胥愧梦寐当。"典型之作如《八月二十四日疏请养母得旨予归纪恩二首》，有云："一年稠叠荷深恩，涓滴何从报至尊。敢念微躬求鹢退，但思此职合心扪。""传来母语贫何患，感极君恩涕不知。""循陔待说朝廷

① 方濬师《蕉轩随录续录》之《续录》卷二，中华书局 1995 年版，第 561 页。
② 吴锡麒《惺斋吟草序》，见陈观国《惺斋吟草》卷首，嘉庆十三年刻本。
③ 《有正味斋骈体文》卷四《李载园海门诗文钞序》。

意，同灶炉香答圣慈。”

最后，诗如其人。锡麒性情温厚高洁，深于传统儒家忠孝之旨。与同为京中诗坛巨擘的张问陶、洪亮吉等相较，锡麒可谓是一个洁身自守、儒家中庸的代表，既没有张问陶的狂，也不似洪亮吉的狷。吴鼒《吴榖人先生七十寿序》云：

> （吴榖人先生）其为文也，深于忠孝之旨，严于雅俗之分，属词不离情性之真，比事必求工力之敌。交满绅笏，而无上宰相之书；笔有圭棱，而无广绝交之论。捋扯群籍，汰沙簸糠。纵横万端，穿杨刻棘。一时推为盛作。[①]

受传统忠孝思想影响浸染颇深，锡麒诗中屡有自陈。《题周端孝先生血疏贴黄遗迹》：“丈夫血性人尽同，论其大者孝与忠。”《燕京杂咏》：“赋知帝赏凌云意，笔望臣输画日心。万卷长恩窥亦骇，一藜太乙照难任。文章矢报休轻说，忠孝须从六籍寻。”《送陈默斋参戎广宁之任闽中》：“甲兵吾辈胸须富，忠孝君家字不惭。圣主用才多破格，即看豹变蔚东南。”锡麒曾数次乞养归里，其孝心十分感人。此外，诗集开篇即展谒祖墓之作，文集首篇也是圣驾恭谒祖陵之赋，足见其深于儒家传统人格思想，发为诗歌，颇得雅正之旨。

① 吴鼒《吴学士文集》卷三，《续修四库全书》本。

结论　吴锡麒的文学史地位及影响

吴锡麒是乾嘉时期浙派重要诗人，其诗继厉鹗、杭世骏之后再振本派旗鼓。浙派的产生早自康雍年间朱彝尊、查慎行发源[①]，继之而起者厉鹗、杭世骏等人遂独辟蹊径，蔚为一派。虽本无开宗立派之自觉，然瓣香企慕乡先贤者众，且于“格调”、“性灵”外别张一帜，故风气使然，浙派遂宛然成为巨国，并绵亘久远。

在浙派发展过程中，吴锡麒实乃中后期转关的重要人物之一。然而审视当代文史论著，吴锡麒作为浙派中后期重要诗人这一定位尽管亦有评定，却略显疏浅。之所以如此，乃是对吴锡麒诗歌对浙派诗学渊源与诗歌风格的自觉承继与修正这一脉络，尚无足够清晰的把握。

首先，吴锡麒诗学渊源与诗歌宗尚均突出地呈现了浙派的发展脉络。吴锡麒论诗十分服膺乡先贤王士禛、厉鹗，且师从浙派中坚杭世骏、吴颖芳，与汪沆、顾光等浙西重要诗人有密切交往。

他曾在《同岑诗选序》中述及早年与浙中师友相与问学的情景，明确地抉发其时诗歌主张，云：“曩余问诗于堇浦杭先生、西林吴先生，并皆标举清深，敷陈丽密，准诸前古，以诏后来。”清深、丽密正是浙派自厉鹗以来竭力推尊的诗歌风格。而早在里中求学时，吴锡麒就在杭世骏、吴颖芳两位“提倡宗风，奖成后学”的前辈师长指引下，有意识地倡导这一诗风。

考察浙派，厉鹗无疑是最重要的创始人之一，吴锡麒对这位乡先贤

---

① 关于朱彝尊是否为浙派创始人，目前学界仍有不同意见。笔者认为，以朱彝尊为浙派发源人固有失科学，但作为浙派大部分成员所企慕的先贤，朱彝尊则足以称为此派发源的先声。

可谓推崇备至，所为诗歌多“宗樊榭而清畅过之”[①]，“五言古、近体大约得力于其乡樊榭先生者居多，而七古则非樊榭所能抗行也”[②]。翁方纲在嘉庆二年三月为《有正味斋诗续集》作序时曾专门论及了吴锡麒与厉鹗诗风之关系。其曰：

> 予之望君以少陵，而他人之知君者目以樊榭，故曰知君者莫深于予也。夫以樊榭目君者，一隅之见耳。然樊榭之精诣至矣，诗亦岂必学杜，岂必盛唐哉？[③]

可见，尽管翁氏力主吴诗乃得老杜之真传，不赞成他人以厉鹗之诗作比。但他也不得不承认其实此二者并不相悖，换言之，吴诗对厉鹗诗有承继关系，但吴诗又不拘限于此，他突破藩篱，更上一层，取法盛唐老杜之诗法。

其次，吴锡麒当时及其后世的诗坛多以浙派后劲盛称之。有正味斋诗在当时诗坛就颇获好评，王昶《蒲褐山房诗话》是较早提出吴锡麒诗实乃浙派嗣音的著作。其云：

> 浙中诗派，自竹垞、初白两先生后，二十余年，大宗、太鸿起而振之。及两公殂谢，嗣音者少。司成以云蒸霞蔚之文，合雪净冰清之作，驰声艺苑，独出冠时。既工骈体，尤善倚声，而诗才超越，直继朱、查、杭、厉之后，宜中外望之，指为景庆也。[④]

吴锡麒的好友法式善在乾隆五十三年(1788)所作的《冬夜展阅吴

① 昭梿《啸亭杂录》之《续录》卷四，中华书局1980年版，第489页。

② 陆元鋐《青芙蓉阁诗话》(下)，汪洋整理，载《古代文学理论研究(第四十辑)——中国文论的思想与智慧》，2015年，第379页。

③ 翁方纲《复初斋文集》卷一五《同学一首送别吴榖人》，《续修四库全书》本。

④ 王昶《湖海诗传》卷三三，《续修四库全书》本。

穀人点定拙集书后》一诗中，也以浙派巨擘许之。云：

> 抗怀百年来，谁与真作者。浙右朱与查，前后主诗社。西泠十子中，如樊榭亦寡。往往圆方隅，才能不可假。先生最后出，行空骋天马。取径绝依傍，敷词屏捋扯。有时乘酒酣，万言一挥洒。茫茫古与今，此笔扶大雅。[①]

法式善与吴锡麒自乾隆四十三年左右即结识，二人是同官翰林、结交三十余年的挚友。他对吴锡麒其人其诗知之甚深，因而他在本诗中以吴锡麒为浙西继朱彝尊、查慎行、杭世骏、厉鹗后主盟诗坛的不二嗣者，这一论断中肯可信。

以上王昶、法式善等人的评论，在当时和后世的文坛逐渐成为定论。《清史稿》卷四百八十五"文苑传二"吴锡麒本传即有这样一段议论：

> 锡麒工应制诗文，兼善倚声。浙中诗派，前有朱彝尊、查慎行，继之者杭世骏、厉鹗，二人殂谢后，推锡麒，艺林奉为圭臬焉。

综上，吴锡麒在其生活的时代，就被时人许以浙派后劲。这一论断在其后的文坛中也被广为接受。

最后，吴锡麒在浙派诗歌发展过程中扮演修正与新变的角色。浙派发展至乾嘉时期，其流衍过程中产生的弊病与程式化，已引起诗坛不少论者的关注。如法式善、蒋士铨、姚鼐等都曾直揭本源，对厉鹗等人的诗歌作了不同侧面的批评。

又如，乾隆时期诗人阮葵生对于浙派末流创作的程式化，有明确具体的揭示：

---

① 法式善《存素堂诗初集录存》卷一，《续修四库全书》本。

以南宋为宗，自度学识不能及人，于是爱僻耽奇，一字片语，分门收拾，自诩碎金。每遇一题，则按类佥拿，沿途差派。部署既足，然后别构一意，纡回勾缀以贯串之。气脉格塞，瘿疣遍体。题中无诗，诗中无人。①

典型如晚清诗论家朱庭珍《筱园诗话》的尖锐批判：

浙派自"西泠十子"倡始，先开其端，至厉太鸿而自成一派，后来多宗之。其清俊生新、圆润秀媚之篇，佳处自不可没。然病亦坐此，往往求妍丽姿态，遂失于神骨不俊，气格不高，力量不厚，无雄浑阔大之局阵篇幅，谐时则易，去古则远也。……其宗派囿于宋人，唐风败尽。好用说部丛书中琐屑生僻典故，尤好使宋以后事。不惟采冷峭字面，及掇拾小有风趣谐语入诗，即一切别名、小名、替代字、方音、土谚之类，无不倚为词料。意谓另开蹊径，色泽新异别致，生趣姿态并不犹人也。殊不知大方家数非不能用此种故实字样，大方手笔非不能为此种姿态风趣，乃不屑用，并不屑为，不肯自贬气格，自抑骨力，遁入此种冷径别调耳。②

朱庭珍指出浙派诗风总体上骨格不高、气势局促，诗法宗尚上拘囿宋诗，用典上嗜好摭拾琐屑生僻之典，语言上喜采冷峭语、诙谐语，乃至一些方言土语、小名别号等。朱氏指出此非作诗大家之路数，浙派循此而前，只会步入偏僻之冷径。

总观诸家评论，他们对于厉鹗及浙派末流的某些流弊，虽不免有因审美取向相异造成的苛责，但整体看来都能深中其弊。由此我们反观吴锡麒诗歌，就会发现他既有意识地标举清淡风格，宗尚宋诗，以雅正为纲，又自觉地摒弃当时浙派已然出现的诸多流弊。如诗歌题材上局

① 阮葵生《茶余客话》卷十一，光绪五年刻本。

② 朱庭珍《筱园诗话》卷二，光绪十年刻本。

限山水咏物乏关注现实之作,诗歌宗尚上拘限宋诗、用事隶典饤饾挦扯等弊。虽然他所作出的成绩并非十分显著,然而这种自觉扬弃的努力值得肯定。

吴锡麒以其卓越的诗文创作饮誉乾嘉诗坛,不仅体现在上述作为浙派后期巨擘的文学史书写中,还表现在诗文创作传播与接受的热烈反响。

《有正味斋集》一出,诗坛反响热烈。法式善《有正味斋诗集序》曾描述道:"先生名重中外,诗文集凡数镌板,贾人藉渔利致富,高丽使至,出金饼购《有正味斋集》,厂肆为一空。"吴振棫《国朝杭郡诗续辑》亦云:"高丽、流求使人以重金购其集。所为骈体,尤名于时。踵门乞者,几于一缣一字。晚年主讲扬州甚久,修禊题襟,风流斯在。"[①]吴锡麒著作在其生前即屡屡刊版,且多次版印时作者都作出过相应的增修删订,直至民国初年,数家书局争相刻印的盛况仍然不减,足见吴锡麒对于当时及后世乃至海外诗坛的重要影响。

除了著述屡次刊印外,在嘉庆乃至道光的诗人诗作中,我们也可见出吴锡麒突出的诗文造诣及作者高洁人格的深远影响。如锡麒晚年交游颇投契的后辈、同为浙西词派健将的郭麐,他在《病起怀人诗三十首》"吴榖人祭酒"一诗中说:"诗坛两浙鲁灵光,老爱填词亦擅场。唱遍康王新乐府,红桥丝柳半斜阳。"[②]又《检得榖人先生手书》一诗云:"华星璀璨动银钩,开箧先教泪溢眸。犹及老成吾未晚,欲征文献世难留。三为祭酒荀卿老,一卧沧江杜甫愁。差喜郎君嗣家学,清声已占凤池头。"[③]

锡麒同里后进陈文述在《病起读里中前辈诗各题一律》之"吴榖人祭酒《有正味斋集》"一诗中说:"梅村老去树栖鸦,祭酒新诗更一家。独抱冬心对冰雪,最宜仙骨卧烟霞。徐擒宫体书金管,束皙笙诗谱白华。

---

① 吴振棫《国朝杭郡诗续辑》卷一九,光绪二年刻本。

② 郭麐《灵芬馆诗三集》卷一《得闲集》,《清代诗文集汇编》本。

③ 郭麐《灵芬馆诗四集》卷十二《蘧庵集》,《清代诗文集汇编》本。

何处风流邀胜赏，西泠明月广陵花。”[①]他将吴锡麒与同为祭酒的同宗前辈吴伟业相提并论。

与吴锡麒有零星交往的乾嘉诗人舒位在其《乾嘉诗坛点将录》中，将吴锡麒列为“马军骠骑旧头领十员”之“镇三山”。另一位嘉庆年间与锡麒有所交游的后进、道光朝重臣陶澍有《题吴穀人先生有正味斋集》一诗，他也表达了对吴锡麒的崇尚之情，云：

先生古貌如神仙，先生几席皆云烟。黄河千里一大曲，昆仑绝顶疏言泉。巨波轩起海欲立，奇气矗出山不骞。文章不胫走天下，主盟吾道三十年。平生一瓣自遥祝，梦想久落沧江边。主恩特假此持节，升堂再拜何非缘。我如春秋小滕薛，附庸岂敢齐楚肩。敝帚偏劳重征索，雷门不弃布鼓悬。雄编报我厚尺许，璀璨悉是青瑶镌。发函三复古光出，皎月不动星横天。古今之才止一石，八斗已为先生专。此诗此笔岂易觏，此事合让先生传。朝闻吴船出京口，明当打鼓金山颠。请携此卷一雒诵，定起江底蛟龙眠。[②]

嘉道诗人阳湖陆继辂更是对吴锡麒人品与诗歌推崇备至。他在《祭吴穀人先生文》中说：

公之爱我，大云施雨。我之向公，婴提就乳。……凡识一丁，罔不挥涕。公之出处，凤翥鸿骞。公之文章，虎变龙驯。惟矜细行，乃底大醇。屈指当代，庶几完人。[③]

陆氏甚至认为吴锡麒的成就已经超越浙派的先贤朱彝尊、厉鹗，他在《辑〈春芹录〉成怀旧感知呵冻有作·有正味斋》中说：

---

① 陈文述《颐道堂诗选》卷十五，嘉庆十二年刻道光增修本。

② 陶澍《陶澍全集》，岳麓书社 2010 年版，第 7 册，第 77—78 页。

③ 陆继辂《崇百药斋文集》卷十九，《续修四库全书》本。

> 竹垞樊榭岂同论，杜老千秋此替人。名士猖狂潜破胆，相公蕴藉待传神。茂宏谁付曾挥麈，汲黯能忘后积薪。贱子最深逾分感（先母七十寿言，李味庄、陈桂堂诸公皆称侍生，先生独称侄），楹笺悬处一沾巾。[①]

虽陆氏不无溢美，但足见吴锡麒对后进诗人影响之深。然而，尽管吴锡麒诗歌成就突出，在当时与后世诗坛影响深远，然而当今的论著却并未给以足够重视，究其缘由，笔者认为约有以下数端：

其一，诗歌为骈文与词的突出成就所掩。在诸文体中，无可否认，骈体是吴锡麒致力尤深、且取得成就最为卓异的文体。嘉庆三年(1798)，全椒吴鼒选之入《八家四六文钞》，自是遂有“骈文八大家”之称[②]。嘉庆十一年，曾燠主持刊刻《国朝骈体正宗》，亦选入吴锡麒骈文一卷，并以“一代骈体之正宗”[③]许之。同时，吴锡麒尤擅倚声，系浙西词派中后期的重要词人。陈廷焯认为《有正味斋词》“风流蕴藉，神明乎姜、史”，乃《风》《雅》嗣音[④]，在乾嘉之际，“吴穀人一时独步”[⑤]。因此，在骈文与词的光辉成绩掩映下，吴锡麒诗歌的成就不那么耀眼就在情理之中了。对此，近人袁行云曾有非常确当的评价，他说：“昔吴鼒选骈文八家，《有正味斋集》成为修辞者摭拾之的，然其诗多清新灵隽之作，只为文名所掩耳。……乾嘉间浙中诗坛，可称巨擘。”[⑥]

其二，诗歌成就为浙派日渐衰落的大势所掩。如上所述，浙派自厉

---

① 陆继辂《崇百药斋三集》卷六《辑〈春芹录〉成，怀旧感知，呵冻有作·有正味斋》，《续修四库全书》本。

② 按，骈文八家为袁枚、邵齐焘、刘星炜、吴锡麒、孔广森、孙星衍、洪亮吉、曾燠。

③ 易宗夔《新世说·文学》，《清代传记丛刊》本。

④ 陈廷焯《云韶集》卷二二，清抄本。

⑤ 陈廷焯《词坛丛话》，《词话丛编》本，中华书局 1986 年版，第 4 册，第 3738 页。

⑥ 袁行云《清人诗集叙录》，文化艺术出版社 1994 年版，第 1464 页。

鹗创始以来，流弊即伴随而来，自乾嘉以后，末流后学更是泥沙俱下。虽有如杭世骏、吴锡麒等巨擘力挽狂澜，然颓败之势盖不可掩。虽然时至清末此派仍延绵不息，然而其自身的理论旗帜不鲜明、创作流弊突出，使得该派的影响力已远不及其时盛行的其他诗派。作为其中一员，吴锡麒诗歌尽管作出了一定的修正与新变，然而声音与力量微弱，终为时代尘埃所湮没。

综上所述，吴锡麒是乾嘉时期浙派中后期转关的代表性诗人，其诗歌创作融贯汉魏六朝三唐，博之以宋人之意趣，故音格高而无浮响，功力厚而有深思。他的诗学主张和诗歌创作都展现出对前此浙派的风格与流弊的承传与革新。在乾嘉诗坛百派萦回、争相溢彩的背景下，有意识地起衰救偏，尤其是对沈德潜格调派与浙派末流的矫正，虽然所取得的成果并不突异，但对乾嘉之际诗歌潮流乃至近代诗坛都产生了一定的导向作用。

附录　吴锡麒集外诗词文辑佚

一　存目

（一）《竹西歌吹》

按，《竹西歌吹》不见于吴锡麒已刻印与钞本、稿本诸集。南京图书馆藏清刻本《有正味斋集》（十六卷），卷四有《题程鱼门编修晋芳所藏僧石涛竹西歌吹画卷三首》，其三云：“我生踪迹雪中泥，传唱新词满竹西。能认玉钩斜畔路，冷萤飞堕一星低（余在扬州有《竹西歌吹》词一卷）。”又，吴锡麒在扬州所结交的友人、曾任扬州府学教授的金兆燕，其《棕亭古文钞》存一篇《吴榖人竹西歌吹跋》，其曰：

> 余游宦扬州二十余年，往来朋笺大率以长短句为酬答。然不自收拾，随手散去。下里巴人，虽数千人和之，不足贵也。榖人太史《竹西歌吹》一帙，半系昔年赓唱之作。长安秋雨寂寞，苔床欹枕读之，觉酒酽香浓，忽忽如前日事。路汶至江淮，风帆仅匝月耳。回首欢场，固非竹林之寺、桃花之源不可再到者。逝将布袜青鞋，放浪于四桥烟雨之际。想李汉老玉堂清梦，定犹在疏篱茅屋间也。庚子秋日书于都门邸舍。①

该跋作于乾隆四十五年（1780）秋，据跋语与上述吴锡麒诗注可知，《竹西歌吹》系吴锡麒客居维扬时所作词集。后不见存，或系词集刊印时并

① 金兆燕《棕亭古文钞》卷九《吴榖人竹西歌吹跋》，《续修四库全书》第1442册，第361页。

入他集所致。

（二）《渔家傲》

按，已佚传奇，演汉严子陵故事。《有正味斋骈体文》卷八存《渔家傲乐府自序》，云：

> 余游富春之渚，经七里之滩。万竹光中，斜阳晒网；一波折处，细雨施罛。缅怀高寄之踪，指点归耕之处。径路或迷于黄叶，人家全在乎翠微。弄水相思，寻烟欲问。台高百尺，其钓维何？祠阅千秋，伊人宛在。只觉风流之足慕，敢辞水调之难工。恣我楮毫，被之弦索。演逸民之列传，写渔父之家风。人将读之而解颐，吾亦因之而寄傲也。

该序文又见于清梁廷枏《曲话》卷三[①]，梁氏对吴锡麒词、曲评价非常高，谓："吴縠人先生词学，近时人不多觏，痛除凡响，壁垒一新。集中南北曲数套，妙墨淋漓，几欲与元人争席。所作《渔家傲》乐府，词坛、艺苑交口称之。"惜该传奇已佚，然而结合吴锡麒成进士前于己丑、庚寅、辛卯曾三游严江、屡经严江畔严子陵钓台的经历可知，该传奇演东汉严子陵故事。

（三）《燕台行笈诗存》

按，沈赤然《五研斋文钞》卷一有《吴縠人燕台行笈诗序》，云："乾隆乙未正月，余与縠人随计北征。……明年縠人乞假归省，出其自计偕至锦还所为诗若干卷，标之曰《燕台行笈诗存》，属余序。余既卒读，慨然曰，君诗词雅而意高，即足不出乡关，已杰然争雄于武林坛坫间矣。"[②]是知此诗集乃锡麒于乾隆四十年偕同沈赤然北上应试，继而锡麒及第，

---

① 梁廷枏《曲话》（五卷）卷三，道光刻本。

② 沈赤然《五研斋文钞》卷一，《续修四库全书》本。

并至四十一年乞假归省，此两年间所作诗歌。标之曰《燕台行笈诗存》，属沈赤然为序。此集今已不存，或系此后整理刊印全集时，“合并前作，别有增删”[①]，并入他集，亦未可知。

二　佚诗

（一）《十二月十三日大雪病后苦寒怀人成句》

暝然云不飞，天远易成暮。农家望三白，失春腊初遇。
光抱新月移，凄约宿烟赴。引气逼凌兢，因风流拗怒。
藉表孤俊姿，甘受梅花误。沉沉漏屡转，漫漫势宁住。
负疴积朝昏，几忘酒家路。昨闻飞雁来，遗我故人句。
似勖君子心，固穷谅有素。炯炯真想存，炳烛酬冷趣。

按，该诗见清潘钟瑞编《昆山片玉》（三种三卷）之《有正味斋集外诗》一卷，钞本，今藏南京图书馆。

（二）《蓼花和鱼门韵》

慢水夕阳俱，疏红认有无。凉禽片雪下，瘦蟹一枝扶。
吹火逢渔父，经秋占画图。年年芦絮外，为尔梦江湖。

按，该诗见佚名批本《吴縠人诗选》（一卷），钞本，一册，今藏南京图书馆。

（三）《帘钩》

玲珑一片与渠亲，能解勾留几许春。
才上斜阳无半霎，只疑新月是前身。
犀钉象篾交加好，雾阁云窗跌宕频。
学得桂枝秦女样，不应重隔跨鸾人。

---

① 法式善《有正味斋诗集序》，见《有正味斋诗集》卷首。

珊瑚依旧网中看，倒卷湘波十尺寒。
曲乙漫惊龙骨出，横陈应念妓衣单。
分明赌酒曾笼袖，仔细抬头怕碍冠。
雨脚垂垂吟未稳，钓愁容易钓诗难。

欲挽偏愁捉搦空，弓腰惯自舞春风。
流苏帐畔曾相见，翡翠竿头讶许同。
上下不离珠错落，卷舒微听玉丁东。
桐花时节茶烟淡，么凤飞来倒挂工。

一自骚人赋曲瓊，便教银蒜逊嘉名。
纵殊画向鸦叉展，宛似书摹趸尾成。
燕子踏翻浑欲恼，杨花搭住不胜情。
阿谁解汝回肠苦，惆怅风前太瘦生。

按，该诗见清吕星垣辑《帘钩倡和诗》，乾隆间穆礼贤刻本，今藏国家图书馆。

（四）《次韵》

利济念苍生，荣名希千载。怀抱岂不雄，末路戒其怠。
仕与学等耳，中有不朽在。高盖拥秋荷，忽忽西风改。
虚车饰目前，外强内先馁。古人能鉴之，乃免世途悔。
知君善庖人，久已游刃待。要葆清白心，常留未染彩。
随时课农桑，吾慕龚渤海。

君言束发来，足迹遍九州。颇侈结交广，不厌人事稠。
矫首青云端，接踵皆名流。所嗟身濩落，文字无蹇修。
浮沉在中禁，徒与贫士游。营炊朝衣典，谋酒妇箧搜。
偶得司马官，如在琵琶洲。青衫揩暗泪，慷慨袂欲投。

此去已老马，此行如疲牛。资斧苦不易，欲发还淹留。

余生本单寒，一毡历数世。廿载长安居，每忧食不继。
幸赖同心人，并力砚田治。欲求文章报，徒沮经济试。
愿君洗虚声，勿愧儒而吏。撑拄万卷书，展拓吾辈事。
今昔势固殊，其道良不二。鱼盐涌腥波，莫误此身厕。
一琴与一鹤，料理亦容易。倘念故人言，尚望颜色记。
蓬莱鲤鱼大，不灭三岁字。

莫谓此官闲，千里荷朝命。别筵排匝月，祖饯况云盛。
如何秋水心，思与白鸥订。古来可传人，亦藉名位胜。
煌煌恭毅公，封事称敢诤。至今乔木存，瞻者生爱敬。
但能祖德述，何翅昔贤并。清门美文采，盛世凤鸣应。
功名迟早间，终验佩刀赠。待庆海沂康，舆歌吾敬德。

故人日以远，短发日以疏。归心牵万丈，宛转如缫车。
衡茅待经营，白云望吾庐。君挟东海波，身犹等涸鱼。
何怪耕田夫，意欲轻簪裾。薜荔若招人，行当赋遂初。
习我治生术，当君活民书。出处各有道，慎勿求赢余。
政成幸慰我，早来卜邻居。

按，该诗见赵怀玉《亦有生斋集》诗卷十九《将出都门述怀，兼别同志》（重光作噩），后附同人次韵送别之作，载吴锡麒次韵诗五首。《续修四库全书》第1469册影印道光元年刻本。

（五）《和作》

新诗郑重故人投，旧梦依稀酒地留。

白发不堪同雪舞，黄梅犹记为蚕收（过常时阴雨不止，俗所谓蚕黄梅也）。

关河熟路愁重阅，山水生涯感卧游（余与先生同以足疾而苦于行）。

老我渐知樱笋计，十年何苦殢扬州。

按，该诗见赵怀玉《亦有生斋集》诗卷三十二《雨中，吴祭酒锡麒自邗上来访，即送还浙》（柔兆困敦），该诗后附吴锡麒寄和诗。《续修四库全书》第1469册影印道光元年刻本。

（六）《同作》

典礼熙朝盛，江湖老辈来。两年归白发，千叟会春台。

气得文章助，身叨雨露培。觚棱知有恋，临别首频回。

才把一杯酒，匆匆奈别何。春风吹柳色，二月渡黄河。

我亦耽蒲褐，归应证薜萝。吴淞旧游路，准约白鸥过。

按，该诗见王昶《春融堂诗集》卷二二《翁学士振三、吴侍讲榖人诸君饯别并以诗卷赠行》，后附录吴锡麒《同作》二首，《续修四库全书》第1437册影印嘉庆十二年塾南书舍刻本。

（七）《同作》

廿载春明梦，宾朋散似星。江湖寻后会，笑语慕前型。

良约秋期践，轻帆港口停。吟诗当七发，病已起伶仃（献之病风，不良于行）。

一老灵光在，相期吾道同。此怀如霁月，有力挽颓风。

《诗品》王官谷，经材《白虎通》。平生承刮目，终是愧吴蒙。

宦辙辞前路，壮心思昔年。车攻诗肄熟，盾鼻墨磨便。

湛露三霄渥，初衣一著先。渔庄容稳卧，乐事画图传。

斯文同不朽，金石寿弥长。许我开缃帙，因之味古香。
剜苔心未厌，布毯坐难忘。梦瓦能鸳化，还愁返故漳。

宛然蒲褐住，相引篆香浓。酒座书三面，秋帘水一重。
来真仓卒客，饷费咄嗟供。所感殷勤意，何辞倒玉钟。

见说西南盗，秋风扫莽残。欢铿动朝野，披沥出心肝。
便有铙歌制，终闻露布刊。太平田野乐，努力待加餐。

按，该诗见王昶《春融堂集》卷二四（辛酉、壬戌、癸亥）《九月八日，吴司成彀人、陈太守桂堂、张司成古余敦仁枉顾，留饮兰泉书屋，兼示映湄、献之、同人三君》，后附锡麒《同作》六首。《续修四库全书》第1437册影印嘉庆十二年塾南书舍刻本。

（八）《贝叶经歌》

我闻贝多叶经四十夹，道圆献自乾德年。此经乃题咸平之中进，惜哉姓氏已不传。当时我佛吉祥坐，思惟愿结菩提缘。上垂璎珞互围绕，下诵银塔纷排连。金刚作身瑠璃干，扫除八十万众天魔缠。手披不雕叶，写以阿耨泉。五指突现五师子，笔锋所到神力全。历万由旬达中国，牟尼照耀空王筵。或云驮来自白马，或疑佛力渡以大愿船。岂知远随鹫岭夜飞至，千年尚带灵山烟。借秋阁里秋正好，檐花洒露凉娟娟。开奁客请开净眼，谛视但觉光莹然。青苍一色无向背，竹膜失滑苔输鲜。长尺有半阔二寸，肌理密似兜罗绵。其书非草非篆隶，旁行欲与天左旋。一圈一点各殊势，不逢鸠摩罗什谁能诠。平生瓶钵有夙契，敢谓文字非真禅。旧闻泓龙老居士，题诗语语工雕镌。吹螺贝，鸣狮弦，惟有此经足称琳琅篇。惜哉僧如哑羊不能读，窃恐一旦药义失守成，弃捐安得百罂牛乳相灌注。俾之叶叶展放，有如千叶莲。挥毫尽书六百一十七部大乘旨，庶几三千大千世界永远垂无边。

跋云："此余壬辰旧作也，诗久不存。今年偶检旧稿，复得之敝箧中。适春松观察以此卷索题，即为书之于上。以见前辈一诗之成，至七易稿而不倦。如是余辈信手涂抹，自以为诗，无怪于其不足存也，因并以志愧云。丙寅七月，穀人吴锡麒。"

按，该诗见清沈镃彪《续修云林寺志》（八卷）卷六，光绪十四年刻本。

（九）《乙巳冬过随园奉访简斋前辈》

潇洒名园最，清凉一径通。门开黄叶里，塔倚夕阳中。
泉石娱仙眷，文章重寓公。笑谈春满座，未要下帘栊。

如此遂初早，于今四十年。青山看六代，白发领群贤。
业以千秋重，棋争一着先。愧余西笑客，相对转茫然。

按，该诗见袁枚《续同人集》（十七卷）"过访类"，见《袁枚全集》第五集，江苏古籍出版社 1993 年版，第 6 页。

（十）《次韵阮元之作》①

济南名士燕频开，莲子湖头信屡催。
此去更应清到骨，鹊华秋色马头来。

按，该诗见孙星衍《孙渊如先生全集》之《济上停云集一卷》，系吴锡麒次韵阮元之作。《续修四库全书》第 1477 册影印嘉庆刻本。

---

① 阮元《原作》："济南亭馆傍湖开，湖上西风且漫催。万朵荷花五名士，一时齐望使君来。"孙星衍《次韵答阮芸台学使同年柬招即往历下之什》："芙蓉池馆报花开，驿骑传诗一夕催。不为时需访碑使（元时设此官），也应天与聚星来。"

（十一）《元日试笔用铁夫岁暮自述诗韵》

五十年华客里身，梅花谁寄一枝春。
油灯焰小偏通夕，喜鹊声干强报晨。
易过江山游子梦，相依风雪故人贫。
平安卜向琅玕竹，白发天涯彩胜新。

力士争思挽日车，冻流早望活春渠。
料量须鬓愁看镜，阅历虀盐爱读书。
名刺往来聊复尔，门符新旧较何如。
今年真起文园病（谓铁夫），彩笔先烦赋子虚。

按，该诗见王芑孙《渊雅堂全集》之《编年诗稿》卷十二《岁暮自述二首》（甲寅），后附吴锡麒《元日试笔用铁夫岁暮自述诗韵》二首，《续修四库全书》第1480册影印嘉庆刻本。

（十二）《题梅壑散人鱼乐小景》

柳苗瘦瘦荻苗肥，一领青蓑住钓矶。
笑得钱唐戴文进，秋江只爱画红衣。

按，该诗见吴锡麒《有正味斋日记》之《南归记》"嘉庆二年六月二十六日"条，光绪申报馆仿聚珍板铅印本。系嘉庆二年吴锡麒乞养南归，途经扬州，六月二十六日晚，饮于吴鲁宅，为题梅壑散人《鱼乐小景》。

（十三）《康山留客诗》

康山昔昔张别筵，浮云一瞥十八年（丙申冬，江橙里、汪雪礓于此饯余回杭）。我今又将买棹返，登临独结兹山缘。清泉白石故无恙，老树逾老蒙苍烟。主人送客且留客，骊歌来唱情拳拳。只愁风吹客帆去，要凭绘事千秋传。青山一篑出眼前，石骨肮脏孤撑天。重楼叠阁相钩映，中间草堂开数椽。武功去后榻久悬，乐府谁复歌婵娟？题诗我请赋新句，不管陈迹斜阳边。时清得免身世感，此会意欲无前贤。兴酣拍槛发长啸，惊起江上鱼龙眠。金支翠蕤互摇荡，今夕何夕来群仙。新秋草木激商气，拉杂似奏琵琶弦。微云隐隐淡河汉，二分月上蛾眉妍。江山宾主如此少，今我欲去仍留连。

按，该诗见李坦主编《扬州历代诗词》，人民文学出版社1998年版，第3册，第372页。

三　佚词

《天香·龚壶》

细屑红泥，圆雕栗玉，乳花凝注多少。古色摩挲，空窑指点，可惜抟砂人老。酒醒拥被，泥翠袖、灯前斟悄。时候重逢谷雨，春旗须试香早。　待听蚓吟鼎窍。沦清泉、落花风到。满腹烟山真味，贮来应饱。长日闲消个里。定一枕、茶天梦圆了。好伴图中，萧萧石铫。

按，该词见清蒋良平《东樗杂诗》附《词稿》，嘉庆间刻本，今藏南京图书馆。蒋良平词稿《仿宋人五乐府稿》后附"吴榖人先生和词"五首，其中此首不见于《有正味斋词集》。

四　佚文

（一）《论律赋》

赋昉于周而盛于汉。所谓触兴致情，因变取会，不必拘之以律而律自应焉。故班固曰："赋者，古诗之流也。"自唐天宝后，用赋取士，始以声律绳人，率限八韵，间有三韵至七韵者，于是乎有律赋之名。夫既曰律，则必响叶乎笙簧，度中乎齐夏。准其分刌，范我驰驱。乃能戛玉敲金，和声鸣盛。今试以唐人律赋论之，唐人起手最重制题，亦谓之破题。如李程《日五色赋》"德动天鉴，祥开日华"八字，最著人口；接云“首三光而效祉，彰五色而可嘉”，即将“五色”二字破出，此是定法。他如喻凫《仙掌赋》云：“行尽烟萝，仙峰隐嶙兮，高掌巍峨。”王棨《凉风至赋》云：“龙火西流，凉风报秋。”音节特异，亦破题也。宋人犹守之弗失，故陈元裕主文衡，出《大椿八千岁为春秋赋》，满场破题皆阁笔，遂自作云：“物数有极，椿龄独长。以岁历八千之久，成春秋二序之常。”一时称诵。此如画家点睛，意关飞动。若瞢兹缘起，无复眉诠，则秦客之廋词，齐赘之隐语矣。至于转韵处用虚字，须就文势酌之，或竟用单句，或四字六字两句直接。若黄滔《汉宫人诵洞箫赋赋》，其第二段转韵云：“斯赋也，述江南之霜竹生彼云谷，以参差见致。”又是一法。惟平声转韵，唐人多用叠韵。周铖《海门山赋》云：“岌岌崇崇，横西截东。”林滋《小雪赋》云：“眇若毫端，轻霏可观。”第一句，第一字不拘平仄、二字仄、三字平、四字韵。第二句一、二字平，三字仄，四字叶。此是一定之调。郑渎《吹笛楼赋》云：“既运指而有规，乃濡唇而是吹。”调最清铿可爱，今虽不能尽遵，然断不可用四六偶对。盖移宫换羽，全在抑扬其声。倘关捩不灵，唇吻有滞，是方轮之不转也，是沓舌之不调也。况唐人律赋每韵中四六，亦不过一联。其句法或上四下六，或上六下四，亦有五字、七八字者，而上下必以四字贯之，此一定之体也。虽近时作赋，边幅不可太狭，自须多用四六一两联，然中间尚得间以单排，始觉疏宕。

夫水性虚而沦漪结，径路绝而风云通。惟风骨高骞，故膏腴无害。非然者，丰肌有推垛之诮，大木致臃肿之嗟。陆士衡不以才多为患哉。若夫结调则奇弄发，遣词则异采腾。变化灵通，惟唐人尽之。其中有拗句法，有叠字法，有倒装法，有侧卸法，有虚字实炼法，有实字虚炼法。如丁春泽《日观赋》：“火动山顶，轮移水面，穿暗隙以飞镜，历幽窗而走电。”陈章《风不鸣条赋》：“轻摇而晓露初滴，暗袅而春鸠转鸣。”此拗句法也。如王棨《曲江池赋》：“有日影云影，有凫声雁声。”贾悚《大阿如秋水赋》：“千里万里之斜汉，耿耿方侔；八月九月之洞庭，沉沉相似。”此叠字法也。如黄滔《汉宫人诵洞箫赋赋》:“如燕人人,却以词锋而厉吻;雕龙字字,爰于禁署而飞声。”此倒装法也。如郑渎《吹笛赋》:“竟无六律,继当时紫府之清音;空有一条,是往日翠华之来路。”此侧卸法也。若虚字实炼法,如黄滔《秋色赋》:“空三楚之暮天,楼中历历;满六朝之故地,草际悠悠。”“空”字、“满”字是也。实字虚炼法,如周鍼《吴岳赋》:“西窥剑阁,霜地表之千镡;东瞰蓬莱,黛波间之数点。”“霜”字、“黛”字是也。大抵有唐一代,李程、王起风气斯开,蒋防、谢观如骖之靳。若王棨之《麟角集》、黄滔之《御史集》,引商刻羽,含英咀华,实为赋苑之宝书,学者所当奉为圭臬者也。至于乐天之风举云摇、清雄遒逸,微之之高冠长剑、璀璨陆离。洗昔贤之忸怩,破前轨之束缚。然必有气以举之,否则不能学也。又若皇甫之远情胜致,惝恍迷离,闲居则兰成之外篇,采药亦离骚之支子,然非律赋正宗。以之奏銮玻、鸣芸阁,非所宜也。即汉魏之沉博绝丽、六朝之旖旎风流,猎其英华则可矣。若论体裁正须分别,如律赋末段只宜或散或整,收束余波。近人多用歌词作结,前轩后轾,不古不今,安得谓之终曲而奏雅哉?又五、七言诗句入赋,惟齐梁及初唐体则然,律赋中如:“问于垂白荷锄叟,云是明皇吹笛楼。”“何事春秋各千年,何花开落惟一旦。”唐人虽间有之,正惟位置得宜,故音奏斯协。若杂之偶对内,则肖当筵之致语,同建醮之青词。昌黎所谓类于俳优者,正此种耳。夫琴瑟专一,不可以听也;左骥骖而右驽服,不可以御也;金玉其中而败絮其外,不足以为宝也。故调忌复袭,复袭则不灵;对忌参差,参差则不整;词忌浮靡,浮靡则不真。优而游之,欲其气之疏以达也;比而齐之,欲其平沉之均也。眂其表,欲其泽也;眂其里,欲其本之固也。如是而言律,律乃细矣;如是而言赋,赋乃精矣。我朝昌明古学,作者嗣兴。复敕纂《赋汇》一书,嘉惠士子。诚能求珠赤水,探木邓林。寻正变之源,通丽则之旨。则余言特举隅耳,引而伸之,触类而长之。以今日肄业所及,为他日朝亡献,余将拭目以俟焉。

按，此文见清程祥栋编《东湖草堂赋钞》附“赋论”，同治五年自序刊本。亦见于潘遵祁《唐律赋钞》卷首附“论赋集钞”。

(二)《存素堂文集序》

文之有庐陵，犹诗之有摩诘也。摩诘之诗有朴至语，有沉雄语，而及其离去尘俗，餐饮沆瀣，则若飞仙化人，不可企而及也。庐陵文亦然，史称其天才自然、丰约中度，苏老泉谓其纡徐委备，往复曲折而条达流畅，无所间断。大抵摩诘之诗以神胜，庐陵之文以识胜。而总而论之，要皆同出于靖节，惟待读者寻绎于语言之外。今之能逮于古者，罕矣。好古而能信，信古而能专者，其惟时帆先生乎！论时帆之诗，而以为摩诘；论时帆之文，而以为庐陵。其诗之见于世者，人得而信之，其文之未见于世者，人且闻而疑之。而时帆乃独出而取质于余，余何足以知时帆？然观其言简而明、信而通，有类乎庐陵之为之者。因移向之读庐陵之文者以读之，读之久而始知其肖之，且不惟肖其貌，而且肖其神，且肖其为人。周益公曰欧阳文忠好贤乐善，盖其天性，得交友间寸稿尺书必轴而藏之。今时帆奖借士类，乐与有成，一时贤士大夫屐满户外，四方宾客奉尺牍问讯者日数十至。其好贤乐善，吾不知视庐陵何如？即其有来必答，一札所及，款款然如出肺腑，示之且令人皆什袭以为至宝，其感人为何如？则其好贤乐善又何如耶？昔人评摩诘诗谓为诗中有画，若庐陵《丰乐》《醉翁》二记，又文中之画也。时帆辟诗龛，供摩诘、庐陵诸贤像以示瓣香所在。夫思其人不得而即于画中求之，时帆其神遇矣哉！嘉庆六年岁次辛酉秋七月上浣，同馆愚弟吴锡麒拜撰。

按，此文见清法式善《存素堂文集》(四卷)卷首，《续修四库全书》第1476册影印嘉庆十二年程邦瑞扬州刻增修本。

（三）《皇清诰授荣禄大夫兵部尚书都察院右都御使漕运总督梁公墓志铭》

嘉庆六年，前任漕帅梁公以尚书守护裕陵期满，赐还。以疾薨于家。遗疏上闻，圣心轸恻。谕祭如礼，孤子如升筮藏协吉，值余乞养旋里，请铭于余。按状，公姓梁氏，讳肯堂，字构亭，号春淙，又号晚香。先世汉宏农之陕县人。隶钱塘者，自公高祖浙江严州府同知秀麓公始。曾祖之材公讳知才，祖啸园公讳浩，考璞庄公讳国琛。仍世隐德，皆以公贵。累赠至荣禄大夫，如公官。曾祖妣刘氏、祖妣姜氏、妣沈氏，并赠一品夫人。沈太夫人生子二，长晴沙公讳鉴，邑庠生。次即公也，少聪颖，甫就外傅，塾师奇之，目为神童。年二十一，补博士弟子员。明年戊午，中副榜。嗣后，屡困场屋。家贫，往来吴楚间，藉馆谷为生计者十有七年。甲戌，入都，考充镶蓝旗教习。丙子，举顺天乡试。会教习期满引见，以知县用。挑发直隶署高邑县，补栾城县。丁父忧，服除，补怀来县。复以沈太夫人丧归。终制后，仍赴直隶补宝坻县。公历任直省诸剧邑，皆能宽猛相济，人爱戴之。当官宝坻时，邑大水，庐舍漂没。居民多露处，嗷嗷之声相闻。公具渡船，载粮糒四散周给，咸赖以济。总督杨公廷璋廉其能，因荐公。明年，升蓟州知州，历深州、直隶州知州、保定府知府，擢清河道，洊升山东按察使。以巡抚国泰案未经劾奏，镌级，发河南候补道。未几，蒙恩补授直隶通永道，随调清河道，升直隶按察使。盖其贤能之声，久达天听。故稍跌即起，起固将大用之也。

五十年，转直隶布政使。顺德有大陆泽，即《禹贡》之大陆也。地多积淤，民占种为利。经府详请申科，公以地向蓄水，每遇大潦，藉为宣泄。若任民开垦，是与水争地也。且耕种之后，必高筑堤防，既以蓄水之地为原田，势必使无水之地为泽国，其害甚巨。与制府力争，事得寝。五十四年，升授河南巡抚。豫省适当河冲，公一到，即讲求河防要害。值南岸黑冈虞城汛，兰仪之史村铺挑水坝洪流奔注，多有啮蚀。公相度悁劳，躬督抢筑，始获安稳。独铜瓦厢一带大堤全行塌损，仅藉月堤抵护。众汹汹，咸虑莫救，公默以身祷。俄顷，风浪恬息，河不为患，人以为有神助云。他如奏请豁免滩地无著粮银，请封禁许家河山场铁矿。纾民之困，防民之奸，其为政之能持大体类如此。五十六年，纯皇帝巡幸天津，公赴直迎驾，即授直隶总督。公官其地久，利弊皆熟知。尝以直省旱潦不时，民多转徙。一遇公事，经费无所资，辄左右支绌。奉命日，适夏泽愆期，差务络绎。前制府欲请帑而不敢言，公曰："事亟矣，不请而坐视疮痍，与请而有干部议，均罪也。"即面请帑银二百万两为直省经费。储跱以待，蒙恩俞允。盖圣主忧民之心，公能体而行之。而圣主亦察公之勤于民也，故于请赈、请蠲，朝奏夕可。凡在任八年，办灾五次，先后请拨银六百万两，全活生民以亿万计。每召对，犹以未能节费，惶恐待罪。蒙纯皇帝面谕曰："汝能为朕用财，此国计民生之大务，非浮费也，何介焉？"古来主臣一德，诚未有散财恤民如斯之亟亟者也。

嘉庆三年，升刑部尚书。七月，奉旨补授漕运总督。谢恩时，以年老为辞。上曰："汝去可谓得人，且漕务事简，亦易为之。"趋赴新任，凡漕务积弊厘剔一清。四年春，奉命以尚书守护裕陵。越三年，奉旨以原品回籍。圣恩优渥，终始成全。水程南下，濡滞三阅月。将次里门，感疾归，甫七日而薨。呜呼哀哉，公至性纯笃，始任畿辅，两遭大故。哀毁骨立，行营窀穸，上妥三代畚挶之事，皆身亲之。至于建祠庙、置祀田，敬宗合族之道，无弗讲也。兄晴沙公早世，公抚其孤，孤卒，则抚其孙，孙又卒，复抚其嫠与两曾孙。合食一堂，教养兼尽。居官数十载，家无余蓄。廉俸所余，辄分赡亲党。人以急难告者，无不立应。于公事，则克勤克慎。唯恐有负国家付托之重，故生平备荷主知。赐赉便蕃，如宝翰、石刻、福字、珍物、时果、缎匹、药饵之赐，不可胜纪。其在津淀差次也，则赐御制七律诗一首。其八十生日也，则赐御制扁联、红结顶帽等物，以至赏花翎、赏黄马褂、赏紫禁城骑马，尤异数也。

公生于康熙五十六年十一月初二日，薨于嘉庆六年八月初二日，寿八十五。配桂氏，诰封夫人，晋赠一品夫人。先公十五年卒，葬于西溪杨家牌楼之原。子三人，长如林，充四库馆誊录，候选州同知。次如升，候选郎中。次如春，国学生。如林、如春皆先公卒。孙三人，如升出。长宁吉，一品荫生，嗣如林后。次寅吉、谦吉。以嘉庆七年十一月初十日，启寿藏合葬焉。铭曰：于哉畿辅先百城，饰以文雅治乃成。始一命逐扬双旌，动中肯綮刀不更。坐而论之起即行，请蠲请赈巨万赢。帝曰为予活苍生，不言而喻喻者诚。春风一吹物向荣，如公岂为灼灼名。不朽要与石共贞，辞亦取质无敲铿。赐进士出身诰授朝议大夫国子监祭酒予告养亲同里年家侍生吴锡麒撰文。

按，此文见梁肯堂《石幢居士吟稿》卷首，清刻本，南京图书馆藏。

（四）《灵芬馆诗二集序》

往余涉淮，闻淮阴人多称吴门郭白眉诗者，惜余未之见也。会严历亭司马招饮，晤诸席上，知君假馆于是。瘦身玉立而一眉莹然，故人皆以"白眉"称之，遂并其诗以称为"郭白眉诗"云。当其时，余匆匆北行，杯酒促谈，未尽款洽，然风雅之味觉浸淫大宅间，别后每思其为人。迨明年，君应京兆试入都，一时声名噪甚。所交如法梧门、赵味辛、张船山、何砚农、兰士昆季，皆余所与论诗者，而皆重君诗。吟宴一开，月斜不去。此唱彼和，互相嗟赏。咸谓以君之才自当躐青云而直上，乃一击不中，垂翅而归。归而徒以诗鸣江湖间，帆樯往来，寻烟而语，其诗益工而其遇亦可慨矣。夫功名得失之故，原非人得而主之，故士有横翔捷出，动辄如意，而究其肥如瓠者，叩之枵然。乃或百赋千诗，填塞胸臆，牢愁偃蹇，独位置于荒山穷谷之区，岂将老其材而后用耶？抑亦苍苍者之故为是颠倒耶？然而具是才者，断不以无所伸其志，而遂自弃其才，必且益淬厉之，益磨砻之，而终使其才得以大显于天下。

余之不晤君者又有年矣。辛酉，余乞养归。又明年，始重遇于湖上，乃出《灵芬馆诗集》属序于余。因得尽读所作，见其摆脱凡近、澡雪精神，大抵希轨于谪仙，而取隽于玉局。凡山川阅历、风雨啸歌，又能以己之神明入乎其内，故丽而不缛，清而益深，其力可负风而飞，其气累累乎如贯珠而不绝。吾因知君诗学之成，而遂信君名之且与俱成，转叹不知君者之宜自憾而不足为君憾也。余还山以来，无田可种，仍乞食海滨以助菽水。笔墨荒废，垂老悲来。回念长安诸故人，或出或处，酒场欢地，日就零落，而历亭司马息辙湖山，曾几何时，墓有宿草。读君集中哀挽之什，不禁怆然于寒月长淮依依送别时也。癸亥闰二月上浣，钱唐吴锡麒。

按，此文见清郭麐《灵芬馆诗二集》卷首，嘉庆刻本。

（五）《寿雪山房诗集序》

古者选将必以诗书礼乐为先，故凡秉麾而驭众者，皆卿大夫也。孔子曰："有文事者，必有武备。"《孙子·行军》篇曰："令之以文，齐之以武，是谓必取。"吾读《六月》《采芑》《江汉》诸诗，窃见当时如吉甫、方叔、召虎其人者，类皆有文武威风以震荡人之耳目，一旦陈师鞠旅，用奏肤公，故能万邦为宪也。三代以后，农与兵分，吏与将异，论者以"随陆无武，绛灌无文"交相诟病。虽曹景宗求余韵赋诗，朝贤惊叹，孔范称周罗睺执笔制诗，如上马入阵，不在人后。亦当争长坛坫，自号诗人。而究之尝鼎一脔，于风雅之道固有殊焉。若吾友陈君默斋则不然，默斋幼习举子业，工诗文，后出嗣伯父薪庵公，以台湾难荫官守备，效用浙中。与诸大吏多文字相契合，金石之搜讨，经籍之校刊，悉以任之。握椠提铅，夜以继日，而君啸歌不废也。余尝戏之曰子真将军不好武哉。既而防守海昌，始有专责，指挥所及，什伍如亲。又塘工最为险要，君能先几相度，措施得宜，数年以来，海上无事。虽当风雨如晦，波涛接天，鼍吼鲸吟，万志惶惑，而君啸歌不废也。盖惟神明有定，故临事无所动摇如此。此即以百万之众属之，度未有不胜任愉快者，然则将军岂真不好武哉？今君将赴闽中参将任，适其《寿雪山房集》刻成，而属余为之序。余受而读之，见其律之严也，则中权而后劲也；其光之长也，望之如火而如荼也；其音节之谐合也，则举旌以宫而偃旌以商也。优而游之，其批亢而捣虚也；变而通之，其神机而鬼藏也。是故敛之如处女，纵之如脱兔也。昔人评诗者，或谓为幽燕老将，或谓为百战健儿，而吾谓如君者，殆淮阴侯之将兵，多多益善者乎。君年正富，学日以深，功名亦日以显。他日韩范之绩，照耀寰区，则点苍摩崖，燕然勒石，淋漓大笔，皆可自颂之而自书之。而吾更愿纪其成功，比之于吉甫、方叔、召虎诸人，而为之歌雅也。嘉庆八年岁在癸亥夏五月上浣，钱塘吴锡麒撰。

按，此文见清陈广宁《寿雪山房诗稿》（十卷）卷首，嘉庆八年刻本。

（六）《在璞堂诗三刻序》

余儿时即得见夫人，即闻夫人有能诗名，然余犹未能知诗也。又十余年，从杭丈堇浦游，每论闺中之能诗者，谓无如夫人。因以《在璞堂诗》示余，余始得见夫人之诗。时夫人已归汪芍坡先生，从官京师，不得复见。及乙未余通籍后，当以后进礼谒先生，先生又观察湖湘，夫人亦随之行。由是而臬而藩而开府，历秦、晋、楚、粤之地，官益尊地益远，即先生亦不过述职时偶一见之。独夫人所刊《在璞堂续稿》，余又得之于京师，觉超隽之旨、邃密之思进而愈上，乃叹夫人之诗之工，而知其所诣之未有已也。盖夫人禀尊甫涤山先生之训，又得诸老宿为之师，法度森然，绝去华缛。集中所存赠答、哀挽诸什，务求其人之大节而阐扬之。即后从芍坡先生于京邸，先生出入台馆，所交诸名公巨卿间亦多闺阁之贤，迭为酬唱，莫不交口而诵夫人。余玩其诗，窃以为在璞之珍，山辉已耀，而至于磅礴郁积之气，则犹蓄而不申，其纡徐委曲，必欲赴之程且顿结焉而若有所待。夫诗亦寄其怀抱而已矣，《三百篇》中《周南》言女德者十，《召南》言女德者九，汝坟江汉之地，风土清淑，游女皆得而咏歌之。至于东山零雨，睠念征人。蠋之在桑，鹳之在垤，瓜苦之在薪。因物遣怀，虽诗人之代之言，而实则适如其所自言。触乎性之自然，以发乎情之所当然，故风而近雅也。夫人从官所至，高岭大川日接于目。又先生奉命驻楚，俾夫人移家南下。所闻所见，凡山水之流连、时事之阅历，皆根诸忠爱，以宣其所必欲宣，此夫子之心也，即风人之志也，而谓酝酿深厚又何如哉？余壬戌乞养归里，值芍坡先生已捐馆，夫人老年摧恻过期而哀。每检囊编，怆怀太息。俾令子农抄撮藏之，因编为三集，示余，且督余序。余惟夫人前、续二刻皆老师宿儒为之编定，故序可与诗并传，若麒之言又何足重？惟念西泠诸老辈晨星落落，存无几人，即儿时拜堂下如麒者，亦复白发刁骚，非复畴昔。而幸藉一言以托名集中，庶几绛纱幔外，从受业之列，如听宣文君之传授于讲堂也，亦幸矣夫！嘉庆九年夏六月，愚侄吴锡麒拜撰。

按，此文见清方芳佩《在璞堂吟稿续稿续集》(三卷)之《续集》卷首，嘉庆刻本。

(七)《渊雅堂文外集序》

余夙耽排偶之习，辄谓东京之盛，其体已然。思由六朝而晋而魏，沿流溯源，上规作者。才气苶弱，欲振末由。积愧悔生，迷途思反。始知求有本之文而学之，惜乎闻道之晚也。而吾友中惟铁夫能为有本之文，其于诗书礼乐之旨，抉之甚精。其自春秋战国以及汉唐诸大家，皆神而明之，各造其极，当世之为古文者，莫之若焉。余方谓古人不可及，得铁夫之文而学之，亦庶有豸顾。独以骈体文属序于余，殆以余所业在此，或者此中甘苦能深知之而共喻之欤。及循览再四，见其沉博绝丽、凌轹古今。如昆仑之巅，层城九重而瑶台十二也；如春山发荣，而万花竞媚也；如洞庭张乐，而金石铿鸣，杂之鲸吟而鼍吼也。其气盛，故其声宏；其趣高，故其词雅。此真能由六朝而晋而魏，以仰窥东京之盛者。夫以余竭蹷趋之，而不得至。铁夫出其余力为之,已沛然其有余。盖铁夫之文从古人入,故根柢深而无枝匇荣也。余之文从骈体入,故风骨滞而负声无力也。然则余之所亟亟以求之者,当自有在,亦惟铁夫敦朋友讲习之义,而匡其所不能,则余方且从子,如骖之靳。而是编者,第明示以以此始者之不以此终而,姑为是引而不发也。嘉庆九年夏六月朔,钱唐吴锡麒。

按,此文见清王芑孙《渊雅堂全集》之《文外集》卷首,《续修四库全书》(第1481册)影印嘉庆刻本。

(八)《学古集序》

茗香负嵚崎磊落之概,每有酒所,辄自歌所为诗,听之渊渊乎若奏金石,不能自已。及得意处,则又迟其声以媚之,座客咸加嗟赏。益大喜,趋酒至浮数大白,仰天直视,击案狂呼,自以为太白复生也。余交茗香于京师,时方候补国子监校官,非其志也。及应礼部试,屡报罢。归,不复出,所居在塘西,去会城五十里。地故多诗人,往时卓、吕、丁、吴诸大族,类皆附庸风雅,震耀一时,数十年来澌灭殆尽。茗香思欲掉一臂以张之,然视诸先辈如曹蜍、李志没没无可数,何况余子,即与之遇,恒傲岸不为礼。惟自放于山巅水湄间,刻画幽微以鸣其意,故人亦无由知之者。既而独处鲜欢,时来会城,寄寓湖上僧寺,所交如何春渚、潘兰坨、项秋子诸人,皆一时胜侣,而余亦杂厕其间。朋笺往来,酬唱甚夥。独其所作,随手弃去,不自收拾,间或流传一二语,多于酒坐豪吟时得之。大抵能离去五浊,飘乎欲仙,其自负为太白,非虚语也。然太白待诏翰林,遭遇甚盛,及其放弃,长流夜郎,又何悲也。今茗香不屑意于一官,拂衣归里,超然荣辱之外。即其纵酒狂歌时,或类有感慨而为之者,要亦豪宕之胸,藉为披豁,曾无所不得意于中。一旦挥手尘埃,亦何不可付之凌云一笑也哉?今年六月余自扬州归,茗香已先期化去,疾痛不缠,形骸如蜕,人皆异之。其遗箧存诗四卷,题曰《学古集》，凡拟古歌谣为杂体一卷，拟汉魏六朝为五言古诗一卷，拟太白为七言古诗一卷，拟王、孟诸家为五言今体诗一卷。式之以古而画之以今，抉剔精能，粹然不杂，可谓善矣。所惜日月不居，朋旧凋落，微特诗坛易荒，即酒人亦不可多得。读君此卷，如见其酣嬉淋漓之状，所谓虽无老成人尚有典型，不待引虎贲而肖中郎也。嘉庆九年岁在甲子冬十有一月，吴锡麒撰。

按，此文见清宋大樽《学古集》（四卷）卷首，嘉庆刻本。

（九）《冬花庵烬余稿》

鸣呼！天之厄诗人者，何其甚哉！厄之以穷，厄之以火，厄之以死丧之戚，终厄之以死。而究之其死也，终不得而死之也，吾盖于吾友铁生而信之矣。铁生嵚歁磊落，不可一世，特无所以发之，往往于画泄其奇，而于诗穷其趣。当其酒酣泼墨，簸弄烟云，岩壑峻深，大含细入，若先与名理相深，及其位置既成，吟毫斯属，神妙之处，能令有声之画与无声之诗并传。故铁生之诗无不工，而独于题画之诗则尤工。无他，诣之所精，神与之合也。向使铁生挟其技以游于世，则海内外亦孰不钦其名者。资其贽币所入，立可以致富，顾生平惟二三知己肝胆与共，遇缓急辄倾其橐无少留，若意所不可者，有酒所恒谩骂之。时或大吏屏驺从往访，亦拒不纳。夫士穷乃见节义，节义立，故可穷也。如铁生者，即不以诗传，而其人不既矫矫也哉！然天所以挫折之者，亦有异于常人。尝旬日间而丧其弟，丧其三子，丧其女，犹未已也。邻人不戒，火延其居，畀所藏书画俱成灰烬。及移居后，又遭母丧，益忧郁不自聊赖。比至服除，而身亦死矣。呜呼，苍苍者其有知邪？其无知邪？如其有知，何独于诗人而酷虐之若是耶？不可解已。君诗清而腴，峭而不险，其标格与白石、云林为最近。惜当吴回氏之灾，稿亦亡失。今友人汤点山重为葺之，略成三卷，梓成，属序于余。余忆乙巳假归，尝与君会于项秋子寿花轩，会必有诗，今已无复存者，其逸去不知凡几。

然即此数百篇内,远致胜情,含蕴无尽,使就山水间一再诵之,其精灵当必有呼之欲出者,然则铁生为不死矣。嘉庆乙丑冬,钱塘吴锡麒。

按,此文见清奚冈《冬花庵烬余稿》(三卷)卷首,嘉庆十年刻本。

(十)《培桂山房诗钞序》

求诗人于通都大邑,则绨章绘句,此倡彼和,类能附庸风雅,夸耀坛坫。然往往寄人篱落,罕能自树一帜者。无他,耳濡目染,习而安焉,风气囿之矣。若夫深山穷谷之中,淳固敦庞,养其真气,一旦有所发泄,则必夭矫奇岖,以成其不可一世之才,而凌驾乎古人而上。匪质之异,理固然也。遂安汪子葆园,家居僻壤,日与千岩万壑互为献酬,又性朴诚,无嗜欲之扰,闭户力学,汇六经诸子之说,洞其渊微,涵畜充周,植本既厚。复以饥驱奔走,来往江湖,腹笥所储,证诸闻见,推扩日远,气局愈大。于是下笔奔放,浩浩落落,无世俗龌龊之态杂乎语言,喜怒悲愉动与天合。遂令通都大邑见之者,莫不色然而骇,悄乎以思,而葆园之诗名遂显于当世。然葆园弥自谦退,若不自以为知诗者,有知者辄执一卷就之,反覆问难,必得其志之所当而止。尝贷资斧裹粮走数百里而来问序于余,呜呼,余何知,余亦不过通都大邑之一人而已。顾其款款之诚、爱之慕之之意,实足以感人于无穷。然则其知我也如此,而竟谢以不知,是且重负此知己也。余又奚敢,余请即以山论之,可乎?今夫嵾天刺地、磅礴郁积者,其体之静而尊也;云雨所生、草木禽兽咸育者,其用之广而博也;魂匕熊匕、神灵倏忽者,气之变化而无方也;高下异势、青翠各形,令人神为往而情为移者,又光华之发见也。夫人固有日居山而忘为山者,令一读葆园之诗,而即见为奥如者焉,见为旷如者焉,见为斐如而斌如者焉。据乎山之胜而适肖乎山之真,以视世之得貌遗神者,不啻径庭之别,而谓非学山而至于山者乎?谓余不信,还请质诸山灵。嘉庆丙寅二月,钱唐吴锡麒撰。

按，此文见清汪上彩《培桂山房钞》（六卷）之《诗钞》卷首，嘉庆刻本。

（十一）《笛船诗钞序》

真州多诗人，诗人亦未有不穷者，而于吾家笛船为尤甚。盖笛船居荒江之滨，结瓜牛庐，躬敎读佐，以卖酒自给。间复饥驱于燕赵、齐鲁、黔湘间，连蹇萧瑟，为人所不堪，而乃天趣自高，吟咏不辍。虽囊无宿储，每豪管在握，辄循声按节而奏之，渊渊乎若出金石也。吾尝欲为诗人一雪其"穷乃益工"之说，而无如工于诗者必穷，不穷者又不必工于诗，天果有以限之耶？然而天能限诗人以穷，而不能限其诗之必穷。故北门之忧，穷也，衡门之乐，亦穷也。夫穷而至于乐，亦何病乎穷哉？然则笛船非穷而后工诗，亦惟乐而诗乃工也。余曩在真州，所交如蒋东楞、尤水村、陈师竹、詹石琴，类皆憔悴专一之士，既得序其诗与词而传之。今笛船复援例以请，余安可辞哉？空江正寒，明月欲上，左负大瓢，右把君诗，且行且歌，来就卢头，以索一醉。请即书之以为质酒之券，可乎？嘉庆丁卯秋，皋亭归樵吴锡麒序。

按，此文见清吴方夔《得心书屋集》（又名《笛船诗钞》，一卷）卷首，嘉庆刻本。

（十二）《小画山房诗钞序》

诗以道性情也，然必有学问以辅之，而后能温柔敦厚而不愚。故三百篇中自有缉熙宥密之精微，以至学校、井田、朝会、兵戎之重与大，罔不钩深致远，殚见洽闻。即羁旅怀人，一虫鸟之音，一草木之状，亦能洞达元本，体会幽微。无他，学问积则性情生。其所以能感人者，皆其蕴蓄之深且厚者也。独不见夫云乎，当其容容裔裔而游于天也，山云则草莽焉，水云则鱼鳞焉。人但赏其斐亹之可观耳，而不知其酝酿于出岫之先者，非经磅礴郁积，不能不崇朝而雨遍天下。又不见夫水乎，当其滮滮澌澌以行于地也，大波则为澜焉，小波则为沦焉。人但谓其自然而成文耳，而不知潜伏于发渊之始者，非经含容并包，亦不能成其顷刻千里之势。然则欲知椒墩之诗者，亦如是而已矣。椒墩少负诗名，有奇气。顾郁郁不得志，饥驱乞食，率奔走江湖以为常，既复北涉燕齐，西登太行，东至于海，游愈壮诗愈豪。山水贡灵，腾跃腕下，云飞霞举，若欲挟读者而俱赴之，见之者遂以为能移我情，而要其辞与气偕，文以质应，非读破万卷者，亦安能道其一语哉？余自乙丑始识椒墩于江吟香斋中，见甚晚、交甚欢，日读其诗，叹其腾茂蜚英，绝去侪偶，固无虑其不传于世者。今巴君朴园以其弟宿崖、砚农从之游也，乐先付梓而来敦序于余，余又岂能以序椒墩哉？亦谓世人多泥于诗有别才、非关学问之说，沿袭空疏，辗转相误，今得椒墩起而任之，一以学问相提，不可谓非斯道之幸。倘果遻时行志，得以继声雅颂，雍容揄扬，则宣德导和，扶树元气，胥于是乎在。奈何穷而在下，徒使登临怀古，一发其学问之气于苍茫郁勃中，而不能大昌其诗之局为可惜也。嘉庆丁卯仲秋，穀人吴锡麒序。

按，此文见清团维墉《小画山房诗钞》卷首，嘉庆十二年刻本。

（十三）《棕亭古文钞序》

余丙申游扬州，始得交棕亭先生。时扬州物力殷饶，先生以广文一官开设坛坫，号召名士，问字之酒，束脩之羊，资用咸给。每风月佳夕，联舫于红桥白塔间，击钵分笺，互相角胜。独先生骋其逮藻，落笔如飞，余蹩躠追之，不能及也。及余还朝，先生亦补国子博士，既同官日下，又衡宇相望，常常见之。顾长安居大不易，米盐琐屑，意兴似稍减于曩时。然招之以诗，则诸事可废，雷霆精锐，坌集笔端。见之者但觉洒洒千言不假思索，及读之，又若旬煅季炼而始得者，故诗名尤振于京师。既而，先生以病谢归，垂老而贫，侨居邗上。余以假省还里，顺道过访，犹得一见先生。每话旧游，辄其太息。后余来主讲真州，先生已厌人代，往时吟侣亦都不可踪迹，至于今又二十年矣。令子台骏始裒集遗稿付梓，而来乞序于余。呜呼！先生往矣，回念订交之初，余方壮年，意气豪上，只知朋友之聚处为可乐。乃十年之间，既亲见先生之衰，又哭先生之死，自念身世，惘然而悲，恐亦冉冉近之。矧又多历年所，精神颓败，齿发日凋，一旦得见故人之诗，觉展读未终，已有不胜其怆恻者，而谓能已于言哉？先生诗旧有归愚宗伯一序，称其天才惊逸，尉荐甚至。然宗伯论诗断断于唐宋之界，若毫发不能假借者，而先生兴来如赠，情往若答，纵横排宕，又不可以派别绳之。譬之云上于天，峰峦叠兴，葩华萍布，而当无心出岫时，固不知所为之如是也。余不能谓宗伯之论诗为必然，独于先生之诗似能知其所以然，然则其所以称先生者，正不啻奉教于捉管疾书时，而特惜余之亦已老也。嘉庆丁卯孟冬，钱塘吴锡麒撰。

按，此文见清金兆燕《国子先生全集》之《棕亭古文钞》卷首，道光十六年秋赠云轩刻本，南京图书馆藏。又，此本误将吴锡麒序与吴宽序淆乱，吴宽序作于乾隆己巳，吴锡麒序作于嘉庆丁卯。而《续修四库全书》(第1442册)影印复旦大学图书馆藏道光十六年赠云轩刻本《棕亭古文钞》则无误。

(十四)《悝斋吟草序》

昔先王以厚人伦、美教化、移风俗而诗之教以兴，诗也者，盖与政相表里者也。自后世采风之典废，诗始与政分。故征发期会之事繁而导扬讽喻之旨失，于是乎以文学饬吏治者几罕见其人矣。然世之以循吏称者，卒未有不由乎此，如元鲁山、白太傅、苏文忠诸人，莫不慨念时艰，详求民隐，往往因其情状而代之语言，悱恻缠绵、一唱三叹，令读者至今犹想其为人。吾友悝斋为宰相诸孙，好读书，能知时事，于苍生之休戚，若子弟之切乎己而痛痒之关乎身也。及其成进士，注选人，寄之以百里之命，所经秦蜀吴楚，习俗固殊，水旱、风蝗、盗贼又不幸往往而有。随所感触，发为诗歌。时而洞入肺腑，时而惨切肌肤，民未有知，而惟此性情之故，能相喻于不言，以为上之待我如是，而我之所望于上者亦不过如是。由是爱之慕之，以至卧辙攀辕，若不如是不足以为报者。无他，亦惟此作诗者之心相与鼓舞之而已矣。余与惺斋俱以乙未通籍，及今三十余年。同年中或入为宰辅，或出为方伯连帅，至于乘传车、操文柄者，且岁有其人，而惺斋独以一县令婆娑其间，白发苍颜，垂垂以老，可不谓之穷哉！然惺斋夷然无所介意，每公事毕，一灯荧然，唯以赋诗读书为乐，在不知者或且惜之。吾窃谓天固甚爱斯民，而幸得一亲民之官有如此恩斯勤斯者，故因民之所欲留而遂亦留之使不得去，并欲尽泄其胸中之奇以为理县之谱也，不则为活民之书也，天也。余自甲子来主扬州讲席，适君之宰甘泉也，得与共数晨夕，因出诗集属余为序。余受而读之，见其清遒深亮，无镌绘之巧，而有温柔敦厚之遗，以视元与白与苏，不必有觍觍焉，迫欲赴之程而神自与之相合。窃叹其日迷闷于簿书中，乃能言之超出尘埃如此。然则准诸九能之例，则登高能赋如君者，斯可以为大夫矣。嘉庆戊辰夏四月，年愚弟吴锡麒拜撰并书。

按，此文见清陈观国《惺斋吟草》（四卷）卷首，嘉庆十三年刻本。

（十五）《逸亭诗草序》

于越山水之窟，顾恺之称为“千岩竞秀，万壑争流”者。好异之徒，仰其高、俯其深，剔隐搜微，莫能殚究，而要之畸人之聚处，胜迹之流传，证之史书，考之志乘，皆足以发皇视听，辅益神智。若用以为风雅之资，是津逮即在目前，而谢公之屐齿可无惊旁郡也。宋君逸亭，越人也，而好越吟，尝仿其乡前辈金南亭《无双谱》例，辑越人之尤异者，为《古乐府》四十首。又尝登高览胜，凭吊古今，为《越吟》一卷。即平居钓游，所在亦不远闾井间，时或二三亲故，酌醴漉鲜，更唱迭和。未尝不自放胸臆，而缠绵悱恻，能本素所蓄积者以出之。荀子云："越人安越。"若君者，虽操其土音而取材则宏远矣。夫为诗之道，如治室然，匪直楩梓豫章之足任栋梁也，即臃肿奉曲之木，莫或废之，惟其用之得宜而已矣。《传》曰："山有木，工则度之。"今逸亭能知越为材薮，乃取其已传者而论述之，遂并其未传者而益奖借之。是人皆因君以见其材，而君亦藉以自成其材，然则君诗得传而越人之与俱传者不既多乎哉！余家钱唐，距萧山不及百里，乃知有诗人而不得一见。及殁后，其孤袖遗集来请余序，始得条其大略如此。倘他日买西兴之棹，渡江而东，凡蕺山、兰渚间，皆君所熟游者，余亦将过而徘徊焉。当夫清风振条，飞雨鸣叶，若歌若啸，或庶几其人斯在也乎。嘉庆戊辰秋七月，钱唐吴锡麒撰。

按，此文见清宋鸣轫《逸亭诗草》卷首，嘉庆十五年刻本。

（十六）《蕉园遗诗序》

故城贾君仲启以判鹾事来官吾浙，案牍之余，得相款洽。余见其意趣环生，超绝事外，固知禀承之有自也。既而读其尊人午桥先生诗，其味深，其旨远，未尝有心雕刻而秀情标举，天骨开张。裴子野云：人皆成于手，我独成于心。谢元晖云：好诗圆美流转如弹丸。此实先生所自得处，然而先生初不欲以诗见也。先生性任侠，与人交，动以肝胆相酬，或缓急告之，倾囊不少吝，又承家学，贯览群言，幼即声隽一黉。久之，仅以选拔贡成均，非其志也。爰以意构曲室数间，莳花种石，拥书万卷，吟啸其中。每旧雨偕来，琴尊间作，雅篇艳什，迭互锋起，其诗亦渐积以多。然藉以驱遣壮心，旋弃去。殁后，子伯容、仲启再三搜辑，才得若干首，厘为二卷，而请序于余。余谓以先生之才，使出而济世，则慷慨奋发，聚其苍赤，左提而右挈之，为慈惠师，为强直吏，固不当仅以诗传。即以诗传，亦必如白香山、元次山诸人，时世关心，与同休戚，以为见用于时者之诗，何至委志林泉，悠悠终老。即此孔翠片羽，文豹一斑，亦徒得之于零落之余也。惜夫！然善歌者使人继其声，善教者使人继其志。司马氏之史、韦氏之经，皆垂后也。今仲启能谨守其父之学，将求所以传其父之心，则此一卷之书而钦钦在抱者，是诚继志述事之大。余承命之下，循览再三，犹觉胜致豪情腾跃纸上，不禁欣然道之而有余慕也。嘉庆庚午孟春，钱唐吴锡麒序。

按，此文见清贾炎《蕉园诗稿》（二卷）卷首，嘉庆刻本。

（十七）《种蕉馆诗集序》

余始识厚庵于曾宾谷署中，见其意气伟然，言论侃侃，固心异乎其为人也。会宾谷开题襟馆，延致四方名流，余方主讲安定书院，亦时时阑入其中。公事余闲，吟事斯起，奇丽可喜者，会辄有之。君独敛才就范，未尝铿耀于人而意趣寰生。一唱三叹，情自余于言语之外，故人皆重其品为不可及。庚申夏，余再还朝，君亦就京兆试北上，复得数数会合。适法时帆相招为西山之游，往返旬日，磐石清泉之憩，赤华青豆之栖，访古寻遐，咸以诗为职志。君乃沉思冥造，若远若近，每一抒啸，觉流逸之态，欲与白云俱飞。虽山水之情隐相激荡，亦由其天机超妙灵响自生也。夫人当才智角逐之场，孰不急思自见，而君辄平矜释躁，纡徐赴之而有余。及至涉历幽深，樵迹罕到，则奋其健笔，腾翥翔跃，人又欲追之而苦不足。其境殊，其趣即异。使其入承明，奉笔札，导扬休美，雍容揄扬，当必有淳卤渊懋之辞以润色宏业者。而奈何孝廉船返，巫阳已招，竟令其赍志以殁也。悲夫！君卒后，其孤始介张君舸斋乞序于余。余既惜其人，复感其遇，又叹其诗之所可传者仅仅止此。并念宾谷分藩粤东，往时从游之侣已无几人在者，友朋聚散之感，读其诗更为之怃然而不能已也。嘉庆庚午仲春，钱唐吴锡麒序。

按，此文见清郭堃《种蕉馆诗集》（六卷）卷首，嘉庆刻本。

（十八）《味灯书屋诗集序》

往余游扬州时，所见翰林前辈，如谢未堂司寇、秦序堂观察、张秋芷侍御、张松坪编修，莫不齿德文章，照映当世。独先生奖借后进，尤不惜齿牙之力以送之，故乐于亲炙者多。即一时篇什赠投，有来必答，彬彬乎亦觉其风流宏长也。后余在京师，尝与洪稚存道及之，稚存为言先生守太平时，曾客其官舍，一切好士之雅、朋友急难之情，皆所亲悉。即后都转西安，其友黄仲则旅死其地，亦赖先生治其殓事，轸恤周详，故其赠诗有云："元伯纵亡留母在，白头朝夕感深恩。"每为余诵之，犹潸然欲涕。然则推此意也，其所以感人者，匪惟结纳之私，盖实有性情相召之故矣。《记》曰："宽而静、柔而正者，宜歌《颂》；广大而静、疏达而信者，宜歌《大雅》；恭俭而好礼者，宜歌《小雅》；正直而静、廉而谦者，宜歌《风》。"夫人必先有合乎诗人之体，而后可读其诗，亦必先有得乎诗人之心，而后可声其心中之诗。若先生之缠绵悱恻，即不必以诗见已，自有可歌而可泣者，而况乎诗与人之适相吻合乎。余尝窃论先生之诗矣，其曲折流逸则香山也；其华妙清超则东坡也；若夫纵横变化，遒劲丽密，又时有遗山、道园之风。而要之性灵所发，纯任自然，不涉于规摹，不拘于派别，洋洋洒洒，唯觉肫诚之气，隐跃其间，此则先生之诗而已。余自辛酉乞归后，以主讲安定书院，仍来扬州，时诸前辈已归道山。惟先生如鲁灵光殿，岿然独存，既幸陪侍履綦，得窃其绪余，为诸生导，亦冀风雅一道，先生起而提倡之，余得从而附和之。虽不敢希企欧、苏，或可以踵渔洋、樊榭之胜。不谓一弹指顷，而先生奄忽化去，红桥白塔，回首黯然，读先生诗，又叹此调之为广陵散矣。悲夫！嘉庆辛未秋九月，钱塘后学吴锡麒拜撰。

按，此文见清沈业富《味灯书屋诗集》卷首，嘉庆刻本。

（十九）《红蘅馆初稿序》

《红蘅馆诗集》三卷，乃吾里张君丽生作也。余观其词旨茂密，比兴缠绵。豪素所精，积十年之诵读；思路递上，具六代之芬华。足资举世之赏，有助群言之益。从此蜚声日远，妍唱相寻，引而申之，不可及已。尝谓绛霄五色，必备鸾凤之姿；仙霞九光，不争花叶之丽。以君清风自穆，毫采方鲜，则机杼之工，已成锦制；圆美之技，何异弹丸。但使吐洪辉，扬速藻，即称尺牍，日可百函；若论才华，富岂八斗。乃或谓雌霓之读，必俟乎知音；车耳之生，亦乘乎时会。倘使行无赠策，还必合繻。左思赋都，有滞邛岷之访；张纮居里，莫竟枏榴之用。未免鱼登致困，乌集空摩。藏刺将虑其灭怀，种兰徒叹其馥谷。不知冰暑可召，将藉以振其奇也；经纬在胸，要有以操其券也。而况庭诰之传早禀，楹书之授方新。擢潭根之茎，导灵河之脉。灌溉之及，学海以通；铅椠之深，天机毕启。因文章而扬奇律，为国家而鸣和声。自来眉子之号名家，文休之称妙士，胥其选也。仆幸托桑梓之契，得瞻著作之美。联裾接佩，乃悉乎晤言；写精露愚，弥高其胸趣。见闻日臻殚洽，风雅统归扬扢。采诸乐府，兼有取乎赋心；承其权舆，更能精熟乎选理。其深乎性情也在彼，即合乎节奏也在此。学成秋驾，请自奋乎风云；抱我冬心，窃愿焚其笔砚。嘉庆十九年岁在甲戌，同里吴锡麒撰。

按，此文见清张孟淦《红蘅馆初稿》(三卷)卷首，道光刻本。

(二十)《桐阴书屋稿序》

夫朋游之助，藉成于切磋；文字之娱，必永之唱叹。是以风雨如晦，虫鸟自为友生；金石一鸣，山水惊其知己。岂必希踪于陶、谢，合志于欧、苏。而饮中百篇，得之言笑之宴；风人三复，极乎贤圣之归。藉此心声，传之奇赏，洵有道焉，非勉强也。吾友静山率天性之真，极夷旷之趣，一草一木，亦爱其扶疏；永夕永朝，不愆于情素。生平折衷儒者，被服古人。在笥之藏，厌饫同于寝食；临池之契，辛苦贡其龙鸾。每当朱华昼敷，素魄宵烛。诗书夙好，偭宫商之可谐；豪翰相寻，共云烟而无尽。例之骚雅，宁不谓然？然而质有不同，情难一视。若齐音之异耳，或虚谷而逃声，盖静山之不乐以诗鸣也。往往臂鹰而藏老手，敛局而对空枰。虽欲茹之以甘言，诱之以强敌，而神明有间，嗜好固殊，则亦已耳。余自归田以来，谬主皋比，屡违家巷，其不相见者，又几五年矣。吾友梅村忽序其诗稿寄余，且示余所喜。此则不见三日，非复阿蒙；研精十年，乃思元晏。有美故綦之改，如闻古调之弹。从此直上强台，不虚芳讯。不诚幸哉！不诚幸哉！方今时鸟在树，万花竞春。伫圆蟾其欲来，思良酝其可念。行且流连旧制，振发古欢。他时再话寒暄，今日且谈风月。桐阴覆坐，斯咏斯陶，静山其亦足以自乐也乎。千里相思，一灯如梦，君能娱老，吾请息游，愿与梅村，同证斯旨。嘉庆丙子二月望日，愚弟吴锡麒拜序于扬州二分明月之楼。

按，此文见清章坤《桐阴书屋稿》(三卷)卷首，嘉庆刻本。

(二十一)《皇华草序》

诗之咏蜀道者，唐以少陵开其先，本朝以渔洋司寇踵其后。莫不妙挥烟墨，分树喉襟。岳色河声，震荡龙门之势；湘兰沅芷，流连骚客之心。嗣此者，即欲重唱劳商，别调清角，辟潼关之四扇，穷雪栈之千盘，正恐弱翅难骞，灵襟有间。业前鞭之先著，将生面其谁开？若云汀先生《皇华》一集，乃奉命典试四川作也。日月往来，既迫之期会；文章辛苦，又溷以朱蓝。当此红烛如椽，白袍似鹄，惧奇律之莫采，奚铜钵之暇催？而乃地过战场，即矜神勇；风回蓬岛，遂畅仙心。高搴白帝之旒，飞扬冠冕；平拓巨灵之掌，号召风雷。固已画出毫端，河山现其百二；收之卷里，云梦吞其八九也已。且夫神造者，境也；匠成者，材也。学问深，则江山之助应矣；宫商正，则金石之韵流矣。先生以多识之胸，当采风之选。霜简飞而旌旗肃，神骏重而骅骝呈。才入西京，能精乐府；得歌吉日，自穆清风。加以怀古苍凉，停车踯躅。龙虎乃秦关之气，虫沙亦蜀魄之遗。明月半轮，清绝峨眉之影；斜阳一路，怆然剑阁之情。自古诗人多工于小雅，如今使者斯可为大夫。孔子谓："诵诗三百，使于四方。"匪仅才之优，诚以职之称也。仆秋风鬓老，春梦婆荒。徒分陆氏之半庄，未出雷池之一步。而先生使星屡照，旄节频催，方将言禀丝纶，道光通济。相如谕蜀，贾谊过秦。文字之荣，足耀今古。即以诗论，而《浣花》诸什，《东川》一编，皆能启发真源，收束元气。仆窃愿于此取裁焉。若夫渔洋才调之工，非不炳蔚一时，尚未敢为先生益也。嘉庆丙子仲春，钱塘愚弟吴锡麒拜撰。

按，此文见《陶澍全集》卷末，岳麓书社2010年版，第7册，第390页。《清代诗文集汇编》（第529—530册）与《续修四库全书》（第1502—1504册）所收录《陶文毅公全集》六十四卷首一卷末一卷，均系影印清道光二十年两淮淮北士民刻本，皆未见此文。

（二十二）《鸥波小草旧序》

鸥鸟，无心者也，当其与波相值而徜徉焉、而游泳焉，不知其为波也。即至疾风砀骇，巨浪沸腾，一时柁折樯摧，人所仓卒莫能为计者，而彼则悠悠然回翔于其上，泛泛然或出或没于其间，亦犹是一鸥鸟而已矣。其性空，其神定，故诗人恒乐以托喻焉。江君石生，芸台中丞所识士也。困于场屋，屡试不得第。然其诗淡而远，清而且深，虽颠踬于风尘之中，而能轶出于世俗之外。往往群籁俱息，灵响自生，若与天风海涛相为应和，又若疏松瘦梅掩映都佳，时露傲态。予读其五言诗，所谓"萧萧牛衣内，高志游八荒"者，每慨然想见其为人。世固有瑰才异能，读书破万卷，方草茅跧伏，奋其英锐之气，若欲凌驾韩杜而上之。及至蹑金门，登霄路，应酬杂袭，音响都非，岂非有瞀乱其神者哉？若君守其真性，一意孤行，将今日之穷如是，即他日之达亦如是。无见好于人之心，亦无可见好者以自夺其心，斯其言欲磨灭之而不得。予素未识君，今年秋始相遇于邗上，承以《鸥波小草》示予，且属予序。予投老江湖，日在烟葭露苇间，固有熟习乎鸥者，请为诵老杜"白鸥没浩荡，万里谁能驯"

之句以进之。愿君养其难驯者以终至于万里焉，则幸已！钱唐吴锡麒。

按，此文见清江之纪《白圭堂诗钞》（十二卷，又名《鸥波小草》）卷首，嘉庆刻本。

（二十三）《八松庵诗集叙》

余不识小花，小花亦不知余也。殁后，其戚冯秭生以所手录诗一帙寄余，余得而读之，叹其天籁自鸣，灵襟罄发，如清琴孤戛而老鹤之唳于寥空也；如笳吹忽流而霜风四激也；又如幽燕老将，摧坚折锐而余声之叱咤也。乌乎，小花死矣，天厄之矣！而其不与俱死者，独此一缕吟心，且缠绵固结而不能已也。然则天岂能死小花哉？闻小花病革时，手此编以付秭生，以为他日若能镌版以传，则冥目地下。嗟乎！自来文人学士，虽只句单辞，犹思有所传于世，而况此清明秀杰之气，实有辅性情而俱行者，其不肯等之飘风好音之过耳也，明矣！顾天下有只句单辞，但经传播，惊犹鬼神，而所信为必传者，一旦付之不知谁何之手，卒不免归于澌灭焉。此古人所以得一知己，死可不恨也。若秭生者，不诚小花之知己乎？小花工书法，此卷其率意书，颇近晋人，秭生尤爱之，因乞余择其精者为勒之石矣。然其精神内蕴处犹有必不可没者，余恐视为鳞爪而置之，复促其锓版以行。俾天下皆知诗人之有小花，而余且得附于知者之列，并使小花亦自快其见知于身后也。钱唐吴锡麒撰。

按，此文见清李御《八松庵诗集》（九卷）卷首，嘉庆十八年吴锡麒刻本，广东中山图书馆藏。又，南京图书馆藏光绪二十五年重刊本。

（二十四）《曾都转校士记》

东南书院之盛，扬州得其三焉。其附郭者曰安定、曰梅花，其在仪征者曰乐仪，而皆隶于盐官。藉其财赋之余，以为养育人才之地，故饩廪之给视他郡为优。若夫人才之盛衰，必视都转之贤否。盖朝廷设巡盐御史，例岁一代，不恒于官。惟都转使得其人，则或十年、或八年，日省月试，整齐而教化，以驯致于古风之丕变而无难。

若曾公之来莅此任也，十有五年矣。和平静乐，为人所难。又能接物以诚，临事以断。虽脂膏不润，未尝不急于谋人，虽所遇甂瓯而不宁，而终必绳之于道。故兴利除弊，因乎自然，即比年大水告灾，淮、徐、高、宝间田庐陆沉，流冗万计，公勤赈恤，治沟渠，胥逞以生，民获厥所。爰得于政事之暇，招致诸生，按其课程，以时讲习。每间岁甄别，皆躬自校阅，请托不行。择其德艺尤异者拔为上舍，增其月给，以荐宠之。别设小课，俾通经训，兼习为有韵之文。一时单门后进，只字片词，动见咨赏，人皆颂以为贤。会额约斋先生来领鹾事，先生好学重士，不肯以传舍视其官。故校试诸生，奖励之殷有逾常格，又以书院本为扬士而设，益选本郡之能文者数十人增入肄业，而重以讲习委公。于是成德育材，互相应和，一时人文蔚起，科名烂然。人咸以为上之所造就者大，而不知鼓之舞之，其所以将人于青云之上者，即欲不自振奋而有不能也。

仆才识疏浅，缪膺山长之任，惧不足为多士式。然当癸丑之设讲乐仪也，而值公之来，及丁卯之重主安定也，而值公之去。迁延禄养，亦不敢久辱皋比，然与公终始周旋之，故不可不谓契合至深者。今公于夏四月述职赴都，行二日，而按察湖南之命下，于是诸生皆欣然喜公之将大用，而又怅怅然如子弟之失其父兄也。因群请于余，愿就公所有造于书院者，乞一言以记之。

余谓古者官即师也，自公卿、大夫以至闾胥、酇长皆有教之责，自比闾、族党逮乎乡遂、县鄙，皆为教之地。上无私师，下无私学。故风俗茂美，人才众多也。后世之为政者不然，官与师不相摄，其视教若歧而二之。况两淮为万商之渊，榷算之劳，日不暇给，谁能视不急而急之者？公独高掌远蹠，操纵咸宜。用其经济之长，辅之以学问。爱才育士，出于天性之真。《诗》曰“烝我髦士”，又曰“续古之人”。是谓能以官为师也，是谓能以今准古也。仆与诸生晨夕周旋，于公所以浃洽其心者，窥之甚熟。固知此一请也，非欲称述功德之谓，亦谓公嘉惠学人至十余年之久，其敷施规画，度后之人有必来取法，故乐得而详言之。其为意至深且远，而余亦不敢铺述其微致溢于语言，惟请歌《旱麓》之三章曰："岂弟君子，遐不作人。"既幸上之提倡有人，亦愿继此者之进诸生相与以有成也。

按，此文见清阿克当阿等（嘉庆）《重修扬州府志》卷十九"学校"，《中国地方志集成》（江苏府县志辑），第41册。此文为江苏安定书院而作。

（二十五）《赏雨茅屋诗集序》

自来文人学士一旦致身通显，而焚弃笔墨、噤口词章者比比皆是。何哉？珠服玉馔进于前，齐讴楚舞陈于后，荡心蛊志，则移于色声者有之；冒贿无艺，固位是求，则夺于名利者有之；其或才识拘局，迷闷簿书中，日不暇给，所谓一行作吏、此事遂废者又有之。然则登高无赋手，而从官少诗人。是秋兰见败于当门，而夏虫不可以语冰也。若宾谷都转处淮扬靡丽之区，而淡于嗜欲，依然寒素，又能拨烦剖剧，游刃有余。公事余闲，时与宾从赋诗为乐。辟题襟馆于署后，周植花木为唱和之所，过江名士蹑屣而趋。决择既精，造诣益上。屈指官斯土者，自国朝以来无虑数十辈，而若风吹网所过无闻。独宾谷挟其纵横跌宕之才，以雄视乎当世，令人爱之慕之。比于香山、六一、玉局诸老，不其伟与！顾吾尝读其诗而知其所为之不易也。今夫耶溪之铤、赤山之精，甚宝贵也。然欲跃冶而求为镆铘，则必使丰隆奋锥、飞廉扇炭，万辟千灌，而后莲鈲鳞铗，神器乃成。今请以宾谷之诗，而援风胡子之说证之。其体之广大也，如登高山、临深渊也；其气之奔放也，巍巍翼翼，如流水之波也；其律之浑灏而森严也，如珠而不可枉也；其音节之抑扬高下、中宫中商也，若流而不绝也。而要其阴阳开阖，历变化呼吸而后发之者，岂一日哉？孔子云："仕而优则学。"宾谷之于学，盖又深矣！余与君先人文木公为同年生，每忆君弱冠趋庭，天骨秀发，间示所业，旁唐儵熻已如昆吾之出匣中。今忽忽二十余年，乃得于红桥白塔间重附宾筵，互为酬唱。而君成就之大已如是，临风搔首，白发飘萧，俯仰之间，宛如隔世。读君集而叙之，既幸见君之盛，而又惜余之老而将衰也。钱塘吴锡麒拜撰。

按，此文见清曾燠《赏雨茅屋诗集》卷首，嘉庆己卯重编本。

(二十六)《栖饮草堂诗钞序》

吾友点山能守其西崖少宰家法，其诗专主于清，陈云伯赠诗所谓"一卷怀清集，寒吟屡剪灯"者是也。或乃疑少宰历翰林、陟台谏，出持文柄，入贰铨衡，地位既高，故诗之超旷亦随之，似非点山之可得攀而跻之者，而余谓不然。天下典奥深博之境，皆可以学力取之，而独至于清，非有天焉不能。点山真想在襟，一尘不染，其处已之境如是也。即处少宰之境，亦必如是也。盖其质之所禀，只觉人世中稍涉色相者，胥足累其光明之本体，而必欲尽洗而空之。故其诗冲然漠然，若无一物，而实则包孕万物而有余，而形象特著而已矣，而神明特浑而已矣。然点山不独工于诗也，即论为文，其性情之所出，与滋味之所入，凡泓然相饷遗者，皆足令人寻玩于文字之外。夫以点山之诗文之工若是，而使之凌沆瀣、轧霄峥，风举云摇，自必有其远者大者，而乃辱之簿领之中，处之以浊碎之职，岂天故欲抑其遇以显其才邪？抑见古来如孟东野、贾长江诸人，终不失其为诗人邪。且夫点山亦岂自限于区区者哉？当丙寅、戊辰间，尝两奉上官檄，赈饥泰州。值余主讲邗江，君蒇事后，辄载其诗以见，天寒无俚，余得倚灯读之，如有哀鸿百万，嗷嗷于江荒月黑间。令人酸然有动于心，凄然并集于耳，若人所不能言而独赖其言之者，乃信其才之可以自振，而又叹振之者之无其人也。然则点山亦自信其所以言者以俟之而可矣。同里吴锡麒序。

按,此文见清汤礼祥《栖饮草堂诗钞》(六卷)卷首,嘉庆二十年刻本。

(二十七)《续三十五举跋》

官印始于周,而私印至汉始盛,其体即所谓摹印篆是也。自唐用朱文,旧章浸失。及后又以虫鱼蝌蚪之文杂施其间,而古法亡矣。稽古之士追述先民,如宋则晁克一、王俅、王厚之、颜叔夏、姜夔,各有著录,而元吾邱衍之《学古编》《三十五举》尤称博综。吾友桂君未谷复取其未备者而增述之,密心冥索,以成是书,盖骎骎乎神与古会矣!钱唐吴锡麒。

按,此文见清桂馥《续三十五举》(一卷)卷首,《续修四库全书》(第1091册)影印道光二十年海虞顾氏刻本《篆学琐著三十种》本。

吴锡麒年谱

凡　例

一、本谱以谱主存世诗文集(刻本、稿本、钞本)、日记、尺牍,与散见题跋、楹联墨迹等为基础,参考同时诸贤、门生后进等之碑传史志、年谱、笔记、诗文集等材料,广泛搜检查考,排比参证,以期客观全面展现谱主一生行实。

二、本谱纪事,凡可考者,悉按年月日编次。日期不详者,次于该月末;月份不详者,次于该季末;季节不详者,次于该年末。各年冠以清朝年号、干支,附注公元纪年;至于月日,皆采旧历,不作公历换算。

三、本谱着力考察谱主生平之游历、仕宦、交游、文学创作等活动,至其字号室名、籍贯、家世,俱从略,详参本书第一章。所据材料详列引文,笔者所作考证评述,以按语出之。

四、谱主诗文集非编年体。诗文时间可考者,系于该年之中。诗文于其人生平、思想关联紧要者,悉全文迻录,次者间有节略,其余则汇抄诗题于年末。谱主佚作,分类言之,有涉交游、行历且篇幅较短者,录入谱中,其余俱详见附录"吴锡麒集外诗词文辑佚"。

五、本谱于各年后,附注谱主师友亲属生卒;凡所涉人物首次出现于谱主活动中,悉据清人传记、年谱、方志及时贤的清人生平研究成果等资料略述行谊,限于篇幅,不一一注明出处。凡生平交往密切之友朋师执,其行实间采一二,以备掌故,所据各以按语出之。偶有身世无考、事迹不详者,注俟考或不详。

六、本谱所引用谱主《有正味斋全集》(七十三卷),使用南京图书馆藏嘉庆刊本(GJ/89259)。另有《全集》未收者,其馆藏、版本如下:复旦大学图书馆藏钞本《匏居小稿》;南京图书馆藏光绪三十四年影钞本《吴榖人手书有正味斋续集之九未刊诗稿》;上海图书馆藏影钞本《有正味斋文集》(不分卷)等。

七、吴锡麒有《有正味斋日记》,包括《还京日记》《澄怀园日记》《南归记》。《还京日记》纪事起乾隆五十八年九月二十八日,迄嘉庆元年五月十八日。《澄怀园日记》纪事紧承《还京日记》,迄于嘉庆元年八月二十七日。《南归记》纪事起嘉庆二年二月初,迄于是年闰六月二十二日。因日记于其时文士交游实况颇有文献价值,故择其要录入年谱。日记所记外,别见其他文献材料相互参证者,另加按语,胪列于后。

乾隆十一年　丙寅(1746)　一岁

七月二十八日,生于钱塘。籍贯、家世详参第一章。

吴锡麒《还京日记》(上)载:(乾隆五十九年甲寅七月)"二十八日,生日。"

是年师友亲朋年岁可考者:

父鸿基(履和)二十九岁。

杭世骏(大宗)五十一岁。

吴颖芳(西林)四十五岁。

嵇璜(拙修)三十六岁。

袁枚(简斋)三十一岁。

阿桂(广廷)、顾光(涑园)三十岁。

程晋芳(鱼门)二十九岁。

金兆燕(棕亭)二十八岁。

孙士毅(补山)二十七岁。

梁同书(山舟)二十四岁。

王杰(伟人)、蒋士铨(心余)、王昶(德甫)二十二岁。

赵翼(云崧)二十岁。

褚廷璋(筠心)十九岁。

朱筠(笥河)十八岁。

吴兰庭(胥石)十七岁。

曹仁虎(习庵)、汪辉祖(龙庄)十六岁。

沈业富(既堂)十五岁。

罗聘(两峰)、翁方纲(覃溪)十四岁。

吴方夔(笛船)十三岁。

曹文埴(荠原)十二岁。

桂馥(未谷)、童凤三(梧冈)十一岁。

范来宗(芝岩)、谢启昆(蕴山)十岁。

李殿图(石渠)、余集(秋室)九岁。

费淳(朴堂)八岁。

鲍之钟(雅堂)、高观海(秋崖)七岁。

曹锡龄(定轩)六岁。

秦瀛(小岘)、邵晋涵(二云)、吴蔚光(竹桥)四岁。

吴鲁(慕桥)、王坦修(正亭)、屠绅(笏岩)三岁。

沈赤然(梅村)二岁。

洪亮吉(稚存)、周厚辕(载轩)、奚冈(铁生)、戴殿泗(东瞻)、宋大樽(茗香)生。

乾隆十二年　丁卯(1747)　二岁

杨伦(西禾)、赵怀玉(味辛)、冯敏昌(鱼山)、陈万全(梅垞)、秦承业(易堂)生。

乾隆十三年　戊辰(1748)　三岁

汪端光(剑潭)、汪学金(静崖)、宋葆淳(芝山)、严守田(历亭)、江涟(漪塘)、百龄(菊溪)生。

乾隆十四年　己巳(1749)　四岁

黄景仁(仲则)、吴煊(退庵)生。

乾隆十五年　庚午(1750)　五岁

洪梧(桐生)、翁元圻(凤西)生。

乾隆十六年　辛未(1751)　六岁

乾隆帝首次南巡。正月十三日，启跸；五月初四日，回銮，历时110天。

始出就外傅。

《有正味斋诗续集》卷八《七十自述》(其二)云:“六龄就外傅,十五知词章。游心翰墨林,奋志冠盖场。”

按,锡麒启蒙之师系卢集成。《有正味斋诗集》卷三《舍弟锡麟将有山西之役,感今追昔怆然于怀,成排律一百六十韵》云:“十年徒齿长,一席共蒙求。就傅钦卢植,齐名愧薛收。”自注:“予与弟同事卢集成先生。”卢集成,生平不详。

蒋廷恩(香度)生。

乾隆十七年　壬申(1752)　七岁

九月十一日,厉鹗卒,年六十一。

永瑆(少厂)、铁保(冶亭)生。

乾隆十八年癸酉(1753)　八岁

总角年纪,与同乡高观海缔交。时锡麒“甫习编摩,有资绳染。遵孟母广被之教,缔程生倾盖之交”,与之晨夕相与,风雨无辍。

《有正味斋骈体文》卷二十四《高凤诏传》:“余总角时,交于高兄秋崖,既同井闾,得数晨夕。树蕙百亩,足证其好修;采菽中原,有如其为善。”

高观海(1740—1810),字又东,号秋崖。杭州人。诸生。吴锡麒有《高秋崖墓志铭》(《有正味斋骈体文续集》卷七)。

赴乌程祭扫祖墓。

《有正味斋诗集》卷七《抵舍后作》云:“颇忆总角日,展墓于苕溪。百里溯烟水,数椽见茅茨。自我高曾前,耕读恒于斯。”

法式善(时帆)、孙星衍(渊如)、刘大观(松岚)、谢振定(芗泉)、杨芳灿(蓉裳)、唐仲冕(陶山)、李符清(载园)生。

乾隆十九年　甲戌(1754)　九岁

伊秉绶(墨卿)、陈廷庆(古华)、张敦仁(古愚)、王学浩(椒畦)生。

乾隆二十年　乙亥(1755)　十岁

吴鼒(山尊)、王芑孙(惕甫)、汪如洋(云壑)、凌廷堪(次仲)、吴照(白厂)、叶绍楏(琴柯)、蒋知节(秋竹)生。

乾隆二十一年　丙子(1756)　十一岁

仲弟锡麟生。

《有正味斋诗集》卷三《舍弟锡麟将有山西之役,感今追昔怆然于怀,成排律一百六十韵》云:"十年徒齿长。"是知锡麒长锡麟十岁。

石韫玉(琢堂)、魏成宪(春松)、张道渥(水屋)、贵征(仲符)生。

乾隆二十二年　丁丑(1757)　十二岁

乾隆帝第二次南巡。正月十一日起跸,四月二十六日回銮。历时105天。

是岁灾,道路多流离。祖父熙绩、父鸿基均行役在外,合家生活由母亲料理。忍饥濡苦、艰难万状。

《有正味斋诗集》卷十六《六十生日自述》(其三):"贫家生计拙,我小百不知。我祖父于役,谓仗我母支。食荼心独苦,辗转寒暑时。迨我十二三,略能往事思。其年丁大歉,道路多流离。呼僮籴官米,去去日渐移。空铛煮白水,难作巧妇炊。上惧高堂嗔,下恐儿女饥。一钗质百钱,粗得饱饼糍。忍饿独无言,泪下垂如縻。此景儿所见,此情人共悲。"

吴熙绩、吴鸿基,详家世考。

定以五言八韵诗应试。

徐珂《清稗类钞·文学类》之《试帖诗之遗闻》。

张问安(亥白)、蒲忭(快亭)生。

乾隆二十三年　戊寅(1758)　十三岁

徐嵩(朗斋)、刘锡五(澄斋)、李銮宣(石农)、王祖武(兰江)、姚文田(秋农)、吴文照(香竺)、蒋知让(师退)生。

乾隆二十四年　己卯(1759)　十四岁

曾燠(宾谷)、秦维岳(晓峰)生。

乾隆二十五年　庚辰(1760)　十五岁

始知词章。

《有正味斋诗续集》卷八《七十自述》(其二):"六龄就外傅,十五知词章。游心翰墨林,奋志冠盖场。"

勤学苦读,夙兴夜寐。

《国朝杭郡诗续辑》卷十九:"(吴锡麒)读书多手录,夜至三鼓辄起,从事笔墨,五鼓稍卧息,天明则又起,至晚年且然。真以缣素为性命者。"

冬,泊舟湖州南浔。

《有正味斋诗集》卷一《宝石山楼始存稿》有《南浔舟中同问渠叔作》:"清风桥口三年梦,太尉城边一笑缘。"自注:"庚辰冬曾泊此。"

曾燠(宾谷)、王昙(仲瞿)生。

乾隆二十六年　辛巳(1761)　十六岁

高凤诏(心斋)、严荣(少峰)、刘凤诰(金门)、江藩(郑堂)生。

乾隆二十七年　壬午(1762)　十七岁

乾隆帝第三次南巡。正月十二日起跸,五月初四回銮。历时112天。

刘嗣绾(芙初)、钱清履(竹西)生。

乾隆二十八年　癸未(1763)　十八岁

妻杨氏来归。

《有正味斋文集》(钞本)卷墓铭四《亡妻杨恭人行略》:"恭人姓杨氏,仁和人,太学生讳炯之长女也。……年二十,归于余。"

泊湖州南浔,有诗。

《有正味斋诗集》卷一《南浔舟中同问渠叔作》云:"清风桥口三年梦,太尉城边一笑缘。"自注:"庚辰冬曾泊此。"由庚辰(1760)下推三年,知系本年再泊南浔。

郭堃(厚庵)、陈广宁(默斋)、汪为霖(春田)生。

乾隆二十九年　甲申(1764)　十九岁

张问陶(船山)、阮元(芸台)、那彦成(绎堂)、王宗诚(莲府)、袁廷梼(寿阶)生。

乾隆三十年　乙酉(1765)　二十岁

乾隆帝第四次南巡。正月十六日起跸,四月二十一日回銮。历时125天。

春,始与黄模晤于倪一擎有真意斋,同集者苏展亭、周亦庵、姚思勤、黄基。自此,与黄模、姚思勤、黄基来往里间,流连文宴。

《有正味斋骈体文》卷五《桐华馆诗存序》:"忆乙酉春,余始与黄兄相圃晤于倪嘉树丈有真意斋。同集者苏展亭表叔、周亦庵、姚春漪、黄玉阶，皆一时名士也。制添灯之赋，张说饼之筵。月浪生蓝，酒波卷白。忘年之契，不惜于下交。如旧之欢，遂成于一面。当是时，余年甫及冠也。不数岁，展翁溘逝，亦庵去作选人。惟余与相圃、春漪、玉阶来往里间，流连文宴。”

倪一擎，本姓凌，字嘉树，仁和诸生。工诗赋。尝与翟灏兄弟分撰《湖山便览》。年八十余卒。事见《民国杭州府志》卷一四六。

苏许堂，展亭。锡麒表叔。生平不详。

周亦庵，名骏发，字亦耕，号亦庵，钱塘人。乾隆二十七年举人，授南昌知县。乾隆六十年，乞归，与顾光、卢文韶、何琪、黄模等为九老会，优游林下。著《芗溪集》《都村集》《锦昌集》《昌南集》《望湖亭集》《卧陶轩集》等。(《清人诗文集总目提要》，上册，北京古籍出版社 2001 年版，第 749 页)

黄基(？—1773)，字玉阶。生平俟考。卒年据吴锡麒《有正味斋词集》卷一《梦横塘》。详乾隆三十七、三十八年纪事。二人早年唱酬颇频。

黄模，姚思勤，详交游考。

与胡应煌交游，引为知己。得读胡友高宗元《灵石樵歌》。继而与高氏相遇西湖之滨，言谈甚洽，时曾言及词之渊源与流派。

胡应煌，竹城，生平俟考。锡麒弱冠时与之交游，《有正味斋骈体文》卷八《高伯阳愚亭词序》云：“往余弱冠时与胡兄竹城交，得读其友高君伯阳所著《灵石樵歌》。”又，锡麒早年有诗《城西曲赠胡竹城应煌》，云：“人生知己不枉多，赏音况复逢青娥。”又有《闻竹城近游越中诗以寄之》《送胡竹城渡江》等诗。二人交游多集中于锡麒成进士前。

高宗元(1739—1811)，字伯阳，号愚亭、求诲居士。山阴人。著有《愚亭词》《玉簪记》《南西厢》《续琵琶》。锡麒有《高伯阳愚亭词序》《高伯阳续琵琶记乐府序》(《有正味斋骈体文》卷八)。

舒位(铁云)、李如筠(虚谷)生。

乾隆三十一年　丙戌(1766)　二十一岁

春,与杨华同游皋亭山,赏梅,吟诗达旦。

《有正味斋骈体文》卷六《王见大皋亭纪游诗序》:"忆丙戌岁,余与杨丈砚雨探梅山中,赋诗申旦。"

杨华,字苑仙,号砚雨,钱塘人。乾隆二十一年副贡。画家,擅画梅。著有《海藏书屋遗稿》。吴锡麒早岁有《砚雨丈自三塔归,画梅数十帧,以其一贻余,且曰不可无咏,因作二绝句报之》《送砚雨丈还京》(《有正味斋诗集》卷一)。

杭世骏主讲扬州安定书院。

龚自珍《定庵文集补编》卷四《杭大宗逸事状》云:"大宗自丙戌迄庚寅,主讲扬州安定书院。"

吴嵩梁(兰雪)、何道生(立之)、乐钧(莲裳)、顾鹤庆(弢庵)、万承纪(廉山)、蒋攸铦(砺堂)生。

乾隆三十二年　丁亥(1767)　二十二岁

始于里中与沈赤然等七位好友结文社。

沈赤然《五研斋诗钞》卷十五《寄吴毂人五十韵》:"结社丁年始,操毫丙夜俱。"自注:"乾隆丁亥,始与毂人结文社,同砚席者凡七辈。"沈赤然,详交游考。

郭麐(频伽)、李廷扬(拱辰)、戴敦元(金溪)、徐达源(山民)生。

乾隆三十三年　戊子(1768)　二十三岁

正月十五日,夜,填词《齐天乐·戊子元夜雨晴》。

复旦大学图书馆藏乾隆三十九年刻本《有正味斋琴言》,第一首作品即《齐天乐·戊子元夜雨晴》。词云:"玉京梦醒檐声歇,天边早明圆兔。尘欲凝红,雪还飞绛,十里琼壶春聚。东风笑语,在赌谜帘栊。戏婴递宇,醉踏街泥,隔花来认听箫处。　凝情还又小立，看冶伴寻芳，纤影无数。袖薄翻蝉，钗斜溜燕，几度绡佗回顾。青鸾漫舞。渐珠络香寒，那人归去。唤起清愁，一声鸡报曙。”

与邻人杨崇治等结文社，时有诗酒唱酬。

《有正味斋诗集》卷十《题杨二农崇治衡门春草图》云：“君家老屋去我三里遥，门前流水决决穿土桥。忆当戊子结文社，如鱼逐队相招邀。到门春草迷屐齿，两扇细认柴扉敲。心兵战罢酒兵上，十斗五斗酌我倾家醪。”

杨崇治，二农，钱塘人。生平不详。

与表弟倪印元约为诗会，有《橘枝词》酹唱之作。

《有正味斋诗集》卷十一《哭倪小迂表弟》：“一样新霜凉意味，橘枝酬倡少年时。”自注：“记戊子与小迂约为诗会，有《橘枝词》酹唱之作。”

倪印元（？—1795），字首善，号小迂，仁和人。一擎子。诸生。屡试不售，结社于两峰三竺间。工诗。著有《小迂诗稿》。卒年据吴锡麒《哭倪小迂表弟》诗。

秋，乡试，沈赤然中举，锡麒报罢。

沈赤然《五研斋诗钞》卷十五《寄吴縠人五十韵》：“私愿联云辔，相将上帝都。却惭先卖椟，可惜竟遗珠。”自注：“戊子，余先举于乡。”

蒋因培（伯生）、陈用光（石士）生。

乾隆三十四年　己丑(1769)　二十四岁

春，有严州之行。溯富春江而上，途经富阳、桐庐，游严州七里泷、高峰山、子陵钓台。有纪游诗。

沈赤然《五研斋诗钞》卷十五《寄吴縠人五十韵》：“北策金台马，南浮建德舻。”自注：“己丑，余北上，縠人亦有严州之行。”

《有正味斋诗续集》卷六《鲥鱼二首》（其一）：“严滩惯见乘潮

上。”自注:“谓己丑、庚寅余客严江事。”

按,锡麒己丑、庚寅(1769—1770)两度游严州,辛卯(1771)又有严州之行,此三年诗作大体收入《有正味斋诗集》卷二,名曰《严江集》。其中《富阳》《雨中过七里泷作歌》《严州》《龙山飞瀑歌》《游高峰山登浮图绝顶》诸作,在《庚寅春再赴严江同舍弟锡麟舟中作》之前,故系于己丑。

春,有诗《春草四首》。

《有正味斋诗集》卷二。

于严州逗留颇久,留寓明府王廷勋处,有诗相赠。

《有正味斋诗集》卷二《赠王拟园明府廷勋》:“离家三百里,来与山水期。建德非吾土,孟公语何悲。我感故人意,不惜行李羁。东轩为下榻,西舍为治炊。……严陵好山水,不能疗寒饥。以我饥寒故,弥为当境思。……牛刀付庖丁,宰之视所宜。闻君到县日,人颂慈惠师。其名不易副,其实亦易为。但甘催科拙,要以文学治。清风吹广袖,宁有丞尉疑。白日照公庭,宁有胥吏欺。此心能慎重,民已无疮痍。知君自仁爱,我语徒献规。”

王廷勋,字拟园。河南睢州人。曾官定海知县,迁杭州西海防同知。善画山水。(冯金伯《墨香居画识》)

于王廷勋留寓之斋,有诗感怀。

《有正味斋诗集》卷二《寓斋感怀》,有云:“家从前日梦中到,客有一星江上孤。幽鸟不来春已歇,青山无恙骨先癯。”

在严州时,姚思勤客居吴门,有见怀之作。

《匏居小稿》有《己丑,姚春漪思勤客居吴门,曾有见怀之作,今年夏出以索和,依韵奉答》。

秋,有诗感怀。

《有正味斋诗集》卷二《秋感三首》(其二):“西风茰酒一时休,听雨天涯悔浪游。红叶黄花催昨日,重山复水送孤舟。枯形可惜芙蓉晚，冷语谁知蟋蟀愁。甚欲区区怀抱托，隔汀片雪下轻鸥。”

秋，夜观乌龙山野烧。

《有正味斋诗集》卷二《夜观乌龙山野烧》有云：“蕉梦不醒秋坟边，哀哉牧火遗荒阡。”

乌龙山，在严州府，坐落于新安江、富春江、兰江交汇处之北岸，因山石乌黑，山体巍峨，蜿蜒如龙而得名。

冬，仍在严州，大雪，有诗。

《有正味斋诗集》卷二有《待雪》《听雪》《扫雪》《煮雪》。此四首在《余将归杭，拟园为画山水赠别，诗以报之》一诗之前，该诗有“小雪年时愁作客”之语。是知锡麒此时仍在严州。

冬，将归杭州，王廷勋为画山水赠别，有诗报之。

《有正味斋诗集》卷二《余将归杭，拟园为画山水赠别，诗以报之》：“一番别意托斜曛，赠我情如我欲云。小雪年时愁作客，青山画里梦因君。折梅有约凭春信，煮酒重邀话夜分。明发扁舟江上望，应添水墨写归云。”由诗意可知，次年春，锡麒将再游严州。

冬，自严州归钱塘，舟行濡滞，获览山水之胜凡六日，有长诗六百言纪胜感怀。

《有正味斋诗集》卷二《自严州归钱唐，舟行濡滞，获览山水之胜，凡六日得六百言》。

乾隆三十五年　庚寅(1770)　二十五岁

春，同仲弟锡麟再赴严江，作诗纪行，有“好句忽飞到，与吟惟子由”、“江山如昨梦，兄弟此扁舟”之语。

按，《有正味斋诗集》卷二有《庚寅春再赴严江同舍弟锡麟舟中作》(两首)。另，锡麒早年所作《匏居小稿》中亦有《庚寅春重赴严江舟中杂赋》(四首)。二诗诗题相近，内容迥异。

是岁，杭世骏解扬州安定书院事，南还。(龚自珍《杭大宗逸事状》。)锡麒早岁曾师事之。

方芳佩《在璞堂诗三刻》卷首吴锡麒序云："余儿时即得见夫人，即闻夫人有能诗名，然余犹未能知诗也。又十余年，从杭丈堇浦游。"

《有正味斋骈体文》卷五《同岑诗选序》："曩余问诗于堇浦杭先生、西林吴先生。"

杭世骏，详交游考。

乾隆三十六年　辛卯(1771)　二十六岁

春，王文治掌教杭州崇文书院。(王文治《梦楼诗集》卷十二卷首)自此，王文治在杭州讲席达四年之久。期间，锡麒师事之。

王文治(1730—1802)，字禹卿，号梦楼，丹徒人。乾隆二十五年探花，授编修。官云南临安知府。因事镌级，乞病归，不复出。往来吴越间，主讲杭州、镇江书院。著有《梦楼诗集》。事见姚鼐《中宪大夫云南临安府知府丹徒王君墓志铭并序》(《惜抱轩文后集》卷七)、《清史稿》本传。

吴锡麒《匏居小稿》有《和王梦楼夫子无题二首》，系作于从学期间。

八月，乡试，报罢。仍至严江，诸友赋诗送别，有诗寄答。

《有正味斋诗集》卷二《秋闱报罢，仍至严江，诸同好赋诗送别，舟中感怀寄答四首》。

《清史稿》卷一百八《选举志三》："顺治元年，定以子、午、卯、酉年乡试，辰、戌、丑、未年会试。乡试以八月，会试以二月。均初九日首场，十二日二场，十五日三场……乾隆间，改会试三月，殿试四月，遂为永制。"

按，锡麒本年乡试报罢，直至甲午(1774)中举前，期间所作诗歌大体收入《有正味斋诗集》卷三，名曰《翕羽斋集》。翕羽，即铩羽，指锡麒乡试报罢、铩羽而还之意。

是岁，三子清涟生。

《吴氏一家稿》之吴清涟《灌园居偶存草》有《辛卯元日》云："我生坠地岁辛卯，同庚又见儿襁褓。"吴清涟，详家世考。

陈文述（云伯）生。

乾隆三十七年　壬辰（1772）　二十七岁

正月十四日，同沈赤然、舒绍言于杭州城南观梅。

《五研斋诗钞》卷二《正月十四日，同吴穀人锡麒、舒古廉绍言城南观梅，用秦太虚韵》（壬辰）。

舒绍言，详交游考。

正月十五日前后，与沈赤然、舒绍言观灯，同作《观灯行》。

《五研斋诗钞》卷二《观灯行同舒古廉、吴穀人作》（壬辰）。

《有正味斋诗集》卷三有《观灯行同沈梅村赤然作》。由沈氏诗作系年推定锡麒诗歌作于本年。

三月，与黄基游湖上，坐跨虹桥。黄基得句"一年春事又杨花"，锡麒以为意甚凄婉，不期一语成谶，次年黄基竟因病逝世。

《有正味斋词集》卷一《梦横塘》序："因忆壬辰三月与黄玉阶坐跨虹桥上，东风甚紧，柳花渡湖而来，玉阶得句云'一年春事又杨花'，余味其意，似甚有凄惋者。明年，玉阶竟以病死，殆诗谶。"

春，自严江归，得姚思勤游吴门留别之作，填词《玉漏迟》寄之。

《有正味斋词集》卷一《玉漏迟》序："壬辰春，余归自严江，得姚春漪游吴门留别之作，怅然于怀，赋此寄之。"

岁考，以《焦桐入听赋》受知于时任学政的王杰。

《有正味斋诗集》卷十六《哭座主大学士王文端公四首》（其四）："余生焦爨在，尘外感知音。"自注："余壬辰岁试以《焦桐入听赋》受知。"

王杰（1725—1805），字伟人，号惺园、葆淳，别号畏堂。陕西韩城人。乾隆二十六年状元。官浙江学使、内阁学士、刑部侍郎。乾隆五十一年出任军机大臣，上书房总师傅，次年又出任东阁大学士，总理礼部。谥文端。著有《葆淳阁集》。事详《清史列传》卷二六等。王杰是锡麒座师。

岁考：明代提学官和清代学政，每年对所属府、州、县生员、廪生举行的考试。分别优劣，酌定赏罚。凡府、州、县的生员、增生、廪生皆须应岁考。

是岁，作《贝叶经歌》。

按，该诗不见于吴锡麒本集，载沈镠彪《续修云林寺志》卷六。《贝叶经歌》跋云："此余壬辰旧作也，诗久不存，今年偶检旧稿，复得之敝箧中……丙寅七月榖人吴锡麒。"是知为早年作，未收本集，丙寅七月发觉于囊箧中。

乾隆三十八年　癸巳(1773)　二十八岁

正月十三日，黄模招同人游祥符寺。锡麒用苏轼《祥符寺九曲观灯诗》韵作七律一首。

《有正味斋诗集》卷三《癸巳正月十三日黄相圃招同人游祥符寺用东坡九曲观灯诗韵》。

《有正味斋骈体文》卷二十二《重修祥符寺碑》："杭州城西祥符寺者，乃梁大同元年邑人鲍侃所舍宅，初名发心院，唐改为龙兴寺，至宋始改名太平祥符寺者也。"

二月，乾隆帝召开《四库全书》馆。

是岁，黄基卒，有诗哭之。

《有正味斋词集》卷一《梦横塘》序云："因忆壬辰三月与黄玉阶坐跨虹桥上……明年，玉阶竟以病死，殆诗谶。"是以知黄基卒于是年。

《匏居小稿》有《哭黄玉阶》。

是岁，弟锡麟将有山西泽州之役，作长诗寄怀。

《有正味斋诗集》卷三《舍弟锡麟将有山西之役，感今追昔，怆然于怀，成排律一百六十韵》。锡麒诗集虽未编年，且晚年编定时别有增删，然大体按年代顺序排列。此长诗紧接《癸巳正月十三日，黄相圃招同人游祥符寺，用东坡〈九曲观灯〉诗韵》，其后第七首诗是甲午所作《正月七日，同黄相圃、岫云上人过昭庆僧舍，与家西林先生颖芳茶话》。以此断定该诗作于癸巳。

乾隆三十九年　甲午(1774)　二十九岁

正月七日，同黄模、岫云上人赴昭庆僧舍，与吴颖芳先生茶话。十一日，同倪一擎、黄模、姚思勤出城东再访吴颖芳，时吴颖芳留昭庆未归，锡麒寄以诗。

《有正味斋诗集》卷三有《正月七日同黄相圃、岫云上人过昭庆僧舍与家西林先生颖芳茶话》。又，锡麒早年诗集《匏居小稿》中亦有此作，题作《甲午正月七日，同黄相圃、岫云上人过昭庆僧舍，与家西林先生颖芳茶话，用相圃韵》，且紧接此首有《十一日，倪丈嘉树、黄相圃、姚春漪出城东再访西林先生，时留昭庆未归，叠前韵奉寄》。据此，推定三作皆作于甲午正月，乃锡麒晚年勘定诗集时别有增删。

吴颖芳，详交游考。岫云上人，生平不详。

正月十五日，同友游吴山，归途小饮酒舍，和沈赤然韵填词《万年欢》。

复旦大学图书馆藏《有正味斋琴言》有《万年欢》"甲午同人游吴山，归途小饮酒舍，和沈赤然韵"："绕岫香飞，乍蟾阴照人，悄在瑶圃。帘影移红，颤袅闹灯箫鼓。无数蛾儿拂路，惹千缕，巫云浓聚。还追念，罗带姻缘，此时谁共纤语。　多情爱吟旧句，又东风送愁，愁约春住。酒市重来昨梦，醉醒难据。试听歌珠远度，便夜久，带寒归去。瞢腾里，袖络梅花，素鸾相伴低舞。"

二月二十五日，清明，与沈赤然同填《扫花游》词调。

《有正味斋词集》卷一《扫花游》序："甲午清明，同沈梅村赤然作。"查是岁清明，系二月二十五日。

八月，乡试，中举。

沈赤然《五研斋诗钞》卷十五《寄吴榖人五十韵》（戊午）："附尾同随计，呼盆独得卢。"自注："甲午、乙未，榖人连战皆捷，授庶常。"

《民国杭州府志》卷一一二《选举六》："（举人，乾隆三十九年甲午）吴锡麒，乙未进士。"

祖父吴熙绩卒。

《有正味斋诗集》卷十六《六十生日自述》（其二）云："我祖盖棺日，我方赋鹿鸣。及乎禄养逮，乾荫倏以倾。"鹿鸣，指鹿鸣宴，是科举时代于乡试放榜次日，宴请新科举人和内外帘官等，歌《诗经·鹿鸣》篇。故知吴熙绩卒于锡麒中举之年。

冬，汪沆为锡麒所辑早年诗集《匏居小稿》撰序。

《匏居小稿》卷首汪沆序款识："乾隆甲午冬日同里学弟汪沆。"

汪沆，字西颢（一作西灏），又字师李，号槐堂，钱塘人。诸生。乾隆十二年举博学鸿词。汪沆少从厉鹗学诗，博览群籍，与杭世骏、符之恒等齐名。著有《槐堂诗文集》《湛华轩杂录》等。

是岁，作诗答胡应煌，有"冷雁饥乌啼向人，感君急人如急己"之语。

《有正味斋诗集》卷三《答胡竹城》有"君言子已登青云，明年去踏长安尘"之语，是以知为应会试前一年所作。

乾隆四十年　乙未(1775)　三十岁

正月，与沈赤然一同北上应会试。舟尾置酒十余瓮，约定每日不赋诗则不得饮。

《五研斋文钞》卷一《吴榖人燕台行笈诗序》："乾隆乙未正月，余与榖人随计北征。舟尾酒瓮十余，约每日不赋诗不得饮涓滴。"

正月十四日，过姑苏，填词《翠楼吟》。

《有正味斋词集》卷一《翠楼吟》序："乙未正月十四日，姑苏道中作。"

正月二十日，顾光为吴锡麒等六人所著《武林新年杂咏》作序。

《武林新年杂咏》卷首顾光序款识曰："乾隆四十年正月补天日梅东里人顾光撰。"

正月，赴京旅次，沈赤然患眼疾，锡麒时以见闻付诗，为之吟诵。

《五研斋文钞》卷一《吴榖人燕台行笈诗序》："乾隆乙未正月，余与榖人随计北征。……余旋病目畏风，日不能饮亦不能吟。榖人持杯引满，停桡落日，纵步城野。凡有见闻，辄以诗记之。酒后耳热，则捉筯扣舷为余朗诵数过。余扶枕听之，欣然忘其目之痛也。"

舟行，取道吴江莺脰湖、丹阳练湖，有诗。

《有正味斋诗集》卷四《解褐集》有《莺脰湖曲》《练湖》。

按，锡麒甲午(1774)秋中举后，于次年乙未(1775)正月入京参加会试，会试一举及第。于是，乙未(1775)至丁酉(1777)假满还京前，此三年所作诗歌收入《有正味斋诗集》卷四，名曰《解褐集》。

阻风丹徒，同游通元观、登挹江楼，二人俱有诗。

《有正味斋诗集》卷四《舟泊丹徒，同沈梅村游通元观登挹江楼作》："大江东去水悠悠，烟火千家绕郭稠。客子登临悲落日，神仙居处爱高楼。"

《五研斋诗钞》卷二《阻风丹徒同吴榖人游通元观登挹江楼作》(乙未)。

渡扬子江，二人俱有诗。

《有正味斋诗集》卷四《渡扬子江》，有云"断渡颠风一宿留，今朝安稳送行舟"、"澄江万顷明于镜，照我鱼龙影里游"。

《五研斋诗钞》卷二《晓渡大江同吴榖人作》(乙未)。

途经高邮、淮阴，游钓台。有诗。

《有正味斋诗集》卷四《高邮》《淮阴钓台》。

遇淮河河决入城，目睹民生疾苦，感而有诗。

《有正味斋诗集》卷四《骡车谣二首》。

按，张慧剑《明清江苏文人年表》，将《骡车谣》一诗系于乾隆三十九年。误。应为乾隆四十年吴锡麒与沈赤然自杭入都赴会试、经淮阴所作。

至宿迁，舟不能进，改由车行。因锡麒将赴山东任城办事，两人遂至兖州分道而行。途经任城时，锡麒游南池少陵祠、太白酒楼，有诗。

《五研斋文钞》卷一《吴穀人燕台行笈诗序》："至宿迁，舟不能进，起陆车行。时目亦小愈，而穀人以有事任城，从兖州分道去。"

《有正味斋诗集》卷四《南池谒少陵祠》《太白酒楼歌》。

经直隶良乡，有诗。

《有正味斋诗集》卷四《良乡》。良乡位于今北京西南20公里。

至京，寓居杨华前辈海藏书屋，有诗。

《有正味斋诗集》卷四《寓杨丈砚雨海藏书屋》："先生本高士，人海此身藏。老屋数间在，落花三径香。论交到竹石，有咏即沧浪。为我清谈久，帘钩下夕阳。"

与来京会试的王友亮定交。

《有正味斋诗续集》卷一《王竹屿别驾凤生补官来浙，以所刊尊人葑亭太仆〈双佩轩遗集〉见贻，后附令兄香圃麟生〈补梅书屋遗诗〉。展读之余，悲吾友之不复见，而又幸其有子之克家也，因成诗五十韵，述余与葑亭两人之踪迹以付之》："呜呼三十载，幸托绸缪情。往来踪迹熟，语语皆平生。忆昔岁乙未，计偕集神京。顾视此客异，流盼腾元精。寒斋同一瓮，暗里酸咸并……"以此可知，二人于本年在京城结识。

王友亮（1742—1797），字景南，号葑亭、东田，婺源人。乾隆四十六年进士，授刑部主事。官至通政司副使。著有《葑亭文集》《双佩斋集》《金陵杂咏》等。事见《清史列传》袁枚传附。吴锡麒有《王葑亭给谏视漕小草序》(《有正味斋骈体文》卷五)、《王葑亭给谏金陵杂咏序》(《有正味斋骈体文》卷六)、《与王葑亭漕使书》(《有正味斋骈体文》卷十七)等。

三月，参加会试。四月，殿试。二十五日，锡麒取在二甲第二十九名，赐进士出身，改翰林院庶吉士。有诗纪怀。

《清史稿》卷十三《高宗本纪四》;《历代进士题名录》。

《有正味斋诗集》卷四名为《解褐集》即为此，有《春榜放后作》等诗。

沈赤然《五研斋文钞》卷一《吴穀人燕台行笈诗序》:“抵都门，匆匆入锁闱。榜发，穀人登第，授庶吉士。”

五月四日，乾清宫引见，馆选庶吉士。

《有正味斋诗集》卷四《五月四日乾清宫引见馆选恭纪》。

《清史稿》卷一百八《选举志三》:“凡用庶吉士曰馆选。”

五月十九日，被命入武英殿分校。

《有正味斋诗集》卷四《十九日被命入武英殿分校恭纪》。

在京期间，有《燕京杂咏六首》。

《有正味斋诗集》卷四。

七月七日，雨，有诗。

《有正味斋诗集》卷四《七夕雨四首》。

九月十五日，赴城南道院赏菊。有诗。

张埙《竹叶庵文集》卷十(乙未七月迄十月)有《九月十五日，雨中吴穀人庶常期城南道院赏菊，以迎医不果往，寄一诗与看花诸君》。

因知吴锡麒诗《同张瘦铜舍人埙城南道院看菊二首》(《有正味斋诗集》卷四)作于是日。

张埙(? —1789),字商言、商贤,号瘦铜、吟乡。吴县人。乾隆三十四年进士。官内阁中书,入四库馆任编校。工诗,与蒋士铨齐名。著有《竹叶庵集》《瘦铜诗草》《扶风金石录》等。事具《国朝耆献类征初编》卷一四六。

秋,同卫讷旃、张埙饮于记珠轩。

张埙《竹叶庵文集》卷十(乙未七月迄十月)有《讷旃、縠人同饮记珠轩,讷旃送菊花》。

卫德威,讷旃,华亭人。有《鸿雪集》。吴锡麒有《题卫讷斋德威西泠话别图》《讷斋过访不值,赋诗奉酬,兼以赠别二首》(《匏居小稿》)。

秋,与沈赤然、卫讷旃、梁彦衡(松坨)、汤垣(古树)同以秋蝉分韵赋诗。

沈赤然《五研斋诗钞》卷二有《秋蝉同吴縠人、卫讷旃德威、梁松坨彦衡、汤古树垣分韵》(乙未)。

南京图书馆藏清刻本《有正味斋集》(十六卷)卷三有《秋蝉同梁松坨彦衡、卫讷旃德威、沈梅村分韵》。

深秋,沈赤然出京。作诗留别锡麒,有"同来却不同归去,鹤自翀霄鸟恋林"之叹。

《五研斋诗钞》卷三《燕台留别诗·吴縠人》(乙未)云:"孤馆凄清听暮砧,刀环新梦已秋深。烟云落日生寒意,铃铎西风碎客心。炉火漫夸能炼汞,绣床无那误拈针。同来却不同归去,鹤自翀霄鸟恋林。"是知系深秋时节出京。沈赤然此度会试报罢,故云"鹤自翀霄鸟恋林"。

沈赤然《自编年谱》:"(四十年乙未)会试,为考官误断文句见黜落。"

闰十月,乞假南归,夜宿山东茌平,旅居月冷灯孤,清寒特甚,怅然填词寄怀。

《有正味斋词集》卷一《月华清》序:"闰十月乞假南归,夜宿茌平旅店。月冷灯孤，清寒特甚，怅然为赋此解。”

南归途中，经直隶景州、山东高唐、台庄。岁暮，经苏州、登虎丘，均有诗。

《有正味斋诗集》卷四有《景州》《晓发高唐》《台庄登舟作二首》《虎丘》（“登临感岁暮，顾眯渺今昔”）诸诗。

是岁，与吴锡麟、黄模、姚思勤、项朝棻、舒绍言等著《武林新年杂咏》刊行。

法式善《陶庐杂录》卷三：“《新年杂咏》，杭州吴锡麒及弟锡麟、黄模、姚思勤、项朝棻、舒绍言所作。不分卷数，以类相从，刻于乾隆四十年。”

项朝棻，详交游考。

是岁作诗尚有《吕纪画鹰歌》《蜀镜词》等（《有正味斋诗集》卷四《解褐集》）。

乾隆四十一年　丙申(1776)　三十一岁

本年杭州家居，时客游扬州。

正月，张埙有诗见寄。

张埙《竹叶庵文集》卷十一（乙未十一月迄丙申正月）《杂咏京师新年诸戏，效浙中六家新年诗体，邀同人和之，邮寄吴彀人庶常，令连写卷后十首》。

归省家居，出上年赶考至归省期间所作诗集《燕台行笈诗存》，属沈赤然为序。

沈赤然《五研斋文钞》卷一《吴彀人燕台行笈诗序》：“乾隆乙未……明年，彀人乞假归省，出其自计偕至锦还所为诗若干卷，标之曰《燕台行笈诗存》，属余序。”

客游扬州，常憩息金粟庵。始与任扬州府学教授的金兆燕缔交。

吴锡麒《南归记》丁巳六月二十五日：“竹溪上人招，遂投金粟庵。余丙申客扬，恒兹慈集。”

金兆燕《棕亭古文钞》卷首吴锡麒序：“余丙申游扬州，始得交棕亭先生。时扬州物力殷饶，先生以广文一官开设坛坫，号召名士，问字之酒，束修之羊，资用咸给。每风月佳夕，联舫于红桥白塔间，击钵分笺，互相角胜。”

金兆燕(1719—1791)，字钟越，号棕亭。安徽全椒人。曾为扬州盐运使幕僚。乾隆三十一年进士，任扬州府学教授，擢国子监博士，升监丞，分校《四库全书》。后馆于扬州康山草堂。工古文辞。著有《棕亭古文钞》《诗钞》《词钞》《骈体文钞》等。事具《清史列传》卷七十一等。

冬，与张宝镕有石门之役。

《有正味斋骈体文》卷四《张花农床山堂诗集序》：“忆丙申冬，与余有石门之役。乌篷五尺，浅水一条。柏绽如梅，舻鸣似雁。”石门，在今浙江桐乡县石门镇。乃锡麒还浙、进京常经之地。

张宝镕，字花农，原名崇敬。华亭人。以词翰称。

是岁，始与陈鸿宾定交。

《有正味斋骈体文》卷四《陈宝所给谏学福斋遗诗序》：“余丙申岁始与陈兄玉池交。当花一卮，踏莎双屐。游赏既洽，吟咏相闻。”二人交游不多，均集中于吴锡麒中进士后第一次返乡至假满还京期间。

陈鸿宾，号玉池。仁和人，陈鸿宝弟。

乾隆四十二年　丁酉(1777)　三十二岁

本年秋，假满还京。

正月十八日，积雨初霁，高观海招同沈赤然、胡应煌、潘世鼎、金成栋、朱应登等饮，分韵赋诗。

《五研斋诗钞》卷三有《正月十八日，积雨初霁，高秋崖观海招饮席上，同胡竹城、金筱庵、吴縠人、潘亚江世鼎、朱西崖应登作》

（丁酉）。

《有正味斋诗集》卷四有《正月十八日饮高秋崖观海宅，时积雨初晴，同胡竹城、金筱庐成栋、沈梅村、潘亚江世鼎、朱西崖应登分韵》。

四月，经嘉兴桐乡石门。

《有正味斋诗集》卷四《石门》，有云："春事已将尽，树阴犹薄寒。蚕忙今月始，桑色野人看。"自注："田家以四月为蚕忙。"因知诗作于四月。

秋，假满还京，有诗。

《有正味斋骈体文》卷四《陈宝所给谏学福斋遗诗序》："及明年丁酉，余假满还京。"

《有正味斋诗集》卷四《假满还京作四首》（其二），有云"藤萝虚皓月，松菊老荒园"。

在扬州，雨，管涛招同闵华、陈毅、管希宁、林铁箫、方辅、叶天赐、汪端光、吴鲁等集弥勒庵，分韵赋诗。

《有正味斋诗集》卷四《广陵雨中，管畲白涛招同闵莲峰华、陈古渔毅、管平原希宁、林铁箫、方密庵辅、叶咏亭天赐、朱二亭、汪剑潭端光、家慕桥鲁集弥勒庵分韵》。

管涛，字云度，号畲白。如皋人。廪生，授六合教谕。工诗词，善绘事。著有《锄金园诗钞》。

闵华，字玉井，一字莲峰，江都人。监生。工诗，著有《澄秋阁诗集》。（《扬州画舫录》卷四）

陈毅（？—1787），字直方，号古渔。江宁人。布衣。工诗文，勤于著述，有诗选《所知集》，多辑布衣寒士之作。又有《古渔诗概》《摄山志》《金陵闻见录》。（《晚晴簃诗汇》卷八十六）

管希宁，字平原，江都人。工诗画。兼长于医。（《扬州画舫录》卷二）

林铁箫，名李，字九标，号铁箫。如皋布衣。少得古铁箫，吹之

清越，遂佩以自随，因字铁箫。书法《圣教序》，称于世。（《扬州画舫录》卷二）

方辅，字密庵，歙县人。工诗、书。善制墨。（《扬州画舫录》卷二）

叶天赐，字孔章，号咏亭。歙县人。移籍江都。（《扬州画舫录》卷二）

汪端光（1748—1826），字剑潭、涧昙、剑昙，仪征（一作江都）人。乾隆三十六年举人。官广西南宁府同知、庆远、镇安知府。后主安定乐仪书院。著有《剑潭诗稿》。事见《湖海诗传》卷三二、《重修仪征县志》卷三一等。

吴鲁（1744—1823），字慕桥、迂客，号宣国。歙县籍，改甘泉。由国学生考取四库馆誊录，以州司马候选充鹾务商人。工吟咏。常与吴锡麒等相唱和。著有《古愚轩诗集》。事见《广陵思古编》卷十二。

在扬州，同金兆燕教授、吴珏山长过秋雨庵，与竹溪上人茶话。

《有正味斋诗集》卷四《同金棕亭教授兆燕、家并山山长珏过秋雨庵与竹溪上人茶话》。

又，吴锡麒《还京日记》（上）乾隆五十八年十月十日载：过秋雨庵，访竹溪上人。“十五年前曾与玉井、棕亭游此处。”由乾隆五十八年上推十五年，即乾隆四十三年，然而乾隆四十三年锡麒在京。结合《有正味斋诗集》卷四此诗，知此游当系乾隆四十二年。

吴珏，字并山，歙县人，乾隆二十八年进士。曾主讲安定书院。（《扬州画舫录》卷三）

竹溪上人，苏州人。姓范，为文正公廿三世孙。少好佛，年十九，父母殁，遂为缁流。至扬州秋雨庵，立禅诵之堂焉。作诗与杭世骏、王文治、金兆燕倡和。著有《离六堂诗选》三卷。

经高邮、淮阴，有诗。

《有正味斋诗集》卷四《高邮》《淮阴舟中晓雨》。

渡黄河，有诗。

《有正味斋诗集》卷四《渡河》。

经邓家牐，雨，水暴涨，有诗。

《有正味斋诗集》卷四《雨泊邓家牐是夜水暴涨》。

经泗亭，有诗。

《有正味斋诗集》卷四《泗亭》。

经山东微山仲家浅、济宁、东昌、临清，俱有诗。

《有正味斋诗集》卷四《仲家浅》《济宁竹枝词二首》《东昌二首》《临清有感四首》。

经天津静海独流口、津门、三岔河、香河，有诗。

《有正味斋诗集》卷四《独流口》《津门海舶歌》《三岔河》《香河晚泊望隔岸远山同舒古廉赋》。以上诸纪行诗当作于还京途中。

还京后，始与时在京师的陈鸿宝定交。自是，二人交往颇频。

《有正味斋骈体文》卷四《陈宝所给谏学福斋遗诗序》："令兄宝所……余固心仪之，而未见其颜色也。及明年丁酉，余假满还京，出谷求声，连墙通谒。遂同只鸡之局，颇霁神羊之威。"

陈鸿宝，字卫叔，号宝所，仁和人。师事杭世骏。乾隆十六年南巡召试，赐举人，授内阁中书。三十一年，考选江南道监察御史，官工科掌印给事中。著有《学福斋诗稿》六卷。(《晚晴簃诗汇》卷八十)又，吴锡麒序称陈鸿宝诗"姿禀清冲，才兼丽密"。

秋，与陈鸿宝、施学濂等出右安门游草桥。

《有正味斋诗集》卷十一《八月十四日，查小山有圻招同人载酒出右安门至草桥，饮于丁氏野圃八首》(其三)："垂杨似我荒寒甚，阅历西风二十年。"自注："记丁酉秋，与宝所、耦堂、南雷同为草桥之游，今二十年矣。"

施学濂，字大醇，号耦堂，钱塘人。乾隆三十一年进士，选庶吉士。官至兵科给事中。二人交游多在锡麒翰苑为官时期。

秋，金兆燕有诗见寄。

金兆燕《棕亭诗钞》卷十三《寄吴縠人》，有“露泣岩花沾晓泪，烟屯宫柳锁春眉”之语。又，诗作后有《丁酉除夕》之作。是知系锡麒还京后，本年秋，金兆燕见寄之诗。

乾隆四十三年　戊戌(1778)　三十三岁

散馆，蒙恩授职编修，有诗纪事。

《清史稿》卷一百八《选举志三》：“凡用庶吉士曰馆选……三年考试散馆，优者留翰林为编修、检讨，次者改给事中、御史、主事、中书、推官、知县、教职。”

《有正味斋诗集》卷五《翰苑集》有《散馆蒙恩授职编修恭纪》：“青毡落拓愧平生，黄纸传宣荷宠荣。弟子职才辞北面，秀才官已重西清。草茅得窃非常遇，文字难酬本分名。长幸簪毫依舜日，此心惟愿作葵倾。”

按，锡麒戊戌(1778)蒙恩授职编修，官翰林院。自本年至甲辰(1784)冬末乞假归省。期间所作诗歌收入《有正味斋诗集》卷五、卷六，名曰《翰苑集》(上、下)。

春，英廉相国招同翁方纲、钱载、杨芳灿、张燕昌等集檀栾草堂，赏海棠。

翁方纲《复初斋集外诗》卷一二《竹井相国招同黼庭大司马、萚石阁学、耦堂侍御、蓉裳编修、縠人吉士集檀栾草堂看海棠》。翁方纲，详交游考。

英廉(1707—1783)，冯氏，字计六，号梦堂，一号竹井老人。沈阳人，汉军镶黄旗。雍正十年举人，累官至直隶总督、东阁大学士。卒谥文肃。著有《梦堂诗稿》。事见《清史稿》卷三二〇。

钱载(1708—1793)，字坤一，号箨石(一作萚石)、瓠尊，晚号万松居士，秀水人。乾隆十七年进士，授编修。官至礼部左侍郎。著有《箨石斋诗文集》。事见《清史列传》本传、《清史稿》金德瑛传附。

杨芳灿(1753—1815),字才叔,号蓉裳。金匮人。乾隆四十二年拔贡生。历官甘肃伏羌知县、灵州知州、户部员外郎。充会典馆总纂。长于戏曲。著有《芙蓉山馆诗词稿》等。事具《清史稿》卷四八五、《清史列传》卷七二等。

张燕昌(1738—1814),字芑堂,号文鱼,别号金粟山人。海盐人。嘉庆元年举孝廉方正。工书画、篆刻。著有《金粟笺说》《金石契》《三吴古砖录》《古来飞白书考》《石鼓文释存》等。

春,同沈赤然、陈鸿宝、施学濂、金兆燕等游法源寺,分韵赋诗。

《五研斋诗钞》卷四《同陈给谏鸿宝、施侍御学濂、吴编修縠人、金博士兆燕、潘孝廉铨游法源寺分韵得从字》(戊戌)。有云"春风吹我来,散此尘外踪"之语。又,此诗后一首系《下第》。是知该诗作于春季沈赤然参与会试前。

三月,会试,沈赤然再度报罢。

《五研斋诗钞》卷四《下第》。

梅子黄时,移居。

《有正味斋诗集》卷五《移居用樊榭集中韵四首》(其二)云:"菰水光阴南去梦,妻孥消息北来船。"锡麒妻于本年夏携子女来京团聚,则此诗当作于妻子来京前不久。又有"树阴绿处安新榻,梅子黄时忆旧庐"之语,可知当为梅子黄时。

夏,妻杨氏携一女四子来京,自此在京生活五年。

《有正味斋诗续集》卷四有《哭亡室杨恭人》(其十一):"重烦老父念羁孤,特遣租船到直沽。听说黄河风浪恶,惊心一曲母将雏。"自注:"戊戌夏,挈一女四子来京,闻渡河时适逢风浪,漕艘有遭溺者。"

八月七日,同蒋士铨、吴玉纶、陈崇本、程晋芳集翁方纲斋,同观王审知碑拓本,赋诗纪之,翁方纲为考其概。

翁方纲《复初斋文集》卷二四《跋王审知碑》:"乾隆四十三年,

八月七日，铅山蒋翰林士铨、光州吴太常玉纶、商邱陈翰林崇本、钱塘吴翰林锡麒、新安程翰林晋芳集方纲斋，同观拓本，赋诗纪之，而方纲为考其概云。”

吴玉纶(1732—1802)，初名琦，字廷韩，号香亭，固始人。乾隆二十六年进士。官检讨、刑科给事中、鸿胪寺少卿、光禄寺卿、福建学政、内阁学士等。著有《香亭诗稿》《香亭文稿》。

陈崇本，字伯恭，河南商丘人。乾隆四十年进士。官宗人府府丞。善书画。吴锡麒同年。

蒋士铨、程晋芳，详交游考。

是岁，与法式善缔交。

《有正味斋诗集》卷首法式善序：“三十年为一世，余交縠人先生一世矣。”款署：“嘉庆十三年四月二十五日，同馆侍生法式善序。”由嘉庆十三年逆推三十年，约在本年前后二人缔交。

法式善，详交游考。

是岁，王昶编《琴画楼词钞》二十五卷刊行，收入厉鹗《樊榭山房词》、王又曾《丁辛老屋词》、陆文蔚《采莼词》、吴锡麒《有正味斋词》等各一卷。

王昶，详交游考。

乾隆四十四年　己亥(1779)　三十四岁

二月二十六日，英廉招同嵇璜、钱载、施学濂、余集、蒋士铨集檀栾草堂海棠花下。

蒋士铨《忠雅堂文集》卷二五《二月二十六日，英竹井院长招同嵇抽修、钱箨石两先生、施耦堂侍御、余秋室、吴縠人两编修集檀栾草堂海棠花下作》(己亥)。

嵇璜(1711—1794)，字尚佐，一字黼廷，晚号拙修。无锡人。雍正八年进士。乾隆间，官南河、东河河道总督。晚年加太子太保，为上书房总师傅。卒谥文恭。著有《锡庆堂集》。事具《清史稿》卷三一〇。嵇璜是吴锡麒座师，乾隆乙未科会试总裁。

余集(1738—1823)，字蓉裳，号秋室，仁和人。乾隆三十一年进士。官至侍读学士。归后主大梁书院。擅绘。著有《秋室学古录》《忆漫庵剩稿》等。事见《秋室居士自撰志铭》(《秋室学古录》卷六)、《清史列传》本传等。

与翁方纲、蒋士铨、程晋芳、张埙等在北京结都门诗社，邀洪亮吉、黄景仁入社。

吕培《洪北江先生年谱》(四十四年己亥)："时翁学士方纲、蒋编修士铨、程吏部晋芳、周编修厚辕、吴编修锡麒、张舍人埙共结诗社，首邀先生及黄君入会。"

洪亮吉、黄景仁，详交游考。

与罗聘定交。

《有正味斋诗集》卷十三《哭罗两峰三首》其一："论交二十载，南北合还分。"由该诗作于嘉庆四年罗聘卒时，逆推二十年，即乾隆四十四年二人定交。而本年十一月，在翁方纲苏斋二人亦有交游记录。

罗聘(1733—1799)，字遁夫，号两峰，自称花之寺僧。祖籍歙县，久寓扬州。扬州八怪之一。以《鬼趣图》闻名。著有《香叶草堂诗》《正信录》。事具《罗两峰墓志铭》(《有正味斋骈体文》卷二十三)。吴锡麒有《罗两峰香叶草堂诗序》(《有正味斋骈体文》卷三)、《谢罗两峰惠画钟进士启》(《有正味斋骈体文》卷十八)、《题罗两峰聘仿东坡墨竹》(《有正味斋诗集》卷五)等。

十一月十九日，翁方纲招同程晋芳、张埙、罗聘、桂馥、吴蔚光、陈鸿宾、周厚辕、陈崇本、洪亮吉、宋葆淳、黄景仁集于苏斋，预祀东坡生日，并送罗聘出都。

沈津《翁方纲年谱》本年条："十一月十九日，因此日罗聘出都，先生于苏斋具蔬，焚香雅集，并请程晋芳、张埙、罗聘诸人到斋，预祝东坡生日，兼为罗聘送行。"同集者"鱼门先生、瘦同先生、两峰先生、未谷先生、竹桥先生、玉池先生、驾堂老先生、谷人老先生、伯恭老先生、匏尊大兄、芝山大兄、稚存大兄、仲则大兄”。

洪亮吉《卷施阁诗》卷一《东坡生日集翁学士方纲苏斋即送罗山人聘出都》。

吴蔚光《素修堂诗集》卷九《翁学士方纲召集宝苏斋送罗山人聘出都，十一月十九日也》。

张埙《竹叶庵文集》卷十六（己亥五月迄庚子七月）《东坡先生生日，覃溪置酒苏斋，并送两峰，得苏字》。

桂馥，详交游考。

吴蔚光（1743—1803），字哲甫、执虚，号竹桥、湖田外史，江苏昭文人。乾隆四十五年进士。选庶吉士，改礼部主事。以病归，居林下。著《素修堂诗集》《古今石斋诗前集》《后集》等。事具法式善《例授奉直大夫礼部主事吴君墓表》（《存素堂文集》卷四）。

周厚辕（1746—1809），字驭远，号载轩、驾堂。江西湖口人。乾隆三十六年进士。官翰林院编修、四川学政、京畿道监察御史、内阁户部给事中。擅诗工书。著《蜀游草》等，事具《光绪江西通志》卷一六六等。

宋葆淳（1748—?），字帅初，号芝山。山西安邑人。乾隆五十一年举人。擅长金石考据、书画、篆刻。事具冯金伯《墨香居画识》。二人见载的交游多在锡麒热河校书时期。且二人以诗画品题时相往还。如锡麒有《谢宋芝山同年为画江村消夏扇头启》（《有正味斋骈体文》卷十八）、《宋芝山同年属题山水画二首》（《有正味斋诗集》卷十）、《题宋芝山山水册二首》（《有正味斋诗集》卷十六）等。

作诗《元耶律文正画像》。

南京图书馆藏清刻本《有正味斋集》（十六卷）卷四诗四有《元耶律文正画像》。

张埙《竹叶庵文集》卷十六（己亥五月迄庚子七月）有《耶律文正公画像》。此诗作于己亥。由张埙诗歌系年可推定吴诗作于本年。

乾隆四十五年　庚子(1780)　三十五岁

乾隆帝第五次南巡。正月十二日起跸，五月初九回銮。历时117天。

正月初一，雪中早朝，金兆燕有次韵之作。

金兆燕《棕亭诗钞》卷十四《庚子元日，雪中早朝，次吴榖人编修韵》。按，锡麒诗不见于本集。

正月，与翁方纲、黄景仁、桂馥、洪亮吉等在都门时相过从。桂馥以宋铸“山谷诗孙”铜印赠黄景仁。锡麒、洪亮吉、翁方纲、李少鹤俱有赠诗，闵正斋为作《传印图》，赵希璜题诗。

毛庆善、季锡畴《黄仲则先生年谱》：“正月，桂未谷明经与先生集翁学士斋中，以宋铸‘山谷诗孙’铜印赠先生，先生喜而有诗。洪稚存、吴榖人、翁覃溪、李少鹤俱有赠诗，闵正斋为作《传印图》，赵渭川有题诗。又按：是年与稚存及冯编修敏昌、张解元锦芳共唱和，仍在诗社。”

《有正味斋诗集》卷五《桂未谷以所藏“山谷诗孙”印赠黄仲则，属余为诗记之》。据《黄仲则年谱》可断此诗作于庚子。

洪亮吉《卷施阁诗》卷三《仙馆联吟集》（辛丑至癸卯）有《黄二景仁以旧得宋铸“山谷诗孙”印属题，即以志别》。

李宪乔，字少鹤，一字义堂，山东高密人。高密诗派代表作家。乾隆四十一年举人，官归顺知州、岑溪令。著有《少鹤诗钞》《鹤再南飞集》《龙城集》等。

赵希璜，字渭川，广东长宁人，乾隆四十四年举人，官安阳知县。著有《四百三十二峰草堂诗钞》等。事具《清史列传》卷七二、《道光长宁县志》卷七。

正月，翁方纲临钱选《林和靖西湖吟趣图》，并摹林和靖二札于后。锡麒与张勋同用东坡诗韵作诗二首。

南京图书馆藏清刻本《有正味斋集》（十六卷）卷四诗四有《覃溪学士临钱舜举〈林和靖西湖吟趣图〉，并模和靖〈秋凉三君〉二札于后，用东坡韵二首》。

张埙《竹叶庵文集》卷十六（己亥五月迄庚子七月）有《覃溪临钱舜举〈林和靖西湖吟趣图〉，并模和靖二札于后，次东坡韵二首》。该诗前第三作系《新正二日赐柑三種恭纪》，后第四作系《花朝集程鱼门编修斋分韵水仙得斋字》。由此可知该诗作于庚子正月与二月十二日之间。

钱选（1239—1299），字舜举，号玉潭，又号巽峰，霅川翁，别号清癯老人等，湖州人。宋末元初著名画家，与赵孟頫等合称为“吴兴八俊”。

三月三日，上巳，与翁方纲、蒋士铨、黄景仁、程晋芳等集周厚辕寓斋，分咏瓶中海棠、梨花等。

《复初斋诗集》卷二一（庚子）有《三月三日同心余、鱼门、瘦同、枫亭、榖人、仲则集载轩寓斋，分咏瓶中海棠，得集字》。

《有正味斋诗集》卷五有《上巳，集周载轩编修厚辕清远室，分赋梨花，得之字》。结合翁方纲诗纪年，可定此诗作于庚子。

同月，恩科会试，沈赤然来京，馆于锡麒寓斋。然而此科沈赤然再度报罢。

《五研斋文钞》卷二《更生道人自序》：“庚子春闱，程先生晋芳为考官，得予文，击节。呈之主司，主司以额足辞……及出闱，先生遍访予，予时馆吴编修锡麒寓斋。”

五月前，吴锡麒有诗《颜鲁公名印歌》《文丞相琴歌》《赵孟頫小印》。

张埙《竹叶庵文集》卷十六（己亥五月迄庚子七月）有《颜鲁公真卿二字小铜印》《题文丞相琴（有序）》《赵孟頫小印》。《颜鲁公真卿二字小铜印》前第二作系《上巳集周载轩编修寓斋分赋杏花得居字》。由此知三诗当作于庚子三月至五月间。

《有正味斋诗集》卷五有《颜鲁公名印歌》《文丞相琴歌》《赵孟頫小印》。由张诗纪年知吴诗大体作于是时前后。

秋，金兆燕为跋《竹西歌吹》。

金兆燕《棕亭古文钞》卷九《吴毂人竹西歌吹跋》款曰:“庚子秋日书于都门邸舍。”

秋冬之际,陆寿昌为洪亮吉绘《机声灯影图》。吴锡麒为作序文。

陆寿昌绘图时间据李金松《洪亮吉年谱》本年条(第94页)。

《有正味斋骈体文》卷九有《洪稚存同年〈机声灯影图〉序》。

十月九日,英廉招集独往园作展重阳会。

《有正味斋诗集》卷五《十月九日梦堂先生招集独往园作展重阳会》。

十二月十九日,东坡生日,翁方纲招同人置酒苏斋,宋葆淳画《李委江上吹笛图》,各题一诗。

《有正味斋诗集》卷五《十二月十九日,东坡先生生日,覃溪学士招同人置酒苏斋。宋芝山同年葆醇画〈李委江上吹笛图〉,各题一诗》。又,张埙、蒋士铨集中俱存此日诗。

沈津《翁方纲年谱》本年条有“十二月十九日,苏轼生日,先生敬设东坡像,奉荐笋脯。又借黄庭坚、王守仁、沈周及毛奇龄、朱彝尊二先生像以配东坡先生之筵,并有苍湄携石菖蒲一盆为供。又请叶观国、蒋士铨、程晋芳、张埙、吴锡麒、周厚辕、王友亮、桂馥、沈心醇、宋葆淳到斋。是日,重观宋椠《施顾注苏诗》残本。宋葆淳作《李委吹笛图》,先生是日题诗四首。”

是岁,翁方纲以《苏端明游迹图》四帧索题。

《有正味斋诗集》卷五《覃溪学士图〈苏端明游迹〉四帧索题四首:黄楼、雪堂、白鹤峰、载酒堂》。

张埙《竹叶庵文集》卷十七(庚子八月迄辛丑闰五月)《覃溪图〈苏端明游迹〉四帧,乞题四首》。

是岁,翁方纲以苏轼《定惠院月夜偶出》二诗草稿摹本装册,索题。锡麒用苏轼原韵题二首。

《有正味斋诗集》卷五《苏文忠公〈定惠院月夜偶出〉二诗草稿

翁覃溪学士方纲以摹本装册，索题，用元韵二首》。

是岁，锡麒五儿卒于痘殇。

《有正味斋诗续集》卷四《哭亡室杨恭人》(其十二)："娇儿旅邸痛苍黄，无药无医付痘殇。"自注："庚子，五儿以被痘殇，瘗于园。"

是岁作诗尚有《题邝湛若砚铭并洗砚池字拓本》《和瘦铜初塞新葺小斋诗》等(《有正味斋诗集》卷五)。

乾隆四十六年　辛丑(1781)　三十六岁

正月五日，施学濂侍御留同张彤小饮宝石斋，同用施学濂男字韵作诗。

《有正味斋诗集》卷五有《正月五日，耦堂侍御留同张鄂楼彤小饮宝石斋，顾苇田比部震继至，同用耦堂男字韵》。

张彤，字鄂楼，一作萼楼，乌程人，乾隆五十一年举人，官至山东按察使。

正月五日后数日，毛凤仪舍人招同李廷敬、王春煦、何循、胡荣、陈崇本诸同年小集古藤旧庐，仍用施学濂男字韵作诗。

《有正味斋诗集》卷五《毛雨香舍人凤仪僦居王文简公古藤旧庐，招同李味庄廷敬、王紫宇春煦、何南陔循、胡淇崖荣、陈伯恭诸同年小集，仍用前韵》。按，此诗与前一作《正月五日，耦堂侍御留同张鄂楼彤小饮宝石斋，顾苇田比部震继至，同用耦堂男字韵》，俱押下平十三覃韵之"蓝、南、三、男、蚕"五字。是知此日之会，紧承正月五日之会。

毛凤仪，雨香，乾隆四十年进士。生平俟考。

王春煦，字紫宇，号冶山。娄县人。乾隆四十年进士，改庶吉士，授编修。官宜昌知府等。著有《延青斋诗钞》等。

何循，字质厚，号南陔。顺天人。乾隆四十年进士，授编修，因得罪掌院大学士和珅，辞官归里。著有《南辕诗草》等。

胡荣，淇崖。乾隆四十年进士。生平俟考。

正月十九日，孙士毅中丞招集寓斋，锡麒和其罍字诗韵。

《有正味斋诗集》卷五《燕九日孙补山中丞士毅招集寓斋即和其罍字诗韵》。

燕九，即燕九节。旧俗在正月十九日丘处机诞辰日，举行灯火烟花杂技表演等，以示庆祝。

孙士毅(1720—1796)，字智冶，一字补山，仁和人。乾隆二十六年进士。官至四川、两广总督、军机大臣。谥文靖。著有《百一山房集》。事具《清史稿》卷三三〇。

三月，会试，任同考官，分校礼闱。时屈砚林为庶常，两人相知甚深。

《有正味斋词续集》卷一《百字谣》序云："题屈韬园《梦草图》。盖为其兄砚林仪部作也。砚林为辛丑庶常，时余被命分校，故相知甚深。"

屈砚林，生平俟考。

会试，沈赤然报罢。在京候选任官。有诗寄锡麒。

《五研斋诗钞》卷五《试吏畿辅寄吴縠人编修》(辛丑)。

沈赤然《自编年谱》："(四十六年辛丑)试文复为考官误断文句见遗。会榜后拣选天下举人之堪为吏者，因得随牒圻辅。"

闰五月前，应张埙之请，为《钟馗嫁妹图》题诗。

《有正味斋诗集》卷五《张瘦铜属题钱秀才画〈钟馗嫁妹图〉》。

张埙《竹叶庵文集》卷十七(庚子八月迄辛丑闰五月)《午日，观钱秀才画〈钟馗嫁妹图〉》。该诗前有《新年四日谢赐石榴福橘》等辛丑之作，故系于本年，且在闰五月前。

闰五月前，作诗《杜文贞公遗像》。

《有正味斋诗集》卷五《杜文贞公遗像》。

张埙《竹叶庵文集》卷十七(庚子八月迄辛丑闰五月)《杜文贞公遗像》。

闰五月五日，程晋芳招同张埙、翁方纲、蒋士铨、曹仁虎、吴蔚光小集三长物斋。

张埙《竹叶庵文集》卷十七（庚子八月迄辛丑闰五月）有《闰五月五日，程鱼门校理招同翁覃溪洗马、蒋心余、吴榖人编修、曹习庵中允、吴竹桥礼部小集三长物斋，得重字》。

曹仁虎（1731—1787），字来殷，号习庵，嘉定人。乾隆二十八年进士。与王鸣盛、钱大昕等唱和，号"吴中七子"。著有《宛委山房集》《秦中杂稿》等。

夏，和张埙《听蛙》《积雨》诗。

《有正味斋诗集》卷五《听蛙和瘦铜》《和瘦铜积雨十二韵》。

张埙《竹叶庵文集》卷十八（辛丑六月迄十二月）《积雨，偶书数句，无甚佳思，与钱秀才遣闷》。查张埙集本卷，未见《听蛙》诗。

夏，沈赤然次女字吴锡麒第四子。

沈赤然《自编年谱》："（四十六年辛丑）次女字杭城乙未进士国子监祭酒吴锡麒第四子。"

十月，移居蒲褐山房，即赵天羽寄园故址。锡麒斋名梦烟舫。有诗感怀。

《有正味斋诗集》卷六《辛丑十月移居蒲褐山房即赵天羽给谏寄园故址》："我本识字耕田夫，一椽家住钱塘湖。自从释褐注朝籍，破屋久向长安租。一年官俸抵不得，打门那免人追呼。中庭更无草木映，如人面目先焦枯。昨晨过客为我说，有屋乃在城西隅。寄园名字耳所熟，况复价减千青蚨。天寒手指冻欲裂，移家连日忙妻孥。莫谓先生家具无，有酒在瓮书在橱。……先生自喜道不孤，检书插架酒注壶。饮酣一吸尽江海，歌罢万籁调笙竽。人生大抵如寄耳，能寄所寄唯吾徒。"

蒋士铨、张埙与锡麒同日移居。翁方纲有诗纪之。

《复初斋诗集》卷二四（辛丑闰五月至壬寅三月）有《心余、榖人、瘦同同日移居三首》，注云："榖人斋名梦烟舫。"

张埙《竹叶庵文集》卷十八(辛丑六月迄十二月)有《移居烂面胡同,同人各有贺诗,依韵奉答,并无伦次,四首》。

移居以来同人多以诗酒相招。有诗感怀。

《有正味斋诗集》卷六《移居以来同人多以诗酒相招醉后成篇仍用前韵》:"先生自笑长物无,炊烟不起尘满厨。……阳春有脚无不到,蛰虫何日能昭苏。旁人莫谓意太孤,万事已如冰在壶。旁人莫谓宦太冷,一官已任风吹竽。诗坛一席置狂客,燕市五载称酒徒。得庐吾自爱所爱,避热谁信愚非愚。平生旧业相料理,短榻尚有青毡铺。菜根咬得滋味足,岂要顿顿思蓴鲈。"

施学濂和锡麒《辛丑十月移居蒲褐山房》诗二首,出以见示,锡麒仍叠前韵奉酬。

《有正味斋诗集》卷六《施耦堂侍御和余移居寄园诗二首,雪中枉存,出以见示,仍叠前韵奉报》:"吾侪例作文字饮,却令妻子嘲迂儒。醉来健句一倾泻,落墨漫笑涂鸦污。……邀君更复为白战,此诣便合追髯苏。君来我不愁羁孤,我到君能具榼壶。豪情相与谐竞病,俗耳那足知钟竽。插身本在冠盖里,得暇便是烟霞徒。平生自笑有吟癖,世人何苦为钱愚。"

十二月十九日,东坡生日,锡麒与诸同人集翁方纲苏斋,谒坡公像,同用《斜川集》中《大人生日》韵作诗。

赵怀玉《亦有生斋集》诗卷七《辛丑十二月,同人集翁洗马方纲苏斋,是日为东坡生日,用〈斜川集〉大人生日韵五首》。

《有正味斋诗集》卷六《东坡先生生日,覃溪学士招同人谒公像于苏斋,用小坡〈斜川集〉中大人生日韵五首》。

冬,与翁方纲游长椿寺,同赋长歌。

吴锡麒《还京日记》(上)癸丑十二月初八:"过长椿寺礼佛。……余辛丑冬,与翁覃溪阁学游此,曾同赋长歌。"

《有正味斋诗集》卷六有《长椿寺渗金多宝塔歌》。

《复初斋诗集》卷二四(辛丑闰五月至壬寅三月)有《长椿寺渗

金塔歌》。

十一月七日后，大雪，用东坡《聚星堂雪》诗韵作诗。

《有正味斋诗集》卷六《至后大雪用东坡聚星堂雪诗韵》。查本年冬至系十一月初七日。

雪后，雾凇大作连日不止，叠前韵作诗。

《有正味斋诗集》卷六《雪后雾凇大作连日不止叠前韵》。

是岁，题诗宋文天祥遗像。

《有正味斋诗集》卷五《宋文丞相遗像二十韵(有天启元年五月周忠介公题名)》。

张埙《竹叶庵文集》卷十八(辛丑六月迄十二月)有《宋文丞相遗像二十韵(有天启元年五月周忠介公题名)》。

是岁，赵怀玉在内阁为官，与翁方纲、朱筠、程晋芳、张埙、吴锡麒等时相过从。

赵怀玉《收庵居士自叙年谱略》(卷上)："(四十六年辛丑)三月，应礼部试，榜发，备而未荐。然文宴之乐，颇不寂寞。如翁洗马方纲、朱学士筠、程编修晋芳、管编修幹珍、……吴编修锡麒尤时时过从，每有诗会，则集洗马苏斋，余与张舍人、吴编修必预焉。"赵怀玉，详交游考。

朱筠(1729—1781)，字竹君，号笥河，顺天大兴人。乾隆十九年进士。官至翰林院侍读。任安徽、福建学政。著有《笥河文集》《笥河诗集》等。事具《清史列传》卷六八等。

是年作诗尚有《谢文节桥亭卜卦砚歌》《采莲曲》《夜霁次梦堂先生韵》(《有正味斋诗集》卷五《翰苑集上》)；《佛手柑十六韵同于健园同年作》《归鸦》《题裕轩学士图鞈布蔬绕亭》《题吴仲圭墨竹》等(《有正味斋诗集》卷六《翰苑集下》)。

乾隆四十七年　壬寅(1782)　三十七岁

本年在京，仍僦居寄园。

正月十五日，夜雪，施学濂招同陈鸿宝饮，有诗。

《有正味斋诗集》卷六《元夜值雪耦堂招饮同陈宝所给谏作》："传柑好会践君招，弦管无声雪乱飘。玉宇人间疑月地，银花天上作灯宵。得来冷淡诗逾健，助以光明烛对烧。一事尊前抛不得，新年梅信段家桥。"

春，同师祝德麟于法源寺、崇效寺看花。

祝德麟《悦亲楼诗集》卷一二(壬寅)有《同穀人法源、崇效二寺看花六首》。

祝德麟(1742—1798)，字止堂(一作趾堂)，号芷塘(一作芷堂)，海宁人。乾隆二十八年进士。授编修，官至提督陕西学政，升湖广道监察御史，掌礼科给事中。乾隆五十五年，以言事不合黜归，主讲云间书院。著有《悦亲楼诗集》等。吴锡麒为序。事见《国朝耆献类征初编》卷一三七。

吴锡麒《祝止堂先生接叶亭图序》云："麒附师门，未遑入室。"(《有正味斋骈体文》卷九)《祝止堂先生诗集序》云："锡麒以子夏之门人，侍暮春之末坐，旧传师钵……门人吴锡麒谨序。"(《有正味斋骈体文》卷三)是知锡麒为祝德麟门生。

春，同师祝德麟集施学濂宝石斋，食西施乳。祝德麟有五古一章，锡麒次其韵。

祝德麟《悦亲楼诗集》卷一二(壬寅)有《耦堂席上食西施乳》。

《有正味斋诗集》卷十二《西施乳十六韵邀胡城东同作》："砚北怀前咏，江南有后期。"自注："忆壬寅，同祝芷堂先生集施耦堂给谏宝石斋，食西施乳，芷堂先生有五古一章，余次其韵。"然锡麒次韵之作未见本集。又，西施乳，即河豚白。河豚在春日极为肥美。又，祝德麟该诗紧承《同穀人法源、崇效二寺看花六首》，故将此会系于春日。

六月二十四日，英廉作《喜雨》诗。锡麒、程晋芳等和之。

法式善《梧门诗话》卷一："壬寅六月廿四日，夜雨。英梦堂相国宿直庐，作《喜雨》诗，嘱词馆诸君和韵，一时如程鱼门、平宽夫、李松云、吴榖人皆有诗。"按，锡麒和诗不见于本集。

夏，仲弟锡麟来京探视，为兄绘《移居图》。

《有正味斋骈体文》卷九《箬村弟萍迹图序》："壬寅之岁，余僦居寄园。讶尺鲤之未通，倏蹇驴之已至。惊疑乍定，乃识形容。抑塞难言，徒伤老大。"

《有正味斋诗集》卷七《舟过嘉兴，方筠亭同年留宿郡斋，与舍弟锡麟夜话述五百言》："忆予壬寅夏，视余于京都。梧桐新月间，为写《移居图》。"

锡麟护送锡麒妻杨氏和子女归杭。自戊戌夏，杨氏奉翁姑之命来京佐侍晨昏已及五载。因生计所迫，"官益贫，食恒不给"，杨氏携子女归杭。锡麒有长诗志别。

《有正味斋诗集》卷六《遣妻子南归志别六十韵》："仕宦中年近，长安老屋租。……自笑生涯拙，终难涸辙苏。……移家刚昨岁，僦宅卜幽隅。……重以庭闱远，兼须杖履扶。望云思故里，窃禄愧皇都。"

《有正味斋诗集》卷七《舟过嘉兴方筠亭同年留宿郡斋与舍弟锡麟夜话述五百言》："忆予壬寅夏，视余于京都。……谓将数晨夕，乃复托妻孥。峨峨粮艘发，一母将众雏。子也送归去，我留形影孤。"

《有正味斋文集》（钞本）卷墓铭四《亡妻杨恭人行略》："迨余成进士，官翰林，余父虑余之不能家也，令其来京师佐余居五年。官益贫，日食不给。因谓余曰：'吾诚累君，然君奉职朝廷，分应尔。吾舍尊章三千里外，而徒无益于君，曷若归以事吾所当事者乎。'遂挟子女附粮艘以返，实亦出于不得已也。"

乾隆四十八年　癸卯(1783)　三十八岁

四月二十五日,黄景仁卒,年三十五。

洪亮吉《卷施阁文甲集》卷十《候选县丞附监生黄君行状》:"乾隆四十八年,岁在癸卯,黄君景仁以瘵疾卒于解州。"

春,与程晋芳、张埙、宋葆淳等集翁方纲苏斋,谒坡公像,赋诗。

翁方纲《复初斋诗集》卷二六(癸卯正月至八月)《颜衡斋学博于泰兴季氏购得明万历己未朱兰嵎侍郎为张钟山学使临李龙眠〈东坡笠屐图〉,属未谷跋其后,以赠方纲。今春,〈苏诗补注〉新刻成,而适得是图,谨于苏斋预举今年腊月十九之集,邀鱼门、瘦同、衡斋、穀人、芝山、仲子拜像赋诗》。

张埙《竹叶庵文集》卷二十(壬寅五月迄癸卯七月)《覃溪刻〈苏诗补注〉成,以诗志喜,属为和韵》。

南京图书馆藏清刻本《有正味斋集》(十六卷)卷五有诗《覃溪学士〈苏诗补注〉成,绘〈东坡笠屐像〉致祭于苏斋,邀同人赋诗》。据翁、张之诗可知吴诗作于是时。

八月,乾隆帝第四次赴盛京谒祖陵,锡麒有赋纪之。

《有正味斋骈体文》卷一《圣驾四诣盛京恭谒祖陵赋》小序:"皇上御极之四十有八年秋八月,车驾自滦阳启涂,诣兴京恭谒祖陵,礼也。"

是岁,桂馥自济南以所得"醉乡侯"铜印寄赠,有诗致谢。

《复初斋诗集》卷二六《未谷得"醉乡侯"旧铜印寄予,云以赠谷人。予因约鱼门、瘦同先为诗调之二首》。

《有正味斋诗集》卷六《桂未谷司训自济南以所得"醉乡侯"旧铜印寄赠赋此奉谢》。

张毅巍《桂馥年谱》(第39页)。

是岁,与凌廷堪定交。时凌廷堪客游京都,为翁方纲入室弟子。

张其锦《凌次仲先生年谱》:"(四十八年癸卯)客京都。……自壬寅入都以后，名公巨卿通儒雅士，时在都中者如……钱塘吴榖人编修锡麒……诸君悉爱重纳交。”

凌廷堪(1755—1809)，字次仲、仲子，歙县人。乾隆五十五年会试中式，五十八年补殿试，赐同进士出身。官宁国府学教授。著有《校礼堂文集》《梅边吹笛谱》《礼经释例》等。事具《清史列传》卷六八、《清史稿》卷四八七等。

是岁，作诗《题王文简公载书图四首》。

《有正味斋诗集》卷六《题王文简公载书图四首》。

张埙《竹叶庵文集》卷二十一(癸卯八月迄十二月)《题王文简公载书图五首》。

王文简公，即王士禛(1634—1711)，字子真，一字贻上，号阮亭，又号渔洋山人。山东新城人。顺治十五年进士。官至刑部尚书。继钱谦益之后主盟诗坛，与朱彝尊并称“南朱北王”。诗论倡“神韵说”。著有《池北偶谈》《古夫于亭杂录》《香祖笔记》等。

乾隆四十九年　甲辰(1784)　三十九岁

乾隆帝第六次南巡。正月二十一日起跸，四月二十三日回銮。历时121天。

本年在京。三月，会试，任同考官，有《礼闱分校即事》之作。

法式善《清秘述闻三种》卷十六：“乾隆四十九年甲辰科会试，编修吴锡麒，字圣征，浙江钱塘人，乙未进士。”

《有正味斋诗集》卷六《礼闱分校即事五首》其一有句“江南春共诏书来”，自注：“时皇上南巡，典试之命由江南至。”其四：“姓名谁称碧纱笼，无限凄凉爨下桐。食叶声消呜咽里，落花风紧梦魂中。媒劳枉费氤氲使，情断俄成亡是公。我亦者般滋味熟，肯教轻易葬残红?”

六月前，程晋芳出京。锡麒题洪范绘《艺梅种竹图》，送程晋芳卜居江宁。又题宋葆淳绘《艺梅种竹第二图》，再送之。

《有正味斋诗集》卷六《题洪上舍范画〈艺梅种竹图〉送程鱼门编修卜居江宁》《宋芝山孝廉画〈艺梅种竹第二图〉再送鱼门》。

张埙《竹叶庵文集》卷二十二(甲辰正月迄五月)《题洪上舍范画〈种梅艺竹图〉送程鱼门编修卜居江宁次韵二首》《宋孝廉葆淳画〈种梅艺竹第二图〉再送鱼门,末章兼讯袁子才翰林二首》。

冬,蒋士铨六十大寿,锡麒、翁方纲、张埙等有诗祝寿。

《复初斋诗集》卷三十(甲辰十一月至乙巳五月)《寄蒋心余六十寿二首,同瘦同、縠人同赋》。锡麒诗不见本集。蒋士铨是年六十岁。

冬,翁方纲有诗见呈。

《复初斋诗集》卷三十(甲辰十一月至乙巳五月)《瘦同捡示心余旧作,次韵题后,兼呈縠人》。

冬,雪,与翁方纲、张埙等集接叶亭,分韵赋诗。

《复初斋诗集》卷三十(甲辰十一月至乙巳五月)《雪中,王若农招同芝田、縠人、瘦同集接叶亭,得初字,即送若农之官桂林》。

冬,两淮鹾使全德请赵翼主安定书院讲席。

冬末,将乞假南归,填词《消息》遥寄故乡知好。

《有正味斋词集》卷二《消息》序云:"甲辰冬杪,余将乞假南归,赋寄故乡知好。"有"相思试问,故园梅发,谁在笛边回首,只今夜,先惹归心,莫教拖逗"之语。

是岁,闻程晋芳卒于毕沅署中,有诗志恸。

《有正味斋诗集》卷六《鱼门将由陕西而南病卒于秋帆中丞署中赋诗志痛三首》。

程晋芳《勉行堂诗集》卷首翁方纲《程君墓志铭》:"卒于乾隆四十九年六月二十一日,享年六十有七。"

是岁,甘肃新教回人田五等起义,有诗纪事。

按,《有正味斋诗集》卷六有《纪事三首》,据其内容可定于本年所作。其一云:“羽檄洮河一骑飞,欃枪西望角辉辉。不防回纥私寻衅,闻道皋兰正合围。官吏几人犹晓梦,君王连日已宵衣。最怜通渭城边路,野草深埋碧血肥(谓前威远令李南晖父子死贼事)。”

是岁,为赵怀玉题《春湖晴泛图》。

《有正味斋诗集》卷六《题赵味辛舍人怀玉〈春湖晴泛图〉三首》。

是岁,有诗《宋孝宗书纨扇真迹》。

《有正味斋诗集》卷六《宋孝宗书纨扇真迹》。

张埙《竹叶庵文集》卷二十三(甲辰六月迄十二月)有《宋孝宗书纨扇真迹》。

是岁,施学濂卒,有诗哭之。

《有正味斋诗集》卷六《哭施耦堂给谏二首》。

张埙《竹叶庵文集》卷二十三(甲辰六月迄十二月)有《施耦堂给事同年以咏燕诗索和,留之箧中两年,未报也。顷悲罽逝,其子尚幼,检得此卷,和其乳燕韵二首,以偿夙诺,亦当挽歌》。

是岁作诗尚有《题黄仲则遗诗后》《程松门画渔洋先生夫于亭第二图桂未谷自山左寄京师索题》等(《有正味斋诗集》卷六《翰苑集下》)。

乾隆五十年　乙巳(1785)　四十岁

正月,锡麒乞假归杭,翁方纲有诗送行。

《复初斋诗集》卷三十(甲辰十一月至乙巳五月)《送縠人假归杭州二首》(乙巳),详交游考。按,据翁方纲诗集体例编年,此诗当作于是年正月间。诗集前此第二篇为《元日(以下乙巳)》;后此第三篇为《十五日》,即乙巳正月十五日作。

乞假归省,迂道经冀州,经刘备故里直隶涿州楼桑村,有诗。

《有正味斋诗集》卷七《暂假集》有《楼桑村》:“寂寂楼桑黯落曛,迢迢古径冱寒云。至今草木通灵气,终古英雄属使君。羽葆神风归万里，草庐天意识三分。臣家八百成都树，只少荒村后世闻。”

按，乙巳(1785)年初锡麒乞假归省，约于本年末又返抵京师，期间作诗收入《有正味斋诗集》卷七，题曰《暂假集》。

纡道冀北，过南宫访时任知县的沈赤然，相与话旧，追念旧游零落，不胜怃然。时有长诗寄怀。

《五研斋诗钞》卷六《吴縠人编修乞假归省，迂道过南宫衔斋，衔杯话旧，追念里门交游零落，不胜怃然，成六绝句》(乙巳)。

《有正味斋诗集》卷七《南宫访沈梅村酒间话旧四十韵》：“风雪心寥落，江湖影滞迷。纡途经冀北，访友又天西。……故人半猿鹤，新冢几棠梨(竹城、鹤林相继殂谢云)。”

时赤然以《归田约》见示，二人遂订归田西溪之约。锡麒填词《八归》为异日之证。

《有正味斋词集》卷二《八归》序：“沈梅村令南宫，余迂道往访，天寒命酒，追述余两人少年事。因出《归田约》示余，西溪数椽，栖映梅竹，烟山之契，渺渺兮余怀也。赋此为异日证。”

按，是岁，锡麒曾梦骑牛行步野外，遂作《赤脚骑牛图》。锡麒过访时，赤然为题此图。见《五研斋诗钞》卷六《题吴縠人赤脚骑牛图》(乙巳)，详交游考。

途经滹沱河畔的饶阳，地有麦饭亭，昔云光武帝渡滹沱河处，有诗。

《有正味斋诗集》卷七《光武庙》：“莽莽神旗外，滹沱落日寒。冰澌流古渡，麦饭供祠官。雷雨昆阳阵，星辰上将坛。千秋精魄在，龙气夜深蟠。”

仲春，途经山东，游大明湖。

吴锡麒《南归记》载：“(大明湖)余乙巳来游，时值仲春。”

由山东南下，经宿迁，时桃花盛开，有诗。

《有正味斋诗集》卷七《宿迁见桃花盛开二首》(其二)：“司家桥口锦成围，可惜花时我未归。便到落花归亦好，孩儿蛏长鳜鱼肥。”

三月三日，上巳，过秦邮，有诗。

《有正味斋诗集》卷七《上巳日过秦邮作》。

同月，途经扬州，游春。有诗、词。

《有正味斋词集》卷八《满江红》序云："乙巳暮春，重过扬州作。"

《有正味斋诗集》卷七《扬州春游绝句二首》其一："十年重觅玉人箫，九曲阑前一舻摇。花底灯船花上月，泥人光景是红桥。"其二："衣香人影动相思，司李扬州绝句诗。莫向明湖赋秋柳，人生最好冶春时。"

同月，渡扬子江，有诗。

《有正味斋诗集》卷七《渡江》："东风分与一帆春，照影俄惊老大身。瓜步十年冲雪路，杨花三月渡江人。鱼龙烟水看逾阔，金碧云山画转新。欲问真源消息近，乘涛直上即昆岷。"

途经毗陵，过访赵怀玉，同游东坡舣舟亭、洗砚池，有诗。

《有正味斋诗集》卷七《过毗陵访赵味辛舍人，偕游坡公舣舟亭，并访洗砚池遗迹，得诗二首》（其一）："东坡飞仙人，万里弄云碧。毗陵几时归，一叶落踪迹。此舟本不系，此亭犹是昔。花香草亦香，水白鸥更白。我来访我友，亦作卸帆客。思公六百年，去梦无咫尺。"

途经无锡，舟中望慧山，有诗。

《有正味斋诗集》卷七《无锡舟中望慧山》。

晚春，至姑苏，游虎丘。有诗。

《有正味斋诗集》卷七《姑苏晚泊》："吴语飞来耳畔徐，晚春时节到姑胥。渔夫约我夜同梦，津吏笑人船载书。酒幔茶樯花落后，篷声灯晕雨来初。清钟一杵今宵听，几个寒山忆旧庐。"是知晚春时节到达姑苏。

《有正味斋诗集》卷七《虎丘三首》（其一）："虎气消沉鹤市荒，

东风容易客回肠。真娘墓上年年柳，画了春愁画夕阳。”

由苏州返杭，途经石湖、南湖、石门。有诗。

《有正味斋诗集》卷七《舟晚望石湖诸山》《泛舟入南湖行支港中颇极幽趣》《石门舟中》。

四月初，抵达钱塘舍中，有长诗纪事。

《有正味斋诗集》卷七《抵舍后作》：“昨歌游子吟，今喜游子归。陋巷满芳草，蝴蝶团团飞。莺花过三月，似昔离乡时。但看门前柳，长大今几围。入门感衰落，居有他人移。我居极西偏，老圃荒不治。投家不相识，欲进翻迟疑。家人出窥客，略能识容仪。十载望云心，不暇语其私。上堂拜父母，惭愧禄养违。阳和动謦欬，被我皆春晖。谓我在京华，一日不再炊。剧怜瘦腰领，顾见长须髭。虚名误南北，笑彼斗与箕。安得十亩秫，酿作春酒醨。……鱼慕江湖乐，雁思稻粱依。负米倘可能，百里吾何疲。”

四月，登吴山，有诗。

《有正味斋诗集》卷七《登吴山》有句“竹雨青浮四月寒”。故系于四月。

游西湖竹素园，观鹤，同黄模、何琪、姚思勤、项朝棻、倪印元等分韵赋诗。

《有正味斋诗集》卷七《竹素园观鹤，同黄相圃、何春渚、姚春漪、项莲峰、徐也陶、倪小迂分韵，得七字》。

夏秋之交，泊芦港。有诗。

《有正味斋诗集》卷七《晚泊芦港》，有云：“晚蝉自为语，浩荡秋在枝。清我烦暑襟，未远空谷期。”故系于夏秋之交。

松江待潮，有诗。

《有正味斋诗集》卷七《松江待潮》。

游泖湖，有诗。

《有正味斋诗集》卷七《泖湖曲二首》。

怀友张宝镕。有诗。

《有正味斋诗集》卷七《忆张花农宝镕》:“柴门流水间,鸥迹纷无数。晚潮人不来,烟没淀山树。”

六月初,舟过嘉兴,同年方林留宿郡斋。时弟锡麟馆于此,昆仲夜话达旦,有诗纪事。

《有正味斋诗集》卷七《舟过嘉兴方筠亭同年林留宿郡斋与舍弟锡麟夜话述五百言》云:“冠盖触炎暑,行行六月初。江山笑张翰,辛苦求莼鲈。长水子所馆,约我停青舻。翩然谋食鸟,来作同队鱼。主人贤太守,投刺逆半途。”按,长水系嘉兴境内古县名,此为嘉兴代称。

方林,筠亭,生平俟考。

同月,寓嘉兴郡斋时,曹秉钧、吴少陉邀同游城东幻居庵。寺僧出观《华严墨海》,乞题,锡麒为作长歌。

《有正味斋诗集》卷七《幻居庵观华严墨海歌》序云:“幻居庵在嘉兴城东,中峰和尚道场也。所藏《大方广佛华严经》,乃明末青镇宝阁僧道琳、祖芳乞苏、松、嘉、湖四郡名流所书。始于万历壬子,迄于崇祯壬午。书成,函于阁,题曰《华严墨海》,后归幻居庵。……乾隆乙巳六月,余寓嘉兴郡斋,曹种梅秉钧、家少陉旼邀余过游。寺僧出观……因请题诗,乃作长歌纪之。”

曹秉钧有《偕吴榖人太史幻居庵观明人手书华严墨海》(《湖海诗传》卷三八)。

曹秉钧,字仲梅,一字种梅,嘉兴人。贡生,官山阴教谕。著有《藤花老屋诗钞》。

吴少陉,生平不详。

夏,始识胡葑塘于项墉半舫。

《有正味斋骈体文》卷四《胡葑塘古欢堂存稿序》:“忆乙巳夏,余始识葑塘于项秋子半舫。”胡葑塘,名涛。生平俟考。

项墉,字金门,号秋子,钱塘人。贡生,候选同知。著有《春及草堂诗集》。事见《民国杭州府志》卷一四六。吴锡麒有《答项秋子书》(《有正味斋骈体文》卷十七)、《寄贺项秋子生子即次来韵》(《有正味斋诗集》卷八)等作。

与奚冈会于项墉寿花轩,会必有诗。

奚冈《冬花庵烬余稿》卷首吴锡麒序云:"余忆乙巳假归,尝与君会于项秋子寿花轩,会必有诗,今已无复存者,其逸去不知凡几。"

奚冈(1746—1803),字纯章,一字铁生,号蒙泉外史,黟县人,流寓钱塘。有《冬花庵烬余稿》三卷,秦瀛、吴锡麒为序。

七月初三,立秋,泛舟嘉兴,游东塔寺。寺为朱买臣故宅,其墓在焉,主僧出观元雪庵和尚书《八大人觉经》墨迹。遂饭于松月堂,午后微雨,掉舟入南湖,登烟雨楼,与诸同年宴集。有诗纪事。

《有正味斋诗集》卷七有《立秋日在嘉兴,泛舟游东塔寺,寺为朱买臣故宅,其墓在焉,主僧出观元雪庵和尚书〈八大人觉经〉墨迹,遂饭于松月堂,午后微雨,掉舟入南湖,登烟雨楼,与诸同年宴集,得诗五首》。查本年立秋系七月初三日。

秋,过嘉兴桐乡乌镇,值雨,有诗。

《有正味斋诗集》卷七《晓过乌戍值雨》:"平生苦逐车马迹,得意且图蓑笠趣。西溪山水胜更多,买田终拟移家住。"

秋,观采菱。有诗。

《有正味斋诗集》卷七《观采菱》:"菱女茴香髻,菱童鸭嘴舟。菱歌何处唱,菱叶可怜秋。斜照共人远,碧云如水流。西风容易晚,凉杀几沙鸥。"

秋,新市道中,有诗。

《有正味斋诗集》卷七《新市道中》:"捞虾渡口水风凉,菱角才肥酒味长。醉我不知秋色早,乱蝉声里过斜阳。"新市即德清之新市镇。

八月十五日，中秋，有诗感怀。

《有正味斋诗集》卷七《中秋作》："纤云净扫碧天宽，秋气横生白露寒。昨日花先高阁放，今年月在故园看。琼楼玉宇虚空接，银烛清尊老幼团。酒侣长安应不少，几人念我起凭栏。"

秋，游翁家山、满觉陇，赏桂，游法相寺、留余山居，均有诗。

《有正味斋诗集》卷七《翁家山道中》《满觉垅观桂》《法相寺》《留余山居》。

十月初五，项墉招同胡葑塘、何琪、奚冈、孙晋宁、项朝棻、魏成宪等寿花轩，为锡麒还京师饯行。

《有正味斋诗集》卷七有《立冬前一日，项秋子招同胡葑塘涛、何春渚、奚铁生冈、孙半峰晋宁、曹云巢光黼、项莲峰、魏春松成宪集寿花轩饯余还京师，即席分韵》。查乙巳立冬，系十月初六。

何琪，字东甫，号春渚，又号南湾渔叟、二介居士、湘砚生。钱塘布衣。著有《小山居诗稿》等。事具《晚晴簃诗汇》卷九七、潘衍桐《两浙辅轩续录》。

孙晋宁，字在鉴，号半峰。钱塘人。乾隆五十三年举人。工书。(《杭郡诗三辑》)

魏成宪(1756—1831)，字宝臣，号春松、仁庵，钱塘人。乾隆四十九年进士。官扬州知府、山东道观察御史等。著有《清爱堂集》。事见其自订、子谦晋等补订《仁庵自记年谱》。吴锡麒有《魏春松比部秋帘小草序》(《有正味斋骈体文》卷五)、《题魏春松比部成宪溪山二隐图》(《有正味斋诗集》卷十)、《题魏春松官舫侍膳图并序》(《有正味斋诗集》卷十三)等作。

十月，次湖州西林村祖居。有诗感怀。

《有正味斋诗集》卷七《湖州西林村祖居感赋二首》。该诗紧承《立冬前一日，项秋子招同胡葑塘涛、何春渚、奚铁生冈、孙半峰晋宁、曹云巢光黼、项莲峰、魏春松成宪集寿花轩饯余还京师，即席分韵》(作于十月初五)。后第三作系《吴淞道中二首》(作于十月)。

是知赴湖州西林祖居当在十月。

同月，泊白莲寺，有诗。

《有正味斋诗集》卷七《泊白莲寺黄叶下》。白莲寺，在嘉兴桐乡乌镇。

同月，松江访汪秋白大经，时汪已之钱塘，留诗志别。

《有正味斋诗集》卷七《松江访汪秋白大经，时已之钱塘，留诗志别》。

同月，在吴淞道中。有诗。

《有正味斋诗集》卷七《吴淞道中二首》有句："重到吴淞路，清霜十月中。"是知系十月所作。

舟至吴阊，值沈世炜仪曹灵柩还南，慰问诸孤，泫然赋诗。

《有正味斋诗集》卷七《舟至吴阊，值沈南雷仪曹世炜灵柩还南，慰问诸孤，泫然赋此》。

沈世炜(1732—?)，字吉甫，号南雷、沈楼。仁和人。乾隆三十一年进士，官刑部员外郎。著有《澹俱斋诗集》。

过金陵随园，访袁枚。

袁枚《续同人集》"过访类"有吴锡麒撰《乙巳冬过随园奉访简斋前辈》。此诗不见于吴锡麒本集。详参附录"吴锡麒集外诗词文辑佚"。

袁枚(1716—1797)，字子才，号简斋，晚号仓山居士，随园主人。钱塘人。乾隆四年进士，授庶吉士。曾任江宁、上元等地知县。著有《小仓山房诗文集》《随园诗话》等三十余种。

游金陵摄山栖霞寺。有诗。

《有正味斋诗集》卷七《游摄山栖霞寺》。

经邗江，舟发邗上二里许，河路挤塞，遂起岸。至邵伯埭，买芦蓬船而行。

《有正味斋诗集》卷七《舟发邗上二里许，河路挤塞，遂起岸至邵伯埭买芦篷船而行》，前此锡麒由杭经湖州祖居、嘉兴乌镇白莲寺、松江、吴淞道中、吴阊至金陵，诸纪行诗当作于由浙返京途中。其时绕道金陵拜访袁枚，且有栖霞之游。随后又取道邗江，经淮安、山东、直隶，回京。

经淮阴鱼沟，值大风。有诗。

《有正味斋诗集》卷七《鱼沟大风》。鱼沟，在今淮阴鱼沟镇。

经山东峄山，值霰。

《有正味斋诗集》卷七《峄阳值霰颇有雪意》。峄山，位于今邹城市城东南十公里处。

回京途中，有《旅述八首》，感念民生家事，寄怀幽深。

《有正味斋诗集》卷七《旅述八首》其一："入洛素为缁，逾淮橘化枳。哲人观其微，君子葆厥始。十年桂玉炊，辛苦长安市。乞归赋采兰，力不赡甘旨。语冰未知寒，身负夏虫耻。骎骎岁序晚，忽忽去乡里。瓦灯摇一穗，梦短茅店里。辗转视衾影，百念端可已。父母勖我辞，曰敬此心矣。"

其四："蒿目不可望，中心忽如惔。今年旱太甚，赤地连东南。淮徐青兖交，民困尤不堪。榆柳无完皮，炊糜为之甘。小弱弃可怜，流亡半丁男。肌骸委道路，掩袂驱我骖。相逢长民吏，恻恻陈再三。桑女守空筐，坐视饥死蚕。咄哉书生愿，人云老生谈。"

其六："缊袍已不暖，苦念他人寒。骨肉远千里，徒为道旁叹。家贫四壁立，一味留儒酸。区区反哺心，泪咽游子餐。梦中返故乡，妻孥惨不欢。醒来驴背上，树卷风声干。路长不能短，带急不可宽。山川郁莽苍，四顾愁无端。何人望北斗，中夜凭阑干。"

其八："种秫七百石，栽桑八百株。此事非易办，矧敢问有余。尝与沈侯论，但请营一区。有竹蔬可笋，有池肴可鱼。二者吾所欲，斟酌良不疏。我今困儒官，苦乏升斗储。君亦作宰去，每食怀田庐。松根郁霜雪，菰米漂江湖。出处有前定，本末无异趋。一勉加餐饭，再勉慎起居。"

至直隶保定赵北口。有诗。

《有正味斋诗集》卷七《晚至赵北口宿》:"半迷衰柳半寒葭,一路平桥接望遐。冻浦星低鱼罟静,坏檐风峭酒旗斜。井蛙局缩人徒闹,泽雁零丁我正嗟。梦醒天涯还泪落,不知何处响琵琶。"

是年作诗尚有《白画眉汪雪礓畣索赋》《刺菱六韵》《项秋子墉招集半舫喜雨分韵得迎字》《庭桂始得消息》《酬黄含山道士鹤见访不值》《秋江独钓图》《题管平原〈柳塘渔隐图〉》(《有正味斋诗集》卷七《暂假集》)。

乾隆五十一年　丙午(1786)　四十一岁

正月二十八日,孪生子吴清皋、吴清鹏降生。

朱彭寿《清代人物大事纪年》。

吴清皋、吴清鹏,详家世考。

十一月五日,观陈王谟《兰亭》模本,有诗。

《有正味斋诗集》卷八《泥爪集》有《半村老人兰亭模本并序》:"老人姓陈,名王谟,字朗行,号半村,钱塘诸生。与先大父为僚婿。所居东园,饶水木之趣。工书法,逼近晋人。余幼时多仿写之。今老人下世且数载矣,令子熙台表叔焘与余同居长安,出示此卷,并索余作。展视一过,不禁泫然。时丙午十一月朔越四日。"

按,丙午(1786)锡麒在京,丁未(1787)奉旨赴热河校书,直至庚戌(1790)八月末乞假南还前,期间所作诗歌收入《有正味斋诗集》卷八,题曰《泥爪集》。其得名或取苏轼诗"泥上偶然留指爪"之意。

是岁,锡麒已由家返京。同年汪辉祖以谒选来京,唱酬颇乐。汪以所辑《双节堂诗文》示之,中收锡麒之作。又以《秋灯校字图》索序。稍后汪辉祖选官宁远,锡麒有诗送行。

《有正味斋骈体文》卷九《汪龙庄秋灯校字图序》:"(汪龙庄)丙午岁,谒选北来,相逢日下,花交旧袂,酒畅新欢,坐间以《秋灯校字图》示余。"

《有正味斋骈体文续集》卷八《汪龙庄同年诔》:“迨丙午始以谒选北上,乃得重联旧袂,兼示新编。……盖所编《双节堂诗文》裒已千家,填几三箧,余亦得殿贻彤之什,奏泛柏之章焉。既而授湖南永州府宁远县知县。”

《有正味斋诗集》卷八《送汪龙庄同年辉祖之官宁远》:“读书禀遗教,要就根本窥。一编活民书,乃是昔所治。鞭挞谁不能,惟当念疮痍。”

汪辉祖(1731—1807),字焕曾,号龙庄,萧山人。乾隆四十年进士,官宁远知县。著有《佐治药言》《廿四史同姓名录》《辽金三史同名录》《龙庄四六稿》《纪年草》《独吟草》等。事具《奉直大夫湖南宁远县知县加三级萧山汪君墓志铭》(《更生斋文续集》卷二)。

是岁,赵翼辞扬州安定书院讲席归。

乾隆五十二年　丁未(1787)　四十二岁

秋,作诗寄怀钱载、何琪、黄模、罗聘。

《有正味斋诗集》卷八《秋怀诗四首》。

按,汪朝勇《钱载诗歌研究》附录二“钱载年谱简编”以吴锡麒《秋怀诗》系于乾隆五十一年;张慧剑《明清江苏文人年表》(1241页)系于乾隆五十二年。依据锡麒诗集绝大部分诗作是按年代先后排列,该诗列于丁未冬奉命热河诸作之前,且位于作于丙午十一月的《半村老人兰亭模本并序》之后,推定该诗作于丁未秋。

冬,沈赤然由南宫改令丰润。

《五研斋文钞》卷六《丰润县画扇记》。

十月,奉命至热河检查《文津阁四库全书》。沿途均有诗纪事。

《有正味斋诗集》卷八有《奉命热河校书呈诸同人二首》其二:“击镫高吟敕勒歌,敝裘十月渡滦河。”

赴热河途中,行次清河,有诗。

《有正味斋诗集》卷八《晚次清河》《再宿清河旅舍次壁间韵》。

至密云白河涧，过南天门，有诗。

《有正味斋诗集》卷八《白河涧》《南天门》。

经古北口，群山秀峙，有诗。

《有正味斋诗集》卷八《古北外迤南一带群山秀峙松栝特盛》。

次喀喇河屯，赏月，有诗。

《有正味斋诗集》卷八《喀喇河屯对月》。

由马圈子至常山峪，有诗。

《有正味斋诗集》卷八《自马圈子至常山峪》。

经承德广仁岭，有诗。

《有正味斋诗集》卷八《广仁岭》。

滦河大雪，约潘毅堂(有为)、宋葆淳同作诗。

《有正味斋诗集》卷八《滦河大雪约潘毅堂舍人有为、宋芝山广文同作》。

寓斋感怀，有诗。

《有正味斋诗集》卷八《寓斋感怀》。

出塞，有诗。

《有正味斋诗集》卷八《出塞篇》。

同宋葆淳步磬锤峰下，有诗。

《有正味斋诗集》卷八《同芝山步磬锤峰下》。

驻热河，有杂咏十六首，备述塞外风土人情。

《有正味斋诗集》卷八《热河杂咏十六首》。

按，在热河校书期间，尚作有《同芝山饮郭参军宅》《晚次喀喇河屯》《黄土梁》《青石梁》《晚过白河涧》《雪后望塞上诸山》《过牛栏山下作二首》诸作。校书回京后，尚有《校书归戏柬毅堂》，均存《有正味斋诗集》卷八。

是岁，总兵柴大纪抵御进攻台湾府城之起义军，总督常青不敢战，林爽文攻诸罗，福康安军解诸罗围，林爽文被俘。时局动荡，锡麒慨然有作，感叹“苍茫极目骇波翻，春色无端阻海门”、“六十年来太平地，忍教台笠变军屯”，且希冀“但愿游氛从此扫，平波不动海天长”。

《有正味斋诗集》卷八《效老杜诸将五首》其二：“羽书递到隔重洋，太息椎埋祸久藏。物盛禾终防莠茁，狱成李转代桃僵。乍醒醉梦悲猿鹤，谁激冤号变虎狼。莫共胡僧谈往劫，诸公先自费平章。”其四：“才报前军渡习流，早看兵气奋貔貅。雪深正好擒元济，风利何须泊石头。入穴此时如破竹，据桥有将独横矛。麒麟阁上当年事，依旧平南仗故侯(是役也，福康安、海兰察皆平金川、图像紫光阁者)。”其五：“凯旋一路旆飞扬，补救还资善后方。小吏要严狐假虎，长官莫信马如羊。风雷容易么麽制，门户艰难罅隙防。但愿游氛从此扫，平波不动海天长。”据诗歌内容可知系丁未所作。

乾隆五十三年　戊申(1788)　四十三岁

在京。为法式善点定诗集，并题诗其后。

《存素堂诗初集录存》卷一《吴毂人锡麒编修题诗拙作后次韵》(戊申)。

冬，法式善展阅锡麒所点定己集，感而有诗。

《存素堂诗初集录存》卷一《冬夜展阅吴縠人点定拙集书后》(戊申)。

除夕，作词《送入我门来》，抒发万户团圞之际与亲人天各一方的孤寂感。

《有正味斋词集》卷八《送入我门来》“戊申除夕”：“热闹椒盘，轰腾羯鼓，青毡坐得人孤。短蜡多情，也替泪模糊。三杯㛹尾，浇无益，早郁垒，胸中成画图。数人间苦乐，危台避债，深院呼卢。

况有天涯二老，兼之稚男碎女，几度思吾。一段乡愁，难入彩笺书。爆竹谁家争饯腊，蓦闪闪、来烧心血枯。更松明火旺，熬银煎雪，吹上头颅。”

鹾使全德再莅两淮，遣使请赵翼再主安定讲席。

乾隆五十四年　己酉(1789)　四十四岁

在京，坐馆阿桂宅中，为其孙那彦成之师。且于阿桂宅中得交阮元。

阮元《揅经室集诗》有《读吴毂人前辈〈有正味斋续集〉，即用见寄原韵和寄》：“相邸词垣思早岁，选楼讲院忆今秋。”自注：“己酉、庚戌间，先生为那绎堂尚书之师，馆阿文成公第中，元与绎堂同年往来，得见先生。”

阿桂(1717—1797)，字广庭，号云岩，章佳氏，满洲正白旗。乾隆三年举人，后授镶红旗蒙古副都统，长期戍守西北边疆。晚年，官至武英殿大学士兼军机大臣。卒谥文成。著有《满洲源流考》等。事具《清史稿》本传、《清史列传》本传。

那彦成(1764—1833)，字韶九、东甫，号绎堂，章佳氏，满洲正白旗。乾隆五十四年进士，授编修。历官军机大臣、两广、直隶、陕甘总督。卒谥文毅。著有《那文毅公奏议》等。事见徐士芬《那彦成传》(《续碑传集》卷九)、《清史列传》本传、《清史稿》本传。

阮元，详交游考。

冬，为国子监生陈名世作墓志铭。[①]

《有正味斋骈体文》卷二十三《国子监生陈君墓志铭》：“君生于乾隆十年五月初六日，殁于乾隆五十四年十一月十三日。……将以某年某月葬于某原，乞其师蒋君元龙来请余铭。”据文知，陈名世

① 按，本条受汪超宏《明清浙籍曲家考》之《吴锡麒年谱》一文启示。该谱虽为吴氏简谱，其所列诸条考自吴锡麒《有正味斋骈体文》之寿文、墓志铭、诔文者，笔者受其启示颇夥。

(1745—1789),字兴五,号荔村、饴村,桐乡人。国子监生。

乾隆五十五年　庚戌(1790)　四十五岁

在京,坐馆阿桂宅中。

二月三日,与沈赤然等出西便门,游钓台,观花。

《五研斋诗钞》卷八《二月三日,同吴编修縠人、赵大理承杰、杨孝廉文驹、崔少尹镇、周秀才琴德出西便门游钓台观花,席地小酌》(庚戌)。

三月,会试,任同考官。时锡麒座主嵇璜以雍正八年进士,入翰林凡六十余年,年八十重预琼林宴,与诸进士叙同年之谊。锡麒以是科分校,得率小门生亲拜门下,"遭逢盛事,与有余荣焉"。

吴锡麒《还京日记》(上)"乾隆五十九年七月十八日":"师以雍正八年进士,入翰林历任清华,洊登黄阁,凡六十余年……庚戌,年八十,重宴琼林,与诸进士叙同年之谊。麒以是科分校,得率小门生亲拜门下,遭逢盛事,与有余荣焉。"

礼闱分校,得士郭淳、恩普、王宗诚等。

《有正味斋诗续集》卷三《哭郭晓泉淳二首》其二:"忆我岁庚戌,礼闱与校文。青钱竞奇赏,万选乃得君。"

郭淳,字晓泉,吴县人。乾隆五十五年进士。选庶吉士,授编修。事具《同治苏州府志》卷八十三。

恩普,字雨堂,蒙古镶蓝旗。乾隆五十五年进士。

王宗诚(1764—1837),字中孚,又字莲府,青阳人。乾隆五十五年进士。

礼闱分校,得士许作屏。后此,许作屏谒选入京,以全集属题,锡麒如其请。

《有正味斋骈体文》卷七《砚史序》:"画山,余庚戌礼闱所得士也。"

《有正味斋骈体文》卷四《许画山诗集序》:"余庚戌礼闱,与分校之役,忝文字之知。""今年谒选北来,复与余会于都下,读书读律,知古知今,固已花手宜春,琴言应雅矣。暇出其全集属余为之点定。"

许作屏,画山。生平俟考。

八月末,乞假归里,有诗别京中同人。

《有正味斋诗集》卷八《八月杪乞假南还别诸同好》。

同月,沈赤然亦引疾滞留直隶保定。

《五研斋诗钞》卷十一《吴縠人以庚戌八月乞假旋里,余亦于是月引疾滞淫保阳,至辛亥八月始获理棹还浙,时縠人已主讲真州,余又侨居新市,欲一晤不可得。顷辱过访,谈饮竟日,复订西溪之约,慨然有作》(壬子)。

九月,时近重阳,南归途经天津,时李符清令此。宴饮流连,有诗纪事。

吴锡麒《南归记》丁巳三月二十三日:"泊天津。……余庚戌南归时,李载园符清令此,推襟送抱,竟日流连。"

《有正味斋诗集》卷八《天津访李载园明府符清酒间感赋》当作于是时。有"一尊预作重阳会"之语,是知时近重阳。

李符清(1753—?)字仲节,号载园,广东合浦人。乾隆四十八年举人,由直隶满城知县,官至开州知州。著有《海门诗钞》二卷,《文钞》一卷。吴锡麒为序。另,锡麒有《谢李载园明府惠银启》(《有正味斋骈体文》卷十八)、《题李载园明府濮阳策蹇图(并序)》(《有正味斋诗集》卷十四)。

在天津,有诗。

《有正味斋诗集》卷八《津门杂咏六首》《杨柳青》。

途经山东聊城,游光岳楼,有诗。

《有正味斋诗集》卷八《光岳楼》。

途经淮阴，夜泊，有诗。

《有正味斋诗集》卷八《淮阴夜泊》。

途经镇江京口，有诗。

《有正味斋诗集》卷八《京口》。

假还，访旧友高观海，见其子高凤诏、高攀桂，赞其“子衿之选，并隽其黉声；父书之传，不愆于庭对”。

《有正味斋骈体文》卷二十四《高凤诏传》。

高凤诏（1761—1796），字丽江，号心斋，仁和人。高观海次子。乾隆五十九年举人。生卒年据锡麒撰《高凤诏传》。

高攀桂，字倬云，号梦书，诸生。事见沈赤然《高攀桂传》（《五研斋文钞》卷四）。

冬，西湖大雪，作歌。

《有正味斋诗集》卷九《湖上大雪作歌》，有“燕山几载雪见多，今年换著西湖蓑”之语，知为回乡后作，系本年年底或明年春所作。

是年作诗尚有《题友人华岳云开立马看小照》等（《有正味斋诗集》卷八《泥爪集》）。

乾隆五十六年　辛亥（1791）　四十六岁

正月十五日，元宵，邀诸故人小饮。

《有正味斋诗集》卷九《灯夕邀诸故人小饮》，当为锡麒由京返乡后，趁元宵佳节邀约诸故人小集。

春初，有五古《田家二首》。

《有正味斋诗集》卷九《田家二首》：“蚕生桑叶大，鸠语杏花落。人烟多在野，应候事耕作。”“藉草梦初醒，肌肤生土香。时雨原上过，麦苗亦已长。赤脚度阡陌，春风吹衣裳。……今朝脱布裤，明朝插新秧。”由诗作内容可知作于春初。

春，应鹾使全德之聘来主讲仪真真州书院，直至癸丑假满还京。

《有正味斋骈体文》卷八《詹石琴词序》:"辛亥,余以鹾使全公之聘主讲来兹。"

按,辛亥(1791)春至癸丑(1793)七月,锡麒主讲真州书院,期间所作诗歌收入《有正味斋诗集》卷九,题曰《白沙江上集》。

春,雨中泊新市。有诗怀时居直隶保定的沈赤然。

《有正味斋诗集》卷九《雨泊新市怀沈梅村宰大城》。

春,自家乡杭州赴仪真,途经嘉兴,有诗。

《有正味斋诗集》卷九《嘉兴道中二首》。其一云:"帖水春寒侧侧吹,东风莫惜放帆迟。天涯此去萍踪阔,才是杨花泼面时。"是知为春初杨花时节。

舟渡太湖,过锡山驿,有诗。

《有正味斋诗集》卷九《渡太湖》《顺风过锡山驿》。

经丹阳、镇江,登北固山楼,有诗。

《有正味斋诗集》卷九《丹阳》《晚至京口》《登北固山楼》。《登北固山楼》有"二月莺花愁作客"之语,则是诗当作于二月份。

抵达仪真,有诗。

《有正味斋诗集》卷九《真州二首》。

按,锡麒于庚戌(1790)八月末始自京返乡,年末抵杭。本年辛亥(1791)来主仪真讲席,则上述诗歌当作于本年春由杭州赴仪真途中。

四月十二日,为赵翼题《陔余丛考》。又,本年赵翼作有《美人风筝六首》,锡麒和之。

《有正味斋骈体文》卷七《赵云崧前辈陔余丛考序》。撰序时间据赵翼《陔余丛考》卷首吴锡麒序款识:"乾隆五十六年辛亥四月望前三日同馆后学吴锡麒拜撰。"

赵翼《赵翼诗编年全集》卷三十四(起辛亥一月至辛亥十二月)有《美人风筝六首》。吴锡麒和作见《有正味斋诗集》卷九《和赵云崧前辈翼美人风筝六首》。赵翼，详交游考。

八月前，沈赤然仍侨居直隶保定，有诗寄锡麒。八月后，沈赤然自保定挈眷还南，买宅新市。

《五研斋诗钞》卷十《自庚戌冬谢病，迄今已五月矣。侨居保定，归期屡愆。每念先人幽陇未卜，辄泫然终日。率成七首，用陶公〈咏贫士〉韵，寄潘松心明府、吴穀人编修》（辛亥）。

《五研斋诗钞》卷十一《吴穀人以庚戌八月乞假旋里，余亦于是月引疾滞淫保阳，至辛亥八月始获理棹还浙……》（壬子）。是知沈赤然辛亥八月前仍在保阳。

沈赤然《自编年谱》："（五十六年辛亥）自保定挈眷还南，买宅新市。"

是岁，主讲仪真时，始与陈实孙定交。陈实孙以《春草堂诗》属题。

《有正味斋骈体文》卷三《陈师竹春草堂诗序》："辛亥之岁，余来主讲于斯。……时有陈君师竹，习长桑之术，读黄帝之书，每相过从，尤资谈谑。尝出其《春草堂诗》见示……会癸丑假满，遂还京师，宿诺未偿，又逾三载。"

陈实孙，字又群，号师竹。如皋诸生。工诗，善书法，精于医。好交游。广声气，著有《春草堂集》。（《扬州画舫录》卷十）吴锡麒有《谢陈师竹惠桃花启》《谢陈师竹惠寄所刊时疫大意启》（《有正味斋骈体文》卷十八）等作。

主讲仪真时，始与尤荫、江绍莘定交。并与江绍莘有孙辈婚姻之约，绍莘孙女许字锡麒长孙阿楷。

《有正味斋骈体文》卷六《尤水村〈塞上〉〈黄山〉二集序》："余自辛亥真州主讲，始得与先生交，见其白发飘萧，缁林栖寄，忧端不丛于色，道腴自润其身。"

《有正味斋骈体文》卷十二《江母金太安人六十寿序》："往余主讲真州，获交于江君耕野。通之以缟纻，重之以婚姻。"

《有正味斋诗集》卷十《寄酬真州诸故人三首》（其二）："乐府吟

豪垂白对(谓蒋东樗),酒缸情重买红缠。”自注:“时江吟芗以孙女许字余长孙阿楷,故云。”

尤荫(1732—1812),字贡夫,号水村。仪真人。工诗画。从果亲王出塞。著有《出塞集》,吴锡麒为序。另,吴锡麒有《与尤水村书》(《有正味斋骈体文》卷十七)、《尤水村八十寿序》(《有正味斋骈体文续集》卷三)、《石铫图歌为尤水村荫作》(《有正味斋诗集》卷九)。

江绍莘,字耕野,号吟芗。徽州人。工诗。性磊落,好交游。(《扬州画舫录》卷十)吴锡麒有《与江耕野书》(《有正味斋骈体文》卷十七)、《谢江耕野惠腊八粥启》(《有正味斋骈体文》卷十八)、《九日江吟芗招同人拂云亭旧址登高分韵》(《有正味斋诗集》卷九)。

仪真詹肇堂从学。锡麒为题词集,称其词含怀夐远,造语幽腴,得词法于厉樊榭。

《有正味斋骈体文》卷八《詹石琴词序》:“辛亥,余以鹾使全公之聘主讲来兹,詹子石琴乃书院肄业生也。”另,锡麒有《冬晚喜门人詹石琴肇堂见过》(《有正味斋诗集》卷九),当作于辛亥、壬子之间。

詹肇堂,字南有,号石琴,仪征人。乾隆六十年举人。著有《心安稳室集》十三卷。

乾隆五十七年　壬子(1792)　四十七岁

本年仍主讲仪真。时曾燠任两淮盐运使。

三月三日,为蒋良平《五乐府词稿》作序。

蒋良平《东樗杂诗》附《东樗词稿》卷首吴锡麒《仿宋人五乐府词序》,款识:“时壬子上巳,书于小香南馆钱唐吴锡麒撰。”该文亦见《有正味斋骈体文》卷八,题曰《仿乐府补题倡和词序》。

蒋良平,字瑞木,号东樗。仪征人。著有《东樗杂诗》一卷,附《词稿》一卷。二人定交亦在乾隆辛亥、壬子锡麒主讲仪真之时。

冬，赵翼辞安定讲席归。

是岁，过新市，访沈赤然，谈饮竟日，复订西溪之约。沈赤然慨然有作。

《五研斋诗钞》卷十一《吴縠人以庚戌八月乞假旋里，余亦于是月引疾滞淫保阳，至辛亥八月始获理棹还浙，时縠人已主讲真州，余又侨居新市，欲一晤不可得。顷辱过访，谈饮竟日，复订西溪之约，慨然有作》（壬子）。

是岁，吴鼒在家乡得阅《有正味斋集》，极为钦佩，"以为得未曾有"。

吴鼒《吴学士文集》卷四《有正味斋续集题辞》："吾师縠人先生……乾隆壬子，余在里门，从友人处借读，以为得未曾有。"吴鼒，详交游考。

乾隆五十八年　癸丑(1793)　四十八岁

本年七月前仍主讲仪真，九月二十八日，始假满还京。

三月三日，上巳，居真州。

《有正味斋骈体文》卷二十《石琢堂修撰重集兰亭字题词》："忆癸丑上巳，余居真州。"

七月四日，两淮转运使曾燠于扬州南园举秋禊之会，"招诸名流，牵率以往"，同集者吴锡麒、吴嵩梁、詹肇堂、徐嵩、胡森、吴照等，陆晓山绘图。仿《兰亭》诗体，赋四言、五言各一章，后辑入《邗上题襟集》。曾燠于本年始，陆续付刻《邗上题襟集》及续集、后续集。

《有正味斋骈体文》卷二十《石琢堂修撰重集兰亭字题词》："忆癸丑上巳，余居真州。……转运曾公举秋禊之会，招诸名流，牵率以往。兰草未歇，竹枝自修。密吟转清，疏酌弥永。引睇崇乎千载，延衿洽于一时。虽事异古今，而往来若续；虽候殊温肃，而俯仰并欣。因仿兰亭诗体，赋四言、五言各一章。今刻于《邗上题襟集》者是也。"

《扬州画舫录》卷七："癸丑秋，曾员外燠，转运两淮，修禊是园，为吴縠人翰林锡麒、吴退庵□□煊、詹石琴孝廉肇堂、徐阆斋孝廉嵩、胡香海进士森、吴兰雪上舍嵩梁、吴白厂明经照，丹徒陆晓山绘图。转运序云：……乃以七月朔越三日，会宾客于邗水之上，秋禊是举，于时水天一色，风露满衣。"

徐嵩(1758—1802)，字朗斋，一作阆斋。江苏金匮人。乾隆五十一年举人，官湖北蕲州知州。著有《玉山阁集》。事具《清史列传》卷七二、王芑孙《署湖北蕲州徐君墓志铭》(《惕甫未定稿》卷十三)。

胡森，字香海，江西南城人，乾隆五十四年进士。两淮盐运使曾燠辟题襟馆，胡森来扬，适逢其会。道光元年，主广东端溪书院

吴照(1755—1811)，字照南，号白厂。江西南城人。贡生，官教谕。著有《听雨斋集》。

曾燠、吴嵩梁，详交游考。

闻姚思勤殁于京，有诗哭之。

《有正味斋诗集》卷九《闻姚春漪殁于都中以诗哭之二首》，有"死生定不相知异，醉醒都难此泪消"之语。

按，该诗后一首即《七月七日，曾宾谷都转燠招同徐朗斋嵩、詹石琴、陈理堂燮、胡香海森、家退庵煊、兰雪嵩梁集康山草堂饯余还京师，用其赠别原韵》。结合诗题，是知该诗作于锡麒还京前，且在本年七月七日之前。姑系于此。

七月七日，曾燠招同徐嵩、詹肇堂、陈燮、胡森、吴煊、吴嵩梁集康山草堂，为锡麒还京师饯行。

《有正味斋诗集》卷九《七月七日，曾宾谷都转燠招同徐朗斋嵩、詹石琴、陈理堂燮、胡香海森、家退庵煊、兰雪嵩梁集康山草堂饯余还京师，用其赠别原韵》："啸傲依然此一邱，峭帆城堞已飞秋。流连河汉今宵会，拨触琵琶旧日愁。问渡也思重驾鹊，论心端不负盟鸥。群公各要交期念，江水明明息壤留。"

吴嵩梁《香苏山馆诗集》古体诗钞卷二《七月七日，宾谷运使招集康山草堂，时吴榖人锡麒编修将入都，徐阆斋嵩之武昌，余由金陵归里，题〈留客图〉后，兼示同饯诸君》。

陈燮，理堂，生平不详。

吴煊（1749—？），字退庵，南城人。诸生。师事鲁鸿，受古文法。著有《菜香书屋诗集》十卷。（刘声木《桐城文学渊源考》卷一二）

秋，始与项秬鬯会于项墉寿花轩。

《有正味斋骈体文》卷十二《项秬鬯七十寿序》："忆癸丑秋，与秬鬯先生会于寿花轩。"项秬鬯，生平不详。

九月下旬，锡麒在杭州未出发前，沈赤然由新市来，寓居昭庆寺。与高观海等在西湖为锡麒饯行。

《五研斋诗钞》卷十二《榖人既成装，候良辰即发。余亦至湖上，寓昭庆寺，辱开樽湖舫，并招蔡柳堂、高秋崖、潘亚江、顾春波、朱柳塘诸君欢叙竟日，因念老将至矣，两人踪迹忽又相违，终不能无憾于前约云》（癸丑）。

九月二十八日，假满还京，结束仪真书院讲学。长子清学侍行，诸亲友送出北新关，别去。舟行。

按，锡麒癸丑（1793）九月二十八日至甲寅（1794）十一月二十二日还京行程，逐日作记，题曰《还京日记》（上）。此间纪事皆据此日记。他据者另加按语，以示区别。

吴清学，详家世考。

复将入都供职，沈赤然自新市来送，慨叹二人西溪终老之约竟成虚语，惆怅不已，有诗送之，锡麒有诗奉答。

按，《五研斋诗钞》卷十二有《闻吴榖人将复入都供职，因念西溪之约竟成虚语，不能无怅怅耳，诗以送之》（癸丑）。

《有正味斋诗集》卷十《重梦集上》有《沈梅村自新市来送余北上，兼赠以诗，舟中赋此奉答》。是诗当作于九月二十八日锡麒由钱塘出发舟行途经湖州新市期间。

锡麒癸丑(1793)九月再次入都供职，至丙辰(1796)年底，一直供职翰林院。期间作诗收入《有正味斋诗集》卷十、十一，题曰《重梦集》(上、下)，意或谓重入京都供职。

二十九日，晓过塘栖。晚，泊石门县。

按，《有正味斋诗集》卷十有《石门道中》："只有青山管送迎，旗亭回首不胜情。枯桑槭槭天风大，老柳萧萧暮雨生。片席渔樵支酒局，廿年仕宦悔诗名。长安笑我还西向，镜里秋霜满鬓盈。"

三十日，晓雨，过汇秀禅院。午至羔羊亭。晚泊嘉兴北门外。

十月一日，晓，移泊端平桥，移舟至甪里街，谒冯孟亭先生。

按，甪里，古地名，在今江苏吴县西南。

冯孟亭名浩(1719—1801)，字养吾，号孟亭，桐乡人。乾隆十三年进士，改庶吉士，授编修。官山东道监察御史。著有《孟亭居士稿》。吴锡麒有《冯孟亭先生八十寿序》(《有正味斋骈体文》卷十二)

二日，阴，晓过王江泾，经平望，眺望莺脰湖。午后至吴江，得顺风，晚抵苏州。

三日，晴，进阊门，拜客，晤同年范来宗编修、毛凤仪侍御。

范来宗(1737—1817)，字翰尊，号芝岩、支山。吴县人。乾隆四十年进士。改庶吉士，授编修。著有《洽园诗稿》。(《晚晴簃诗汇》卷九十六)吴锡麒有《补祝范支山同年七十寿》(《有正味斋诗续集》卷二)。

四日，立冬，晓雾，发舟过浒墅关。午过望亭，夜泊无锡。

按，《有正味斋诗集》卷十有《晚泊无锡》。

五日，舟行经九龙山、藩封。午后抵毗陵，过东坡舣舟亭，晚泊奔牛。夜雨。

六日，过吕城，晚泊丹阳。

七日，过练湖，至黄泥壩，遇赵鹿泉及其弟斐臣。午后，次新丰陵。夜行，达京口驿。

赵鹿泉名佑(1727—1800)，字启人，号鹿泉，仁和人。乾隆十七年进士。官江西学政、工部侍郎、吏部侍郎、都察院左都御史。著有《清献堂集》《毛诗草木鸟兽虫鱼疏校正》。

赵斐臣，赵佑弟，吴锡麒妹婿。

八日，渡江，抵扬州，晤蒋宗海、吴绍浣、范来芝。

按，《有正味斋诗集》卷十有《渡江词二首》。

又，锡麒在扬州时，尚有诗《扬州送仲弟归》，云："萍迹亦何定，飘飘尔竟归。暮潮呼小艇，杯酒劝斜晖。正有高堂梦，相随一雁飞。江湖须慎重，余泪洒征衣。"(《有正味斋诗集》卷十)当系锡麟送乃兄北上，至扬州而返，锡麒送别时所作。

在此次回京途中，锡麒尚作有《寄酬真州诸故人三首》其一："一样垂杨旧日秋，不堪离绪挂梢头。酒杯除是月同醉，江水亦如人欲愁。南郭市喧犹仿佛，东园诗约漫句留。白沙翠竹开图画，让与群公踏叶游。"其三："驿堠云边旅泊余，楼台镜里故人居。相思不独淮南树，此后烦传冀北书。极浦风寒驱断雁，长途日暮策疲驴。几年辛苦论诗地，明月愁悬一榻虚。"(《有正味斋诗集》卷十)系对数年主讲地仪真诸故人的寄怀。

蒋宗海，字春岩，一字星岩，号春浓、春农。丹徒人。乾隆十七年进士，官内阁中书。工诗文，精鉴藏。曾主讲梅花书院。与纂《嘉庆丹徒县志》。著有《春农吟稿》。

吴绍浣，字杜村。歙县人，侨居扬州。乾隆四十三年进士，尝入四库馆任编校。嗜书画、精鉴赏。四方名迹多归之。事见《丰南志》卷三。

范来芝，芳谷。著有《江行纪程》一卷、《楚游草》一卷、《倦游吟》一卷。(《清人诗文集总目提要》卷三十五)

九日，吴绍浣邀游瘦西湖，出镇淮门上船。饭后登尺五楼，日落始返。

十日，过秋雨庵，访竹溪上人。

十一日，李学颖(春舟)司马招饮于小竹西馆。

十二日，蒋宗海招同张慕青饮于樗园，“感别歌离，婆娑巨醉”。

张慕青，名焘，字洪居、慕青，号涵斋，宣城人。乾隆二十八年进士。官侍讲、湖北学政。著有《津门杂记》。事具光绪《宣城县志》卷十八。

十三日，秦瀛自都中来，赴浙江观察任，二人相遇舟次。

秦瀛(1743—1821)，字凌沧、小岘，号遂庵，无锡人。乾隆三十九年举人，四十一年应召试，授内阁中书。官至刑部侍郎。著有《小岘山人诗文集》等。吴锡麒有《寿秦小岘侍郎七十》(《有正味斋诗续集》卷五)、《寄秦小岘同年书》(《有正味斋骈体文》卷十七)。

十四日，开舟过扬关，管齑臼、鲍以堂来舟中小饮。

十五日，过湾头、召伯镇。

十六日，晓过腰铺，午次高邮，夕泊陆漫沟。

十七日，晓过界首，经汜水镇，晚泊宝应府。

十八日，晓过黄浦镇，夕抵淮城。

十九日，移舟泊西湖嘴，晚王绩著(耘山)监制招饮。

二十日，门人王摹文招饮。

二十一日，严守田司马招饮，席上始晤秀才郭麐。

按，此系锡麒与郭麐初识。郭麐，详交游考。吴锡麒为郭麐《灵芬馆诗二集》撰序云：“往余涉淮，闻淮阴人多称吴门郭白眉诗者，惜余未之见也。会严历亭司马招饮，晤诸席上，知君假馆于是。”其时锡麒匆匆北行，杯酒促谈，未尽款洽，“然风雅之味觉浸淫大宅间,别后每思其为人"。

又,《灵芬馆三集》卷二《毂人先生出示六十自述诗,感旧陈情,敬呈一首》云:"忆昔识面初,泊舟长淮滑。司马敬爱客(历亭),广席方圆陈。少年厕座末,含意未克申。侧闻议论余,吐辞醇乎醇。"

严守田(1748—1799),字谷园,号历亭。仁和人。乾隆三十六年举人。曾任江南同知署淮安府知府。事具姚鼐《仁和严君墓志》(《惜抱轩文集》卷十三)。

二十二日,过板闸。

二十三日,遣人往王家营雇车。

二十四日,过候谢启昆前辈。

谢启昆(1737—1802),字蕴山,号苏潭。江西南康人。乾隆二十六年进士。散馆授编修。官镇江、扬州、宁国知府、广西巡抚等。著有《小学考》《树经堂集》等。事具《清史稿》卷三五九、《清史列传》卷三一。

二十五日,渡河,晚宿王家营堂子巷陈必昌店。

二十七日,过渔沟。

二十八日,车行至崔镇,过仰花集,晚宿宿迁城外。

二十九日,度永济桥,午后至堰头镇。同儿子清学小步过龙泉寺。

十一月一日,过邳州,晚宿汉河。

二日,过山东峄县,午经马兰屯,荀卿墓、汉王良故里所在。

四日,过滕县、邹县。

五日,过滋阳、滕村,晚宿汶上。

六日,过东平、阳谷店、南谷镇。

按,《有正味斋诗集》卷十有《东平值大风》。

七日,过东阿。晚宿茌平。

八日，过高唐州。

九日，过恩县、德州，晚宿南留智庙。

按，《有正味斋诗集》卷十有《宿南留智庙》。

十日，过景州，为董仲舒故居，又有周亚夫营。晚宿阜城县。

十一日，过富庄驿（交河、献县分界处）、单家桥。

十二日，过臧家桥，晚宿新中驿。

十三日，过石门、赵北口。

十四日，晚宿固安。

十五日，自固安渡浑河。过黄村，访汪应绍司马，不值，午后进右安门，舟抵张家湾。

汪应绍，字宾士，号柳湖。钱塘人，乾隆丁酉拔贡。官顺天府南路厅同知。（《畿辅通志·职官表》）

十六日，进京，暂居全浙老馆，地在土地庙斜街。门人王锡奎（荔亭）来，时新除颍州太守。

按，此次还京途中，锡麒还作有《旅中有感寄诸故人二首》（《有正味斋诗集》卷十）。

王锡奎，字文一，号荔亭，别号饮禅，华亭人。乾隆四十九年进士。著有《嘉藻堂诗集》。

十七日，收拾住房，糊窗安灶，略有头绪。门人王宗诚编修来。

按，《有正味斋诗集》卷十有《糊窗》。

十八日，谒座主嵇璜相国。

十九日，冬至，倪稻孙过谈，门人那彦成继至，留同午饭。

倪稻孙，字谷民，号米楼，别号西湖渔隐。仁和人。一擎孙，印元子，锡麒表侄。嘉庆增贡生，著有《梦隐庵诗钞》《芦中秋色谱》《翦云楼词》。（《两浙輶轩续录》卷十九）

吴锡麒撰有《倪米楼翦云楼词序》云："余昨羁扬子，权作寄公，乃承负笈来从，载书远访。"（《有正味斋骈体文》卷八）是知锡麒主讲扬州时，倪稻孙自仁和来扬从学。

二十日，衙门消假。

二十一日，进内城谒阿广庭公相（阿桂），兼晤其诸孙。

二十二日，门人陈霞蔚来。

陈霞蔚（1753—1810），字孝敦，号质斋。福建闽县人。乾隆四十九年进士。累官侍读学士、兵部右侍郎、吏部右侍郎。事具《国朝耆献类征初编》卷一百五。

二十五日，寒冷异常，砚冰不释，门人史积甲（虚谷）来。

二十六日，门人郭淳自内城出候。

二十七日，过候罗修源同年于梁家园。园系明时都人梁氏所建也。进城内小石桥，晤座师王杰。

罗修源（1753—1796），字碧泉。湘潭人。乾隆三十七年进士。授编修。累官少詹事、侍读学士等。著有《湘烟书屋诗钞》等。

二十八日，阴，微飘雪片而止。晚，冯桂芬（海粟）助教来。

三十日，阴，复雪，俄顷止。访罗聘于琉璃厂观音阁，遇孙星衍，茶话良久。

孙星衍，详交游考。

十二月三日，进内城晤铁保侍郎，以《涉江草》见示。晚，陈霞蔚吏部招饮。

铁保（1752—1824），字冶亭，一字铁卿。栋鄂氏。满洲正黄旗人。乾隆三十七年进士。官至两江总督。著有《惟清斋集》、辑《熙朝雅颂集》。事具《清史稿》卷三五三。

四日，张敦仁同年来，偕过冯敏昌廉州会馆，出观横波夫人画兰卷。

按，《有正味斋诗集》卷十有《题横波夫人画兰卷二首》。

张敦仁(1754—1834),字古愚,一作古余。山西阳城人。乾隆四十年进士。藏书甚富,精于考订。官江西高安、庐陵知县、江西九江、抚州、松江、苏州、江宁等地知府、云南盐法道等。著有《资治通鉴刊本识误》等。

冯敏昌(1747—1806),字伯求,号鱼山,广东钦州人。乾隆四十三年进士。改庶吉士,授编修。官至刑部主事等。工诗文。曾主讲端溪、越华、粤秀三书院。著有《小罗浮草堂诗集》《师友渊源集》等。事具《清史列传》卷七二、翁方纲《冯敏昌墓表》(《复初斋文集》卷十四)。

六日,张敦仁以札来招,同过琉璃厂访罗聘。晚归,饮于玉极庵。

八日,过长椿寺礼佛。寺为明慈孝皇后建,以居水斋禅师者。殿有渗金多宝佛塔,高一丈五尺。寺僧出观明孝纯刘太后像。

十日,冯桂芬招同余集小叙,出观句龙爽《仙山楼阁图》,苍苍云姿,落落柏格,具有神仙缥缈之状,人物纤悉,亦肖之如生。

按,句龙爽,宋神宗时图画院祇候。

十一日,王宗诚携小门生来谒。

十三日,倪稻孙携词卷属序。

按,《有正味斋骈体文》卷八有《倪米楼翦云楼词序》《倪米楼芦中秋瑟谱序》。

十四日,铁保招同翁方纲、余集、平恕、法式善等集于石经堂,观欧公南唐官砚,作歌。

平恕(?—1804),字宽夫,号余山,山阴人。乾隆三十七年进士。授编修。官侍读学士、户部侍郎等。著有《留春书屋诗集》等。事具《国朝耆献类征初编》卷一百一。

二十日,叶绍楏庶常送其家刻《织云楼合刻诗》来。

叶绍楏(1755—1821),字振湘、琴柯。浙江归安人。乾隆五十八年进士。选庶吉士,授编修。官至广西布政使、巡抚。著有《观象权舆》《谨墨斋诗钞》等。事具《同治湖州府志》卷七十。

二十四日，翁方纲招集苏斋补作坡公生日，观罗聘《墨幻》《墨戏》二图，皆鬼趣也。酒间，翁方纲复出使蜀时所得薛文清浣花草堂砚属题，背铭杜诗“万里桥西一草堂”。

薛文清名瑄(1389—1464)，字德温，号敬轩。河津人。明代著名理学家、文学家，河东学派创始人，世称薛河东。谥文清。

二十六日，烧利市纸。

二十七日，张道渥邀同罗聘、法式善饮于寓斋。

张道渥(1756—?)，字水屋，号竹畦，别号张风子。山西浮山人。官天津海防同知、两淮运判等。工诗画。著有《水屋剩稿》二卷。

二十九日，岁除，同寓会饮，旅人孤寂，借酒浇愁。

是日日记又云：“嗟乎，吾道不如酒，平褫哀乐，如摧朽然，桃符易换，蓬鬓相怜，但闻爆竹喧喧，不免乡心欲碎矣！”

是岁，为法式善《同馆赋钞》作序。

《有正味斋骈体文》卷七《法时帆〈同馆赋钞〉序》：“自乾隆乙丑迄于癸丑，二十二科中冠，以御试诸艺合成二十四卷，题曰《同馆赋钞》。……兹编用昭全美，上以鸣圣代休和之盛，下以示艺林则效之程。”

乾隆五十九年　甲寅(1794)　四十九岁

正月三日，甚寒，旧雨不来，惟炙砚敲诗，闭关颂酒而已。

按，本年纪事据吴锡麒《还京日记》(上)，他据者另加按语。

四日，立春，出门贺年。扬州摺差至，馈春笋一篓。

九日，汪如洋招同童凤三、钱樾两前辈、陈万全晚饮。

汪如洋(1755—1794)，字润民，号云壑，秀水人。乾隆四十五年状元。历官翰林院修撰、云南学政。著有《葆冲书屋集》。事见程恩泽《翰林院修撰汪先生墓志铭》(《程侍郎遗集》)。

童凤三(1736—1801),字梧冈、鹤街,山阴人。乾隆二十五年进士。改庶吉士、授编修,官至吏部左侍郎。事具《枢垣纪略》卷十八等。

钱樾(1743—1815),字黼棠,一作抚棠,嘉善人。乾隆三十七年进士。授编修。官四川、江苏、山东学政、内阁学士等。入直上书房。事见《清史稿》卷三五四。

陈万全(1747—1802),字越群、佚群,号梅垞,浙江石门人。乾隆四十九年进士。选庶吉士、授编修。累官内阁学士兼礼部侍郎、兵部左侍郎等。著有《三香吟馆诗钞》等。事具《光绪石门县志》卷八。吴锡麒有《陈梅垞同年三香吟馆诗抄序》(《有正味斋骈体文》卷三)。

十日,王友亮招饮,晤张问陶。酒间话旧,为述高、曾以来两家世谊,蒙以诗赠。

张问陶《船山诗草》卷十一有《正月十日王葑町给谏筵上赠吴榖人锡麒前辈》(甲寅)。张问陶,详交游考。

十五日,游琉璃厂。新年朝元。午集法式善诗龛,分韵赋诗。

按,吴锡麒《还京日记》(上)此日日记未载同集人员。诸人诗集中有所述及,多有出入,而徐嵩之言甚详。

张问陶《船山诗草》卷十一有《甲寅上元,时帆前辈招饮,早过诗龛,不候诸客,先归。越日,先生投札索赋诗龛宴集诗,分韵得去字,且以三日为约,戏作二十韵奉报》。

王芑孙《渊雅堂编年诗稿》卷十二(甲寅)有《上元诗龛宴集分韵得锁字》。

李如筠《蛾术斋诗集》有《上元日法时帆学士诗龛宴集分韵得来字》。

杨伦《九柏山房诗》卷十一有《甲寅上元日,法时帆宫庶招集吴毂人、罗两峰、冯鱼山、赵亿孙、刘澄斋、汪剑潭、孙渊如、李介夫、言皋云、张船山、何兰士、王铁夫、徐朗斋会饮诗龛，分韵得月字》。

徐嵩《玉山阁诗选》卷五（甲寅）有《正月十五日，法庶子式善诗龛分赋，宴集者：钱塘吴毂人锡麒，扬州罗两峰聘，江都汪剑潭端光，四川李凫塘骥元、张水屋道渥，阳湖杨西禾伦、孙渊如星衍，长洲王惕甫芑孙，山西刘澄斋锡五、李石农銮宣，湖州张兰渚师诚，大庾李介夫如筠，灵石何兰士道生。不至者：江宁王葑亭友亮，阳湖赵味辛怀玉，安徽洪桐生梧，灵石何砚农道冲，常熟言皋云朝标，吴江王兰江祖武，江阴王延庚苏。先去者：遂宁张船山问陶。得开字》。

十六日，邀梁承云、叶臼湖同集梦烟舫。

梁承云，亭如，梁国治子，会稽人。生平不详。

叶臼湖，生平俟考。

十七日，孙星衍招同罗聘、王秋塍、马苇舟、杨伦小集。落灯风里，喜遇故人，"琴言未尽，烛醉已酣，渺渺乎不知情之何托也"。

杨伦(1747—1803)，字西禾、敦五，阳湖人。乾隆四十六年进士。官江西贵溪、广西苍梧、荔浦知县。晚主武昌江汉书院、江西白鹿洞书院。与孙星衍、洪亮吉等号"毗陵七子"。著有《九柏山房集》《杜诗镜诠》等。事具赵怀玉《广西荔浦县知县杨君墓志铭》(《亦有生斋文集》卷十八)、《清史稿》卷四八五。

王秋塍名复(1738—1788)，字敦初，号秋塍。秀水人，王又曾子。尝官河南浚县县丞，商丘、偃师知县。辑《五经异义》《郑志》。著有《树萱堂诗》。事见武亿《偃师县知县王君复行实辑略》《清史稿》卷四八五。

十八日，仁钱会馆团拜。

十九日，燕九节，都人于白云观致酹长春丘真人，香火特甚。晚，沈菊人招饮。

二十日，那彦成招饮，出视名人杂画三十余幅。“烟云过眼，粉墨迷离。”

二十二日，招罗聘、王秋塍、马苇舟、孙星衍、杨伦同集寓斋，以“平心杯”联句赋诗。

二十五日，杨伦招饮大隐庵寓舍，晤时任云南寻甸州知州、以解铜来京的屠绅。

屠绅（1744—1801），字贤书，一字笏岩，号磊砢山人等。江阴人。乾隆二十八年进士，官云南师宗知县、寻甸州知州、广州通判等。著有《蟫史》《琐蛣杂记》等。事具沈燮元《屠绅年谱》等。吴锡麒曾为《琐蛣杂记》作序。

二十八日，大风。汪鹿园同年来，留喫晚饭，极赞治鱼之美。

二月五日，皇上御乾清宫，锡麒侍班。

六日，与同人会饮于孙星衍樱桃传舍，分韵赋诗。

十日，钱开仕编修招饮。

钱开仕，字补之，号漆林，嘉兴人。钱陈群孙。乾隆五十四年进士，改庶吉士，授检讨，官侍讲学士、云南学政。著有《漆林集》。（《晚晴簃诗汇》卷一百六）

十二日，花朝日，同人集陶然亭，公饯王昶予告归里，是日会者凡二十四人。

按，《有正味斋诗集》卷十有《花朝日集陶然亭公饯王兰泉司寇予告归里二首》。

十三日，晴，会乙未同年。

十五日，晴，汪如洋邀饮，尽醉始散。

十七日，招赵怀玉、汪如洋、张问陶、沈菊人小饮寓斋，为射覆之戏。

二十四日，门人恩普、郭淳两翰林邀饮。

三月五日，清明，“禁烟天气，上冢时光，言念故山，不禁凄绝”。

六日，王友亮招同人集东城徐昆典籍福容亭，早饭后出东便门，自大通桥买舟泛河，即通惠河也。同集群公各赋新诗，罗聘绘《大通春泛图》。盖仿昔日田山姜招诸名流雅集作《大通秋泛图》之事。锡麒有《大通桥春泛记》。

按，《有正味斋骈体文》卷十三《大通桥春泛记》：“昔田山姜侍郎号召宾客，涂饰风流，作《大通秋泛图》。百有余年，遗芬犹扇。今者之会，何减曩时，则地以人传，固将不朽，不有所述，后嗣何观？于是罗子两峰任其绘事，群公各赋新诗。泱泱之鸣，飞清于目表；蓬蓬之状，溢秀于毫端。余加以引伸，作为斯记。时甲寅清明后一日。”

又，《船山诗草》卷十一有《三月六日，王葑亭给谏招同罗两峰山人、吴榖人编修、法梧门祭酒、董观桥吏部、徐后山、赵味辛两舍人、童春崖孝廉、缪梅溪公子载酒游二闸，遇雨，醉后作歌，即题两峰所作〈大通春泛图〉后》。

徐昆(1715—?)，字后山、厚山，号柳崖、啸山。山西平阳人。乾隆四十六年进士。官内阁中书、礼部员外郎。工诗、古文辞，通戏曲。著有《易说》《书经考》《柳崖外编》、传奇《雨花台》《碧天霞》等。

田雯(1635—1704)，字紫纶、子纶、纶霞，号漪亭，自号山姜子，晚号蒙斋。山东德州人。康熙三年进士。授中书舍人，官江南学政、江苏巡抚。著有《山姜诗选》《古欢堂集》等。

十二日，晴，叶绍楏招集谨墨斋，晚游崇效寺。

十八日，晴，魏成宪招同秦端崖、伊秉绶至崇效寺赏海棠。过静观堂，观傅雯《百仙灵会图》。

秦端崖名潮(1743—1798)，字步皋，号端崖，无锡人。乾隆三十一年进士，授翰林院编修，官国子监司业、安徽学政。著有《竹外山房诗文集》《诗韵辨家略》等。

傅雯，字紫来，一字凯亭，号香嶙，别号头凯陀。奉天广宁人。善指墨，师高其佩，乾隆时供奉内廷。

十九日，招翁凤西、屠绅、杨伦、马苇舟等饮于梦烟舫。

翁凤西名元圻(1750—1825)，字载青，号凤西，余姚人。乾隆四十六年进士。累官湖南布政使、巡抚。著有《佚老巢遗稿》《困学纪闻注》等。事见《国朝耆献类征》卷一百九十二、《晚晴簃诗汇》卷一百四。

二十一日，汪如洋招同翁凤西、屠绅、杨伦饮于葆冲书屋。

二十三日，张问陶招饮绣佛斋，投壶。

二十九日，往送王昶先生归里。

四月二日，邀同人作诗，会曹锡龄同年、王芑孙孝廉、刘锡五编修、李銮宣比部、王祖武编修、雷维霈工部、熊方受编修、钱开仕编修、王苏编修、张问陶检讨、李如筠编修、何道冲比部、何道生工部。晚，同饮藤花下。

曹锡龄(1741—1820)，字受之，号定轩。山西汾阳人。乾隆四十年进士。官云南学政、京畿贵州道御史等。著有《周易集萃》《翠微山房诗文集》等。事具《光绪汾阳县志》卷六。

刘锡五(1758—1816)，字受兹，号澄斋、纯斋。山西介休人。乾隆四十六年进士，选庶吉士、授检讨。充云南乡试副考官、顺天乡试同考官。著有《随俟书屋诗集》。事具《嘉庆介休县志》卷九。

李銮宣(1758—1817)，字伯宣，号石农，山西静乐人。乾隆五十五年进士。由主事官至云南巡抚。著《坚白石斋诗集》十六卷。事具秦瀛《云南巡抚四川布政使石农李公神道碑》(《小岘山人文续集补编》卷一)。

王祖武(1758—1802)，字绳其，号兰江。吴江人。乾隆五十二年进士。官刑部主事、江西道监察御史等。著有《居易堂后集》。事具《嘉庆同里志》卷十一。

雷维霈，字筠轩，江西南丰人。乾隆五十二年进士。官工部主事、福建延平知府。著有《知不足斋试帖》等。

熊方受，字介兹，号梦庵。广西同正人。乾隆五十五年进士。选庶吉士，授检讨。官礼部郎中、军机章京、东昌知府等。事具《民国同正县志》人事第八。

王苏，字侪峤，一字延庚，号桑寄生，江阴人。乾隆五十五年进士。授编修。官御史、河南卫辉府。著有《试畯堂集》等。事具《光绪江阴县志》卷十七。

李如筠(1765—1796)，字介夫，号虚谷，江西大庾人。乾隆五十二年进士，改庶吉士，授编修。官湖南乡试主考官。著有《蛾术斋诗选》等。事具《光绪江西通志》卷一六七。

何道冲(1761—1823)，改名元烺，字良卿、伯用，号砚农，山西灵石人。乾隆五十二年进士。授检讨，官山东道监察御史、广西太平知府。著有《砚农集》等。事具《国朝御史题名》等。

何道生(1766—1806)，字立之，号兰士、菊人，山西灵石人。乾隆五十二年进士。官工部主事、员外郎、郎中，迁御史。嘉庆间，任九江、宁夏知府。工诗画。著有《双藤书屋诗集》等。事见法式善《朝议大夫宁夏知府何君墓表》(《碑传集补》卷二二)。

王艺孙，详交游考。

四日，赵怀玉招饮古籐书屋，系朱彝尊旧庐也。

五日，微雨。曹锡龄招饮紫籐书舍，看籐花。

十一日，始买芍药花作供。

十四日，为屠绅作《琐蛣杂记序》。

《有正味斋骈体文》卷七《屠笏岩琐蛣杂记序》。

十五日，锡麒父生日，留客吃面。

二十日，正大光明殿考差。午后，宣赐樱桃。

二十九日，魏成宪招同褚筠心、秦端崖、余集诸前辈饮。

褚筠心名廷璋(1728—1797),字左莪(一作左峩),号筠心,长洲人。乾隆二十二年召试举人,授内阁中书。二十八年进士。官至侍读学士。归主震泽书院。著有《筠心书屋诗钞》、纂《西域图志》《西域同文志》。事见《清史列传》曹仁虎传附、《同治苏州府志》卷八十九。

五月一日,晴,京师以是日为端一,悬钟馗像,黏天师符,民间多以节物相馈。午后,王友亮给谏来,以卸巡城事也。

二日,晴,倪稻孙借寓斋宴客,同集者姚文田、刘嗣绾、吴瑛。

姚文田(1758—1827),字秋农,号梅漪,浙江归安人。嘉庆四年状元。授翰林院修撰。官国子监祭酒、内阁学士、礼部尚书等。著有《说文声系》《古音谐》《四声易知录》《易言》《邃雅堂学古录》《邃雅堂文集》及《春秋经传朔闰表》等。

吴文照(1758—1827),原名煐(瑛),字香竺(一作香竹),号聚堂。工书画。浙江石门人。乾隆五十三年举人,官广东惠州同知。著有《在山草堂诗稿》等。事见《光绪石门县志》卷八。

刘嗣绾,详交游考。

五日,都下风俗颇重端午,贺节者纷纷。锡麒懒不出门,与同寓诸公饮雄黄酒,食蒲苗菹,"黍梦光阴,瞢腾一醉"。

七日,锡麒妻五十生日。

是日日记又云:"余家素贫,自内子来三十余年,椎髻布裙,仰事俯育,供嘉宾之馔、治巧妇之炊,佇苦停辛,略无暇日。他日西溪数间屋,得偕老于梅花竹树间,当可以伸卿眉头也。"锡麒对妻子数年之辛苦颇为感激,并希望他日能偕老于田园山水间。

十二日,过张问陶飞鸿延年之室,观罗聘画折枝花草。

十八日,访法式善祭酒,不值。

六月四日,呼棚匠搭凉棚。

六日，冯集梧送田山姜《大通桥秋泛图》来题。

按，《有正味斋诗集》卷十有《冯鹭庭编修集梧购得田山姜侍郎大通秋泛图索题》。

田山姜《大通桥秋泛图》题词者，一时名家云集。《还京日记》(上)载："一时作者皆国初诸老，如安丘如曹贞吉、阙里颜光敏、荏山王曰高、扬州汪懋麟、莆田林尧英、商丘宋荦……，而诗则竹垞九言最为矫特，今刻《曝书亭集》中者是也。"

冯集梧，字轩圃，号鹭庭，一作鹭亭。嘉兴人。乾隆四十六年进士，授编修。尝刻《元丰九域志》《杜樊川诗注》等。著有《贮云居稿》等。吴锡麒有《冯鹭庭同馆试律约钞序》(《有正味斋骈体文》卷七)、《题冯鹭亭洞庭移居图二首》(《有正味斋诗集》卷十五)。

二十三日，霖雨连朝。

二十四日，晓霁，往法源寺送程维岳还里。

程维岳，字申伯，号爱庐。上海金山人。著名藏书家。乾隆四十五年进士。官至山东道监察御史、军机处行走。颇为大学士阿桂所倚重。著有《凇笠斋诗抄》《观我阁古文事类撮华》。

七月四日，孙星衍招集樱桃传舍，同会者罗聘、法式善、王友亮、刘锡五、张问陶、冯敏昌、魏成宪、方体、伊秉绶、何道生、张道渥、宋葆淳、胡黄海等，是日炎蒸殊甚。

方体，字道坤，号茶山。绩溪人。乾隆五十五年进士。官至湖北按察使。著有《仪礼今古文考证》《仪礼古文考误》《绿雨山房诗文集》等。事具《光绪江西通志》卷一百三十二。

伊秉绶(1754—1815)，字组似，号墨卿、默庵，福建宁化人。乾隆五十四年进士，授刑部主事。历惠州、扬州知府。著有《留春草堂诗钞》等。事见赵怀玉《朝议大夫晋授资政大夫扬州知府伊君墓表》(《亦有生斋文集》卷一六)、《清史列传》本传。吴锡麒有《伊墨卿刑部秉绶出守惠州道过维扬诗以送之》(《有正味斋诗集》卷十三)、《为伊墨卿太守题傅青主画》(《有正味斋诗集》卷十六)、《伊墨卿西溪消夏图序》(《有正味斋诗续集》卷二)。

胡黄海名翔云,字羽溟,号黄海。婺源人。官泾县、绩溪、芜湖等地教谕、训导。著有《仪礼文疏》等。事具《民国重修婺源县志》卷三十五。

五日,王友亮、张问陶过寓斋寄园谈诗,留喫菊花酒,配以水果、鱼菹,略取芳鲜,颇邀隽赏。

按,《船山诗草》卷十一有《七月五日榖人前辈招同葑亭给谏小饮寄园花下》。

十日,过王友亮给谏处,留同魏成宪、张问陶小饮。

十三日,同年饶漫堂来,以所著《桐阴诗集》索序。

饶庆捷,字漫塘(一作漫堂、曼唐),一字桐阴,大埔人。乾隆四十年进士。著有《桐阴诗集》。

十八日,晓霁。闻座主嵇璜卒,往哭诸寝,视殓而反。有诗、祭文。

《有正味斋诗集》卷十《哭座主大学士嵇文恭公四首》。

《有正味斋骈体文》卷二十四《公祭座主嵇相国文》。

十九日,连朝甚雨,秋稼颇有损伤,室中亦无不渗漏者。

是日日记又云:"屡担阶面之平,大惧床头之榻。愁添白发,胜过黄梅。晚来轰然一声,后墙竟倒,虽什物无损,亦终夜有戒心矣。"其时锡麒清贫之状,可见一斑。

按,《有正味斋诗集》卷十有《积雨》,当作于此月。

二十三日,晴,同儿子清学游慈仁寺。

按,《有正味斋诗集》卷十《久雨乍晴出游城西诸兰若各赋一诗得四首》其二"慈仁寺"。

二十八日,生日,杜门谢客,惟那彦成来晤,并赠董文敏临怀素《自叙帖》真迹。

二十九日,范杜招同任承恩、李廷扬大臯、张道源观察、张道渥等小集，主人以巨觥劝客，不觉大醉。

范杜，字仲甫，号怡园，山西介休人。乾隆二十八年武进士。

李廷扬(1767—1853)，字拱辰，号对坡。山东即墨人。嘉庆六年武进士。官直隶宣化镇总兵、浙江衢州镇总兵等。

张道源，字菊坡。山西浮山人。官刑部员外郎、浙江宁绍台道等。工书，尤精隶篆。事见《同治浮山县志》卷二十二。

任承恩，字伯卿，号畏斋，山西大同人。以荫入侍卫，官至福建陆路提督。著有《二峨草堂遗稿》二卷，其中《学稿》《愚稿》各一卷，吴锡麒为序，称其诗"清益求真，华不入靡"。另，锡麒有《谢任畏斋都督惠蟹启》《再谢任畏斋都督惠菊花启》(《有正味斋骈体文》卷十八)。

八月一日，过冯集梧斋，观黄鹤山樵《夏日山居图》。

三日，经玉蝀桥，时秋荷未残，绿衣万叠，中间以粉红，浓缛可爱。

八日，招罗聘、张道源、张道渥、孙星衍、张问陶、宋葆淳饮梦烟舫，以张道渥将之四川简州任也。宋葆淳携唐人双钩右军六帖来观。

九日，那彦成来，同冯桂芬、冯集梧、儿子清学出南星门，游万泉寺。

十五日，苦雨凄风。午间，得汪如洋凶耗，痛不可已，有诗哭之。

《有正味斋诗集》卷十有《哭汪云壑翰撰如洋三首》。

二十二日，为张道渥题《栈道图》，即送其之简州别驾。

按，日记所云《栈道图》当系罗聘所绘《剑阁图》。《有正味斋诗集》卷十有《张水屋道渥之简州别驾任，两峰为画〈剑阁图〉赠别，余题此诗》。且赵怀玉《亦有生斋集》诗卷十三有《题〈剑阁图〉送张判官道渥入蜀》(阙逢摄提格)。

二十五日，倪稻孙招饮于那彦成书连屋，晚即宿其斋中。

是日日记又云："已扫巢痕，还留泥爪，忆往时下榻于此，盖又四换炎凉矣。花木依然，鬓丝易改。星初露晚，思之怃然。"盖回忆往昔坐馆生活，感慨良多。

九月一日，张忍庵招同邵晋涵、赵怀玉等集寓斋。

邵晋涵（1743—1796），字与桐，号二云、南江。余姚人。乾隆三十六年进士，改庶吉士，官至侍读学士。精于史学。著有《南江诗文钞》《尔雅正义》等。事具钱大昕《日讲起居注官翰林院侍讲学士邵君墓志铭》（《潜研堂文集》卷四十二）。

张忍庵，生平俟考。

九日，晴，叶绍楏招同费锡章、张问陶、赵怀玉游崇效寺，秋花甚浓，惜黄菊犹未放耳。僧房小憩，归饮叶绍楏寓斋。

按，《船山诗草补遗》卷四有《甲寅重九，叶琴柯吉士兆楏招同吴榖人前辈、赵味辛舍人小集，分韵得墨字》。

又，《有正味斋诗集》卷十《久雨乍晴出游城西诸兰若各赋一诗得四首》其三"崇效寺"。

费锡章，字焕槎，号西墉，浙江归安人。乾隆四十九年，南巡召试，赐举人。官吏科给事中、太常寺卿、顺天府尹等。著有《治平要略》《赐砚斋诗存》《一品集》《使黔集》等。

十日，同倪稻孙、儿子清学游善果寺。寺在白纸坊，旧名唐安寺，康熙间大学士冯溥有碑。

《有正味斋诗集》卷十有《久雨乍晴出游城西诸兰若各赋一诗得四首》其一"善果寺"。

十一日，房师李殿图从甘肃来，承示《番行杂咏》。

李殿图（1738—1812），字桓符，号石渠，又号露桐。直隶高阳人。乾隆三十一年进士。历官给事中，甘肃巩秦阶道，安徽、福建巡抚。著有《番行杂咏》。吴锡麒云："盖癸丑秋于役松番所过叠藏、蕴台诸地也。又辨洮水、黑水、桓水三条，皆发古人所未发。"（《还京日记》）

按，李殿图是锡麒房师，有知遇之恩。《国朝畿辅诗传》卷四十五引《红豆树馆诗话》载："乾隆乙未，会试，公充同考官，吴榖人祭酒出公门下，方公获祭酒卷，力荐。总裁为无锡嵇文恭公璜，赏吴制艺，而五策征引博奥，疑有舛误，欲摈之。公力争，并于每条下疏其来历，凡数纸。文恭惊服，祭酒遂获本房首选，撤闱后，公作诗纪事，亦科场嘉话也。”又，锡麒撰有《李石渠先生陇西宦迹图记》（《有正味斋骈体文》卷十三）。

十九日，邀罗聘、王友亮、赵怀玉、孙星衍、张问陶、魏成宪、叶绍楏作展重阳会。屠绅自山右来，欢聚至二更而散。

二十日，秋色甚清，王绩著招饮。

二十八日，姚文田、吴瑛、张问陶、倪稻孙、刘嗣绾等集有正味斋看菊。

二十九日，叶绍楏送菊花来，梁斯仪招诸同年至法源寺观菊，归集陈崇本井养轩。

梁上国，字斯仪、九山。福建长乐人。乾隆四十年进士。授编修。官太常寺卿。著有《驳阎氏尚书古文疏证》《驳毛氏大学证文》《山左游记》《辽沈游记》《山右游记》《粤西游记》等。

十月三日，将以明日徙寓兵司马前街，预迁家具。“囊书担酒，牵犬抱鸡，真一幅《村夫子移居图》也。”

五日，贺移居者踵至，倪稻孙为诵《绘声阁诗》云：“频移家似辞巢燕，易尽钱如赴壑蛇。”可谓描写尽致。

按，《绘声阁诗》为陈勾山先生孙女秋縠著，叶绍楏室也。

六日，晚集梦烟舫看菊，小饮连日，送花来甚多。命家僮随意位置。“深浅留香，明灯取彩。玩禽华之麃色，延寿客以制龄，亦冷淡中一场富贵也。”

七日，冯敏昌、赵怀玉、刘锡五、张问陶、何道生醵金为锡麒贺新居，同集梦烟舫诗。何道生诗云：“蘧庐但可著闲身，卜宅何须远市尘。”

按，《船山诗草》卷十一有《贺縠人前辈移居，与刘澄斋、冯鱼山、赵味辛、何兰士分体得七律》。

十一日，陈万全同年来以黄石斋先生手迹属题。

十二日，过访邱铁香太守，出观祝京兆临钟、王墨迹。

邱铁香即邱学勄（？—1796），字至山，号铁香，鄞县人。乾隆二十一年举人，官至江西临江知府。工书法，善诗文，喜藏墨，著有《古树诗续集》《邱至山古近体诗》《百十二家墨录》等。

十八日，晴，陈远山、陈万全昆季招同吴兰庭、唐作楫（晓帆）两同年饮于寓斋，食醋缕鱼，甚美。“乡心枨触，渺渺余怀，不异秋风一箸矣。”

陈远山，陈万全昆季，浙江石门人。生平不详。

吴兰庭（1730—1801），一作兰亭，字胥石，浙江归安人。乾隆三十九年举人。精于史学。年六十余，流寓京师，与吴长元齐名，时号“二吴”。著有《南霄草堂集》《读通鉴笔记》《史记纂误补》及《五代史记考异》等。

唐作楫，晓帆，默斋，秀水人。生平不详。

二十一日，晴，王友亮、屠绅、孙星衍、朱文翰、伊墨卿、张问陶、魏成宪同集梦烟舫，合樽促席，行看钱之令。

朱文翰，字屏兹，一作屏之，号见庵。歙县人。乾隆五十五年会元，官两淮盐运使。曾主讲旌德毓文书院。工篆隶、骈体文。有《退思粗订稿》。

十一月十五日，晴，梁承云招同叶臼湖小集旷庐。

二十一日，晴，甚寒，招屠绅、孙星衍、伊墨卿、朱文翰、魏成宪、叶绍楏销寒小饮，同以《醉司命》分体赋诗。

按，《有正味斋诗集》卷十一有《醉司命辞分得三言体》。

又，《有正味斋骈体文》卷二十有《醉司命诗画卷题词》：“爰合同人各分一体，为迎为送，应宫应商，成《醉司命辞》若干首，属两峰子绘图传之。”

二十二日，法式善邀刘锡五、曹筠轩、李如筠、熊方受、伊墨卿、王芑孙、何道冲、何道生作试帖诗会，以“上元张宴夺昆仑”为题。

是岁，题诗李鼎元《登岱图》。

《有正味斋诗集》卷十《题李墨庄鼎元登岱图》。

赵怀玉《亦有生斋集》诗卷十三《题李舍人鼎元登岱图》（阙逢摄提格）。

李鼎元，字和叔，号墨庄，绵州人。乾隆四十三年进士。官至兵部主事。著有《使琉球记》《师竹斋集》等。事见《清史列传》李调元传附。吴锡麒有《题李墨庄鼎元登岱图》《李墨庄新葺书斋题曰爱日吾庐索诗》（《有正味斋诗集》卷十）。

是岁，为座师王杰七十大寿作寿序。

《有正味斋骈体文》卷十一《韩城相国七十寿序》。

是岁作诗尚有《燕市杨花曲》《同许慕鲁嘉猷、家省庵耆德游崇效寺》《题冯实庵给谏培〈种竹图〉》《题门人祝雪舫雯〈停琴伫月图〉遗照》《戏题麻姑像》《题贺梅庵应祥〈秋林观瀑图〉》《雨后过下洼》《题杨二农崇治〈衡门春草图〉》《题查映山莹给谏〈听雨楼图〉并序》《秋蝉二十韵》《天庆宫观刘銮塑像歌》等（《有正味斋诗集》卷十《重梦集上》）。

乾隆六十年　乙卯(1795)　五十岁

正月初一，晴，以日食停止贺例。是日，有诗。

按，王芑孙《渊雅堂编年诗稿》卷十二有《岁暮自述二首》（甲寅），后附吴锡麒《元日试笔用铁夫岁暮自述诗韵》二首，《续修四库全书》第1480册影印嘉庆刻本。诗有云："五十年华客里身，梅花谁寄一枝春。"详见附录"吴锡麒集外诗词文辑佚"。

初四，车过下洼子，积雪皓然，野烟浮动，冷趣可画。

按，本年纪事据吴锡麒《还京日记》（下），他据者另加按语。

又，《有正味斋诗集》卷十一《重梦集下》作于乾隆六十年、嘉庆元年。首有《春雪二首》当作于本年正月。其一云："满眼杨花急，寥空雁影稀。寒光澄远映，暝色入斜飞。土锉宵添火，茅斋昼掩扉。相思故园侣，沽酒趁蓑衣。"

初五，过三里河桥北之平乐园。

初六，过琉璃厂。“市喧杂沓，骨董新摊，朝士联椐而游者，隐隐展展矣。”

初七，晴，李鼎元招饮，席间遇朝鲜使臣之子洪乐俊、布衣尹仁泰。笔谈。

是日日记又云：“洪乐俊，字仲深，号薰谷，官内阁侍读。又，布衣尹仁泰，字由哉。”“洪意象参阔，颇具王谢门风，尹则山林气多，跌宕而好饮，然皆希心理学，盛称李安溪、陆稼书诸公。”

初八，伊秉绶招集长生长乐之舍，饮酒赋诗，婆娑巨醉。

初九，过晤李鼎元，出示所藏朝鲜人诗一册，云系彼国摛文院检书朴齐家手录相赠者。

十日，乙未同年团拜。观万和班演《长生殿》。酒半，复赴张问陶之招，重遇朝鲜尹由哉并其友李喜经。

十一日，游琉璃厂。

十三日，清寒尤甚。吴阆仙刺史邀看宫戏，即傀儡也。

吴阆仙名士英，字阆仙，怀远人。《扬州画舫录》卷末有吴士英题词。

十四日，张问陶送《冽上四家诗》来。四家者，金箕懋、吴渊常、李光葵、李韶九。

按，《明清江苏文人年表》（第1276页）谓：“张问陶以朝鲜四家诗示榖人，榖人据以考订朝鲜故实。”

本月，友高观海子高凤诏来京应试，从游锡麒。

按，《有正味斋骈体文》卷二十四《高凤诏传》：“甲寅，凤诏举于乡。明年正月北来，时余已还京师，遂同庐旅。……每一艺就，辄质于余。……玉汝于成，吾滋愧矣。无何，礼闱报罢。”

又，《有正味斋骈体文续集》卷七《高秋崖墓志铭》：“乙卯岁，余官都下，值令子凤诏计偕北上，以君命来从余游。”

二月六日，孙星衍、魏成宪踵消寒之会，招同罗聘、屠绅、邵晋涵、王友亮、赵怀玉、汪端光、伊秉绶、方茶山、朱文翰、张问陶、叶绍楏集于樱桃传舍。

八日，张问陶来谈，以印有“翰林风月”四字之高丽墨见惠。锡麒有启谢之。

按，《有正味斋骈体文》卷十八有《谢张船山检讨惠高丽墨启》。

十二日，罗修源同年送宋漫堂中丞《西陂草堂图》来题。

十六日，徐明理招同张问陶、王友亮饮，猪肝鸭臛，咸出心裁，锡麒赠诗云：“长者几生知饮食，世途何味配酸咸。”

按，《船山诗草补遗》卷四有《二月十六日徐寿征招同葑亭给事、穀人编修小饮筵上戏作》。

徐明理，号心田，苏州人。乾嘉时儒商，博学善诗，著有《心田诗稿》。乾隆末，徐明理至京师，与张问陶有交游。《心田诗稿》书名系张问陶手书，并有识语。

十九日，得张道渥蜀中札。

二十日，孙星衍送元人绘《马季长绛帐授经图》来题。晚招钱竹西、姚镜昙等饮于壶庵。

钱竹西名清履(1762—1833)，字庆征，号竹西，嘉善人。乾隆四十九年举人，官湖北白河口同知。著有《松风老屋诗稿》《古芸楼诗钞》。(《晚晴簃诗汇》卷一百五)

二十二日，访张问陶，谈及蜀中花事此日已遍山红踯躅矣。

二十三日，冯桂芬、陈崇本过谈。冯桂芬有《圣教序》旧拓本，颇自矜赏。陈崇本亦构一本，出以相衡。

二十八日，皇上御门，锡麒以备班赴圆明园。晚邀王友亮、徐明理、张问陶小饮。

二十九日，晚来骤寒，邀吴兰庭、陈之纲、陈远山、陈万全昆季、唐默斋（作楫）等同集有正味斋。至酒罢，雪意已浓，片片皆如掌大。

陈之纲，字旭峰，鄞县人。乾隆五十五年进士，官国子监助教。著有《杏本堂诗集》。

闰二月三日，访罗聘，出观所绘《伏生授经图》。

七日，过访冯集梧，出观文休丞《江南春图》，“青山如笑，名花欲言”。

按，《还京日记》作“文休丞”，当系“文休承”之误。文休承名文嘉（1501—1583），字休承，号文水，长洲人。文征明子。明吴门派代表画家。

十二日，晓雨，以闰花朝拟游陶然亭，方望雨止，而大雪陡作。同人各携馔来集斋中，分韵赋诗。张问陶有“桃李几曾甘冷落，亭台何意废登临”之句，锡麒以为最是高雅。

按，《船山诗草补遗》卷四有《闰花朝，榖人前辈约同王香圃麟生、倪米楼稻孙、吴香竺瑛游陶然亭，遇雪不果，同集有正味斋，分韵得今字》。

十五日，张问陶来约明日游钓鱼台，病不得应。

二十二日，徐明理招同毛大瀛、王友亮、孙星衍、张问陶饮，毛大瀛谈所过后藏事，山川人物，娓娓动听。

毛大瀛（1736—1800），字又苌，号海客，宝山人。“练川十二才子”之一。官四川简州知州等。曾赴西藏差遣。著有《戏鸥居诗钞》《戏鸥居词话》等。事具《光绪宝山县志》卷九等。

二十八日，孙星衍招同毛大瀛、张问安、张问陶、徐嵩、徐明理、王芑孙等宴于樱桃传舍，张问陶作图。各有诗纪之。

按，王芑孙《渊雅堂编年诗稿》卷一二《闰二月廿八日，孙渊如刑部星衍招同毛海客大令大瀛、吴榖人编修锡麒、张亥白孝廉问安、张船山检讨问陶、徐朗斋孝廉嵩、徐心田上舍明理小饮寓斋，寓旧为歌者陈郎所居，渊如因用汉瓦文“樱桃传舍”四字颜其室，船山、朗斋即席为图，同人作诗题后，予亦次韵，是日有雨》（乙卯）。

《有正味斋诗集》卷十一有《闰二月二十八日，孙渊如比部招同毛海客大瀛、张亥白问安、船山昆季、王铁夫芑孙、徐心田明理、徐朗斋嵩集樱桃传舍，船山即席为图，并题诗其上，余次其韵》。

张问安（1757—1815），字悦祖，号亥白，遂宁人。乾隆五十三年举人。晚主蜀中华阳、温江书院。著有《亥白诗草》等。事见《清史稿》张问陶传附等。

三月一日，查有圻招同方廷尉、张问陶饮。

查有圻，号小山。海宁人。官刑部郎中、实录馆分校。吴锡麒有《中宪大夫刑部郎中查公墓志铭》（《有正味斋骈体文》卷二十三）。

三日，拟同人作禊会，以事不果。庭际赏丁香花小酌。

四日，张问陶招看丁香，小饮。

六日，同张问陶、叶绍楏、倪稻孙、儿子清学等过崇效寺、法源寺看花。“时海棠半开，梨花亦娟娟如静女。”

十日，约罗聘、徐明理、查堂、查有圻集有正味斋赏丁香。

查堂，字兰圃，海宁人。官刑部员外郎。

十七日，邵晋涵招同孙星衍、赵怀玉、汪端光、张问陶集双藤簃看花。值雨。

按，《船山诗草补遗》卷四有《三月十七日，邵二云侍读招同吴榖人编修、孙渊如刑部、赵味辛中书、汪剑潭助教集双藤簃看花》。

十九日，正大光明殿考差。

二十一日，勤政殿引见。从园中归，一路杨花飞舞如雪。

二十五日，倪稻孙招同刘嗣绾游积水潭。归，集那彦成斋中小酌。

按，《有正味斋诗集》卷十一有《同刘芙初嗣绾、倪米楼稻孙游积水潭》。

积水潭位于今北京二环内的西北隅。曾是漕运总码头、皇家洗象池。

二十六日，过增寿寺。

本月，为袁枚八十寿辰撰寿序。

据方浚师《随园先生年谱》。

按，袁枚作八十自寿诗，和者甚众。后定为六卷刊行，门人戈襄撰《凡例》云："四方来诗一千三百余首，经先生选存者若干首。"吴锡麒《袁简斋前辈八十寿序》亦入选《随园八十寿言》，并得到袁枚及其门生王汝翰的称赏。王汝翰撰附记称："乙卯秋，归自吴门，谒简斋先生于小仓山房。坐次，出视榖人太史此序，惊其沉博绝丽，具有排山倒海之观。翰固窃思撰文以寿先生，见是文惭悚不敢落笔。"

四月五日，招蒲忭、张问安、张问陶、徐嵩、吴煊小集分韵。

按，《船山诗草补遗》卷四有《乙卯会试榜前，榖人前辈约同亥白兄与吴退庵暄、蒲快亭忭、徐阆斋嵩、徐寿征明理集有正味斋看芍药，分得蒸韵》。

蒲忭(1757—?)，字快亭，江苏清河人。嘉庆七年进士，官苏州府学教授。著有《南园吏隐诗存》。

十二日，杜安世(蓉镜)太守招同游金氏园。

十四日，闻叶臼湖凶耗。

五月五日，甚热，蒲酒术羹，与诸同人行令为乐。

八日，应查堂、查有圻昆季之邀，与张问陶、王友亮、徐石溪等游金园。

按，此条据张问陶《船山诗草》卷十二《五月八日，兰圃、小山兄弟招同葑亭给谏、榖人编修及徐石溪孝廉携酒游金园(徐名丽生)》。此诗前第三作系《乙卯春夏与榖人前辈饮酒诗》，后第二十四作系《乙卯六月二十日雨夜怀石琢堂同年湖南学使》。故系于乙卯作。

九日，查堂、查有圻邀游金园，观张问陶指画竹石扇头。

十日，公饯李廷敬、张忍斋之庆徽，演剧。

李廷敬(？—1806)，字景叔，号宁圃、味庄，沧洲人。乾隆四十年进士。官常州、苏州、江宁知府、松太兵备道。事具吴锡麒《李味庄同年诔》(《有正味斋骈体文续集》卷八)。锡麒与李廷敬系乙未同年。二人交游多在锡麒晚年应李廷敬之招于上海修书期间。

张忍斋名姚成(1742—1798)，字自东、讱斋。仁和人。乾隆四十年进士，任内阁中书。官山西学政、内阁侍读、湖南学政等。事具秦瀛《江西督粮道讱斋张姚君诔》(《小岘山人文集》卷六)。

二十二日，翁方纲招同罗聘、赵怀玉、王莲府集苏斋，观所得邕法师碑十三跋，及仇十洲所画《唐六如像》。

六月十日，晚，张问陶来谈，饮以菊花酒。次日，张问陶遂以诗来，有云："砚屏低映小壶觞，问字人来入醉乡。"

按，诗见《船山诗草补遗》卷四《偶过有正味斋，与穀人前辈饮菊花酒，兼读近作》。

十四日，斋中种竹。

二十七日，颜运生携钱舜举《仙山楼阁图》来观，锡麒以为赝本。

颜运生名崇椝，字运生，号心斋，曲阜人。乾隆三十五年举人。官江苏知县。事具《国朝书人辑略》卷六。

七月三日，课仆种墙脚秋花，"老叶疏茎，青红相映，殊动吟趣"。晚，李鼎元来谈。

按，《有正味斋诗集》卷十一《墙下种秋花口占三绝》当作于是日。其一："园丁贪释卖花肩，送与秋花值百钱。红穗碧花都种了，清吟先结草虫缘。"

五日，与王友亮合筵宴客于有正味斋，集者罗聘、王学浩、陈嵩、李如筠、熊方受、郭麐、张问安、张问陶、查堂、查有圻十二人。法式善不期而至。“骤雨忽至，花竹生凉，诗思酒怀，豁然自远。”

按，《船山诗草》卷十二有《七月五日，葑町给事、榖人编修招集有正味斋，酒半得雨，口占一律》（乙卯）。

王学浩（1754—1832），字孟养，号椒畦。昆山人。乾隆五十一年举人。著有《山南论画》《易画轩诗录》。

陈嵩，字肖生，如皋人。充四库馆典籍，工花鸟。事具《道光如皋县续志》卷七。

七日，吴瑛招集褉墨斋，分咏七夕事，锡麒得“襮衣楼”。

十六日，邀同寓诸君持螯小酌。

二十二日，邀王友亮、张问安、张问陶食蟹，适倪稻孙亦至，持螯浮白，饮兴甚豪。

二十三日，同人送公分来，预为锡麒祝寿。晚，为陈荫山题《借树山房歌》。

陈荫山名庆槐，字应三，一作荫三，号荫山。定海人。乾隆五十五年进士，授中书舍人。官内阁侍读等。著有《借树山房诗钞》等。事具《两浙輶轩续录》卷十六。

二十四日，同吴瑛、严荣、刘嗣绾、倪稻孙重游莲花社。晚归，诸君集有正味斋为锡麒称祝。

按，三月二十五日系本年第一次游积水潭，此是再游。《有正味斋诗集》卷十一有《同人重游积水潭四首》。

又，刘嗣绾《尚䌹堂诗集》卷二三（乙卯）有《秋日集莲花社偕榖人先生作》。

莲花社是积水潭之一景。《日下旧闻考》载：“（积水潭）有莲花社、虾菜亭、漫园、定园、镜园……”

严荣（1761—1821），字瑞唐，号少峰。苏州人。乾隆六十年进士。授编修。官金华知府、杭州知府。著有《有美堂后记》。

二十八日，锡麒五十生日，早往南城拜客。午，至张问陶寓，留同早饭。晚归，诸同人在寓者留饮，至初更始罢去。是日，作词《贺新凉》“五十生日有感”。

按，《有正味斋词集》卷八《贺新凉》“五十生日有感”：“五十平头矣，叹无端，鬓毛点雪，飘萧如此。岁岁文章称供奉，那免葫芦样子。但瘦马、东华尘里，剩有头衔冰共冷。笑蚕眠，圆峤何时起。人转羡，处清秘……”

八月一日，往诸处谢客，晚邀诗社诸公小集。

十四日，与张问陶、张问安、王友亮、查有圻、叶绍楏出右安门，至草桥看秋荷，饮于草桥东卖花翁丁氏花圃。

按，《有正味斋诗集》卷十一有《八月十四日，查小山有圻招同人载酒出右安门至草桥，饮于丁氏野圃八首》。

又，《船山诗草》卷十二有《中秋前一日，与葑亭给事、毂人、琴柯编修、兰圃、小山昆季及亥白兄载酒出南西门，饮于草桥之东卖花翁丁氏花圃》(乙卯)。

十五日，姚镜昙送鲞熄鸭来，甚佳，与寓内同人赏中秋。

二十二日，桂馥自山东至，以联句“愿与不解周旋客饮酒，难为未识姓名人作书”属书，锡麒以为妙句。

二十七日，往访罗聘，以管平原所画《白莲女史寒闺吟席图》属题。

二十九日，往访宋葆淳，出观元人罗钝夫《柳塘春意图》，索题。

九月一日，甘立猷招赏盆桂，饮酒赋诗。

按，《有正味斋诗集》卷十一有《九月一日甘西园侍御立猷招赏盆桂》。

甘立猷，字惟弼，一字兰舫，号西园。江西奉新人。乾隆四十五年进士。授编修，官兵科给事中、刑部员外郎等。著有《养云楼诗钞》等，吴锡麒为序。

三日，皇上于圆明园御门，行册立之礼。明年为嗣皇帝嘉庆元年。

五日，晚，王苏笼灯过访，拉往虚谷寓斋沽酒，市炒栗同饮。

八日，赴圆明园。引见，蒙恩升授右春坊右赞善。

九日，重阳，与张问陶、王友亮、查有圻，及外甥关世勋(鹤舟)等载酒重游草桥丁氏花圃。

按，《有正味斋诗集》卷十一有《九日，同葑亭、兰圃、亥白、船山、小山暨关鹤舟甥世勋重集丁氏野圃，以"菊花须插满头归"分韵，得插字》。

又，《船山诗草补遗》卷四《乙卯重阳，与王葑亭给事、吴榖人赞善、关鹤舟上舍、查兰圃、小山昆仲及亥白兄重游草桥丁氏花圃，以"菊花须插满头归"分韵，得满字》。

十三日，为潘逢元(小曜)题《茗花庵图》。

十四日，家人买菊数十盆。晚邀罗聘、桂馥、宋葆淳、伊秉绶、张问陶小集，问陶携画马来观。

二十三日，桂馥招同吴鼒、张问陶、胡唐、吴文桂、宋葆淳等集陈嵩咏篁轩看菊。

按，《船山诗草补遗》卷四有《九月二十三日，桂未谷馥同年招同吴榖人赞善、吴山尊孝廉、胡城东唐、吴子华文桂上舍、宋芝山学正集陈肖生嵩咏篁轩看菊，芝山即景作图，邀同人分韵题诗，得门字》。

吴文桂，字子华，歙县人。著有《就和轩五古律诗》等。事具《民国歙县志》卷五。

十月五日，皇上升殿，锡麒以改职谢恩。午，过张问安红蕉花馆，观桂馥指头八分书。

六日，皇太子生日，文武官员三品以上及翰詹科道至前星门行礼。

午后，万敬溪同年来送蛮锦一匹，并言“大理木怪”、“永平芙蓉”二异。

八日，李如筠招吃鱼生。

九日，赵怀玉招同罗聘、邵晋涵、李鼎元、李骥元、桂馥、周有声、伊秉绶、张问陶、叶绍楏、熊方受、魏成宪等集敦经说史之堂，举“续重阳之会”，出观仇寔甫所画唐六如像。

按，《船山诗草补遗》卷四有《十月九日，赵味辛舍人招同两峰山人、二云、穀人、墨庄、凫塘诸前辈、未谷、介兹同年、希甫舍人、春柳、墨卿比部、琴柯编修集敦经悦史之堂，举续重阳之会，分韵得满字》。

又，赵怀玉《收庵居士自叙年谱略》：“（乾隆六十年乙卯）十月九日，招同罗山人聘、桂大令馥、邵侍读晋涵、吴赞善锡麒、周有声、李鼎元两舍人、李骥元、叶绍楏两编修、熊方受、张问陶两检讨、魏成宪、伊秉绶两比部，集余敦经悦史堂举展重阳会，极一时之盛焉！”

李骥元，字凫塘，号云栈，绵州人。乾隆四十九年进士。散馆授编修，官至左春坊左中允。著有《云栈诗稿》。事见《清史列传》李调元传附。

十一日，邀梁上国、李如筠、王苏、张问陶、叶绍楏、何道生作诗会。

十三日，为桂馥题《狗咬洞宾图》。

十四日，邀同人作消寒会，桂馥携《海神图》来题。

二十四日，夜，招赵怀玉等集有正味斋。

按，此条据赵怀玉《亦有生斋集》诗卷十四《十月二十四日夜，集有正味斋，客散复留，分韵得逢字》（旃蒙单阏）。旃蒙单阏即乙卯。

十一月九日，张问陶约同桂馥、赵怀玉、王苏及张问安小饮，而颜运生适自山东至，桂馥拉同剧饮。

十四日，张问陶、吴鼒、陈嵩同作消寒会，集于小琅环馆。

十二月八日，翁方纲招集苏斋，预作坡公生日，观朱存理《珊瑚木难》稿本。

二十二日，与邵晋涵、罗聘合作消寒会，集于伊秉绶寓斋，罗聘出观文与可山水，后有黄山谷题跋。时伊秉绶亦出观王行满所书《圣教序》，笔力瘦劲，亦一佳拓。

二十六日，立春，赵怀玉招同李鼎元、吴鼒、张问陶、王苏等作春盘小会，分韵赋诗。

按，《船山诗草》卷十二有《乙卯十二月二十六日立春，味辛舍人招同縠人赞善、墨庄舍人、延更编修、山尊孝廉、肖生居士小集敦经悦史之堂，分韵得浩字》。

《亦有生斋集》诗卷十四有《立春日，招吴赞善锡麒、李舍人鼎元、张问陶、王苏两翰林、吴孝廉鼒、陈上舍嵩集亦有生斋，分得看字》（旃蒙单阏）。

二十九日，微阴。张问陶以祭诗作会邀饮。

按，《有正味斋诗集》卷十一《除夕前一日船山招集怀人书屋祭诗二首》。

《船山诗草》卷十二有《除夕前一日，吴縠人前辈、王东林、香圃昆仲及亥白兄、受之弟集飞鸿延年之室祭诗，醉后有作》《祭诗分韵得飞字》。

是岁，秋，表弟倪印元卒，有诗哭之。

《有正味斋诗集》卷十一有《哭倪小迂表弟》。

是岁，招刘嗣绾、王友亮、汪端光、赵怀玉、伊秉绶、陈万全、刘锡五、何道生、张问陶、吴瑛、戴春塘同集壶庵。

刘嗣绾《尚䌹堂诗集》卷二三（乙卯）《吴縠人先生招同王葑亭、汪剑潭、赵味辛、伊墨卿、陈梅垞、刘澄斋、何兰士、张船山、吴香竹、戴春塘集壶庵》。

是岁，郭麐应京兆试入都，一时声名噪甚，所交如吴锡麒、法式善、赵怀玉、张问陶、何道冲、何道生昆季，皆重其诗，“吟宴一开，月斜不去，此唱彼和，互相嗟赏”。时锡麒为题《水村图》。京师同人咸谓“以君之才自当狃青云而直上”，然才高命蹇，一击不中，垂翅而归。郭麐下第南归，锡麒有诗送之。

据郭麐《灵芬馆诗二集》卷首吴锡麒序。

又，《有正味斋诗集》卷十一有《题郭频伽麐水村图三首》，另有《送郭频伽下第南归》。诗详交游考。

是岁，吴鼒从游。得读锡麒未刻稿四十首，赞其“合汉魏六朝唐人为一炉而冶之，胎息既深，神采自王，众妙毕具，层见叠出”。

《吴学士文集》卷四《有正味斋续集题辞》：“乙卯，在都门，始从先生游。一日，饮法司成时帆所。既罢，同车至澄怀园。折荷行酒，谈艺达旦。又得读未刻稿四十首。合汉魏六朝唐人为一炉而冶之，胎息既深，神采自王，众妙毕具，层见叠出。视向所见，如羊角风转而益上，所谓为之不已，直到古人，愈唱愈高，去天三尺者也。”

是岁，作《题元人水村图二首》，赵怀玉、桂馥俱有题诗。

《有正味斋诗集》卷十一《题元人水村图二首》。

赵怀玉《亦有生斋集》诗卷十四《为吴赞善锡麒题元人水村图》（旃蒙单阏）。

桂馥《未谷诗集》卷三《吴縠人赞善席上分题元人水村图》。

是岁作诗尚有《吴越钱忠懿王金涂塔拓本覃溪前辈属题三十二韵》《题王香圃麐书〈读书秋树根图〉》《题张亥白孝廉〈海天秋泛图〉》《秦节妇诗》《蒿灯曲和王葑亭给谏》《斗蟋蟀限豪字》《宋芝山仿米家山水》《陈肖生嵩招同余秋室宫允集、家山尊孝廉鼒、张亥白、船山昆季集笔华墨雪之轩》《崔青蚓洛神图》《题戴春塘〈访秋图〉》《李墨庄新葺书斋题曰爱日吾庐索诗》《〈送穷图〉为张船山作》《朱药斋孝廉荣朝〈望岳楼图〉》（《有正味斋诗集》卷十一《重梦集下》）。

嘉庆元年　丙辰(1796)　五十一岁

正月一日,乾隆帝传位嗣皇帝,改元嘉庆,举行授受大典。礼成,庆贺既行,于午门颁行恩诏。

按,本正月至五月十八日之间的活动,据锡麒《还京日记》(下)。他据者另加按语。

四日,太上皇乾隆帝重开千叟宴,赐砚。锡麒撰《赐砚记》纪恩。

《有正味斋骈体文》卷十三《赐砚记》:"嘉庆元年,正月四日,太上皇帝举千叟宴于宁寿宫之皇极殿。……凡入宴者五千人……宴毕,赏赉珍物,不可胜纪。内端砚一方,腴割鲜云,嫩裁软玉。赤墀拜赐,米黻即以纳怀;青琐承荣,秦观因而制记。用镌款识,以表殊隆,礼也。"

四日前后,锡麒作《圣道执中记》进呈。

按,此条据《有正味斋骈体文》卷十三《圣道执中记(进呈作)》,云:"岁在柔兆执徐,实伊者有事于文祖之载。……太上皇帝崇绍乾图,环周甲篆,阐皇王之大法,修授受之上仪,月正元日,礼成。……宴则千叟迭开,堂则三多并庆。"

四日后不久,来京赴千叟宴之旧友王昶、谢廷燮归家。有诗送别。

按,王昶《春融堂集》卷二十二(甲寅、乙卯、丙辰、丁巳)有《翁学士振三、吴侍讲縠人诸君饯别并以诗卷赠行》。该诗前一作系《宁寿宫侍奉千叟宴恭纪》,王昶本年进京参与千叟宴,后不久即南归。因此,将该诗系于四日后不久。该诗后附吴锡麒《同作》二首,不见锡麒本集,详附录"吴锡麒集外诗词文辑佚"。

又,《有正味斋诗集》卷十一《老友谢陛瞻廷燮来京赴千叟宴于其归也赋诗为别》。

五日,微雪,过玉蝀桥,见老树万梢,迷迷欲白。午后,访梁承云于汲庐,茶话。

十一日,天意稍和,曹云浦招同邵晋涵、朱春泉等小饮。

十三日，上灯节，同寓诸人以“抢状元”为戏。

十四日，法式善招同桂馥、罗聘饮于诗境轩，后各以一杯为赠，下有“拙存斋”之印，不知谁家所藏也。

十五日，吴瑛同年招锡麒昆仲、胡枚、张问安、张问陶集严荣寓斋。

按，《船山诗草》卷十三有《元夜，吴香竺同年瑛招同吴榖人前辈昆仲、胡梁园枚舍人及亥白兄集严少峰荣吉士寓斋，分韵得入字》。

胡枚，字梁园。石门人，工刻印。

十八日，翁方纲招同罗聘、余集、赵怀玉、伊秉绶、金学莲、王莲府及其子宜泉集悯忠寺，观佛牙暨水陆诸像，食素斋而返。晚，锡麒招张问安兄弟等集有正味斋。

按，《船山诗草》卷十三有《正月十八日，榖人赞善招同亥白兄陪顾亭王丈及东林、香圃昆仲集有正味斋，分韵得啼字》。

金学莲(1774—?)，字青侪、子青，号手山。吴县人。监生。早年逗留扬州，居两淮盐政曾燠幕。著有《三李堂集》《环中庐初稿》等。吴锡麒有《金手山环中庐初稿序》(《有正味斋骈体文》卷五)。

二十四日，邀余集、朱春泉、魏成宪等小饮。

二十九日，那彦成来，示知派上书房师傅之信。

二月六日，移至澄怀园中，暂居裴子光寓斋。

裴子光名谦，字子光，山西阳曲人。乾隆三十七年进士。官至侍读学士。著有《竹溪诗草》等。事具《晚晴簃诗汇》卷九十五。

七日，入直南书房，进上书房。晚，饮陈崇本园中。

八日，成亲王永瑆出赵字四体千文并董思白《兰亭》同赏。

成亲王永瑆(1752—1823)，号少厂，一号镜泉，别号诒晋斋主人。爱新觉罗氏，乾隆第十一子。著有《诒晋斋集》等。事具《清史稿》卷二二一。

《民国杭州府志》卷一四六《文苑三》："嘉庆元年，入直上书房，为皇曾孙师傅，与成哲亲王尤莫逆。一帖一画，必预题跋。礼遇之盛，同于大学士刘墉。尝寓澄怀园消夏，成邸为书斋榜曰'小清凉界'。"

成亲王喜好文墨字画，得字帖、书画必与吴锡麒共题跋，其礼遇程度等同于刘墉。锡麒云"匪惟下士之诚，兼荷知己之雅"。吴锡麒有《答皇十一子成亲王启》(《有正味斋骈体文》卷十八)、《诒晋斋咏赵忠毅公铁如意诗卷跋》(《有正味斋骈体文》卷二十)等。

十日，微雪，永瑆出黄庭坚书同赏，后有文征明跋。

十三日，永瑆出赵孟頫诗卷及手札同观。

十四日，永瑆出观怀素《苦笋帖》，有米有仁题跋，并出明人书扇面同观。

十五日，永瑆出观鲜于伯机真迹及国朝名人书扇，晚饮陈崇本寓中。

鲜于伯机(1256—1301)，即鲜于枢，元著名书法家。伯机是其号，晚年营室名"困学之斋"，自号困学山民，又号寄直老人。

十六日，永瑆出观米芾《多景楼诗》及明人闺秀书画扇。《多景楼诗》系秦氏故物，均有桧字印，及秦熹、秦埙诸印。

十七日，永瑆出观鲜于伯机书唐人歌行。

十八日，雨雪大作，永瑆出观陆平原帖，有宋徽宗金字题签，后有手题及董香光跋。晚，秦易堂招饮，出仇十洲绘《鸥江居士小像》同观。永瑆又送到衡山玉磬山房诗画卷来观。

秦承业(1747—1828)，字朴之，号易堂。江宁人。乾隆四十六年进士。散馆授编修。官国子监司业、侍讲学士。著有《瑞芝轩古文》《馆阁诗赋》等。事具《同治续纂江宁府志》卷十四。

衡山，即文征明(1470—1559)，因先世衡山人，故号"衡山居士"，世称"文衡山"，长洲人。明代著名书画家。

十九日，晴，西山积雪。永瑆出文信国札子同观，系与包宏父者。

二十六日，为定邸题《清涟晚泛图》词。

定邸系爱新觉罗·绵恩(1747—1822)，乾隆帝孙，定安亲王爱新觉罗·永璜次子。乾隆五十八年十二月，晋封定亲王。

三月三日，永瑆以《荆轲墓诗》见示，晚，童凤三、张运暹两前辈、秦易堂、陈崇本过饮。

张运暹，字丽瀛，祥符人。乾隆三十四年进士，授翰林院检讨、侍读学士。告归，闭户著书。著有《书经辨疑》《诗经疑志》《四书讲义》《三订喻轮集》《荷薪堂文稿》。

十二日，任承恩来谈。

十六日，永瑆出宋拓《圣教序》同玩，有唐寅、文征明二跋。

二十日，永瑆出河东薛氏本宋拓孙过庭书谱同观。

二十五日，皇上御门，蒙恩升侍讲。

四月二日，午后，达香圃、童凤三、秦易堂、王介堂、邵朗岩等集寓斋小饮。

达香圃名椿(？—1802)，字香圃，乌苏氏。满洲镶白旗人。乾隆二十五年进士。官翰林院侍讲、侍读、国子监祭酒等。事具《清史稿》卷三五三。

王介堂名绶，字介堂。溧阳人。乾隆四十六年进士。官侍讲、安徽学政、内阁学士、礼部侍郎等。著有《泽山书屋文集》等。事具《光绪溧阳县续志》卷九。

邵朗岩名玉清，字履洁，号朗岩，天津人。乾隆四十九年探花。官至国子监司业。

三日，晚，得大鱼，醋缕甚佳，以佐剧饮，陶然一醉。

十五日，父八十寿辰。请都中好友以文字称者制屏寄祝。

按，《有正味斋文集》(钞本)卷墓铭四《先考行状》云："丙辰四月为八十寿辰，不孝锡麒丐都中以文字称者制屏寄祝，闻先君阅之甚喜。”

二十一日，永瑆赠扇面二，一盛茂烨《剑阁秋色》，一僧莹仿巨然山水，皆明人笔也。

盛茂烨，号念庵、一作研庵，长洲人。明画家，善山水。

巨然，五代名画僧，江西钟陵人。擅山水，师法董源。

二十六日，皇上御门，蒙恩转侍读。

二十七日，陈崇本以钱舜举所画《郭元振杀乌将军事》卷子来观，有赵子昂题，皆非真迹也。

是月，锡麒为魏银河《桂岩小隐集》作序。

魏银河(1734—1800)，字星槎，号秋浦，钱塘人。魏成宪父。著有《桂岩小隐集》一卷。吴锡麒为序，款云：“嘉庆初元夏四月同里吴锡麒撰。”

五月一日，蒙恩赐黄葛、白葛二端，鹰毛扇、蕉扇、油纸扇三种，香砞、香袋、药锭等件，皇上书扇，“旧例也”。

十三日，观永瑆画竹，即以一幅见赠。

十八日，驾幸热河避暑山庄，命诸阿哥回邸读书，入直诸臣皆赐休沐。锡麒与张运暹前辈以城中未经僦屋，仍留园居。午后，移就东偏，乃裴子光前辈寓斋。“自诸公进城后，人事罕接，野趣弥多，朝响鱼叉，夕收虾笼。”适永瑆赠以“小清凉界”印章，因取以颜其室。

按，《还京日记》(下)纪事止于此日，是后有《澄怀园日记》。

吴锡麒《澄怀园日记》纪事自本年五月十八日始，迄八月二十七日。“澄怀园，本索相国别墅，后入于官，为张文和公赐园，继刘文正公居之……后葺为内廷翰林公寓，俗遂有‘翰林花园’之名矣。……余以丙辰二月，被命入直上书房，始来园居。”(《澄怀园日记》卷首)

本年夏，锡麒居澄怀园期间，有诗《澄怀园消夏杂诗十首》(《有正味斋诗集》卷十一)。

二十日，进城，赴陈崇本同年之招。

二十三日，过张运暹前辈茶话，书签不整，棋局未收。

二十六日，天骤热，所居幸在树阴中，“小借清凉，可除热恼”。

二十七日，炎热殊甚。奚童采荷花作供。

二十八日，过访张运暹前辈，时晓露未已，宿烟若流。

本月，王芑孙因礼闱报罢，将出都门赴华亭教谕任，在京师友赠行祖饯无虚日。锡麒有送行序文。

按，《有正味斋骈体文》卷十一《送王惕甫之华亭教谕序》。详交游考。

六月五日，同任承恩都督、赵佑副宪过慧福寺，寺在园西，旧名清芳庵。

六日，任承恩邀饮，车甫出门，适逢大雨。

十一日，绵雨竟日，池中荷花大开。

十三日，吴瑛、金学莲冒雨来看荷花，候赵怀玉、伊秉绶、张问陶，不至，皆为雨阻也。

十六日，张问安作《三君咏》，分咏吴锡麒、邵晋涵、冯敏昌。

按，《亥白诗草》卷六《三君咏》其二《吴侍读毂人》：“毂人君子儒，簪笔富文藻。被酒出天真，开编事探讨。词林称老辈，而我识君早。相思御园深，徘徊隔蓬岛。”自注：“六月十六日作此诗。”

二十三日，法式善招集诗龛，傍晚，锡麒以重闉之隔，仓卒抽身，而刘大观刺史、吴鼒孝廉慕锡麒所居澄怀园藕花之盛，策骑与之俱至园中观景。二十四日，昨游澄怀园诸友以诗记之，锡麒为题其端。

按，《有正味斋骈体文》卷二十《六月二十三日澄怀园观荷诗题词》，云：“夏五月，驾幸热河，入直诸臣皆赐休沐。余以城中无寓，仍留园居。……会法时帆祭酒式善招集诗龛，饮兴方浓，斜阳已促，余以重闉之隔，仓卒抽身，而刘松岚刺史大观、家山尊孝廉鼒闻藕花之盛，促骑与偕出西直门。……又十五里，抵园。……尊开绿蚁，舌卷白波。剥莲子以充羹，雪藕丝而作馔。”“明日，同以诗纪之，而余复为题其端，将以补草木之春秋，验醉乡之日日云尔。”

刘大观(1753—1834)，字正孚，号松岚，山东邱县人。乾隆四十二年拔贡。官广西知县、宁远知州等。著有《玉磬山房诗文集》。事具《湖海诗传》卷三八。吴锡麒有《与刘松岚刺史书》(《有正味斋骈体文》卷十七)。

二十八日，晓雨，午后晴。过张运暹前辈茶话，大雨复至。

二十九日，大雨竟日，桂馥、法式善、赵怀玉、洪亮吉、张问陶同约于是日来园观荷，皆为雨阻。

按，赵怀玉《亦有生斋集》诗卷十四《吴侍读锡麒招游澄怀园为雨所阻走笔索和》(柔兆执徐)。

七月七日，招法式善、赵怀玉、桂馥、洪亮吉、伊秉绶、何道生、张问陶集澄怀园清凉界看荷。时桂馥将往滇中永昌，诸君为之送行，皆题诗于箑。

按，《有正味斋骈体文》卷二十有《七夕澄怀园宴集诗题词》：“值雨大作，赋高轩之过，泛泛若舟；识公子之来，翩翩如鹭。”“于是据石选句，临流作书。君子之风，先传于箑；名士之酒，已设于尊。”“后数日，汇所为诗，装潢成轴，余重为题之。俾未谷携之滇中，以慰他日相思之念云。”

张问陶《船山诗草补遗》卷五《七夕，吴榖人侍讲招同法时帆祭酒、赵味辛舍人、桂未谷大令、洪稚存编修、伊墨卿比部、何兰士水部集澄怀园看荷》。

洪亮吉《卷施阁诗》卷十七《回舟百峤集》(乙卯、丙辰)有《七月七夕，吴侍讲锡麒招集澄怀园赏荷，即席赋赠》。

伊秉绶《留春草堂诗钞》卷二有《七夕，雨中同洪稚存编修、赵味辛舍人怀玉、张船山检讨宿吴榖人侍读锡麒澄怀园直庐三首》。

法式善《存素堂诗初集录存》卷六《七月七日，吴榖人前辈招同桂未谷洪稚存、赵味辛、伊墨卿、张船山、何兰士集澄怀园清凉界，时未谷将之永昌》（丙辰）。

赵怀玉《亦有生斋集》诗卷十四《七夕，冒雨访吴侍读锡麒于澄怀园之小清凉，流连永夕，即事成篇》（柔兆执徐）。

八日，雨，诸君皆冲泥而去，午后始霁，晚来独酌赏花。

十五日，观家人放荷灯。

十七日，午后试白荷花酒，以荷花饼佐之。“别有清凉，自成馨逸。”

二十一日，晓雨绵密。进城为桂馥送行。

二十二日，晴，池中红莲渐稀，白花始盛，亭亭高格，徘徊赏之。

八月一日，晓霁，访任承恩不值。

十二日，进城，明日与澄怀诸君子会于稧墨斋。“小别三秋，相看一笑。问荷花之无恙，怜燕子之将归。”

十八日，洪亮吉招饮卷葹阁，坐中皆旧友。“敲竹待拍，折花当筹，络绎满杯，婆娑巨醉。”

二十二日，任承恩来谈，闻圣驾于九月初三日还京，入直诸臣当来旧寓，巢痕待扫，泥爪徒留。“惟自幸于藕花世界中消受此番清福也。”

二十七日，临池观采荷叶。

按，《澄怀园日记》纪事止于此日。《有正味斋骈体文》卷十四有《澄怀园留别记》。

八月，为罗聘《香叶草堂诗存》撰序。

罗聘《香叶草堂诗存》卷首吴锡麒序款识：“嘉庆元年，岁在丙辰秋八月，钱塘愚弟吴锡麒拜撰。”该序收入《有正味斋骈体文》卷三。

十月二十三日，雪后，同年陈崇本招集井养斋，同用壁间苏轼《武昌西山》诗韵作诗。

《有正味斋诗集》卷十一《小雪后一日，雪后陈伯恭同年招集井养斋，同用壁间东坡武昌西山诗韵》。按，查本年小雪系十月二十二日，后推一日即十月二十三日。

十一月二十五日，温汝能招同张问陶、洪亮吉等小集。

《船山诗草补遗》卷五《十一月二十五日，温熙堂汝能同年招同縠人侍读、步容编修、春崖孝廉、稚存同年小集，即席有作》。按，该诗前第三作系《丙辰初冬乡思》、前第二作系《十月初三日，与王伯雨、彭田桥、邵寿民葆祺小集于飞鸿延年之室，分韵得之字》。后二作系《丙辰小除夕，洪稚存编修招同吴縠人侍读、戴东山殿泗吉士、戴金溪敦元礼部、伊墨卿、方茶山两比部、赵味辛、刘澄斋、叶云素、温谦山四舍人及予与田桥祭诗于卷施阁，同人嘱予作贾长江画像祀之，因题长句纪事》。故推定本诗作于丙辰。

温汝能（1748—1811），字希禹、熙堂，号谦山。广东顺德人。乾隆五十三年举人，官内阁中书。著有《谦山诗钞》《谦山文钞》，编《粤东诗海》《粤东文海》等。

十二月二十九日，小除夕，洪亮吉招同戴殿泗、戴敦元、伊秉绶、方体、赵怀玉、刘锡五、温汝能、张问陶等祭诗于卷施阁。锡麒作文记之。

《有正味斋骈体文》卷十四有《小除夕卷葹阁祭诗记》。

洪亮吉《卷施阁诗》卷十七《回舟百峤集》（乙卯、丙辰）有《小除日，邀同吴侍读锡麒、戴吉士殿泗、赵舍人怀玉、温舍人汝能、方比部体、刘舍人锡五、伊比部秉绶、叶舍人继雯、张检讨问陶、彭明经蕙交、戴礼部敦元集卷施阁祭诗作》。

张问陶《船山诗草补遗》卷五《丙辰小除夕，洪稚存编修招同吴縠人侍读、戴东山殿泗吉士、戴金溪敦元礼部、伊墨卿、方茶山两比部、赵味辛、刘澄斋、叶云素、温谦山四舍人及予与田桥祭诗于卷施阁，同人嘱予作贾长江画像祀之，因题长句纪事》。

按,《中国文学编年史》(第776页)谓是年“十二月十九日,张问陶等集于卷施阁”,误。小除夕日当为除夕前一日,即十二月二十九日。顾禄《清嘉录》“小年夜,大年夜”云:“或有用除夕前一夕者,谓之小年夜,又曰小除夕。”

戴殿泗(1746—1825),字东瞻,浙江浦江人。嘉庆元年进士。授编修。著有《风希堂诗文集》。事具《两浙辅轩续录》卷十八。

戴敦元(1767—1834),字金溪,号吉旋。浙江开化人。乾隆五十八年进士。由刑部主事累迁刑部尚书。卒谥简恪。著有《戴简恪公遗集》。事具《清史稿》卷三七四。

是岁,湖北宜都、枝江爆发白莲教起义。锡麒作诗感怀,有“江汉兵方驻,旌旗影互翻”之语。

《有正味斋诗集》卷十一《对月二首》其一:“清光无远近,一镜破空飞。掬水乍盈手,泼寒时著衣。关山殊自阔,砧杵未应稀。惆怅刀头约,良人只梦归。”其二:“江汉兵方驻,旌旗影互翻。照来纷战骨,挂处几空村。惨惨回飞隼,苍苍起啸猿。书生添发彩,望远立黄昏。”

是岁,阿桂八十大寿,为作寿序。

《有正味斋骈体文》卷十二《阿广庭公相八十寿序》。

王昶《春融堂集》卷六十二《太子太保武英殿大学士一等诚谋英勇公谥文成阿公行状》:“生康熙五十六年八月三日。……(嘉庆元年)八月,八十生辰。”

是岁,为高凤诏作传。本年恩科会试,高凤诏再次报罢,归浙途经练市,卒于舟中。

《有正味斋骈体文》卷二十四《高凤诏传》。

是岁作诗尚有《雨中退直》《慈云寺后寻宫人斜故址》《陈肖生画梅歌》《十国春秋小乐府》《题时帆祭酒〈雪窗课读图〉》《雪》等(《有正味斋诗集》卷十一《重梦集下》)。

嘉庆二年　丁巳(1797)　五十二岁

二月初，以父母年事已高，上书陈情乞养南归，得遂所请。

按，本年二月初至闰六月二十二日，锡麒乞养南归，沿途逐日作记，题曰《南归记》。此期间纪事多据此，他据者另加按语。又，本年二月初至闰六月下的所作诗歌后收入《有正味斋诗集》卷十二，题曰《归帆集》。

故侣旧交，深谈话别，依依不舍。成亲王永瑆“匪惟下士之诚，兼荷知己之雅”，闻锡麒乞养，首以诗赠行。其时，自藩邸以下及布衣之交，无不赠以诗文，或绘图纪别。“近时士大夫归里之荣，盖仅有矣！”

按，永瑆《诒晋斋集》卷六有《送毂人先生给假还里》(丁巳)。同卷又有《秋夜雨柬诸先生兼怀毂人先生》(丁巳)。

赵怀玉《亦有生斋集》文卷五《送翰林院侍读吴君归养序》：“嘉庆二年春，翰林侍读钱塘吴君圣征，以两尊人春秋高，陈情乞养。既得请，与君游者饯饮无虚日。自藩邸以下及布衣之交，无不赠之诗文，或绘图纪别。近时士大夫归里之荣，盖仅有矣！”

《亦有生斋集》诗卷十五有《题湖山归养图送吴侍读锡麒》(彊围大荒落)。彊围大荒落即丁巳。

伊秉绶《留春草堂诗钞》卷二《题湖山归养图，送吴毂人侍读假归》。

张问陶《船山诗草》卷十三(丁巳)《丙辰以来，二云学士下世，鱼山比部忧归，未谷大令之云南，铁夫校官之华亭，椒畦归昆山，亥白兄回里。比者，毂人侍读亦将乞假归杭州，两峰山人亦将归扬州。酒人云散，一别如雨。慨然有作，忽不自知其言之悲也》。

十二日，自澄怀园移寓全浙会馆。是日，定邸赠诗，有云：“怀哉讲幄间，盘桓惬言意。江湖虽阻修，更望鲤书寄。”

十五日，洪亮吉于卷施阁为锡麒饯行。洪亮吉尚有送行序文。

按，洪亮吉《卷施阁文乙集续编》有《送翰林院侍读吴毂人先生乞养归里序》：“嘉庆二年三月上巳日，吾友翰林院侍读吴君乞养南归，其同岁生洪亮吉招同志之朋，乘入直之暇，饯之于卷施行馆。”（《洪亮吉集》第1册396页）据吴锡麒日记云，洪亮吉于卷施阁饯行系二月十五日，而洪亮吉送行序则云上巳日。二人所云或为两次小集。

十九日，翁方纲招同余集、赵怀玉、伊秉绶、王宗诚、金学莲于法源僧舍赋诗。

二十五日，石韫玉招法式善、洪亮吉、赵怀玉为锡麒饯行，并赠送行序。

按，石韫玉《独学庐二稿》文卷上《送吴侍读归养序》：“夫怀金恋紫，搢竹垂鱼，进而不知退者，慕禄之夫也；左林右泉，吟风啸月，往而不思反者，嘉遁之士也。若时止而止，时行而行，轩冕不加荣，山林不加晦者，唯有道之彦乎。惟我前辈吴侍读穀人先生，斯文金玉，吾党渊云，执牛耳于骚坛，渐鸿仪于皇路。……乃一官落拓，廿载委蛇……于是坚养志之心，上陈情之表。”

石韫玉（1756—1837），字执如，号琢堂、独学老人，吴县人。乾隆五十五年状元，授翰林院修撰。官至山东按察使。晚主苏州紫阳书院。著有《独学庐诗文集》《花间九奏》杂剧等。事见《清史列传》卷七二。吴锡麒有《石琢堂修撰重集兰亭字题词》（卷二十）。

二十七日，澄怀园诸先生公饯，饮酒赋诗，流连竟日。诗已编入《澄怀风雅》，王正亭前辈为作序。

按，《澄怀风雅》，该集未见。

王正亭名坦修（1744—1809），字仲履，号正亭，湖南宁乡人。乾隆三十七年进士。官至侍讲学士。晚年主讲常德朗江书院、岳麓书院。著有《东湖诗文集》《东湖经史札记》等。事具《光绪湖南通志》卷三十七。

二十八日，孙铨为作《澄怀饯别图》，永瑆题“朗玉孤桐”四字。

孙铨，字鉴堂，号少迂、小迂，昆山人。乾隆四十五年举人，官山东阳信知县。工书画。为成亲王永瑆赏识。事具《墨香居画识》

《墨林今话》。

二十九日，门人那彦成招饮浸斋，话别。锡麒有《浸斋话别记》。

按，《有正味斋骈体文》卷十四《浸斋话别记》："丁巳二月二十九日，门人那绎堂阁学彦成招集于浸斋。"

三月三日，查有圻招饮，张问陶赠砚。

是日日记又云："沉沉此醉，黯黯余怀。"此番别离，锡麒对京中诸旧雨颇为不舍。

四日，法式善招集诗龛，写像，并赠送行诗。

诗即《存素堂诗初集录存》卷六《送吴榖人侍读南归》(丁巳)。

五日，胡枚舍人、吴瑛孝廉招饮。

八日，清明，同人公饯陶然亭，会者罗聘、洪亮吉、赵怀玉、查堂、汪端光、方体、伊秉绶、魏成宪、查有圻等，分韵赋诗。罗聘为作《江亭饯别图》。

《有正味斋骈体文》卷十四有《陶然亭公饯记》："盖仆自服官之年，即怀归养之志。戴长安之日，一寸心驰；望太行之云，终朝目极。而乃流连冕笏，阅历风尘，泉甫在山，莺还出谷者，何哉？徒以家过贫薄，资无衣粮。思藉一官，稍窃微禄。得买田于秦亭之下，结宇于西溪之滨。"

《有正味斋诗集》卷十二《归帆集》有《乞养将归留别都中知好四首》作于将归前。其一："春风吹草绿，此别黯难禁。十日故人酒，万端游子心。宦途争短梦，乡语助长吟。珍重枯桐在，平时有赏音。"其二："日日看星斗，高堂念久违。关山殊莽卤，烟水得因依。前度原非计，今番始是归。临歧还忍泪，怕涴寄来衣。"其三："弟妹多贫贱，妻孥剧苦辛。徒教成薄宦，何计慰衰亲。鸥鹭盟非急，莼鲈话岂真。好因腰脚健，负米及兹辰。"其四："折柳劳相送，诛茅冀可安。听言增郑重，即事想艰难。高义真如古，东风不觉寒。归先报知己，长幼喜团圞。"

洪亮吉《卷施阁诗》卷十八(丁巳)有《清明日,同人各携酒至陶然亭饯吴侍读锡麒,分韵得郭字》。

十日,翁方纲作送行文。

按,翁方纲《复初斋文集》卷一五《同学一首送别吴榖人》,款曰:"嘉庆二年春三月十日,北平同学弟翁方纲。"锡麒后刊行《有正味斋诗续集》,以之为序。

十二日,晨起治装,出齐化门。

十三日,与汪鹿园会于松棚庵。

十四日,水浅,舟行甚难,至晚始达皇木厂。

十五日,水浅,留泊竟日。

按,《有正味斋诗集》卷十二有《三月十五夜张家湾对月作》,比照日记,知该诗作于是日。张家湾在今北京通县南张家湾镇。

十六日,晓过张家湾,午次里二泗,夕泊榆林庄。

十七日,过漷县码头。泊高家村。

十八日,过河西务。

十九日,过南蔡村,晚泊大榆庄。

二十日,行十八里,过武清杨村而泊。时程振甲吏部挈家眷还南,亦泊于此,留饮舟中。

按,《有正味斋诗集》卷十二有《舟次杨村,程也园吏部振甲亦以请假南还,追余及之,与订联舟之约,即赠二首》。

程振甲(? —1826),字篆名、也园,号木庵,歙县人。工书、制墨。乾隆四十九年召试,赐举人,授内阁中书。官吏部主事、军机处行走等。著有《木庵藏器目》等。事具《光绪重修安徽通志》卷一八七等。

二十一日,过蒲沟、辛庄。

二十二日，过桃花口，午次丁字沽，过三岔河。晚过天津关泊。

二十三日，大风，泊天津。晚陆香森(研亭)明府招集县斋。

二十四日，大风。丁丽川观察招集官舍。

二十五日，大风，不能发舟。午食西施乳(即河豚白)，作《西施乳》排律一章。晚间与程振甲、胡唐聚。

按，《有正味斋诗集》卷十二有《西施乳十六韵邀胡城东唐同作》。

胡唐(1759—?)，又名长庚，字子西，号西甫、城东居士，歙县人。工书法、篆刻。

二十六日，晴，开舟行十余里至大园。午后过杨柳青。夜泊木厂村。

二十七日，过独流口。午后，阴，至静海县。晚次双塘。

二十八日，阴，大风。午泊长屯。过钓鱼台，有子牙里，相传太公曾钓鱼于此。

二十九日，晴。过独流河，晚抵青县。

三十日，晴。晓自青县开舟，午过乾宁驿。地有龙窝宫，乃明昭圣皇后诞处。夕泊花园。

四月一日，阴大风雨。午过沧州。州牧周芗谷之子周琪、侄周湘来见，并馈沧酒。

周芗谷，即周世絜，乾隆四十年进士，官至福建汀州知府。

周琪、周湘，生平不详。

按，《有正味斋词集》卷六有《金蕉叶·沧州道中同年周芗谷州牧世絜饷沧酒》。

二日，晴。过化城寺。午次泊头镇。夜宿十五里口。

三日，阴，次牛坊。友潘仁摄令于此，邀至署中。

四日，阴，至连窝。

五日，晴，午次安陵，晚泊柘园镇。

六日，阴，经白草洼。午，大风，停泊半日。抵德州。

八日，晴，从德州赁车陆行。将游泰山。午后于平原遇汪鹿园。晚宿二十里铺。

按，《有正味斋诗集》卷十二有《立夏前一日将游泰山自德州登车作》。

九日，立夏，过禹城，晚宿晏城，乃晏子食邑。

按，《有正味斋诗集》卷十二有《宿晏城》。

十日，晓过齐河，午后抵历城界。晚宿东关。泰山太守金素中来访。

按，《有正味斋诗集》卷十二有《望华不注》。华不注，又名华山，地处济南历城。

金素中名檠，仁和人，官济南知府。纂《泰山志》。

十一日，晴。买小舟泛大明湖。

十二日，阴，宿张夏，遇鲍之钟以乞假归里，遂约同游泰山。

按，《有正味斋诗集》卷十二有《张夏遇鲍雅堂户部之钟约同岱游》。

鲍之钟，详交游考。

十三日，近泰安郡。泰安令蒋予林洁馆以待。

十四日，晴，同鲍之钟等游泰山。各有诗、文。

按，吴锡麒同鲍之钟等游泰山，有《游泰山记》（《有正味斋骈体文》卷十五）。

又，吴锡麒游泰山期间，有诗《泰安道中望岱》《自一天门至红门坊》《寻隐真洞遂达樱桃园》《桃花涧》《从高老桥三里抵水帘洞》《过歇马岭小憩壶天阁》《度步天桥上二天门》《虎埠石望徽来山》

《快活三寻小龙峪、弄月岩诸胜》《御帐坪》《五大夫松》《朝阳洞》《对松山望两崖松树作歌》《由新盘口经石壁峪遂上十八盘》《登南天门》《自锁云岩抵莲花峰下作》《泰山二首》《出东神门遇大风过摩云岭》《下独足盘观笋城至凤皇岭》《游天空山访黄华洞》《夕投碧霞宫宿》《岱顶对月同雅堂作》《夜起观月复成二首》《日观峰观日出歌》《由浴日亭上太平顶观无字碑》《东岳庙唐摩崖碑》《望吴峰》《涤虑溪》《下南山门还至快活三作三首》《访王母泉因至吕公洞》《岱庙六十韵》(《有正味斋诗集》卷十二)。

十五日,自泰山归。

十六日,自泰山起身。

十七日,晴,过毛村,至宁阳。经吕家村,晚至兖州,太守克兴额来迎。

十八日,自兖州起身,午抵济宁旅舍。

十九日,同孙星衍观察、黄小松司马等登城南太白楼。

黄小松名易(1744—1802),字大易,号小松、秋庵、秋影庵主等。钱塘人。工书、篆刻。与丁敬都并称"丁黄",为西冷八家之一。官济宁同知。著有《小蓬莱阁诗钞》。

二十日,晴,待舟不至。午间黄小松招饮,同集者孙星衍、钱清履、蒋因培等。

按,《有正味斋诗集》卷十二《题钱竹西孝廉履清独立苍茫图》当为此日前后途经济宁待舟不至,与钱竹西、孙渊如等人有短暂相处时所作。诗云:"一段苍茫想象间,隔林历历鸟飞还。此中何处寻千古,斜照忽然明四山。别有孤怀难得耦,只除吟思不能闲。故园归去如相问,杜老江关发已斑。"

蒋因培(1768—1838),字伯生,常熟人。十七岁以国子监生应顺天乡试,为法式善所激赏,由是知名。历官滕县、汶上、泰安、齐河诸县。著有《乌目山房诗存》八卷。事迹见黄安涛《山东齐河县知县蒋君墓志铭》(《续碑传集》卷四〇)。

二十一日,得金素中太守书,索题泰山题名勒石。

二十二日,进城访黄小松,不值。出西门堤,上望马场湖。

二十三日,黄小松遣人送越酒、鳜鱼,为之一醉。

二十四日,蒋因培来,以所著《乌目山房集》属为点次。锡麒喜其七古专摹长吉,称其"近体亦殊高秀,五言、七言皆有晚唐风格"。

按,《有正味斋诗集》卷十二有《任城舟夜读蒋伯生因培〈乌目山房诗〉题赠二首》。

二十五日,张姚成同年以督运至济宁,来舟中款谈。

二十六日,舟已过柳林闸,不日将至。晚,孙星衍携酒肴来舟中,邀同蒋因培小酌。

二十八日,舟至。晤程振甲。午后,孙星衍邀同程振甲、张姚成、蒋因培游李太白浣笔泉。

二十九日,张姚成邀同程振甲、孙星衍舟中早饭。是日晚,过赵村闸。

五月一日,晴,午后过石佛闸。

二日,过新店闸。晚,程振甲招饮舟中。

三日,过仲家浅。晚,过枣林闸。是日,江西赣帮粮船有演龙舟者。

四日,晴,晓过南阳闸。夜泊徐家口。

五日,端午,过珠梅闸,次夏镇,有泗水亭。是日,程振甲吏部邀胡唐、沈铨、吴鸣捷、程祖洛诸友觞于行舟,绘图赋诗,以纪其事。

沈铨,字师桥,一字季掌,号青来。天津人。善绘事,山水师沈周,花卉宗恽寿平,亦工隶书和篆刻。

吴鸣捷,字蔗芗,一作蔗香,歙县人。嘉庆六年进士。

程祖洛(1776—1848),字问源,号梓庭。歙县人。嘉庆四年进士，由刑部主事升内阁学士。官江苏巡抚、闽浙总督等。谥简敬。

六日，舟行至彭口而泊，宿赤山口。

七日，晴，舟中望吕、孟诸山，俱在缥缈间。过韩庄闸。

八日，自台庄发舟，午后邀程振甲、胡唐、沈铨、吴鸣捷、程祖洛来舟中小饮。次大王庙，夜泊猫儿窝。

九日，过牛头湾，有行青龙求雨。至九龙庙而泊。

十日，过骆马湖，湖在宿迁县西北十五里。晚，开舟乘月而行，至小河口泊。

十一日，过崔镇。

十二日，风雨竟日。过淮安府桃源县。

十三日，晴，抵杨庄，即黄河口也。

按，自此日至下月初三，锡麒舟滞泊杨庄。

十五日，阴。午后，雨。程振甲招饮舟中。

十六日，观捕鱼。午后，吴鸣捷携酒烹鱼，邀诸君来锡麒舟中酣饮。

十九日，程振甲惠赠枇杷子、鲥鱼，有启谢之。

按，《有正味斋骈体文》卷十八有《杨庄舟中谢程也园吏部惠枇杷鲥鱼启》。

二十日，午后，招胡唐、吴鸣捷、程祖洛来舟中小饮。

二十一日，李廷隆兵备招同程振甲看演杂剧。

二十二日，招程振甲、胡唐、吴鸣捷舟中早饭，吃鱼脑羹。午后，兰第锡河督自徐州回清江署，来晤。

兰第锡，字庞章，号素亭，山西吉州人。乾隆十五年举人。官河东河道总督、江南河道总督。

二十三日，同程振甲往候兰第锡河督。饭后，访和潜斋观察，款谈半晌，渡河而归。

二十四日，程振甲招饮。

二十六日，和潜斋观察渡河来候。

二十七日，同程振甲渡河，赴和潜斋、宣晋山两观察之招，看演《桃花扇》诸剧。

六月二日，刘凤诰学士先渡河去。胡唐、吴鸣捷、程祖洛过谈，留同晚饮。

按，《有正味斋诗集》卷十二有《黄河阻浅舟泊杨家庄者匝月以诗破闷六首》。锡麒五月十三日抵杨家庄，直至六月初三始渡黄河，其间在杨家庄滞留二十一日，故有此破闷之作。

刘凤诰（1761—1830），字丞牧，号金门。江西萍乡人。乾隆五十四年进士，授院编修。官国子监祭酒、太子少保。著有《存悔斋集》《五代史补注》等。

三日，晴，过黄河，晚泊马头镇。

按，《有正味斋诗集》卷十二有《渡河二首》。

五日，午后，放舟过三壩。

七日，阴，“风波莫定，羁旅自伤”。时曾燠任淮扬都转，锡麒先驰一札致之。

按，《有正味斋骈体文》卷十七有《杨庄舟中寄曾宾谷书》。

十日，移舟至清江浦，泊禹王台。

十一日，晓雨，午后晴。往晤兰第锡河督、和潜斋、宣晋山两观察。晚，移舟过龙王闸，即清江闸也。

十二日，过淮关。是日，令舒升寄家书回杭，夜泊宝应。

十三日，过平沟。午后，过界首。晚，泊高邮。

十四日，经召伯镇，过湾头，晚抵扬州，泊徐宁门外。儿子清学自杭来迎，与倪稻孙表侄同住埂子街已将匝月。内侄杨昆台(边)亦先到此，经旬矣。

十五日，程振甲来晤。

十六日，同程振甲、黄文辉(阆峰)中翰游香阜寺。

十七日，往候查篆仙观察、曾燠都转、李学颖刺史、同年吴绍灿、吴绍浣兄弟。

查淳，字葆之，号篆仙，又号梅舫。顺天人。官至大理寺少卿。著《梅舫诗集》《灵渠纪略》三卷。

吴绍灿(1744—1798)，字澄野，号苏泉。歙县人，寄籍扬州。乾隆四十年进士，官编修。编有《金薤集》等。生卒年据吴锡麒《家苏泉编修传》(《有正味斋骈体文》卷二十四)。

十八日，吴文桂招游湖上。

十九日，拜客。晚，叶天赐招饮。

二十日，曾燠招同赵翼、程振甲于署斋观剧。

二十一日，过梅花书院，访张铭(敬堂)山长，不值。晚，李春舟刺史招同程振甲、黄文辉饮于小竹西斋。

二十二日，唐侍升(芝田)观察招同张敬堂山长、吴绍灿、吴绍浣昆仲小集。

二十四日，吴绍灿、吴绍浣兄弟招同赵翼前辈、唐侍升、张铭为消夏之会。

二十五日，竹溪上人招，遂投金粟庵。

二十六日，程鼎来(畹香)招同方兰(董川)午饭。晚，复饮吴鲁宅，为题梅壑散人《鱼乐小景》。

按，《题梅壑散人鱼乐小景》一诗不见于吴锡麒本集。

二十七日，吴熏招游湖上，饭于汪园。饭毕，放舟至桃花庵，访石头上人，日落始返，仍饮汪园。

闰六月一日，郭均、郭堃昆季、蒋知让、吴鼒招游扬州上方禅智寺，即竹西寺也。

按，《有正味斋诗集》卷十二有《同郭虚斋均、令弟厚庵堃、蒋思退知让、家山尊鼒游禅智寺》。

郭均，虚斋，丹徒人，郭堃兄弟。生平不详。

郭堃，见交游考。

蒋知让(1758—1809)，字师退，号藕船，铅山人。蒋士铨子。乾隆四十五年，南巡召试，赐举人。官唐县知县。著有《妙吉祥室诗钞》。事见《同治铅山县志》卷十五。

二日，叶咏亭招饮，晚，买小舟赴仪真。

三日，晓，赴仪真。是日，亲家江绍莘招同蒋良平、尤荫、陈实孙、程鼎来、俞应承(孚亭)集于红踯躅吟馆。

四日，程畹香招集宏宗院，尤荫即景挥毫为画扇头小景，同人各分韵赋诗。

五日，俞应承仍招集江绍莘斋中，尤荫出《见怀诗》示锡麒。是晚酒后下船回扬。

六日，晴。自仪真回，午后开舟过钞关。

七日，晴。沈锟自杭来晤。晚，泊三汊河。

八日，晴。晓渡江，次京口驿。上岸谒师王文治，约明日游焦山。

九日，晴。过京口，与王文治师、鲍之钟同游焦山，登文殊阁，晤避暑于此的茅元铭前辈。

茅元铭，字耕亭，号栗园。丹徒人。乾隆三十七年进士。散馆授编修。官至内阁学士兼礼部侍郎。著《诵芬斋诗钞》等。事具《光绪丹徒县志》卷二十二。

十日，早起，登东升楼观日出。由焦先生祠而西，抵三诏洞。登焦山顶吸江亭。时郭均设馔于文殊阁以待,饭毕,渡江。

按,《有正味斋诗集》卷十二有《舟至镇江王梦楼师、鲍雅堂户部约为焦山之游》《明日自京口驿放船至焦山》《文殊阁》《定慧寺访借庵上人清垣茶话》《焦山玩月歌》《三诏洞拜焦隐君像》《别峰庵》《登吸江亭》《观音岩次石壁上宋人赵冰壶韵》,诸诗均作于游焦山期间。

又,《有正味斋骈体文》卷十六有《游焦山记》。

十一日,顺风,挂帆而行。过丁卯桥、新丰镇。午后,抵丹阳。夜,泊吕蒙城。

十二日,晓,过张店。过常州,晚泊戚墅。

按,《有正味斋诗集》卷十二有《舟次戚墅》。

十三日,阴。望锡山塔。

十四日,晴。由望亭至金鸡桥。午后,抵浒墅,待关。

十五日,晴。晓过浒墅关,经射渎,至苏州,泊胥门外。

按,《有正味斋诗集》卷十二有《立秋日过姑苏》:"不信吴门路,来逢一叶飞。山川感游子,舟楫倦斜晖。瑶瑟待谁泛,美人今久违。遥闻采莲唱,风露莫忘归。"查本年立秋系闰六月十五日,因定该诗作于是日。

十六日,晴。午后,往候费朴堂中丞、李尧栋太守、范来宗同年及其弟范来芝。

费朴堂名淳(1739—1811),字筠浦,钱塘人。乾隆二十八年进士,授刑部主事。官江苏巡抚、两江总督、体仁阁大学士等。谥文恪。

李尧栋(1753—1821),字东采,号松云。山阴人。乾隆三十七年进士。官江宁知府、湖南巡抚等。著有《写十四经堂集》。事具陈用光《资政大夫前湖南巡抚李公神道碑铭》(《太乙舟文集》卷八)。

十七日，晴。李尧栋太守招同王昙孝廉早饭。归即开舟。高宗元追送至盘门，舟中茶话。晚泊宝带桥。

按，《有正味斋诗集》卷十二有《宝带桥晚泊》。

王昙(1760—1817)，又名良士，字仲瞿，号蠡舟。秀水人。乾隆五十九年举人。著有《烟霞万古楼诗选》《烟霞万古楼文集》等。事具陈文述《王仲瞿墓志》(《颐道堂文钞》卷八)。

十八日，晴，晓过伊家桥，望招宝、灵岩诸山。午至八尺。晚泊上墩铺。

十九日，晴。过平望，望莺脰湖。晚泊王江泾地。

二十日，晓过杉青闸，抵西水驿亳州。晚冯鹭亭编修邀饮。

二十一日，晴，晓过斗门泛，午次石门镇，夜抵塘栖而泊。

二十二日，晓自塘栖开舟至杭，泊拱宸桥。锡麒先觅肩舆进城，命仆人押行李候关。

按，《南归记》纪事止于此日。

七月三日，阮元招同秦瀛、陈廷庆集于西湖。约定本月十二日再集湖上赏月，是日之游，锡麒作有《湖心泛月记》。

《有正味斋骈体文》卷十四《湖心泛月记》："丁巳之秋，七月三日，阮芸台学使招同秦小岘观察瀛、陈桂堂太守廷庆集于湖上。……淰淰斜白，气迷半湖。延林溆之鲜娱，荐云烟之绰态……乃申前约、订后游，期于月之十有二日，将谋卜夜之欢焉。"

陈廷庆(1754—1813)，字兆同，号古华，一号桂堂，江苏奉贤人。乾隆四十六年进士，改庶吉士。官辰州知府、上海太守。著有《谦受堂全集》等。事具《湖南通志》卷一百六。吴锡麒撰有《陈桂堂太守诗集序》(《有正味斋骈体文》卷四)、《寄谢陈桂堂太守书》(《有正味斋骈体文》卷十七)、《陈桂堂太守诗馋题词》(《有正味斋骈体文》卷二十)。

七月八日，曾燠都转游西溪，同游诸人各赋新诗，集曰《游真州西溪诗》。锡麒后为作序。

《有正味斋骈体文》卷六《游真州西溪诗序》:“(都转曾公)适因公事,小住真州。其地有西溪者,源出铜冈,名均河渚。……使君兴发,地主情多。……感星期之违易,念云约之践难。各赋新诗,留为故事。时嘉庆丁巳七夕后一日也。”

八月,大学士阿桂病逝,作挽诗四首。

《有正味斋诗集》卷十三《韩江集》有《大学士章佳文成公挽诗四首》。

王昶《春融堂集》卷六十二《太子太保武英殿大学士一等诚谋英勇公谥文成阿公行状》:“(嘉庆)二年八月二十一日薨逝。”

按,吴锡麒于丁巳(1797)闰六月下旬归杭后,九月府君逝世;次年戊午(1798)正月来主扬州安定书院,直至己未(1799)冬,服阕,将北上。期间作诗收入《有正味斋诗集》卷十三,题曰《韩江集》。韩江,指流经扬州、沟通长江与淮河的古运河,即邗沟。以此为集名,正指代其时锡麒工作往还之地。

九月四日,锡麒父卒。

《有正味斋文集》(钞本)卷墓铭四《先考行状》:“先君生于康熙丁酉年四月十五日,殁于嘉庆丁巳年九月四日,年八十有一。”

《有正味斋尺牍》卷上《寄宁瀛海》:“仆自丁巳旋里,于九月即遭先大夫之丧,酸苦之怀,有不可为阁下告者。”

冬,王芑孙有见怀之作。是岁,芑孙自华亭两致书柬:一系闻知锡麒乞养归浙,将有三泖之游,邀约小聚,并请为仲弟作《葬衣冠记》骈文一篇;一系闻知锡麒父逝世,致书存问。

王芑孙《渊雅堂编年诗稿》卷十四(丁巳)有《岁暮怀人六十四首·吴榖人侍读》。

上述两柬俱存复旦大学图书馆藏吴锡麒《有正味斋朋旧函牍》(清钞本)。

是岁,刘嗣绾有柬存问。

刘嗣绾《尚䌹堂文集》卷一《与吴榖人先生书》，有云："暮春杪，严少峰编修来，知先生乞终养假旋里。"

嘉庆三年　戊午(1798)　五十三岁

本年主讲安定书院，与扬州士人交往颇频。

正月，赴扬州主讲安定书院，迂道过访沈赤然。谈饮竟日，重申卜居西溪之约，恐终不能遂耳，沈赤然感赋二首，即以送行。是年，赤然还作有《寄吴榖人五十韵》。

《五研斋诗钞》卷十四《吴榖人侍读予告还里，顷有扬州之行，迂道过访，谈饮竟日，重申卜居西溪之约，恐终不能遂耳，感赋二首，即以送行》(戊午)。

又，卷十五《寄吴榖人五十韵》(戊午)："造谈苫块次，辱访水云区。"自注："戊午正月，榖人主讲扬州安定书院，顺道过访。"

同月，为王芑孙仲弟湖北吕堰驿巡检王翼孙作《葬衣冠记》。

《有正味斋骈体文》卷十四《湖北吕堰驿巡检恤授云骑尉世职王君葬衣冠记》。

王翼孙(1757—1796)，字以燕，号听夫。长洲人。官襄阳吕堰司巡检。因湖北枝江白莲教起义爆发，带兵镇压，殉难。著有《波余遗稿》《二波轩词抄》。事见秦瀛《湖北襄阳府襄阳县吕堰驿巡检王君行状》(《小岘山人文集》卷六)。

四月，吴鼒自序所辑《国朝八家四六文钞》，该书本年由较经堂刊行。八家者，袁枚、邵齐焘、齐星炜、孙星衍、吴锡麒、洪亮吉、曾燠、孔广森。

吴鼒《国朝八家四六文钞》自序："此数公者，通儒上材，或修述朴学，传薪贾、郑；或喁于乐府，嗣响雅、骚，传世行远，不名一技。兹集发于生徒之请，综为骈俪之则。采片石于抵鹊之山，挂只鳞于游龙之渊，所业在此也。"署"嘉庆三年太岁戊午余月丁酉朏全椒吴鼒撰"。

又,《贩书偶记续编》卷一九载是书于本年较经堂刊行。

六月一日,同年吴绍灿以中暑暴卒。锡麒为作传。

《有正味斋骈体文》卷二十四《家苏泉编修传》:"竟于嘉庆三年六月初一日戌时中暑暴卒,春秋五十有五。……今年又主讲维扬,得数晨夕。同年之面,不隔于心;知己之言,犹在于耳。不意中年怛化,前事苍茫。"

八月五日,严国华卒。锡麒为作传。

《有正味斋骈体文续集》卷六《严筠轩传》:"君生于乾隆六年五月二十九日,卒于嘉庆三年八月五日,年五十有九。"据吴文,严国华(1741—1798),字敏来,号筠轩,吴江人。官中书舍人。

同月,为沈赤然《五砚斋诗钞》作序。

《有正味斋骈体文》卷四《沈梅村重订五砚斋诗钞序》。作序时间据《五研斋诗钞》卷首吴锡麒序款识:"嘉庆三年八月同学姻愚弟吴锡麒拜撰。"

九月前,与来任扬州郡篆的李逢春结识。九月,李母孟氏殁于扬州行馆,为作墓志铭。

《有正味斋骈体文》卷二十三《孟恭人墓志铭》:"嘉庆三年,余主讲扬州,值李君逢春来摄郡篆…… 不数月,遭母太恭人之丧。……以嘉庆三年九月十日殁于扬州行馆。"

李逢春,顺天宛平人,乾隆五十七年任通州知州,嘉庆初任海门直隶厅同知,升徐州府知府。

秋,王芑孙游扬州,下榻曾燠题襟馆。时锡麒奉讳客扬,主讲安定书院,魏成宪自京来官扬州知府。锡麒与诸人诗酒酬酢,颇极友朋之乐。

《渊雅堂编年诗稿》卷十五(戊午)《将为扬州之游,自嘲寄曾宾谷运使燠、魏春松太守成宪、吴榖人侍读锡麒》《与榖人夜饮题襟馆,因赠宾谷二首》《与榖人晓饮春松郡斋,因赠春松二首》《与宾谷、春松夜饮榖人讲院，因赠榖人一首》。详参交游考。

暮秋，曾燠招同秦瀛、沈琨、王芑孙等游上方寺。

秦瀛《小岘山人诗集》卷十七《曾宾谷招集上方寺，同游者吴榖人祭酒、沈舫西太守、王惕甫博士，用壁间东坡〈送李孝博使岭表〉韵》："杪秋气已肃，疏柳鸣残蝉。"是知此游在暮秋时节。

沈琨(1745—1808)，字兼三，号舫西，归安人。乾隆三十六年举人，官陕西监察御史、泰安知府等。著有《小筠楼诗文集》。事具秦瀛《山东泰安府知府沈君舫西墓表》(《小岘山人诗文集》续文集卷二)。

十月五日，过访沈赤然宅。

《五研斋诗钞》卷十五《十月五日吴榖人枉帆留饮，言冬杪即当赴阙，并话西溪风景，是日范让水在坐，先成七律一章，因次其韵》(己未)："游棹频年此日过，夹溪红蓼照清波。"自注："去年亦于此日过访。"该诗作于嘉庆四年己未，据注知锡麒于嘉庆三年十月间曾过访沈赤然宅。

十一月十五日，冬至，为《桐华馆诗存》撰序。

《有正味斋骈体文》卷五《桐华馆诗存序》。作序时间据黄模、郑念桥等《桐华馆诗存》吴锡麒序款识："嘉庆戊午长至日钱塘吴锡麒序。"

十二月，王芑孙离华亭北上，应明春会试。行至扬州，因寒阻冻，舟行受碍，乃留扬度岁。锡麒闻讯招饮，芑孙作诗婉却。

《渊雅堂编年诗稿》卷十五(戊午)《至扬州阻冻，遂留度岁，辞榖人召饮》。

岁暮，胡敬有诗见怀。

胡敬《崇雅堂删余诗》有《戊午岁暮怀人》其七《吴丈榖人锡麒》："卅载才名动玉堂，莱衣归筑老亲康。著书自恋三余好，投刺难随七贵忙。骈体江陵推庾信，新词天水数尧章。消魂从古维扬地，写抱应空酒百觞（时先生告假养亲，主讲广陵）。”

胡敬（1769—1845），字以庄，号书农，仁和人。嘉庆十年进士，累官至侍讲学士。著有《崇雅堂诗文集》。事具《民国杭州府志》卷一四五。

是岁，作词《春云怨》慰友张本丧女之痛，并志已殇甥女、侄女之痛。

《有正味斋词集》卷四《春云怨》序：“扬州张友棠孝廉本有女曰得珠，幼通经书，性闲静。许字同里汪生溥，归有日矣，以中暑卒。嘉庆戊午七夕前四日也，孝廉有诗哭之甚哀。余今年一甥女、一侄女皆以痘殇，柔情怅触，老泪纵横。因述此词以慰孝廉，并志余痛。”

是岁，应扬州知府魏成宪之请，为其原配汤氏作墓表。

《有正味斋骈体文》卷二十三《汤恭人墓表》：“恭人姓汤氏……前刑部郎中、今知扬州府事魏君成宪之原配也。……盖至京甫两月而卒，年三十有三。时乾隆丙午闰七月十有四日也。……后十年，嘉庆戊午，知府君来任维扬，适余主讲于是……深惧阃德不彰，乞余为墓道之表。”

是岁，为洪肇柱作墓志铭。

《有正味斋骈体文》卷二十三《中宪大夫候选道洪君墓志铭》：“以嘉庆三年某月奉柩合葬于某原。”据文知，洪肇柱，字殿书、蕙圃，歙县人。卒年三十八岁。

嘉庆四年　己未（1799）　五十四岁

本年冬之前仍主讲扬州。冬，服阕，北上。

正月，乾隆帝薨，作挽诗四首。

《有正味斋诗集》卷十三《韩江集》有《大行太上皇帝升遐恭挽四章》。

《清史稿》卷十五《高宗本纪六》：“四年正月壬戌崩，寿八十有九。”

七月三日，罗聘卒，有诗哭之。后锡麒为撰墓志铭。

《有正味斋诗集》卷十三《哭罗两峰三首》其一："论交二十载，南北合还分。岂意帆归里，俄惊雁去群。酒杯抛昨日，世事毕秋云。梦里能相见，休教落叶闻。"其二："相国园中会，年年赋海棠（梦堂相国檀栾草堂海棠最盛，每岁花时必招集其下）。青山犹未买，绿野已全荒。知己今谁是，斯人又永伤。聊凭无赖月，旧事一思量。"

《有正味斋骈体文》卷二十三《罗两峰墓志铭》："君生于雍正十一年正月初七日子时，殁于嘉庆四年七月初三日子时……以嘉庆四年十一月十二日葬于甘泉县西乡小胡家厂……而令子允绍等以余为知君之深，独以斯文见托。"

九月三十日，同秦瀛等游西溪，适逢难遇之秋雪。"烧叶煮酒，就石支庖，良酌既酣，雅咏相继。"锡麒作《游西溪诗序》。

《有正味斋诗集》卷十三《秦小岘廉访瀛招游西溪二首》。

秦瀛《小岘山人诗集》卷十二《由交芦荞至秋雪荞仍取道西溪归，与吴榖人侍讲别》。

《有正味斋骈体文》卷六《游西溪诗序》："曩余与沈梅村订西溪之约，拟结庐其间。……嘉庆己未九月晦，秦观察小岘时摄臬篆，喜毕公事，遂同秋寻。屏驺从于城隅，具壶觞于舟次。宾朋咸集，鸥鹭皆欢。"

《有正味斋骈体文续集》卷二《张云斋秋雪庵坐月图序》："余于西溪道中，屡有溯洄，颇穷幽异。独所谓秋雪之胜，仅于己未之游而一遇之。其时素节开澄，商飙厉响……"

十月五日，访沈赤然，言及冬末即当赴京，并话及西溪风景。是年，沈赤然卖宅僦居汪氏屋，谋迁杭也。

沈赤然《自编年谱》。

《五研斋诗钞》卷十五《十月五日，吴榖人枉帆留饮，言冬杪即当赴阙，并话西溪风景，是日范让水在坐，先成七律一章，因次其韵》(己未)。

十月八日,范来宗编修、范来芝司马招同郭淳、潘奕隽等饮于白公祠,时锡麒将入都。九日,潘奕隽招同范来宗、郭淳、范来芝集三松堂。潘奕隽有送行诗。

潘奕隽《三松堂集》诗集卷十三(始己未冬至庚申秋)有《十月八日,范芝岩编修、芳谷司马招同吴縠人侍读、郭晓泉编修饮白公祠,时縠人将入都》《十月九日招縠人、星桥、芝岩、晓泉、芳谷集三松堂,翼日星桥复招饮,芝岩复用前韵和次二首,一赠星桥、一送縠人入都》。

冬,主讲扬州时,与巡按两淮的鹾使寅东斋结识,应请为其父寅丙侯诗集作序。

《有正味斋骈体文》卷四《寅丙侯前辈诗集序》:"方锡麒之为学官弟子也,时丙侯先生榷关杭州。……己未冬,令嗣东斋鹾使巡按两淮,值余亦主讲扬州,得邀光接。见其处脂膏而不润,乐丹铅而忘疲。信有禀阶,非关剪饰。乃于公事之暇,驺从枉临,端捧一编,授余而读之,则先生之全集也。……因从鹾使之请,谨弁其端。"

冬,自扬州归杭,以《游西溪诗序》示秦瀛。时锡麒将还京,秦瀛以诗送之。

《小岘山人诗集》卷十二《縠人侍讲同年归自扬州,持〈西溪纪游序〉见示,并将还朝,行有日矣,以诗送之》。

冬,服阕,将北上,刘嗣绾有诗送之。

《尚䌹堂诗集》卷二七(己未)《留别縠人先生即送其服阕北上》。

冬,将北上,作别师顾光。适顾光《橘颂堂诗集》付刊,属为序。

《有正味斋骈体文》卷四《顾涑园先生橘颂堂诗集序》:"会己未冬,复将北上,过别先生,先生适以诗集付雕,因示锡麒而读之,并属一言弁首。"

顾光，详交游考。

是岁，将还京前，应熊树庭之请为其母章氏明年七十寿辰作寿序。

《有正味斋骈体文》卷十二《熊母章太宜人七十寿序》："明年庚申六月，为太宜人七十生辰，树庭以余之将还朝也，预乞一言为介觞之助。"

是岁，伊秉绶出守惠州，道过维扬，锡麒有诗送行。

《有正味斋诗集》卷十三《伊墨卿刑部秉绶出守惠州道过维扬诗以送之》。

赵怀玉《亦有生斋集》诗卷十七《送伊比部秉绶出守惠州》（屠维协洽）。屠维协洽即己未。

是岁，为扬州知府魏成宪题《官舫侍膳图》。

《有正味斋诗集》卷十三《题魏春松官舫侍膳图（并序）》："春松于嘉庆元年从诏使谳狱维扬，既竣事，适太公秋浦先生自杭来，得以上寿称觞，为一时乐事。……越三年，春松复来典郡，始得迎养太公于署中。晨夕承欢，其乐有甚于曩日者。暇出所画《官舫侍膳图》索题。"

是岁，应门生保麟之请为其父保清永撰传。

《有正味斋骈体文续集》卷六《保洁斋传》："以嘉庆己未七月卒于里门。……其子麟，余庚戌礼闱分校得士也。……以余旧史之遗，重以先人为托。"据文知，保清永，字印奎，号洁斋。

嘉庆五年　庚申(1800)　五十五岁

本年在京。三月，张问陶为锡麒《田居园》题诗六首。

胡传淮《张问陶年谱》（第 100 页）。

《船山诗草》卷十五《田居园为吴榖人侍读题》（庚申）其一："笑解朝衫学荷锄，草鞋欢跳鬓萧疏。童心宛似逃村塾，牛角何须挂《汉书》。"其三："胶牙村酒不须沽，醉到瞢腾梦也无。宦海名场都领略，才知高雅是农夫。”

闰四月十二日，汪学金邀同法式善、鲍之钟、郭堃等集寓斋，分韵赋诗。

汪学金《静崖诗续稿》卷一《闰夏十二日，邀鲍雅堂、吴穀人、法时帆、郭厚庵过寓小集，分韵得寒字》（己未五月尽庚申八月）。

查陈垣《二十史朔闰表》，本年闰四月。

汪学金，详交游考。

闰四月，王芑孙以父卒解职，归家守制。继而应曾燠之邀赴扬州，假馆樗园，锡麒闻之，寄以书简。

眭骏《王芑孙年谱》“嘉庆五年庚申”，第305页。

《有正味斋尺牍》卷上《简王惕甫时来寓樗园》，详交游考。

六月十六日，立秋前二日，同法式善、鲍之钟、汪学金、赵怀玉、张问陶集谢振定知耻斋迎秋。

《存素堂诗初集录存》卷九《立秋前二日，同鲍雅堂、吴穀人、汪杏江、赵味辛、张船山集谢芗泉知耻斋迎秋》（庚申）。查是年立秋系六月十八日，前推二日即六月十六日。

谢振定（1753—1809），字一斋，号芗泉。湘乡人。乾隆四十五年进士，授编修。官江南道监察御史、礼部员外郎。著有《知耻斋集》。事具《清史列传》卷七二、《清史稿》卷三三二。

六月三十日，李青琅招同法式善、鲍之钟、汪学金、顾鹤庆小集。

法式善《存素堂诗初集录存》卷十《六月晦日，李青琅招同吴穀人、鲍雅堂、汪杏江、顾韬庵小集，晚过具园》（庚申）。

汪学金《静崖诗续稿》卷一《李青琅招饮，分韵得十字，是日，与雅堂迟至》（庚申）。

李青琅，生平俟考。

七月七日，汪学金招同鲍之钟、法式善、谢振定、张问陶、赵怀玉集寓斋，分赋七夕故事。

汪学金《静崖诗续稿》卷一《七夕，招鲍雅堂、吴穀人、法时帆、谢芗泉、张船山、赵味辛小集寓斋》(庚申)。

法式善《存素堂诗初集录存》卷十《七夕，汪杏江招同吴穀人、鲍雅堂、谢芗泉、赵味辛、张船山芥室小集，分赋洗车雨》(庚申)。

《有正味斋诗集》卷十四《槐市集》有《七月七日，汪静崖庶子学金招集寓斋，同效乐府体分咏七夕故事，得鹊桥》。

按，锡麒于己未(1799)冬服阕，复入都为官。次年庚申(1800)在京，仍供职翰林，冬，蒙恩补授侍读，旋擢左、右春坊庶子。直至辛酉(1801)五月授祭酒，九月，自京乞养回浙。期间作诗收入《有正味斋诗集》卷十四，题曰《槐市集》。槐市，在长安城东南，系汉代长安读书人聚会、贸易之市，因其地多槐得名。后借指学宫、学舍。

八月，为法式善勘定《存素堂诗初集录存》，并为作序。

法式善《存素堂诗初集录存》卷十有《吴穀人前辈勘定拙诗，并许为序》(庚申)。

又，《有正味斋骈体文》卷四有《法时帆祭酒存素堂诗集序》。作序时间据法式善《存素堂诗初集录存》卷首吴锡麒序款识："嘉庆五年秋八月中浣同馆弟吴锡麒拜撰。"

九月三日至七日，孝廉孙仲清招同法式善、赵怀玉、鲍之钟、汪学金、谢振定、姚椿、韩是升、顾鹤庆、蒋廷恩、郭堃等十四人游西山。

三日，晨，由慈悲院出发，行三十余里至浑河，逾河五里至栗园庄。度罗睺岭，下岭而西经卢家滩，游潭柘寺。

四日，登延清阁，游龙潭。

五日，游慧聚寺、化阳洞、戒坛。

六日，游皇姑寺、翠微山、龙王堂、宝珠洞。

七日，游清凉寺、慈寿寺、摩诃庵。

归，各有诗作，汇而梓之，锡麒作序，另有纪游文一篇。

《有正味斋骈体文》卷十六《游西山记》。

《有正味斋骈体文》卷六《西山纪游诗序》云："庚申秋九月，同人游西山归。翌日，诸君皆以诗来，将汇而梓之，属余为序。"

《有正味斋诗集》卷十四有《九月三日孙一泉孝廉仲清招同人游西山》《奉福寺饭毕遂上罗睺岭》《暮抵潭柘寺宿》《姚少师庵》《由潭柘寺后二里抵龙潭》《晚坐延清阁望对面诸山》《妙严公主礼佛砖三首》《由师子岩历十八盘至慧聚寺》《化阳洞》《还至戒坛登千佛阁望塞上诸山》《戒坛古松歌》《度花梨坎至奉福寺宿》《历游三山大悲诸刹》《由香界寺探宝珠洞》《夜宿龙泉寺》《山中夜话》《卢师山寻秘魔崖》《摩诃庵》诸诗，皆作于是时。

法式善《存素堂诗初集录存》卷十有《九月三日，晓出阜城门，慈悲院早饭，卜葬之便游山》《龙泉庵孤亭据松泉之上，同人聚饮抵夜，吴縠人侍读有诗，次韵》《宿龙泉庵呈同行诸君》《晓起，吴縠人、汪杏江再和前韵，叠韵报之》(庚申)。

赵怀玉《亦有生斋集》诗卷十八有《宿龙泉庵，次吴侍读锡麒韵》(上章涒滩)。

汪学金《静崖诗续稿》卷二(庚申九月尽辛酉四月)有《九月初三日约游西山，会者十三人，发慈悲院》《宿龙泉寺夜话，和縠人韵》等诗。

孙仲清，一泉。生平俟考。

姚椿(1777—1853)，字子寿，号春木，自号樗寮生、蹇道人。松江人。监生。师事姚鼐。著有《通艺阁诗录》《晚学斋文集》《樗寮诗话》等，辑《国朝文录》等。事具《清史列传》卷七三。

韩是升(1735—1816)，字东生，号旭亭，晚号乐余。元和人，贡生，历主金台、阳美、当湖书院。诗学香山。著有《听钟楼诗稿》《洽隐园文钞》。

顾鹤庆(1766—?)，字子余，号弢庵，丹徒人。诸生。工画，名噪都下。著有《弢庵集》等。事具《光绪丹徒县志》卷三十三。

蒋香度名廷恩(1751—1822),原名棠,字萼辉,号香杜,一号香度,江苏元和人。嘉庆二十四年进士。官内阁中书。著有《晚晴轩诗钞》。

秋,与汪学金、张问陶、姚椿等集双树轩赏菊,分韵赋诗。

汪学金《静崖诗续稿》卷二(庚申九月尽辛酉四月)《莲士、少农招同吴觳人侍读、张船山检讨、姚春木上舍集双树轩赏菊,分韵得书字》。

秋,食菊花饼,与赵怀玉、汪学金等俱有诗。

赵怀玉《亦有生斋集》诗卷十八《菊花饼二首》(上章涒滩)。

汪学金《静崖诗续稿》卷二《咏菊花饼》(庚申九月尽辛酉四月)。

《有正味斋诗集》卷十四《食菊花饼同味辛作》。

十一月,杨芳灿来京,寓居官菜园上街。锡麒与之定交。

《杨蓉裳先生年谱》"嘉庆五年庚申":"十一月,来京,寓居官菜园上街。……吴觳人庶子锡麒、法时帆学士式善、李舍人鼎元亦过访定交。"

冬,蒙恩补授侍读,旋擢左、右春坊庶子。

《有正味斋诗集》卷十四《八月二十四日疏请养母得旨予归纪恩二首》:"一年稠叠荷深恩,涓滴何从报至尊。"自注云:"去冬蒙恩补授侍读,旋擢左、右春坊庶子。"由该诗作于嘉庆六年,上推一年即知嘉庆五年冬,锡麒蒙恩补授侍读,旋擢左、右春坊庶子。

冬,与鲍之钟、汪学金、法式善、赵怀玉、谢振定、姚椿、张问陶、熊枚、周厚辕等作消寒会。自立冬日迄十二月十九日,轮流作东,会必有诗。详下:

赵怀玉《亦有生斋集》诗卷十八《庚申十二月,与熊侍郎枚、周侍郎兴岱、周侍御厚辕、吴庶子锡麒、吴编修裕德、张检讨问陶为销寒之会,用丁巳冬夜集接叶亭韵》。

又,《收庵居士自叙年谱略》:"(嘉庆五年庚申)是冬,与熊侍郎枚、周侍郎兴岱、周侍御厚辕、吴庶子锡麒、吴编修裕德、张检讨问陶为销寒会。"

九月二十一日,立冬,消寒第一集,赵怀玉招同法式善、鲍之钟、汪学金、谢振定、张问陶、戴敦元集亦有生斋。

法式善《存素堂诗初集录存》卷十有《立冬日,赵味辛约同吴榖人、鲍雅堂、汪杏江、谢芗泉、张船山、戴金溪敦元亦有生斋消寒,即席次味辛韵》(庚申)。

赵怀玉《亦有生斋集》诗卷十八有《立冬日,同人集亦有生斋,为销寒第一集》(上章涒滩)。

消寒第二集,与鲍之钟、汪学金、法式善、赵怀玉、谢振定、姚椿、张问陶等集鲍之钟斋,分咏饮中八仙。

《存素堂诗初集录存》卷十有《偕吴榖人、汪杏江、谢芗泉、赵味辛、张船山、姚春木于鲍雅堂斋中消寒,分赋饮中八仙,拈得汝阳王琎》(庚申)。

《有正味斋诗集》卷十四有《集亦有生斋分赋饮中八仙得李白》。

《船山诗草》卷十五《己庚集》有《与鲍雅堂户部、吴榖人、汪静厓两庶子、法时帆侍讲、赵味辛舍人、谢香泉礼部、姚春木上舍分赋饮中八仙,得李适之》。

《静崖诗续稿》卷二(庚申九月尽辛酉四月)有《雅堂斋中分咏饮中八仙得崔宗之》。

《亦有生斋集》卷十八有《销寒第二集鲍郎中之钟席上分赋饮中八仙,得苏晋》(上章涒滩)。

消寒第三集,集吴锡麒有正味斋,题《葛洪移居图》。

《存素堂诗初集录存》卷十《消寒集吴榖人庶子有正味斋,题〈葛洪移居图〉》(庚申)。

《亦有生斋集》诗卷十八《销寒第三集,吴庶子锡麒席上咏张问陶所藏方泰交〈葛稚川移家图〉》(上章涒滩)。

消寒,集汪学金芥室,题《华严世界图》。

《存素堂诗初集录存》卷十《消寒集汪杏江芥室,题〈华严世界图〉》(庚申)。

《亦有生斋集》诗卷十八《华严世界图歌为汪庶子学金作》(上章涒滩)。

消寒,集法式善诗龛,同汪学金、鲍之钟、谢振定、赵怀玉、张问陶、姚椿,题《新篁白石图》。

《存素堂诗初集录存》卷十《吴縠人、汪杏江、鲍雅堂、谢芗泉、赵味辛、张船山、姚春木集诗龛消寒,题〈新篁白石图〉,分用唐宋金元人题图七古诗韵,余拈得元遗山〈题范宽秦川图〉》(庚申)。

《亦有生斋集》诗卷十八《诗龛新篁白石图歌用东坡〈书王定国所藏烟江叠嶂图〉韵》(上章涒滩)。

消寒,十二月十九日,坡公生日,集汪学金芥室,用苏轼《东坡八首》韵作诗。本年消寒至此止矣。

《存素堂诗初集录存》卷十《腊月十九日,集汪杏江芥室,拜苏公生日,即为消寒会,用〈东坡八首〉韵》(庚申)。按:法式善上述诗歌及同集诸人诗歌,共同反映了此度自立冬日至十二月十九日的消寒会之时序排列。

《有正味斋诗集》卷十四《十二月十九日,坡公生辰,集汪静崖芥室,同用公集中〈东坡八首〉韵》。

《亦有生斋集》诗卷十八《东坡生日集芥室,销寒之集于是止矣,因纪以诗》《苏文忠公生日,同人集芥室,用〈东坡八首〉韵》(上章涒滩)。

《静崖诗续稿》卷二(庚申九月尽辛酉四月)《腊月十九日,同人集芥室,为坡仙设供,和集中〈东坡八首〉韵,兼寄南中同学诸子》。

冬,江绍莘致书,乞为其母金氏明年六十寿辰作寿序。

《有正味斋骈体文》卷十二《江母金太安人六十寿序》:“往余主

讲真州,获交于江君耕野。……及庚申冬,余官京师,耕野与其弟令香同托素鳞,远颁绮札,谓将近宜春之酝,开介寿之筵。……则以明年正月为安人六十生辰也。”

是岁,洪亮吉自伊犁释还,锡麒谱赠《北双调》一套十三首。

《有正味斋外集》卷二《北双调》“喜洪稚存自塞外归”。

《清史稿》卷三百五十六《洪亮吉传》:“(嘉庆四年)上书军机王大臣言事……上怒其语戆,落职下廷臣会鞫……拟大辟,免死遣戍伊犁。明年……释亮吉回籍……亮吉至戍甫百日而赦还,自号更生居士。”

是岁,沈赤然次女归吴锡麒第四子。

沈赤然《自编年谱》:“(嘉庆五年,庚申)次女归吴氏。”

是岁,何道生侍御出守九江,有诗送之。

《有正味斋诗集》卷十四《送何兰士侍御道生出守九江》。

秦瀛《小岘山人诗文集》续文集卷二《宁夏府知府兰士何君墓志铭》:“(嘉庆)五年,授江西九江府知府。”

是岁,仲弟锡麟在金华佐办水灾,民赖以活者至数万计。

《吴榖人手书有正味斋续集之九未刊稿一卷》有《九儿清鹏,余季少子也,幼继仲弟箬村为嗣,今年廷试以第三人第,刘金门宫保诗见贺,次答四首》其三:“一世岂无阴德报,九原定许布衣尊。”自注:“嘉庆庚申,吾弟在金华佐办水灾,全活至数万计。方伯刘公甚赏重之。”

是年作诗尚有《钱南园副使沣画马法时帆属题》《题唐子畏画像》等(《有正味斋诗集》卷十四《槐市集》)。

嘉庆六年　辛酉(1801)　五十六岁

汪学金拟于正月十九日过访锡麒,先寄以诗。

汪学金《静崖诗续稿》卷二(庚申九月尽辛酉四月)《拟于燕九

节过榖人庶子寓，先之以诗》。

二月前，翁方纲于西郊僧舍看花，有诗呈锡麒。

翁方纲《复初斋诗集》卷五五（庚申七月至辛酉二月）《西郊僧舍看花之作，呈味辛、榖人、定轩、梧门》。此诗作于辛酉春二月前。

三月，作诗送赵怀玉任官山东青州。

赵怀玉《亦有生斋集》诗卷十九《将出都门述怀，兼别同志》（重光作噩）。后附同人次韵送别之作，载吴锡麒和诗五首，不见于锡麒本集。

按，该组诗歌后一作系《立夏后二日，伍尧侍讲法式善招游极乐诸寺，饭万泉庄，复过圣化寺小憩而归，即次其韵》。查本年立夏系三月二十四日。故赵怀玉留别诗及吴锡麒次韵送别诗当作于三月二十六日之前。

又，张问陶《船山诗草》卷十六（辛酉）有《送味辛之青州司马任》。该诗前一作系《二月晦日雨雪同亥白兄侍太夫人饮酒作》，后一作系《四月五日赴园侍班》。则张问陶送行诗当作于三月。综合以上可知，赵怀玉之《将出都门述怀，兼别同志》与吴锡麒、张问陶送行诗当作于三月。

三月，下旬，汪学金、赵怀玉等集锡麒寓斋。时汪学金将出都。

汪学金《静崖诗续稿》卷二（庚申九月尽辛酉四月）《赵味辛司马以诗赠行，次日会于榖人先生寓斋，因和其韵，并示同席诸君》。按，此诗前一作系《三月十五日，陈乞命下，行有日矣，再和前韵寄家人》，后一作系《出都述怀四首》。四月四日，汪学金已行次瓜洲。故此会当在三月下旬。

四月四日，汪学金有诗寄之。

《静崖诗续稿》卷二（庚申九月尽辛酉四月）《榖人送行诗句云“得归生怕负银鲥”，四月初四日至瓜州始得鲥鱼，戏占一绝寄之》。

五月，授国子监祭酒。有诗纪事。

《有正味斋诗集》卷十四《八月二十四日疏请养母得旨予归纪恩二首》，自注："去冬蒙恩补授侍读，旋擢左右春坊庶子。今年五月特升国子监祭酒。"

又，同卷有《初拜国子监祭酒释菜太学作二首》其一："春风释褐记扶持，重此承恩报称难。半世青毡恢故物，一簪白发领儒官。丹铅摭拾槐厅续，风雨摩挲猎碣看。两字人师吾岂敢，诸生努力本先端。"

五、六月间，京都阴雨连绵，匝月滂沱，与京中同人消夏赋诗。五月二十日，雨后，同吴鼒、戴金溪、郭堃、张问安、张问陶集胡稷比部斋中，作《分龙行》。后此，又集于买春吟屋消夏，分咏绘事，锡麒得董羽《出水龙图》；集谢振定知耻斋，锡麒咏《汉宫图》。

张问安《亥白诗草》卷六《辇下集》有《五月二十日，雨，吴榖人祭酒、吴山尊编修、戴金溪刑部、郭厚庵明经、家弟船山集胡梦湘户部兰薰玉洁之堂，同赋分龙行》。

《有正味斋诗集》卷十四有《分龙行五月二十日雨后集胡梦湘比部稷斋中作》，有"雨工匝月深渊藏"之语。随后作有《买春吟屋消夏咏绘事，得董羽〈出水龙图〉》，有云："坏云如山陷白日，惨惨顽阴天黑漆。六月人间无此寒，虚堂疑有真龙出。"《〈汉宫图〉集谢芗泉仪部振定知耻斋作》："一角栏杆银汉落。"《积雨三十六韵》："滂沱已匝月，濛密又连番。"以诗句来看，这些诗篇当作于辛酉(1801)五月、六月积雨连绵期间。

又，是年张问陶亦有数诗写及京师积雨之事。如《船山诗草》卷十六(辛酉)有《久雨一首同亥白兄》《辛酉六月纪雨二十韵》《七月初旬复雨》等。

胡稷，原名光荣，字公望，号梦湘。庐江人。乾隆举人。官至江西按察使。著有《盐证利弊书》等。事具《光绪江西通志》卷一百二十八。

与法式善等集有正味斋消暑，分咏绘事。

《存素堂诗初集录存》卷十二《集吴穀人有正味斋消暑，题吴元瑜〈陶潜夏居图〉》（辛酉）。按，此次消暑之集，当与上条所云消夏之集一脉相承。

六月十二日，黄庭坚冥诞日，吴鼒招集藤花吟舍瞻礼遗像，会者二十四人，用黄庭坚集中六言绝句一首分韵赋诗。

《有正味斋诗集》卷十四《六月十二日，黄文节公生辰，家山尊招集藤花吟舍瞻礼遗像，会者二十四人，用公集中六言绝句一首分韵赋诗，余得俊字》。

七月初，张问陶有诗呈锡麒。

《船山诗草》卷十六《题方铁船工部诗兼呈吴穀人祭酒》（辛酉）："词坛老辈访何人，儒雅今惟吴祭酒。铁船铁船贫可怜，苦吟搔首成华颠。我怀旧雨少今雨，得君如得珍珠船。同寻祭酒乐晨夕，清尊淡对忘周旋。"按，该诗前二作系《七月初旬复雨》，后一作系《七月初四日喜晴》。故知该诗作于七月初。

方元鹍（1753—1817），字震旸，号海槎，一号铁船。金华人。嘉庆六年进士，官工部主事。有《铁船诗钞》《凉棚夜话》等。

七月，上旬，为法式善文集作序。

法式善《存素堂文集》卷首吴锡麒序款识："嘉庆六年，岁次辛酉，秋七月上浣，同馆愚弟吴锡麒拜撰。"

八月二十四日，疏请养母，得旨准归，作诗纪恩。

《有正味斋诗集》卷十四《八月二十四日疏请养母得旨予归纪恩二首》其一："一年稠叠荷深恩，涓滴何从报至尊。敢念微躬求鹢退，但思此职合心扪。踌躇卢诞人师重，惭愧萧昕本务敦。今日陈情许将母，春风早已到庭萱。"其二："秋水帆飞去肯迟，家乡早已计归期。传来母语贫何患，感极君恩涕不知。制芰裁莎仍鹭侣，捞鱼劚笋即乌私。循陔待说朝廷意，同炷炉香答圣慈。"

沈赤然闻锡麒乞养得请，先以诗寄之。

《五研斋诗钞》卷十七《闻吴穀人祭酒终养得请，先以诗寄之》（辛酉）。

八、九月间，与陈用光、姚椿、法式善、杨芳灿为延秋会。

《杨蓉裳先生年谱》"嘉庆六年辛酉"："京师老辈销寒、销夏，向有雅集。余与陈石士庶常用光、玉方比部希祖、姚春木公子椿、周生为汉为延秋会，穀人、时帆诸公皆与焉。"

陈用光（1768—1835），字石士、实思，号硕士、瘦石。江西新城人。嘉庆六年进士。授编修。官至礼部左侍郎。师事姚鼐。著有《太乙舟文集》等。事具《清史列传》卷三四。

九月前，在京师，与杨芳灿、法式善诸公为诗文会，一日一集。或于崇郊寺，或于陶然亭，或于诗龛及诸君寓斋。"每集，论文角艺，为竟日之乐。"

《杨蓉裳先生年谱》"嘉庆六年辛酉"："在京师与穀人、时帆诸公为诗文会，一月一集。或于崇郊寺，或于陶然亭，或于诗龛及诸君寓斋。每集，论文角艺，为竟日之乐。"

在京时，与法式善同游翠微山，宿山中，于松月间赋诗。

《存素堂诗初集录存》卷十六《怀远诗六十四首》（癸亥）其六《吴穀人祭酒》："松下哦诗今几年，月明醉听秋涛圜。"自注："前年同宿翠微山，就松月间赋诗。"由此诗作于癸亥（1803），上推二年，故知本年二人有翠微山之游。此游当在夏秋两季，且在九月锡麒归杭前，姑系于此。

秋，在京，乞养将还浙时，张渌卿致书，寄词集请序。

《有正味斋骈体文》卷八《张渌卿〈露华词〉序》："迨辛酉秋，余于京师以请养将还，适渌卿书来，兼以词寄。"

张渌卿，生平不详。

秋，还浙前，与同年何思钧作别。何氏殊不舍，荧泪承眶，时已病甚矣。

《有正味斋骈体文续集》卷六《何双溪检讨传》："一第与偕，十年以长。鹅鸭无恼，卜连墙之居；鸡黍为欢，订消寒之局。素心晨夕，二十余载……会辛酉秋，余复以乞养旋里。君独执袂恋别，荧泪承眶，时盖已病甚矣。"

何思钧(1736—1801)，字季甄，号双溪，灵石人。乾隆四十年进士，选庶吉士，官编修、检讨。工书。

九月，自京回浙，杨芳灿、张问陶、法式善、陈文述皆有送别之作。

《杨蓉裳先生年谱》"嘉庆六年辛酉"："九月，吴榖人先生乞养回浙，余有长律送之，存集中。"

张问陶《船山诗草》卷十六《辛癸集》有《送榖人祭酒南归》(辛酉)。

法式善《存素堂诗初集录存》卷十二《吴榖人祭酒南归题顾韬庵松柏图赠行》(辛酉)。

陈文述《颐道堂诗选》卷三《送吴榖人祭酒锡麒乞养归钱塘》。

陈文述，详交游考。

回浙途中，经高邮六安闸，遇赴任山东青州府海防同知出都的赵怀玉，聚话而别，赵怀玉有诗纪之。是岁，锡麒为题《寻山卜筑图》。

赵怀玉《收庵居士自叙年谱略》："(六年辛酉)过六安闸，遇吴祭酒锡麒乞养南归，聚话而别。"

《亦有生斋集》诗卷二十《高邮道中喜晤吴祭酒锡麒，时祭酒以乞养归里》(重光作噩)。

《有正味斋诗集》卷十四《题赵味辛〈寻山卜筑图〉》："岱顶只防催作雨，未教容易片云还。"自注："时味辛将之官青州，故云。"此诗作于本年春间在京为赵怀玉送行之时。

至扬州，闻何思钧凶耗。后为之作传。

《有正味斋骈体文续集》卷六《何双溪检讨传》："会辛酉秋，余复以乞养旋里。……及余行四日，而君遂不起。至扬州，始闻凶耗。"

南返途中，过常州阳湖，拜访赵翼。

赵翼《赵翼诗编年全集》（第四册第 1407 页）卷四十三辛酉《吴大司成榖人终养南回，枉过草堂，即席送别》详交游考。

十月，为卒岁计，有吴门之行。顺道过访沈赤然。

《五研斋诗钞》卷十七《次吴榖人祭酒寒夜过访之作》（辛酉）："百念征营睡较迟，拥炉妻妾话移时。故人忽款三更户，寒夜重逢两岁期（榖人己未岁亦于此日见访）。红烛焰残唯有酒，黄梅香细好论诗。留君不住君姑去，一笑无言各自知（榖人为卒岁计，有吴门之行）。"

十月二十二日，母卢太淑人八十寿辰，沈赤然为作颂。

《五研斋诗钞》卷十七《吴母卢太淑人八十寿颂》（辛酉）。

十二月，过太仓镇洋，访汪学金。汪学金携诸子陪同锡麒趣园赏梅，以"竹外一枝斜更好"分韵赋诗。

《静崖诗续稿》卷三（辛酉四月尽十二月）《榖人先生过访，酒后偕诸子趣园观梅，以"竹外一枝斜更好"分韵，得外字》。结合汪学金《静崖诗后稿》卷首吴锡麒序款识："嘉庆六年十二月既望钱唐愚弟吴锡麒拜撰。"可推知锡麒访学金当在是年十二月。

十二月初八，应李廷敬招，与洪亮吉、范来宗、李奕畴、孙星衍、李尧栋等集于虎阜消寒。

李金松《洪亮吉年谱》"嘉庆六年辛酉"（第 352 页）。

洪亮吉《更生斋诗》卷四《消寒第九集，腊八日，李廉使廷敬招同人至虎阜，憩梅花书院看黄梅作》。同书卷六《是日，座上有怀孙兵备星衍，复成一律，即呈诸前辈并寄兵备》，有注曰："前岁腊八日，李廉使廷敬于吴门作高会，坐中同馆亦有八人：吴祭酒锡麒、范编修来宗、李粮道奕畴、孙兵备星衍、李太守尧栋、张吉士溥暨余及廉使也。"

据洪亮吉诗可知《有正味斋诗集》卷十四《味庄观察招集梅花书屋看黄梅花二首》作于是时。

李奕畴，字书年，号立斋。河南夏邑人。乾隆四十五年进士。官至浙江巡抚、漕运总督等。事具《清史稿》卷三五九。

十二月十六日，为汪学金诗集作序。

《有正味斋骈体文》卷五《汪静崖庶子诗集序》。作序时间据汪学金《静崖诗后稿》吴锡麒序款识："嘉庆六年十二月既望钱唐愚弟吴锡麒拜撰。"

十二月十九日，东坡生日，以《腊梅诗》示汪学金，二人联句赋诗。

《静崖诗续稿》卷三（辛酉四月尽十二月）《坡仙生日井福堂春幡联句（限虞韵）》："天上春先到（榖人），人间岁欲徂。唐花催火速（静崖）……笠屐想髯苏（榖人）。"

《静崖诗续稿》卷五（壬戌七月尽十二月）《坡仙生日咏腊梅和集中韵》："昨岁吟诗吴榖人（旧腊是日，榖人从杭来会，并携《腊梅诗》见示），今年九书更寄君。"

冬，里中李西斋以《同岑诗选》属序。

《有正味斋骈体文》卷五《同岑诗选序》："会辛酉冬，余以乞养南返，李子西斋枉存，出里中诸君《同岑诗选》见示。"

李西斋，生平不详。

是岁，应查有圻之请，为其父查世荣作墓志铭。

《有正味斋骈体文》卷二十三《中宪大夫刑部郎中查公墓志铭》："遂以攻苦搆疾，于乾隆乙未五月卒于海丰。……（恭人）以嘉庆辛酉六月疾终京邸，距公之卒已二十六年。子一，有圻。……有圻将以某年某月合葬于某原。龟兆既符，鱼书有逮，而乞余为之铭。"据该文，查世荣（？—1775），号松亭，海宁人。

是岁作诗尚有《瑛梦禅宝画"山雨欲来风满楼"诗意，吉止斋阁学纶索题》《石门道中》等（《有正味斋诗集》卷十四《槐市集》）。

嘉庆七年　壬戌(1802)　五十七岁

二月,应同年、松太道观察李廷敬之招,修书上海也是园。本年在上海活动较多。

《五研斋诗钞》卷十七《吴榖人屡期不至诗以代简》(壬戌):"一年海上游将遍,百亩园中乐可知。"自注:"榖人为吴淞李观察修书上海之也是园中。"

《有正味斋诗集》卷十五《吴船集》有《李味庄观察招游上海留寓南园赋谢四首》有"二月来为迎社燕,三更起听应潮鸡"之语,当为壬戌二月作。

按,吴锡麒于辛酉(1801)九月乞养回浙。次年壬戌(1802)二月,应李廷敬之招,修书上海。至壬戌年底,所作诗收入《有正味斋诗集》卷十五,题曰《吴船集》。此集名之由来,或缘于作者本年往来杭州、松江、上海之间,沿途水路,常舟行往还。

春,与万承纪明府相遇吴下,酒酣话旧,为题罗聘绘《请缨图》。

《有正味斋词集》卷八《沁园春》序云:"万廉山明府承纪年十五时,曾乞罗两峰为画《请缨图》,今几二十载矣。廉山壬子领乡荐,两上春官,不第。入楚从军,颇著奇绩。蛮部平,以议叙得官县令。壬戌春,相遇吴下,酒酣话旧,感慨及之,属为题此。"

万承纪(1766—1826),字廉山、廉三,南昌人。嘉庆初以军功任知县,官至海防同知,罢淮阳道。善治水。擅书画。事具陈文述《万廉山司马传》(《颐道堂文钞》卷十三)。

初夏,居也是园,有诗。

《有正味斋诗集》卷十五《骤雨》《南园初夏作二首》。

夏,与李廷敬等有消夏之集。第一集,分韵赋诗;第二集,同咏夏事八首:缫丝、晒药、造酱、卖冰、插秧、洗竹、浮瓜、折荷;第三集,以"掬水月在手"分韵;第四集,分韵赋诗,锡麒得咏史乐府四首。

《有正味斋诗集》卷十五有《消夏第一集分韵得寒字》《消夏第二集同咏夏事八首:缫丝、晒药、造酱、卖冰、插秧、洗竹、浮瓜、折荷》《消夏第三集以"掬水月在手"分韵得水字》《咏蝉》《黄浦曲二首》《消夏第四集分得咏史乐府四首：击愤坠、夫人城、令公来、坏白麻》，均作于本年夏。

八月十五日，中秋，上海平远山房待月，填词《永遇乐》。

《有正味斋词集》卷五《永遇乐》序云："壬戌中秋，平远山房待月。"

八月十八日，李廷敬招集丹凤楼观潮。有诗。

《有正味斋诗集》卷十五《八月十八日味庄观察招集丹凤楼观潮即次其韵》。

九月八日，与张敦仁、陈廷庆、钱坫、朱文藻、王昶等会于青浦。

王昶《湖海诗传》卷三八载朱文藻诗《嘉庆壬戌重阳前一日，松江太守张古余敦仁、同郡人陈太守桂堂廷庆、钱唐吴祭酒穀人锡麒、嘉定钱州判献之坫谈宴于兰泉书室，述庵少寇有诗命和，因成四律以纪事》。

王昶《春融堂集》卷二四（辛酉、壬戌、癸亥）《九月八日，吴司成穀人、陈太守桂堂、张司成古余敦仁枉顾，留饮兰泉书屋，兼示映漘、献之、同人三君》："祭酒瀛洲彦，声华燕许同。北堂殷爱日（穀人以乞养告归），南国仰高风。碧浪经帏启（时在湖州主讲），红桥酒舫通（往来维扬，多文酒之会）。明年峰泖路，尤喜豁群蒙（明年来主云间书院）。"由诗知，吴锡麒本年曾在湖州主讲。又，该诗后附锡麒和诗六首，不见于锡麒本集。

朱文藻，字映漘，号朗斋，仁和人。诸生。著有《碧溪草堂诗稿》。

秋，居上海，宿南园，有诗即事感怀。

《有正味斋诗集》卷十五《海上即事四首》《秋日南园杂咏八首》。

秋，雨后，康恺孝廉见过，留饮桂树下，有诗。

《有正味斋诗集》卷十五《雨后康起山孝廉恺见过留饮桂树下》。

康恺，字饮和，号起山，上海人。乾隆五十七年中举。著有《三研斋诗钞》。事具《嘉庆松江府志》卷六十。

秋，松江广富林拜谒陈子龙先生墓。有诗。

《有正味斋诗集》卷十五《广富林拜陈卧子先生墓》。

秋，吴河招集吾园看芙蓉。有诗。

《有正味斋诗集》卷十五《家星槎河招集吾园看芙蓉》。

吴河，星槎。生平不详。

秋，由上海来太仓镇洋访汪学金，留宿菜根轩，有诗赠汪学金。

《静崖诗续稿》卷五（壬戌七月尽十二月）《縠人先生由上海来娄，留宿菜根轩有诗见赠，依韵奉酬》《无闲缘室看菊，分十卦韵，同縠人、餐霞、叔温、密庐、葆初、守根及国儿赋》。按，因诗题有“看菊”，故推断作于秋季。又，吴锡麒赠汪学金诗不见本集。

冬，时仍修书上海也是园。沈赤然屡期不至，诗以代简。

《五研斋诗钞》卷十七有《吴縠人屡期不至诗以代简》（壬戌）：“初夏深秋总弛期，黄梅又放最繁枝。一年海上游将遍，百亩园中乐可知。”

冬，朱文煜中翰招集映桂堂，同赋寒事。

《有正味斋诗集》卷十五《朱缦园中翰文煜招集映桂堂同赋寒事八首》。

朱文煜，生平俟考。

冬，赏梅、雪，有诗。

《有正味斋诗集》卷十五《梅信》《雪》。

冬，集西湖苏公祠。

《有正味斋诗续集》卷八《十二月十九日，东坡先生生日，同人设祀于桃花庵，分体赋诗，余得七古》：“卷起葑云三万丈。”自注：

“壬戌冬，集西湖祠上，值有开湖之试。”

是岁，将移居东园巷，时沈赤然仍侨寓汪氏宅，闻之，有诗寄锡麒。

《五研斋诗钞》卷十七《闻吴榖人将移居东园巷，率成一律奉寄》（壬戌）：“不知尚有营巢者，葭苇飘摇已四春。”自注：“予自己未岁鬻居宅，至今尚侨寓汪氏之屋。”

是岁，连举三孙，有诗志喜。

《有正味斋诗集》卷十五《今年连举三孙诗以志喜》。

是岁，李尧栋五十大寿，有诗祝寿。

《有正味斋诗集》卷十五有《寿李松云前辈五十生辰》（其二）：“高论如闻海上琴，今人颜色古人心。名花阑槛栽培盛，老树风烟阅历深。诗札寄应烦日下，酒船来恰自山阴。祝君唯有千秋在，名字先传著作林。”

是岁，鲍之钟卒，有诗哭之。

《有正味斋诗集》卷十五《哭鲍雅堂户部二首》，诗详交游考。

《静崖诗续稿》卷四（壬戌正月尽六月）《哭鲍雅堂郎中》。

是岁，白莲教军苟文明部自西乡抢渡汉水，入南山。川东北各县教军聚零为整，人数增加，湖北樊人杰等转战鄂西北山区。时教军仅此数支尚有相当实力。十二月，川楚义军已无大碍，余众退入山林。清廷宣告军事结束。又，本年二月，云南丽江府农民恒乍绷率众起义。九月，广东博罗县天地会首领陈烂屐四、张锦秀等率会徒起义。本年烽火不断，吴锡麒有诗纪事感怀。

《有正味斋诗集》卷十五《感怀四首》《闻秦蜀群盗荡平志喜四首》即为这一系列兵事而发。《感怀四首》其一：“洗兵何日倒天瓢，夜望欃枪气未消。江汉军声坚四壁，风烟路势走中条。只今残局犹烦算，在昔微荧本易浇。”其二：“两年烽火接蛮程，六载潢池敢盗兵。石变劫灰犹铁色，马敲瘦骨已铜声。”又《闻秦蜀群盗荡平志喜四首》其一：“闻说欃枪扫，应宽圣主忧。凯歌喧日下，吉语送年头。

此战谁强敌，诸君已列侯。策勋当代厚，肝胆几生酬。”

是岁，郭麐至杭州，与锡麒重遇西湖，出《灵芬馆诗集》属为序。

《灵芬馆诗二集》卷首吴锡麒序：“辛酉，余乞养归，又明年始重遇于湖上，乃出《灵芬馆诗集》属序于余。”

是岁，法式善有诗寄怀。

《存素堂诗初集录存》卷十三《忆西山旧游，书寄韩旭亭、吴榖人、汪杏江、赵味辛、蒋香杜、姚春木》（壬戌）。

同书卷十五有《久不接南中朋旧音耗，寄怀，柬旭亭、榖人、竹桥、杏江、稚存、惕甫、小岘、兰雪、香杜、祥伯、春木、手山，兼示味辛、剑潭，暨砚农元烺、兰士昆仲》（壬戌）。

是岁，为梁肯堂作墓志铭。

梁肯堂《石幢居士吟稿》卷末附吴锡麒《皇清诰授荣禄大夫兵部尚书都察院右都御使漕运总督梁公墓志铭》：“公生于康熙五十六年十一月初二日，薨于嘉庆六年八月初二日，寿八十五。……以嘉庆七年十一月初十日启寿藏合葬。……赐进士出身诰授朝议大夫国子监祭酒予告养亲同里年家侍生吴锡麒撰文。”该文不见于吴锡麒本集。

据吴文知，梁肯堂（1717—1801），字构亭，号春淙、晚香，钱塘人。乾隆二十一年举人。官河南巡抚、直隶总督、漕运总督等。

是岁作诗尚有《京口值雨》《渡江》《扬州晤曾宾谷都转以所著〈买春书屋诗集〉见示赋此奉赠》《江孟卿招饮净香园三首》《邗沟王庙二十韵》《过尤水村新居》《夜饮童氏园》《题严香府钰山水画册三首》《渡黄浦》《晚泊》《咏醉蟹》《哭张警堂观察铭》《大风渡黄浦》《横渡舟中望霁雪》《行七宝泗泾间村落清闲风景可爱》等（《有正味斋诗集》卷十五《吴船集》）。

嘉庆八年　癸亥(1803)　五十八岁

本年,吴锡麒主讲上海云间书院。

按,王昶《春融堂集》卷二四(辛酉、壬戌、癸亥)《九月八日,吴司成穀人、陈太守桂堂、张司成古余敦仁枉顾,留饮兰泉书屋,兼示映潳、献之、同人三君》:"明年峰泖路,尤喜豁群蒙(明年来主云间书院)。"王昶该诗作于嘉庆七年壬戌,是知次年嘉庆八年吴锡麒来上海主讲云间书院。

闰二月,上旬,锡麒为坐馆杭州府治的郭麐《灵芬馆诗二集》作序,盛称其诗摆脱凡近,澡雪精神,丽而不缛,清而益深,"大抵希轨于谪仙,而取隽于玉局"。郭麐有诗谢之。至本年冬,郭氏始离馆职,其间,二人时有往来。

郭麐《灵芬馆诗二集》卷首吴锡麒序款识:"癸亥闰二月上浣钱唐吴锡麒。"

又,《灵芬馆诗二集》卷九《竿木庵集》(起癸亥正月止十月)有《呈穀人先生并谢见序拙集二首》。

春,始移居东园,颇喜,有诗、曲志之。

《有正味斋诗集》卷十六《东皋草堂集》有《移居东园仍用樊榭集中韵四首》。

《有正味斋外集》卷一《北正宫·醉太平》"移居东园":"东皋生署号,村夫子移居。划来水竹便留,吾已新编烟户。放生社,乞鱼苗护。鸣机坊,许灯光助。灌园人,习菜佣呼。好衣冠渐疏。"

按,吴锡麒癸亥(1803)仍应李廷敬之招赴上海,甲子(1804)来主扬州安定讲席,至乙丑(1805)年底(六十岁),期间作诗收入《有正味斋诗集》卷十六,名曰《东皋草堂集》。

春夏之间,李廷敬有书来,招赴上海。锡麒赋诗奉答。

《有正味斋诗集》卷十六《味庄书来招赴上海赋答》:"才得巢痕补,重劳尺牍招。酒星侵露动,帆色逼风摇。旧榻犹悬梦,前程正上潮。南飞如待奏,我请笛先腰。"

赴上海，渡泖湖，有诗。

《有正味斋诗集》卷十六《渡泖湖》："天霁开澄镜，帆飞趁夕阳。云辞孤塔峭，波落一罾凉。客枕流山影，渔烟接水乡。高歌独不见，葭路望苍茫。"

夏，与阿林保、李廷敬诸公有白公祠之会。

《有正味斋诗续集》卷八《平山堂观荷》："即如消夏湾头轰醉日，霞旌共拥群仙出。"自注："忆癸亥夏，与阿雨窗、李味庄诸公白公祠之会。"

阿林保，舒穆禄氏，字雨窗，满洲正白旗人。乾隆三十一年中笔帖式。官至闽浙总督。谥敬敏。著有《适园诗录》。事具《国朝耆献类征初编》卷一八七。

五月，上旬，为陈广宁《寿雪山房诗稿》作序。时陈广宁将赴闽中任参将，锡麒有诗送之。

陈广宁《寿雪山房诗稿》卷首吴锡麒序："今君将赴闽中参将任，适其《寿雪山房集》刻成，而属余为之序。"款识："嘉庆八年岁在癸亥夏五月上浣钱塘吴锡麒撰。"是知锡麒《送陈默斋参戎广宁之任闽中三首》(《有正味斋诗集》卷十五)作于是时。

陈广宁(1763—1812)，字靖侯，号默斋，浙江山阴人。乾隆五十二年，荫袭云骑都尉，官至云南腾越镇总兵。著有《寿雪山房诗稿》。

七月，于松江讲舍遇吴蔚光，流连话旧，凄惋特甚。吴蔚光以《闭户著书图》属题。后锡麒因病疟归杭，未践前诺，而蔚光亦染疾，不久即逝去。

《有正味斋词集》卷四《石湖仙》序云："不见家竹桥十余年矣，癸亥七月，得遇于松江讲舍，流连话旧，凄惋特深，因出《闭户著书图》属题。会余病归，未践前诺，闻竹桥亦以是日得疾，不久化去。余缠绵床褥五月有余，其不同为天边之鹤者，几希矣。病起怆然，即用白石老仙自度曲，并次其韵以题于后。"

按，该序言及松江讲舍，可作为吴锡麒本年主讲云间书院之旁证。

自七月始，锡麒病疟，归杭。缠绵床褥五月有余，作诗、曲各一首驱疟。

《有正味斋诗集》卷十六《驱疟行》。

《有正味斋外集》卷一《北正宫·叨叨令》“遣疟”：“迁延为谒，三医误，禳除翻惹群邪侮。阴阳浑似天公错，炎凉直逼人情苦。炙杀人也么哥，㗫杀人也么哥，恁不怕杜陵放出惊天句。”

秋，曾燠招同刘嗣绾等宴集高咏楼，并送锡麒赴松江。

刘嗣绾《尚䌹堂诗集》卷三十五（癸亥）《宾谷丈招同人宴集高咏楼，并送穀人先生赴华亭、恒斋还兴化》：“蝉声隔叶疑仙乐，萤火投林娱冶游。凄绝荷亭归路远，未曾红艳已残秋。”由诗知该集在秋季。按，华亭为上海松江古称。

十一月二十二日，王昶八十生辰，锡麒撰启征诗，吴越及远方士人祝者甚众。

《有正味斋骈体文》卷十九《王述庵先生八十生日征诗启》。

按，严荣《述庵先生年谱》：“（嘉庆八年癸亥）十一月，八十生辰，吴穀人祭酒为先生撰启征诗，吴越士大夫拿舟来祝者数日不绝。”《明清江苏文人年表》（第851页）作“十一月二十二日，王昶生辰，吴锡麒撰《启征诗》”，误。

十二月，病愈，有诗。

《有正味斋诗集》卷十六《病起》。

是岁，王昶编《湖海诗传》，刊竣。该集收吴锡麒诗二十一首。

按，《湖海诗传》（卷三十三）其中所收《师子林歌》《题翁覃溪前辈方纲所藏唐泰山摩崖铭拓本》二诗不见于《有正味斋全集》（嘉庆刊本）之诗集。

是岁，法式善有诗见怀。

《存素堂诗初集录存》卷十六《怀远诗六十四首》(癸亥)其六《吴穀人祭酒》。

嘉庆九年　甲子(1804)　五十九岁

本年往来于上海、扬州、杭州之间。

正月初一,作诗《甲子元日》。

《有正味斋诗集》卷十六《甲子元日》:"我生丙寅今甲子,六十年差二龄耳。荷锄担瓮百不能,日日毛锥钻故纸。忆昨东华瘦马骑,头衔卅载条冰似。故人相见尽贫交,不信侏儒饱欲死。归来寒饿仍笔耕,绿洗门前半溪水。一餐珍重茅容鸡,千里艰难仲由米。"

来主扬州讲席,适逢陈观国任甘泉知县,得与交游。

陈观国《惺斋吟草》卷首吴锡麒序:"余自甲子来主扬州讲席,适君之宰甘泉也,得与共数晨夕。"

陈观国,字寿宁,号惺斋。海宁人。乾隆四十年进士。嘉庆八年任甘泉知县,署高邮知州,官至海门同知。有《惺斋吟草》四卷。

二月,洪亮吉将抵上海,有诗柬锡麒。

洪亮吉《更生斋诗续集》卷一《将抵上海先柬吴祭酒锡麒》。时洪亮吉未知锡麒具体行踪。故云:"浊酒纵斟难博醉,远书欲寄更开封。吴郎消息仍无定,闲把灯花卜客踪。"

六月初一,为主讲仪征乐仪书院的王芑孙《渊雅堂文外集》作序,对王芑孙骈文推挹备至。

《渊雅堂文外集》卷首吴锡麒序:"吾友中惟铁夫能为有本之文,其于诗词礼乐之旨,抉之甚精。……顾独以骈体文属序于余,殆以余所业在此,或者此中甘苦能深知之而共喻之欤?……嘉庆九年夏六月朔钱唐吴锡麒。"

同月,自扬州归杭。

宋大樽《学古集》卷首吴锡麒序:"今年六月余自扬州归,茗香已先期化去。”

同月，为女诗人方芳佩《在璞堂续集》作序。

方芳佩《在璞堂续集》卷首吴锡麒《在璞堂诗三刻序》款识：“嘉庆九年夏六月愚侄吴锡麒拜撰。”按，方芳佩《在璞堂吟稿续稿续集》有众多名家序言题词，如厉鹗、钱大昕、王鸣盛、沈德潜等。

方芳佩（1728—1808），字芷斋，号怀蓼，又号凤池，钱塘人。宜照女，江新妻。撰《在璞堂吟稿》《续稿》《续集》各一卷。

八月，游上海。十五日，中秋夜，李廷敬观察邀同洪亮吉、赵怀玉等，泛月至吴淞江，饮宴达旦，各有诗纪事。

吕培《洪北江先生年谱》（甲子）：“八月，重游上海，李观察邀同先生及吴祭酒锡麒、祝编修堃、赵表弟怀玉诸人，以中秋夜泛月至吴淞江，饮宴达旦，各有诗纪事。”

又，洪亮吉《更生斋诗续集》卷一《中秋日，李兵备廷敬邀同吴祭酒锡麒、祝编修堃、赵司马怀玉、林上舍镐、储上舍桂荣、改山人琦暨铁舟上人吴淞江泛月至三鼓始返》（《洪亮吉集》第4册，第1501页）。

又，赵怀玉《收庵居士自叙年谱略》：“（九年甲子）八月至上海，谢李景叔观察廷敬之吊，时吴祭酒锡麒、郑侍御澄、祝堃、洪亮吉两编修并集，遂留数日。十五夜，吴淞口观月，诸君多有吟咏。”

八月十六日至十八日之间，在上海，于松江待潮，有诗。

《有正味斋诗集》卷十六《松江待潮》。按，八月既望至十八日之间潮水最大，观潮多于是时。且锡麒两年前（壬戌1802）修书上海时，亦曾于八月十八日在松江观潮。

八月，重宿上海南园，有诗感怀。

《有正味斋诗集》卷十六《重宿南园二首》其一：“不到一年久，重来款竹扉。老藤盘石瘦，春水上鱼肥。风雨余生在，江湖旧梦稀。无言看鸥鹭，来往总忘机。”其二：“钟声飘桀阁，潮气涨平池。灯火桑三宿，光阴黍一炊。病余怜缓带，吟罢感衰髭。慰劳烦贤主,时来就酒卮。”

按,锡麒壬戌(1802)修书上海时曾宿南园,癸亥(1803)七月以病疟归杭,直至年底方愈。本年甲子(1804)来主扬州讲席,至八月来上海,系应李廷敬之邀偶来做客。经过去年五个月的缠绵病榻,又重回一年前宿止之南园,暮年诗人不无感慨。

十一月,为宋大樽《学古集》作序。宋大樽于本年六月前卒。

宋大樽《学古集》卷首吴锡麒序款识:“嘉庆九年岁在甲子冬十有一月吴锡麒撰。”

宋大樽(1746—1804),字左彝,号茗香,仁和人。乾隆四十二年举人,官国子监助教。著有《学古集》四卷(附《诗论》)、《牧牛村舍外集》四卷。

冬,过常州阳湖,拜访赵翼。赵翼邀洪亮吉、赵怀玉同集。

赵翼《赵翼诗编年全集》(第四册第1586页)卷四十六(甲子)《吴縠人祭酒枉过草堂,邀稚存、味辛同集》,详交游考。有“已届消寒九九天”之语,是知为冬日造访。

是岁,有书寄翁方纲。翁方纲得书,作诗奉答。

翁方纲《复初斋诗集》卷五七(癸亥八月至甲子七月)《同日得辛楣、縠人、仲子、手山书,赋江南思二首为寄》其二:“正味东南指烟舫,奇才淮海聚维扬(正味、烟舫,皆縠人斋名)。”按,该诗前有《留题马兰峪寓斋四首(以下甲子)》,是知作于甲子年。

是岁,沈赤然六十大寿,有诗贺之。

《有正味斋诗集》卷十六《寿沈梅村六十》。

沈赤然《自编年谱》:“大清高宗乾隆十年乙丑六月十三日戌时,生于杭州仁和县武林门内打纸巷旧宅。”

是岁,为汪勋作墓志铭。

《有正味斋骈体文》卷二十三《资政大夫候选道汪君墓志铭》:“君生于乾隆三年八月十六日,卒于三十七年八月二十日,得年三十有五。娶张氏……盖后君三十年卒……(子)承璧等将以嘉庆九年八月十六日合葬于扬州甘泉善应乡胡家庄之原,来乞余铭。”

据文知,汪勋(1738—1772),字硕功,号漱石,歙县人。

是岁,杭州仁和县西新庄桥有汾阳王庙,邑人重修之。属锡麒为记。

《有正味斋骈体文》卷二十二《杭州重修郭汾阳王庙碑》:“杭州仁和县西新庄桥有汾阳王庙,不知何时建也。嘉庆甲子里人重修葺之,属余为记。”

是岁,所评阅《云间课艺》刊刻。

南京图书馆藏《云间课艺》,内封上镌“嘉庆甲子春锓”,右镌“掌院钱塘吴榖人鉴定”,中镌书名《云间书院古学课艺》。详参第一章第三节著述考。又,吴锡麒此集之评阅,亦可为其曾主讲云间书院之佐证。

是岁作诗尚有《落梅》《题孙苏门翰林宗承〈少初山房图〉》《舟泊镇江三首》《寄万廉山承纪》《题宋芝山山水册二首》《题郭频伽〈月下修箫图〉三首》《秋水庵观新绿》《读〈淮南子〉》《题刘纯斋前辈锡嘏六十岁像》《题友人〈看菊图〉》《陈梅垞思贤以〈藉隐山房诗〉索和六首》《题家白厂照〈石湖课耕图〉》等(《有正味斋诗集》卷十六《东皋草堂集》)。

嘉庆十年　乙丑(1805)　六十岁

本年主讲扬州安定书院。

正月九日,陈韶招同何琪、冯培、项墉集梅园看梅,其地即南宋名将韩世忠花园。

《有正味斋诗集》卷十六《正月九日,陈花南韶招同何春渚、冯实庵、项秋子集梅园看梅,地即韩蕲王花园也》。

陈韶,字九仪,号花南。青浦人,以四库馆学生议叙浙江台州通判。未久,以病辞,居西湖梅庄。著有《花南诗集》。(《湖海诗

传》卷四五)

冯培(1737—1808),字仁寓,号玉圃,元和人。乾隆四十三年进士,官户科给事中。归掌教苏州紫阳书院。著《鹤半巢诗存》等。事具《江苏艺文志·苏州卷》。

春,冯培给谏自西湖移主苏州紫阳书院,赋诗留别,奉酬二首。

《有正味斋诗集》卷十六《冯实庵给谏自西湖移主苏州紫阳书院赋诗留别奉酬二首》。

春,游事频仍。同黄模、汤礼祥等赴三壑观梅。有诗。

《有正味斋诗集》卷十六《十九日,同黄相圃、汤点山礼祥、余慈柏锤、陈仲恬鸿豫、陈秋堂豫锺三壑观梅,舟出板桥关》。

汤礼祥,字典三,号点山,仁和人。汤右曾孙。诸生。嘉庆间江苏候补县丞。著有《栖饮草堂诗钞》。(《晚晴簃诗汇》卷一二二)吴锡麒为序,称其诗"能守其西崖少宰家法"。

游大港桥,泛舟至蒋村。有诗。

《有正味斋诗集》卷十六《晚自大港桥泛舟至蒋村》。

出五横桥,望方山。有诗。

《有正味斋诗集》卷十六《出五横桥望方山》。

泊七贤浦,步沿大雄山看梅。归,寻太仆洞。有诗。

《有正味斋诗集》卷十六《泊七贤浦步沿大雄山看梅》《归寻太仆洞》。

二月十二日,花朝,李廷敬招集平远山房,有诗。

《有正味斋诗集》卷十六《花朝日李味庄观察招集平远山房即席口占》。

春,过吴门,戴延介招饮护经书屋,出辛酉除夕与同人游虎丘所赋诗词、绘图等属题,锡麒如其请。

《有正味斋词集》卷四《忆旧游》序云:"辛酉除夕,戴竹友延介与钮非石树玉、陶凫香梁游虎丘山,非石赋诗,竹友、凫香各谱《忆旧游》词一阕，归而属其友汪浣云梅鼎绘图纪胜，今五年矣。乙丑春，余过吴门，竹友饮余于护经书屋，出此乞题，即用原韵答之。”

戴延介，字受兹，号竹友，休宁人。寓居吴县。监生。官户部陕西司郎中、候选知府。著有《银藤花馆词》《古藤山馆诗钞》。事具《道光徽州府志》卷十。

四月，为铁保《梅庵诗钞》作序。

《有正味斋骈体文续集》卷一《铁梅庵制使诗集序》。作序时间据铁保《惟清斋全集》之《梅庵诗钞》卷首吴锡麒序款识："嘉庆十年岁次乙丑夏四月，钱塘吴锡麒拜撰。"

六月，应赵怀玉之请，为其父赵绳男作墓志铭。陈廷庆为作正书刻之。

《收庵居士自叙年谱略》："（十年乙丑）六月，以闻讣再期，乞吴祭酒锡麒撰先考刑部府君墓志铭。同年陈太守廷庆作正书刻之。"

《有正味斋骈体文》卷二十三《奉政大夫刑部郎中赵公墓志铭》："以嘉庆八年五月二十二日卒于里第……余与怀玉同宦京师，长贫日下。乞米之帖，屡敂乎比邻；游山之诗，联吟于休沐。会其分刺东郡，余亦归养西湖。别甫三年，遽闻公之殁，而怀玉遂以奔丧返矣。……今怀玉等将于某月某日合葬于黄塘乡之何家村，以状来乞铭。"

据该文知，赵绳男，字来武，号缄斋，武进人。赵怀玉父。

同月，郭麐卧病，濒死者再三，逾月始起。感念往昔交游，作《病起怀人诗》三十首，又《续怀人诗》十二首，周士乾为画《病起怀人第二图》。其中《病起怀人诗》第三首系见怀锡麒之作。七月，郭麐至西湖，以《病起怀人诗画册》属题，锡麒作诗二首。

《灵芬馆诗三集》卷一《得闲集》（乙丑六月起十月止）有《病起怀人诗·吴榖人祭酒》。

《有正味斋诗集》卷十六《郭频伽来寓湖上以病起怀人诗画册属题二首》。

七月二十八日，六十岁生日，作诗七首述怀。

《有正味斋诗集》卷十六《六十生日自述七首》。

沈赤然有诗贺寿，即次韵去年锡麒见赠寿诗。

《五研斋诗钞》卷十九《寿吴穀人六十即次去年见赠周甲诗韵》（乙丑），沈氏所次系吴锡麒去岁所作《寿沈梅村六十》（《有正味斋诗集》卷十六）。

冬暮，郭麐重游扬州，馆于安定讲舍。夜坐书怀，有诗呈锡麒。时锡麒出示《六十生日自述》诗，郭麐感旧陈情，敬呈一首。

《灵芬馆三集》卷二《邗上云萍集》（十一月起尽一年）有《夜坐书怀呈穀人先生二首》《穀人先生出示六十自述诗，感旧陈情，敬呈一首》。按，《灵芬馆诗三集》卷一《得闲集》纪年系"乙丑六月起十月止。"卷二纪时紧承卷一，故系于乙丑。

冬，在扬州与旧游新好昕夕过从，举消寒六会。同集者多系曾燠题襟馆中人。消寒第一集，同集者吴锡麒、郭麐、乐钧、刘嗣绾、彭兆荪、金学莲、顾麟瑞、江藩、蒋知节、储润书，同赋《寒雁篇》；十一月二十四日，消寒第二集，分咏题襟馆所藏画卷；第三集，分赋《神弦曲》五首；第四集，伊秉绶太守招饮六一堂；第五集，集蒋知节寓斋；第六集，饮江藩斋中，题壁间《金粟道人像》。

《灵芬馆三集》卷二《邗上云萍集》（十一月起尽一年）有《寒雁篇同穀人先生、莲裳、芙初、甘亭、金手山学莲、顾芝山麟瑞、江郑堂藩、蒋秋竹知节、储玉琴润书作销寒第一集》《十一月二十四日，销寒第二集，分咏题襟馆所藏画卷，得冷谦〈细柳营图〉》《销寒第三集，分赋淮海神弦曲五首》《销寒第四集，伊墨卿太守秉绶招饮六一堂，赋赠》《销寒第五集秋竹寓斋，分得冻豆腐，用樊榭山房菽乳倡和韵》《销寒第六集饮郑堂斋中即题壁间金粟道人像》。

以此推知锡麒《寒雁篇》《邗沟王庙神弦曲》《题乐莲裳孝廉钧青芝山馆图即次其韵五首》《为伊墨卿太守题傅青主画》（《有正味斋诗集》卷十六）诸诗作于是时。

彭兆荪(1769—1821),字湘涵、甘亭,晚号忏摩居士。镇洋人。有文名,中举后屡试不第。曾客江苏布政使胡克家及两淮转运使曾燠幕。著有《文选考异》《小谟觞馆全集》等。

顾麟瑞,字仲嘉,一字芝衫(芝山),兴化人。顾凤毛弟,嘉庆六年拔贡。著有《篔筜馆诗初集》《二集》《无声诗馆词集》等。事见《咸丰重修兴化县志》卷八。

江藩(1761—1831),字子屏,号郑堂、节甫。甘泉人。监生。曾为丽正书院山长。著有《汉学师承记》《宋学渊源记》。事具《清史列传》卷六九。

蒋知节(1755—1813),字冬生,号秋竹。江西铅山人。蒋士铨子。乾隆四十四年举人。晚年主讲安徽紫阳、扬州广陵两书院。著有《冬生诗钞》等。事具《同治铅山县志》卷十六。

储润书(1745—1711),字玉琴,号旅农,宜兴人。乾隆五十四年优贡生,候选教谕。工诗。著有《秋兰馆烬余剩稿》。

乐钧,详交游考。

冬,为奚冈《冬花庵烬余稿》作序。

《冬花庵烬余稿》卷首吴锡麒序款识:"嘉庆乙丑冬钱塘吴锡麒。"

是岁,始识团维墉于江绍莘斋中,相谈甚欢。

团维墉《小画山房诗钞》吴锡麒序:"余自乙丑始识椒墩于江吟香斋中,见甚晚,交甚欢,日读其诗。"

团维墉,字雉高,号椒灯,又号蕉墩,仪征人。乾隆三十六年副榜。年七十,任含山县学训导。著有《小画山房诗钞》十二卷,袁枚、吴锡麒为序。事见《道光重修仪征县志》卷三十七。

是岁,座主王杰去世,作挽诗四首。

《有正味斋诗集》卷十六《哭座主大学士王文端公四首》。

《清史稿》卷三百四十《王杰传》:"(嘉庆)九年,杰与妻程并年八十……明年正月,卒于京邸。……赠太子太师,祀贤良祠。谥文端。”

是岁，为唐仲冕《岱览》作序。

《有正味斋骈体文续集》卷二《唐陶山岱览序》。

唐仲冕(1753—1827)，字云枳，号陶山居士。原籍善化，后客居肥城。乾隆四十六年主持泰山书院，五十八年进士，官至陕西布政使。著有《岱览》《陶山文录》《陶山诗录》等。锡麒有《答唐陶山同年书》(《有正味斋骈体文》卷十七)、《唐陶山刺史露蝉吟词序》(《有正味斋骈体文续集》卷二)、《题唐陶山明府仲冕〈兰征集〉》(《有正味斋诗集》卷十三)等。

是岁，应张燕昌之请，为其继配孙氏撰诔文。

《有正味斋骈体文续集》卷八《荐举孝廉方正张君继配孙安人诔》:“嘉庆十年十一月十三日，吾友张燕昌继配孙安人卒，以行状来属诔于余。”

是岁，为马朝襄作墓志铭。

《有正味斋骈体文续集》卷七《封奉政大夫马君墓志铭》:“以嘉庆乙丑十月卒，年七十有七。……今永鉴等将以某年某月某日卜葬于某原，而乞余为之铭。”据该文，马朝襄(1729—1805)，字邻哉，号鲁岩，海宁人。

是岁，山阴梅里人蔡维珏等重修泰伯墓，索题刻碑，锡麒如其请。

《有正味斋骈体文》卷二十二《梅里重修泰伯墓碑》:“嘉庆乙丑某月，重葺治之，将刊贞石，以阐幽光，礼也。”

蔡维珏，山阴人，生平不详。

是年作诗尚有《夜宿蒋葆存炯阶绿草堂》《雪后过钱店》《坦园同年伍泰自粤东调守山东青州舟过维扬赋赠二首》《白秋斋参戎云上所藏陈榕门相国手札遗卷，令子坦斋守清、敬庵守廉属题》《汪抱朴先生复园为往时诸诗老宴集之地，尝以池上红板桥新成，会同人分韵赋诗，牧牛行者为之图，今已六十年矣，其册今在家思亭修处，梁山舟先生同书有诗，即次其韵》《题汪稼门中丞志伊〈静观鸢鱼飞跃图〉》《瓜州》等(《有正味斋诗集》卷十六《东皋草堂集》)。

嘉庆十一年　丙寅(1806)　六十一岁

本年仍主讲安定书院,往来扬州、杭州、上海之间。

正月十五日,元夕,洪亮吉来寓西湖,即日有大涤之游,邀锡麒一叙。是日,锡麒遂与洪亮吉、何琪、华瑞潢、项墉、汪淮、戴敦元、何元锡小集望湖楼。

洪亮吉《更生斋诗续集》卷四有《元夕偕何征君琪、华司马瑞潢、吴祭酒锡麒、项州倅墉、汪上舍淮、戴比部敦元、何文学元锡望湖楼小集》。

《有正味斋诗续集》卷一《萍聚集》有《元夕潘亚江招饮,适洪稚存来寓湖上,云即日有大涤之游,欲邀一叙,辞之不得,因作诗以酬亚江》。

按,锡麒丙寅(1806)至庚午(1810)仍任安定书院山长,往来扬州、杭州等地,期间作诗收入《有正味斋诗续集》卷一至卷四,名曰《萍聚集》(一至四)。

华瑞潢,字泾阳,号秋槎,金匮人。历任瑞安、象山、天台、临海等知县,擢同知,署台州知府。被议去官,侨居西湖。

汪淮,生平俟考。

二月,为汪上彩《培桂山房诗钞》作序。序称汪上彩尝贷资斧裹粮走数百里来请序。

汪上彩《培桂山房诗钞》卷首吴锡麒序:“(汪诗)据乎山之胜而适肖乎山之真,以视世之得貌遗神者,不啻径庭之别,而谓非学山而至于山者乎?”款识云:“嘉庆丙寅二月钱唐吴锡麒撰。”

汪上彩,字葆园,号景袁,浙江遂安人。乾隆间诸生。著有《培桂山房诗钞》六卷。事见《两浙輶轩续录》卷二十三。

同月,赵怀玉应太守伊秉绶之招至扬州修葺《扬州图经》,与锡麒颇极过从之乐。

《收庵居士自叙年谱略》:“(十一年丙寅)正月,伊太守招葺《扬州图经》。二月,抵扬州……时吴圣征祭酒锡麒主讲安定,颇极过从之乐。”

三月八日,沈业富招集味灯书屋观牡丹。其地即汪懋麟百尺梧桐阁故址,松梧皆汪手植也。

《有正味斋诗续集》卷一《谷雨后五日,沈既堂前辈招集味灯书屋观牡丹,地即汪蛟门先生百尺梧桐阁故址,松梧皆其手植也》。查本年谷雨系三月初三,后推五日,即三月初八。

沈业富(1732—1807),字既堂,号方穀,高邮人。乾隆十九年进士,改庶吉士,授编修。典江西、山西乡试。官安徽太平府、河东盐运使。著有《味灯书屋诗集》。吴锡麒为序,云:“往余游扬州时,所见翰林前辈如谢未堂司寇、秦序堂观察、张秋芷侍御、张松坪编修,莫不齿德文章,照映当世。独先生奖借后进,尤不惜齿牙之力以送之,故乐于亲炙者多。”

锡麒自嘉庆六年乞归后,因主讲安定书院,仍来扬州,时诸前辈已归道山。“惟先生如鲁灵光殿,岿然独存。既幸陪侍履綦,得窃其绪余,为诸生导,亦冀风雅一道,先生起而提倡之,余得从而附和之。虽不敢希企欧苏,或可以踵渔洋、樊榭之胜。”序云追踪王士禛、厉鹗等主持昔日风雅的流韵,正道出了吴锡麒及其身边的诸名士的内心向往。然而不久沈既堂先生即溘然长逝,“红桥白塔,回首黯然”。

汪懋麟(1640—1688),字季角,号蛟门,江都人。康熙六年进士,授内阁中书。与修明史。著有《百尺梧桐阁集》二十六卷。

三月十七日,雨中招杨瑛昶、赵怀玉、蒋知节、袁廷梼、汪为霖集小清凉界,分韵赋诗。

《有正味斋诗续集》卷一《立夏前一日,雨中招同杨米人瑛昶、赵味辛、蒋秋竹、袁寿阶廷梼、汪春田为霖集小清凉界分韵》。查是年立夏是三月十八日，前推一日，即三月十七日。

赵怀玉《亦有生斋集》诗卷二十二有《立夏日，招同杨司马瑛昶、汪观察为霖、蒋广文知节、袁文学廷寿集吴祭酒锡麒小清凉界》（柔兆摄提格）。按，柔兆摄提格即丙寅。

杨瑛昶（1753—1809），字印蘧，号米人，别署净香居主人。桐城人。著有《衍波亭诗词全集》《燕南赵北诗钞》《红豆词钞》等。事具《道光续修桐城县志》卷十六。

袁廷梼（1764—1810），字又恺，号寿阶，一作绶阶，吴县人。长于戏曲。著有《红蕙山房吟稿》一卷。

汪为霖（1763—1822），字傅三，号春田。如皋人。乾隆三十四年武进士。官镇安知府等。著有《小山泉阁诗存》。事具《道光如皋县续志》卷七。

七月，偶检旧稿，发觉一篇《贝叶经歌》于箱箧之中。

沈镰彪《续修云林寺志》卷六载吴锡麒《贝叶经歌》跋云："此余壬辰旧作也，诗久不存，今年偶检旧稿，复得之敝箧中……丙寅七月穀人吴锡麒。"

同月，曾燠编《国朝骈体正宗》刊刻，选入锡麒文十六篇。

吴锡麒文见载曾燠《国朝骈体正宗》卷六，南京图书馆藏。该集内封题："嘉庆丙寅七月，粤东纬文堂发兑，赏雨茅屋藏板。"

八月，来寓上海南园，见新种池荷媚净可爱，有诗。

《有正味斋诗续集》卷一《上海南园新种池荷，余以八月来寓，犹见一花，媚净可爱》。

同月，程振甲以母汪氏之丧来讣，属锡麒为作诔文。

《有正味斋骈体文续集》卷八《程母汪太淑人诔》："嘉庆丙寅秋八月，吾友歙县程君振甲以其母汪太淑人来讣于余，且以诔请。"

九月七日，同年生、挚友李廷敬卒，有哭诗三首，且为撰诔文、墓铭。

《有正味斋诗续集》卷一《哭李味庄同年三首》。

《有正味斋骈体文续集》卷八《李味庄同年诔》。

《有正味斋文集》(钞本)卷墓铭一《中宪大夫松太兵备道李君墓志铭》。

闻李廷敬灵柩归葬沧州，不及从执绋之役，赋诗志哀。

《有正味斋诗续集》卷一《闻味庄灵柩归葬沧州，余不及从执绋之役，赋诗二章以志哀悼》。

十一月十五日，伊秉绶太守招集六一堂。

《有正味斋诗续集》卷一《冬至后二日伊墨卿太守招集六一堂》。查是年冬至系十一月十三日冬至后二日即十一月十五日。

季冬，残菊犹开，赋诗赏之。

《有正味斋诗续集》卷一《季冬残菊犹开赋诗赏之》。

岁暮，返杭州家。有诗感怀。

《有正味斋诗续集》卷一《重返敝庐已届岁暮自慰二首》。

雪后，邀同人小集有正味斋。

《有正味斋诗续集》卷一《雪后同人小集有正味斋》。当系归杭后邀集同人岁末小聚。

是岁，汤礼祥奉上官檄往泰州赈灾，值锡麒主讲邗江，遂常以诗文求教。

汤礼祥《栖饮草堂诗钞》卷首吴锡麒序云："当丙寅、戊辰间，尝两奉上官檄，赈饥泰州，值余主讲邗江，君蒇事后，辄载其诗以见。"则二人结识当在嘉庆十一年、十三年之间。汤礼祥《栖饮草堂诗钞》卷六《怀人绝句》其二"吴榖人先生"云："客星岁岁照扬州，祭酒风流孰与俦。一觉春明旧时梦，何年还向帝城游。"

是岁，锡麒主讲安定书院。时邀赵怀玉、陈鸿寿、胡枚、汤贻汾等集于书院。

陈韬《汤贞愍公年谱》："(十一年丙寅)是岁，仍往来于扬州，吴榖人先生邀同赵味辛、陈曼生、金手山、胡梁园枚诸人集安定书院。

吴时为山长也。”

陈鸿寿，字子恭，号曼生，钱塘人。嘉庆六年拔贡，历官南河海防同知。著有《种榆仙馆诗集》二卷。

汤贻汾(1778—1853)，字若仪，号雨生，晚号粥翁，武进人。工诗、书画。荫袭云骑尉。官浙江抚标中军参将、乐清协副将。著有《琴隐园诗词集》《画筌析览》。

是岁作诗尚有《题高迈庵树程〈渔父图〉》《送关甥振勋之梧州参军任即题其〈鹤舟图〉后》《潘亚江招同费尧峰震、高秋崖观海、施藻岚枚集一房山观海》《王竹屿别驾凤生补官来浙，以所刊尊人葑亭太仆〈双佩轩遗集〉见贻，后附令兄香圃麟生〈补梅书屋遗诗〉，展读之余，悲吾友之不复见，而又幸其有子之克家也，因成诗五十韵，述余与葑亭两人之踪迹以付之》《题范楷亭将军建举指画图解后》《梁山舟先生比酒人为发酵馒首与秋子赋诗见贻余亦继作》《嘉兴》《补寿李味庄观察六十二首》《〈小玲珑山馆石诗〉，家迁客属赋三首》《题李味庄观察〈思园迟客图〉》《题沈湛彪〈听篁图〉三首》《题朱敬亭所藏姬人韩荔乡遗照三首》《题熊梦庵〈竹阴消夏图〉》《送杨米人还保定》《容园芍药歌江元卿士相席上作》《题马郎中铨〈硖州煮赈图〉》《题袁绶阶〈归砚图〉》《送许秋岩前辈自浙臬移藩江宁二首》《红桥晚归》《梁亭如以卓异引见记名仍还上饶诗以寄之二首》《〈小檀栾室读书图〉为胡秋白、范小湖、查梅史、屠琴邬、殳积堂五君题》《题王尺鱼〈竹屋图〉三首》《陈老莲手书诗跋后云佛弟子秋观者，其妾吴净鬘妹也，后有蒋芝生敬补图，郭频伽索余题之》《黄星桥杓重摹盛子昭〈黄鹤楼图〉，令兄书崖属题》《题铁梅莽制使〈吟余习射图〉》《题曼倩偷桃图三首》《题戴菔塘璐〈苕川归耨图〉三首》《题蒋立崖〈天远野云图〉》《题魏春松〈松霭山房读书图〉》《又题其〈冷泉觅句图〉》《题朱湘霞〈塞外晓行图〉》《寒江》《宿准提庵》《冻雪滴檐，清寒特甚，坐小池上，偶拈稽留山民三体诗，仿其句而歌之，报谒不来，索逋罕至，而梅花已有放者，亦殊有慰于岑寂矣》等(《有正味斋诗续集》卷一《萍聚集》)。

嘉庆十二年　丁卯(1807)　六十二岁

本年仍主讲扬州。

三月二十四日,汪辉祖卒于萧山故里,为作诔文。

《有正味斋骈体文续集》卷八有《汪龙庄同年诔》:"维嘉庆十二年,岁在丁卯,三月二十四日,原任湖南宁远县知县汪君龙庄卒于萧山之里居。"

仲春,沈赤然赴武林扫墓,锡麒于牡丹花下招饮。

《五研斋诗钞》卷二十《吴穀人由扬州归省便帆见访,饮次成四十字》(丁卯):"牡丹花下别,重晤腊梅时。"前句自注:"春仲,展墓武林,穀人觞余于牡丹下。"

沈赤然展墓武林期间,与锡麒、高观海等旧友同游湖楼。

《五研斋诗钞》卷二十《赴杭寓湖楼,高秋崖伯仲、潘亚江、吴穀人、顾春波、章静山、吴语石叠番开尊湖舫,极友朋游饮之乐,醉为长歌》(丁卯)。

季春,汪竹隐母方氏八十寿辰,为作寿序。

《有正味斋骈体文续集》卷三《汪母方太夫人八十寿序》:"粤维疆圉单阏之岁,月在季春,律中姑洗,为汪母方太夫人八十寿辰。"据文,方氏,系汪芍陂之妻、汪竹隐之母。

四月,曾燠受命调任湖南按察使,自此结束十数年的两淮盐运使之任。扬州书院诸生请锡麒作文记曾燠在扬校育士子之功,锡麒作《曾都转校士记》。

(嘉庆)《重修扬州府志》卷十九"学校"(《中国地方志集成》江苏府县志辑第41册)载吴锡麒《曾都转校士记》:"……仆才识疏浅,缪膺山长之任,惧不足为多士式。然当癸丑之设讲乐仪也,而值公之来,及丁卯之重主安定也,而值公之去。……今公于夏四月述职赴都,行二日,而按察湖南之命下,于是诸生皆欣然喜公之将大用,而又怅怅然如子弟之失其父兄也。因群请于余,愿就公所有造于书院者，乞一言以记之……”

仲秋，为团维墉《小画山房诗钞》（十二卷）作序，称其诗“腾茂蜚英，绝去侪偶，固无虑其不传于世者”。

团维墉《小画山房诗钞》卷首吴锡麒序款识：“嘉庆丁卯仲秋榖人吴锡麒序。”

秋，为吴方夔《得心书屋集》（又名《笛船诗钞》）作序。

吴方夔《得心书屋集》卷首吴锡麒《笛船诗钞序》款识：“嘉庆丁卯秋皋亭归樵吴锡麒序。”

吴方夔（1734—1808），字襄韶，号笛船，仪征人。诸生。所撰《得心书屋集》一卷，嘉庆间刻。（道光）《重修仪征县志》卷十五载，著有《笛船诗钞》一卷（按，即《得心书屋集》），吴锡麒为序。《清人诗文集总目提要》著录有误，将《得心书屋集》与《笛船诗钞》视为二集，实系同书异名。另，吴锡麒有《家笛船黔游留别诗跋》（《有正味斋骈体文》卷二十）。

秋，友人兼同乡梁同书重赴鹿鸣宴，有诗纪事，锡麒和之。前此，锡麒撰《公请梁山舟先生重赴鹿鸣启》。

《有正味斋诗续集》卷二《山舟先生以重赴鹿鸣宴诗见示赋答四首》。

《有正味斋骈体文续集》卷四《公请梁山舟先生重赴鹿鸣启》。

梁同书（1723—1815），字元颖，号山舟。钱塘人。乾隆壬申恩科进士，官侍讲。擅书法，能诗，著有《频罗庵遗集》《频罗庵论书》等。事具《清史稿》卷五〇三。

孟冬，金兆燕之子金台骏裒集乃父遗稿付梓，乞锡麒作序。锡麒作《棕亭古文钞序》。

金兆燕《国子先生全集》之《棕亭古文钞》卷首吴锡麒序款识：“嘉庆丁卯孟冬钱塘吴锡麒撰。”按，该序不见于锡麒本集，详参附录“吴锡麒集外诗词文辑佚”。

冬，由扬州归省，过德清新市，访沈赤然。

《五研斋诗钞》卷二十《吴榖人由扬州归省便帆见访，饮次成四十字》（丁卯）：“牡丹花下别，重晤腊梅时。”后句自注“小园黄梅初放”。是知此番过访在冬季腊梅盛开之时。

是岁，应万承绍之请，为其父万廷兰作墓志铭。

《有正味斋骈体文续集》卷七《奉直大夫直隶知通州事万公墓志铭》：“以嘉庆十二年三月初十日卒于故里，年八十有九。……今承绍等将以某年某月卜葬于某原，礼也。”据文知，万廷兰（1719—1807），字芝堂，号梅皋，南昌人。乾隆十七年进士，选庶吉士，官三山知县、通州知州。

万承绍，南昌人，曾任山东清平知县，修《清平县志》。（《民国清平县志》）

嘉庆十三年　戊辰（1808）　六十三岁

正月十三日，夜，集胡煊一堣书屋。有诗。

《有正味斋诗续集》卷二《十三日夜集胡味莼煊一堣书屋》。

胡煊，味莼，生平不详。

十四日，夜，集项墉春及草堂，观月。有诗。

《有正味斋诗续集》卷二《十四日夜集项秋子春及草堂观月》。

十五日、十六日，夜，赏月。有诗。

《有正味斋诗续集》卷二《十五日夜月》《十六日夜月》

十七日，夜，池上待月，送潘昴街至扬州。有诗。

《有正味斋诗续集》卷二《十七日夜池上待月送潘昴街至扬州》。

二十日，白居易冥诞日，同人襄祀于西湖祠下。有诗。

《有正味斋诗续集》卷二《白文公生日同人襄祀于西湖祠下》。

春，有诗怀中丞清安泰。清安泰自去年腊月移抚河南，浙人讴思，遂赋诗二首寄之。

《有正味斋诗续集》卷二《清平阶中丞安泰自去腊移抚河南，吾浙讴思者至今未已，赋诗二首寄之》。

《清史稿》卷三百五十八《清安泰传》：“（嘉庆）八年，调浙江布政使，十年，擢江西巡抚，调浙江。……十二年冬，蔡牵子至普陀寺，未获，被谴责。寻以阮元代之，调河南巡抚。十四年，卒。”按，由清安泰嘉庆十二年冬调任河南巡抚，离浙。推定吴锡麒此诗作于嘉庆十三年。

清安泰（？—1809），费莫氏，满洲镶黄旗人。乾隆四十六年进士，授刑部主事，擢员外郎。官广西布政使、巡抚、浙江布政使、江西巡抚。嘉庆十二年冬，调河南巡抚。

春，项墉招集苏公祠观梅，用东坡《十一月二十六日松风亭下梅花盛开》韵作诗。

《有正味斋诗续集》卷二《项秋子招集苏公祠观梅用东坡松风亭下梅花盛开韵》。

春，过湖州新市，不及访沈赤然，以诗寄之。

《有正味斋诗续集》卷二《过新市不及访沈梅村以诗寄之二首》。

晚过嘉兴乌戍，有诗。

《有正味斋诗续集》卷二《晚过乌戍》。

舟中望灵岩诸山，有诗。

《有正味斋诗续集》卷二《舟中望灵岩诸山》。

与吴门诸君子有邓尉探梅之约，不果赴，以诗志憾。

《有正味斋诗续集》卷二《与吴门诸君子有邓尉探梅之约而不果赴以诗志憾》。

毗陵道中，有诗八首。

《有正味斋诗续集》卷二《毗陵道中八首》。

过丹阳吕城，有诗。

《有正味斋诗续集》卷二《吕城》。

暮过丹阳陵口，有诗。

《有正味斋诗续集》卷二《暮过陵口》。

京口待渡，有诗。

《有正味斋诗续集》卷二《京口待渡》。上述纪行诸作，或系锡麒由杭赴扬途中所作。

洪梧太守招同秦维岳观察、贵征郎中平山堂观梅。

《有正味斋诗续集》卷二《洪桐生太守梧招同秦晓峰观察维岳、贵仲符郎中征平山堂观梅，有怀小石上人庐山之游》。

洪梧(1750—1817)，字桐生，一字植恒。歙县人。乾隆五十五年进士，散馆授编修，官至沂州知府。曾主讲梅花书院。著有《易箴》《辛壬韩江唱酬集》等。事具《民国歙县志》卷七等。

秦维岳(1759—1839)，字觐东，号晓峰，皋兰人。乾隆五十五年进士。散馆授编修。官都察院江南道御史、浙江道御史等。著有《听雨山房诗钞》等。事具《国朝御史题名》等。

贵征(1756—1815)，字仲符，号奕塘、一堂。仪征人。乾隆五十四年进士。官吏部文选司郎中。工骈文。著有《安世斋诗录》《新疆道里图表》等。事具英杰等《续纂扬州府志》卷九。

秦维岳观察以游平山堂诗来，次韵答之。

《有正味斋诗续集》卷二《晓峰观察以游平山堂诗来次韵》。

二月十二日，花朝，有诗。

《有正味斋诗续集》卷二《花朝二首》。

三月，四妹亡故。

《有正味斋文集》(钞本)卷墓铭四《先妣卢太淑人行略》："(太淑人)殁于嘉庆戊辰年十月初二日丑时。……今年三月四妹前亡。"

同月，阮元来浙赴巡抚之任，二十八日，抵杭州。锡麒有诗贺之。

《有正味斋诗续集》卷二《喜芸台中丞重来抚浙赋呈四首》。

《有正味斋诗续集》卷七《寿阮芸台漕帅五十生日五十韵》："去觉春犹暖，来如月又圆。"自注："公以丁丑（按：当为丁卯）奉讳归，至戊辰，重来抚浙。"

《清史稿》卷三百六十四："（嘉庆）十二年，服阕，署户部侍郎，赴河南按事。授兵部侍郎，复命为浙江巡抚，暂署河南巡抚。十三年，乃至浙，诏责其防海殄寇。"

同月，阮元延杨芳灿主讲诂经精舍。时洪亮吉亦来杭州，与杨芳灿同住。自此，锡麒与阮元、洪亮吉、陈廷庆、杨芳灿、郭麐等过从甚密。

王章涛《阮元年谱》："（嘉庆十三年三月二十八日）阮元抵杭州。"

又，《杨蓉裳先生年谱》"嘉庆十三年戊辰"："三月，芸台中丞莅浙，延主诂经精舍。时洪稚存先生亦来杭州，招邀同住。与吴榖人、陈桂堂、郭频伽、宋小茗、殳积堂、赵雩门诸君往来甚密。"

又，《有正味斋诗续集》卷二有《二十四日，出钱唐门访洪稚存、杨蓉裳、郭频伽于诂经精舍，不值，过崇文书院，晤陈古华茶话，值雨而还，得诗六首》。此诗当作于是时。

四月三日，游湖，有诗。

《有正味斋诗续集》卷二《四月三日湖上作》。

四月十日前后，时当春末夏初，锡麒与沈赤然、章坤等三五老友于玉莲庵湖楼话旧，流连数日，各有诗纪事。时锡麒正侍母疾。

《有正味斋诗续集》卷二有《春尽日雨中同梅村于玉莲庵湖楼话旧》《梅村来寓湖上流连累日别后寄之四首》。

《五研斋诗钞》卷二十《春杪仍至湖楼，与三五老友谈饮累日，既归，吴榖人以四律见寄》（戊辰）："一春参术长和药，三月莺花不举杯。"自注："时榖人方侍太夫人疾。"又有《立夏前一日，榖人过湖楼话旧，先成七律一篇，遂次其韵》（戊辰）。查本年立夏系四月十一日。

章坤《桐阴书屋稿》卷上有《春日，高秋崖观海招同沈梅村、吴榖人、潘亚江、顾柳塘景清、吴语石诒孙、孙硕庵树果集湖楼，分韵得楼字》《春尽日，沈梅村招集玉莲庵湖楼，次吴榖人韵，兼呈孙烛溪传曾》。

章坤，字厚安，号静山，仁和人。贡生，工书法。中年后绝意进取，以诗酒自适。与沈赤然、吴锡麒为总角交。著有《桐阴书屋稿》三卷。事具《国朝杭郡诗续辑》。

初夏，雨，有诗。

《有正味斋诗续集》卷二《初夏雨中》。

四月二十五日，为郭麐题《春山霾玉图》。

《有正味斋词续集》卷一有《洞仙歌》"郭频伽属题《春山霾玉图》"，序云："频伽自魏塘移家来杭，主于钱唐薛氏。薛有女月璘名娟者，其夫人素君爱怜特甚。视之若女，女亦以母呼之……悲痛遽卒。时年才十七也。女慧丽端好，而命薄如此，是可哀已。频伽为买地葬于葛岭之麓，且为之铭。而属其友孙君蔚堂为图以纪，余题是词。戊辰四月廿五日。"

同日，法式善为《有正味斋诗集》作序。该诗集系锡麒诗集"合并前作，别有增删"之重刻本。

《有正味斋诗集》卷首法式善序款识云："嘉庆十三年四月二十五日同馆侍生法式善序。"

同月，为陈观国《惺斋吟草》作序并手书。锡麒盛称其诗清遒深亮，无镌绘之巧，而有温柔敦厚之遗，"以视元与白与苏，不必有觍觍焉"。

陈观国《惺斋吟草》（四卷）卷首吴锡麒序款识云："嘉庆戊辰夏四月年愚弟吴锡麒拜撰并书。"

七月，为宋鸣轫《逸亭诗草》作序。

宋鸣轫《逸亭诗草》卷首吴锡麒序款识云："嘉庆戊辰秋七月钱唐吴锡麒撰。"该文不见于锡麒本集。

宋鸣轫，字肇域，浙江萧山人。诸生。有《逸亭诗草》。

十月二日，母卢氏卒，年八十七。十二日，六妹亡故。至此，本年锡麒三度遭受亲人亡故之痛。

《有正味斋文集》（钞本）卷墓铭四《先妣卢太淑人行略》："太淑人生于康熙壬寅年十月二十二日辰时，殁于嘉庆戊辰年十月初二日丑时，享年八十有七……今年三月四妹前亡，六妹又后太淑人十日而亡，惨毒备撄，伤心曷极。"

是岁，为郑勋题《吴山雅集图》。

《有正味斋词续集》卷一《霓裳中序第一》"题郑书常勋《吴山雅集图》"，序："图中凡七人：程易畴瑶田，歙人；袁陶轩钧，鄞人；钱晦之大昭，嘉定人；陈仲鱼鳣，海宁人；胡雒君虔，桐城人；邵怀粹志纯，仁和人。书常以鄞人而寓居吴山，盖为之主者。七人皆以嘉庆元年征举孝廉方正。是日，则三年夏六月二十七日，为书常生日也。至今又十年，雒君、怀粹俱以化去。书常出示此卷，为之怃然。因属题此词以志之。"

嘉庆十四年　己巳(1809)　六十四岁

本年主讲扬州安定书院。

春，女诗人杨继端《古雪诗钞》在浙刊行，吴锡麒、石韫玉、梁同书分别为之作序。

胡传淮《张问陶年谱》（第112页）。

杨继端(1773—1817)，字明霞，自号古雪女史、西川女史，四川广元人。张问莱室。工诗词，兼善书画。著有《古雪诗钞》。事见《保宁府志》《遂宁县志》等。

四月八日，锡麒在扬州，王芑孙有书致之，系替友徐条夫之子徐椿说项。

复旦大学图书馆藏吴锡麒《有正味斋朋旧函牍》（清抄本）中有

王艺孙数函,其一云:"徐条夫之令郎椿觅官北行,琢堂有书嘱为道地,前已面陈其略。今河工无事,又有散遣人员之局。徐世兄改计入京,掣签别就地,不作投效之举矣。其空囊远道,怅望可知,而田间病夫爱莫能助,愧谢而已。轻舟过淮,将求谒见。为致此书,谅公古道,亦有为故人子一二筹之者耶。……愚弟制艺孙顿首。己巳浴佛日。"

是岁,作《邹太夫人赡族记》。

《有正味斋骈体文续集》卷五《邹太夫人赡族记》:"己巳春二月,值太夫人六十诞辰,令子论园观察、药庄都转将治具张乐,以谋祝筵……今太夫人超越凡情,萌柢至行,言贞于在耳,而义惬乎由心。……余故乐为记之。"

是岁,洪亮吉卒,为作墓表。

《有正味斋骈体文续集》卷六《翰林院编修洪君墓表》:"君生于乾隆十一年九月初三日,殁于嘉庆十四年五月十二日,年六十有四。……今其孤饴孙等将以某月日卜葬君于武进德泽乡前桥之原,而乞余表其墓道。"

是岁,为陆继辂母林氏作神诰文。

《有正味斋骈体文续集》卷六《陆母林太孺人神诰》:"太孺人姓林氏,名桂。……孝廉继辂之令母也。……太夫人生于雍正十三年乙卯正月二十四日,殁于嘉庆十四年己巳六月二十二日,年七十有五。……锡麒获交贤子,式仰女宗。"

是岁,为鲍启运作诔文。

《有正味斋骈体文续集》卷八《鲍甓斋诔》:"以嘉庆十四年二月二十七日卒,春秋五十有八。"据该文知,鲍启运(1752—1809),字方陶,号甓斋,歙县人。

是岁,冯珍有见赠之作。后此一二年,锡麒有酬答之作。

《有正味斋诗续集》卷四《冯秋谷珍书来以己巳见赠之作录示,

即用原韵酬之》。

冯珍，字子耕，号秋谷，吴江人。监生。尝游西泠，与梁同书、阮元、吴锡麒诸人唱酬。著有《尊古斋诗钞》《西泠杂咏》。吴锡麒有《冯秋谷西泠杂咏题词》(《有正味斋骈体文续集》卷一)。事具《黎里续志》卷八。

嘉庆十五年　庚午(1810)　六十五岁

本年主讲扬州安定书院。

孟春，为贾炎《蕉园诗稿》作序。

贾炎《蕉园诗稿》卷首吴锡麒序款识："嘉庆庚午孟春钱唐吴锡麒序。"

贾炎(1738—1790)，字午桥，号蕉园，直隶故城人。乾隆三十年拔贡，入赀官候选布政司经历。著有《蕉园诗稿》。事见《晚晴簃诗汇》卷九十二。

仲春，为郭堃《种蕉馆诗集》作序。

郭堃《种蕉馆诗集》卷首吴锡麒序款识："嘉庆庚午仲春钱唐吴锡麒序。"

七月，自扬州回杭州，妻杨氏已瘦骨支离，奄奄一息。二十日，杨氏卒，年六十六。锡麒有诗二十四首哭之，并为撰行略。

《有正味斋文集》(钞本)卷墓铭四《亡妻杨恭人行略》："恭人生于乾隆九年五月初七日辰时，卒于嘉庆十五年七月二十日巳时，享年六十有六。"

又，《有正味斋诗续集》卷四有《哭亡室杨恭人二十四首》。

八月九日，高观海卒，为撰墓志铭，有"不谓学问相厉，白首之欢正敦；言笑宛然，总角之宴谁嗣"之叹。后又补作挽诗二首。

《有正味斋骈体文续集》卷七《高秋崖墓志铭》："以庚午八月八日示疾，于明日泊然而化，时年七十有一也。……今将以某年某月某日卜葬于某原，其孙澜等来乞铭。”

《有正味斋诗续集》卷四《补挽高秋崖二首》。

九月九日，重阳。有诗。

《有正味斋诗续集》卷四《庚午九日》。

秋，自扬州归里，为王振纲妻陈氏作传。

《有正味斋骈体文续集》卷六《王尺鱼振纲妻陈孺人传》：“庚午之秋，余自扬返里……鳏鱼之目难合，独鹤之巢不温。每西风摇林，则濯焉欲答；明月入户，则悄然而悲。躬自悼矣，复何言矣。乃有王君尺鱼造庐请见，曰：‘余固知子哀矣！子亦稔余之戚乎？’因出其故妻陈孺人行略见示，且谓：‘余妻之亡也，垂十年矣。……欲藉史笔以表章之。……’余感其意，为按状而次第之。……孺人以嘉庆壬戌正月二十一日卒，年三十有九。”

秋冬之际，舟过新市，访沈赤然。席间感旧伤今，怆然有作。

《有正味斋诗续集》卷四《舟过新市，沈梅村治具留余，感旧伤今，怆然有作二首》。

初冬，自杭州赴苏州，时收获甫毕，田野间颇见丰盈之象，赋诗志之。

《有正味斋诗续集》卷四《初冬自杭而苏，时收获甫毕，田野间颇见丰盈之象，赋此志之六首》

冬，喜查有圻移居来吴，把晤新居，剧谈往事，赋诗奉赠，并寄张问陶。

《有正味斋诗续集》卷四《喜查小山移居来吴，把晤新居，剧谈往事，赋诗奉赠，并寄张船山莱州二首》。

冬，有消寒八咏。

《有正味斋诗续集》卷四《消寒八咏》。

十二月二十九日，除夕前一日，大雪，有诗。

《有正味斋诗续集》卷四《除夕前一日大雪》。是岁除夕系十二月三十日。

是岁，陶澍充四川乡试副考官，自五月二十九日离京，至十一月二十二日回京面帝复命，在蜀逐日作记，著《蜀輶日记》四卷。陶澍自辑本年诗作为《皇华草》，后吴锡麒为序。

王焕锳《陶文毅公年谱》本年条。

陶澍(1779—1839)，字子霖，号云汀，晚号髯樵，又号桃花渔者，湖南安化人。嘉庆七年进士，选庶吉士，散馆授编修。著有《陶文毅公全集》六十四卷。

是岁，与江藩、洪梧、顾千里在扬州时相过从，文酒之宴无虚日，时人叹为盛事。

江璧《伴月楼诗钞跋》："公年五十，始南归，居广陵之城北草堂。维时适吴榖人祭酒，洪桐生太史掌教在扬，而华亭汪墨庄从吴中来，主于吾家，顾千里先生亦从虎丘买舟来扬。一时士大夫并汪容甫、赵介南诸公，相为过从，文酒之宴无虚日，酬唱之作最多，甚盛事也。"(见江藩《伴月楼诗钞》卷后)按，江藩生于乾隆二十六年，本年五十岁。

是岁，为董作栋作墓志铭。

《有正味斋骈体文续集》卷七《敕授文林郎鲁山县知县董君墓志铭》："君生于乾隆三年戊午十月，殁于嘉庆十五年庚午二月。……及今令子荣纬等将以某年某月某日葬君于某原而来乞铭。"据该文知，董作栋(1738—1810)，字工求、干甫，号书巢，余杭人。乾隆四十三年进士，官鲁山知县。

是岁，为张琴溪七十生日作征诗启。

《有正味斋骈体文续集》卷四《张琴溪先生七十征诗启》："粤惟上章敦牂之岁，月当秋仲，辰在寿星，为张琴溪先生七十生日。"上章敦牂即庚午年。

是年作诗尚有《题广元圃太守西湖泛月图》《云林寺访品莲上人承

示山居诗稿题赠二首》《题梁弓子惜花图二首》《题韩柯亭宪章庾岭寻梅图二首》《理安道中》《吕城道中》《曲阿》《题卞又笺小照》《题屠琴坞旧庐说诗图》《题陆谨斋松下清斋图》《追悼潘亚江二首》等(《有正味斋诗续集》卷四《萍聚集四》)。

嘉庆十六年　辛未(1811)　六十六岁

本年主讲安定书院,往来扬州、杭州两地。

三月三日,上巳,抵扬州,置榻甫定,即与同人修禊。有效王羲之《兰亭诗》二首。

《有正味斋诗续集》卷五《韩江酬唱集》有《上巳日抵扬,置榻甫定,言事祓除,效兰亭诗体二首》。

按,晋王羲之《兰亭诗》,作于永和九年的一次修禊活动中,本为四言、五言各一首,后人析五言诗为五首,故总称曰《兰亭诗》六首。

按,锡麒辛未(1811)至乙亥(1815)七十岁,仍任安定书院山长,往来扬州、杭州两地。与扬州士人唱酬颇多。期间作诗后收入《有正味斋诗续集》卷五至卷八,题曰《韩江酬唱集》(一至四)。

同日,为唐仲冕词集作序。

《有正味斋骈体文续集》卷二《唐陶山刺史露蝉吟词序》。作序时间据唐仲冕《露蝉吟词钞》卷首吴锡麒序款识:"嘉庆辛未上巳同年钱唐吴锡麒撰。"

三月十四日前后,作诗《题蔡起亭传声修竹吾庐图》。

《有正味斋诗续集》卷五,末句云:"诗成岁记在辛未,新笋已迸时清明。"查是岁清明系三月十四日,故系于此。

闰三月三日,闰上巳,重修禊事,仍效《兰亭诗》作诗二首。

《有正味斋诗续集》卷五《闰上巳重修禊事仍效兰亭诗体二首》。查陈垣《二十史朔闰表》,本年闰三月。

闰三月十二日，与赵怀玉、江涟、汪端光、蒋知节、贵征、洪梧等泛舟湖上。

赵怀玉《亦有生斋集》诗卷二十七《立夏前二日，江户部涟、汪太守端光、蒋广文知节、贵观察征招同吴祭酒锡麒、洪太守梧泛舟湖上，至桃花庵看牡丹，用东坡泛颍韵》(重光协洽)。查是年立夏系闰三月十四日，前推二日即闰三月十二日。

江涟(1748—1817)，字漪塘，号白眉老人。江都人。乾隆南巡召试举人，官中书。著有《阁注文钞》。事具《光绪江都县续志》卷二十五。

春，送李尧栋前辈赴雅州任。

《有正味斋诗续集》卷五《送李松云前辈赴雅州任》。

春，吴江徐达源过杭州，访锡麒于东皋草堂，出徐钪《枫江渔父图》属题。锡麒效朱彝尊题此图作《北双调·折桂令》。

《有正味斋外集》卷一《北双调·折桂令》，序云："徐菊庄先生为康熙戊午大科(按，即博学鸿词)前辈，其《枫江渔父图》题者甚众。中有竹垞翁诗，已刻入《曝书亭集》中。后附《折桂令》五阕，盖竹翁自为之。故集中不言题其图也。辛未春，徐山民待诏过杭，访余于东皋草堂，出此图属题，则竹翁作俱在焉。因即效其体为之，以为继声，则余不敢。"

按，《明清江苏文人年表》(第1353页)作："吴江徐达源到杭州，访吴锡麒，锡麒以北曲《折桂令》为题所藏徐钪像。"误，应系为题徐钪《枫江渔父图》，而非徐钪像。

徐达源(1767—1846)，字岷江，号山民、小峨山人，吴江人。官翰林院待诏。著有《黎里镇志》《吴郡甫里人物传》等。

徐钪(1636—1708)，字电发，号虹亭、拙存、菊庄，晚号枫江渔父，吴江人。康熙十八年试博学鸿词，授检讨。因不附权贵，康熙二十五年归里。工画。著有《词苑丛谈》《枫江渔父图咏》《本事诗》《菊庄词谱》《南州草堂集》等。

初夏，在扬州㮶园，有记事诗十首等。

《有正味斋诗续集》卷五《初夏㮶园记事诗十首》《㮶园雨后》。

门人李周南南归，以扇头来属书。李周南尝以诗集乞序，锡麒久未得报，因先书二绝贻之。

《有正味斋诗续集》卷五《门人李静斋周南南归，以扇头来属书。静斋尝以诗集乞序，余久未得报，因先书二绝贻之》。

李周南，字冠三，号静斋，甘泉人。乾隆五十七年读书安定书院，嘉庆十九年进士，官刑部主事。著有《洗桐轩文集》《洗桐轩诗集》《井鲤记》《菊孙记》传奇等。事具徐成敟等《增修甘泉县志》卷十四。

应庆蕉园方伯之请，题尹继善《摄山游卷》后，即用卷中和随园韵四首。

《有正味斋诗续集》卷五《题尹文端公摄山游卷后，即用卷中和随园韵四首，应庆蕉园方伯教》。

庆蕉园名保，字佑之，号蕉园。章佳氏。满洲镶黄旗人。尹继善子。官江苏布政使、广州将军。工花卉、尤擅画蝶。著有《兰雪堂集》。事见《清画家诗史》丁上。

门人黄盛修属题《舟隐图》，锡麒如其请。

《有正味斋诗续集》卷五《门人黄竹云盛修属题舟隐图卷子(并序)》。

黄盛修(1786—1834)，字永思，号竹云。仪征人。道光元年举人。著有《来雉斋诗集》。事具《广陵思古编》卷十五。

五月十三日，竹醉日，戏赋《醉竹词》。

《有正味斋诗续集》卷五《竹醉日戏赋醉竹词》。

按，竹醉日指农历五月十三日，传统民俗节。相传此日竹醉，种之易活。出宋范致明《岳阳风土记》："五月十三日谓之龙生日，可种竹，《齐民要术》所谓竹醉日也。"

六月二十一日，欧阳公冥诞日，同人赋《平山堂传花歌》。

《有正味斋诗续集》卷五《欧公生日同人赋平山堂传花歌》。

七月二十日，亡妻杨氏一周年忌日。夜，有诗书怀。

《有正味斋诗续集》卷五《七月二十夜书感》："风风雨雨总愁牵，我为神伤更惨然。灯暗梦回苍莽地，云荒秋在泬寥天。草虫微细千声并，木叶喧呼万树传。底怪新寒霜气入，丝丝浑不恕华颠。"

九月，为沈业富《味灯书屋诗集》作序。

沈业富《味灯书屋诗集》卷首吴锡麒序款识："嘉庆辛未秋九月，钱塘后学吴锡麒拜撰。"

秋，赏白秋海棠，有诗。

《有正味斋诗续集》卷五《白秋海棠二首》。

仪征知县屠倬于衙斋葺治娱亲退食之所，为十二景，自为记，属同人赋之。锡麒有诗。

《有正味斋诗续集》卷五《琴鸣于仪征衙斋葺治娱亲退食之所，为十二景，自为之记，而属同人赋之》。

屠倬，字孟昭，号琴坞（一作琴鸣），又号潜园。钱塘人。嘉庆十三年进士，改庶吉士，授仪征知县。官至江西袁州知府。著有《是程堂集》二十四卷。事具《清史列传》卷七三。

吴锡麒晚年在扬州时与时任仪征知县的屠氏交游颇多，为屠倬诗集撰序（《有正味斋骈体文续集》卷一《屠孟昭诗集序》），且有多首题画之作，如《题屠琴坞耶溪渔隐图》（《有正味斋诗续集》卷二）、《题屠琴坞双藤老屋图》（《有正味斋诗续集》卷三）、《题屠琴坞旧庐说诗图》（《有正味斋诗续集》卷四）等。

十一月，蒋攸铦奉旨任两广总督，锡麒有诗送行。

《有正味斋诗续集》卷五《送砺堂制使赴两粤》其一："使节相催桂管间，年来人幸苏痌瘝。稻粱辛苦谋中泽，萝薜殷勤慰故山。青眼妙能看世熟，苍生浑不让心闲。为云安得随轮去，归倚棠阴泪欲潸。”

蒋攸铦(1766—1830),字砺堂,汉军镶红旗。乾隆四十九年进士,历任两广、四川、直隶、两江总督等。著有《绳柤斋集》《黔轺纪行集》《绳柤斋年谱》。事具《清史稿》本传。

《清史稿》卷三百六十六《蒋攸铦传》:“(嘉庆)十四年,调江苏,就擢巡抚。调浙江,擢江南河道总督,以不谙河务辞,诏回原任。十六年,擢两广总督。”

十二月十日,招集赵怀玉、贵征、江琏、洪梧、蒋知节、汪端光等饮于扬州小香南馆,各有诗纪事。时赵怀玉将赴陕西掌教关中书院,此度来扬与友朋话别,锡麒有送行诗二首。

赵怀玉《收庵居士自叙年谱略》:“(十六年,辛未)六月中,陕西朱方伯勋书来,欲于明年延主关中讲席……仲冬下旬……抵扬州……腊八日,大雪,同人夜饮寓舍,有诗。初十日,吴榖人祭酒锡麒招同江琏、洪梧、蒋知节三同年、汪太守端光、贵观察征饯于小香南馆,各有赠句,余亦有诗。次日,解维。”

赵怀玉《亦有生斋集》诗卷二十八《吴祭酒锡麒以余有关中之役,招同江琏、洪梧、蒋知节三同年、汪太守端光、贵观察征饯于小香南馆,各有赠句,而无五言古诗,因补是体,用以留别》(重光协洽)。

《有正味斋诗续集》卷六有《味辛将往掌教关中书院,重至扬州话别,用酬其意,再赋二章》。

是岁,冬末至明年年初,锡麒与扬州士人作消寒会,会必有诗。消寒第一集,正逢雪天,遂同用苏轼《聚星堂雪》韵作诗。十二月二十七日,消寒第三集,洪梧招同汪端光、贵征、蒋知节、吴嵩梁、乐钧集安定书院,同题石峰和尚《黄山图》。

《有正味斋诗续集》卷六有《消寒第一集值雪同用东坡聚星堂诗韵》《题石峰僧黄山图》。

乐钧《青芝山馆诗集》卷二十《十二月廿七日,洪桐生太守梧招同吴榖人祭酒锡麒、汪剑潭太守端光、贵仲符观察征、蒋秋竹孝廉集安定书院，作消寒第三会，同题石峰和尚〈黄山图〉》(辛未)。

按，苏轼《聚星堂雪》，七言古诗，系禁体形式，即禁用体物语。

是岁，为屠倬《桃花春水渡江图》作序。

《有正味斋骈体文续集》卷二《桃花春水渡江图序》："辛未三月，屠琴坞明府有渡江之役，邀夏秀才词仲同行。值桃花盛开，舟中无事，相与临流玩赏，连句赋诗，并绘其景，归而示余。"

是岁，为尤荫八十寿辰作序。

《有正味斋骈体文续集》卷三《尤水村八十寿序》："辛未五月，八十届辰……当壬子、癸丑之交，余以谬主皋比，久羁扬子，始得通连墙之问，修相见之仪。"

是岁，为陈阶琛作墓志铭。

《有正味斋骈体文续集》卷七《陈韬山墓志铭》："殁时年五十有九……今其嗣将辛未秋卜葬于本邑邱字阡新茔而来乞铭。"据该文知，陈阶琛，字琅敷、韬山，吴江人。有《淡如居诗集》《韬山制义》。

是岁作诗尚有《题宋人文姬归汉图》《题胡太初司马涵遗诗册子》《送梅》《题大涤子松菊犹存图》《女萝》《瓜洲二首》《唐张萱祈巧图》《秋江渔父词四首》《祈雨日题黄大痴溪山雨意图》《分咏广陵金石二首》《题朱约斋霈望岳楼诗集即送其游吴》《韦乐余明府属题令祖铁夫先生授经图》《铁佛寺怀古二十四韵》《题潘子亭汲绠图》《题庆庵上人名山行脚图》《寿秦小岘侍郎七十》《题家守愚棋悟图三首》(《有正味斋诗续集》卷五《韩江酬唱集一》)；《江夜》《夜泊金山脚下》《雪狮》《蜀冈积雪》《题继莲龛观察松泉诗思图》《拟范石湖村田乐府得分岁行》等(《有正味斋诗续集》卷六《韩江酬唱集二》)。

嘉庆十七年　壬申(1812)　六十七岁

本年主讲扬州安定书院。

正月至二月，锡麒在扬州与乐钧等友作消寒第四至七次集会。第四集，同咏扬州灯市、明靖南侯黄忠桓公墓；第五集，同咏春饼，作《钱忠懿王买灯歌》；第六集，分咏春蔬；第七集，效“韩孟联句体”咏纸鸢，同作《春晴曲》。

乐钧《青芝山馆诗集》卷二十一(壬申)有《扬州灯市词十首(消寒第四集)》《明靖南侯黄忠桓公墓(消寒第四集)》《钱忠懿王买灯歌(消寒第五集)》《春饼(消寒第五集)》《分咏春蔬得韭(消寒第六集)》《纸鸢效韩孟联句体(消寒第七集)》《春晴曲(消寒第七集)》。

《有正味斋诗续集》卷六有《明黄靖南候墓在仪征方山》《扬州灯市词四首》《吴越王买灯歌》《春饼》《分咏春蔬得芹》《纸鸢用韩孟联句体》《春晴曲》诸作。据乐钧诗集编年，可断定吴锡麒诗歌系年。

三月二日，洪梧招同江涟、贵征、石韫玉、汪端光、吴瑛、刘逢禄、秦恩复、陈用光、刘嗣绾、乐钧等集扬州梅花岭，预修禊事。锡麒有诗纪事。

乐钧《青芝山馆诗集》卷二十一(壬申)《三月二日，洪桐生太守招同吴榖人祭酒、江漪塘民部、贵仲符观察、石琢堂廉镇、汪剑潭太守、程澄江侍御、吴香竺大令、刘申甫孝廉、秦敦夫、陈石士、刘芙初三太史古梅花岭修禊》。

《有正味斋诗续集》卷六有《三月二日洪桐生招集梅花岭预修禊事二首》。按，此诗后有《双忠祠》《萧孝子》，亦当作于是时。

梅花岭，在今扬州广储门外。明万历中，州守吴秀浚河积土成丘，丘上植梅，故名。明末，清兵攻破扬州，史可法殉难，家人葬其衣冠于此。清在此设梅花书院。

刘逢禄(1776—1829)，字申受，号申甫，又号思误居士，武进人。嘉庆十九年进士，改庶吉士，散馆授礼部主事。著有《尚书今古文集解》《左氏春秋考证》等，辑《绝妙好辞》《词雅》。事见《清史稿》本传、《清史列传》本传。

三月三日，上巳，招刘嗣绾、许乃赓、何元锡、吴文照（即吴瑛）、乐钧、竹海等同人红桥修禊，因雨不果，遂集安定书院梦烟舫，同用杨维祯《花游曲》韵作诗。

乐钧《青芝山馆诗集》卷二十一（壬申）《上巳，縠人祭酒招同芙初、竹海、许藕舲孝廉乃赓、何梦华秀才元锡、吴香竹大令文照、沈小棠上舍锟集安定书院，同用杨铁崖〈花游曲〉韵》。

《有正味斋诗续集》卷六《上巳日，招同人红桥修禊，因雨不果。小集梦烟舫，用杨铁崖〈花游曲〉韵》："过江名士续续来，酒波摇荡琉璃杯。醉看落日侧金碗，催动晚晴劳铁板。歌吹当年记竹西，旗亭唱罢更谁题。光阴孤负巡花使，烟月凄迷桥廿四。"

许乃赓，字念飏，号藕舲，仁和人。嘉庆二十二年进士，改庶吉士，授编修，历官右庶子。事见《晚晴簃诗汇》卷一二七。

何元锡(1766—1829)，字梦华，又字敬祉，号蝶隐，钱塘人。监生，候选县主簿。精于目录学，富收藏。著有《秋神阁诗钞》。阮元任职浙江，何元锡在幕中。

竹海，生平不详。

三月九日，继昌观察招同汪端光、刘嗣绾、陈用光、张泺、乐钧等泛舟湖上，饮于桃花庵，以"桃花潭水深千尺"分韵。十一日，吴锡麒、汪端光复招继昌、刘嗣绾、乐钧等集安定书院。十七日，陈用光招诸公复集安定书院。

乐钧《青芝山馆诗集》卷二十一（壬申）《三月九日，继莲龛观察招同縠人祭酒、剑潭太守、芙初、石士两太史、张子澜秀才泺泛舟湖上，饮于桃花庵，以"桃花潭水深千尺"分韵，得深字》；《次日，芙初、石士、受笙、仲仁、蔼舲、竹海集余寓斋，客散得句》（按：由诗题可知是日集会无锡麒）；《次日縠人祭酒、剑潭太守复招同莲龛、芙初、石士、秋竹、子澜集安定书院，庭中桃花盛开，纪以长句》；《十七日石士招同诸公复集安定书院》。

继昌(? —1829),字莲龛,拜都氏,满洲正白旗人。嘉庆五年举人,官江西、湖南布政使。著有《尘定轩诗词钞》。吴锡麒有《继莲龛观察留别图题词》《继莲龛西湖观荷诗画跋》(《有正味斋骈体文续集》卷二)、《题继莲龛观察松泉诗思图》(《有正味斋诗续集》卷六)等。

张泝,子澜,上元人。生平俟考。

四月,送陈中孚侍御视漕还京,有诗。

《有正味斋诗续集》卷六《送陈心余侍御中孚视漕还京》有云:"转漕年年有定期,此番方信若神驰。"自注:"往岁江南漕事须五月告竣,今年独先一月。"

陈中孚,字允臣,号心畬。武昌人。嘉庆六年进士,授编修。官至漕运总督等。

四月下旬,张问陶侨寓苏州虎丘,与吴锡麒、赵翼、陈文述、孙星衍、范来宗、梁同书等人,唱酬颇频。

胡传淮《张问陶年谱》(第 146 页)。

夏,与扬州士人有消夏之集。

《有正味斋诗续集》卷六有《芍药田歌》。按,乐钧《青芝山馆诗集》卷二十一有《芍药田歌》(消夏第一集),纪年系壬申。故推定锡麒诗作于是时。

十月,自扬州归里,为《松茂柏悦图》作序。

《有正味斋骈体文续集》卷二《松茂柏悦图序》:"嘉庆壬申秋八月,吾里孙昆园观察八十生辰,山舟先生赋诗为祝。其明月即先生九十寿也,观察因请高君迈庵合写一图,并乞先生以'松茂柏悦'四字颜其首。……是年十月,锡麒自扬归里,敬览斯图,欢喜赞叹,而为之叙云。"

秋,与同人雅集鄂不诗馆。

《有正味斋诗续集》卷六《秋日鄂不诗馆雅集》。

十二月九日，与张问陶、戴延介等小集白公祠。

《船山诗草》卷十九有《腊月九日，与董琢卿、戴竹友、范苇舲陪榖人祭酒白公祠小集》。

是岁，孙星衍六十大寿，为作寿序。

《有正味斋骈体文续集》卷三《孙渊如六十寿序》："元默涒滩之岁，月在季秋，吾友孙君渊如六十寿辰。"

阮元《揅经室集》二集卷三《山东粮道渊如孙君传》："（君）生于乾隆十八年九月初二。"以乾隆十八年(1753)后推，是知本年孙星衍六十岁。

是岁，张问陶曾滞留扬州二日，有诗寄锡麒。

《船山诗草》卷十九《阻扬州两日，未访榖人祭酒、剑潭司马、山尊学士，临发却寄》（壬申）。

是岁，为伊秉绶《西溪消夏图》作序。

《有正味斋骈体文续集》卷二《伊墨卿西溪消夏图序》："余之两游西溪也，一届秋深，一迫岁暮……壬申夏，墨卿太守言首北路，有眷西泠，延伫徘徊，宿宿信信，至七月始来邗上，为陈萍聚之迹……爰假柔翰，俾留胜事。"

是岁，为继昌《西湖观荷诗画》题跋。

《有正味斋骈体文续集》卷二《继莲龛西湖观荷诗画跋》："余时未与斯会。越四年壬申，公以督漕江宁过扬州，属余跋之。"

是岁作诗尚有《真州准提庵古梅歌》《题戴成九听鹂图》《闻保九真观察麟兼权臬篆，诗以寄之》《翌日，九真观察以书远寄，兼承厚贶，用前韵奉谢》《秦补亭鹤以十世祖一诚公像属题二首》《题裴午桥绅之乞食图》《题翟笠山灏临阁帖后三首》《题张平子归田图三首》《又题茅容留客图三首》《岳忠武王铜印歌》《荷塘雨泛二首》《题金寿门画钟馗张盖图》《瓦松》《题友人扇头村斗图》《张烈妇词（并序）》《雨后自扬州归夜泊由闸》《塘栖道中值雪》《哭仲弟锡麟四首》《题孙邵庵熙元西溪图即用其韵》《石门道中》《夜泊钱店(竹坨翁葬此)》等(《有正味斋诗续集》卷六《韩江酬唱集二》)。

嘉庆十八年　癸酉(1813)　六十八岁

本年仍主讲扬州安定书院。

正月初七,人日,五笥仙馆宴集。

《有正味斋诗续集》卷七《人日五笥仙馆宴集》。

正月十二日,林则徐至安定书院拜访锡麒,未晤。十三日,吴锡麒来访林则徐,未遇。

《林则徐集》第九册《日记》"癸酉日记",第4201页。

正月十五日前后,赏灯,有诗。

《有正味斋诗续集》卷七《灯戏行》。

正月十七日,锡麒同林则徐、洪梧、秦敦复、蒋知节(时掌教广陵书院)等同赴都转廖寅之席,演春台部。

《林则徐集》第九册《日记》"癸酉日记",第4201页。

廖寅,字亮工,号复堂,四川邻水县人。乾隆四十四年举人。嘉庆十六年任两淮盐运使。事见《清史稿》卷三六二。

正月十八日,晨,锡麒至林则徐寓所拜访,未晤。时林则徐受洪梧之邀,至梅花书院早饭。随后吴锡麒亦至。午后,林则徐顺道赴安定书院。

《林则徐集》第九册《日记》"癸酉日记",第4202页。

正月二十日,阮元五十岁生日,为作寿诗。

《有正味斋诗续集》卷七《寿阮芸台漕帅五十生日五十韵》。

按,阮元生日据清张鉴等《阮元年谱》(第2页)。

二月五日,法式善卒,年六十一。

阮元《梧门先生年谱》。

二月二十日，与张问陶、洪梧、汪端光等游扬州平山堂。

胡传淮《张问陶年谱》(第 151 页)。

《船山诗草补遗》卷六《二十日，洪桐生同年招同吴榖人祭酒、汪剑潭、杨警斋两太守、朱质园吉士游平山堂，即席作》。

三月三日，上巳，转运使廖寅招集题襟馆修禊，同石韫玉、洪梧、江易堂、贵中孚、张问陶诸君分韵赋诗。

石韫玉《独学庐三稿》之《晚香楼集四》有《癸酉上巳，廖复堂转运招集题襟馆修禊，与吴榖人、洪桐生、江易堂、贵中孚、张船山诸君子分韵，得聊字》。

胡传淮《张问陶年谱》(第 150 页)亦载，张问陶于该年二月应两淮盐运使廖寅之邀赴扬州。

贵中孚，字信之。武陵人。乾隆九年举人。官丹徒知县、桂林知府。纂《嘉庆丹徒县志》。

江易堂，生平俟考。

同日，郭麐在真州道中，有诗寄屠倬，并示锡麒、乐钧、彭兆荪、刘嗣绾诸友。

郭麐《灵芬馆诗四集》卷六《逾淮集》(壬申十月至癸酉)有《真州道中寄琴坞吴门，并呈榖人先生、莲裳、甘亭、芙初诸君二首》。

三月七日，在扬州，与张问陶畅饮。

张问陶《船山诗草补遗》卷六《三月七日吴榖人前辈席上作》："清寒小宴醉题襟，铲尽荣枯话转深。莫问二分无赖月，一灯风雨夜联吟。"

《有正味斋诗续集》卷七《哭张船山三首》其一："清夜虚堂共一尊。"自注："谓去年三月在扬会合事。"

三、四月间，在扬州与继昌、汪端光、乐钧、郑宗洛、黄文辉、程振甲诸公赏花吟咏，唱酬颇频。四月初八，浴佛日，郑宗洛招同乐钧等集于义宝堂观牡丹，分韵赋诗。

乐钧《青芝山馆诗集》卷二十二(癸酉)《吴榖人祭酒招同继莲龛观察、张船山、汪剑潭两太史集安定书院，郎君小榖与焉，分得人字》《三月十三日复集题襟馆，分得语字》《浴佛日，郑秦川舍人宗洛邀集义宝堂看牡丹，分韵得盛字》《次日，黄阆峰员外文辉、程也园郎中振甲复招集沁春楼观牡丹，分得开字》。

又，《有正味斋诗续集》卷七有《竹西亭会饮同用坡公送李博过岭石刻诗韵》《浴佛日，郑秦川中翰宗洛招集义宝堂观牡丹，分得随字》。

郑宗洛，秦川，歙县人。乾隆四十九年南巡召试，赐举人，授内阁中书。

春，仪征知县屠倬于吴兴买桑秧一万二千本，课民栽植，以兴蚕利，并赋诗三章示之。锡麒感其勤民之至，依韵以和。

《有正味斋诗续集》卷七《屠琴坞令仪征，于吴兴买桑秧一万二千本，课民栽植，以兴蚕利，并赋诗三章示之。其勤民也至矣，依韵以和，且要其成》。

秋，乡试，八子清皋中举。

梅曾亮《柏枧山房文集》卷十五《朝议大夫南昌府知府吴君墓志铭》(庚戌)："君钱塘吴氏，讳清皋，字小谷……嘉庆癸酉举人。"

《民国杭州府志》卷一四六《文苑三》："子清皋，字小谷，嘉庆十八年举人。"

是岁，八卦教首领林清、李文成于河南、北京及山东等地聚众起事。十月，清廷命直隶总督那彦成任钦差大臣，节制河南卫县、滑县义军。十二月，义军平定。时锡麒数度寄诗那彦成，吴鼒亦有诗寄之。

《有正味斋诗续集》卷七有《得那东甫制府书，知奉命剿贼滑城。渠寇就擒，凯旋有日，赋寄二首》《卫、滑贼匪尽歼，从征将领蒙恩皆加爵赏，赋此志喜四首，并寄东甫》《闻东甫剿贼后，复命还朝，即赴直隶制使任，再寄四十韵》。

吴鼒《吴学士诗集》卷四《卫、滑荡平，同家榖人先生赋诗志喜，兼寄那绎堂诗四首》。

《清史稿》卷十六《仁宗本纪》："（嘉庆十八年九月乙亥）河南滑县八卦教匪李文成纠众谋逆…… 直隶长垣、山东曹县贼党咸应……（十月）己酉，那彦成奏各路调兵，再行进剿，上严斥之……十一月甲子朔，那彦成奏攻克道口贼巢，进围滑城。……（十二月）丙午，那彦成奏攻克滑城，贼渠宋元成等伏诛，生擒牛亮臣等。予那彦成三等男，杨遇春等以次奖叙有差。"

是岁，翁方纲以所刊诗集见寄，且赠以诗。锡麒赋诗奉谢。

翁方纲《复初斋诗集》卷六六（癸酉八月至甲戌五月）有《寄答榖人、兰雪，兼示石室、芙初》。

《有正味斋诗续集》卷七《翁覃溪前辈书来，辱以诗赠，并以所刊诗集见寄，赋谢十韵》。

是岁，作诗《仿铸汉建初铜尺歌》。

《有正味斋诗续集》卷七《仿铸汉建初铜尺歌》："苏斋我别今十霜，金石之契安能忘？……我诗敢齐子建行，附书聊当宿券偿。"自注："先生去年八月十六为八十寿辰，曹俪笙尚书即用此题赋诗为祝。"苏斋即翁方纲斋名。

《清史稿》卷四百八十五《翁方纲传》："（嘉庆）十九年，再宴恩荣，加二品卿，年八十二矣。"以此知翁方纲本年八十一岁，去年八十岁，则该诗作于本年。

是岁，为扬州高旻寺住持如鉴大师之肉身塔作铭文。

《有正味斋骈体文续集》卷八《住持扬州高旻寺如鉴大师塔铭》："师生于乾隆十九年九月，示寂于嘉庆八年八月，世寿五十……今嘉庆十八年，门人悟成等将为建塔于丹徒岘山之麓。"

是岁作诗尚有《江上望春》《开平王孙种菜歌》《挽江文叔》《题张太初西泠月泛图》《题少怀图》《题韦约轩先生秋林讲易图遗照》《继莲龛观察吴山祈晴，饭后登大观台，明年过扬，以诗属和，即用原韵二首》等

(《有正味斋诗续集》卷七《韩江酬唱集三》)。

嘉庆十九年　甲戌(1814)　六十九岁

本年主讲扬州安定书院。

闰二月十二日,《全唐文》辑成。董诰等三人为正总裁官,阮元等五人为总阅官。"累月终年,共成书千卷,文万有八千四百八十八篇,命名曰《全唐文》。"

《全唐文》卷首"序"。

按,《全唐文》是清代继《全唐诗》之后官修的又一部唐人总集。嘉庆十三年,设《全唐文》馆。至本年闰二月始辑成。随即发往扬州刊刻。俞樾在《全唐文拾遗序》中赞道:"有唐一代文苑之美,毕萃于兹。读唐文者,叹观止矣。"

三月四日,张问陶因恶性疟疾病逝苏州寓所,年五十一。锡麒有诗哭之。

《有正味斋诗续集》卷七《哭张船山三首》。

四月十七日,赵翼卒,年八十八。锡麒有挽诗二首。

《有正味斋诗续集》卷八《挽赵云崧先生二首》。

同月,翁方纲受赐二品衔,重预恩荣宴,有诗纪恩,并远寄扬州。锡麒次韵奉答。

《有正味斋诗续集》卷八《翁覃溪先生蒙赐二品衔,重预恩荣宴,恭纪四首,远寄韩江,即次原韵奉答》。

《清史稿》卷四百八十五《翁方纲传》:"(嘉庆)十二年,重宴鹿鸣,赐三品衔。十九年,再宴恩荣,加二品卿,年八十二矣。又四年,卒。"

五月,奉旨参与校刊《全唐文》。自来维扬宾客之聚,未有盛于此时者。

《有正味斋词续集》卷二《一萼红》自注云:"甲戌五月,奉旨以唐人文集发扬州校刊，计明年五月可期蒇事。时总其成者鹾政阿公厚庵，分校者云南谷西阿际岐、湖南唐陶山仲冕、广东李小松钧简、江西刘金门凤诰、江南孙渊如星衍、洪桐生梧、石琢堂韫玉、汪剑潭端光、江漪堂琏、秦敦夫恩复、贵仲符征、黄阆峰文辉、赵芸浦佩湘、程漱泉寿龄、吴山尊鼒、浙江钱次轩栻、直隶施琴泉杓、浙江莫葆斋晋、陈小孟鸿墀，而锡麒亦预其列焉。自来维扬宾客之聚，未有盛于此时者矣！"

馆上诸公以《全唐文》发往扬州缮刻之事委任锡麒，锡麒有书寄孙星衍。

《有正味斋尺牍》卷下《寄孙渊如》（光绪元年申报馆铅印本）：乞"高贤戾止多携副墨，足佐搜罗，使他日天府储藏，毕臻美备，庶可尽臣子文字之职，亦得仰慰皇上稽古之心"。详交游考。

七月，为屠倬《是程堂集》作序。

《有正味斋骈体文续集》卷一《屠孟昭诗集序》。作序时间据屠倬《是程堂集》卷首吴锡麒序款识："嘉庆十九年，岁次甲戌秋七月，同里吴锡麒叙。"

九月十日，吴鼒六十生日。锡麒与诸同人集红桥西园醵饮为寿，填词侑觞。

《有正味斋词续集》卷二《一萼红》序云："重九后一日，家山尊六十生日，同人集红桥西园醵饮为寿，赋此侑觞，即用山尊原韵。"

十二月十九日，东坡生日，同人设祀桃花庵，分体赋诗。

《有正味斋诗续集》卷八《十二月十九日，东坡先生生日，同人设祀于桃花庵，分体赋诗，余得七古》。

是岁，阮元任江西巡抚，锡麒寄诗存问，有"我念甘棠知爱敬，望公终始致绸缪"之语。

《有正味斋诗续集》卷八《寄阮芸台中丞江西》。诗详交游考。

《清史稿》卷三百六十四《阮元传》："（嘉庆）十九年，调江西巡抚。以捕治逆匪胡秉耀，加太子少保，赐花翎。”

是岁，沈赤然七十大寿，为撰寿诗。

《有正味斋诗续集》卷七《寿沈梅村七十》。

是岁，曾燠夜泊湖南张家界天门山，有诗寄怀锡麒。锡麒次韵奉答。

曾燠《赏雨茅屋诗集》卷十三《夜泊天门山，用太白〈江上寄元六林宗〉韵，寄怀吴榖人丈、乐莲裳兄》。

《有正味斋诗续集》卷八《曾宾谷方伯夜泊天门山，用太白〈江上寄元六林宗〉韵，以诗见怀，即此奉答》。

是岁，有书寄王芑孙，问讯近况。

《有正味斋尺牍》卷下《寄王铁甫》：“……然知先生闭户自精，名山事业，次第成就，甚喜！甚喜！若弟则支离其形者，近复支离其神，枯木不荣，安敢复思著述？所示时帆、桂堂、船山，先后零落，惟增嗟惋。”详交游考。

是岁，为同里张孟淦《红蘅馆初稿》作序，盛称其诗词旨茂密，比兴缠绵。

张孟淦《红蘅馆初稿》卷首吴锡麒序款识：“嘉庆十九年，岁在甲戌，同里吴锡麒撰。”

张孟淦，字丽生，号云斋，钱塘人。诸生。候选州判。著有《红蘅馆初稿》三卷。

是岁，作《归鹤亭记》。

《有正味斋骈体文续集》卷五《归鹤亭记》：“以癸酉腊月二十六日其归也，以明年正月二十六日候毕逋于乌尾，约出谷于莺初……落成有日，斯亭蔚然。因以‘归鹤’榜之，而属余为之记。”

是岁作诗尚有《题程一莽衡皋引秋图三首》《挽戴雨峰润》《明万仁甫中丞象春遗像》《读百菊溪先生九日阅武来扬诗赋呈》《十四日，招同李小松京尹钧简、廖复堂都运、施琴泉学士杓、贵仲符观察、洪桐生、汪硐昙两太守、顾涧蒉上舍广圻、家山尊学士集桃花庵作展重阳会，以“白露暖空，素月流天”分韵，余得“白”字》《湖上过后山寻秋二首》《阅百菊溪先生复以恤饥来扬感赋》《为家山尊题画二首》等（《有正味斋诗续集》卷八《韩江酬唱集四》）。

嘉庆二十年　乙亥(1815)　七十岁

本年主讲扬州安定书院。

正月，寒甚，赋诗寄黄模。

《有正味斋诗续集》卷八《新正寒甚赋寄黄相圃》。

春，沈赤然有寄怀诗。夜来，锡麒梦以诗答，醒后约略记之，书出以存问赤然。

《有正味斋诗续集》卷八《沈梅村有寄怀诗，夜来梦以诗答，醒后约略记之，即书以为梅村问》。

闻沈赤然病，即用其寄诗原韵讯之。

《有正味斋诗续集》卷八《闻梅村病即用其寄诗原韵讯之》。

三月四日，洪梧游平山堂云山阁，用杜少陵“文章有神交有道”诗韵作诗，见示。

《有正味斋诗续集》卷八《洪桐生以上巳后一日游云山阁，用“少陵文章有神交有道”诗韵见示。时桐生新藏书于此也，阁在今平山堂法海寺北》。

七月二十八日，生日，避客瓜洲之翠屏洲，填词《高阳台》《摸鱼子》。

《有正味斋词续集》卷二《高阳台》，序云：“七十初度，避人江上，赋此自慰。”

同卷《摸鱼子》序云：“翠屏洲，在瓜洲之东，与金、焦可左右望，而大江若来会之。其间芦苇丛生，鸥凫弥望。吾友王柳村始家焉。所居有种竹轩、小辋川、曲江亭诸胜。……余与流连竟日，因书此以贻之。时乙亥七月二十八日。”

是日，有《七十自述八首》。

《有正味斋诗续集》卷八。

是日，诸同人各以《一萼红》词为赠，锡麒亦以此词牌奉酬。

《有正味斋词续集》卷二《一萼红》，序云："余七十生日，承诸同人各以此词为赠，余愧不敢当，既述余感，且以答所贻云。"

弟子吴鼒为撰寿序。

《吴学士文集》卷三《吴榖人先生七十寿序》。详交游考。

伊秉绶、唐仲冕、王昙等有诗贺寿。

伊秉绶《留春草堂诗钞》卷七《榖人祭酒七十寿二首》。

唐仲冕《陶山诗录》卷十六《寿吴榖人祭酒锡麒同年七十》。

王昙《烟霞万古楼诗选》卷二《榖人先生七十寿》。

八月，致书主讲湖州爱山书院的赵怀玉，附寄《有正味斋诗文续集》。

《收庵居士自叙年谱略》："（二十年乙亥八月）是月，得吴榖人书，并《有正味斋诗文续集》，知所索《亦有生斋诗序》已久付梓。"

是岁，梁同书卒，有挽诗二首。

《吴榖人手书有正味斋续集之九未刊稿一卷》有《梁山舟先生挽诗》。

按，吴锡麒七十周岁后的诗作，未编入《有正味斋诗集》刊刻。有钞本《吴榖人手书有正味斋续集之九未刊稿一卷》，收七十岁后直至卒前所作诗歌。

是岁，伊秉绶卒。伊在扬州任职期间以廉吏善政著闻。扬人慕其遗德，在当地三贤祠（祀欧阳修、苏轼、王士禛）中并祀之，改称四贤祠。锡麒有诗纪之。

《吴榖人手书有正味斋续集之九未刊稿一卷》有《□墨伊太守殁于扬州，因入公祀于平山堂三贤祠，礼毕赋诗》："黯然香火送归期，如话生平进此卮。望望荷花迷召伯，冥冥鹤语下荒祠。民心宦迹俱千古，禅救蒲团又一时。愁绝晚烟寒月落，平山堂下水风吹。"

是岁，百龄制使除邪教，锡麒作《除蜮行》纪事。

《吴榖人手书有正味斋续集之九未刊稿一卷》有《除蜮行》序：“纪百制使除邪教也。”

李元度《国朝先正事略》卷二十一《百文敏公事略》：“江省有莠民，散逆词惑众，侦刺久无踪。公忧甚，上亦切责公。乙亥夏一日……果获方荣升等首从者百五十人于巢县。……上重嘉异之，谓实能秉正祛邪，厥功甚懋，复太子少保。”

百龄（1748—1816），字菊溪，张氏，汉军正黄旗人。乾隆三十七年进士，改庶吉士，授编修。累官至湖广、两广、两江总督。谥文敏。著有《除邪纪略》《守意龛诗集》等。事见《清史列传》本传、《清史稿》本传。

是岁，舒位赋诗寄赠，并请锡麒为其集作序。

舒位《瓶水斋诗集》卷十七《祭酒吴榖人先生今主安定讲席，记奉袂春明邸第已及卅载。两泊淮南，皆未得值。于抵真州后，赋诗摅怀。时方乞先生为拙稿作序，故末篇及之》（旃蒙大渊献）。

舒位（1765—1815）字立人，号铁云，大兴人。乾隆五十三年举人。屡应会试不售。著有《瓶水斋诗集》《瓶笙馆修箫谱》《乾嘉诗坛点将录》等。事具石韫玉《舒铁云传》（《瓶水斋集》卷首）。

是岁，有感年来海内名流凋谢大半，洪梧、吴鼒皆有诗志痛，锡麒同其韵作诗感怀。

《吴榖人手书有正味斋续集之九未刊稿一卷》有《年来海内名流凋谢大半，桐生、山尊皆有诗志痛，余同其韵二首》其二：“论交四海渐无多，泪渍纷纷痛奈何。一代文章思老宿，十年风雨惜枝柯。起居屡向书中问，襟袖都凭画里摩。愁绝西州门外过，不堪宿草罥寒坡。”

是岁，阮元得读《有正味斋续集》，有诗和寄锡麒。

阮元《揅经室集》四集诗卷十《读吴榖人锡麒前辈〈有正味斋续集〉，即用见寄原韵和寄》（乙亥）。

是岁作诗尚有《题张舸斋武夷九曲图》《题居琴坞画十六幅》《题焦山雪斋上人达真竹屿吟秋图》《有怀故乡节物二首》《题张伯冶骐金焦全胜图四首》等(《有正味斋诗续集》卷八《韩江酬唱集四》)。

嘉庆二十一年　丙子(1816)　七十一岁

二月十五日，为章坤《桐阴书屋稿》作序，盛称其为人天性率真，“被服古人”。

章坤《桐阴书屋稿》卷首吴锡麒序款识：“嘉庆丙子二月望日，愚弟吴锡麒拜序于扬州二分明月之楼。”

仲春，为陶澍《皇华草》作序。

《陶澍全集》卷末吴锡麒《皇华草序》款识云：“嘉庆丙子仲春，钱塘愚弟吴锡麒拜撰。”(岳麓书社 2010 年版，第 7 册，第 390 页)

按，该序不见于吴锡麒本集，详参附录“吴锡麒集外诗词文辑佚”。

梅雨时节，过常州往访赵怀玉。

赵怀玉《亦有生斋集》诗卷三十二《雨中，吴祭酒锡麒自邗上来访，即送还浙》(柔兆困敦)。柔兆困敦即丙子年。该诗前二作即《三月五日，余生日也，早过红梅阁流连至暮，即事有作》。后附吴锡麒和诗，有云：“过常时阴雨不止，俗所谓蚕黄梅也。”因知吴锡麒此访在梅雨时节。

是岁，锡麒仍患足疾而苦于行。

《亦有生斋集》诗卷三十二《雨中，吴祭酒锡麒自邗上来访，即送还浙》(柔兆困敦)后附吴锡麒寄和诗，有云：“关河熟路愁重阅，山水生涯感卧游(余与先生同以足疾而苦于行)。”

是岁，沈赤然卒，有诗志哀。

《吴榖人手书有正味斋续集之九未刊稿一卷》有《哭沈梅村六首》。

是岁，百龄卒，挽以长诗。

《吴榖人手书有正味斋续集之九未刊稿》有《挽百菊溪制使四十韵》。

是岁，阮元升湖广总督，有诗寄之。

《吴榖人手书有正味斋续集之九未刊稿》有《阮芸台总督两湖诗以寄之》。此诗作于本年，或次年初。

是岁，从青浦王氏抄得《雪颠存稿》一册，凡诗200余首。

《清人诗文集总目提要》（下册232页）载："《忘庵遗诗辑存》二卷，王武撰……嘉庆二十一年吴锡麒从青浦王氏钞得《雪颠存稿》一册，凡诗二百余首，台湾师范大学图书馆藏嘉庆间活字仿宋印本，当即此集。上海图书馆藏钞本。"

又，王武（1632—1690），江苏吴县人，字勤中，号忘庵，又号雪颠道人。精鉴赏、富收藏。擅绘花鸟。著有《忘庵遗诗辑存》二卷。

嘉庆二十二年　丁丑（1817）　七十二岁

正月七日，吴暮桥招同江涟、汪硐昙同集斋中。

《吴榖人手书有正味斋续集之九未刊稿》有《人日，家暮桥招江漪塘、汪硐昙同集斋中，出观文待诏石湖卷子，约赋长句》。

系年据《国朝杭郡诗续辑》卷十九所收吴锡麒本诗，题作《丁丑人日，雪中家暮桥招江漪塘、汪涧昙同集斋中，出观文待诏石湖卷子，约赋长句》。

会试，八子清皋下第，九子清鹏中探花。刘凤诰有诗贺喜。

《民国杭州府志》卷一四六《文苑三》："清鹏，字西谷，嘉庆二十二年一甲三名进士。"

《吴榖人手书有正味斋续集之九未刊稿》有《九儿清鹏，余季少子也，幼继仲弟箬村为嗣，今年廷试以第三人第，刘金门宫保诗见贺，次答四首》其一："大江风快递胪传，报捷书来两地联（时余馆扬州，闻报书，先已赴浙）。"其四："游比龙门先借弟，归逢驴背复怜儿

（时八儿清皋以下第归）。”

翁方纲有诗贺锡麒九子高中。

《复初斋诗集》卷六九（丁丑正月至六月）《今科新进士来谒，吴鉴庵子其浚一甲第一人，吴榖人子清鹏一甲第三人，赋赠二诗，兼呈俪笙阁老、秋农侍郎》。

洪梧掌教梅花书院，终于讲席。时锡麒任安定书院山长，有诗哭之，并挽以联。

《吴榖人手书有正味斋续集之九未刊稿》有《哭洪桐生》，有云：“多谢栽培儿辈好，愁教老泪重模糊。”

又，梁章钜《楹联续话》卷三挽词载吴锡麒撰挽联：“十载共皋比，旧梦荒凉梅岭树；诸儿蒙教泽，春风惭愧杏林花。”盖锡麒与洪梧同在扬州两书院主讲数年，且锡麒诸儿皆肄业梅花书院，而吴清鹏正探花及第也。

十二月一日，王芑孙卒。

眭骏《王芑孙年谱》，第1页。

嘉庆二十三年　戊寅（1818）　七十三岁

六月前，吴锡麒逝世。

《国朝杭郡诗续辑》卷十九：“卒年七十三。”

《民国杭州府志》卷一四六《文苑三》：“年七十三卒。”

弟子吴鼒、友人刘凤诰均有挽联。

梁章钜《楹联续话》卷三：“吴榖人先生亦终于安定讲席。吴山尊挽以联云：‘仕隐追随，颓景相怜如一日；师生骨肉，名山可许附千秋。’刘金门侍郎时寓居扬州，亦挽以联云：‘正味在文章，凡识字人同一哭；清风论出处，拟私谥者定何辞。’盖先生诗文集名《有正味斋》也。”

吴锡麒、孙星衍、庄炘相继去世。赵怀玉仿杜甫《八哀》体，作《三哀诗》。

赵怀玉《收庵居士自叙年谱略》:"(二十三年戊寅)自正月至五月,孙渊如、吴縠人、庄似撰相继去世。此三人皆数十年交也。仿少陵《八哀》体作《三哀诗》。"按,此诗不见于赵怀玉诗集。

岁末,郭麐作《岁暮怀人诗》,有《吴縠人先生》一首。

郭麐《灵芬馆诗四集》卷十一《蘧庵集》(戊寅)《岁暮怀人诗·逝者·吴縠人先生》。

参考文献

一　吴锡麒相关著述

1.(清)吴锡麒《匏居小稿》一卷附《有正味斋琴言》一卷,乾隆三十九年刻本,复旦大学图书馆藏

2.(清)吴锡麒《有正味斋集》十六卷,清刻本,南京图书馆藏

3.(清)吴锡麒《有正味斋骈体文》二十四卷《诗集》十六卷《词集》八卷《外集》五卷(共五十三卷),嘉庆刊本,南京图书馆藏

4.(清)吴锡麒《有正味斋诗续集》八卷,嘉庆刻本,国家图书馆藏

5.(清)吴锡麒《有正味斋全集》七十三卷,嘉庆刻本,南京图书馆藏

6.(清)吴锡麒《有正味斋全集》七十三卷,清同人堂刻本,南京图书馆藏

7.(清)吴锡麒《有正味斋全集》七十三卷,清敬书堂刻本,南京图书馆藏

8.(清)吴锡麒《有正味斋诗集》十六卷《续集》八卷《骈体文》二十四卷《续集》八卷,嘉庆十三年刻《有正味斋全集》增修本,《续修四库全书》第1468、1469册

9.(清)吴锡麒《有正味斋词集》八卷《续集》二卷《南北曲》二卷,嘉庆刻《有正味斋诗集》本,《续修四库全书》第1725册

10.(清)吴锡麒《有正味斋全集》六十五卷,光绪十一年新镌五凤楼刻本,台湾大学图书馆藏

11.(清)吴清鹏辑《吴氏一家稿》七十七卷,咸丰五年刻本,南京图书馆藏

12.(清)吴锡麒《观察秋岭孙公廷锡传》一卷,嘉庆刻本

13.(清)吴锡麒《有正味斋文集》不分卷,抄本,上海图书馆藏

14.(清)吴锡麒《有正味斋未刊稿(续集之九)》一卷(又名《吴穀人手书有正味斋续集之九未刊稿》),光绪三十四年有正书局石印本(影钞本),南京图书馆藏

15.(清)吴锡麒《有正味斋骈体文删余》十二卷,同治九年刻本,国家图书馆藏

16.(清)吴锡麒《有正味斋集外诗》一卷,《昆山片玉》三种三卷之一,钞本,南京图书馆藏

17.(清)吴锡麒《吴穀人诗选》一卷,佚名批,钞本,南京图书馆藏

18.(清)吴锡麒《有正味斋尺牍》二卷,光绪元年申报馆仿聚珍版铅印本

19.(清)吴锡麒《吴圣征祭酒尺牍》二卷,山阴罗传珍注,光绪二十一年石印本,上海图书馆藏

20.(清)吴锡麒《有正味斋尺牍》二卷,陈以真校,民国二年上海扫叶山房石印本,南京图书馆藏

21.(清)吴锡麒《吴穀人尺牍》不分卷,民国十年文明书局编印明清十大家尺牍本

22.(清)吴锡麒《有正味斋日记》不分卷,光绪申报馆仿聚珍板铅印本

23.(清)吴锡麒《澄怀园消夏日记》一卷,抄本,国家图书馆藏

24.(清)吴锡麒撰、叶联芬注《有正味斋骈文笺注》十六卷,道光二十年补蹉跎馆原刻本

25.(清)吴锡麒撰、王广业笺《有正味斋骈文笺》二十四卷,咸丰九年青箱塾刻本

26.(清)吴锡麒撰、王广业笺、叶联芬注《有正味斋骈文笺注合纂》二十四卷,光绪十五年上海蜚英馆石印本

27.(清)吴锡麒撰、赵炳煃笺注《有正味斋骈体文笺注》九卷,稿本,浙江图书馆藏

28.(清)吴锡麒撰、胡玉树注《注释有正味斋赋》二卷,道光四年同文堂刻本,南京图书馆藏

29.(清)吴锡麒撰、吴抡等注《有正味斋试帖诗详注》四卷,嘉庆二十一年成锦堂刻本

30.(清)吴锡麒《吴毂人诗钞》四卷,清安阁抄本,复旦大学图书馆藏

31.(清)吴锡麒、舒绍言等《武林新年杂咏》,乾隆刻本,南京图书馆藏

32.(清)吴锡麒辑《秦汉文钞》不分卷,稿本,南京图书馆藏

33.(清)吴锡麒评阅《云间课艺》不分卷,嘉庆九年刻本

34.(清)吴锡麒辑《有正味斋朋旧函牍》不分卷,清抄本,复旦大学图书馆藏

二 史部

1.(清)赵尔巽《清史稿》,中华书局,1977

2.国史馆《清史列传》,王钟翰点校,中华书局,1987

3.(清)李元度《国朝先正事略》,同治间循陔草堂刻本

4.(清)张维屏《国朝诗人征略》,道光十年刻本

5.(清)李桓《国朝耆献类征初编》,光绪十年湘阴李氏家刻本

6.(清)震钧《国朝书人辑略》,光绪三十四年刻本

7.(清)缪荃孙《续碑传集》,《清代传记丛刊》第115—119册

8.闵尔昌《碑传集补》,《清代传记丛刊》第120—123册

9.(清)蒋宝龄《墨林今话》,《清代传记丛刊》第73册

10.(清)沈葆桢、何绍基(光绪)《重修安徽通志》,光绪四年刻本,《续修四库全书》第651—655册

11.(清)曾国藩、刘坤一(光绪)《江西通志》,光绪七年刻本,《续修四库全书》第656—660册

12.(清)沈鑅彪《续修云林寺志》八卷,光绪十四年刻本,《续修四

库全书》第719册

13.(清)王培荀《乡园忆旧录》六卷,道光二十五年刻本,《续修四库全书》第1180册

14.(清)沈赤然《沈赤然自编年谱》,嘉庆刻增修本,《续修四库全书》第1465册

15.(清)方浚师《随园先生年谱》,《乾嘉名儒年谱》第5册

16.(清)严荣《述庵先生年谱》,《乾嘉名儒年谱》第6册

17.(清)佚名《瓯北先生年谱》,《乾嘉名儒年谱》第6册

18.黄云眉《邵二云先生年谱》,《乾嘉名儒年谱》第8册

19.(清)毛庆善、季锡畴《黄仲则先生年谱》,《乾嘉名儒年谱》第9册

20.(清)赵怀玉《收庵居士自叙年谱略》,《乾嘉名儒年谱》第9册

21.(清)吕培等《洪北江先生年谱》,《乾嘉名儒年谱》第9册

22.(清)张其锦《凌次仲先生年谱》,《乾嘉名儒年谱》第10册

23.(清)张绍南《孙渊如先生年谱》,《乾嘉名儒年谱》第10册

24.(清)阮元《梧门先生年谱》,《乾嘉名儒年谱》第10册

25.(清)蔡坤《张船山先生年谱》,《乾嘉名儒年谱》第11册

26.赵诒琛《顾千里先生年谱》,《乾嘉名儒年谱》第12册

27.(清)阮元《王文端公年谱》,嘉庆间刻《葆醇阁集》本,《北京图书馆藏珍本年谱丛刊》第105册

28.(清)铁保《梅庵自编年谱》,道光刻本,《北京图书馆藏珍本年谱丛刊》第119册

29.(清)魏成宪《仁庵自记年谱》,道光间刻本,《北京图书馆藏珍本年谱丛刊》第120册

30.(清)杨芳灿、余一鳌《杨蓉裳先生年谱》,光绪五年上饶卢绍绪刻本,《北京图书馆藏珍本年谱丛刊》第120册

31.陈韬《汤贞愍公年谱》,民国二十二年铅印本,《北京图书馆藏珍本年谱丛刊》第135册

32.王焕镳《陶文毅公年谱》,民国三十七年南通王焕镳油印本,

《北京图书馆藏珍本年谱丛刊》第136册

33.(清)穆彰阿等(嘉庆)《大清一统志》,《四部丛刊续编》景旧抄本

34.(清)英杰等《续纂扬州府志》,同治十三年刊本,《中国方志丛书》华中地方江苏省第2号

35.(清)冯桂芬(同治)《苏州府志》,光绪九年刻本,《中国方志丛书》华中地方江苏省第5号

36.(清)宋如林、孙星衍(嘉庆)《松江府志》,嘉庆二十二年刊本,《中国方志丛书》华中地方江苏省第10号

37.(清)谢延庚、刘寿增(光绪)《江都县续志》,光绪九年刊本,《中国方志丛书》华中地方江苏省第26号

38.(清)范仕义、吴铠(道光)《如皋县续志》,道光十七年刊本,《中国方志丛书》华中地方江苏省第44号

39.(清)梁蒲贵、朱延射(光绪)《宝山县志》,光绪八年刊本,《中国方志丛书》华中地方江苏省第47号

40.(清)洪汝奎、徐成敷《增修甘泉县志》,光绪七年刊本,《中国方志丛书》华中地方江苏省第408号

41.(清)冯煦(光绪)《溧阳县续志》,光绪二十三年刊本,《中国方志丛书》华中地方江苏省第471号

42.(清)宗源翰等(同治)《湖州府志》,同治十三年刻本,《中国方志丛书》华中地方浙江省第54号

43.(清)龚嘉俊等(宣统)《杭州府志》,民国十一年铅印本,《中国方志丛书》华中地方浙江省第199号

44.(清)李应泰、章绶(光绪)《宣城县志》,光绪十四年刊本,《中国方志丛书》华中地方安徽省第654号

45.(清)徐品山等(嘉庆)《介休县志》,嘉庆二十四年刊本,《中国方志丛书》华北地方山西省第434号

46.杨北岑等《民国同正县志》,民国二十二年铅印本,《中国方志丛书》华南地方广西省第214号

47.（清）何绍章、吕耀斗（光绪）《丹徒县志》，光绪五年刻本，《中国地方志集成》江苏府县志辑第 29—30 册

48.（清）阿克当阿等（嘉庆）《重修扬州府志》，嘉庆十五年刻本，《中国地方志集成》江苏府县志辑第 41 册

49.（清）梁园棣（咸丰）《重修兴化县志》，咸丰二年刻本，《中国地方志集成》江苏府县志辑第 48 册

50. 民国吴吉祜纂《丰南志十卷》，1981 年抄稿本，《中国地方志集成》乡镇志专辑第 17 卷

51.（清）张廷珩、华祝三（同治）《铅山县志》，同治十二年刻本，《中国地方志集成》江西府县志辑第 25 册

52. 葛韵芬、江峰青《民国重修婺源县志》，民国十四年刻本，《中国地方志集成》江西府县志辑第 27—28 册

53.（清）马步蟾（道光）《徽州府志》，道光七年刻本，《中国地方志集成》安徽府县志辑第 48、49 册

54. 石国柱、楼文钊《民国歙县志》，民国二十六年铅印本，《中国地方志集成》安徽府县志辑第 51 册

55. 王棻、陆懋勋《民国杭州府志》，民国十一年杭州铅印本，《中国地方志集成》浙江府县志辑第 1—3 册

56.（清）余丽元（光绪）《石门县志》，光绪五年刻本，《中国地方志集成》浙江府县志辑第 26 册

57.（清）许瑶光、吴仰贤（光绪）《嘉兴府志》，光绪四年鸳湖书院刻本，《中国地方志集成》浙江府县志辑第 12—15 册

58. 梁钟亭等《民国清平县志》，民国二十五年铅印本，《中国地方志集成》山东府县志辑第 89 册

59.（清）方家驹、庆文修（光绪）《汾阳县志》，光绪十年刻本，《中国地方志集成》山西府县志辑第 26 册

60.（清）庆钟（同治）《浮山县志》，同治十三年刻本，《中国地方志集成》山西府县志辑第 55 册

61.（清）王检心等（道光）《重修仪征县志》，光绪十六年刻本

62.(清)释际祥《净慈寺志》二十八卷,光绪十四年刻本
63.(清)李斗《扬州画舫录》,中华书局,1960
64.(清)王锡祺《小方壶斋舆地丛钞》,杭州古籍书店,1985
65.(清)丁丙《武林坊巷志》,浙江人民出版社,1990
66.(清)张鉴等《阮元年谱》,中华书局,1995
67.(清)李慈铭《越缦堂读书记》,上海书店出版社,2000
68.(清)徐达源、蔡丙圻《黎里志黎里续志》,广陵书社,2011
69.(清)汪廷儒《广陵思古编》,广陵书社,2011

三　子部

1.(清)桂馥《续三十五举》,道光二十年海虞顾氏刻本,《续修四库全书》第1091册
2.(清)梁绍壬《两般秋雨盦随笔》,道光十七年汪氏振绮堂刻本,《续修四库全书》第1263册
3.(清)钱泳《履园丛话》,中华书局,1979
4.(清)昭梿《啸亭杂录》,中华书局,1980
5.(清)法式善《清秘述闻三种》,中华书局,1982
6.(清)方濬师《蕉轩随录续录》,中华书局,1995
7.(清)董玉书《芜城怀旧录》,《清代地方人物传记丛刊》第6册
8.(清)冯金伯《墨香居画识》,《清代传记丛刊》第72册
9.胡思敬《九朝新语》,民国十三年刻本
10.易宗夔《新世说》,《清代传记丛刊》第18册

四　集部

别集类:

1.(唐)韩愈《韩昌黎集》,商务印书馆,1958
2.(宋)欧阳修《欧阳修全集》,中华书局,2001
3.(宋)苏轼《苏轼文集》,中华书局,1986
4.(宋)苏轼《苏轼诗集》,中华书局,1982

5.（清）陈鸿宝《学福斋诗稿》六卷，嘉庆三年刻本

6.（清）陈广宁《寿雪山房诗稿》十卷，嘉庆八年刻本

7.（清）汪上彩《培桂山房钞》六卷，嘉庆九年刻本

8.（清）奚冈《冬花庵烬余稿》三卷，嘉庆十年刻本

9.（清）团维墉《小画山房诗钞》十二卷，嘉庆十二年刻本

10.（清）陈文述《颐道堂诗选》《颐道堂文钞》，嘉庆十二年刻道光增修本

11.（清）陈观国《惺斋吟草》四卷，嘉庆十三年刻本

12.（清）宋鸣轫《逸亭诗草》，嘉庆十五年刻本

13.（清）冯敏昌《小罗浮草堂诗集》四十卷，嘉庆十六年刻本

14.（清）刘大观《玉磬山房诗稿》六卷，嘉庆十六年刻本

15.（清）李骥元《李中允集》六卷，嘉庆十七年刻本

16.（清）杨伦《九柏山房诗》十六卷，嘉庆十七年遂初堂刻本

17.（清）伊秉绶《留春草堂诗钞》七卷，嘉庆十九年秋水园刻本

18.（清）张问安《亥白诗草》八卷，嘉庆十九年刻本

19.（清）汤礼祥《栖饮草堂诗钞》六卷，嘉庆二十年刻本

20.（清）曾燠《赏雨茅屋诗集》，嘉庆己卯重编本

21.（清）吴嵩梁《香苏山馆今体诗钞》十九卷，嘉庆刻本

22.（清）王友亮《双佩斋文集》四卷《诗集》八卷，嘉庆刻本

23.（清）吴照《听雨斋诗集》十四卷，嘉庆间刻本

24.（清）潘奕隽《三松堂集》二十四卷《续集》六卷，嘉庆刻本

25.（清）蒋良平《东樗杂诗》一卷《词稿》一卷，嘉庆间刻本

26.（清）方芳佩《在璞堂吟稿续稿续集》三卷，嘉庆刻本

27.（清）沈业富《味灯书屋诗集》，嘉庆刻本

28.（清）黄模、郑城等《桐华馆诗存》四卷，嘉庆刻本

29.（清）贾炎《蕉园诗稿》二卷，嘉庆刻本

30.（清）吴方夔《得心书屋集》一卷，嘉庆刻本

31.（清）宋大樽《学古集》四卷，嘉庆刻本

32.（清）郭堃《种蕉馆诗集》六卷，嘉庆刻本

33.(清)章坤《桐阴书屋稿》三卷,嘉庆刻本

34.(清)江之纪《白圭堂诗钞》十二卷,嘉庆刻本

35.(清)杨继端《古雪诗钞》,嘉庆刻本

36.(清)金兆燕《国子先生全集》,道光丙申秋赠云轩刻本

37.(清)何道生《双藤书屋诗集》十二卷,道光元年刻本

38.(清)刘嗣绾《尚䌹堂集》五十六卷,道光六年大树园刻本

39.(清)陈廷庆《谦受堂全稿》三十卷,道光十二年一丘园刻本

40.(清)桂馥《晚学集》八卷《未谷诗集》四卷,道光二十一年刻本

41.(清)詹肇堂《心安稳室诗集》九卷,道光二十三年刻本

42.(清)蒋因培《乌目山房诗存》六卷,道光二十三年刻本

43.(清)姚椿《晚学斋文集》十二卷,道光间刻本

44.(清)陈用光《太乙舟诗集》十三卷《文集》八卷,道光咸丰间孝友堂刻本

45.(清)张孟淦《红蘅馆初稿》三卷,道光刻本

46.(清)阮元《揅经室集》五十九卷,道光间扬州阮氏刻本

47.(清)邓显鹤《南村草堂文钞》,咸丰元年刻本

48.(清)厉鹗《樊榭山房文集》,光绪七年刻本

49.(清)李御《八松庵诗集》九卷,光绪二十五年重刊本

50.(清)翁方纲《复初斋集外诗》,民国六年刻本

51.(清)梁肯堂《石幢居士吟稿》,清刻本

52.(清)李如筠《蛾术斋诗集》不分卷,清抄本

53.(清)朱彝尊《曝书亭集》,《四部丛刊初遍》第278—279册

54.(清)杭世骏《道古堂文集》四十八卷《诗集》二十六卷,乾隆四十一年刻光绪十四年汪曾唯增修本,《续修四库全书》第1426—1427册

55.(清)蒋士铨《忠雅堂文集》,嘉庆二十一年藏园刻本,《续修四库全书》第1436、1437册

56.(清)王昶《春融堂集》六十八卷,嘉庆十二年塾南书舍刻本,《续修四库全书》第1437、1438册

57.(清)翟灏《无不宜斋未定稿》四卷,乾隆刻本,《续修四库全书》

第1441册

58.(清)张埙《竹叶庵文集》三十三卷,乾隆五十一年刻本,《续修四库全书》第1449册

59.(清)罗聘《香叶草堂诗存》,嘉庆刻道光十四年印本,《续修四库全书》第1453册

60.(清)翁方纲《复初斋诗集》七十卷,清刻本,《续修四库全书》第1454、1455册

61.(清)翁方纲《复初斋文集》,清李彦章校刻本,《续修四库全书》第1455册

62.(清)余集《忆漫庵剩稿》一卷,道光刻本,《续修四库全书》第1460册

63.(清)祝德麟《悦亲楼诗集》,嘉庆二年姑苏刻本,《续修四库全书》第1462、1463册

64.(清)秦瀛《小岘山人诗文集》,嘉庆刻增修本,《续修四库全书》第1464、1465册

65.(清)沈赤然《五研斋诗钞》二十卷《五研斋文钞》十一卷,嘉庆刻增修本,《续修四库全书》第1465册

66.(清)石韫玉《独学庐全集》,清写刻《独学庐全稿》本,《续修四库全书》第1466、1467册

67.(清)赵怀玉《亦有生斋集》五十四卷,道光元年刻本,《续修四库全书》第1469、1470册

68.(清)汪学金《静崖诗初稿后稿续稿》,乾隆刻嘉庆增修本,《续修四库全书》第1472册

69.(清)法式善《存素堂诗初集录存》二十四卷,嘉庆十二年王墉刻本,《续修四库全书》第1476册

70.(清)法式善《存素堂文集》四卷《续集》四卷,嘉庆十二年程邦瑞扬州刻增修本,《续修四库全书》第1476册

71.(清)铁保《惟清斋全集》十七卷,道光二年石经堂刻本,《续修四库全书》第1476册

72.(清)孙星衍《孙渊如先生全集》,嘉庆刻本,《续修四库全书》第1477册

73.(清)王芑孙《渊雅堂全集》五十六卷,嘉庆刻本,《续修四库全书》第1480、1481册

74.(清)永瑆《诒晋斋集》,道光二十八年刻本,《续修四库全书》第1487册

75.(清)吴鼒《吴学士诗集》五卷《文集》四卷,光绪八年江宁藩署刻本,《续修四库全书》第1487册

76.(清)乐钧《青芝山馆集》二十七卷,嘉庆二十二年刻后印本,《续修四库全书》第1490册

77.(清)陆继辂《崇百药斋文集》,嘉庆二十五年合肥学舍刻本,《续修四库全书》第1496、1497册

78.(清)陆继辂《崇百药斋三集》,道光八年安徽臬署刻本,《续修四库全书》第1497册

79.(清)方浚颐《二知轩诗钞》,同治五年刻本,《续修四库全书》第1555册

80.(清)吴蔚光《素修堂诗集》,嘉庆十六年古金石斋刻本,《清代诗文集汇编》第405册

81.(清)唐仲冕《陶山诗录》二十四卷《露蝉吟词钞》一卷,嘉庆十六年刻本,《清代诗文集汇编》第437册

82.(清)郭麐《灵芬馆诗初集二集三集四集》,嘉庆至光绪间刻《灵芬馆全集》本,《清代诗文集汇编》第485册

83.(清)胡敬《崇雅堂删余诗》,道光二十六年刻本,《清代诗文集汇编》第493册

84.(清)屠倬《是程堂集》,嘉庆十九年真州官舍刻本,《清代诗文集汇编》第535册

85.(清)黄景仁《两当轩集》,上海古籍出版社,1983

86.(清)张问陶《船山诗草》,中华书局,1986

87.(清)袁枚《小仓山房诗文集》,上海古籍出版社,1988

88.(清)袁枚《袁枚全集》,江苏古籍出版社,1993
89.(清)赵翼《赵翼诗编年全集》,天津古籍出版社,1996
90.(清)曾国藩《曾国藩文集》,九洲图书出版社,1997
91.(清)洪亮吉《洪亮吉集》,中华书局,2001
92.(清)林则徐《林则徐全集》,海峡文艺出版社,2002
93.(清)梅曾亮《柏枧山房诗文集》,上海古籍出版社,2005
94.(清)江藩《江藩集》,上海古籍出版社,2006
95.(清)舒位《瓶水斋诗集》,上海古籍出版社,2009
96.(清)陶澍《陶澍全集》,岳麓书社,2010

总集类:

1.(清)吴鼒《八家四六文钞》,嘉庆三年校经堂刊本
2.(清)潘瑛、陈塾《国朝诗萃二集》十四卷,嘉庆九年刻本
3.(清)曾燠《国朝骈体正宗》,嘉庆十一年赏雨茅屋刊本
4.(清)王豫《群雅集》四十卷,嘉庆十三年刻本
5.(清)法式善《三十科同馆赋钞》,嘉庆刻本
6.(清)汪守正《琴台正续合刻》,嘉庆中刊本
7.(清)吴应和、马洵《浙西六家诗钞》,道光七年刻本
8.(清)景其浚《四家赋钞》,咸丰三年诵芬堂刊本
9.(清)符葆森《国朝正雅集》一百卷,咸丰七年刻本
10.(清)程祥栋《东湖草堂赋钞》,同治五年抱朴山房刊本
11.(清)任聘三《律赋选青》,同治八年金陵敬书堂刊本。
12.(清)吴振棫《国朝杭郡诗续辑》四十六卷,光绪二年刻本
13.(清)袁枚《续同人集》十七卷,光绪十八年铅印本
14.(清)徐世昌《晚晴簃诗汇》二百卷,民国十八年徐氏退耕堂刻本
15.(清)陈廷焯《云韶集》,清抄本
16.(清)王昶《湖海诗传》四十六卷,嘉庆八年三泖渔庄刻本,《续修四库全书》第1625、1626册
17.(清)陶梁《国朝畿辅诗传》,道光十九年红豆树馆刻本,《续修

四库全书》1681册

18.(清)潘衍桐《两浙辅轩续录》,光绪十七年浙江书局刻本,《续修四库全书》第1685、1686册

19.(清)严可均《全上古三代秦汉三国六朝文》,河北教育出版社,1997

20.汪咏沂辑《钱唐吴氏旧藏名人书柬》,影印民国十四年石印本,广陵古籍刻印社,1997

21.(清)沈德潜《清诗别裁集》,岳麓书社,1998

22.(清)鸿宝斋主人《赋海大观》,影印光绪二十年上海鸿宝斋石印袖珍本,北京图书馆出版社,2007

诗文评类:

1.(梁)刘勰著,祖保泉解说《文心雕龙解说》,安徽教育出版社,1993

2.(宋)陈应行《吟窗杂录》,王秀梅整理,中华书局,1997

3.(清)康发祥《伯山诗话》,道咸间刻本

4.(清)马桐芳《憨斋诗话》,道光刊本

5.(清)梁廷枏《曲话》五卷,道光刻本

6.(清)林昌彝《海天琴思续录》,同治八年刻本

7.(清)阮葵生《茶余客话》,光绪五年刻本

8.(清)朱庭珍《筱园诗话》,光绪十年刻本

9.(清)舒位《乾嘉诗坛点将录》,光绪三十三年长沙叶氏郎园刻本

10.(清)余云焕《味蔬斋诗话》,光绪三十四年木活字本

11.(清)谢章铤《赌棋山庄词话》,光绪十年陈宝琛南昌使廨刻《赌棋山庄全集》本,《续修四库全书》第1735册

12.(清)梁章钜《楹联丛话》,商务印书馆,1935

13.(清)陈廷焯《白雨斋词话》人民文学出版社,1983

14.(清)陈廷焯《词坛丛话》,《词话丛编》本,中华书局,1986

15.(清)谭献《箧中词》,浙江古籍出版社,1996

16.(清)洪亮吉《北江诗话》,《洪亮吉集》第5册,中华书局,2001

17.（清）法式善《梧门诗话合校》，张寅彭等编校，凤凰出版社，2005

18.（清）陆元鋐《青芙蓉阁诗话》（下），汪洋据国家图书馆藏清抄本整理，载《古代文学理论研究（第四十辑）——中国文论的思想与智慧》，2015

五 近现代著述

1. 张惟骧《清代毗陵名人小传稿》，1944年铅印本

2. 姜亮夫《历代人物年里碑传综表》，中华书局，1959

3. 万国鼎《中国历史纪年表》，中华书局，1978

4. 朱宝炯等《明清进士题名碑录》，上海古籍出版社，1979

5. 雷梦水《贩书偶记续编》，上海古籍出版社，1980

6. 郑鹤声《近世中西史日对照表》，中华书局，1981

7. 陈乃乾《室名别号索引》，中华书局，1982

8. 王文濡《历代诗评注读本》，中国书店，1983

9. 钱仲联《清诗三百首》，岳麓书社，1985

10. 王德毅《清人别名字号索引》，新文丰出版公司，1985

11. 吴海林等《中国历史人物辞典》，黑龙江人民出版社，1986

12. 钱仲联《清诗精华录》，齐鲁书社，1987

13. 上海博物馆编《中国书画家印鉴款识》，文物出版社，1987

14. 杨廷福等《清人室名别称字号索引》，上海古籍出版社，1988

15. 钱仲联《清诗纪事》，江苏古籍出版社，1989

16. 刘声木《桐城文学渊源考》，黄山书社，1989

17. 袁行云《清人诗集叙录》，文化艺术出版社，1994

18. 王筱云等《中国古典文学名著分类集成·文论卷》，百花文艺出版社，1994

19. 刘麟生《中国骈文史》，东方出版社，1996

20. 许培基《江苏艺文志·苏州卷》，江苏人民出版社，1996

21. 张仲谋《清代文化与浙派诗》，东方出版社，1997

22. 黄惠贤主编《二十五史人名大辞典》，中州古籍出版社，1997
23. 秦国经《清代官员履历档案全编》，华东师大出版社，1997
24. 李坦主编《扬州历代诗词》，人民文学出版社，1998
25. 辜鸿铭、孟森等《清代野史》，巴蜀书社，1998
26. 严迪昌《清词史》，江苏古籍出版社，1999
27. 陈水云《清代前中期词学思想研究》，武汉大学出版社，1999
28. 钱仲联《广清碑传集》，苏州大学出版社，1999
29. 胡传淮《张问陶年谱》，巴蜀出版社，2000
30. 李灵年、杨忠《清人别集总目》，安徽教育出版社，2001
31. 柯愈春《清人诗文集总目提要》，北京古籍出版社，2001
32. 尹占华《律赋论稿》，巴蜀书社，2001
33. 严迪昌《清诗史》，浙江古籍出版社，2002
34. 沈津《翁方纲年谱》，"中央研究院"中国文哲研究所，2002
35. 詹杭伦《清代律赋新论》，北京燕山出版社 2002
36. 蒋寅《古典诗学的现代诠释》，中华书局，2003
37. 王章涛《阮元年谱》，黄山书社，2003
38. 朱则杰《清诗选评》，三秦出版社，2004
39. 刘世南《清诗流派史》，人民文学出版社，2004
40. 商衍鎏《清代考试述录》，百花文艺出版社，2004
41. 江庆柏《清代人物生卒年表》，人民文学出版社，2005
42. 朱彭寿《清代人物大事纪年》，北京图书馆出版社，2005
43. 陈文新主编《中国文学编年史》，湖南人民出版社，2006
44. 漆永祥《江藩年谱新编》，上海古籍出版社，2006
45. 陶用舒《陶澍评传》，湖南师范大学出版社，2007
46. 许隽超《黄仲则年谱考略》，上海古籍出版社，2007
47. 徐雁平《清代东南书院与学术及文学》，安徽教育出版社，2007
48. 王国维著，李建中等注《人间词话新释》，长江文艺出版社，2008
49. 张慧剑《明清江苏文人年表》，上海古籍出版社，2008

50. 吴云《历代骈文名篇注析》,天津古籍出版社,2008

51. 中国古籍总目编委会《中国古籍总目》,中华书局、上海古籍出版社,2009

52. 汪超宏《明清浙籍曲家考》,浙江大学出版社,2009

53. 眭骏《石韫玉年谱》,光明日报出版社,2009

54. 眭骏《王芑孙年谱》,华东师范大学出版社,2010

55. 眭骏《王芑孙研究》,华东师范大学出版社,2011

56. 王怡主编《同里志(两种)》,广陵书社,2011

57. 李濬之《清画家诗史》,浙江人民美术出版社,2014

58. 李金松《洪亮吉年谱》,人民出版社,2015

59. 胡传淮《清诗人张问安年谱》,载《蓬溪文史资料》第 29 辑

60. 赵杏根《浙西诗人吴锡麒》,《杭州师范学院学报》2000 年第 5 期

61. 赵杏根《乾嘉代表诗人研究》,苏州大学博士学位论文,2005

62. 曾亚梅《吴锡麒词及词学研究》,台湾静宜大学硕士学位论文,2006

63. 黄丽勤《郭麐研究》,浙江大学硕士学位论文,2007

64. 邱林山《洪亮吉诗歌研究》,西北师范大学硕士学位论文,2007

65. 汪朝勇《钱载诗歌研究》,苏州大学硕士学位论文,2008

66. 张毅巍《桂馥年谱》,哈尔滨师范大学硕士学位论文,2011

后记

六年前，我自南京师范大学硕士毕业。当时学位论文即以浙派诗人吴锡麒研究为题，写就一篇二十余万字的论文。自2008年6月定题后，我来往于南北各图书馆查找资料、整理思路，直至2009年12月定稿，期间导师马珏玶老师都给予了悉心的指导。记得硕士刚入学时，马老师在我第一次呈交的读书笔记后批阅"文章千古事，得失寸心知"，其谆谆教诲之情，我深铭于心。自攻读硕士、始从事古代文学的研学以来，马老师一路的鼓励极大地鼓舞了我。毕业后留在南京，生活、家庭、工作种种琐屑，马老师总能耐心地听我倾诉，记不清有多少次带着轻松的心情放下滚烫的手机。

感谢南师大文学院陈书录教授、李忠明教授、孙书磊教授等老师们，他们在论文的开题会与答辩会中都提出了宝贵的意见，令我受益匪浅。陆林教授在给予充分肯定的同时也提出一些极好的建议，斯人已逝，令人怀想。

论文的完成当时还得到了南京师范大学优秀学位论文培育计划项目的资助，虽然如今看来数千元的经费并不丰裕，但若无此，当时无产阶级的我是很难自在地奔波于南北各图书馆的。在资料查阅过程中，我更有幸得到了西南大学谭刚老师、复旦大学张旭学长、安庆师范学院冯慧敏学姐、黄山学院汪远旺兄等众多师友之助，乃至卒无所交、古道热肠的馆员，每忆及此，良足感矣。

2010年，我硕士毕业，随即入南京大学古典文献研究所读博，蒙程章灿教授不弃收入门下。在博士入学复试时，我呈递这本硕士论文，当时程老师肯定的话语顿时缓解了我的紧张。回首三年的博士生涯，最怀念是师生读书会。程老师睿智的言论、爽朗的笑声，令我们真切地体会到如沐春风不只是一个成语。博士毕业后，承程老师推荐，我申请进入南京大学历史系，跟随范金民教授从事博士后研究。当时，范老师正主持国家社科基金重大招标项目《江南地域文化的历史演进》的研究，得知我从事浙派诗人吴锡麒的研究，范老师颇为支持。进站三载，范师以渊粹之学、蔼如之言，真切地让我感受到了历史研究的独特魅力。虽我驽钝，受业皆名师，每每意有少懈时，思及诸师则汗为涔涔然。《诗经·敬之》云："日就月将，学有缉熙于光明。"吾其勉之！

2014年，我进入江苏第二师范学院工作，供职于温暖有爱、上进有为的文学院。冯保善院长、沈明书记与诸位前辈、同仁，在工作、生活上都给予了我切实的指导与真诚的关怀。书稿之顺利付梓，冯院长给予极大的鼓励与支持。工作于兹，实是一种善缘。更每每在草场门古朴宁谧的校园，遇着始终盛开灿烂笑容的卜玉平老师，心情也常常为之感染。

入职当年11月，我以此前硕士论文为基础申获了学校出版资助。在为从前认真撰写的论文有了付梓机会而高兴之余，更常常背负着增订完善的压力。因而，两年来，我一再拖延出版时间，不断做着充实提高的工作。大体而言，增订充实约在以下数端：原本列在附录的年谱，扩充增补最多；第二章交游考之交游人员有所精简，交游内容梳理增订颇夥；第一章第三节著述考部分予以充实调整；其余各章均进行了相应修订。总体而言，它在硕士论文基础上已有相当大的改进。然而，由于清代文献材料浩如烟海，故本著在年谱的制作、交游的考证与诗文的辑佚等方面肯定仍存在增订之空间，这些姑且留待将来吧。

在小书即将付梓之际，我还要感谢那些给我"任性"空间的亲人们。

记得刚进城上学时，也是中秋时节，父亲骑车几十里送来御凉衣物，包裹中间那一筒苏式月饼，香甜的味道至今犹然新鲜。母亲那时总在每一个我不回家的周末以各种理由进城。想想那时候的自己，亦颇淘气，除非囊中羞涩，不然就想不起回家。如今工作在离父母两百公里外的南京，虽有迅捷的高铁，却不能时常往返其间。

而当初，我是何等盼望这样的距离。十六周岁中师毕业时，我已是家乡小学的一名教员。一次，一位完全不明白大学为何的幼稚孩子，送来"祝愿老师早日圆大学梦"的贺卡，记不清当时讲台上的我有多失落。是父母的鼓励，令我有勇气插班读一年高中，幸运地圆了真切的大学梦。就这样，任性地读书，在昔日同窗已有十数年教龄时我还从容地背着书包行走校园。

写到这，想到将来我的孩子必定也是要感谢我的。他咿呀学语时就知晓了什么是"论文"。两岁时，有天在书房，他垫着脚快乐涂鸦，盘问之余得知原来他"在写两篇论文"。是啊，我写论文给他创设了很多玩耍机会，他的爸爸和阿婆常常无论风雨都带他出门。这样我也可以"被安心"地在家写作了。谢谢这位理解妈妈的小伙子。

丙申中秋欢萍记于南图